U0570194

国家出版基金项目
NATIONAL PUBLICATION FOUNDATION

中国社会科学院近代史研究所中华民国史研究室

总编 李 新

中华民国史

大事记

第十一卷

(1945—1946)

韩信夫 姜克夫 主编

中 华 书 局

1930 年　李静之　张小曼

1931 年　任泽全

1932 年　石芳勤　徐玉珍

1933 年　江绍贞

1934 年　熊尚厚

1935 年　吴以群　刘一凡

1936 年　郭　光

1937 年　郭大钧　王文瑞　李起民
　　　　　李隆基　常丕军　刘敬坤

1938 年　陈道真　韩信夫

1939 年　李振民　张振德

1940 年　梁星亮

1941 年　陈仁庚　梁星亮

1942 年　董国芳

1943 年　李振民　张守宪

1944 年　梁星亮　张振德

1945 年　齐福霖　王荣斌

1946 年　查建瑜　任泽全

1947 年　陈　敏　章笑明　汪朝光

1948 年　卞修跃　贾　维　陈　民

1949 年　江绍贞　朱宗震

审　订　李　新　韩信夫　姜克夫　齐福霖　吴以群

　　　　（以下按姓氏笔划为序）

　　　　王学庄　江绍贞　刘敬坤　朱宗震　朱信泉

　　　　孙思白　汪朝光　李振民　严如平　杨天石

目　录

第十一卷

1945 年（民国三十四年）

1　月

1 月 1 日　蒋介石在重庆向全国发表元旦广播讲话，称："去年一年之间，我们中国处境的艰危，不仅是抗战八年中所未有，亦是我们革命五十年以来未曾遭遇过的险境""所以今年这一年真是我们励志雪耻，发奋图强，转危为安，转败为胜的唯一枢纽，也是我们配合盟邦发动反攻最后的时机"；并宣布："一俟我们军事形势稳定，反攻基础确立，最后胜利更有把握的时候，就要及时召开国民大会，颁布宪法""归政于全国的国民。"

△　上午 9 时在重庆国民政府花园，东向遥祭孙中山陵墓，蒋介石主祭，党政军要员居正、于右任、孙科、宋子文等 500 余人与祭。

△　蒋介石在重庆复兴关体育场检阅重庆市国民兵，并致词勖勉全体员兵为国家尽忠，为民族尽孝，奉行孙中山遗教，建设三民主义新中国。

△　延安《解放日报》发表题为《争取胜利早日实现》的新年献词，提出全国军民 1945 年的任务是："一方面在可以反攻的地方要进行反攻，另一方面则必须努力停止敌寇对大后方的前进"；并号召建立民主的联合政府，指出"只有民主的联合政府，才能争取抗战的早日胜利"。

　　△　延安各界欢度新年。中共中央设宴招待在延盟国友人并举行新年干部晚会,毛泽东发表讲话,指出:我们的任务是团结一切力量,打倒日本帝国主义。共产党员,中国各阶层人民,国际反法西斯的朋友,都要更好地团结起来。我们团结得越好,则对敌人的打击也越有力量。会上,边区群英会代表向毛泽东和朱德献旗。

　　△　新疆省政府举行元旦庆祝会,各界代表700余人出席,省政府主席吴忠信宣布今年施政重心,为实施三民主义之民、财、建、教四大建设。

　　△　中华民族解放行动委员会(第三党)负责人章伯钧在重庆《新华日报》发表《1945年献词》,希望中国成为"真正民主而又统一的国家",全国的抗战军队"能真正联合作战";并提出召集紧急时局会议,"树立以实行三民主义为最高国策之各党派的民主统一政府"。

　　△　黄炎培、褚辅成、王云五、冷遹、康心如、江恒源、张肖梅、江一平、吴蕴初、潘仰山、潘序伦、史良、沙千里、史东山、张志让、杨卫玉等60多人,在重庆《新华日报》联名发表《为转捩当前局势献言》,对军事、政治、经济、社会诸方面均提出具体实施意见,要求国民政府与各党派切实合作,挽救时局。

　　△　国民政府明令颁授郑洞国、霍揆彰、萧毅肃、周福成、何绍周、王凌云、孙立人、廖耀湘以青天白日勋章;颁授卫立煌以一等宝鼎勋章;颁授巴梯斯达以特种大绶卿云勋章;颁授萨拉里架以特种大绶景星勋章。

　　△　国民政府战时运输管理局在重庆成立,俞鹏飞任局长,龚学遂及麦克鲁(美籍)任副局长;交通部之公路总局及各公路机构均归并于管理局。

　　△　国民党青年远征军编练总监罗卓英对记者谈话称:"此次蒋委员长号召知识青年从军运动,预定发动10万青年,分两批征集。现为时仅两月,而全国从军青年已超过十二万人";并表示要使青年远征军"成为全国之模范军队"。

△ 青年远征军第二〇一、二〇二、二〇三、二〇四、二〇五、二〇六、二〇七师成立,师长分别为戴之奇、罗泽闿、钟彬、覃异之、刘安祺、杨彬、方先觉,师部分别设于四川璧山、綦江、泸县、万县、贵州修文、陕西南郑、云南昆明,各师接收从军青年分别为 8106、7189、8591、10127、5912、11631、11000 余名。

△ 第四战区一部克复广西思恩县城(今属环江县)。

△ 滇西我第十一集团军由黄杰指挥,进逼黑山门、畹町,并续向缅边,夹攻九谷日军。

△ 由日俘浅轺太郎等发起组织的反对日本军阀侵略的"日本革命同志会"正式成立。

△ 中共广东省临委和广东省军政委员会决定,正式成立粤中人民抗日解放军,司令员梁鸿钧、副司令员谢立全,政委罗范群,下辖四个团。

△ 前四川军总司令兼四川省长刘成勋在大邑原籍逝世。5 月 18 日,国民政府明令褒扬刘成勋。

△ 汪伪国民政府代主席陈公博发表新年讲话,叫嚷"宜乘时奋起","以根绝赤祸,以排除在华之英美外力,更实行中日同盟条约"。

1 月 2 日 国民政府兵役部长鹿钟麟为改革役政发表告全国同胞书,提出四大方针:一、实行三平原则;二、澄清兵役积弊;三、改善新兵生活;四、切实优待征属;以及三点要求:一、对士兵以父兄之待子弟,严禁虐待;二、饷物及时发放,不得克扣;三、实惠征属,违则军法严惩。

△ 国民政府通令改善士兵生活,自本年起,现役军人每人每月伙食费 500 元,草鞋费 100 元,马乾 1000 元,猪肉二斤。

△ 第三方面军司令官汤恩伯在贵阳对记者谈中原战争失败原因有三:一、敌使用大量机械化部队,敌我武器悬殊,难于取胜;二、我对敌情判断有误;三、与民争利,军民合作没有做好。

△ 行政院参事张平群就国大选举问题答外国记者称:依 1936 年国民政府公布之《国民大会组织法》及《代表选举法》,应有代表总额

1200 人。其中区域选举产生 665 人,职业选举产生 380 人,特种选举产生(包括东北、蒙疆、侨民代表)155 人。战前选出代表共为 950 人,尚未依法产生之代表共 250 人,又职业选举之代表总额 380 人中,农、工、商团体占 322 名,自由职业团体占 58 名。

△ 罗荣桓在中共山东分局、军区直属队干部会议上作《1944 年过去和 1945 年的到来》的报告,要点为:一、在 1944 年斗争中,山东根据地扩大了四万平方公里,人口增加 1000 万;二、我军已超过 15 万,民兵 30 万,为完成 20 万大军创造了有利条件;三、1945 年山东的主要任务是:(一)继续扩大解放区,扩大与建设根据地并重;(二)组织生产,保障供给,军民丰衣足食;(三)发动群众,减租减息;(四)大练兵,拥干爱兵,严肃军事生活;(五)发扬民主作风与群众路线的工作方法。

△ 美国驻华大使赫尔利复电毛泽东、周恩来,称:现得国民政府同意,提议:一、行政院院长宋子文、王世杰博士、张治中将军与赫尔利同赴延安,与毛、周面商一切。二、若获原则同意,则毛主席及周将军与吾人同回重庆,完成协定。

△ 第七十军一部反击福建霞浦日军,是日将敌击溃,完全克复该城。

1 月 3 日 延安权威人士对蒋介石元旦讲话发表评论,指出:"还政"之说是蒋氏早已发出的不兑现的空文,召开"国民大会"是蒋氏用以抵制建立联合政府的挡箭牌;并质问蒋氏不先消灭寡头专政,彻底改组国民政府,消灭特务机关,有什么民选的国民大会可言。

△ 美国陆军第十四航空队司令陈纳德在该部举行的授勋典礼上获颁勋章,以表彰其在华对中国空军的壮大及对日攻防的功绩。

△ 中美混合大队飞机轰炸平汉路之确山与漯河车场,毁敌机车五辆、创三辆。同日,美舰飞机对台湾及冲绳岛实行 48 小时之攻势,共毁损日本飞机 331 架、舰船 95 艘。

1 月 4 日 行政院副院长孔祥熙在华盛顿晤美国总统罗斯福,商谈两国关系。孔向罗保证:"中国不仅将支持美国获得战争之胜利,同时并将支持美国准备和平之工作。"

△　财政部田赋管理委员会改组为田赋署,改隶粮食部。

△　中国军事代表团由桂永清将军率领抵达伦敦。

△　据中央社讯:财政部税务署去年度税收预算为 40 亿元,目前收入已超出原额,其中以烟酒税收最大,统税次之,糖类和矿物税又次之。本年度之预算已拟具,将超出 100 亿元。

△　周恩来以陕甘宁边区总工会、晋察冀边区工人抗日救国总会、晋绥边区总工会等名义,致电伦敦英国职工会联合会总书记西特龙·菲利浦斯,并转英、美、苏三国职工会代表会议,要求允许以中国解放区职工会的名义,派出代表参加在伦敦召开的世界职工联盟大会。

△　周恩来代中共中央起草复新四军第五师李先念等 1944 年 12 月 24 日来电。李等来电系报告他们对美军少校欧哥士前去要求在对日作战中给予配合的答复。中共中央的复电指出:你们的答复甚好。关于破坏工作,只能允其先作小试验,进行一定目标的轰炸,看其效果与影响,再商以后的计划;至于配合轰炸,夺取碉堡,在无炮兵条件下,我们不能作肯定答复;对抢夺汉口侦察台,也应慎重。总之,我们不能答应他做超过目前可能限度的工作和破坏。

△　中国空军作战机群飞临海南及泰、缅,轰炸日军重要设施。

1 月 5 日　中美混合机队飞机在汉口机场击毁日机 49 架,创一次击毁日机之最高纪录。次日,中美飞机又轰炸汉口及武昌,共击毁日机 49 架。

△　蒋介石设宴招待盟邦在渝军官,美军总司令魏德迈将军、英国军事代表团团长孔士德将军、苏联尼科尔斯基上校等 70 余人应邀与会。

△　进入缅甸的国军第五十三军第一一六师主力攻占大青山,另部亦连克拱尾寨等日军据点。

△　日本中国派遣军总参谋长松井太久郎在东京向大本营提出中国派遣军今后作战之指导方案,并说明进攻四川计划。22 日,大本营

命令中国派遣军中止四川作战。

1月6日 蒋介石与美驻华大使赫尔利商谈同中共继续谈判的方针,决定由赫尔利偕宋子文、张治中、王世杰到延安进行两党商谈,以表"诚意"。次日,赫尔利致电毛泽东、周恩来,告以将陪同宋、张、王到延安会谈。

△ 国民政府专卖事业管理局局长刘鸿生对记者说:"本年专卖事业预算,奉令核准为58亿元,内烟类占五亿,火柴八亿";并称各厂所需原料,拟在国外大量订购,以及采取有效办法防止商人偷税。

△ 中国驻印军新编第三十师克复缅北孟温城。

△ 福建集美学校师生节衣缩食,捐献飞机,将捐款60万元交国民政府航空建设协会总会转送国库。

△ 美国总统罗斯福向第七十九届国会致送咨文,阐明美国外交政策,声称决不松懈作战,坚持国际合作政策,增进军火生产,继续援华工作。

△ 太平洋学会第九次会议在美国弗吉尼亚州温泉城举行,至18日结束。中国以蒋梦麟为团长的16名代表参加。大会议题是:一、1944年太平洋各国之重要发展;二、日本之将来;三、中国、印度、荷属东印度及澳洲经济复兴之步骤;四、文化种族关系;五、战前属地区域之将来;六、太平洋集体安全计划。

△ 美第十四航空队司令陈纳德在重庆招待外籍记者,称:日军在华空军主力三分之一已被击毁;并强调说,第十四航空队所创毁敌机、舰远较美国其他航空队为多,以B—29式飞机为主的对汉口的大队轰炸,今后仍将连续进行。

△ 罗斯福分电丘吉尔、斯大林,约定2月2日在雅尔塔会晤。

1月7日 美驻华大使赫尔利致电毛泽东称:"深信国民政府诚恳企望作一种使解决成为可能的让步",提议在延安举行有他参加的国共两党会谈。同日,又与蒋介石商谈召开国民大会和改组行政院事宜。

△ 中国民主同盟在重庆举办茶会,欢迎桂、柳来渝文化工作者,

到郭沫若、张志让、郑贞文、宋云彬、邵荃麟、孙伏园、茅盾、金仲华、祝世康、刘清扬、邓初民、李剑华等 70 余人。沈钧儒致欢迎词,左舜生、章伯钧相继报告同盟的性质和最近的努力方针,说明实现民主为目前挽救危局的迫切要求。张申府致结束词,表示中国要为争取民主政治的实现而斗争。

△　汪伪空军飞行员林文威、邓志伟、刘炳球、傅浩璋、郑润海、胡天海等九人驾驶九八式战斗机三架,自武进机场起飞,于当日抵达浙西某地向第三战区部队投诚。

△　日伪军 5000 多人对山东滨海区进行"扫荡"。八路军奋起抵抗,战至 14 日,敌被迫撤退。同时,日伪军 7000 多人对豫西嵩山、临汝、登封等地进行"扫荡",八路军予以痛击,歼敌 1000 余人。

1 月 8 日　国民党中央常务委员会决定本年 5 月 5 日召开国民党第六次全国代表大会,并通过选任陈庆云为海外部长、魏怀为国府委员。

△　美驻华大使赫尔利在国府向蒋介石呈递国书。晚上,蒋介石在官邸宴请赫尔利。

△　教育部为鼓励外籍学生研究中国历史、地理、文学、艺术、政治等学科,特在英国、美国和印度各大学设立中国文化奖学金,每校五名,每名每年奖学金 1500 美元。

△　战时生产局中美联合生产委员会成立,内定经济部长翁文灏兼主任,副主任由国民政府高等经济顾问纳尔逊担任。

1 月 9 日　法驻华大使贝志高、比利时驻华大使德尔福向蒋介石呈递国书;贝志高并将法国临时政府主席戴高乐将军所赠"荣光大勋章"献予蒋介石。

△　中共中央领导人交给迪克西使团代理团长罗伊·克罗姆利一封信,请他通过驻华美军司令部传递给华盛顿。信中表示,中共希望派一个"非官方小组向美国军民和官员陈述和解释"中国错综复杂的问题。克罗姆利立即打电报给魏德迈的参谋长麦克卢尔称,毛泽东和周

恩来准备去华盛顿与罗斯福面谈,希望代约会晤日期和安排交通,并且嘱咐此事向赫尔利保密。

△　行政院会议议决:一、后方勤务部改组为后勤总司令部,直隶于军政部,由陈诚兼总司令;二、经济部工矿调整处划归战时生产局管辖。

△　重庆市轮船商业同业公会举行记者招待会,该会理事长邓华益及民生公司杨成质、四川合众轮船公司经理骆远泉等发表讲话,称该会会员轮船公司共计九家,均因煤价黑市高涨,每吨约达一万元,而官价之煤供应大感不足,故每次长途航行中,往往客货运费所入尚不敷煤价。如民生公司一家,上月赔本达7000万元之巨,大有不能维持之势,要求政府将运价管制改为议价办法。

1月10日　国民政府特派翁文灏为战时生产局局长;任命王懋功为江苏省政府主席,原任韩德勤免职。

△　毛泽东在陕甘宁边区劳动英雄和模范工作者会议上发表《两三年内完全学会经济工作》的讲话,强调为了打击日本侵略者,收复失地,必须从农村根据地出发,贯彻自力更生的方针;号召要学会做经济工作,一方面要努力发展生产,另一方面决不滥用浪费,为解放全中国作好物质准备和干部准备。

△　国民党中宣部长王世杰在外国记者招待会上就如何筹措战费问题发表谈话,称:中国大后方既大部为农产区,中国政府自须赖土地生产以为税收主要来源,征实、征借已实行三年;而且自本年起将令较富裕之地主献金献粮,此三项土地收入总额,本年将达谷麦9000万市石,以币值计算,将占政府税收之大部。此外有盐税、俸给所得税、营业税、遗产税、过分利得税、货物税等。不足之数,政府用出售黄金、信用借款、公债三项办法解决。

△　中印利多公路从利多至密支那长265英里的两线公路筑成,是日通车。运输队每月可载运物资七万至八万吨到中国。输油管已铺到密支那,每月输油几千吨到中国。

△　第四战区一部克复广西钦县(今钦州)、合浦及广东廉江。

△　八路军冀鲁豫军区第八分区第八团自梁山官庄出发,西渡黄河,挺进豫中,插入敌后,沿黄河故道经郓城、东明等县,进入河南兰考县,于 27 日晚越过陇海铁路敌人封锁线,28 日进抵杞县东北部,开辟豫中根据地,打通与新四军第五师的联系。

1 月 11 日　毛泽东函复赫尔利,提议在重庆召开各党派国是会议预备会议,由国共两党和民盟三方参加,会议记录要公布,代表要有平等地位和行动自由,并表示此项提议如获国民党方面接受,周恩来将前往重庆商谈。

△　国民政府军委会在江西赣州设立委员长行辕,经办第三、第七、第九战区军需补给事宜。

△　国民政府通令发动"献金献粮运动",改善士兵生活。

△　日本最高战争指导会议审议并通过《建立中国战时经济的对策》与《中国物资统一调拨要领》,其目的在于保证军队自给自足,独立作战,对日本、"满洲国"提供援助;并统一调拨驻华军队的自给物资和运往日本的物资。

△　日军发动对粤汉路南段之进攻。敌分数路进犯,西路之敌一股于是日由桂东之恭城、富川向湘粤边境窜犯,窜至坪石、宜章间之三公桥;一股 14 日由道县分两路犯连县,窜至连县西之洛阳堡及临武以东地区。北路敌一股由耒阳南白沙与耒水东岸沿粤汉路南犯,一股由新田、宁远间桥下洞于 18 日窜至桂阳南仙人桥。此后南北敌分由耒阳、新田及坪石向粤汉路最后一段 120 公里地区窜犯。

△　太平洋学会讨论处置日本问题。会议认为台湾归还中国等悉照开罗会议宣言,并主张废除日皇制度。

△　汪伪中央政治委员会举行会议,任命丁默邨为中央政治委员会及最高国防会议秘书长,吴颂皋为司法行政部部长。

△　日小矶内阁召集非常会议,决定以决战来推动和平停战谈判,结束战争。

1月12日　国民参政会驻会委员会议,战时生产局长翁文灏作对今后扶植生产方针的报告,略称:战时生产局为战时集中生产之最高机构,同时亦为中美两国间经济合作之一联系机构,将来全部美籍顾问约20人左右,但纯任技术方面工作。该局对国内外主要器材的购办,有审定之权。翁并报告经济部工作情况,指出工矿业当前最大困难为资金筹措问题。

△　第十战区司令长官部在安徽立煌(今金寨)成立,李品仙、王懋功等就任长官、副长官职。该战区作战区域为平汉线以东、黄河以南、长江以北地区。

△　中国西南研究协会星期五聚餐会邀请于斌主教在重庆作《从美国舆论方面观察中美经济合作之前途》的讲演。于称,美人热心我战后建设,2000余技术专家愿来服务,福特筹备在华设分厂。

△　中法科学合作委员会在重庆成立,聘李石曾、吴敬恒、郎之万、哈达马为名誉会长,翁文灏、贝志高为会长。

1月13日　中国国际经济协会在重庆举行讲演会,孙科作《我国战后之第一期经济建设原则》的讲演,略称:中国战后经济建设的原则是,迅速求得工业化,因此不能完全采用英、美和苏联的经济制度,应建立自己的三民主义经济建设制度。

△　中国驻印军第五十师于缅北万好击破日军一个联队,攻占万好,日军向茂罗溃退。

△　盘踞广西恭城、富川的日军,经我军反攻,向湖南方面溃窜,我军将该两县完全克复。

△　日军第四十师团一部11日开始向广东省乐昌、坪石突进,于是日攻陷湖南省临武县。

1月14日　中共南方局负责人王若飞、徐冰就中共中央关于召开有国共和民盟三方面参加的国是会议预备会议的主张,同左舜生、张申府、沈钧儒、黄炎培、章伯钧、杨杰等人在重庆座谈。他们认为中共态度完全正确,符合全国人民的要求,并对国共谈判提出一些提议。

　△　陕甘宁边区劳动英雄和模范工作者大会闭幕,朱德、彭德怀、陈毅、刘伯承、聂荣臻、吴玉章等出席并讲话。李鼎铭副主席致闭幕词,号召劳动英雄注意深耕细作,发展家庭手工业,组织家家户户,男女老少,一齐动手发展生产。

　△　桂南日军分股经化龙侵陷横县。我军与地方民团不断反击,至 19 日卒将日军击退,收复横县。

　△　赫尔利会见蒋介石后,致电罗斯福报告中国局势。主要叙述国共第四次商谈后双方交涉及谈判情形,以及阻碍中国统一的各项因素等。

　△　美国记者爱金生在《纽约时报》发表《中国抗战的脊骨》一文,赞扬中国农民在抗日战争中的伟大作用。说:“占中国广大人口 85％ 的农民,是中国抗战力量的源泉。”特别称赞解放区农民以游击战不断打击日军,把被迫降落在敌占区的美国飞行员拯救出来,送回基地。

1 月 15 日　蒋介石发表《从军知识青年第一期入伍训词》,提出青年军人应有之基本认识:一、要立志革新,改造心理,以实践军人之修养;二、要严守纪律,服从命令,以克尽军人之本职;三、要虚心求知,随地学习,以提高战斗的效能;四、要锻炼精神,坚守节操,以创造光荣的战绩。

　△　中国民主同盟在重庆发表对时局宣言,针对蒋介石的《新年文告》中所谓“最后胜利更有把握的时候,就要及时召开国民大会”之说,表示反对国民党召开一党包办的国民大会,指出:“以此而居然‘还政于民’,并欲以此而成就全国的团结统一,吾人认为必将适得其反”;要求国民政府“结束一党专政,建立联合政权”,“召开党派会议”。宣言稿送交各报后,仅《新华日报》发表。当日《新华日报》因此被扣。

　△　丘吉尔致函蒋介石,派魏亚特将军为驻华代表。

　△　中国驻印军新一军新三十师及新三十八师一团在空军、炮兵和战车火力支援下,向日军发动猛烈攻击,是日突入南坎,后续部队陆续突入市区,经激烈巷战,至午全部占领南坎,日军残部向腊戍方向溃

逃。此役毙日军 1780 人,俘获 12 人,缴获机枪 15 挺,步枪 560 支,火炮 12 门。

△　中共冀热辽特委根据伪满军进关的严重形势,决定动员一切力量,开展以武装斗争为主的对敌总力战,以巩固和扩大解放区。自本月中旬开始,日本关东军司令部抽调伪满军四万余人"扫荡"冀东,冀热辽军民开始为期四个月的反伪满军战斗。

△　河南登封、临汝、禹县敌伪约 5000 人开始向登、临交界之白坪、马峪川、大峪店解放区进行"扫荡",19 日合围。解放区军民于 20 日冲破四五道封锁向北突围。27 日,八路军以奔袭战术迅速楔入伪军王光林老巢会华山,当将王部第二、三团全部解决,生俘正、副团长各两名及士兵 160 余名。29 日夜,复奔袭登封之颜仩川。31 日歼灭舜王庙之敌,包围东白坪之伪军王克昌部,俘伪大队长张树振以下百名。

△　粤东增城、深圳等地日军于 14 日分三股向东进犯,是日侵至博罗,续犯惠阳。

△　周佛海就任汪伪上海市长。同日,汪伪国民政府特任凌霄为海军部长。

1 月 16 日　财政部长俞鸿钧就大户献金办法对记者谈,此次政府为改善士兵待遇,发起全国大户献金运动,全国献金数目以达到国币 200 亿元为目标,由本年 1 月开始收集,3 月底办竣。

△　冀鲁豫八路军攻克河北大名县城,新任伪东亚自治军军长刘昆当场被击毙,前任伪军军长王天祥率所部突击团 400 余人反正。18 日,日伪军再占大名县城。5 月 14 日,八路军再克大名县。

△　郑州、荥阳、汜水、巩县、登封、临汝等县日军 3000 余名,配合伪军共约 7000 名,于 7 月向嵩山东南及临(汝)登(封)解放区进行报复"扫荡"。是日敌伪一部首先向登封以南的桐楼、东白坪、西白坪合击。八路军除留一部在内线抗击和牵制敌伪军外,主力已事先跳出包围圈侧击敌人。敌首次扑空后,18、19 两日又连续三次合击均又扑空。22 日,八路军选择曹村、东西刘碑地区予以痛击,一次消灭敌伪 200 余,旋

继续出击,粉碎了敌伪的"扫荡"。

1 月 17 日 蒋介石在陆军大学将官班就当前整军抗日要务和军事教育问题讲话。

△ 国家总动员会议秘书长张厉生对记者谈:今日社会之苟安心理与享乐奢靡之生活,殊非战时所应有,亟应加以纠正,要真正做到前方充裕后方刻苦,使一切人力、物力、财力完全集中于作战。

△ 国民政府调任原驻土耳其公使邹尚友为驻阿富汗公使。

△ 赣州在赣南专员蒋经国主持下开始作有计划疏散,迄 30 日止,除留守部队外,均已疏散竣事。专员公署已迁往安远,其他机关、学校则分别迁往长汀、宁都。蒋经国已于 30 日返渝,主持三青团干部学校校务。

△ 八路军太行军区第二分区侦察队由赵亨德率领,于正太路芹泉至寿阳间之西庄村伏击敌东行之特别快车,毙伤敌军官、伪政府机关顾问等 60 余人,俘虏伪山西省教育厅学务专员铃木三川郎等八人,缴获文件 8000 余件及军用品。

△ 山东诸城伪保安队副大队长张希贤率部 1000 余人反正,八路军山东军区改编该部为独立第三旅,张希贤任旅长。

△ 美机猛炸上海虹桥机场,计炸毁敌机 18 架;又炸龙华机场,敌贮藏之 7000 桶汽油全部被炸焚毁。同日,又袭击福州,炸断横跨闽江之万寿桥。20 日再袭沪,炸虹桥机场,毁敌机八架,并将虹口公大纱厂及公大第三厂炸毁。

△ 湘东茶陵日军第二十军第二十七师团一部,12 日开始东进,于是日侵入江西莲花,次日晚向宁冈之古城流窜。

1 月 18 日 贵州省政府改组。国民政府任命杨森为贵州省政府主席,谭克敏、杨公达、傅启学、谢耿民分任民政、财政、教育、建设各厅长,李寰为秘书长;原任主席吴鼎昌及民政、财政、教育、建设各厅长谭克敏、周诒春、欧元怀、叶纪元及秘书长郑道儒均免职。

△ 国民政府特任吴鼎昌为国民政府文官长,原任魏怀免职。

△　周恩来、董必武致电中共南方局负责人王若飞,指出目前对大后方文化人整风不宜扩大到党外,因为现在正开展民主运动,"正好引导文化界进步分子联合中间分子,向国民党当局作要求学术、言论、出版自由的斗争,向顽固分子作思想斗争,揭露国民党文化统制政策的罪恶,并引导其与青年接近,关心劳动人民生活,以便实际上参加和推动群众性的民主运动。这也就是很好的整风"。主张即使党内文化人整风也"应多从目前实际出发","引导同志们更加团结,更加积极地进行对国民党的斗争,而防止同志们相互埋怨、相互猜疑的情绪的增长"。

△　意外相加斯巴莱在国务会议上宣布,以前意大利法西斯政府所订关于意国支持日本在华政策的一切条约都归无效;并希望驻华大使将能解决一切争论,恢复意中两国的传统友谊。次日,意大利政府宣布承认中国国民政府,并宣布废除与日本政府的同盟关系。

△　日本最高战争指导会议决定,建立日本本土及中国、朝鲜等占领区防御体系,准备与同盟国军队决战。旋即指令其中国派遣军以美军为主要作战对象,以华北、华中和华南沿海地区为防御重点,力求挫败美军登陆和中国军队反攻的企图。

△　日军第二十三军第一〇四师团一部乘军舰分向粤东稔山、平海谷附近强行登陆,于是日晚占领海丰、陆丰两县。

1 月 19 日　英援华委员会主席费蕾致函国民党中央宣传部部长王世杰,对中国人民的英勇抗日,不惜牺牲,表示钦敬,并相信统一、民主与自由之中国必能对世界之文明贡献其智能。

△　山东惠民县敌伪千余于是日开始出动,对滨(县)惠(民)霑(化)等地区进行抢粮"扫荡",窜至沙窝、阳信之水落坡一带。20 日敌分股进犯皮店、二十里坡,25 日又窜犯水落坡。连日皆遭当地军民截击,26 日窜回惠民县城。

△　日军第一〇四师团向北攻击,是日攻占清远县。

1 月 20 日　滇西远征军克复畹町,自此中印公路畅通。

　　△　赫尔利经蒋介石的同意致函毛泽东,说明在国民政府计划中的某些变更,并估计这些都不可能得到中共的同意,但希望中共不要马上予以拒绝,建议再派周恩来赴重庆谈判。

　　△　国民政府特任蒋廷黻为善后救济总署署长。

　　△　是日至 3 月 1 日,日军侵占江西永新县城共 41 天,全县 33 个乡被日军骚扰达 22 个之多,杀害村民 353 人,殴打致残 178 人,被抓走 54 人,另有 540 人失踪,烧毁房屋 392 栋。

　　△　罗斯福在华盛顿宣誓就任美国第一位连任四届之总统,并在简短之就职演说中,要求全国在此争取胜利之最后一段期间,从事全面之作战努力。同日,蒋介石电贺罗斯福四度连任美国总统。

　　1 月中旬　据重庆《中央日报》讯:重庆市之银行除国家银行外,商业银行总行共 49 家,外地商业银行以往呈准在渝设分行者 14 家,外商银行二家,目前商业银行总数为 65 家。

　　1 月 21 日　贵州省政府主席杨森抵贵阳,并对记者谈黔政方针,称今后一切行动设施以能配合军事为先决条件,在军事第一之原则下,求取政治之进步。又称为解决民食,将实行川粮济黔办法。

　　△　周恩来在延安各界民主运动老战士首次座谈会上讲话,介绍国共谈判现阶段的状况。为使正在起草的《共同纲领》更能代表全国人民的意愿,听取与会者提出的意见。并针对所提意见说:一、我们的确不能把建立联合政府的希望放在蒋介石身上,"但目前情况又不能不以蒋介石为对象来开展这个运动"。二、《共同纲领》应照顾到全国各方,"集思广益,更适合人民的要求"。三、在大后方不一定要征得国民党同意才开展民主运动,要用各种方法逼迫蒋介石改变其一党专政制度。

　　△　中共中央就召开党派会议与推动孙科参加民主运动问题给王若飞指示,指出党派会议只能是国是会议之预备会议,会上应讨论国是会议和民主联合政府之组织及其实际步骤,应通过共同纲领,保证放人、撤兵、自由、废特四条之实现。望与民盟及国民党内的民主派交换意见,征求他们的主张。各党派会议我们是采纳孙科的意见精神提出

的。从孙科所提建议的立场看,尚不太坏,但必须告诉他:民主运动应不怕与蒋介石对立。争取抗战的彻底胜利,实行孙中山的三民主义,建立独立、自由、民主、统一、繁荣的中国,是各党各派联合的基本原则。

△　中国远征军与驻印军在滇缅路与利多公路交会点苗斯举行会师典礼,由陆军总司令何应钦主持,两军官兵数百名参加。

△　陪都各界湘桂难胞慰问团返抵重庆,团长王正廷对来访记者谈,此行曾至贵阳、贵定、独山、都匀等地,历时三周,散与难民之现款达1000万元,实物估值4000万元,现沿线难民约有七八千亟待救济,准备再筹款千万元救济。翌日,陪都各界黔桂前线将士慰劳团返抵重庆。此行历川、黔、桂三省,凡20县市,完成黔南、桂北、黔东、黔西及贵阳城防部队劳军工作,曾举行慰劳仪式11次,军民晚会六次,分赠慰劳金约2000万元及纪念章。

△　八路军太行军区以第七、第八军分区和平原分局党校警卫团等部共四个团又三个独立营的兵力,发起道清战役。至31日,第一阶段结束,拔除敌据点16处,解放道清铁路南修武、获嘉、博爱、武陟间的广大地区。

△　侵占浙省永嘉的日军乘船艇驶入飞云江,在瑞安东南登陆,午后侵入瑞安县城。国军反击,于23日克复瑞安县城。

△　日本第八十六届帝国议会续开。小矶首相发表施政报告,承认战局极严重,声称要加强日、"满"、华间陆上交通,加紧飞机生产,动用全国一切可用的人才进行战争。同日,藏相石渡庄太郎在众议院全体会议上发表演说,称自日华战争发生以来,发行的公债已达848.7亿日元,上年度共发行公债269.9亿日元,本财政年度的目标是410亿日元。

1 月 22 日　毛泽东再次电复赫尔利:派周恩来前往重庆代表中共同国民党谈判。

△　第十八集团军总司令朱德致函魏德迈,提出要求美国借款2000万元,中共将用此款策动南京伪军携带武器装备投诚,以及鼓励

伪军在日军后方息战和进行破坏。并称，中国共产党在 1944 年已争取
3.4 万多伪军反正，如果得到美国借款，1945 年可以争取九万名伪军反
正。至于 2000 万元款项，中国将在战胜日本之后负责归还。魏德迈把
此事告诉赫尔利，赫尔利没有给予答复。

　　△　粮食部长徐堪在中宣部记者招待会上报告粮政近况，称：去年
7 月至 12 月全国粮价平稳。在 45 个主要都市中，16 个都市粮价下跌，
20 个都市平稳，九个都市略涨。原因为：一、去年春小麦丰收，8 月全国
丰收；二、设粮食调剂处；三、征借粮食去年总额初为 8300 余万担，后减
为 6600 余万担。今后粮价因天时关系似可乐观。川省已准备好 10 万
包米调剂黔省军粮，并不影响四川粮食，四川收成六成即可足食。

　　△　国民政府明令褒扬去年 6 月 10 日在豫西抗日捐躯之第八师
副师长王剑岳。

　　△　重庆《大公报》讯：今年棉花增产贷款，重点在陕西泾、渭两水
地区，内定棉贷在 10 亿元以上，并望扩展棉田 300 万亩，实现此项巨额
贷款将成为棉贷史上之新的一页。

　　△　湘、赣边境日军第二十七师团一部陷江西永新县城。

　　△　美财政部长摩根索宣布：美国已拨交中国 2.1 亿美元，以偿付
中国政府为在华美军垫付之款额与所出之劳力、供应之物资及代建之
军事建筑所费之款项。

　　△　美军 500 余架飞机空袭冲绳和台湾各地。

　　1 月 23 日　行政院召开临时会议，通过调整税制、简化机构办法：
一、取消茶叶、竹木、皮毛、磁陶、纸箔、麦粉、水泥、火酒、饮料品统税；
二、全部取消棉花、夏布、植物油、药材等战时消耗税；三、停办盐、卷烟、
火柴专卖，改行征税；四、裁撤缉私署、海关监督、海关内地卡和公债劝
募委员会等。

　　△　中共中央指示北方局加强冀鲁豫根据地工作；从太行、太岳抽
调一批减租减息有经验、群众作风又好的干部到冀鲁豫，普遍发动冀鲁
豫群众进行彻底的减租减息，求得根据地进一步巩固。北方局必须亲

自到平原去工作,用至少半年到一年时间协助分局完成这一伟大任务。

△　广东曲江仲元中学校长梁镜尧率子在曲江抗日,是日父子同时殉难。

△　敌伪1700余人突分路向山西省洙山北及沁河以西解放区"扫荡",八路军展开反"扫荡"战,击退敌伪的攻击,并以一部主力越过同蒲路,攻克羊解庄据点。

△　印缅战区司令索尔登正式宣布,利多公路和滇缅路相接,皮可已率第一支运输队来华,日军对华三年封锁从此打破。

△　美副国务卿格鲁在华盛顿呼吁中国国民政府和共产党政权间成立协定,并表示"我们急切地愿望一个强大和团结的中国之发展"。

△　英国工党副主席拉斯基致书中国人民,表示英人保证愿尽全力协助中国完成战后建设之艰巨工作,并协助其实现孙中山先生之伟大目标。英自由党主席庞汉卡德夫人亦致书中国人民,保证助中国完成战后建设。

△　中美工商协会运输委员会主席凯塞在纽约对中美运输专家谈话,称:该会此后将举行会议讨论中国运输系统之重建,及在此计划中美国工业承担之职务等各种问题。

1月24日　周恩来由延安飞重庆。离延时,在机场向新华社记者发表谈话说,此次去渝,要向国民政府、国民党、民主同盟提议召开党派会议,作为国是会议的预备会议,以便正式商讨国是会议和联合政府的组织及其实现的步骤。是晚,行政院代理院长宋子文宴请周恩来,赫尔利及王世杰作陪。宋子文提出拟请中共和其他党派参加行政院下准备设立的行政委员会。周恩来声明,如不取消一党专政,任何形式的组织,中共不参加,只有召开党派会议,成立联合政府,才能解决问题。

△　周恩来在重庆招待《大公报》和《新民报》记者,向他们说明中共中央关于国是会议和联合政府的主张。

△　国民政府特任俞飞鹏为交通部长,原任曾养甫免职。

△　重庆《大公报》载:农林部本年施政之重心为发展农田水利事

业,其预算已确定为 8000 万元,占该部总预算 62.5%。

　　△　美"巴布号"潜艇在厦门附近击沉日本驱逐舰三艘和其他船只四艘。

　　1 月 25 日　周恩来在重庆同赫尔利会晤。赫尔利说,昨晚同国民政府方面人士商谈五点:一、去年 11 月 21 日的三条仍要做;二、行政院下设各党派参加的战时内阁性的新机构;三、成立有国民党、共产党、美国各一人参加的整编委员会,整编中共军队;四、为中共军队设一美军官作总司令;五、国民政府承认中共合法。周恩来予以拒绝,声明这不是解决问题的办法。随后应约同宋子文商谈,参加的有赫尔利、王世杰、张治中。宋子文陈述国民党和美国方面商量的几点,周恩来坚持先解决一党包办问题,会谈无结果。周恩来将会谈情况电告毛泽东。

　　△　周恩来邀集各方面民主人士代表黄炎培、冷遹、左舜生、沈钧儒、张申府、邓初民、郭沫若、范朴斋等至曾家岩 50 号商谈召集党派会议等问题。周恩来在会上谈当前形势和共产党对党派会议的意见。

　　△　魏德迈在重庆记者招待会上宣布,其参谋长麦克鲁赴昆明任中国战区美军作战司令官,副参谋长克罗斯代理参谋长,并设一新机构处理租借等项事务。

　　△　东南亚盟军总司令蒙巴顿致电蒋介石,祝贺中国国际通路重开,表示深信不久之将来即可顺利完成对日之战,且对中国于本国遭残暴敌人之严重威胁时,犹能派军远战缅北协同歼敌,尤表敬意;并称:"中国大军之卓越作战素质,吾人均极敬慕。"

　　△　美国第十四航空队空袭北平机场,击毁、击伤日机 40 架。

　　△　珠江三角洲伪护沙队李郎鸡部一大队进犯南村、市头解放区,东江纵队予以反击,毙伪集训大队长一名,伤伪军 60 余名。事后李郎鸡企图报复,调集该部所有伪军 3000 余名,一连三天向解放区进犯,东江纵队与民兵配合作战,将数度来犯之伪军击退。

　　△　日军第二十军第六十八师团第五十七旅团陷湖南省郴县。

△　日本最高战争指导会议通过《决战时期非常措施纲要》,决心全力以赴地维持与扶植以日、"满"、华为基地进行战争的能力,确立起适应本土决战的态势。

1 月 26 日　国民参政会驻会委员会议,鹿钟麟报告役政。略称:吾人办理兵役,一方面应训练良好壮丁以适应需要,同时亦应顾到人民疾苦,使其不受苛扰。故今年征兵决定于 1、2、3 月内将全年数征齐。会议同时通过请政府调整收购陕棉价格议案一件。

△　周恩来访孙科,双方就当前国家重大问题进行长时间的商谈。接着出席赫尔利、王世杰的午宴。午后又出席郭沫若举行的茶会,同文化界人士进行交谈。

△　周恩来召开扩大的各党派座谈会,共 40 余人到会,高崇民、马寅初、柳亚子、章伯钧等讲话赞成中共态度。

△　战时生产局主任秘书吴景超向工业界谈战后如何利用外资问题。略称:吾人欲利用外资,须先知需要若干外资;美国投资我国可无问题,但吾人如何利用及政治上如何走上安定,实为吾人所宜注意者。

△　川康盐务管理局长曾仰丰发表谈话,称川康区 1944 年度产盐较 1943 年度增加 20 余万担,计川省销出 322 余万担,外省 180 余万担,合计 500 余万担,尚存盐 170 余万担。

△　中国地方自治学会在重庆成立,其宗旨是配合政府促进自治的完成,推定李宗黄为理事长。

△　国府委员、宁夏省政府主席马麟在临夏原籍病故。

△　陈纳德在美国第十四航空队总部接见《大公报》记者黎秀石。陈称:中国战区将来大举反攻时,第十四航空队必大有作为。一旦美军于中国海岸登陆,亦必可自空中充分协助之。目前第十四航空队美机扬威各地,自北平至南海处处创敌,1 月份已毁日机达 305 架,创新记录。

△　重庆《中央日报》载:陈纳德及其飞虎队队员捐款 35.4278 万元,赠给中国儿童保育会。

△ 日军第一一四师团林田旅团主力及伪军一部共兵力 2500 余名，向沁源西解放区进行"扫荡"。是日，敌由安泽出犯唐城、中峪店，沿途遭八路军伏击，在元驿会合后，又遭八路军及民兵围攻两日，敌伪损失甚重，于 29 日即分股向安泽城逃窜。

1 月 27 日 中国驻印军新一军克复南坎后乘胜猛攻，16 日以新三十八师主力沿芒友公路进击，新三十师主力围歼老龙山地区之敌，经 10 余日激战，遂于是日全部攻占芒友。新一军进抵芒友时，滇西中国远征军第五十三军第一一六师亦陆续开来，两军于此相会。新一军军长孙立人紧随其前锋队进入芒友城。至此，整个中印公路最后之残敌已完全肃清，中印公路全线打通。

△ 周恩来致电毛泽东，报告同赫尔利、宋子文等会谈情况。电报说，赫尔利和宋子文提出在政务委员会以外的两个补充办法：一、由美国、国民党、共产党各派一人组织军队整编委员会；二、由美国派一将官任敌后中共军队的总司令，国民党、共产党各派人为副总司令。周恩来拒绝这两个补充办法。

△ 国民政府核准将云南省昆明县改名为穀昌县。

△ 八路军第一二○师南下支队到达鄂豫皖根据地大悟山地区，与新四军第五师会合。

△ 日军第二十三军第一○四师团一部占领广东省曲江，粤汉线南段被日军打通。

△ 中美空军混合机队飞临豫、晋、湘各省及南京，袭击日军水陆军事设施。

△ 美教会主办之海外救济复兴委员会宣布服务预算，共计 427.9 万美元，其中 10 万美元用以赈济亚洲区之贫民，60 万美元用以赈济中国区之灾荒及捐助辅育儿童与医药供应等费用，另以五万美元作复兴中国灾荒区之用。

△ 日藏相石渡庄太郎解释追加军事预算时称："1945 至 1946 年度之收入约为 900 亿日元，此中来自全国及地方税收者占 180 亿，来自

中央及地方政府之公债者占 470 亿。"同日及次日,众议院与贵族院分别通过数达 850 亿日元之特别军事追加预算案。

1 月 28 日　蒋介石、赫尔利、魏德迈应美国互通广播公司之请,于是晚 10 时在渝播讲《中印公路开辟之意义》。蒋介石并宣布命名该路为"史迪威公路",以纪念史迪威将军打通该路之努力。赫尔利称:此路象征美国对同盟国之忠实及无私。魏德迈称,援华物资将大增,可自中国发动攻势。同日,史迪威亦在纽约发表广播演说,对开路兵工备致赞扬,并称:"中国军人已向世界证明,如彼等能获得适当之装备、训练及领导,必不亚于世界任何之部队。"

△　中、美两军在滇西畹町举行会师典礼,中国远征军代司令长官卫立煌、中国驻印军总指挥索尔登、中国驻印军新一军军长孙立人等出席并检阅各部队。

△　首批运输队循中印公路是日越过中缅边境进入中国,打开三年来中国之陆上封锁。修筑中印公路之皮可率车队于午后 2 时驶入边境城镇畹町。中国政府在畹町举行热烈的欢迎典礼,美国将领索尔登、戴维孙、陈纳德,中国方面宋子文、卫立煌、孙立人等出席典礼。同日,美方人士在畹町称,第一批运输队乃纪念性质,其中仅有新车约百辆、大炮数门以及弹药与汽油。中印路之运量不致低于滇缅路之每月 1.7 万吨,如能有更佳管理与组织,运量可能倍之。

△　孙科在重庆寓所举行晚餐会,邀请周恩来、王若飞,吴铁城、王昆仑、黄炎培、章伯钧、李璜、左舜生、沈钧儒、王世杰、邵力子亦应邀。餐后谈国共问题,孙科主张以中共的方案作讨论的基础。周恩来介绍几次来渝谈判经过和双方分歧点,说明只有取消国民党一党专政,实行民主,才有出路。

△　周恩来在重庆招待产业界人士,吴蕴初、刘鸿生、章乃器、胡厥文、胡子昂、李烛尘、胡西园等 30 余人出席。与会者一致赞成民主,反对国民党一党专政。周恩来在讲话中强调抗战要坚持到底,民族要独立,国家要富强,工业家要为国家作贡献。

△　中共中央电周恩来,指示南方局应开展大后方农村工作,使我们在日本可能进攻云、贵、川时或将来国内的重大事变中,有可靠的基础发动游击战争。周恩来、王若飞立即向南方局各直属机关及辖属地方党组织传达贯彻。

△　毛泽东复电周恩来,指出:"你拒绝了赫尔利的两个补充办法是很对的。这是将中国军队尤其将我党的军队隶属于外国,变为殖民地军队的恶毒政策,我们绝对不能同意。"同时表示在国土未完全恢复前,我们不赞成召集任何国民大会。因为旧代表是贿选的、过时的,重新选举则在大半个中国内还不可能。"并望以此征小党派同意,共同抵制蒋的国大把戏"。

△　美国《纽约时报》发表爱金生对林语堂新著《枕戈待旦》一书的书评,称国共两党必须根据民主基础,共同拟定一个反攻日寇与改革政治的纲领;中国共产党已作了积极而进步的贡献,整个中国至少应实行一部分中共的措施。

1 月 29 日　蒋介石听取中国战区中国陆军总司令何应钦关于编组攻击师与防御师计划的报告。何称:筹备编组的 36 个攻击师的火力,将相当于日军的甲级师团的三分之二;九个防御师的火力,则与中国远征军相等。蒋批准该计划后,魏德迈即命令中国战区美军司令部立刻进行。

△　国民党中央举行纪念周,社会部长谷正纲报告赴黔、桂救济难胞经过,略称:此次中央支出救济经费及粮款在 3.5 亿元以上,对受救济的难民不但予以收容招待、医药寒衣的紧急救济,而且予以疏散安置。

△　国民政府军事委员会发表战讯:27 日我军攻占芒友,两路部队大规模会师,完全打通中印公路。自 1943 年 10 月底以来,我缅北、滇西部队抱攻击决心及勇敢拼战精神,先后发动攻势,转战迄今,共死伤 7.9154 万人,除毙敌 4.8858 万人及大量房获品外,打通封锁数年之中印交通,扫清滇缅敌寇,歼灭精锐师团,如第十八、第五十六两个师团

全被歼灭,第五十三、第二、第四十七等师团及第二十四混成旅团被击溃。此皆我滇西及驻印军健儿之丰功伟烈。

△ 财政部决定自是日起烟类、火柴改征统税,并制订临时办法。其税率为:一、机制烟从价征收 100％;二、手工卷烟从价征收 6％;三、雪茄烟从价征收 60％;四、熏烟从价征收 30％;五、火柴从价征收 20％。同时,茶叶、竹木、皮毛、瓷陶、纸箔、麦粉、水泥、火酒、饮料品等九项统税亦一律停征。

△ 据重庆《大公报》载:陕西全省纺织工厂现有 300 余家,织布机约 4000 架,每机每日以产布 24 匹计,每月则在 10 万匹左右。

△ 湖南省团队乘日军向粤汉路进攻之机,于是日连续收复新田、宁远、临武、蓝山等九县。

△ 日本中国派遣军在南京召集所属 12 个方面军、军司令官联席会议,总司令官冈村宁次表示要竭尽全智全能,善谋善战,以期打开危机,挽回国运;总参谋长松井太久郎传达中国派遣军命令:一、关于从两个正面对付重庆的各军应担负的一般任务及对美作战准备纲要;二、关于华北方面军及第六方面军分别攻占老河口及芷江,破坏其航空基地的命令。

1 月 30 日　宋子文、王世杰、张治中与周恩来在重庆会谈。王世杰、张治中在会上口头承认应结束一党统治,并表示倾向于召集党派会议。周恩来提出党派会议成分应是国民党、共产党、民主同盟三方,内容应是讨论结束一党统治,制订共同纲领,改组政府;并要有一个基本的政治解决方案,才会有利于真正解决问题。

△ 国民政府颁布训令,要求全国上下做好军队服务工作:一、各级将领应以士兵之保育为第一要务;二、关于征集入伍之壮丁,无论地方机关与补充训练机构,对衣、食、住、行、娱乐均须妥为筹划;三、各地方行政与自治机构,必须积极发动民众,服务军队。

△ 国民政府决定将《禁烟禁毒治罪暂行条例》自 1945 年 2 月 19 日起,延长至抗战结束后两年为止。

△ 教育部英美奖学金研究生、实习生考试揭晓,计录取留英研究生 65 名,实习生 69 名,留美研究生 61 名,共计 195 名,其中理、工、医、农名额约占 96%。

△ "伊宁事变"的哈萨克乱民攻陷新疆伊宁。国军预备第七师副师长杜德孚以下官兵 4000 余人,在突围中于 2 月 1 日阵殁。

△ 联合国救济善后总署中国区办事处处长凯萨于 27 日飞抵重庆,是日对记者谈:来此之主要任务,乃与中国善后救济总署竭诚合作,务使此项艰巨之工作得以推行而达到成功。

△ 英记者斯坦因在英国《新闻纪事报》上发表《8600 万人民随着他的道路前进》一文,记述作者第一次和毛泽东会见和谈话的情况。按:斯坦因是把延安情况报道给英国公众的第一人。

1 月 31 日 王世杰与周恩来在重庆谈判。王世杰主张中共参加最高国防军事委员会、政府承认党派合法、同意召集党派会议,但不接受结束一党统治。周恩来表示不赞成成立整编委员会,主张改组军委会,坚持结束一党统治。

△ 王世杰在外国记者招待会上谈战局,略称关于中国现状有三点值得特别重视:第一,缅战胜利我已无后顾之忧;第二,铁路线以东我军继续击敌;第三,敌企图在中国战区进行大战,所以中国战区的日寇未被击败以前,日寇是不会全面溃败的。

△ 立法院通过《三十四年度国家总预算案》及《取缔违反限价议价条例案》等案。

△ 政治部长张治中为招待苏联在渝之外交、军事、商务及文化人士,在胜利大厦举行联欢晚会,孙科、邵力子、贺耀组、贺国光、刘斐、周恩来、郭沫若、何浩若等应邀作陪。

△ 日军第二十七师团一部攻陷江西遂川。

△ 美驻华大使赫尔利向美驻华大使馆官员训话称,美国只承认国民政府,以后所有工作人员不得私向任何党派或部队商谈军援和经援问题。2 月 15 日,中国战区美军总司令魏德迈亦向美军司令部军官

作同样内容的训示。

　　△　美驻华大使赫尔利致电美国务卿斯退丁纽斯称："在我与共产党的所有谈判中,我都坚持美国愿将对共产党作为一个政党或反对国民政府的叛乱者而向它提供物资供应或给予其他援助。美国对共产党的任何援助都必须通过中国国民政府给予该党。"

　　是月　第五十二军改为远征军,赵公武为军长,下辖三个师:第二、第二十五、第一九五师,均暂时直属统帅部。

　　△　教育部为彻底改善小学教员待遇,制定改善待遇办法五项,其中规定:全国各地小学教员之薪金及补助费,至少应以维持当地两个人生活之需要为最低标准。

　　△　昆明新论衡周刊社举办新年笔谈会,邀请西南联大教授和昆明学术界人士曾昭抡、吴晗、徐茂先、周新民、伍启元、蔡维藩、杨西孟等参加。与会人士认为,我国应有新的合时代合人民要求的新变革,结束训政,还政于民,实行真民主,动员全民,一切才有办法。

　　△　宝(鸡)天(水)铁路铺轨已抵石门车站,计已铺 42 公里,穿过隧道 51 座,距天水尚有 120 公里。

　　△　1 月底止,法币折合黄金存款累计收存数额:重庆收入法币 37.69 亿元,折存黄金 1.9026 万两;昆明收入法币 20.69 亿元,折存黄金 10.8618 万两;西安收入法币 12.18 亿元,折存黄金 6.2271 万两。

　　△　晋察冀边区召开第二届群英会。会上总结了冀晋、冀察两区 1944 年开展大生产运动的成绩;并提出今年的任务是全面开展大生产运动,精耕细作,消灭熟荒,争取耕三余一,自己动手建立革命家务,为工业品的逐步自给自足而奋斗,开展对敌经济攻势,扩大边币市场,发展农工商业。

　　△　广东南路人民抗日游击队成立,后改称南路人民抗日解放军,亦称南路纵队,周楠任司令员兼政治委员。

　　△　广东人民抗日游击队珠江纵队成立,下辖两个支队和一个独立大队,林锵云任司令员,梁嘉任政治委员。

△　中共潮汕地区党组织是月正式成立潮汕人民抗日游击队。

△　泛东挺进军第十八纵队司令赵文灿在郑州刺探敌情时殉职。

2 月

2 月 1 日　国民参政会秘书长邵力子宴请周恩来、王若飞、孙科、王昆仑、左舜生、李璜、沈钧儒、章伯钧、张申府、雷震等，商讨国内团结问题。

△　中国陆军总司令部后方勤务司令部在昆明成立，受中国陆军总司令部之指挥，并与美军供应处联系；其主要任务为统筹中国陆军司令部所辖第一至第四方面军、中印公路东段警备部及总预备军等各部队之运输、补给及装备，同时担任滇、桂、黔暨湘西地区各军事机关、学校之补给，并兼办西南补给区业务。美籍齐福士中将为司令。

△　财政部通令全国取消征收战时消费税，以纾民困。

△　数万邮务员工要求改善生活待遇，是日交通部批准按原薪一律加 20％。

△　上海数千报贩集体罢工，是日敌伪报纸几无法发行。

△　八路军光复鲁南泗水城，将城中伪第十军全部消灭，击毙伪第十军军长荣子恒、参谋长朱也、日顾问长泽以下 200 余人，俘伪第十军第三师师长朱级勋、伪县长李香亭及日指导官石川等以下 1100 多人。

△　日军独立混成第八旅团、北特警及伪满军 24 个团共数万人，再次向冀东抗日根据地进行大规模"围剿"、"扫荡"、"奔袭合击"。八路军冀热辽军区部队举行反日、伪、"满"军战役，战争一直持续到 6 月初，共歼灭日伪军 5035 人。

△　日第二十军第四十师团侵陷广东始兴。

△　台湾日本当局杀害台湾抗日文艺作家欧剑窗、赵鸿藩于狱中。

△　海斯将军接任英驻华大使馆武官兼英军事代表团团长，原任孔士德将军即将返英。

△　美代理国务卿格鲁发表声明,称鉴于吾人对华关系之重要,国务院已采取增强美国驻华外交人员之步骤,遣派布利格思赴华协助大使,从事联系重庆与美国政府机关之工作。

△　魏德迈在美军总部举行的中外记者招待会上称:敌军扰粤,其目的在防美军登陆;并称在蒋委员长指挥之下,余与中国各长官相处极好,彼此无不以诚相见。余甚愿早日结束战争,返回乡里与家人共聚。

2月2日　王世杰与周恩来谈判。周恩来提出关于召集党派会议的协定草案:一、党派会议应包含国民党、共产党及民主同盟三方面代表,会议由国民政府负责召集,出席代表由各方自己推出。二、党派会议有权讨论和解决如何结束党治,如何改组政府,使之成为民主联合政府,并起草共同施政纲领。三、党派会议的决定和起草的施政纲领草案,应在将来的国是会议上通过后,方能成为国家的法案。四、党派会议应公开进行,并保证各代表有平等地位及来往自由。此案未被国民党接受,遂由王世杰主持草拟一建议案。建议案提出由国民政府召集一次有各党各派及无党派人士代表参加的政治协商会议,其任务是商定:"(一)从事结束训政时期,以建立宪政之步骤;(二)将来共同遵行之政治决策及军队之一元化;(三)国民党外各党各派参加政府之方式。"并要求在政治协商会议进行期间,各党派必须停止一切责难。当晚及次日,周恩来、王世杰分别将此建议案报告两党中央,并通知赫尔利。

△　驻美大使魏道明在华盛顿记者招待会上说:"在运交中央政府作抗日之用的租借供应品中,相当大的一部分已分配给共产党,以便用于同一事业。"4日,新华社奉命声明,魏氏所说与事实完全不符,纯系毫无根据的谎话。事实上迄今为止,共产党及八路军、新四军从没有由国民政府分配给一支枪、一颗弹、一粒药、一文钱。

2月3日　蒋介石任命龙云兼中国陆军副总司令。同日,蒋介石电令将第十一集团军八个军编并为四个军,即第六、九、二十九、五十七军四个军撤销番号,第二、五十三、五十四、七十一军四个军用美械装备。

△　国民政府特任夏勤为最高法院院长,原任李茂免职。

△　王世杰向赫尔利建议由国民政府邀请各政党代表及无党派之社会领袖,组织政治协商会议,商讨政治、军事问题。

△　中共六届七中全会继续开会,讨论周恩来报告同国民党谈判情况的来电。会议认为去年 9 月提出成立联合政府,是原则的转变。当前要反对右倾危险,要注意到前途是流血斗争。

△　毛泽东两次致电周恩来。一电要周恩来明白告诉国民党及其他党派:除非明令废止一党专政,明令承认一切抗日党派合法,明令取消特务机关及特务活动,准许人民有真正自由,释放政治犯,撤销封锁,承认解放区,并组织真正民主的联合政府,我们是碍难参加政府的。至于会议名称、成分及方式,可以从长考虑。另一电内容是:除坚持废除一党统治外,请着重特务、自由、放人、撤兵四条。请直接告诉赫尔利、宋子文、王世杰、张治中,如这四条不先办到,不能证明废除一党统治、实行民主不是骗局,我们万难加入政府。

△　国民党忠义救国军破坏钱塘江大桥,炸毁该桥两孔,敌伪交通顿告中断。

△　日军第二十军第四十师团一部陷广东南雄。

△　纽约战后经济研究局召集亚洲建设问题会议,印度、伊朗、中国、菲律宾等国代表出席。中国代表李卓敏在会上发表演说,称中国目前最迫切之问题,为交通运输、农业、轻重工业、公共卫生及教育之恢复等问题,并称太平洋方面持久和平大有赖于中美间之谅解与合作。

2 月 4 日　蒋介石发表农民节与感功节训词,称抗战八年农民同胞实为抗御强寇最大之力量,表示希望农民同胞敬其世业,勤其工作,增强国力。同日,重庆各界举行集会表示庆祝,并举办大规模农产展览会。

△　美驻华大使赫尔利晋谒蒋介石,商酌王世杰等所拟政治协商会议草案;并表示可以以此草案同中共谈判。

△　美、英、苏三国政府首脑罗斯福、丘吉尔、斯大林在苏联克里米

亚半岛上的雅尔塔里瓦吉亚宫举行会议,主要讨论议题为:一、彻底击败法西斯德国,铲除德国军国主义和纳粹主义,分区占领德国和柏林的问题;二、苏联对日作战的问题;三、战后世界安排的问题。

　　△　重庆《中央日报》载:国民党中央常委会决定第六次全国代表大会代表名额,计省、市党部277人,边疆党部19人,特别党部25人,学校党部13人,海外党部89人,工矿党部七人,军队党部110人,青年团60人,总计600人。

　　△　史迪威公路首次车队驰抵昆明西站,云南省主席龙云举行欢迎仪式,并代表政府接受盟国援华物资。车队游行全市,沿途受到民众热烈欢迎。晚上,龙云设宴招待全体运输队人员。

　　△　美军攻克菲律宾首府马尼拉。6日,太平洋美军总司令麦克阿瑟在马尼拉发表声明,称马尼拉之攻占乃太平洋战争重要阶段之结束;同日,蒋介石分别致电美国总统罗斯福、麦克阿瑟将军,庆贺马尼拉光复。

　　2月5日　周恩来致电毛泽东:已准备两个方案,拟择其中之一向蒋介石提出。第一案是坚持我方协定内容,另以口头要求实行放人、撤兵、给自由、废特务四条。第二案是将放人等四项加进协定中,再加党派合作一项。蒋绝对不会承认结束一党统治、国是会议和联合政府,因此,坚持第一案,以口头提出四项更会有利,并使赫尔利、小党派、孙科派及各省人士都能承认我们所取的态度。究以何案为好,请即电示。同日,毛泽东复电周恩来:同意你的做法,但请注意:一、对王世杰提案不完全拒绝,只说可回延商讨;二、不要强调国是会议;三、强调如无真民主,我们是万难加入政府的。

　　△　粤北国军于3日向始兴县城反击,至是日午后8时完全光复该城。

　　△　新四军苏浙军区在浙西长兴成立,粟裕任司令、谭震林任政委,下辖三个纵队。

　　△　八路军山东根据地成立抗战建国学院,黎玉任院长。学院任

务是加强在职干部教育,响应毛泽东两三年内学会经济工作的号召,着重培养经济工作人才。

△　美国在昆明成立中国空运大队,以加强中国境内空中运输及协助中国地面部队作战,美籍卜郎里上校任大队长。

△　美对外经济处长克罗莱在华盛顿发表《促进对华供应与租借物资运输方案》,计划在中国建立集中运输制度,在《租借法案》下指拨 1.5 万辆卡车在中国使用,并完成由加尔各答经由缅甸到中国的油管。

△　中韩文化协会在重庆举行大会,欢迎 30 余名脱险来渝的韩国青年,邵力子、马超俊、方治等百余人出席。

△　朝鲜革命军政学校在延安成立,金白渊任校长。

△　日军第四十师团攻陷江西大庚县。

2 月 6 日　杨杰光、谭平山、郭春涛、邓初民、祝世康在重庆棉花街 58 号李绍涵家宴请周恩来、王若飞、王炳南及陈铭枢、杨虎、郭沫若、柳亚子、沈钧儒、左舜生、李璜、章伯钧、张申府、马寅初等,商谈时局问题。

△　中央调查统计局局长徐恩曾辞职,由叶秀峰继任。

△　湘桂难胞救济委员会在重庆举行茶会,欢迎黔、桂难胞慰问团,许世英、钱新之、黄炎培、黄少谷、康心如、胡政之等百余人出席。王正廷报告慰问团工作概况和观感,并提议组织“幼幼会”救济流离失所的难童。黄炎培演说,呼吁各界重视难胞职业问题。按此次慰问团总共发出现金和实物:国币 999.58015 万元,灰布 870 匹,白布 869 匹,棉被 478 条,女夹裤 279 件,童棉衣裤 100 套,棉衣 680 件,男棉裤 400 件,食盐 4.2 万斤,棉花一万斤。

△　陈纳德在空军基地接见中外记者,称衡、柳一带机场陷敌后,敌人目标转向东南,企图攫取空军基地,掩护粤汉路和公路运输线;并称 1 月份第十四航空队活动范围和击毁敌机数量均超过任何一月,由北平、天津到缅甸、越南,屡得重大战果,黄河以南平汉路敌运输量减低,津浦路敌交通几告断绝。

　　△　日军第二十军第二十七师团占领江西赣县（今赣州市），大肆烧杀，阳明路、中山路附近几乎全成灰烬，死于日军奸杀的民众约百余人。

　　△　"长远"轮航行于宜宾至南溪，是日下驶至南溪筲箕背时，因载客超过定额 200 余人，轮船沉没，淹死乘客 300 余人。

　　△　由英国总工会召集的世界职工联盟大会在伦敦开幕，会期 10 天。参加大会的有代表同盟国 38 个机构和中立国家七个团体的代表 250 多人，代表着 5000 万以上的工人。中国首席代表朱学范当选为副主席。

　　△　法驻华大使馆文化联络官桂博离渝返法，行前曾与教育部及中央研究院商定中法交换教授、留学生及文化交流工作：一、中国派遣 500 名学生赴法留学，法国派 50 名学生来华留学；二、中法互派五名教授讲学，来华之法教授讲授物理、化学及法文，中国赴法教授讲授汉学及中文；三、文化交流工作由中法科学合作会沟通。

　　△　据重庆《新华日报》载：美红十字会以 10 吨药品、显微镜、X 光仪器及医疗用具等，由美军飞机空运到延安，捐助边区敌后解放区。此为四年多以来敌后战士初次得到外国大批的医药接济。

　　2 月 7 日　军政部长陈诚在外国记者招待会上谈目前军政，略称：目前中国的军政工作已由计划阶段进入实行时期，一定能够争取时间配合盟军作战；当前军队的主要工作，则是补充兵员，改进生活。

　　△　国民政府任命陈继承为第六战区副司令长官。

　　△　新一军联络官袁复德上校代表孙立人军长在昆明招待记者，报告该军第三十八师三年来战绩，略称在缅北战役中，该师共获敌炮 27 门、轻重机枪 134 挺、步骑枪 226 支、俘敌官兵 105 人。敌我死伤为 6∶1；从利多至南坎共推进 550 英里。

　　△　重庆各界妇女三八节纪念大会筹备会举行第一次会议，决议发动全国妇女促进宪政及捐献百万军鞋运动。

　　△　延安各界举行前新四军第四师师长兼政治委员彭雪枫追悼

会,朱德主祭,毛泽东、彭德怀、陈毅及各界代表千余人出席。

△ 空中运输总队中印区司令藤纳少将宣布:中印区运输机 1 月份运送中国之作战物资几近 4.4 万吨,较去年同期的 1.3 万吨多两倍有余。飞往中国之飞机,一天 24 小时,平均每 2.5 分钟即有一架。

△ 美国对外经济处长克罗莱宣布,对华供应与租借物资运输方案延续一年,以增强中国对日作战之能力。

△ 朱学范在世界职工联盟大会报告战时中国工人概况和贡献,略称:中国现在极力增加战时生产。从事大陆运输的工人在各城市间轮班肩负货物。"超级堡垒"的基地是由 40 万毫无机械可用的工人所筑成的。他称颂中国有组织的工人在中国历史上已建立辉煌的功绩,在国民革命期间就极有贡献,今日又努力以助战争的胜利。

△ 日军侵陷南康,嗣与侵赣州之日军会合。

△ 据中央社讯:菲律宾四万名华侨组织中国游击队同盟军并肩作战,近日又配合美军攻入马尼拉,协助盟军解放菲律宾。

2 月 8 日 孙科、王世杰、左舜生、李璜、沈钧儒、黄炎培、张申府、章伯钧、王昆仑与周恩来、王若飞在参政会商讨国内团结问题。会后,王世杰与周恩来再次举行商谈。

△ 中国战区美军司令部发表 1 月份空中战绩:第十四航空队击毁敌机 334 架,内战斗机 176 架,轰炸机 90 架;打沉敌船 15 艘,计 2.075 万吨;击毁敌机车 342 辆,创每月击毁敌机、机车的新纪录。

△ 据美新闻处讯:美科罗拉多州丹佛垦拓局工程处总设计师萨凡奇正主持设计中国长江三峡水电工程,其方案为:水电工程建于重庆下游,可灌溉农田 6000 万英亩,可发电 1056 万千瓦,其电力可供之地区东达南京,西至成都,南至贵阳、桂林,北至天水、太原。若再应用水闸控制水量,则一万吨之大船可上溯江直达重庆。

△ 中国驻印军新一军攻占南巴卡,切断腊戌和芒友的敌后交通。

△ 进攻湘粤赣边区的两股日军会师于江西新城,达成覆灭中国赣南空军基地及打通粤汉铁路之目的,但未能击溃中国军主力。

△　下午 3 时 30 分,罗斯福与斯大林在雅尔塔立瓦达宫会谈,斯大林要求恢复沙皇时代在华特权,作为对日作战的政治条件。

△　汪伪政府免王克敏华北政务委员会常务委员兼委员长、兼教育总署督办本兼各职,特派王荫泰为华北政务委员会委员长。

2 月 9 日　中国战区陆军总司令部在昆明成立,何应钦任总司令。

△　周恩来在重庆会见赫尔利。赫尔利将王世杰关于政治协商会议的意见相告;周恩来将党派会议协定草案文稿交赫尔利,表示不能同意王世杰的意见。

△　旧金山《中国世界》、纽约《中华新闻》及《中国每日新闻》、檀香山《新中国日报》、温哥华《中国时报》等美洲十大华侨报纸致电蒋介石、毛泽东、宋庆龄、中国民主同盟各领导者,要求国民党立即结束一党专政,召集各党各派领袖组织最高的行政机关,建立全国的联合政府。

△　国民参政会驻会委员举行会议,教育部长朱家骅报告最近教育上之措施,略称:今年政府政策均在紧缩,教育亦不图更大发展,而是如何维持现状,渡过难关;并称:大学、中学教育均待研讨改进,将分别组织视察团考察得失;希望能召开一小规模教育会议,公开征求意见,以策改进。

△　交通部任命前驻美大使馆空军武官沈德燮继任中国航空公司总经理,沈于是日接事。

△　英国联合援华募款总会宣布:该会募款总额已达 143.7457 万英镑。

2 月 10 日　宋子文、张治中、王世杰、赫尔利与周恩来在重庆继续谈判。周恩来提议在召集党派会议前,改善环境,先实现放人等四项主张。赫尔利提议发表共同声明,周恩来拒之。

△　国民政府特派李宗仁为军事委员会汉中行营主任;特派王缵绪为重庆卫戍总司令,原任刘峙调任第五战区司令长官。

△　国民政府决定将湖北省宜城县改名自忠县,以纪念抗日殉国之张自忠将军。

△ 中美空军混合大队袭青岛机场,毁、伤敌机 98 架,并在胶济铁路沿线炸毁火车头 12 座。

2 月 11 日 雅尔塔会议闭幕。会议签署《苏美英三国关于日本的协定》即《雅尔塔协定》,并发表《美英苏三国雅尔塔会议公报》。按《雅尔塔协定》美、英同意以外蒙古维持现状,苏联恢复日俄战争以前俄国在中国东北之权益及得到千岛群岛,作为苏联参加盟国方面对日本作战的条件,这是损害中国主权的秘密协定。

△ 周恩来在重庆会见赫尔利。赫尔利仍要周恩来起草共同声明,并说将向罗斯福总统报告国共关系已接近;周恩来表示,如果发表声明,就要说明我方的要求和国共双方意见不同之点何在,以明真相,同时还要求应将真相报告罗斯福。后周恩来于 2 月中旬写出一份声明交赫尔利,阐明两党的基本分歧。

△ 周恩来复电毛泽东:苏、美、英和蒋方对国共问题的真正态度是,苏联倾向于扶持民主运动和组织联合政权;美"深恐分裂",正"拉拢局面";英"不耐此种拖延,想另打开局面";蒋"无民主可能",但形式上想敷衍。

△ 新四军苏浙军区一部开辟莫干山敌后地区,旋攻克浙江武康(今并入德清县)、德清两县。

△ 中国与伊朗两国政府同意将两国使馆升格为大使馆,是日,宋子文外长电伊朗外长恩特赞致贺。

△ 重庆妇女界举行春节联谊会,刘清扬、史良、曹孟君、罗叔章、胡子婴等百余人出席。李德全报告黔、桂前线情形,并指出:归结到一点,就是政治要民主;逃难也不是办法,应该就地同敌人打游击。

△ 经济部专利主管部门负责人对记者谈,自 1928 年 1 月至 1944 年 12 月底止,全国呈请专利 1188 件,经审查准予专利者计 434 件;1944 年全年申请专利者凡 247 件,审查准予专利者共 94 件。

△ 真象航空模型制作竞赛在重庆滑翔俱乐部举行,由中国滑翔总会举办,参加者有重庆各学校及香港的模型制造者 60 人。比赛结

果,交通大学获团体第一,马龙章获个人第一。此为我国首次举办的航模比赛。

2月12日　毛泽东致电周恩来,略称:断然拒绝赫尔利企图控制我军的打算完全正确。我们必须坚持先决条件,否则将长独裁之志气,灭民主之威风。并谓我们必须改掉美国政府的扶蒋主张,不要怕他们生气和大骂。

△　国立北平研究院石曾物理奖金委员会决议,本年度奖金四万元赠予清华大学教授任之恭。

△　汪伪政府采取紧急措置,断然施行物价对策,指定2月5日之价格为标准市价。

2月13日　蒋介石会见赫尔利及周恩来,周将中共关于召开党派会议的意见及参加政府的先决条件告蒋。蒋说:"各党派会议等于分赃会议,组织联合政府,无异推翻政府",拒绝接受共产党所提先决条件,使谈判无法继续进行。

△　据重庆《中央日报》载:国民党中央宣传部、三民主义青年团中央团部、社会部、军事委员会政治部鉴于前方将士浴血抗战鞋袜供应不及,甚至天寒地冻的时候或山岳荆棘的地方打着光脚板打仗,特发动全国民众捐献鞋袜劳军运动。

△　重庆妇女界史良、李德全、胡子婴、曹孟君、刘王立明等91人,在重庆《新华日报》上发表《我们对时局的主张》,呼吁政府立即邀集各党各派和各方人士举行全国紧急会议共商国事,成立全国人民一致拥护的政府;并要求给人民以言论、出版、集会、结社等基本自由。国民党当局对签名的一部分人进行迫害,或予以警告,或解雇辞退。

△　台湾革命同盟会在重庆召开第四届会员代表大会,发表宣言重申台湾归还祖国,并分别电蒋介石、麦克阿瑟致敬,于次日晚闭会。

2月14日　蒋介石批准魏德迈呈送《进攻广州、九龙计划》,此为中美结盟以来蒋介石第一次同意美国将军提出来的大攻势计划。同日,蒋介石为提高行政效率,令饬召集中央党政军总检讨会议。是日,吴鼎昌、陈布雷在国府文官处举行茶话会,吴铁城、狄膺、王宠惠、甘乃光、陈果夫、张厉生、贾景德、林云陔、熊式辉、邱昌渭、沈鸿烈、贺国光等20 余人出席,商讨办法。

　　△　周恩来在重庆特园宴请于右任、孙科、左舜生、沈钧儒、李璜、章伯钧、屈武、陶行知、杨杰、陈铭枢、郭沫若、邓初民、谭平山、鲜特生、黄炎培,报告最近国共谈判经过及昨日同蒋介石会谈的情况,说明鉴于蒋介石的态度,谈判无法进行。

　　△　外交部声明,同意雅尔塔会议之决议在旧金山召开联合国会议,并赞同我国为邀请国。

　　△　王世杰在重庆外国记者招待会上说:雅尔塔会议的“最大成就为定期召开联合国会议,成立国际和平安全机构”;并向记者报告,中国业已同意共同召集旧金山会议及三国会议关于未来国际安全机构投票程序问题的决定。同时,王还就国共会谈发表声明,说政府方面作出了让步:一、承认共产党的合法地位;二、在军事委员会委员中容纳共产党高级人员;三、在行政院中附设一机构,吸收共产党和其他党派代表参加;四、组织一个有美国、国民党、共产党三方派人组成而由美国人为主席的三人委员会,负责改编中共军队。但共产党拒绝了这些提议。

　　△　毛泽东向前来拜年的延安市西区警备团、枣园机关和劳动英雄及模范工作者 200 余人回拜,并发表讲话说:我们的工作也有进步,去年八路军、新四军只有四十几万人,几个月以前有了六十几万,现在已经有七十几万了,“明年这时候,我们八路军和新四军要有一百万以上”。

　　△　周恩来在重庆面告美军观察组成员谢伟思国共谈判又陷入僵局,2 月 13 日蒋介石说除了成立政治咨询委员会外,不同意其他任何事情,这同共产党的建议大相径庭,它甚至比以前提的“战时内阁”的形式还后退了一步。并说在离渝之前,他将发表声明说明共产党的立场,还说这次协商的再次破裂,表明蒋介石决不会对限制他的权力或根本改变现状作出让步,这次谈判破裂的责任在于国民党。

△ 中国驻印军新一军续沿缅甸公路向南攻击前进,于是日完全攻占缅北贵街。

△ 日本天皇裕仁召见近卫文麿,近卫呈奏对战局的看法,表示战争失败已无可避免;并称如果从维护国体的立场来说,必须研究尽早结束战争的方法与途径。裕仁旋相继召见冈田启介、平沼骐一郎、东条英机、广田弘毅等重臣听取意见。

2月15日 中国共产党谈判代表周恩来发表声明,指出王世杰的声明"是不坦白和不公正的"。周恩来说:国民党愿作让步的先决条件是:一、共产党首先把全部军队交给国民政府军事委员会;二、国民党在政府中的一党统治地位不能动摇。在此前提下的"一切让步,不是落空,便是没有任何意义,甚至不是让步而是束缚或破坏抗日力量"。并指出,更主要的原因是国民政府拒绝接受中共关于召集党派会议建立民主联合政府、联合统帅部,改革政治、经济、军事、文化各方面的政策的建议。次日,周恩来自渝返延。

△ 魏德迈在重庆中美文化协会招待中外记者,宣称中国之中央政府为美国所承认之合法政府,美国之合作对象自应为中央政府;并称中国军队之训练以及将来反攻之准备工作,进行亦甚顺利。魏在谈到中国士兵之营养时说:"中国士兵向被歧视,生活标准极低,此次改善士兵待遇,一则使其精力充沛,一则提高其地位,使人民有与士兵共患难共生死之心。"

△ 联合国救济善后总署远东委员会第一次会议在澳洲拉浦斯敦开幕,澳洲、新西兰、法国、中国、印度、英国、荷兰及美国代表出席,蒋廷黻任主席。

△ 上海基督教男女青年会联合《新闻报》的"社会服务栏"编辑组,在八仙桥青年会举办"救济失学义卖市场",为期两天。30余所大中学校,1000余学生参加服务工作,到义卖市场的各界人士达10余万人。这是上海人民对日军残酷统治的一次示威。

2月16日 阎锡山在吉县召开民族革命同志基干会议(扩大),并提出"民主选举"、成立同志会工作委员会、取消高干驻委员会制、实行高干分职负责制。

△　周恩来飞返延安。

△　滇缅远征军慰劳团团长于斌赴美军总部,将全国慰劳总会特制之胜利锦旗一面当面赠与魏德迈,以表彰其在中国战区内之伟大成就。

△　衡阳保卫战第五十四师师长饶少伟,于是日脱险辗转抵渝。

△　第七战区一部光复广东翁源县城。

△　大队"超级空中堡垒"袭击日本飞机工业中心名古屋,工业区被炸起火。此乃"超级空中堡垒"开始作战以来第一次之大规模出击。同日,1500 架美机从航空母舰起飞,轰炸日本东京及其附近工业区。美机投弹约达 1000 吨,毁创敌机近 700 架,沉、伤敌船舰 32 艘。次日,再出动 1000 架美机,连续猛袭东京区。

2 月 17 日　重庆《新华日报》发表中国民主同盟负责人左舜生、沈钧儒、章伯钧关于雅尔塔会议和当前国内政治问题的重要谈话,略称:三国领袖联合声明根据民主原则解决了欧洲问题,这种方法亦必适用于远东;中国要在旧金山会议中获得成就,就必须以民主统一的中国出现于世界人士面前,党派团结问题、民主联合政府问题就必须迅速解决。

△　旅渝福建、台湾及华侨人士以台湾收复在即,特发起组织闽台建设协进会,于是日在新运服务所开成立大会,到会员 70 余人。大会选举王泉笙、周士观、庄希泉、陈碧笙、林庆年等 21 人为理事。

△　美第十四航空队飞机袭击陇海、同浦、平汉及衡阳以北之粤汉铁路线,击毁火车头二座、创 15 座,袭击载有货物之火车四列,并轰炸信阳与临汾车站。

△　晋绥八路军对日展开春季攻势,历时两个多月,收复敌据点 54 处,包括山西方山、岗县、五寨三座县城,根据地扩大面积 3840 平方公里,解放村庄 724 个、人口 9.4 万,缴获大批武器。

△　世界职工联盟大会闭幕,会议通过建立世界职工联盟,总会设法国巴黎。

2月18日　周恩来出席中共六届七中全会主席团会议(扩大),报告同国民党谈判的情况、美国对华政策以及其内部在对日战略问题上的不同主张,略称:此次谈判依据三点:一、争取联合政府,与民主人士合作;二、开党派会议;三、释放张学良、杨虎城、叶挺、廖承志等,撤退包围边区的军队,取消特务活动。国民党的办法是以民主的幌子来保持一党专政和个人独裁。这次会见了蒋介石,蒋说:国民党是人民的惟一革命组织,联合政府是推翻政府,党派会议是分赃会议。对此,我逐条作了批驳。美方现在还是扶蒋拉共打日本。重庆现在是天怒人怨,国民党已不能照旧独裁统治下去,想要弄一些民主幌子。

△　周恩来就出席旧金山联合国会议的中国代表团成员问题致电赫尔利称,4月25日将在美国旧金山召开的联合国会议,不能由国民党一方派代表参加,应包括国民党、共产党和民盟,国民党只能占三分之一,其中还应包括国民党民主派,三分之二应是共产党和民盟的代表,否则绝不能代表中国解决任何问题。要求将意见转达美国总统。20日,赫尔利复电表示不能同意。

△　国民党公布召开第六次全国代表大会中心议题。

△　汪伪华北政务委员会改组。王荫泰、苏体仁、杜锡钧、汪时璟、文元模、陈曾栻、唐仰杜、余晋龢、喻熙杰为常务委员,赵琪、潘毓桂、吴赞周、冷家骥、周作人、张仁蠡、张仲直、祝书元、邹泉荪为委员。苏体仁兼总务厅长、内部厅长,杜锡钧兼绥靖总署督办,汪时璟兼经济总署督办及财务厅长,文元模兼教育总署督办,陈曾栻兼农务总署督办,唐仰杜兼工务总署督办。

2月19日　蒋介石为纪念新生活运动十一周年通电全国,要求人民厉行战时生活,适应时代要求,节约衣食,振奋精神,改造风气,增强国力。同日,重庆市各界在夫子池新运广场举行新生活运动十一周年纪念大会,各机关及市民800余人参加。

△　滇缅远征军慰劳团团长于斌等一行六人携款 2200 万元及各种锦旗、纪念章,是日自渝乘飞机赴昆明,沿昆明至保山一带,进行为期四周的慰劳活动。

△　中国驻印军新一军对缅北新维发动攻击,新三十八师第一一二团自曼文经西乌西进,击破日军抵抗,17 日进抵新维南方。是日新三十师主力一举突破日军新维主阵地,并予攻占。

△　八路军山东根据地政委会公布《山东省土地租佃条例》,规定必须实行二五减租,租额为 37.5%,并废除"带种地"、"干拔工"、送礼等额外负担。

△　美军以 800 艘船舰组成之大舰队,载陆战队两师约三万人,开始在距东京仅 750 英里之硫磺岛登陆。经过 20 多天的激烈战斗,以伤亡二万多人的代价,于 3 月 14 日完全攻占硫磺岛。此后美军以该岛为空军基地,置整个日本于中程轰炸机的袭击范围之内。

△　美军舰队飞机 4000 余架次连续四天空袭日本东京、横滨一带,投弹达 5000 吨。

2 月 20 日　国民政府举行国府委员会议,居正、刘哲、胡毅生、钮永建、叶楚伧、冯玉祥、宋子文、覃振、李文范、邹鲁、李烈钧、魏怀、孙科、于右任出席,蒋介石主持并报告国府一年来公布施行之法律命令及重要施政情况。会后,各委员就当前重要问题交换意见。

△　全国知识青年志愿从军指导委员会在重庆举行第三次全体会议,会期两日,检讨第一期知识青年志愿从军运动。次日晚,蒋介石到会致训,称知识青年从军运动之意义,不仅在求得目前抗战之胜利,且欲于抗战期中,使一般知识青年受严格的军事教育,习惯于军事的生活,具备现代国民的生活与技能,庶几将来抗战结束之后,人人能成为建国之干部,而负荷建国之使命。

△　八路军太行军区部队发起道清战役的第二阶段攻势,经过激战攻克修武以北五里源。至 23 日,相继攻克赵固、峪河、百泉等重要据点,并袭入辉县城关,解放除县城以外的全部地区,歼灭日伪军 1000 余人。

　　△　中共山东分局、山东军区政治部发出《关于坚持边沿区对敌斗争对策的指示》，指出必须针对敌人"以游击对游击"、"以政工对政工"、"以组织对组织"策略，以及"九分政治一分军事"等新的阴谋，保持高度警惕，特别要加强边沿游击区，粉碎敌人的重点主义政策。

　　△　重庆电力公司工人胡世合、刘振基、吴兴方、张光荣四人，奉公司命前去中韩文协餐厅检查该厅违章用电，引起争执。该餐厅"外交经理"（卫戍司令部第一警备区司令部特务）田凯，伙同保安队员行凶，用枪击倒胡世合，胡因重伤而死。张光荣、刘振基两人亦受伤。各界对这种摧残人权，压迫弱者的暴行甚为愤懑。电力公司及其全体职工一致要求惩凶，并保障工人的生命安全。

　　△　汪伪华北政务委员会任命许修直为北平市长、关迪平为天津市长、荣臻为河北省省长、杨毓珣为山东省省长。

　　△　美租借法执行人克罗莱在致国会的每季租借实施报告中说：华工 40 万人徒手搬运石块和沙砾 16 万吨建筑机场，开工后不满三月第一架"超级空中堡垒"就降落在此基地上；并称美空军在华作战的成功，大部分有赖中国的葡萄藤式防空警备，其组织和中国的沦陷区秘密相通。

　　2 月中旬　国民党中央执行委员会向全体党员通告第六次全国代表大会重要议题：一、召集国民大会；二、研讨宪法草案；三、修订本党总章；四、研讨政治纲领。

　　△　国民政府决定加强金融管制办法：一、废止《沦陷区内移银行办法》；二、各商业银行绝对不准在任何地方增设分支机构；三、加强对商业银行、钱庄之检查与监督，凡不遵守法令者决予严格处分或勒令停业。

　　△　三民主义青年团中央团部评议会原有评议员周鲠生、李任仁、顾颉刚、王云五、冯友兰等 37 人，为加强该会工作又加聘李书华、蒋复聪、陈文渊、贺麟、许恪士、袁昌英、吴尚鹰、陈芷汀、朱学范、蔡乐生、晏阳初、夏维海、杨绰庵 13 人为评议员。

△　山东胶东海（阳）莱（阳）群众二万余，不堪忍受敌伪蹂躏揭竿而起，武装讨伐通敌叛国的赵保元部。八路军立即出兵援助，打退敌伪进攻。

2 月 21 日　王若飞、郭沫若在重庆郭沫若寓所邀集沈钧儒、何公敢、潘怀素、张申府、陈铭枢、陶行知、郭春涛、屈经文、高崇民、章伯钧、邓初民、王昆仑、许宝驹、谭平山、李璜、左舜生、杨杰、黄炎培等集会，讨论雅尔塔会议及国共两党团结问题。黄炎培提出以公意请周恩来尽早返渝。中共南方局徐冰、王炳南与会。商定以后每隔十天左右举行一次集会。

△　晋西北八路军第八分区第四十五支队袭击太原西南 30 里的白家庄煤矿，烧毁碉堡四座、汽车一辆及警察所与煤矿公司厂房，毙日军五名，俘日伪军 38 名，伤日伪军二名，缴获迫击炮一门，机枪二挺，长短枪 80 支。经此破坏后，太原炼钢厂、兵工厂等因主要燃料断绝，已陷于停工状态。

2 月 22 日　郭沫若、马寅初、老舍等 312 名重庆文化界人士在重庆《新华日报》发表《文化界对时局进言》，要求召开临时紧急会议，商讨战时政治纲领，组织战时全国一致政府；并提出废除一切限制人民集会、结社、言论、出版、演出等自由活动之法令，以及取消党化教育之设施、停止特务活动、释放一切政治犯及爱国青年、严惩一切贪赃枉法之官吏及商人、取缔对盟邦歧视之言论等六项主张。

△　新四军粟裕师配合淮南军区反"扫荡"，于是日及次日连克兴化、高邮、宝应、盐城四县之水网中心的五个据点，毙伪团长以下官兵100 余人，俘伪纵队副司令以下 700 多名，扩大解放区约 2400 平方里。

△　滇缅慰劳团在昆明举行首次慰劳式，团长于斌向各级将领及美军将官献"国族干城"纪念章。受章者有何应钦、龙云、萧毅肃、黄琪翔、卢汉、关麟徵、杜聿明、何绍周、麦克鲁、陈纳德、齐福士等 40 余人。

△　蒋梦麟在美国联合援华总会记者招待会上发表谈话，说明国民党第六次全国代表大会将使中国其他政党获得合法地位，并将确定

召开国民大会之日期，以便完成及实施宪法；并称中国军事力量薄弱之原因，系由于外受封锁，内则通货膨胀，加上中国为农业国家，故有此现象。

　　△　重庆市警察局长唐毅就胡世合事件谈五项处置办法：一、对中韩文化协会餐厅先予以行政上停业处分，其窃电部分由法院办理；二、以后电力公司取缔窃电，应遵市政府规定，会同军警执行，免滋事端；三、殉职工友胡世合商由电力公司备棺收殓，家属领葬，并报请市政府予以抚恤；四、凶犯田凯及有关人犯，并送军法机关依法严惩；五、双方滋事之首要及捣毁杂物之损失责任，由法院讯明依法处理。

　　△　中苏文化协会为庆祝红军节，在重庆举行"1944 年的战时苏联"画片展览，并请屈武演讲《苏联红军胜利攻势与红军节》。次日又在重庆青年馆举行晚会庆祝。

　　△　中美文化协会在重庆举行六周年纪念会，并选举孔祥熙为会长，陈立夫为代会长，王宠惠及赫尔利为名誉会长。

　　△　台湾革命同盟会第四届执监委员举行联席会议，选举李万居、谢南光、张邦杰、刘启光、李友邦为常务执行委员，游弥坚为常务监察委员。

　　△　美国西部俄勒冈州之中国侨胞及当地人士，捐购高级训练机三架献给中国政府，备中国留美受训空军练习之用。是日在坡特凸飞机场举行献机典礼，三机命名为"民族"、"民权"、"民生"，由航空委员会刘敬宜上校代表中国政府接收。

　　2 月 23 日　国民参政会驻会委员会议，社会部长谷正纲作社会行政报告，称今年之中心工作是组训和普遍健全民众团体，倡导改进社会救济事业，充实合作业务，切实管制人力与推行义务劳动，策划收复地区一切社会设施等五项。

　　△　蒋介石指示陈纳德有关中美空军混合大队改编的要旨与扩展计划。

　　△　川东区田粮会议在重庆开幕，粮食部长徐堪、次长刘航琛等

60 余人与会,议题为调整县级田粮机构及四川各县历年欠粮追收办法。27 日闭幕。

　　△　第九战区一部克复江西莲花城。

　　△　陈公博、周佛海召集伪军长官会议,到庞炳勋、孙良诚、孙殿英、张岚峰、项致庄、任援道、郝鹏举、杨揆一、鲍文樾、叶蓬等,讨论汪日军事协定。协定规定:如美军在中国登陆,日军将以全力进行抵抗,伪军则集中兵力全力对付八路军、新四军,对国民党军队不采取主动进攻的态势。

　　2 月 24 日　中共中央关于新四军向南发展的战略方针致电华中局,指出:"积极布置南进,同时又根据情况审慎考虑具体步骤,这种精神完全正确。"苏南粟裕部、浙东何克希部、皖南部队应就现地扩大及深入农村工作,整训及扩大部队,准备跃进。目前要争取半年左右时间,深入扩大苏南工作,这是我党我军在江南生根落地的基础。

　　2 月 25 日　蒋介石指示国民党中央组织部等党、政、军机构,掌握建国建军的主要工作,指出建国、建军在在需要人才,故须注意延揽人才、培植人才、考核人才,而且要言行一致,以实现三民主义为目的。

　　△　中共中央就关于发展国民党统治区域民主运动问题指示王若飞,指出:即将召开的旧金山会议有利于国内民主,我们应抓住机会争取,但是蒋介石在这时不一定让步。目前国内各方面拥护我党的主张,由国、共、民(盟)三方代表出席旧金山会议,望以我党之主张发动各方面,说明国民党不能代表国民公意。并准备在大后方成立民主运动统一委员会,以进一步推行大后方的民主运动。

　　△　自贡盐场场商代表王缵良等在重庆对记者谈,自贡盐产量总额已由最高年产额 500 余万担减至 400 余万担,原因是目前官收盐价照去年 12 月份核价,每斤平均为 18 元,虽较诸战前约增 600 余倍,但制盐所需物资照同月盐管局公布之平均价格则已增至 1200 余倍,故盐价不足之数几达一倍。因此,场商历年以来亏累约达 100 多亿元,要求合理核价,增加合法利润。

△　第九战区一部克复湖南平江。

△　美"超级空中堡垒"逾 200 架轰炸东京区,此为"超级空中堡垒"白昼轰炸东京工业区以来机数最多之一次。据侦察机摄影显示,最稠密之东京工业区约有 2907.4 万方英尺地区之 240 处房屋被焚烧殆尽。同时,美航舰飞机 1600 架亦轰炸东京市区,予以严重破坏。

2 月 26 日　军政部长陈诚在中央纪念周作军政报告称:军政设施以配合军事反攻及国家预算为原则。今年中心任务为:充实反攻力量,改善官兵生活,调整军事机构,安置编余人员。

△　国民政府公布《改善官兵生活办法》,其要点为增加官兵薪饷,官兵所需食品一律发给实物,并规定针对军事需要分期逐步施行。

△　枪杀重庆电力公司工人胡世合的凶手田凯,经卫戍总部讯明后,是日枪决。28 日,重庆市举行胡世合追悼会,市长贺耀组主祭,并慰问死者家属,发给抚恤金 10 万元。

△　美国援华总会会长麦克科诺非宣称:美国人民于 1944 年捐赠给中国 950 万美元。该会自 1941 年成立以来,捐赠总数已达 2500 万美元。

△　美驻华大使馆代办乔治·艾其森向美国务院报告关于对华政策的意见,明确表示美国只支持蒋介石这种做法的结果,"使得蒋介石方面不愿作任何妥协和超现实的乐观",从而导致不是和中共讨论解决问题,而只希望早日与苏联求得解决。并认为美国这种做法继续下去,将会加速中国内部的冲突,"中国的混乱将不可避免"。

2 月 27 日　据行政院调查:去年 12 月物价指数为卢沟桥事变前之 485 倍,1 月份增为 655 倍,2 月份又增为 875 倍。是日国家总动员会议与行政院先后举行会议,对当前上涨之物价加以检讨,并研究对策。

△　第九战区一部克复湖南茶陵。

△　苏南无锡、常熟交界的安镇农民举行起义,杀死镇上 13 名日军和十几名特务,缴获大部武装。从此,江阴、无锡、常熟地区农民纷纷

举行起义,28 日几百农民在张浣桥杀死伪保安队员 10 名。3 月 3 日,1000 多农民在东湖攻打伪军,3 月 14 日及 16 日数千农民在璜塘追击伪军等。

△ 四十年代读书会约请国内各科专家及新闻出版界人士数十人组织新书评选会,推荐 1944 年国内出版好书 12 种:翦伯赞著《中国史纲》、赵超构著《延安一月》、夏衍著《濒离草》、聊伊译《前线》、侯外庐著《中国近世思想学说史》、袁水拍著《冬天冬天》、王亚南著《中国经济论丛》、梁纯夫译《苏联经济新论》、贺湄著《中国地理新讲》、张栗原著《教育生物学》、骆宾基著《姜步畏家史》、冰之著《我在霞村的时候》。

2 月 28 日 远征军慰劳团在保山举行慰劳大会,远征军将领 1000 人与会。于斌向卫立煌赠胜利锦旗及纪念章,向黄杰、周福成等 77 人赠纪念章。

△ 中国战区美军司令部发表公报,公布 2 月 27 日中美空军混合大队机群空袭湘江走廊、海南岛等敌阵,及越南沿海敌舰的战果。

△ 何应钦偕麦克鲁将军飞抵缅北战场,与美方兼中国驻印军总指挥索尔登将军晤商中美作战联系等事宜,本日赴战地视察野战医院。

△ 第四战区一部克复广西龙胜城。

△ 济南日军特务机关派队至邹县,以召集伪军官开会为名,将伪大队附李亥章、伪安清道义会会长陈善亭等 14 人扣押,次日在东门外悉数枪杀。特务队于返济南途中,经东滩店又枪杀伪军 92 人。

是月 第十八集团军副总司令彭德怀在华北部队与地方联席座谈会上讲话指出:华北抗战七年来经历三个阶段:从 1937 年 9 月平型关战斗到 1940 年百团大战为大发展阶段;从百团大战到 1942 年 7 月,为敌后斗争最艰苦阶段;从 1942 年 7 月至现在,是根据地恢复发展阶段。

△ 据中央社讯:自去年 8 月起省、市设置民意机关,至本月止,后方川、康、滇、黔、粤、桂、湘、鄂、皖、赣、闽、浙、豫、陕、甘、宁、绥、青、新 19 省共 1428 个县、市、局中,已设参议会者 1053 处,已设乡镇民代表会之县、市、局共 834 处,已设保民大会之县、市、局共 1162 处。

△　广东省政府迁抵龙川,主席李汉魂积极恢复各部门工作。

△　广东人民抗日军东江纵队北江支队进至英德后,沿粤汉路东侧向北发展,在破袭粤汉铁路和粉碎顽军一个团的进攻后,于佛(冈)、新(丰)、翁(源)之间开辟拥有 20 万人口的新区;西北支队越过北江后,在清远东北攻占横石和高田等据点,开辟以文洞(清远东北)为中心的新区。

△　广东人民抗日军南路游击队于是月间挺进廉江以西的新塘地区,开辟有 10 万人口的游击区。

3 月

3月1日　宪政实施协进会举行第五次全体会议,会长蒋介石出席并发表演说。重申于本年 11 月 12 日召开国民大会;中国共产党问题是一个政治问题,应用政治方法解决;在国民大会召开以后,政府只能还政于全国民众代表的国民大会,不能还政于各党各派的党派会议或联合政府。

△　蒋介石派彭位仁为青年军编练总监部副监,戴之奇为青年军第二〇一师师长。

△　周恩来在延安向西北公学学员作题为《民主与专制》的报告,阐明在抗战问题上国民党与共产党采取了两条相反的路线,指出:目前政治斗争的主要内容是我党主张彻底的民主,国民党要玩弄民主外衣,继续一党专政。我们的联合政府的方针已得到国内外更多人士的拥护,我们的努力方向是使各种有利条件完全成熟,争取新民主主义胜利的前途。报告提出目前工作中有两个值得注意的问题:一、大后方的工作,关键是怎样深入农村;二、大城市的秘密工作,要研究在同盟国军队登陆、敌伪和国民党对我的压迫增加时如何进行的问题。

△　教育部召开留渝专科以上学校校长会议,顾毓琇、梅贻琦等40 余人出席。会议讨论并决议:一、专科以上学校不得由省设立;二、

关于战后专科以上学校分布原则；三、修订公费生办法；四、本年暑假招生的四项办法。次日下午结束。

　　△　国民党中央宣传部为唤起沿海民众准备响应盟军登陆，于是日起至 15 日约请潘公展、刘纪文、陈策、周雍能、王泉笙、肖吉珊、杨绰庵、胡木兰等十余人，假中央广播电台，分别以上海语、广州语、琼州语、厦门语、汕头语、福州语、客家语向各沦陷区广播。

　　△　国民政府以青康公路前工程局长骆美轮建造该路卓著勋绩，授以五等景星勋章一枚，并派赴美考察，以资深造。

　　△　中国人事保险公司在重庆成立，资本 3000 万元，其中一半系四行及中央信托局投资，王晓籁任总经理。

　　△　第九战区一部克复江西永新。

　　△　渝市总工会、电力公司产业工会等为胡世合出殡。送丧行列由长安寺出发，经民权路到达大溪沟暂厝，准备不久将灵柩运回岳池故乡安葬。

　　△　海军总司令部参谋长陈季良在四川万县病故。25 日，蒋介石电唁陈季良家属，并拨发治丧费 10 万元。5 月 25 日，国民政府追晋陈季良为海军上将。

　　△　旅渝韩国人士举行韩国"三一"革命二十六周年纪念会，韩国临时政府长官赵景昂、李青天、柳林、王海公、严大卫、申基彦，以及旅渝韩国侨胞 300 余人出席。下午，中韩文化协会举行纪念演讲会，由司徒德与金柔吉分别讲演《韩国革命成功之展望》《韩国学生动向》。同日，朝鲜独立同盟留延人士亦举行"三一"独立运动纪念会。

　　3 月 2 日　中国陆军总司令部奉令裁撤远征军司令长官部、第四战区司令长官部、黔桂湘边区总司令部、滇越边区总司令部，与第一、第九、第十一、第十六、第二十、第二十四、第三十五等集团军番号及第十集团军副总司令部；任命卫立煌为中国陆军副总司令，卢汉、张发奎、汤恩伯、王耀武为第一、第二、第三、第四方面军司令官。

　　△　蒋介石令调俞济时为第三十六集团军总司令。

　　△　新华社记者发表对蒋介石在宪政实施协进会上演讲的评论，称蒋氏演讲鲜明地反映国民党内最反动集团的立场和企图；并指出其要旨在于：一、坚持党治，严拒民主的联合政府；二、曲解国共谈判经过，污蔑中国共产党；三、玩弄所谓"还政于民"与"召开国民代表大会"的无聊戏法，保持其法西斯独裁。

　　△　周恩来为中共中央起草致王若飞电，提出：一、蒋介石的演说证明王世杰所说接受党派会议、"结束党治可以讨论"、"可以改组政府"等等，"都是哄骗"，望告民主同盟、孙科、黄炎培和李璜；二、蒋党御用"国民大会"必须坚决反对，我们和民盟意见相同，主张先建立临时的联合政府，等到国土恢复、人民解放、条件具备时，再开全民普选的国民大会，成立正式的民主政府。次日，王若飞在重庆访晤黄炎培，讲述延安来电内容。

　　△　驻英大使顾维钧返重庆述职，次日晋谒蒋介石，旋即对中央社记者谈，英人观察欧战今夏可结束；英国对我国之了解日有进步，民众也极为同情，对我国建设当亦可能用种种方法加以协助。

　　△　赫尔利以美国大使身份发表声明，称蒋介石"并无法西斯心理"，而中共是"有武装的政党"，是"统一"中国的障阻，要中共将军队交给蒋介石；并声称"美国只同蒋介石合作，不同中共合作"。

　　3月3日　蒋介石由戴笠与贝尔利等陪同在重庆检阅中美合作所特种部队及特警班。

　　△　美代理国务卿格鲁邀见中国大使魏道明和苏联大使葛罗米柯，会谈筹备旧金山会议的事项。格鲁在华盛顿记者招待会上称：蒋介石宣布今年召开国民大会，表明国民政府与中共之谈判走向政治团结与宪政政府之趋势，今年之内中国军事必有决定性之发展。

　　△　驻美军事代表团团长商震在华盛顿，与美国联合参谋首长李海上将晤谈关于苏联参战及美军在中国沿岸登陆等问题，借以探询雅尔塔会议时有无秘密协议。

　　△　汪伪国民政府最高国防会议决定，调任杨揆一为军事参议院

议长,萧叔宣为陆军部部长,叶蓬为湖北省省长兼驻武汉绥靖主任,黄自强为江西省省长兼驻九江绥靖主任,高冠吾为国民政府委员。

3 月 4 日 是日为童子军节,中国童子军总会向全国各省、市之学校童子军团发出通令,自是日起至 4 月 4 日止之一个月内为童子军活动月,以智、仁、勇为每旬活动之中心。

△ 日本反战外交官盐见圣策在重庆国际电台发表广播讲话,称联合国对日作战目标只在打倒军阀,并不伤害日本国民,希望日本国民不要被军阀的恶宣传所蒙蔽,及早反抗这个绝望的战争。

3 月 5 日 中、美、英、苏四国政府,由美国政府出面邀请向敌宣战之协约国(共 44 国)于 4 月 25 日在美国旧金山举行联合国会议,商订国际组织宪章。至开会时,已增为 50 国。

△ 周恩来、董必武电复在云南做统战工作的华岗,阐释党派会议是成立联合政府的一个实际步骤,用以坚决反对蒋介石包办的御用国会。电文还询问龙云对中共最近的主张和作法的意见。

3 月 6 日 周恩来起草《中共中央对华南工作的指示》。主要内容有:一、目前华南抗日武装斗争,"应由小北江入手,以湘粤桂边区为主要发展方向,方能向北有所依靠,并便于造成更大的根据地,进行持久的斗争";二、东江沿海和珠江三角洲也有必要注意山地的发展;三、沦陷区要积极发动和组织群众的抗日武装斗争;四、对国统区要"尽力劝导一部分城市党员转入乡村工作,在农民中建立党的秘密基础";五、上层统战关系及外交工作在华南特别重要,应力求打通南路与李济深等联系。中央决定将临委和军政委合并成为区党委,实行领导一元化。

△ 善后救济总署署长蒋廷黻由澳洲返抵重庆,在机场对记者谈,此次联合国救济善后总署远东区首次大会最大收获:一为确定远东区善后救济之重要性,二为商妥各食米区域办理善后救济时所需白米之来源。

3 月 7 日 国民党中央宣传部长王世杰在外国记者招待会上回答

关于国民大会之询问,称在七七战争爆发以前国民政府曾举行国民大会代表的选举,全体代表1440名中,约有三分之二业经选出;现在政府决定将关于国民大会的召集问题提付国民参政会审议,但无论如何政府必将设法使各党派以及无党派之社会领袖参加国民大会。

　　△　周恩来致函王世杰,声明:一、蒋介石3月1日的讲话表明政府方面一意孤行,使国内团结问题的商谈再无转圜余地,所以,对王所拟政治咨询会议的草案不再答复;二、国民党一手垄断旧金山会议代表团,不但不公平,不合理,而且表示了分裂的立场。提出代表团应有中共和民主同盟人员,中共由周恩来、董必武、博古参加,如不采纳,将对国民党代表团在国际会议的一切言行保留发言权。要王世杰将意见转达国民政府。

　　△　远征军慰劳团在八莫慰劳驻印军,团长于斌向副总指挥郑洞国献胜利锦旗及慰劳书,向其他五名高级官佐赠纪念章。下午,全团至美国第十航空队司令部向司令戴维孙中将献旗。

　　△　窜至桂境扶南(今扶绥)的日军,经第四战区一部不断袭击,向苏墟溃窜,我军遂克复县城。

　　△　东南亚盟军总司令海军上将蒙巴顿偕同夫人及参谋长布朗林中将,暨中国战区美军总部参谋长麦克鲁将军等由印度抵渝,行政院代院长宋子文、参谋部代总长程潜、军政部长陈诚及重要将领多人至机场欢迎。

　　3月8日　中国驻印军新一军新三十八师及新三十师一团分三路向缅北重镇腊戌日军进击,经约50余日之激烈战斗,于是日冲入市区,并将日军歼灭,完全克复腊戌。

　　△　蒙巴顿及其夫人由宋子文陪同晋谒蒋介石。晚,蒋介石在林园官邸设宴招待。次日,蒋介石为表彰蒙巴顿打通史迪威公路之功绩,特授以特种大绶云麾勋章。

　　△　周恩来为中共中央起草致王若飞电,指出蒋介石以御用"国大"伪装民主,这更危险可恶,必须公开揭穿,严词驳斥;建议说服民主

同盟同我配合痛击,秘密印发《解放日报》评蒋介石演讲的文章。并强调现在更要到处坚持我关于开党派会议、结束一党统治、成立联合政府、战后无拘束的国民大会选举这一系列主张,以及对旧金山会议仍应提出参加等。

△　新华社记者发表谈话评论王世杰 7 日在外国记者招待会上的谈话,指出:所谓提付国民参政会“审议”,实际上就是由蒋介石自己审议决定,至于“相信政府必将设法使各党各派以及无党无派之社会领袖参加国民大会”,更是自相矛盾的胡言乱语;最后指出:“坚决反对任何形式的猪仔国民大会,立即废止蒋介石独夫专政,成立民主的联合政府。”

△　重庆妇女界集会纪念“三八”节,蒙巴顿夫人被邀参加。主席张蔼贞报告本届“三八”中心工作,是促进实施宪政,完成百万双军鞋。

△　陕甘宁边区各界妇女抗日救国联合会、延安妇女宪政促进会致电重庆妇女界李德全、刘王立明、史良、刘清扬、胡子婴、曹孟君等,赞同她们 2 月 13 日对时局主张,并对她们遭到国民党当局的压迫表示义愤。

△　赫尔利、魏德迈联袂返美,于 3 月 4 日抵华盛顿,是日赴白宫晋谒罗斯福总统,报告中国最近形势。

3 月 9 日　行政院举行临时会议,检讨本年度各机关工作计划及本年度国家总预算,并决定裁撤国家总动员会议、战时货运管理局、财政部外汇管理委员会等 30 余个机关及其所属机构。同日,行政院决定自即日起盐税每斤增 50 元。

△　周恩来将 7 日致王世杰信的内容通知已回美国的赫尔利,要他转达罗斯福总统。数日后,赫尔利从美国复电周恩来,要求切勿作最后决定,待他来后商谈。

△　中国生产促进会、中国全国工业协会、迁川工厂联合会、中国西南实施协会为统一团结实施宪政事,在重庆《大公报》发表向全国同胞献言,略称:“我国民在抗战时期出力出钱,服兵役,冒牺牲,受损失,

已经八年了,值此国家存亡兴废的重要关头","我们希望各党各派一致秉国家至上民族至上之意旨,而共同向统一团结和民主宪政之途迈进。"

△　青年远征军政治部主任蒋经国,由青年军第二〇一师师长戴之奇陪同,抵四川铜梁视察青年军,对训练情形颇表满意。

△　鲁中八路军进攻蒙阴,经一日两夜激战,于是日光复。据不完全统计,毙日中队长以下95名、伪军250名,俘日兵七名、伪军956名,缴获重机枪二挺、轻机枪13挺、长短枪1019支、战马18匹、汽车两辆及其他各种军用品,解放国土5000余平方公里,人民7.04万人。后日军又纠集伪军向蒙阴反扑,11日又占领蒙阴,八路军即以主力袭击围困日军,经一周连续战斗,日伪于18日上午突围向新泰窜去,蒙阴重获解放。

△　美"超级空中堡垒"300架袭击东京,投掷燃烧弹1000吨,东京15平方英里面积之市区烧为平地,击毁工厂3000余所,烧毁房屋16万余幢,伤亡18.5万余人。这是二次大战以来对日本破坏性最大的一次空袭。

△　日本驻越南大使松本向越南总督德古面交最后通牒,促其采取实际步骤加强联合防卫越南之力量,德古予以拒绝。

△　驻越南日第三十八军突然发动进攻占领越南总督府、电厂、广播电台、火车站、邮政局、银行及车站码头,并拘禁越南总督德古及陆军总司令阿麦中将、海军司令贝伦日中将、空军司令塔维等,解除法越军警武装,直接接管越南政权,印度支那变为日军独霸的殖民地。

3月10日　中国民主同盟发言人在重庆对最近国内民主与团结问题发表谈话,反对国民政府定11月12日召开国民党一党包办的国民大会,主张召开各党派及无党派之领袖会议。

△　美国第十四航空队对日作战及正式成立两周年纪念,蒋介石致电陈纳德祝贺。

△　战时儿童保育会在重庆举行七周年纪念会,总干事熊芷报告

会务：七年收容 2.9 万余人，去年九省共有 32 个院，今年因经费困难缩减为 28 个，共有儿童 9800 人；并谓新近第十一院新屋系由美国妇女服装业联合工会捐助 1000 万元建成，最近该工会又捐助 750 万元作为发展第十一院院务之用，为感谢该工会会长杜宾思克先生，特将该院大礼堂命名为"思克堂"以资纪念。

△　中印油管工程初步完工，总长 1760 公里。5 月 5 日，中国战区美军后勤司令齐福士与印缅战区美军后勤司令克维尔在昆明发表联合声明称"由印度加尔各答经缅甸入中国为世界最长之油管，将输送汽油供应中国作战部队"。

△　美对外经济处宣布，该处已为中国制订 10 亿美元的战后工业计划。计划中拟建立 953 所工厂，包括采矿、冶金、化学、基本制造、动力运输等。其目的在于制造工业器材，使中国能利用这些器材发展自己的工业。

△　上海日军为了配合越南方面日军的行动，将沪法租界 1200 名法军、797 名法警解除武装，并接管由法人管理的交通机构。12 日，日军亦解除驻北平、天津的法国军队。

△　日本最高战争指导会议决定：华北及华中铁路自 4 月 1 日起，由中国派遣军总司令部进行军管。

3 月上旬　上海米价涨至每石伪中央储备银行券 18 万元，如按伪币官价计算，已至战前的 4.48 万倍。

3 月 11 日　昆明文化界潘光旦、闻一多、费孝通、曾昭抡、罗隆基、李公朴、夏康农、沈从文、吴晗等 314 人发表《关于挽救当前危局的主张》，提出举行国事会议，决定战时的政治纲领，筹备召集真能代表人民的国民大会，以制定宪法，实行宪政等项主张。

△　晨，第九战区一部向赣西遂川发起最后猛攻，敌仍在城外顽抗，经竟日冲杀，至薄暮时分但建勋师长率敢死队一部首先突入街市，复经三小时巷战，攻克遂川城，残敌循六路向赣州败逃。

△　蒙巴顿等自重庆乘机返印度。蒙巴顿在渝期间，除由蒋介石

特别约谈数次外,并举行中、英、美重要军事将领会议,就中国和东南亚两战场合作问题达成一致之协议。次日,蒙巴顿夫人自重庆赴昆明,13日离昆返印。

△ 中国地质学会第二十一届年会在重庆举行,李四光、孙越崎等200余会员出席。该会理事长李春昱致开会词,略称:中国地质学会成立已有20余年之历史。本会会员总数不过500余人,人才之缺乏,为今日地质界一个严重问题。会上选举李四光为下届理事长,尹赞勋为书记。下午及次日宣读论文,13日闭幕。

△ 伪满洲国决定民生部改为厚生部;并令原民生部学务司与国民勤劳奉公局合并,成立国民勤劳奉公部。同时,修改《国民勤劳奉公法》,将勤奉队适龄年龄延至30岁,服役时间为每三年服役两个月,必要时可延长。

△ 日本第八十六届议会续开,首相小矶与陆相杉山发表演说。小矶称:"战局之未来发展,目前尚难预料。"吾人必须准备"本土未来将化为战场"。杉山称:现陆、海军已完成一切战略上准备,一旦"敌军"企图在本土登陆,全国海、陆军将联合作一大规模之特种袭击,将"敌军"主力舰击沉于海底。

3月12日 蒋介石为纪念孙中山逝世二十周年及策进国民精神总动员,发表《告全国同胞书》,内称:要达成抗战胜利,必须努力做到国民精神总动员的三点要旨:第一,"我们要坚定'国家至上、民族至上'的信念";第二,"我们要恪守'军事第一、胜利第一'的宗旨";第三,"我们要秉持'意志集中、力量集中'的方针"。同日,重庆各界举行孙中山逝世二十周年纪念大会。

△ 中国民主同盟发言人在重庆对最近国内民主与团结问题发表谈话说,所谓武力统一,在过去20余年间,国人已深受痛楚之教训,故内战为国人心理所不容。吾人自来主张军队国家化。目前中国不仅迫切须切实做到"还政于民",更须做到"还军于国"。提出由国民政府召集各党派及无党派领袖会议,就军事与政治问题求得切实解决办法。

并重申反对以八九年前国民党一党"选举"出的代表当"国大代表"。同日,民盟云南支部亦发表对时局宣言,要求召开党派会议,成立联合政府。

△　驻美大使魏道明晋谒罗斯福总统,讨论即将举行之旧金山联合国会议。魏保证中国将"作每一可能之事项",俾有助于大会的成功。

△　晋冀鲁豫边区参议会分别在太行、太岳、冀鲁豫(包括冀南)三地举行,23 日闭幕。三地共同选出申伯纯、邢肇棠为正、副议长,王乃堂为秘书长,杨秀峰、薄一波、戎伍胜为边区政府正、副主席。按此时晋冀鲁豫边区面积已达 17 万平方公里,人口 2000 多万,有三个行署,25个专署,209 个县。完全在八路军手中的有范县、濮县、观城、朝城、莘城、寿张、清丰、内黄、邱县、黎城、榆社、平顺、沁水、大名、涉县等 18个县。

△　延安为纪念生活教育社十八周年举行座谈会,徐特立、柳湜、艾思奇、赵毅敏、艾青、贺绿汀、齐燕铭、张宗麟、董纯才等百余人出席。林伯渠发表讲话,称生活教育社陶行知和诸位先生等 18 年的劳绩,在中国教育事业上有一定的收获,他们打破了中国历代把读书当成士大夫阶级特权的思想,使教育为群众服务。

3 月 13 日　毛泽东会见 9 日返抵延安的美方人员谢伟思,指出:美国对涉及中国问题依然没有一个明确的看法,美国政策依旧是暧昧不明的。并指出:蒋介石拒绝成立联合政府,宣布召开国民大会,他现在走的道路是直接导向中国内战和国民党毁灭的道路。

△　新三十八师副师长齐学启在仰光监狱拒绝日军诱令加入伪组织的阴谋,3 月 8 日为日军刺伤腹部,并不准医生敷治伤口,于是日伤重逝世。按:齐学启于 1942 年 5 月 9 日在缅北霍马林行进途中被日军追袭,身负重伤为日军俘虏,囚于仰光监狱。

△　山东省私立胜利中学师生协助抗日,魏秀峰、李景星等 13 人殉难,是日国民政府明令褒扬。

△　美外交财政顾问查理士·雷麦新近自美来华,是日赴财政部

访晤俞鸿钧部长,商讨有关财政金融诸问题。

3月14日 国民党中央党政军提高行政效能及三联制总检讨会议开幕,吴铁城、吴鼎昌、贺国光、沈鸿烈、李文范、陈果夫、张厉生、林云陔、贾景德、陈布雷、钱大钧、陈仪等101人出席。蒋介石出席致训示,希望无欺无隐揭发缺点,研拟切实方案适应军事。继分组举行审查会,第一组审查行政效能改进方案,第二组审查设计改进方案,第三组审查考核改进方案,并商决各项应兴应革之要政。于17日闭幕。

△ 第十八集团军前方总司令部参谋长滕代远对记者发表谈话称:去冬今春华北各地八路军普遍展开整军练兵活动,现练兵热潮已经普遍到各个角落,成绩很大;并指出目前整军工作中应注意三点:一、集中练兵要与边沿区的积极对敌伪活动配合起来;二、整军应与作战配合;三、春耕即临,除布置生产工作外,部队本身仍应集中力量对练兵作最后之努力。

△ 越南北部法越军仍坚持抵抗日军,芒街、高平、海京等地战斗很激烈。芒街区法越军和粤境中国游击队已取得联络,滇越边境的老街方面,法军坚持抗击日军。

△ 汪伪国民政府发行1945年公债,总额200亿元。

3月15日 美总统罗斯福致电蒋介石,请其考虑中国出席旧金山会议之代表团成员应包括各党派。26日,蒋介石电复罗斯福,告以中国旧金山会议代表团成员包括各党派及无党派者在内。

△ 日本共产主义同盟在延安日本工农学校举行"三一五"纪念大会,冈野进发表演讲,指出:"现在国际国内形势发展,于我党有利,纪念'三一五',必须向统治阶级的心脏冲锋。"按:1928年3月15日,日本政府在全国各地同时逮捕1600名共产党员及其同情者,后有484人被提起公诉。继而下令禁止劳动农民党、日本工会评议会和全日本无产青年同盟等左翼三团体的结社。因此,"三一五"成了日本革命者悲痛的纪念日。

△ 驻大同日军派兵200余名至灵丘县城,将城内伪军200余名

全部缴械。伪军自感不安,灵丘城南波头、东张庄等据点伪军 45 名,于 17、18 两日向八路军投诚。

3 月 16 日　冀南清河、威县抗日游击队配合八路军部队围攻盘踞在清河县王官庄一带的日伪,迫使敌人从王官庄撤走,清河县即告解放。

△　延安市回民为穆圣 1301 年逝世祭日举行座谈会,决定成立解放区回民抗日救国联合会。

△　汪伪国民政府考试院副院长缪斌由上海飞抵东京,晤日本国务大臣兼情报局总裁绪方竹虎,提出《中日全面和平案》,主要内容有:一、南京政权立即宣布自动取消,成立留守政府;二、日本政府在南京留守政府成立时,立即与重庆国民政府谈判停战撤军事宜;三、停战协定正式发表时,国民政府还都南京。

△　汪伪国民政府军事委员会成立"京畿地区剿匪总指挥部",任命郑大章为总指挥官,并拟定方案计划对南京周围的新四军,以茅山为重点,"实施彻底歼灭讨伐"。

3 月 17 日　延安《解放日报》发表《加强伪军工作》的社论,内称:"1944 年解放区军民对伪军的工作有很大成绩。据不完全的统计,去年一年伪军反正者 3.4 万余人,比 1943 年增加一倍以上。"并指出:"现在敌后战场上的伪军数量还是很庞大的。据去年 11 月以前的统计共 78 万,其中伪正规军 38 万,伪地方武装 40 万。如果加上伪警、伪自卫团,全部伪军当在 90 万以上。""所以瓦解和争取这些伪军,还是放在我们面前的极其艰巨的任务。"

△　据重庆《新华日报》报道:华北、华中、华南敌后八路军、新四军及华南抗日纵队蓬勃发展,已由去年"双十节"时的 57 万发展到 76 万。

△　川北 26 县旅蓉同乡会在成都招待新闻界,报告川北各县灾害实况,略谓:去年春夏两季普遍荒旱,秋收无望,平均不及十分之二三,其中乐至一县多数颗粒无收,而入秋以后则又霪雨为灾,连绵至冬,天气寒冷,以至川北人民之主要食粮红苕完全腐坏,小麦受冻又未能生

长，2000 万以上人民皆陷于濒死之境。

　　△　日军运输机一架自西贡方面飞往上海，于上海附近上空遭遇美机攻击，迫降于浙江沿海。机内 12 名敌海军官佐企图登陆潜逃，浙江水警部队立予围捕，击毙八人，生擒四人。

　　3 月 18 日　中国民主同盟代理主席左舜生在重庆对外国记者发表声明：民主同盟将不参加不民主的"国民大会"；并称民主同盟站在右边国民党与左边共产党的中间，它毫无保留的反对任何形式的独裁，并相信全国团结是胜利的先决条件，同时亟盼沟通国民党与共产党间的鸿沟，衷心希望两党恢复谈判。

　　△　驻美大使魏道明电蒋介石报告与罗斯福谈话内情，罗斯福谓斯大林要求三事：一、蒙古独立而主权当属中国；二、中东铁路由中、苏、美共管；三、旅顺由苏租借。

　　△　周恩来出席延安文化界百余人讨论大后方文化运动座谈会，并报告大后方民主运动及文化运动的情况，号召延安文化界努力工作，多写作品，并将自己下乡工作与工农兵结合的经验转告大后方文化界，作为他们"文化下乡"的参考。座谈会决定致电慰问和支援在大后方艰苦奋斗的文化界。

　　△　英王乔治批准以荣誉勋章授予中国驻印军新编第一军军长孙立人中将及新编第六军军长廖耀湘少将。

　　3 月 19 日　蒋介石是日自渝飞滇，视察中国陆军总部与在滇各青年远征军营地。20 日先在曲靖温泉向青年军第二〇七师官兵训话，24 日至中国陆军总部视察，25 日返回重庆。

　　△　国民政府特任董霖为驻荷兰国特命全权大使，原任金问泗免职；着金问泗专任驻比利时国特命全权大使，仍暂兼驻挪威国特命全权大使暨驻捷克斯洛伐克国特命全权大使，并兼代驻波兰国公使；任命梁龙为驻瑞士国公使，原任胡世泽免职；任命吴泽湘为驻智利国公使，原任张彭春免职；任命胡庶华为国立湖南大学校长。

　　△　中法国际无线电路恢复直达通报。

3月20日　国民政府为维持币信,自实行黄金政策、举办法币折合黄金存款以来,法币回笼者为数甚巨。据统计显示,后方六大城市,至是日止,黄金存款累计总数达90万两,收回法币计为180亿元。

△　重庆土布业同业公会召开大会,商讨土布生产问题,呼吁改善管制,增加工缴费,并向主管机关提出六项要求:一、取消收布等级,不扣不罚工资;二、重订工缴标准,按生活指数每月调节一次;三、补给各厂因工缴不敷的各项损失;四、准许各厂自由向沦陷区及农村采购原料;五、管制机关采用订货制度,订货以外准许自由买卖;六、土布业所得仅是工缴费,故应豁免所得税。

3月21日　豫西鄂北会战开始。日军集结第三十九、第一一○、第一一五、第六十九、第一一四师团,并骑兵第四旅团等部共七万人,战车百余辆,于是日分向南阳、老河口、襄樊、西峡口进犯;中国第五战区部队及南阳、老河口守军奋起抵抗。

△　是日至28日为世界青年周,重庆、西安、成都、贵阳、昆明等地青年举行向盟军献旗、演讲会、联谊会、图片展览等各种活动。

△　日本召开最高战争指导会议,小矶国昭首相报告缪斌东来经过,说明中日全面和平案的内容,拟即根据此案作基础,准许缪斌在东京使用无线电直接询问重庆的意见。重光葵外相坚决反对通过缪斌进行中日和谈。会议无结果。

3月22日　空军于是日起,以第四、第十一大队、中美混合队及第一、第三大队之兵力,全力支援第一、第五两战区的豫西鄂北会战,阻止日军进攻。由航空委员会副主任王叔铭于南郑设指挥所,指挥全部空军对日军作战。迄5月31日,各大队共出动各型飞机1047架次。在直接协助陆军作战、对日军后方及交通线的攻击等方面,均获得很大战果。

△　八路军发动道清战役第三阶段攻势,经过10天之激战,攻克王村、盐店、葛村等10处据点,逼近开封城郊,控制除原武、阳武县城以外的大片地区,并以一部主力南渡沁河,向温县、孟县地区挺进。

△ 甘肃省政府三年来推行"耕者有其田"政策,已于湟惠渠特种乡获得初步实现。该乡计有土地 2.5 万余亩,有农民 1000 余户,依其耕作能力,以 20 至 30 亩为分配标准,可划分为 1000 个单位,农民踊跃请领耕地。

3 月 23 日 经济部核定 1944 年全年核准公告之专利案件 94 件。其中发明专利者 43 件,新型专利者 50 件,另追加专利者一件。各种门类中,以化工物品为最多。

△ 日军第三十九师团占领鄂北自忠县。同日,日军第一一〇师团一部 4000 余人攻击豫西洛宁县长水镇,第三十八军主力、第九十六军一部奋起迎击,战至 4 月 9 日,由两翼迂回将日军击退。次日日军转向西峡口方面。至 4 月底,中日双方对峙于长水镇附近地区。

△ 驻正定、灵寿、新乐、行唐四县的敌伪军以及驻石家庄的日军炮兵一部共计 1500 多人,联合向正定县高平村进攻。该村民兵爆炸组利用地雷和地道与日伪军激战到下午 4 时,毙伤日伪军 220 余人,打退敌人的进攻。

3 月 24 日 中国驻印军新一军与新六军第五十师在缅北西保以东 10 英里处会师,所有由腊戍经西保迄南修姆沿缅甸公路之敌,已悉予肃清。

△ 周恩来致电王若飞:中央决定《新华日报》参加旧金山会议的记者可提章汉夫,《解放日报》可提余光生,敌后不再提;我们尖锐批评蒋介石的目的是在压蒋之分裂的演说,逼其取消 11 月召集国大;至于逼美放弃扶蒋政策,一时还做不到。

△ 中国战区美军总部政治顾问卢登在华盛顿举行记者招待会,介绍中国抗日根据地的情况,称中国共产党领导下的武装部队是坚决抗日的,"虽然共产党部队缺乏武器,他们仍然在有效地进行抗日游击战争"。在他们经过的地方有许多日本碉堡,"这些碉堡是专门造来打共产党的八路军的"。并指出,"共产党在他们所活动的那个区域内,是确实得到人民大众的拥护的"。

3 月 25 日　中国陆军后方勤务司令部司令齐福士宣布：该部定于 4 月 1 日成立六个补给区司令部，并宣布各区负责人名单。

△　重庆各界举行追悼法国文豪罗曼·罗兰大会，美、英、法、苏、加、澳、墨、土、荷、波、巴西、伊朗、瑞典等国使节及各界人士共千余人出席。于右任主持，郭沫若致悼词，法使馆代表致谢。

△　遵义浙江大学学生因副食费及灯油问题严重，不得解决而停课。旋接校长竺可桢由重庆来信，副食费由 1 月份起增至 750 元，3 月份起可能增至 1500 元，且校方决定发与每名学生木油半斤暂且应用，学生遂于月底复课。

△　美国前物价统制局长韩德逊应聘膺任国民政府特别顾问，以助我国稳定特价，是日飞抵重庆。

△　美机连续轰炸台湾。是日，美机对日月潭大水电厂投下 145 枚 2000 磅的炸弹，使台湾的主要电力供应遭到破坏。

3 月 26 日　远征军新三十师、新三十八师在缅境继克南修姆、闹亨、卡康姆等地。

3 月 27 日　粮食部招待新闻界，徐堪部长报告粮政，略谓：该部所属仓库在渝者共有八处，所存米麦总量共有 36 万石以上。因春雨及时，年成决无可虑。现在成问题的是运输困难，只好发动木船、板车、民夫去加强运输。

△　美国参谋长联席会议讨论对华政策，赫尔利、魏德迈、梅乐斯应召出席。赫尔利等三人在会上一致表示，共产党是个力量单薄的少数党，"只要向蒋介石的中央政府提供数量较小的援助，共产党在中国的叛乱就可以镇压下去"。会议采纳了他们三人的意见。

△　美空军出动大批飞机，向日本列岛和其占领区水域投下数以千计的水雷，揭开"饥饿战"的序幕。此后，美空军又不断向日本海域投掷水雷，并以强大的火力向日本猛攻，致使日军仅有的一艘 6.3 万吨战列舰"大和号"被击沉，日本岛本土陷于枯竭瘫痪状态。

3 月 28 日　日军第三十九师团占领鄂北南漳。第三十三集团军之第七十七军增援反击,于次日收复南漳。后日军又调兵猛攻,南漳于4月4日晚再陷。5日,中国军协力反击,日军于10日晚再放弃南漳,向荆门东阵地撤退。

△　日军经豫西南阳西南向邓县、文曲集猛攻。第二十二师予以阻击后,向西北转进。日军陷李官桥,同时镇平、内乡相继失陷。

△　八路军一部在石家庄以南60英里地方,将沿平汉线南下的敌军用火车炸毁,毙敌30人,伤敌40人。

△　宋子文在外国记者招待会上表示,中国希望旧金山会议早日成立安全组织,并回答对日本天皇处置之态度时称,各方对此问题意见不一,"余意在战后日本天皇应予以推翻"。

△　财政部宣布:自3月29日起,出售黄金价格及法币折合黄金存款折价,改为每两3.5万元。

△　美国报纸主笔协会代表福勒斯特等三人抵达重庆,次日与渝市新闻记者会晤,并交换对新闻自由意见。在渝逗留一周后,经由印度赴澳洲返美国。

△　中国航空公司开辟西北新航线,是日由重庆起飞直航新疆哈密,次日由哈密飞重庆,暂定每月飞行一次。

3月29日　国民政府特派宋子文为中国出席联合国大会首席代表,顾维钧、王宠惠、魏道明、胡适、吴贻芳、李璜、张君劢、董必武、胡霖为代表,施肇基为代表团高等顾问。

△　是日为第二届青年节,蒋介石发表文告,勖勉从军知识青年要在对敌决战中发挥最大的力量,而且要为建国奠立良好的基础,以达成继往开来的时代使命。张治中在重庆举行的纪念大会上勖勉青年应从自省中求进步,求知能,不自馁,不自满,始能赶上欧美之科学建设而跻中国于真正强国之林。

△　国民政府在重庆公祭国军、盟军阵亡将士,蒋介石主祭,国民党中委,国府委员,各院、部、会首脑,美、英、苏等国驻华使节,各盟国军事代表团和盟军将领200人陪祭。同日,又举行革命先烈纪念会,蒋介

石主持,邹鲁作《从辛亥四月二十七日广州之役以观吾党》的报告;同时
重庆各界亦举行革命先烈纪念会。

　　△　中国航空委员会在重庆黄山公葬公祭 47 位空军烈士,航空委
员会主任周至柔主祭并致词。

　　△　周谷城在复旦大学宪政研究会上演讲《青年运动在历史中的
地位》,略谓:"中国青年在现阶段中所从事的运动,应该是争取民族独
立、经济平等和政治民主。为这三大目标而奋斗的人,在历史中就有他
的地位。"

　　△　昆明报纸登载黄金储蓄存款提价消息,金融市场顿即引起波
动,一般投机家相率争购黄金,行市混乱,金店曾自行关门,多数至下午
4 时才恢复营业,牌价售出 6.4 万元,收进六万元,一日工夫,上涨一万
元。晚间其他物价,如棉纱市场亦受刺激发生波动。

　　△　延安《解放日报》发表《加强边缘区的对敌斗争》的社论,指出
入春以来在华北几乎所有地区,敌我斗争的焦点都集中在边缘区的争
夺上;并强调加强边缘区的对敌斗争,最主要的是以武装斗争,支持与
组织边缘区广大群众的对敌斗争。

　　△　日军攻陷鄂北襄阳,次日陷樊城(今属襄樊市)。

　　3 月 30 日　中国驻印军新六军第五十师一部在缅北乔梅与英印
军会师。至此,中国驻印军缅北作战胜利结束。缅北、滇西作战,自
1943 年 12 月至本月底,为时一年余,中国军队共俘获及击毙日军
2.512 万人;中国军队阵亡 3.1443 万人,负伤 3.5948 万人。

　　△　日军侵占豫西淅川县,第八十九军于荆紫关拒止日军。同日,
南阳守军第一四三师与日军激战,一周后,由城东南突围,南阳失陷。

　　△　日军侵犯老河口,黄昏曾一度被渗入,守军英勇搏战,将渗入
之日军悉予逐退。次日,日军复三度猛攻均未得逞。守军先后歼敌计
1200 余,并卤获轻重机枪 13 挺及其他军用品。

　　△　晋察冀八路军收复灵丘县城。至此,晋察冀军区已控制肃宁、
阜平、灵丘三个完整县。

△　行政院代院长宋子文设宴欢迎美国新闻界代表福勒斯特、麦吉尔、亚更曼等三人,称支持新闻自由运动。4月2日,蒋介石接见美国新闻界代表福勒斯特等三人。

△　中国新闻学会举行茶会欢迎美新闻界福勒斯特等三代表,重庆各报负责人、总编辑、主笔等40余人出席。中国新闻学会理事长肖同兹致词,略谓:自新闻自由运动在美发轫后,在中国不仅新闻界深为兴奋,朝野人士也无不表示赞同。福勒斯特发表讲话,称:我们主张新闻自由明文将载于战后和会条约中,各国政府不得压制舆论及检查新闻传递,如此人民可明了国际形势,巩固永久和平。晚,国民党中宣部设宴欢迎福勒斯特等,王世杰部长表示,战后当可废弃新闻检查。

△　教育部学术审议委员会召开第二届第三次大会,会期两日,朱家骅、吴敬恒、陈立夫、陈大齐、张道藩、竺可桢、傅斯年、茅以升、吴有训等出席。朱家骅就最近高等教育设施、调整院校科系、充实图书设备、改善教员生活、推进国际文化合作诸方面,提出扼要报告。并以高等教育重要问题征询各委员意见。会议决定1944年度著作、发明及美术奖励给奖人选,计给予一等奖金五万元者一名、二等奖金三万元者17名、三等奖金1.5万元者46名。

△　文化工作委员会奉军事委员会政治部命令解散。按:文化工作委员会由郭沫若主持,于1938年成立,委员有阳翰笙、李侠公、茅盾、杜国庠、沈志远、胡风、老舍、洪深、田汉、张志让、孙伏园、冯乃超等。

△　汪伪国民政府行政院与日本派遣军司令部签订《关于华北及华中铁道运营之军管理协定》。《协定》规定:自1945年4月1日起,华北交通及华中铁道股份有限公司所经营的铁路业务,由日军司令官管理,"国民政府"停止对铁路运行的监督权。

3月31日　重庆《新华日报》载文论述新闻自由的重要性。文章写道:"统制思想,以求于一尊;钳制言论,以使莫敢予毒,这是中国过去专制时代的愚民政策,这是欧洲中古黑暗时代的现象,这是法西斯主义的办法,这是促使文化倒退,决不适于今日民主的世界,尤不适于必须力求进步的中国。"并谓:"言论、出版的自由,是民主政治的基本条件,没有言论、出版的自由便不可能有真正的民主,不民主便不能团结统一,不能争取胜利,不能建国,也不能在战后的世界中享受永久的和平幸福……新闻自由,是民主的标帜;没有新闻自由,便没有真正的民主。"

△　日本最高战争指导会议否决以缪斌为谈判对手及其提案。

是月　蒋介石昭告全国爱护士兵,略谓:"务须在尊重军人第一之原则下,各应激发天良,爱助军队,使能饱暖无缺,乐于为国效命。各级军官对士兵不得有滥施刑罚,克扣军饷,作损害其生活及人格之行为,如有阳奉阴违者,查出将予重惩。"

△　青年远征军第二〇九师成立,师部初设于江西铅山,旋移福建上杭。师长为温鸣剑,接收从军青年计 1.251 万名。

△　财政部顺应自贡盐业的请愿要求,决定自 3 月份起花盐价格每市担增至 3645.41 元,巴盐每市担增至 4024.4 元,较之 3 月以前之花盐价格增加 46%,巴盐增加 37% 强。

△　重庆中央各机关公务员待遇,经由最高国防委员会通过调整办法,自是月起实行。调整后月薪为 100 元的公务员(低级委任),全月所得为 1.62 万元,较调整前增加 5500 元;月薪为 600 元的公务员(最高级简任),全月所得为 3.42 万元,较调整前增加 1500 元。

△　广东东江纵队又派出第三支队北渡东江,协同原在博罗地区第四、第五支队等部,扫除这个地区的日伪势力,开辟了罗浮山根据地。

△　八路军第一二〇师南下支队渡过长江进入湖南,即把番号改成"湖南人民抗日救国军",开辟湘东根据地。

△　迄是月止,美国对中国之支出总额为 8.37 亿美元,其中军事项为 4.14 亿,余者为非军事项。同期自中国获得的收入总额为 1.37 亿美元,美国非军事机关在中国用去 6400 万美元。

△　石井四郎再次就任设在哈尔滨的"七三一部队"(细菌部队)部队长,并把"七三一部队"番号改为"二五二〇二"部队。

△　美水利专家萨凡奇博士在《新共和国》杂志撰文述长江水坝计划，认为长江为一尚未开发之世界最大水力，水坝建筑后可供电 10050 万瓩，灌溉地域数百万亩，水患可以完全防止，万吨船只可直驶重庆。此工程如中美合办，可以达到互利。资源委员会与扬子江水利委员会对萨凡奇此项计划颇为重视，并着手研究。

4　月

4 月 1 日　蒋介石以守南阳黄樵松师长、守老河口汪匪锋师长率所部官兵坚守名城，迭挫敌气，战果丰硕，是日传令嘉奖。

△　蒋介石任蒋经国为青年远征军编练总监部政治部主任，胡轨为副主任。所属青年军师部均设政治部。

△　毛泽东、朱德、周恩来在延安会见谢伟思。毛泽东说，一旦中国发生内战，希望美国对国共双方采取不插手政策；还说不管中共能否从美国那里得到一支枪、一粒子弹，中共都将继续愿意实行合作。谢伟思于 4 日离延安奉召回美国。

△　青年远征军第二〇八师成立，师部设于江西黎川，师长为黄珍吾，接收从军青年 1.1 万余人。同日，青年远征军编练总监部在重庆大坪成立"女青年服务总队"，作为女青年军的司令部，负指挥训练之责，接受青年远征军政治部之指导，由陈逸云任总队长。

△　中国陆军总司令部自是日起实施士兵膳食补给计划，其要点为：膳食补给以就地采购为原则，每人每日定量分配米 25 两、豆二两、花生米一两、菜油九钱、盐五钱、鲜肉一两、蔬菜 10 两、柴火 21.5 两。

△　八路军自 1 月 21 日发起的道清战役胜利结束。此役共歼灭日伪 2500 余人，扩大解放区 2000 余平方公里，解放人口 75 万，使以新乡为交点的平汉、道清、新(乡)汴(开封)三条铁路均暴露在八路军的直接打击之下。

△　美国第十四航空队之飞机是日及次日袭击上海机场，击毁敌

机 92 架,击损 16 架。

△ 郭沫若、沈钧儒、章伯钧、翦伯赞等百多人出席政治部第三厅成立七周年纪念聚餐会。郭沫若在会上就文化工作委员会被解散一事激动地表示:始于今日,终于今日;"花瓶"摔掉,还我面目。我们是被解散了,我们是更自由了。沈钧儒亦发表讲话说:"机关可以被解散,但文化工作者的工作精神是无论如何不能被解散的。"

△ 在渝美国报纸主笔协会代表麦吉尔参加复旦大学举行的新闻自由讨论会。晚,访问新华日报社,看到一件被删得支离破碎的送检稿样甚感惊异,认为不论在平时或战时,对政治新闻的检查都是不应该的。

△ 重庆居民疏散委员会决定,自是日起至 9 月底止,疏散市民 30 万人,疏散地点陆路为璧山、綦江,水路为涪陵、长寿、江津、合川。

△ 监察院派监察委员韩骏杰等调查重庆市习艺所案,据称该所每日仅供两餐稀饭,且数量极小,冬季棉被至阳历 2 月中旬方发给,患疥疮者占十之六七,患病者无医无药,仅 1 至 3 月间即死亡 400 余人。

△ 中国茶叶公司奉令停止营业,并入复兴公司。

△ 《太岳日报》改为《新华日报》太岳版,魏克明为总编辑。

△ 美军六个师约 10 万人在琉球群岛中最大的冲绳岛登陆,盟军攻势已逼近日本本土。

4 月 2 日 中国出席旧金山会议代表团顾问陈绍宽、王家桢、吴经熊以及专门委员徐淑希、张忠绂、杜建时、郭斌佳、李惟果、朱新民等,是日乘机离渝赴美。

△ 王若飞同黄炎培、吴贻芳、胡霖、邵力子、雷震、左舜生、沈钧儒、章伯钧、张申府、孙科等谈国共问题,一致电请延安,欢迎周恩来、董必武再到重庆协商。

△ 八路军山东军区独一旅旅长王道、独三旅旅长莫正民、独二旅旅长张希贤等率所部将士通电全国,要求立即改组国民政府和统帅部,立即组织联合政府和联合统帅部。

　　△　晋察冀八路军解放边区交通要道紫荆关。

　　△　美驻华大使赫尔利在华盛顿记者招待会上称："中国共产党曾向美国要求供给武器军火,但以武器供给一武装之政党,无异于承认其为一对日交战者,而美国已承认重庆国民政府为中国之政府,中国一日如有拥有武力之政党存在,则中国即一日不能获得统一。"

　　4月3日　蒋介石召见四川粮食储运局局长席新斋,指示目前粮运业务。按上月份统计,所有途次之粮食达四万余吨,平均每日参加运输工作之民夫、船户以及各种运输工人总计达 10 万人。

　　△　宋子文与加拿大驻华大使欧德伦在重庆互换去年 4 月 14 日签订之《中国与加拿大平等条约》,该约互换后立即生效。

　　△　孙科在重庆基督教青年会举办的"会员名人讲座"上,发表题为《怎样促进民主?》的演说,称:国内团结统一问题,只有民主方式才能解决,当前需要彻底实现民主,不能再扭扭捏捏了。

　　△　第一战区一部克复豫西淅川县,歼敌 400 余。

　　△　美轰炸机驾驶员史乐根随机坠落上海浦东,由忠义救国军营救,后救国军派员转送后方。

　　△　驻土耳其首任特命全权大使徐谟向土耳其总统伊诺鲁呈递国书。

　　△　美国务卿斯退丁纽斯邀英驻美大使哈里法克斯、苏驻美大使葛罗米柯及中国驻美大使魏道明举行非常会议,商谈旧金山会议之组织与程序及计划。

　　△　赫尔利离华盛顿,取道伦敦、莫斯科返重庆,准备与英、苏政府首脑商讨美国对华政策。

　　△　苏联最高苏维埃主席团任命亚波隆·彼得罗夫为驻华大使,原任亚历山大·潘友新因病免职。

　　4月4日　鹿钟麟谈调整兵役机构情况,略谓:此次调整裁撤机构 421 个,减缩 108 个,共计 529 个,占原机构数 60%以上;被裁官兵达 35 万,占原官兵数 40%以上。

　　△　八路军太岳军区第二、四分区部队由阳城出发,直插豫北,发起豫北战役。经 20 多天的战斗,共攻克据点 40 余处,毙、伤、俘日伪军 2800 人,投诚与反正伪军 1700 人,收复河南济源、孟县、沁阳三座县城。

　　△　太行区阳泉煤矿 60 余工人举行暴动,反对敌伪统治,旋投奔太行解放区。

　　△　是日为儿童节,重庆各界在川东师范举行纪念大会及第一届儿童运动大会。

　　△　川省资简区壮丁队长王平章在裘溪河强拉三名壮丁,经军法总监部依法判处死刑,是日处决。

　　4 月 5 日　宋子文兼外交部长与瑞典驻华公使亚勒在重庆签订《中瑞关于取消瑞典在华治外法权及其有关特权条约》。

　　△　国民政府特任李铁铮为驻伊朗国特命全权大使。

　　△　国民政府修正公布《律师法》。

　　△　截至是日,绥远、宁夏、河南、山西、四川、福建、广东、广西、青海、湖南、陕西、安徽、浙江、甘肃、贵州、云南、湖北、新疆、西康、江西 20 省及重庆市,1944 年征实 2617.085 万市石,征借 2494.1315 万市石,累进征借 27.5966 万市石,共计 5139.8131 万市石,占配额 78％。至于赋棉部分,已征收者计陕西、湖南、湖北三省,共计 2.7658 万市担,占配额 52％。

　　△　南洋华侨协会在重庆举行第一次会员大会,选举吴铁城、许世英、陈树人、陈庆云、王泉笙、马超俊、梁寒操、陈立夫、钱新之、贝淞荪、徐恩曾等 31 人为本届理事。

　　△　重庆《新华日报》发表时评《我们的坚定而明确的态度——评赫尔利将军谈话》,指出:赫尔利 4 月 2 日谈话“有助长中国分裂与内战的危险,有拖延抗战胜利的危险”。

　　△　晋绥区八路军收复山西省岚县。

　　△　苏联外交人民委员莫洛托夫召见日本驻苏大使佐藤尚武,声

明苏联政府废止《苏日中立条约》。

△　日小矶内阁垮台,铃木贯太郎奉命组阁。7日,铃木贯太郎内阁成立。

4月6日　国民参政会驻会委员会议,通过陈博生、钱公来、冷遹等16人所提黄金提价消息透漏案,请政府彻查。原案谓此次黄金提价命令系至28日下午5时以后送达各银行,而28日下午出售之数竟达三万余两之巨,显有舞弊之情事,建议政府彻查严惩。

△　国民党中央宣传部长王世杰就苏联政府废弃《苏日中立条约》发表谈话称:"中国闻悉此举,甚感欣慰。他姑不论,只就精神方面而言,此举所给予日本之打击至为严重,由此将加速日本之完全崩溃。"

△　出席旧金山会议的中国代表团中共代表董必武偕章汉夫、陈家康自延安赴重庆。同日,中国民主同盟在重庆举行茶会欢送董必武。8日,重庆妇女界亦举行茶会欢送。12日,董必武、陈家康、章汉夫离渝赴美,出席旧金山会议。

△　昆明西南联合大学全体学生发表《对国是的意见》,主张:立即停止一党专政,组织联合政府;立即取消一切特务活动及检查制度,确实保障人民集会、结社、思想、言论、出版、身体等自由;立即以断然手段没收因人民的饥饿与死亡而发国难财者的财产,以及在美冻结的三亿美金存款,以充战费;立即成立联合统帅部,平等提高全国抗日军队待遇,以及确保出征军人家属生活;立即根绝党化教育,实施战时教育,确保公教人员生活;加强与各盟国合作,目前尤应从速敦睦中苏邦交。

△　中华图书协会在重庆中央图书馆欢迎来华之美籍图书专家诺伦堡。诺伦堡称:美国新成立之图书救济联合会将援助各国补充图书,中国亦可指派代表前往联系。

△　上海人民群集苏联新生命日报社前,阅读莫洛托夫关于废除《苏日中立条约》的声明。市民预感"天快亮了",纷纷抛出伪钞、商品,购进黄金、股票,一时金价突由每两值伪储备币56万元涨至62万元。

△ 3000 余日军侵入湖南隆回县侯田乡,盘踞八天之久,杀害民众 154 人,强奸妇女 228 人,烧毁房屋 3372 间,抢走粮食二万余担。

4 月 7 日 行政院代院长宋子文离重庆赴美国,出席旧金山会议,于 13 日抵华盛顿。

△ 财政部就提价前夕黄金存款舞弊事发表公告,拟具三项处理办法:一、请政府派员彻查 3 月 28 日黄金存款;二、本部会同四联总处派员彻查经办人员舞弊情形;三、凡于 3 月 28 日以转帐申请书抵充现款及以一本票或一支票化名多户分存之法币折合黄金存款,一律无效。

△ 第一战区一部对豫西重阳店以东至西峡口以西长约 30 里地区残敌进行扫荡战,至是日已全告肃清,歼敌 5000 余名,击毁战车 15 辆。

△ 日军侵入广东龙门县城。

△ 日陆军省宣布,为求加强日本本土之防御,特设立陆军统帅部及陆军航空部队统帅部,并以杉山元元帅及畑俊六元帅各任其统帅。同日,任命土肥原为军训总监。

△ 南非约翰内斯堡人士于是日开始举行"中国周",以游艺会、街头募捐、义卖等方式,发动群众援助中国。

4 月 8 日 日军攻占老河口。3 月 26 日,日军骑兵第四旅团进至老河口、光化附近。次日,猛攻老河口,占领老河口机场,随后得到日军第一一五师团增援,于是日攻占老河口。

△ 中国外交政策协会在重庆胜利大厦举行成立大会,会员 154 人,选出吴铁城、王宠惠等为理事。

△ 陆军伞兵团改组为陆军突击总司令部,设于昆明,原任团长李汉萍升充司令。

△ 重庆各党派领袖和文化界人士欢宴郭沫若和文化工作委员会工作人员。沈钧儒、左舜生、侯外庐、史东山、王若飞、邓初民、马寅初、翦伯赞等相继发言,对郭沫若表示慰问和赞扬。王若飞代表中共向国民党当局提出:"我们欢迎他到边区解放区去,半个中国是需要郭先生

及诸位先生的!"郭沫若致答辞表示:"文工会解散了,文化工作却留下","我仍要做一个民主、文化、文艺的小兵","五十四年唯一死,鸿毛泰岱早安排。"

△　中国战区美军司令部发表空战战果:陈纳德领导的第十四航空队在两年零九个月内击毁日机 3000 架、敌船舰沉伤在 200 万吨以上。

4 月 9 日　湘西会战开始。日军为侵占芷江空军基地,掩护湘桂、粤汉两铁路的交通,以第二十军指挥第一一六、第四十七、第三十四、第六十八师团等部,于是日由益阳、邵阳、东安之线向湘西地区发动进攻;王耀武第四方面军部队奋起抵抗。

△　中国空军于是日起至 5 月 11 日,以驻芷江第五大队与第一大队之第四中队为主力,及驻陆良之第二大队第九中队与驻梁山之第三大队一部,协助陆军作战,并联合美空军袭击日军后方,冒日军猛烈炮火,日夜不断出击,使日军伤亡惨重,取得巨大战果。

△　三民主义青年团中央团部召开评议员首次全体会议,到评议员王云五等 20 人,中央干事会书记长张治中、中央监察会书记长王世杰(罗家伦代)等均参加。会议报告和讨论中央干事会两年来工作、青年思想领导及学校团务问题,于 11 日结束。

△　1943 年 8 月 20 日签订之《中巴(巴西)条约》业经双方批准,并于是日在巴京里约热内卢互换约本。

△　日本铃木内阁任被称亲俄的东乡茂德为外相,并即派驻苏大使广田弘毅与苏联驻日大使马立克会晤,企图遏止苏联对日参战。

△　昆明金价突破八万大关。此后每两饰金的价格,均在 8.4 至 8.6 万元间跳动,14 日又涨到每两 8.9 万元。

4 月 10 日　魏德迈返抵重庆。中国战区美军司令部发表公告称,魏德迈返美期间,曾与罗斯福总统、李海、马歇尔、金氏、尼米兹诸元帅及政府其他高级官员晤商;在其往返途中,复在菲岛与麦克阿瑟元帅会晤,商谈促进中国战区空军及地面部队之协同作战。同日,军委会代参谋总长程潜邀请盟国驻渝军官举行春季聚餐会。魏德迈发表谈话称,余自美所带回之保证，即美国决心于可能范围内，竭尽一切援助中国，以求迅速击败日本。

△　监察院院长于右任对记者谈：黄金加价泄露消息案，欢迎各方供给有关确实材料；并称此案自非退款所能了事，事关盟邦援助，国法自当严办。

△　八路军太行军区部队收复山西省陵川城及附近九个据点。

△　据重庆《大公报》报道：在璧山破获以刘纪民为首犯的贩卖壮丁团伙。刘纪民系一失业者，自称为"兵帮主席"，拥有党羽，怀有手枪、利刃，经常假若干茶肆作贩卖壮丁之市场，而以渝、璧交界之虎溪河作壮丁转运站，以利诱及威胁手段收买老弱残废转卖保甲，以顶替兵役名额，每名壮丁卖价自四万元至八万元不等，而被卖者仅获数千元。

4 月 11 日　中国民主政团同盟四川省负责人李相符、杨伯恺、田一平及成都文化界 120 余人发表《成都文化界对时局献言》，提出立即结束国民党党治、尽速召开真正能代表民意的普选国民大会、释放一切爱国政治犯等 10 项主张。

△　八路军太岳军区军民自 1942 年 11 月对沁源县敌军经过两年半围困，共作战 2730 次，于是日收复沁源县城。是役毙伤日伪军 4000余人。

△　重庆 13 所私立专科以上学校校长潘序伦、陆诒、魏学仁等到教育部面见朱家骅，以物价压迫，维持困难，请迅拨巨额补助。朱家骅表示当代向行政院呈请拨款补助。

4 月 12 日　第四十一、第四十五军各一部向光化、老河口实施反击，将日军逐出该地。同时，第四十七军于 13 日向李官桥等地日军攻击，激战至 15 日，日军第一一五师团退守邓县。后日军再侵占老河口，并于 27 日攻占新野，第五十五、第六十九等军主力转移至枣阳以北地区。28 日，第二十二集团军部队一度攻入老河口，迄 5 月 1 日，与日军隔襄河对峙。

△　美国总统罗斯福逝世。当晚，副总统哈里·杜鲁门宣誓继任

美国总统,并宣布继续执行对德、日两国作战与准备永久和平之政策。

△ 美国纽约州州卫军第十二团为对中国之军民表示崇敬,邀请魏道明大使检阅。

△ 中央设计局设立东北与台湾两委员会,以准备抗战胜利时有关接收事宜。

△ 中国劳动协会理事长朱学范赴英国出席国际劳工局理事院会议及世界职工联盟大会后,是日飞抵重庆。

△ 汪伪最高国防会议特任荣臻为伪河北省省长,兼保安司令和驻保定绥靖主任,特任杨毓珣为伪山东省省长兼驻济南绥靖主任。

4月13日 国民政府为美国总统罗斯福逝世,通令全国于14、15、16日下半旗志哀,并令全国各军队及各机关,于16日上午9时举行中央纪念周时为罗斯福故总统默哀。同时,蒋介石亲往美军驻华总部,致唁罗斯福总统之丧,另派外交部次长吴国桢赴美大使馆致唁,并特电罗斯福总统夫人致唁。

△ 毛泽东、朱德致电杜鲁门总统,吊唁罗斯福之丧;并派叶剑英、杨尚昆代表中国共产党和解放区人民,赴驻延安之美军观察组致唁。

△ 八路军太岳军区部队收复山西阳城,至此全区已有沁水、沁源、阳城三个完整县。

△ 兵役部派军法执行监徐业道到江安县组织军法会审,审理接兵部队连长肖鸿宪、排长王春芳、班长尹继胜克扣军米、虐待病兵,以及虐杀六名壮丁一案,判处肖鸿宪三人死刑,于是日枪决。

△ 据重庆《大公报》报道:重庆每月供应食米20余万担,面粉七万余袋,由此统计人口约130万人。供应食米之价格计分四等:供应市政府60元及800元一担之贫民食米2700担;供应平民1100元一担之立约购米四万余担;供应市内一百七十八家米店成本米一万余担(每担售价770元),其余为军米及公教人员食米。供应面粉价格分三等:特粉每袋3400元,成本特粉1800元,统粉1400元。

4月14日 蒋介石电贺杜鲁门就任美国总统。

△　军事委员会抚恤委员会主任何键谈改善抚恤遗属办法,称:阵亡将士遗属恤金最低级者,由现在每人每月 160 元,提高 10 倍,最低每人每月改发 1600 元。现在本会调查应予抚恤者共达 100 余万人,而实际能寄达恤金者只有 40 余万人。

△　湖南沅江之日军第六十四师团一部约 2000 余人,于是日侵占益阳,17 日又进至桃江,21 日经守军反击后退回益阳。

△　日军在各个战场遭到愈来愈严重失败的形势下,决定缩小在中国的占领区,抽调兵力加强对中国沿海地区和日本本土的守备,日本大本营于是日秘密指示日本中国派遣军:"把第三、十三、三十四、二十七师团调往华中、华北。"27 日,中国派遣军下达调动上述师团的命令,并指令"第六方面军要适时撤回湘桂沿线的兵力,确保武汉地区及粤汉线北部要地"。

△　美巨型飞机约 400 架空袭日本东京。日本皇宫大部分建筑被炸毁。

4 月 15 日　八路军晋绥军区第二分区部队收复山西五寨县城及周围三个据点。

△　赫尔利自华盛顿经伦敦到达莫斯科,即同斯大林、莫洛托夫会晤,商谈对华政策及对中国共产党认识问题。斯大林表示赞同美国对华政策。

△　伪满洲国人事变动:李绍庚任驻汪伪南京政府大使,阮振铎任外交部大臣,金名世任民生部大臣。

4 月 16 日　国民政府在重庆举行美国故总统罗斯福追悼大会,蒋介石亲临主祭。下午,各机关团体分别公祭。

△　国民政府修正公布《行政院组织法》。

△　驻美大使魏道明致电蒋介石,报告杜鲁门总统就任后对苏政策的趋向。杜鲁门在国会本日的演说中宣示:"决全心全力,以实现罗斯福故总统所宣称的理想,并坚持德、日必须无条件投降。"

△　第三十八师主力克鄂北襄阳,第一七九及第一三二师各一部

克自忠县,续尾追日军。

△　日军第三十四师团主力及第六十八师团第五十八旅团于4月上旬起分由湘西东安、桂北全县向我军进攻,是日两路日军会合陷湖南新宁县。

△　第三十五集团军副司令邹洪积劳致疾,于是日卒于粤桂边区。

4月17日　台湾革命同盟会在重庆举行纪念台湾沦陷五十年大会,陈仪、洪兰友、王泉笙、青山和夫及在渝台湾同胞20余人出席。李万居主席就台湾人口、地理、经济诸点,说明其与祖国之不可分性,并申述光复故土决心。同日,中央电台请谢南光、林忠以闽南语、国语及日语作纪念广播。

△　中国童子军全国干部会议首次大会在重庆举行,由陈立夫任主席,听取工作报告,于次日通过几项要案后闭会。时全国有童子军9.4588万人,童子军团6083团,内男5470团、女522团、幼童91团。

△　日本中国派遣军总司令官冈村宁次、中国舰队司令官近藤信竹、驻汪伪大使谷正之,在南京召集最高指导会议,提出“日华军官民的真正一体”之要求。

4月18日　鄂北第三十八师克复樊城,至此襄河以西恢复豫西鄂北会战前态势。

△　八路军太岳军区部队收复晋城。

△　印缅战区美军总司令兼中国驻印军总指挥索尔登将军代表美国政府,在新一军孙立人司令部给该军官佐16人与士兵26人颁发美军银星、铜星奖章,以表彰攻占八莫、南坎之战功。同时给新三十师、新三十八师各授予旗帜一面,以纪念攻占腊戌、南坎、八莫三地之功绩。

△　行政院秘书长张厉生对记者谈黄金案彻查经过,谓现已决定将全案送往重庆地方法院依法侦察,并令将各行、局不依规定接受购户转帐申请书之负责主管人员先行撤职,听候法院侦察。

△　驻英大使顾维钧在华盛顿太平洋学会午餐会演说,保证中国以全力用以击溃日本。

△　日本大本营指示中国派遣军实施同重庆国民政府实现停战的政治谋略；同时为应付美、苏两国的未来行动，命令第三、第十三、第二十七、第三十四师团应在 8 月以前集结在徐州以北待命。

△　成都国民党当局指使特务暴徒于今日及次日捣毁《华西日报》及《华西晚报》。成都各界人士甚为愤慨，纷纷慰问两报，抗议国民党特务的暴行。在人民声援中，《华西晚报》于 21 日复刊，旋《华西日报》亦复刊。

4 月 19 日　行政院代院长宋子文谒晤美总统杜鲁门，报告中国最近情势。杜鲁门对中国极表同情，并允予一切可能之援助。

△　美驻苏大使哈里曼向国务院报告，认为赫尔利关于与斯大林晤谈报告过分乐观，将来苏联参加远东战争必支持中共，甚或在东北、华北建立其"傀儡"政府。

△　美国援华总会会长麦克科诺菲博士称：美国将以飞机载运布匹前往中国，以稍解救中国普遍缺乏布匹及衣着之痛苦，首批 20 万磅现正准备装运，希望至少 100 万中国平民可因此受惠。

4 月 20 日　中共中央扩大的六届七中全会讨论并通过《关于若干历史问题的决议》，《决议》总结中国共产党建党以来的历史经验，对若干重大历史问题作出结论。

△　三民主义青年团第一届中央干事会第三次全体会议在重庆召开，蒋介石兼团长主持，并就团务组织及干部选拔等问题作指示。会议通过《团的组织与活动方式案》、《知识青年志愿从军运动工作报告审查意见案》、《青年领导问题案》等，于 23 日结束。23 日晚，蒋介石召集与会人员餐叙，并举行同乐晚会。

△　财政部将黄金提价舞弊案移送重庆实验地方法院，该院检察官业经依法开始侦察。中央信托局储业处建储科主任戴仁文及助理员朱治廉两人，亦于 19 日由该局送交实验法院予以羁押，依法究办。

△　中国国民外交协会第七届年会在中四路该会会所举行，陈立夫等 150 余人出席，陈致开会词，宣读蒋介石训词，勉与友邦人士为求

世界和平而努力。

　　△　全国知识青年志愿从军编练部总监部在重庆举行从军女青年入营宣誓典礼,到官长41人,入伍女青年391人,以及各界来宾、记者20余人。

　　△　重庆嘉陵江区宝源、天府、全济、三才生、建川、江合、东林、和平八煤矿公司招待各报记者,报告各公司目前最大困难是限价与成本相差太远,呼吁合理调整官价,至少要增加120%,才能勉强维持生产。

　　△　晋绥边区文化界救国会向全国全世界提出控诉,揭发日军在边区大量施放老鼠,散布鼠疫菌的罪行,大声疾呼要求全国和全世界人民注视日本法西斯的罪行,并予以有效的制裁。

4月21日　中国共产党在延安举行第七次全国代表大会的预备会,毛泽东作《“七大”工作方针》的讲话,阐明大会的工作方针是:团结起来,争取胜利。他号召全党要团结得象一个和睦的家庭一样,家庭是有斗争的,新家庭里的斗争,要用民主来解决。

　　△　中国战区美后勤部队从是日起空运新六军至芷江,至5月11日调遣完成。魏德迈称,该项业已调遣之中国军队,可以遏制前线日军之攻势,并可于数月内对日发动首次强大之反攻。

　　△　宪兵学校、警官学校员生暨中央训练团台湾干部训练班毕业员生共2000余人,在中央训练团举行联合毕业典礼,蒋介石兼校长主持并训话。

　　△　兵役部长鹿钟麟在成部举行记者招待会,报告施政方针及废除役政弊端;同时宣布华阳志愿兵团第二营第四连强拉壮丁案审理结果,判处连长刘志道、排长屈茂死刑,排长王茂钟无期徒刑,谢少奎有期徒刑10年;隆富师管区第一团第七连班长赵春堂枪杀逃丁,亦经判处死刑。

4月22日　国防最高委员会通饬全国各地所有机关、部队、学校,以及社会工商各业,水、陆、空交通通讯各方面,均应于5月1日起至9月30日止,实行“夏时制”一律将时间提早一小时,盟邦驻在中国之各机关亦同样适用。

　△　据《扫荡报》讯：全国知识青年从军从去年 11 月 12 日开始至是日，报名应征的有 12 万人。到月底止，实际报到入营的共有 8.6 万人。

　△　第九战区一部克复湖南永兴城。

　△　美驻华大使赫尔利返抵重庆，24 日晋谒蒋介石，报告与丘吉尔、斯大林会晤情形。

4 月 23 日　中国共产党第七次全国代表大会在延安举行，大会正式代表 547 人，候补代表 208 人，代表 121 万党员。毛泽东、朱德、刘少奇、周恩来、任弼时、林伯渠、彭德怀、康生、陈云、陈毅、贺龙、徐向前、高岗、张闻天、彭真 15 人为主席团，任弼时为大会秘书长。毛泽东致开幕词，指出中国面临着两个前途和两种命运的斗争，党的任务是要用全力去争取光明的前途和光明的命运。朱德、刘少奇、周恩来、林伯渠及日共领袖冈野进先后发表讲话；彭真作代表资格审查报告。

　△　国民政府明令公布国民参政会第四届参政员名单。参政员名额由原有 240 名增到 290 名。其中由各省、市临时参议会选出者为 150 人，占总额二分之一以上。中国共产党人毛泽东、周恩来、董必武、林伯渠、吴玉章、秦邦宪、邓颖超及陈绍禹被遴选为参政员。

　△　宋子文在华盛顿首次出席中、美、英、苏四国外长会议，商讨旧金山会议会前要案、投票规则及其他程序。

　△　第二方面军一部克复广西武鸣、上林。

　△　中共山东分局发布《关于展开民主运动的决定》，决定从 7 月到 9 月进行由下而上的改造政权，贯彻"三三制"，改选充实各级参议会和政府，中心要求是：一、进行深入的民主教育；二、整理巩固村政权；三、改造县及行政区的参议会和政府；四、纠正党委包办政权的作风。

　△　美国务卿斯退丁纽斯就中苏关系给赫尔利的指示称：苏联现在忙着对付欧洲，无暇他顾。我们可以料到苏联会重新审查它的政策，

修改它的政策,因此当你告知蒋介石委员长以斯大林所发表的声明时,你应特别费心将前面一段所表现的全部思想转达给他,为得使他充分察觉情况的急迫。请你促使蒋介石委员长感觉必须早日得到政治与军事的统一,不仅为得促进对日战争胜利结束,而且还为建立一个基础,使中苏关系终于变为互相尊重与永远友好。

　　△　大东亚会议在东京举行,汪伪国民政府驻日大使蔡培参加,会议决议将《大东亚宣言》扩大为《大东亚共同声明》。

　　4月24日　毛泽东在中共七大第二次会议上作《论联合政府》的书面政治报告,阐明中国共产党的纲领和路线,总结中国人民革命斗争的经验。报告指出:作为一般纲领,我们在政治上的主张,是在彻底打败日本侵略者之后,建立一个全国绝大多数人民为基础而在工人阶级领导之下的统一战线的民主联盟的国家制度,即新民主主义的国家制度。作为具体纲领,当前我们主张废止国民党一党专政,建立民主的联合政府。我们主张的新民主主义经济,必须是由国家经营、私人经营和合作经营三部分组成。报告号召全党团结起来,为实现党的任务而斗争。

　　△　毛泽东在中共七大就《论联合政府》书面报告的相关问题作报告,讲三个问题:路线问题、几个政策问题、关于党内的几个问题。毛泽东说,七大的路线是,放手发动群众,壮大人民力量,在我们党领导下打败日本帝国主义,解放全国人民,建立新民主主义的中国。讲到几个政策问题时,讲了对于资本主义、对于共产主义、对于国民党、关于由乡村转到城市等。讲党内几个问题时,讲到个性与党性,整风与生产,党内几部分干部的对待,关于讲真话以及提议读五本马列著作。报告最后说,我们是一个准备胜利的党,我们要在全国胜利,全党要团结起来,为全国人民解放而奋斗。

　　△　国民党第六次全国代表大会秘书处成立,吴铁城为处长。

　　△　冀鲁豫军区第三、第七、第九军分区部队发起南乐战役,至27日共歼灭日伪军3400余人,攻克河南南乐县城及其外围据点32处,解

放卫河以东大片地区。

△　美国务卿斯退丁纽斯在旧金山宣布,旧金山会议中、美、英、苏四邀请国以中国在顿巴敦橡胶园会议三项建议列为联合建议,下数周内提付正式商讨。中、美、英、苏四国首席代表及其代表团人员于本日抵旧金山。

△　新四军第三师攻克苏北阜宁县城。

4 月 25 日　联合国国际组织会议在美国旧金山开幕,美、英、苏、中、法等 46 个国家的 856 名代表参加,美国国务卿斯退丁纽斯为大会临时主席。杜鲁门总统在总统府向与会各国代表致欢迎词,称"旧金山会议将集中全力,专心处理建立主要机构以维和平之问题。基本宪章将出自诸君之手"。斯退丁纽斯致开会词,表示确立公正持久的和平系于此会。

△　军政部长陈诚在外国记者招待会上发表谈话,要点为:一、对欧洲盟军表示敬佩;二、湘西敌有扰芷江企图;三、据军政部所得到的各方报告,自抗战开始至今年 3 月止,军事人员的伤亡人数共约计 310 万人。

△　朱德在中共七大第三次会议上作军事报告《论解放区战场》,总结中国共产党领导武装斗争特别是抗日战争的经验,论述解放区战场创造、发展、壮大的历程以及人民战争的战略战术,指出今后的军事任务是:八路军、新四军与一切抗日友军团结起来,打败日本侵略者。八路军、新四军要准备在抗战后期实行从游击战争到正规战争的战略转变,以迎接大反攻的战斗。

△　八路军晋绥军区"春季攻势"结束,从 2 月 17 日以来,共作战537 次,毙伤日伪军 1590 人,收复方山、岚县、五寨三县城及据点 54处,夺取离(石)岚(县)、五(寨)三(岔)两条公路。解放村庄 724 个,人口 9.4 万人。至此,晋西北抗日根据地已拥有九个完整县:兴县、岚县、临县、方山、保德、河曲、岢岚、偏关、五寨。

△　日本中国派遣军参谋西浦进在东京联络后返南京,是日向总

部报告：大本营不仅准备放弃湖南，更有放弃武汉的意向。冈村宁次于是决定在调第三、第十三和第三十四师团北上的同时，撤回湘桂铁路沿线的全部兵力，仍保持武汉至广州的粤汉铁路沿线要域。27日，中国派遣军命令第六方面军撤退湘桂铁路沿线的兵力。

△　美国记者爱泼斯坦在伦敦援华委员会上发表演说称：中国未来和平的惟一希望是成立中国联合政府，并称中国人民坚决反对内战。

4月26日　国民政府通令《惩治盗匪条例》施行期间自期满之日起展限一年。

△　第二方面军一部克复广西那马县。

△　八路军太行军区第二分区部队克复山西省辽县，28日收复和顺县。

△　挪威驻华大使赫沙尔返国述职公毕返任，是日抵达重庆。

△　三北轮船公司董事长虞洽卿在重庆病故。7月24日，国民政府明令褒扬。8月27日，虞洽卿遗族向国民政府献黄金1000两。

△　汪伪政府人事变动：伪外交部长褚民谊任伪广东省长兼广东绥靖主任，伪教育部长李圣五兼任伪外交部长，伪参谋总长鲍文樾改任伪河南省长兼河南绥靖主任，胡毓坤改任伪参谋总长。

△　美国务院向杜鲁门总统提出对华政策基本方针的报告，略谓：美国对中国的主要目的是，有效地共同对日本作战；从长远观点来看，是建立一个强大的统一的中国作为远东所必需的主要稳定因素。从这一点出发，美国在战后理所当然地要帮助中国发展现代的、有效的军事组织。然而，鉴于目前中国不稳定的政治局势和内战的可能性，以及与苏联的复杂关系，美国不准备向现在的中国政府承担给予这种援助的义务。

4月27日　旧金山联合国会议通过：一、任命美国务卿为国际安全会议主席；二、国际安全机构主席由主要国家轮流担任。并宣布：宋子文、莫洛托夫、斯退丁纽斯及艾登四外长为联合国会议主席。

△　第二方面军乘日军撤退之际,以第四十六军第一七五师于是日攻占广西都安,尔后由都阳山方面向南宁迫近。

△　日军 3000 余人窜入湖南新化县洋溪,烧杀抢掠,无所不为,共杀害民众 3461 人,强奸妇女 227 人,烧毁房屋 2.8 万余间,毁粮食 126.3 万余斤,抓走民夫 2056 人。

4 月 28 日　赫尔利在重庆举行记者招待会,提出三点新希望:一、希望中国能达到新闻自由、言论自由和广播自由。二、中国出席旧金山会议的代表中,有共产党代表一人参加,这证明中国的团结已经有进步。三、中国武装党派的团结问题,是中国政府与人民本身的事情,但“一个团结与民主的政府,却是我们一向的期望”。

△　晋察冀边委会发出《关于新解放区人民负担问题的指示》,要求各县要制订简易合理办法,其中应包括免征点与负担面的规定。负担面以 70% 至 90% 为原则。各阶层最高负担率,以占其收入计,地主最高可到 52%、富农 18%、中农 10%、贫农 4% 至 5%。

4 月 29 日　湘西日军陷武阳、白家坊,并猛攻瓦屋塘,于 5 月 1 日进攻水口。此时第五十八师主力与第一九三师在空军协力下向日军反击,当即予以重创。

4 月 30 日　周恩来在中共七大第四次会议上作《论统一战线》的发言,阐述国共两党抗日民族统一战线的形成和发展过程,并总结第一次大革命以来统一战线的经验教训。指出:必须对敌人、队伍、司令官这三方面认识清楚。

△　重庆《新华日报》刊载成都文化界李劼人、周太玄、常燕生等 126 人发表的《对时局宣言》,列举六大主张,要求立即结束党治,建立全国一致的政府,召开真正民意的国民大会,实现国民的基本自由。

△　重庆《新华日报》报道赫尔利大使 28 日在记者招待会上的谈话,并加编者按指出:今天中共所领导的解放区,有一万万人口,90 万正规军,230 万民兵,他在中国抗战中起着这样重大的作用,但在中国出席旧金山会议代表团全部 75 人中,国民党政府只允许中共三

人参加，这是完全不符合中共及解放区在今天中国政治上的比重的。然而我们仍委屈求全地接受了。赫尔利大使如果以民主及公平的眼光来看问题，便不能认为"中央政府此种措施"是"极感愉快"的"良好现象"了。

△　陕甘宁边区文化协会致电郭沫若及前文化工作委员会，对国民党当局坚持独裁倒退政策，公然宣布解散文化工作委员会的反动措施表示坚决抗议，对诸先生刚直不阿的伟大精神表示敬意，并欢迎他们来解放区工作。

△　苏军为夺取柏林中心防御地区而展开激战，希特勒自杀。是日晚，苏军战士冲进国会大厦，次日晨把胜利红旗升到国会大厦上空。

是月　国军从去年冬起接受美械装备，至是月已达 35 个师。

△　广东珠江纵队在 1 至 4 月间，于珠江三角洲地区解放村庄 400 多个，巩固了五桂山根据地。

△　教育部决定，学生公费自是月份起调整，重庆区按公务员生活补助费每月发给 1750 元，昆明区 2000 元。成都区与重庆区同。其他各地按当地公务员补助费四分之一发给。

△　驻守漳州海外某岛屿之伪闽南警备司令莫清华，率所属第一、第五两大队伪军 400 余，机枪三挺，步枪 240 余支，分乘帆船至海澄登陆，向我方投诚。

△　据中美合作所统计，本年 3 月份该所人员进行 132 次行动，毙日军 1728 人，俘 33 人；4 月份 282 次，毙日军 2958 人，伤 1467 人，俘 44 人。两个月份成绩已超过去年下半年之总数。

5　月

5 月 1 日　国民政府决定实行"夏时制"，通饬全国自是日起提早一小时，一律施行。

△　国民政府任命郑亦同为驻澳大利亚国公使，原任徐谟免职。

△　第三方面军第九十四军主力 4 月 30 日由湘西长铺镇（今绥宁）向武阳日军第三十四师团实施反击，是日夺回武阳。3 日，日军增援反扑，但力不从心，经激战后向东南溃退。

△　重庆市举行五一劳动节纪念大会，到各工厂代表 1000 余人，市总工会理事长谭泽森任主席，并致词呼吁加紧生产，改进工作技术，加强训练精神，以争取最后胜利。

△　延安纪念五一劳动节，30 余工厂职工及各界代表 1500 余人与会。刘少奇讲话，阐述工人阶级对世界的发展和进步所起的决定性作用，并号召工人加紧生产，努力增加产量与提高质量，在英明的毛泽东领导之下，向胜利前进。

△　第十八集团军前方总部参谋长滕代远在太行区五一节纪念大会上发表讲演，总结八路军在华北攻势战果，四个月中光复县城 10 余个，攻克据点千余，收复国土六万平方公里，解放同胞 300 万。

△　农林部向各省农业主管机关传达《三十四年度各省棉花增产实施计划大纲》，指令本年拟于后方陕、川、豫、鄂、湘、赣、浙、黔、桂、滇、康、甘、宁、闽、新、晋 16 省继续扩充棉田面积 158 万亩，预计最低限度增产皮棉 49.51 万市担，并于云南省扩大推广木棉 10 万市亩。

△　云南农林工矿展览会在昆明开幕，分农林、工矿两馆，参展公私厂矿共 80 单位，规模之大为近年来昆明所未有。

△　《世界日报》在重庆复刊出版，社长成舍我。该报创刊于 1925 年，北平沦陷后，全部资产为日军没收，并改名《新民报》。世界日报社同人不忍被日军窒杀，于 1944 年 9 月呈准在重庆复刊。

△　衡阳失陷。被困敌营之第一三〇师师长容有略、副师长潘质、预第十师师长葛先才、第三师副师长彭问津四人，相偕脱离衡阳险地生还。

△　缅甸国民军一部在英军协助下，克复缅甸首都仰光。

△　日军包围河北定县大小近同村，向地道内施放毒剂，致使干部、群众 24 人遇难。

△ 美军统计,4月份共击毁日本各型军机 2500 架,占其全部实力十三分之一,自太平洋开战以来日机损失最大的月份。

5月2日 战时生产局长翁文灏举行中外记者招待会报告战时生产,谓就实际较有关系之 27 种产品,上年 11 月及本年 3 月之产量互相比较,其中有 18 种产量显为增高,有九种无甚增减,或略为减少。在产量增多之产品中有铁增 20%、钢增 30%、汽油及酒精各增 30%、纯碱增 70%、漂粉增 90%、水泥增 90%、电动机及工具机各增 150%,皆为甚关重要之物品。

△ 八路军冀鲁豫军区第二分区部队收复河北南宫、新河两县城。

△ 斯大林宣布:柏林完全攻占。3 日,毛泽东,朱德致电斯大林祝贺苏联红军胜利解放柏林。

5月3日 中国民主同盟罗隆基在是日出版的昆明《民主周刊》上撰文指出:国民参政会不过是国民党政府用来掩饰国际视听的一种工具,对于国内党派团结实不能起任何作用,而且"绝不能引起社会上任何良好印象"。

△ 西北青救会在延安召开解放区青联筹备会成立大会,通过由冯文彬、胡乔木、黄华、蒋南翔等 24 人组成筹委会,冯文彬为筹委会主任,蒋南翔为秘书长。

△ 汪伪中央政治委员会议决议:军事委员会设立军令部,胡毓坤兼任部长;丁默邨任浙江省省长兼驻杭州绥靖主任及新国民运动促进委员会浙江省分会主任委员;徐天琛为国民政府文官长;选任陈春圃、项致庄、蔡培为国民政府委员。

5月4日 蒋介石分电斯大林委员长、杜鲁门总统、丘吉尔首相及戴高乐将军,祝贺盟军攻克柏林。

△ 国民参政会驻会委员会议,听取国民政府内政部长张厉生报告。黄炎培提出复旦大学教授费巩被特务绑架、《新蜀报》被国民党武装占领、中华职专女教员离婚案问题,要求进行彻查。

△ 中共云南省工委发动昆明市一万多大中学生及民主人士举行

五四运动二十五周年纪念会,要求国民党立即结束一党专政,建立联合政府,取消特务机关;并宣告成立昆明学生联合会。会后举行示威游行。

△　成都市各大中学 105 个团体在华西坝广场联合举行五四纪念大会及营火大会。叶圣陶、陈中凡以及加拿大籍文幼章教授作演讲。会后举行火炬游行。

△　中华全国文艺界抗敌协会在重庆举行该会成立七周年年会暨第一届文艺节纪念会,邵力子、郭沫若、老舍、胡风、巴金、曹禺等百余人出席,通过要求保证作家身体自由、写作自由等提案。

5 月 5 日　国民党第六次全国代表大会在重庆开幕,出席代表 574 人。蒋介石主持并致训词,提出三项任务:一、加强战斗力量,争取抗战最后胜利;二、确定实施宪政,完成革命建国大业;三、增进人民生活,贯彻革命终极目标,强调要坚定三民主义战胜一切的信心。开幕式后举行预备会议,推选居正、于右任、戴季陶、宋庆龄、孙科、冯玉祥等 36 人为主席团,并组织提案审查委员会。

△　美、英、苏、中四国代表团向旧金山会议提交《关于顿巴敦建议案之若干联合修正案》(即《四国修正案》)。此项修正案经会议讨论后获得通过。

△　中美合作所之浙东特种破坏组以水雷引火爆炸浙赣铁路浦阳江铁桥,计全毁桥墩两座、桥面钢梁两座,炸斜桥墩两座,桥面钢梁亦多炸毁,敌伪交通顿告中断。

△　汪伪政府财政部发行金证券,面值分一两、五两、十两三种,由伪中央储备银行发售。

5 月 6 日　第四十四师击破强渡湘西巫水之日军后,以一部向新宁追击,5 月 4 日迫近石狮,是日克复新宁城。

△　河南新乡日军"北支派遣第十二军弘 1468 部队"士兵赤田清治,在当地青年李鸿钧的帮助下,是日携带枪支弹药投奔第一战区新乡贺堤贺兰亭游击队。按:贺兰亭游击队当时共 450 人,基本成员为当地

农民,还有日本人赤田清治,一名朝鲜人,有美军操纵无线电台及美军军官协助指挥游击作战,并有国民政府的两名特派员。

△ 日本宣布废弃德、日、意三国同盟条约,轴心国军事同盟瓦解。

5月7日 国民党六全大会举行第一次大会,蒋介石主持,吴铁城作党务报告,吴鼎昌作政治报告,程潜作军事报告。

△ 第四十四师以一部向湘西武冈追击日军,5月6日追至武冈西南,遂联系第五十八师守城部队夹击日军。是日日军被杀伤甚重,向东北方向溃退,武冈解围。

△ 据重庆《中央日报》讯:玉门油矿及迪化、伊犁间之乌苏油矿战后可供大量开采。乌苏油矿有水分;玉门则系纯原油,油层深厚,质量亦佳,尚在探凿中,希望甚大。惟炼油地点,当以兰州为宜。

△ 凌晨2时41分,德军统帅部代表、参谋长约德尔在法境兰斯红色学校艾森豪威尔元帅总部签署无条件投降书。史密斯将军代表盟军总部签字,索斯罗巴罗夫将军代表苏方签字,塞林柯将军代表法方签字。此为德国无条件投降之初步协定。

△ 美陆军部宣布:欧洲美军将直开远东。

5月8日 晚11时,德国无条件投降批准仪式在柏林举行。有苏联代表格·康·朱可夫元帅、英国代表阿·泰德空军上将、美国代表查·斯巴兹将军、法国代表德·拉特尔·塔西厄将军代表武装部队出席,德国全权代表凯特尔元帅、弗里德堡海军上将、什图普弗空军上将签署投降书。该投降书从1945年5月9日零时开始生效,欧洲战争至此结束。

△ 国民政府以德国无条件投降,欧洲战争结束,盟军完全胜利,通令全国各地自9日起至11日止,升旗三日,以志庆祝。同日,蒋介石分电杜鲁门、丘吉尔、斯大林及戴高乐祝贺,并发表广播演说。

△ 英王乔治六世致电蒋介石,称:"今日西方战争已告结束,自将集中敌国所有之力量,以彻底击败日本。"

△ 旧金山联合国会议各代表在会场静默一分钟,庆祝欧战胜利。

五强代表团各首席代表发表广播演说；中国代表团代表顾维钧及法国首席代表皮杜尔称，全世界将如何对日，日本可拭目待之。

△　世界各国人民狂欢庆祝胜利。当杜鲁门总统广播演说时，纽约之内河船只之汽笛及教堂之大钟齐鸣，彩纸自摩天大楼窗中纷纷如雨而下，遍布市内各热闹街道。伦敦遍悬联合国国旗达数百万幅，丘吉尔首相宣布欧战结束后约十分钟，全国教堂钟声齐鸣，传布胜利消息。巴黎街头拥挤着狂欢人群，晚报用六吋宽的头条新闻刊载欧战结束的消息。中国各地连续升旗三日庆祝胜利。次日，莫斯科广播宣布德国无条件投降后，旗帜到处飘扬，千千万万的人涌到红场，互相拥抱，欢呼胜利。

△　新任苏联驻华大使彼得罗夫向蒋介石呈递国书。彼得罗夫致颂词，表示愿尽力发展及巩固中苏间善邻关系。蒋介石致答词，对抗战期间苏联给予我国极大之援助表示感谢。

△　美国新强力电台发动对日广播攻势，忠告日本应即无条件投降，并申明投降并非消灭日本全体人民。

△　第四方面军于 5 月 6 日挫败日军第一一六师团主力约 6000人向湘西江口、青岩等地的进攻后，在中美空军全力支援下，于是日向日军实施全线反攻。

△　马寅初教授在重庆交通大学发表演讲，主张中国应实行民主政治、土地改革，并表示："为今日计，惟有从速组织联合政府，召开国是会议，开放言论，确定各党合法地位，建立地方自治。"

5 月 9 日　国民党中央宣传部长王世杰在重庆外国记者招待会发表谈话说：同盟国的团结与其政策的坚定是欧洲战争胜利的基本原因。记者询问，蒋介石曾言及苏联对华之援助，其意何指？外交部次长吴国桢答：中国抗战初期，现为我国盟友之诸邦尚持中立国态度，惟苏联则在军械及技术方面予我以重大之援助。1938 年、1939 年苏联政府更贷我以大量信用借款，苏联因此获得我国政府与民众之友谊，蒋介石所言必系指此无疑。

△ 八路军冀中部队光复河北省河间，此役攻克大小据点 87 个，俘伪正、副大队长以下 500 余人，毙伤 50 余人。

△ 美太平洋舰队总司令尼米兹元帅在关岛宣布，进攻日本本土的计划已经拟就，欧洲和地中海战区海空军全部力量将立刻加诸日本，日本已没有一处可免受航舰机队的袭击。必要时，多处进攻日本之举即将发动。

△ 日本中国派遣军以中国调集重兵反攻，于是日给第六方面军下达中止芷江作战，适时回到原来态势的命令。

△ 日本政府召集临时阁议，并发表声明称：德国向反纳粹国家作无条件投降，日方虽深表遗憾，但日本为求自保自卫和东亚的解放而作战的决心，丝毫未感动摇。

5 月 10 日 周恩来致电八路军驻西安办事处处长周子健，谓德国投降后击败日本会加快，但整个形势，尤其是中国的民主运动仍是一个长期复杂的斗争。并请转告杜斌丞谨慎地运用各种可能，联络西北军人，动员知识分子下乡，为民主培养庞大的基础，以利长期斗争。

△ 周恩来致电王若飞，请设法托邵力子转询在新疆被捕的百余中共同志恢复自由否，如未，望要求立即释放。

△ 出席六全大会的国民党美国总支部代表梅友卓，代表美国芝加哥城侨胞向蒋介石面呈慰劳前方将士、改善士兵生活、航空建设等捐款美金 11.825 万元。

△ 大足石刻考察团杨家骆对重庆《中央日报》记者谈考察结果：北山以窟计，共有二百数十处，造像数约在 5000 之谱，宝顶造像有半身即达 10 丈者，总数当以万计。此行考察重大之发现甚多，并有很高学术价值。

△ 第三战区一部攻克浙东新昌城。次日，克复嵊县。

△ 联合国救济善后总署署长李门在华盛顿称：美将派遣医药及卫生专家 30 人赴华，入中国政府设立之营所，训练医药及卫生工作人员。中国目前最迫切之需要，乃熟练之医药及技术人员。据统计，中国

每四万人中仅有医生一人,每一万人仅有医院病床一架。

5 月 11 日　国民党六全大会举行第七次大会,翁文灏作经济报告,说明抗战八年来政府对于经济建设之措施;并论国营事业的发展,1944 年国营事业产品达 172 亿元;继论民营事业状况,谓民营事业之痛苦,为运输困难、资金缺乏与器材补充不易等项,为此政府由国家银行给予贷款,自 1938 年迄今,贷款总额超出民间所出之资本。

　　△　第十八集团军总司令朱德及陕甘宁边区政府主席林伯渠、副主席李鼎铭欢宴苏、美、英等国留延盟友,庆祝欧洲战争胜利结束,毛泽东亦亲临致贺。朱德在致词中指出:德国无条件投降后,在东方只剩下一个法西斯日本,我们有足够的信心和力量,配合美、英同盟国,最后击败日本。

　　△　宪政座谈会在重庆举行,黄炎培、褚辅成主持研讨对参加联合国会议诸代表之建议等问题,与会者 300 余人。张西曼、沈本强、章乃器、董时进、冷遹、张申府相继发言。国民党特务分子进行破坏,绑架揭露国民党军事、政治黑暗的青年焦世诚,抢走签名簿。

　　△　日本政府决定退伍军人和 16 岁以上尚未被征入伍之男子,自 5 月 20 日起,即将听候政府征召入伍,并决定组织全国志愿军,以保卫本土。

5 月 12 日　蒋介石为庆祝欧战胜利结束,在重庆举行茶会招待盟邦使节及各国驻华武官,并邀各院、部、会首长作陪,共 700 余人出席。席间,蒋介石致词赞扬英、苏、美功绩,并深信在不久之将来日本定必遭逢与希特勒德国相同之命运。

　　△　蒋介石电示宋子文,与美交涉应先解决物资运济与平定物价问题,以后乃可洽商基金计划。

　　△　第九十四军克复湘西武阳后继续向东追击日军,于是日收复高沙。日军残部 3000 余人在向东溃退中,又遭第九十四军的截击,伤亡惨重。14 日晨,该日军再向东突围逃窜,被第九十四军跟踪追击,包围于武冈以东的茶铺子地区,迄 16 日全部被歼。

△ 湘西会战,我军获胜。此役日军以第二十军为主力,出动八万兵力,包括五个师团、一个混成旅团、二师伪军,目的在破坏或夺取湖南芷江机场,亦附带欲作试探机会,希望能由湘西打开一条路进入贵州,以北攻重庆。至是日止,日军死二万,伤三万左右,被俘一万多人。此次战役,实已证明敌我战斗力之逆转。

△ 延安发表解放区战场春季攻势胜利公报称:自1月到最近,我军按照预定计划,向敌伪展开猛烈的进攻,大小战斗百次以上,计收复县城22座,攻克敌占重要据点300余处,切断或彻底粉碎敌之重要公路16条,解放国土八万余平方里、人民500余万,毙伤敌伪1.5万余名,伪军向我投降反正者6000余名。

△ 八路军太岳军区第一分区部队克复山西安泽县城。

△ 冀察军区集中主力部队和地方军向察南地区发动夏季战役攻势,至7月底结束,解放县城三座,土地一万平方公里。

△ 川南古蔺县出征军人家属因该县前任县长沈季皋、现任县长苏艺风等舞弊及虐待征属,派张肖等25人组成请愿团,自是日起由该县长途跋涉徒步来渝,于6月3日到达,分别向军政、兵役两部控诉。

△ 上海5.5万人力车夫举行大罢工,抗议车商提高车租。车夫携带铁器将各大车商已放出在马路上的营业车辆打毁500余辆,顿时上海马路上人力车绝迹。经过斗争,车商被迫同意车租暂时按原价放出。

△ 美总统杜鲁门派赴中国私人代表纳尔逊辞职获准,由洛克继任。

5月13日 第四方面军以第十八、第七十三、第七十四军等部,向湘西日军展开截击、追击。第十八军攻占金龙砦以北之山门,接着又夺回金龙砦以南之石下江各点,并在第七十三、第七十四军各一部的协同下,于是日攻占金龙砦,消灭日军一部,其残部千余人再向龙潭铺溃逃。

△ 八路军冀中第八分区部队克复河北饶阳县城。同日,八路军

冀察军区部队攻占河北怀安县城。

　　△　国民政府拨款 500 万元作为鄂北救济之用。

　　5 月 14 日　刘少奇于是日及次日在中共七大第十一、第十二次会议上作《关于修改党的章程的报告》,指出,中国共产党"已经是一个全国范围的,广大群众性的,在思想上、政治上、组织上巩固的,有了自己领袖的马克思列宁主义的党。它在今天,就已经成为中国政治生活中的决定因素了。"报告说,"党章的总纲上确定以毛泽东思想作为我党工作的一切指针","毛泽东思想,就是马克思列宁主义的理论与中国革命的实践相统一的思想,就是中国的共产主义,中国的马克思主义"。

　　△　国民党第六次全国代表大会决议,本年 11 月 12 日召开国民大会。

　　△　蒋介石特电令嘉奖痛击侵犯湘西日军、力挫敌锋的第十四航空队司令陈纳德及中美混合总队。

　　△　甘肃省临夏县马振武捐资 147.8 万元,为青海省一国民学校兴建校舍 51 间,是日国民政府明令嘉奖。

　　△　敌伪调集约 600 人进扰绥北大青山中美合作所基地。大青山游击基地在指挥官鄂友三和美员威克斯率领下,动员约 1000 人与敌接战,激战三小时,毙敌 70 人。

　　△　杜鲁门总统会见宋子文,商谈租借问题及其他有关中美两国之事项。

　　5 月 15 日　延安《解放日报》发表《迎接新局面》的社论,提出今后战斗任务是要把沦陷区的工作提高到与解放区工作同等重要的地位,团结群众,准备力量,等待时机,里应外合收复大城市和交通要道。八路军、新四军要准备完成从抗日游击战争向抗日正规战争的战略转变。

　　△　《湖南日报》在安化创刊,由湘省文化界人士陈大榕、汤继成等主办,为湘中战地惟一与敌伪作文化斗争之新闻刊物。

　　△　美国第十四航空队司令陈纳德宣布:第十四航空队与中美混

合总队飞机半年来共击毁日机 1634 架。

5 月 16 日 据中央社讯:我国旅法物理学家蔡柏林,在巴黎大学物理研究所建成实验宇宙光磁场,此为世界惟一可能分析原子及实验宇宙光之磁场。

△ 国民党第六次全国代表大会第十次会议,修正通过党章及地方自治、侨务行政等要案。

△ 第一〇〇军主力包围攻击湘西放洞之日军,使之受重创,日军残部 700 余人于 5 月 8 日向东南突围至白马山附近,复被我军包围,是日全部被歼。

△ 日军第六十九师团之一部约 5000 余人,由陕县分别向灵宝、官道口进犯,经第四集团军主力及第四十军协力夹击,于 24、25 两日将日军击退,双方伤亡均重,至 29 日恢复原态势。

5 月 17 日 国民党六全大会举行第十五次大会,推选蒋介石为总裁;并通过政治、外交、教育等报告决议案。下午举行第十六次大会,通过党务五大类决议案。

△ 中共七大主席团常委与各代表团主任开联席会议,讨论七大的会议日程问题和选举问题,决定由任弼时、刘少奇、周恩来、彭真、李富春组成非正式委员会,与各代表团主任商量,提出初步候选名单和选举手续,然后由主席团提交各代表团讨论。

△ 冀鲁豫军区集中四个军分区部队,在鲁西地区发起东平战役,以配合山东军区反"扫荡"作战和扩大解放区。至 24 日东平战役胜利结束,歼灭日伪军 2000 余人。

△ 八路军冀中部队攻克河北新镇县(今属文安县),第九、十两分区连成一片。

△ 代理行政院长宋子文于旧金山会议期间赴华盛顿,同美国洽商黄金运华及物资供应事,至是日,美国财长摩根索终于由杜鲁门总统之交办,同意中国出售黄金由美提供,并确定各月份运金清单。至此,黄金交涉已圆满洽成,宋子文飞返旧金山继续参加联合国会议。

5 月 18 日　第七十军第八十师一部克复福建福州,19 日克长乐,22 日续克连江。日军残部 2000 余人经罗源、福鼎道向浙江境内退却,又经我军节节截击,死伤惨重。

△　新二军新四十五师师长郭岐,率所部进击新疆精河县沙山子乱民,毙伤 300 余人,俘数十人,并搜获俄文文件 50 余件,由此证明"伊宁事变"有苏联人插手其间。

△　董必武在旧金山用英文发表《中国解放区实录》,向全世界介绍中共领导下的抗日根据地在政治、军事、经济、文化等方面的情况及中共和中共领导下的军队在整个抗日战争中的情况。

△　驻英大使顾维钧在旧金山共和国俱乐部发表谈话,称:中国政策与目的在于维护和平安全,抑制侵略,促进联合国人民之福利。

5 月 19 日　蒋介石采纳宋子文提议,允准设立售金委员会,并聘美方驻重庆人员参与。

△　第一九三、第一一八师在湘西龙潭铺附近地区,截击自金龙砦溃逃之日军。20 日,日军残部又继续向东溃退,被第十八军尾追及截击,死伤甚巨。迄 6 月 7 日,湘西邵阳方面恢复会战前态势。

△　新一军军长孙立人应艾森豪威尔邀请,自重庆赴欧洲参观战场。

5 月 20 日　蒋介石欢宴苏联大使彼得罗夫及其使馆官员,孙科、居正、于右任、戴季陶、吴铁城、吴鼎昌、王世杰、邵力子、吴忠信、钱大钧等出席作陪。

△　中央政治学校于重庆小温泉举行第十八届校庆典礼,校长蒋介石亲自主持,并致训词称:政校求学之目的,在求以一人之力量,完成千百人之任务;并要求每一学生应以总理知难行易哲学为一切学问之基础。

△　西南联大教授戴世光、鲍觉民、费孝通、伍启元、杨西孟于是日及次日在重庆《大公报》发表《现阶段的物价及经济问题》一文,略谓:1 月至 4 月后方各重要城市的物价约上涨三倍至七倍,平均每月的上涨

率竟到 50% 以上。这表示通货膨胀确已达到恶性膨胀的末期。并指出：通货、物价、投机、垄断，再加以"既得利益"集团的势力，物价与经济恶化的趋势还要愈演愈烈，可能演变到不堪想象的境地。

△　第二十九军克复广西河池县，旋沿黔桂铁路向宜山追击，于23 日克德胜。同日，第二方面军一部克复广西金城江，次日收复贵县，攻入宾阳。

△　新四军第四师为消灭盘踞在安徽宿县西南之伪第四方面军直属第十五师，集中第十一旅全部、第九旅一部和师骑兵团及八个县总队共 1.3 万余人的兵力，发起宿南战役。

△　鲁南八路军策应滨海反"扫荡"战役，发起以江苏邳县为目标的攻势，激战一夜，攻克邳县县城及周围四大据点，俘伪支队长以下官兵 480 余人，粉碎日军控制陇海路两侧的企图。同日，八路军冀鲁豫部队克复山东东平县。

5 月 21 日　国民党六全大会举行第二十次大会。蒋介石宣布第六届中央执监委员选举结果：中央执行委员 222 名，候补中央执行委员 90 名；中央监察委员 104 名，候补中央监察委员 44 名。通过《军事报告决议案》及《大会宣言》后即举行闭幕典礼。蒋介石宣读《第六次全国代表大会宣言》，揭橥五项任务：一、当前最急要任务，在于充实军队之配备，努力最后决战，消灭敌寇，竟抗战之全功；二、亲仁善邻，敦睦盟谊，欢迎外资建设中国；三、彻底实行民族主义，扶助边疆各族经济文化发展，予外蒙、西藏以高度自治之权；四、排除万难实现宪政，如期召开国民大会；五、实施民主主义，鼓励民营企业，发达国家资本，其基本工作即为实现实业计划。

△　国民政府任命徐诵明为国立同济大学校长。

△　重庆《大公报》载：川省民政厅去年人口调查结果，全省共有4618.4777 万人。

5 月 22 日　蒋介石在重庆宴国民党第六次全国代表大会军事代表，谓中共意在消灭国民党，非使中共服从军令政令，决难与谋。同日，会见美驻华大使赫尔利,获悉《雅尔塔协定》内容真相,即命军事委员会办公厅主任王世杰致电宋子文,告知赫尔利所谈关于苏联对东北及外蒙等问题之态度,以供其在美交涉时之参考。

△　美总统杜鲁门向国会提出的租借法报告称:在过去五年中,运往印度和中国的租借物资,共 20.023 亿美元。德国战败后,美国的工业生产能力可以集中用于对日作战,因此要继续供给国民政府,以便获得对日作战的胜利。

5 月 23 日　蒋介石复致电宋子文,嘱相机使杜鲁门向斯大林有所陈述,即有损中国领土之主权与行政完整之要求,与美国对远东一贯政策有违。

△　褚辅成在重庆国民参政会招待王若飞、左舜生、章伯钧、王云五、冷遹、傅斯年、王世杰、邵力子、雷震,商讨恢复国共商谈办法;并决定将讨论情况报告蒋介石征求意见。

△　交通部长俞飞鹏举行外国记者招待会,作关于交通方面的报告,略谓:一、铁路:战前全国有一万余公里,现在连新建者亦为数有限。宝天铁路秋间可以完全通车。二、公路:中日战争开始以来,新筑一万余公里,改善工程 8.89 万余公里。战前登记全国公商车辆共 2.2 万余辆,现行驶于各路线者为数不多,配件、器材奇缺。三、水运:战前有海轮及江轮共 500 余艘,现在存数甚微。四、空运:中航公司担负物资之运输,贡献很大。

△　中国出席旧金山会议代表胡霖应美战时情报局之邀,在旧金山会议总办事处以日语对日本民众广播,要求日本民众摒弃其军阀使日本陷于自杀之政策,俾享受和平与繁荣。

△　蒋介石集中第三战区第五十二、七十九等 10 个师兵力,以上官云相为指挥官、李觉为前敌总指挥,分左、中、右三路向苏浙边区新四军进攻,企图夷平临安、孝丰、天目山、莫干山地区,将苏浙军区新四军一举歼灭。新四军为顾全大局,节节退让。

△　在华日本民主革命同志会执行委员会首席委员大串胜利、执

委兼书记长井户丰,应国民党中宣部对敌宣传委员会之约,在广播电台分别作《日本投降问题》、《日本民主革命的前途》演说。

△　美巨型机 550 架火攻东京。

△　英首相丘吉尔及其联合内阁辞职,英国国王委托丘吉尔组织临时内阁,行使职权直至 7 月份大选结束时为止。

5 月 24 日　蒋介石会见美驻华大使赫尔利,研究对越南、香港、朝鲜及满洲之军事政治方略,并表示关注美国特使霍普金斯在莫斯科与斯大林会谈之情形,因此举不仅关系欧洲安危,对于中国旅顺和大连之关系更是重大。

△　中共七大举行第十六次会议,毛泽东作关于选举方针的报告,周恩来作关于选举条例草案的解释,大会通过《中国共产党第七次全国代表大会选举新的中央委员会的条例》和毛泽东关于中央委员名额 70 人左右(正式中央委员 40 人左右,候补中央委员 30 人左右)的建议。

△　河南孟津县县长姚安之、邓县县长刘万斯卫民守土,不避艰危,是日国民政府明令应予晋级。

△　据中央社讯:重庆警察局举行户口总普查,调查结果:全市户口 20.2234 万户,口数 126.6464 万人,其中男 76.2442 万人,女 50.4022 万人。

△　八路军冀中部队完全克复河北安平县。同日,八路军太岳第五分区部队发起"条西战役",以扩大中条山以西地区,至 6 月 11 日战役结束,攻克敌据点 20 余处,收复土地 4000 平方里,歼灭日伪军 700 余人。

5 月 25 日　宋子文就蒋介石于两日前电嘱对雅尔塔密约损害中国领土、主权等问题洽商对付苏的方案,复电蒋介石,报告在美与顾维钧、王宠惠研商对苏应付方案问题的谈话情形。

△　国民政府特派外交部政务次长吴国桢为互换《中比条约》批准本全权代表。

△　第七十军第八十师一部克复福建省罗源。27 日,续克宁德。

　　△　八路军冀中第九分区部队克复文安。

5 月 26 日　中国代表团在旧金山举行记者招待会,顾维钧答复各项问题:现在有否决权国家,只限于安全理事会之五个常任理事;关于托治问题,中国并无代治领土,吾人只希望托治之原则与目标,可获当地人民之信赖与支持,以促此新体制之成功。此外,还就托治委员会、经济社会委员会,以及其他重要问题,表明中国代表团的意见。

　　△　国民政府任命吴保丰为国立交通大学校长。

　　△　浙境永嘉、乐清日军向瑞安进犯,旋即占领瑞安。

　　△　美国特使霍普金斯在莫斯科与斯大林谈对日作战及中国问题。斯大林谓 8 月 8 日苏军将进攻满洲,但须视中国是否接受《雅尔塔协定》而定。

5 月 27 日　南宁收复。第二方面军司令官张发奎令第六十四军以有力之一部进出武鸣、玎珰圩,相机攻击南宁。第四十六军以第一五六师及第一五九师一部攻击南宁。26 日拂晓,全线攻击开始,傍晚各部队迫近南宁。入夜,第一五九师一部攻克城北望仙坡高地后,继续向日军阵地突破,于夜半渗入市区。此时,第一五六师亦由石埠、心圩经南宁西郊突入市区。彻夜巷战,至是日 8 时,残余日军分别向宾阳、苏圩撤退,并纵火焚城。至 10 时,完全攻克南宁。

　　△　孙科在重庆中央大学发表演说,称:工业化要弄好,非做到政治民主不可。今天中国政治不够民主,赶不上世界潮流,要快些设法。外交关系必须要内政配合,主要就是国内的团结一致。

　　△　据中央社讯:粮食部已收各省 1944 年度田赋征实征借粮,截至本年 5 月 10 日止 5406.8376 万市石,占应征总额 82％。其中绥、宁、豫、晋四省业告扫解,闽、川、皖、滇四省达 90％以上。

　　△　八路军冀鲁豫军区第五分区部队攻克冀省阜城县,冀察部队解放冀省涞源全境。

　　△　重庆中国战区美军司令部宣布,中国战区美军后勤总部司令齐福士中将即返美,遗职由奥兰德中将继任。

△ 美国旧金山"中华总会馆"同人代表全美华侨,欢宴我出席联合国会议代表团,与会者 400 余人。代表团代表向华侨代表报告,我在联合国会议中之奋斗成就与列为五强之一的崇高国际地位。

5 月 28 日 国民党第六届中央执行委员会第一次全体会议开幕典礼暨第六届中央执监委员、候补执监委员宣誓典礼,在重庆合并举行。蒋介石主持并致训词,指示全会重要任务在完成反攻计划,获致抗战胜利,实现主义,建立民国,全体同志必须继承总理遗教,遵照《建国方略》,践履笃实,身体力行,则革命建国期日可成。继即举行预备会议,决议组织主席团、提案审查委员会、方案审议委员会、决议案整理委员会。

△ 中国民主同盟负责人开会商讨出席参政会态度问题,左舜生、黄炎培表示将完全与中共采取一致的行动,沈钧儒、章伯钧亦持同样态度。左舜生还表示要向王若飞建议,请中共中央先有正式表示,他们才有所依据去说话。他们希望以此问题逼迫蒋介石重开谈判,达成召开党派会议的协议。民盟还决定由左舜生起草致国共两党的信,内容为反对内战,促速实现民主团结,重开谈判。

△ 苏联大使馆秘书费德林访郭沫若,递交苏联科学院邀郭参加该院成立二百二十周年纪念大会的邀请信。丁西林亦收到邀请信。

△ 冀中八路军解放安新。

△ 伪满洲国撤销东满总省,设立东满省和间岛省。

△ 日本大本营命令中国派遣军:一、务必迅速撤离湖南、广西、江西及湘桂、粤汉铁路沿线的占据地域,将兵力转用到华中和华北去;二、中国派遣军总司令官须准备对苏作战。

5 月 29 日 中国政府与荷兰政府在伦敦签订《关于荷兰放弃在华治外法权及解决有关事件条约》。

△ 国民党六届一中全会举行第一次大会,居正主席,讨论中央执行委员会组织方案。

△ 新华社评国民党第六次全国代表大会,指出:国民党大会的路

线是坚持独裁、准备内战的路线,是违反世界潮流及全国人民的意志,并且也违反多数国民党员的意见,所以这个路线与其支持者的失败,是不可避免的。中国人民将为废止国民党一党专政,成立联合政府,为争取独立、自由、民主、统一与富强的新中国而战斗到底。

△　据中央社讯:财政部发言人谈:我政府与美方洽妥,现已由美开始陆续运送黄金来华,预计所有未付现货及到期法币折合黄金存款可于 7 月底全部付清。自即日起,现行售现办法暂行停办,存款照旧办理。

△　蒋介石批准军法执行总监部所判关于新疆阴谋暴动嫌疑案中林继庸等 400 余人无罪。按:林继庸等前被盛世才诬认为有阴谋暴动嫌疑,捕系狱中,经查明全系虚构,予以恢复自由。

△　冀鲁豫八路军克复武强。

△　驻防上海浦东之伪保安警察纵队第二大队第六、七两中队,因借米无着拖枪逃走 140 余人。尾追的第八中队,枪杀领队大队长,亦随之哗变。6 月 5 日,又有三个分队 80 余人携带武器离开驻地不知去向。

5 月 30 日　国民党六届一中全会举行第二次大会,通过《修正中执会组织大纲》及六全大会之决议,责成中常会规划处理,并设抗战官兵复员安置筹委会、确定工业建设纲领实施步骤、水利建设纲领等项决议案。

△　国民党第六届中央监察委员会举行全体会议,选举张继、吴敬恒、邵力子、程天放、王宠惠、王秉钧、林云陔七人为常务委员,推定王子壮为秘书长。

△　第六十四军第一七五师自 26 日起攻击广西宾阳,迄是日拂晓,各攻击部队已迫近宾阳东南及西北城郊,7 时第五二四团首先冲入市区,其余部队亦相继突入,巷战至 9 时,日军突围北退。

△　空军第四大队飞机出击南京之敌,击落日机 10 架。

△　是晚,自称警察的便衣乘车不买票并毒打司机王焕章,次日重

庆牛角沱派出所警察又将公共汽车司机周德民倒拖到所内毒打,引起全市公共汽车司机的激愤。

△　日本大本营拟定《满鲜方面对苏作战计划要领》,并命令关东军进入战备状态。

5月31日　国民党六届一中全会决议:一、行政院兼院长蒋介石、副院长孔祥熙辞职照准;二、选任翁文灏为国民政府委员,于右任等25人为中央执行委员会常务委员;三、选任宋子文为行政院院长,翁文灏为副院长。旋即闭幕。

△　中国政府与阿根廷政府建立外交关系。

△　中共七大第十八次会议通过《关于政治报告决议案》,指出"必须将报告所提出的任务,在全党的实际工作中予以实现";并通过《关于军事问题的决议》,规定党在军事工作方面的任务。

△　豫西鄂北会战结束。是役作战经72日(3月21日至5月31日),日军动用六个师团计七万余兵力,我军投入者有14.8万人。日军虽达成进占豫西控制老河口空军基地的目标,但遭到相当的打击,中国军队毙伤日军1.576万人,俘虏六名,缴获轻重机枪92挺,步枪556支,迫击炮四门。

△　美国政府根据《租借法案》向各国提供的款项至是日止,英国为290亿美元,苏联100亿美元,法国5.1亿美元,中国3.62亿美元。

△　联合国战罪委员会在伦敦召开战罪会议,15个国家代表与会,我国代表杨云竹等出席。

△　美陆军部宣称,自5月10日美机向东京、名古屋、大阪、神户作12次燃烧弹袭击以来,所毁市区面积甚大。

是月　三民主义同志联合会向国民党第六次全国代表大会提出建议书,主张"结束党治","组织全国一致的民主政府"。

△　陕甘宁边区政府发布命令,规定自6月1日起,实行以贸易商业流通券为陕甘宁边区本位币。

△ 中美合作所主任戴笠偕同副主任梅乐斯,在浙江于潜县(今临安县)方元铺总指挥部前进指挥所举行军事会议,日军乘机围攻,激战两昼夜,始为我军击退。

△ 冀热辽区军民结合展开反宪兵敌特和打击伪满军的斗争,至本月底共攻击敌据点碉堡 11 处,解放村庄 250 个,面积 4000 平方公里。至此,全区共有 25 个县,人口 560.06 万人,面积四万多平方公里。

△ 东北抗日联军教导旅负责人周保中、李兆麟根据苏联远东军区司令部的命令,制订抗联反攻作战计划。该计划被纳入苏联远东军对日作战计划,抗联教导旅以独立步兵第八十八旅的番号编入苏联远东第二方面军,担负向佳木斯地区的作战任务。

6 月

6 月 1 日 蒋介石在重庆邀参政员褚辅成、黄炎培、冷遹、傅斯年、王云五谈话,王世杰、邵力子、雷震作陪。褚辅成等谈及发起促成国共继续商谈,并商定由他们致电延安征求意见,蒋介石表示"无成见"。

△ 第四十六军第一七五师各部队于 31 日拂晓先后进抵广西迁江。日军千余人凭工事顽抗,战斗激烈。中午,空军四架飞机飞临上空助战,并低空扫射毙伤日军甚多,日军不支乃乘夜渡过红水河北撤。是日晨,第四十六军收复迁江。

△ 中国政府与比利时政府于 1943 年 10 月 20 日签订之《中比新约》,业经双方批准,是日在重庆互换批准约本,该约于互换后立即生效。

△ 川江叙渝段引水人员因要求航商履行按照政府规定发给薪津食物未获解决,举行罢工,经社会部调解,于 4 日复航。

△ 重庆公共汽车全体司机为抗议特务、警察行凶,于是日及次日罢工,后经市长贺耀组出面调解遂得复工。

△ 重庆中国毛纺厂 1000 工人因厂方无理开除工人而举行罢工,经与有关当局及资方谈判,恢复被开除工人工作,于 4 日晚复工。

△ 伪中央储备银行发行 1945 年版五千元及一万元券两种，引起物价波动。

6月2日 参政员褚辅成、黄炎培、冷遹、王云五、傅斯年、左舜生、章伯钧致电毛泽东、周恩来，希望国共两党从速恢复商谈，促成团结，不惟抗战得早获胜利，建国新猷，亦基于此。

△ 军政部长陈诚在外国记者招待会上纵谈军事，称美对我租借武器近已增加，决全部用以装备军队打击敌人；并表示"如中央部队遭受不友好之部队袭击时，若望中央部队不用其所有武器自卫，亦为不近人情之事"。

△ 第二方面军一部收复广西罗城、融县。

6月3日 蒋介石在重庆会见苏驻华大使彼得罗夫，详谈东北问题，并明白表示我国之态度，"务须达成我抗日目的，即求得东北领土与行政之完整"。彼得罗夫表示不难友好解决，并希望行政院长宋子文尽快访问苏联。

△ 中美文化协会等七团体举行茶会欢送心理学家郭任远博士赴美讲学，邵力子、张道藩、潘公展等百余人与会。

△ 董必武出席旧金山救国总会举行的侨众宣传大会并发表演说，切望大家一起努力争取中国的民主政治早日实现。

△ 自是日至 29 日，日前首相广田弘毅与苏驻日大使马立克进行四次往返密谈，日本以交换大陆利益为条件，要求马立克转达苏联政府调停对美战争，然而马立克反应冷淡，对于日本提议只允应用普通邮件由西伯利亚铁路寄达本国。

6月4日 重庆《中央日报》报道近年教育设施概况：三十二年度（1943 年 8 月至 1944 年 9 月）全国专科以上学校共计 141 所，比 1937 年增加二分之一，学生共计 7.3669 万人，较战前增加一倍以上；中等学校计全国有 3455 所，学生 110.1087 万人，比战前增两倍；全国国民学校计有 25.8664 万所、学生 1780.1655 万人，比战前增加学生三分之一以上；对于战区青年之招训，截至上年年底，共计 24.9

万余人之多；自去年秋开始，即实行 10 年经济建设人才培养计划，积极造就专门人才。

　　△　浙西国民党军在上官云相指挥下向新四军进攻，是日新四军退出新登，8 日又撤出临安与全部天目山地区。

　　△　中美工商协会在旧金山欢宴宋子文与中国代表及新闻记者，宋子文发表演讲，表示中国在战后复兴与经济建设方面，将欢迎外国之资本与技术，尤欢迎美国之资本与技术。

　　△　中国战区参谋长魏德迈宣布，美地面部队第四七五步兵团及一二四骑兵团已调至中国战区。该两团均系"战神"特种混合部队之一部分，在缅甸森林、山地作战时极著战绩。

　　△　日本参谋总长梅津美治郎到大连，向关东军司令官山田乙三和中国派遣军司令官冈村宁次传达《对苏作战计划要领》。

　　6 月 5 日　苏、美、英、法四国在柏林发表《关于击败德国并在德国承担最高权力的宣言》、《关于德国占领区的声明》、《关于德国管制机构的声明》及《关于同其他联合国家协商的声明》，宣布：1937 年 12 月 31 日前的德国领土划为四个占领区，由四国分别占领；"大柏林区"则由四国共同管理；苏、美、英、法各国总司令将在各占领区内，遵照各该国政府的训示行使最高职权；关于涉及德国全部的事务，则由四国共同处理；四国总司令将组成盟国管制委员会。

　　△　旧金山联合国大会通过《世界宪章》序言，重申基本人权、人格尊严等。

　　6 月 6 日　行政院代院长宋子文电呈蒋介石，报告苏联要求租让旅顺事，似曾为罗斯福总统所默许，并告以斯大林邀其访苏。

　　△　为解除桂越边境威胁，我国军队攻入越边占领重庆府，日残敌向高平方向退去。同日，第六十四军第一五六师第四六六团攻占广西明江。

　　△　八路军冀中第七分区主力一部解放河北深泽县。

　　△　中国工程师学会第十三届年会和各专门工程学会联合年会，

于是日工程师节分别在重庆、成都、西安、兰州、贵阳、昆明、宁都七区同时举行,9日闭幕。各区利用无线电相互联络。渝区会员达1450余人,收到论文300余篇,选举曾养甫为第十四届学会会长。

△　据重庆《中央日报》报道:我国钢铁专家周志宏最近荣获著名之南芝加哥钢铁技术研究会金质奖章一枚。按:周氏服务钢铁界10余年,战前首先创制钢质飞机炸弹获得成功,战后对后方合金及合金钢之制炼颇多改进。

△　美国发生所谓《美亚杂志》间谍案。是晚,美联邦调局以违反间谍活动法,捕逮刚从中国返国的谢伟思、《美亚杂志》社的菲利普·贾菲、凯特·路易斯·迈克尔、马克·盖恩(金斯保)及国务院中国科专员伊曼纽尔·拉森与海军中尉安德鲁·罗思六人。25日,延安《解放日报》发表题为《从六人被捕案看美国对华政策的两条路线》的时评,认为这一事件是中美关系的分水岭,表明美国当权者不承认中国人民的巨大力量,只承认国民党政府及其反动领袖蒋介石。

6月7日　行政院副院长孔祥熙抵华盛顿会晤杜鲁门总统,商谈关于加强对华租借供应及中美合作等问题,杜鲁门表示欢迎蒋介石访美。

△　国民政府主计处发表,民国三十四年度岁出入预算总额为3396.7亿元。

△　第七十军一部克复福建省福鼎县城,败敌残部向浙境平阳逃窜,闽东沿海已无敌踪。同日,第六十四军第一五六师克复广西思乐。

△　中印油管工程完成,全长1760公里,是日开始输油,至8月中旬已输油500万加仑。

△　重庆市及外地均发现霍乱流行。据重庆传染病医院方面消息,自今日起至12日,本市收容霍乱病人百名,其中居住市区者占80%以上,表明霍乱流行地带以市区为猖獗。

△　旧金山会议决定,新的世界组织定名为"联合国"。在旧金山会议上,美、苏、英、中、法五国就安理会表决程序问题取得协议。

6月8日 国民政府任命杨森兼贵州省保安司令,原任吴鼎昌免兼职。

△ 中国政府与多米尼加共和国政府在旧金山签订《中多友好条约附加条款》,规定两国人民入境自由。

△ 财政部调整黄金价格,自是日起法币折合黄金存款价格改为每两五万元。

△ 延安召开第三批南下部队欢送大会,周恩来发表讲话,说:你们要沿平汉路、粤汉路南进,把北中国与南中国连在一起,指出国民党的军队不能打走日本军队,解放人民,只有毛主席、朱总司令的队伍才能解放中国。希望你们扩大自己,团结起来,争取胜利。

△ 冀中军区八路军发起子牙河东战役,在河北省独流至献县间子牙河沿岸打击日伪军。至7月下旬,歼日伪军3600余人,收复大城、献县县城。

△ 沦陷区同学代表大会在河北省阜平县举行,天津、北平、保定、张家口以及冀东、东北等地的同学代表13人出席。会议倡导组织沦陷区同学会,通过《告沦陷区同学书》,拥护成立解放区青年联合会,促成联合政府的实现。

6月9日 中共七大第十九次会议举行中央委员选举,选出正式中央委员44名:毛泽东、朱德、刘少奇、任弼时、林伯渠、林彪、董必武、陈云、徐向前、关向应、陈潭秋、高岗、李富春、饶漱石、李立三、罗荣桓、康生、彭真、王若飞、张云逸、贺龙、陈毅、周恩来、刘伯承、郑位三、张闻天、蔡畅、邓小平、陆定一、曾山、叶剑英、聂荣臻、彭德怀、邓子恢、吴玉章、林枫、滕代远、张鼎丞、李先念、徐特立、谭震林、薄一波、陈绍禹、秦邦宪。

△ 国民政府明令宣布《新闻记者法》,定自今年7月1日起施行。

△ 郭沫若、丁西林应苏联科学院之邀,出席该院二百二十周年纪念大会。是日,郭沫若离渝,26日抵列宁格勒,参加纪念大会。16日丁西林亦启程赴苏。

　　△　中央大学在重庆举行三十周年校庆纪念会,到该校校友及在校师生 3000 余人。校长顾毓琇致词勖勉师生共同努力,并希望社会人士密切合作。教育部次长朱经农和杭立武,教授会、校友会及同学代表分别致词,并隆重举行张士一教授服务该校三十周年纪念仪式。

　　△　第三战区一部收复浙东沿海平阳。

　　△　美总统杜鲁门约晤宋子文告以《雅尔塔协定》,宋表示不能同意关于中国方面的条款。同时,杜鲁门并训令赫尔利将该协定告诉蒋介石。

　　6 月 10 日　中共七大第二十次会议选出候补中央委员廖承志、王稼祥、黄克诚等 33 名。

　　△　八路军渤海部队于是日晚对蒲台城及其周围据点发起攻势,经一昼夜激战将山东蒲台县克复。

　　△　傅作义部步、骑兵万余,向乌兰、不浪一带集中,并逐渐南移,向八路军大青山根据地压迫。是日该部前头部队千余突然偷袭东坡、福盛永等八路军防地。12 日又增兵数千,分四路南犯,侵占归绥西北之二道沟、李气沟等地。13 日,又进至井儿沟、大塔一线。八路军忍无可忍始起而自卫,卒将傅军击退,守住原有阵地。

　　△　第一军法执监部讯办后勤部贪污案,确认后勤司令部部附黄曜购买营具,索取回扣 41 万元,英文秘书曾恩奎利用建筑工程,索取回扣 140 万元,梁霖盗卖军用品借端勒索财物,判处三犯死刑,于是日执行枪决。

　　△　日本中国派遣军在南京召开各方面军、军司令官会议,确定新的作战计划,决定以主力控制华中、华北重要地区,对中、苏采取持久战,同时挫败进犯沿海重要地区的美军,以策应本土决战;并确定对美战备先以华中三角地带为重点,次为山东半岛,但应极力查明美军之登陆地区和企图,以便适时集中兵力粉碎之,即使到了最后关头,也要确保南京、北平、武汉周围重要地区。

　　6 月上旬　日军在黑龙江富拉尔基部队演习场,发射"赤筒"毒弹

30 发,致使附近 10 名群众受到伤害。

6 月 11 日　中国共产党第七次全国代表大会闭幕。毛泽东致闭幕词。他说,我们开了一个胜利的大会,一个团结的大会。我们做了三件事:第一,决定了党的路线;第二,通过了新的党章;第三,选举了党的领导机关中央委员会。今后的任务就是领导全党实现党的路线。"我们宣传大会的路线,就是要使全党和全国人民建立起一个信心,即革命一定要胜利。首先要使先锋队觉悟,下定决心,不怕牺牲,排除万难,去争取胜利"。

△　国民党第六届中央常务委员会举行首次会议,由蒋介石主持。修正通过《中央执行委员会组织大纲》,并议决关于六全大会及一中全会决议与交办各案之实施与处理办法。

△　蒋介石召见美驻华大使赫尔利,询雅尔塔密约事,并电宋子文嘱对美表示中国今后决不能再有租借地名义出现。

△　粮食部长徐堪在国民政府纪念周上报告粮政,称 1944 年度征粮,最后定案数额为谷麦 6524 万市石,截至上月底止,据各省表报到部者,实收 5500 余万市石,约占总额 84％强;并称 1944 年度全国军粮需要量约占全部征粮定额的三分之二。

△　蒋介石之代表孔祥熙在华盛顿以宝鼎大绶勋章授予李海、金氏、麦克阿瑟元帅。

△　昆明与加尔各答间之电话线已完成,是日首次通话。此线长约 1750 英里,途中经过世界上最崎岖及最原始之地区,由中印劳工于 1943 年 4 月开始架设,与铺设中印公路、油管同时进行。

△　驻河北丰润日伪军 500 多人,为报复村民捉了一名日本兵,包围照燕洲村。日军挨家搜查毒打村民,至次日有近 100 人惨遭毒打,有 28 人被杀害。

6 月 12 日　蒋介石在重庆接见苏联大使彼得罗夫,反对苏联租借旅顺、大连及外蒙古独立。

△　八路军冀鲁豫军区第四分区部队收复河北省威县。

△　中、美、英、苏、法在旧金山举行五强会议,讨论联合国机构对于会员国内政所持态度问题,中方对澳国排斥亚洲人种移民入境规定,力主修订宪法草案以纠正之。

△　旧金山联合国会议通过维持和平实施办法,中国军队将为国际和平担负任务。

△　美对外经济处长克罗莱宣布:本年 3、4 两月间运到中国的租借物资共值 4.5887 亿,较去年运华者多 15 倍。租借物资中以军需品、飞机、坦克、车辆、工业品及农业品为主,运华之租借物资在美国全部租借物资中,从 0.3% 增至 6.3%。

6 月 13 日　国民党中宣部长王世杰在外国记者招待会上发表谈话,称依照六全大会之决议,中央常会已决定:一、军队中党部限 8 月 1 日以前撤销;二、各级学校中党部在国民大会召集前完成撤销工作;三、后方各省、市、县成立民选参议会。并称中常会正考虑将党部所办若干事业及机关移交给政府。

△　中美合作所直属行动单位派员秘密炸毁苏州附近之宝城煤矿第一、二两矿井及开煤机、发电机等,使矿场全部停顿,敌伪燃煤供应遭致严重之影响。

△　旧金山联合国会议通过否决权案;中国列为安全理事会五大常任理事国之一。

6 月 14 日　行政院代院长宋子文在华盛顿访晤美总统杜鲁门,杜鲁门告以美国迫切希望看到苏军早日向日军发动进攻,以便缩短战争,减少美军的损失。宋子文问美国如何理解雅尔塔秘密协议中某些行文的确切含义,杜鲁门含糊其辞地声明:他"不会做任何伤害中国利益的事情",并说斯大林表示愿美助华复兴,苏联无领土野心,蒋介石为中国惟一领袖。

△　第二十九军于 6 日收复广西宜山后,日军迭次由柳州增援,与第二十九军在宜山反复争夺,鏖战至是日,第二十九军再克宜山,日军向柳州退却。同日,第三战区一部收复浙东瑞安。

△　日军 900 余围攻豫西雷风垭,守军暂编第六十二师第一团死守阵地,与敌激战至 15 时,该团第一营营长邱经纬少校及第三连全体官兵均壮烈殉职。

△　据重庆《新华日报》讯:重庆出版界上海杂志公司、生活书店、耕耘出版社、大时代书局等 29 家,以目前书业濒于绝境,印书成本较战前上涨 4069 倍,邮费上涨一万倍,而书价只上涨 800 至 1000 倍,相差太大,特发出紧急呼吁,向政府提出四项要求:一、对各出版家一律供应平价纸张;二、印刷价格公开评定;三、恢复印刷品寄递办法;四、设立出版业文化贷款。

△　文协昆明分会及昆明各大学共 15 个团体,在至公堂联合举行"诗人节"晚会,1000 多人与会。徐梦龄主持并致词,论述我国大诗人屈原的宇宙观和世界观。姜亮夫、闻一多、尚钺、田汉、楚图南等先后演讲,以新的观点对屈原及其所开辟的道路作评价;最后进行诗歌朗诵表演。

6 月 15 日　美驻华大使赫尔利奉杜鲁门总统之命,向蒋介石转达雅尔塔会议关于中国方面秘密协议,促与苏联成立谅解,并强调斯大林对中国在东北主权的明确保证,和对中国门户开放原则的口头赞同。蒋介石镇静地听取这一消息,虽然觉得难以忍受莫斯科对东北港口和铁路的"优越权益"以及"租借"旅顺海军基地的强硬要求,但对苏联答应承认他在东北的主权感兴趣。

△　中国政府与哥斯达黎加政府于 1944 年 5 月 5 日签订之《中哥友好条约》,业经双方批准,是日在圣约瑟互换批准约本,该约互换后立即生效。

△　全国邮务总工会全国代表大会在重庆召开,23 日闭会,通过参加国际邮务工会组织、改善各级邮务员工待遇等项决议案。

△　美机轰炸日本本土一周年。期间轰炸计达 77 次。美航空总司令安诺德元帅警告日本,此后一年内将向其本土投弹 200 万吨。

△　美国第十四航空队第二十轰炸队 B—29 轰炸机首次从成都

机场起飞,直飞日本轰炸。

6 月 16 日　中共中央负责人声明中共不参加本届国民参政会,因为:一、国民党政府拒绝中共与中国民主同盟关于取消一党专政、成立联合政府的主张。二、此次国民参政会之召集,国民党政府事前并未与中共及其他党派协商,仍和过去一样完全由国民党一手包办。三、国民党六全大会不顾中国人民、中国共产党及其他民主党派的反对,一意孤行地决定今年 11 月 12 日召集所谓国民大会;而在这次参政会上就要通过许多具体办法,以便实行国民党的反动决议,这将造成反民族、反人民、反民主的大规模内战的爆发。

　　△　军事委员会任命孙蔚如、孙连仲、傅作义为第六、十一、十二战区司令长官。

　　△　中国陆军总司令何应钦到昆明中央军校分校主持黄埔建军二十一周年纪念,并对全体官兵发表训话,略称:我国过去有陆军 300 个师,500 余万人,现已缩为 400 余万人,拟再缩为 360 余万人。陆军总部所辖部队已裁撤二个长官部,九个集团军部,10 个军部,18 个师。每一部队皆缩减三分之一。凡已实行整编之部队,每一士兵每月可领副食费 3600 元。我国境以内尚有敌寇 200 万人,吾辈不能依赖盟邦坐以待胜,凡属军人均宜尽其职责。

　　△　重庆市军、警、宪在左营街、较场口、珊瑚坝等处举行联合大演习,特务营、宪兵第三团、宪兵第二十四团、警察局保安总队及渝市国民兵团等部队参加,以检查对敌空降部队防御作战的准备情况,并谋加强军、宪、警部队与地方团队之协同作战。

　　△　中央图书杂志审查会在重庆举行文化界座谈会,该会主任潘公展报告出版情况,称重庆出版界自 1 月至 5 月已出书籍达 487 种,平均月出 100 种,较 1944 年月出 120 种已显稍减,并称优良书刊五种获奖:给予奖金者有《德育原理》(姜琦著)奖一万元;赠奖状者有《生之原理》(陈立夫著)、《三民主义新论》(崔书琴著)、《政治学原理》(萨孟武著)、《三民主义之理论研究》(孟云桥著)四种。

△ 中共中央指示中共广东临时省委：华南战略根据地不可能以目前之东江地区为中心，"应以湘、粤、赣边区为中心，并可东联闽、粤、赣，西联湘、粤、桂"。为此，"你们应即派遣大的有力部队由负责同志率领，随带大批干部迅向北江地区发展，直至平石、南雄之线"，"以便在数月后和王震、文年生各部打成一片"。"现在小北江支队及在紫金（的）支队，亦应继续向北发展，以扩张左右两翼"。

6 月 17 日 中共七大代表及延安各界代表，举行中国革命死难烈士追悼大会，毛泽东主祭，朱德、刘少奇、周恩来等陪祭。毛泽东致悼词，称中国今天的广大人民抗日民主运动，一万万人的解放区，100 万人民抗日军队，120 多万共产党员，与共产党七大所决定的中国革命的纲领，就是这些几百万的民主主义者与几十万的共产主义者先烈们的鲜血所创造的，就是他们几十年奋斗的结果。现在国内国际的形势很好，我们有信心完成先烈们交给我们的责任，我们一定能胜利。

△ 孙科在重庆复旦大学演讲，表示中国今后的道路，必须国内团结统一，达到团结统一的道路，只有厉行民主政治，实行三民主义；从世界大局看，决不许可中国有内战。

△ 周恩来电复重庆的王若飞，指出：要使美国改变现行错误政策，必须中国人民和民主党派一致起来批评美国的错误政策。我们反对内战，同时要表示我们不怕内战。蒋的内战方针是确定了的，除非我们有力量胜过他，才能制止之。在大后方，应着重农村武装斗争之积极准备及国民党军队中的工作。

△ 旅渝台湾革命同盟会集会纪念台湾沦陷五十周年，连震东以国语、谢挣强以台语、谢南光以日语分别播讲《台湾沦陷五十周年纪念之意义》。

△ 八路军渤海部队第四分区主力解放山东滨县。

△ 绥远伪蒙古军第五师第四团团长金吾达阙罕率所部 300 余人，向国军投降。

△ 四川省威远河水闸建成，是日举行通航典礼。该项水闸系川

康盐务管理局于 1942 年兴工,全部工程包括水闸三座、水库三处及灌渠,耗资 1.2 亿余元。通航后,威远河之运量可增加三倍,并便利威远煤矿及自贡食盐的运输。

△　美国《纽约时报》报道日军分布情况统计:日本本土 165 万人,东北、华北及朝鲜 112.5 万人,华中、华南及台湾 90 万人,越南、缅甸、泰国及马来亚 34.5 万人,荷属印度支那 21.5 万人,琉球群岛 13 万人,西南太平洋 10 万人,中太平洋 10 万人,菲律宾六万人。此外,尚有在中国的伪军 100 万人,以及台湾、朝鲜工人队 100 万人。

6 月 18 日　毛泽东、周恩来致电褚辅成、黄炎培、冷遹、王云五、傅斯年、左舜生、章伯钧七位参政员,谓诸先生团结为怀,甚为钦佩。由于国民党拒绝党派会议,坚持召开包办分裂之国大,已进一步造成内战危机。诸公的热心呼吁,倘能使当局觉悟,放弃一党专政,召开党派会议,商组联合政府,并立即实行最迫切之民主改革,我党无不乐于商谈。并表示热烈欢迎七参政员赴延。黄炎培遂将此电内容转告雷震。

△　国防最高委员会举行会议,通过修正公司法原则。副秘书长甘乃光对记者称:自不平等条约废除后,外国商人已放弃其特权,在中国经商与中国人处同等地位,加以战后中国需吸收外资,以促进经济建设,故特修改各种涉外法规。

△　汉中行营主任李宗仁接见重庆《大公报》记者谈豫西战役,略称:敌企图减少交通线之威胁未逞,目前豫、鄂前线战争呈胶着状态。在华南战场迭复失土之时,中原战场益趋重要,如国军获得良好补给。不但可在中原战场获胜,亦可直捣白山黑水。同时对豫西民团助战劳绩表示赞扬。

△　中国出席联合国会议代表团发言人称,该团首席代表宋子文离美返国后,由顾维钧大使继任。20 日,宋子文偕蒋梦麟返抵重庆。

△　第三战区一部攻克浙江永嘉、温州两县城。

△　墨西哥首任驻华大使易斯克兰抵渝,并对记者发表谈话,称墨西哥全国人民素对中国人民表示敬仰,尤对中华民族八年抗战之精神

表示钦佩。

　　△　重庆《大公报》特派记者萧乾在伦敦采访从纳粹俘虏营中获得解放的中国海员。他们称,在纳粹俘虏营中一共拘禁 225 名中国海员,其中有 30 人以上被纳粹杀害,一人因拘致疯,另有数人失踪。他们在拘禁期间口粮只是黑面包,面包成分有一半是面粉,有一半是锯末;并受尽威胁利诱,但他们宁死不事敌伪。

　　6 月 19 日　中共中央在延安举行七届一中全会第一次会议,选举毛泽东、朱德、刘少奇、周恩来、任弼时、陈云、康生、高岗、彭真、董必武、林伯渠、张闻天、彭德怀 13 人为中央政治局委员;选举毛泽东为中央委员会主席、中央政治局主席和中央书记处主席;选举毛泽东、朱德、刘少奇、周恩来、任弼时为中央书记处书记。

　　△　国民政府令,国民参政会第四届第一次大会,定本年 7 月 7 日召开。

　　△　中国驻美大使馆举行授勋典礼,孔祥熙代表蒋介石以云麾勋章授与乔治中将、威尔逊少将等人,以表彰其在中印缅战区空中运输及空军训练方面的功绩。

　　△　重庆市召开扩大防疫会议,决定通力合作扑灭病菌。本年霍乱之可疑病例,系在 2 月下旬发生于滇省顺宁,后陕西、四川均有发现。6 月 3 日重庆白市驿有真性霍乱发生,嗣新桥、新开市、青木关、重庆市区亦相继发现,其特点是霍乱较往年发生为早,流行期间亦较长。

　　6 月 20 日　国民政府公布新疆省临时参议会议长及参议员名单,议长为色益提艾买提,副议长为胡廷伟,参议员为王积章、尼牙孜等 60 人,候补参议员霍汉琦、哈的尔等 30 人。

　　△　财政部长俞鸿钧在外国记者招待会上谈财政,称本年度国家总预算数字较之抗战前一年约增加 190 倍,将来为应付反攻军事需要,实际开支恐将超出预算甚多;并称过去七八月间,因出售黄金及办理法币折合黄金存款,所收回之法币已达 700 余亿元,储蓄方面亦有 200 余亿元之数。

　　△　解放区妇女联合筹备会在延安正式成立,选出以蔡畅为主任,邓颖超、白茜为副主任,区梦觉为秘书长的 13 人组成的常务委员会。

　　△　长江上游引水人员待遇争议,经仲裁委员依法裁决,各段引水待遇略有提加,并自本年 3 月、4 月两月份改发特别津贴 1.8 万元,5 月份起改为 2.2 万元。后又经社会部、交通部等主管机关调解,劳资双方意见已获协议,于 24 日复航。

　　△　北部湾之围洲岛日军中之台胞 13 人,向我投诚。次日,又有 12 人向我投诚。

　　△　美驻华大使赫尔利及中国战区美军总司令魏德迈发表联合声明,对美在华人员之间有意见的分歧进行辟谣,称美国在华之外交及军事代表现正努力工作,和谐无间,且将继续不变。

　　6 月 21 日　国民政府授予在滇西、缅北建功部队第三十六师、第八十七师、第八十八师,荣誉第一师、第五十四军之第一九八师、第一〇三师及驻印军新一军之新三十师、新三十八师,新六军之新二十二师、新十四师、新五十师等 11 个单位以荣誉旗。

　　△　第二方面军一部收复桂省桂平。

　　△　豫鄂慰劳团赴汉中行营慰劳汉中行营主任李宗仁,由团长刘文岛代表向李氏献旗。李宗仁致词,称:“敌人屡战屡胜,我则屡败屡战。相信最后一击,总可把敌人打退。”

　　△　延安《解放日报》发表题为《关于发展私人资本主义》的社论,略称:根据目前资产阶级民主主义性质的革命,中国共产党人是主张发展资本主义的。这种发展应在“不操纵国计民生”的条件之下,并且在发展私人资本主义的同时,也要发展国营经济和合作社经济。在这样的基础上,扩大发展资本主义,对各阶层人民都是有利的。中国的私人资本主义想要求得发展,除了这条路线之外,再也没有其他道路。

　　△　素称中国米市的芜湖,由于敌人掠夺粮食,发生 10 万饥民抢米。是日上午,饥民迫于生计,高呼:“买不到就抢!”一呼百应,全市男女老幼十万余人群起参加,从米行到米船,从食米到杂粮,连抢两日一

晚,直到 22 日下午经敌伪严重镇压,始暂告平息。

△　战时生产局新任美籍顾问杰克逊和助理顾问鲍煦由美抵渝,原美籍顾问卡内和助理顾问勃鲁克斯 22 日返美。

△　美军占领大琉球群岛。此役双方伤亡之惨重为太平洋战争中所仅见:美军伤亡 4.9 万人;损失飞机 763 架,战舰被击沉 36 艘,伤 369 艘。日军伤亡 11 万人,被俘 7800 人;损失飞机 7830 架,战舰被击沉 16 艘。

6 月 22 日　八路军太岳军区第二分区部队收复山西高平。

△　中国空军第五大队飞机在衡阳以北炸毁日军卡车 40 余辆,又在衡阳东北炸毁日军卡车 30 余辆。

△　中国解放区职工联合会筹备会主任邓发电告世界职工代表大会筹备会,决定派遣董必武、陈郁、邓发、章汉夫四人前往参加将于今年 9 月在巴黎召开的世界职工大会。同日,邓发以同样内容电告中国劳动协会朱学范,希望多加赞助。

△　印度加尔各答侨胞团举行联席会议后宣布,为纪念七七抗战八周年,决定向中国政府献机 15 架。

6 月 23 日　第二方面军一部收复广西平南。同日,第三战区一部克复浙江乐清。

△　中国农民银行总经理顾翊群在中国财政学会讲演黄金问题,称:目前物价上涨标准已超过法币发行总值之标准,全国流通通货总值在 1943 年底为战前 20%,至 1944 年底为战前 18%,至今年 2 月底止为战前 6%。以目前情形推测,至年底通货价值将贬至 15% 至 13%,物价继续上涨将无法抑制。如能实行金本位,规定法币之黄金价值,通货稳定、物价问题自然解决。

△　据中央社报道日军的新罪行一则:湘西武冈一县被日军焚店铺 1800 余间,房屋 3700 余栋,死伤人民 4300 余名,被掳未回者 6000 余名,公私谷米被焚 18.7 万石,杂粮六万石,耕牛被杀 8000 头,妇女被辱 2800 余人。

　　△　延安《解放日报》发表《迅速召开解放区人民代表会议》社论，指出：在八年抗战中，八路军、新四军和解放区人民从敌人手中收复 86 万平方里的国土，解放近一万万的人民，建立 19 个敌后解放区。应迅速召开中国解放区人民代表会议，以便讨论统一解放区的行动，加强各解放区的抗日工作，援助国民党统治区抗日的民主运动，援助沦陷区人民的地下军运动，促进全国人民的团结和联合政府的成立。

　　△　中国留学生 600 人抵达华盛顿，各生将在农、工两学科学习，其中攻农者约 150 人。留学生费用由《租借法案》款项支付。

　　6 月 24 日　中央政治学校大学部、高等科、语文科学生共 292 人毕业，是日举行毕业典礼。蒋介石亲自主持并致训词，称：中国必须于此次战后 20 年中，遵照三民主义之原则，致力于政治、经济与社会各方面之建设，使之具备现代化国家之基础，乃能求得真正的自由与独立。

　　△　财政部宣布明日起暂停受理法币折合黄金储蓄存款。

　　△　重庆文艺界举行茶会祝贺名作家茅盾 50 寿辰，沈钧儒主持，柳亚子、邵力子、张道藩、常任侠、马寅初、王若飞等五六百人与会。苏联驻华大使彼得罗夫致信祝贺，成都、昆明等地文艺界人士亦纷电致贺。茅盾在会上说：看到许多中国优秀的儿女牺牲了，看到许多年轻人经历着许多不是他们那样年龄所需经历的事，看了许多许多的事，在中国胜利在望时，我要活下去，不看见民主的中国，我死也不瞑目。成都、昆明两地文艺界人士亦集会表示庆贺。同日，重庆《新华日报》发表社论《中国文艺工作者的路程》及王若飞的文章《中国文化界的光荣，中国知识分子的光荣》，祝贺茅盾寿辰。

　　△　美国务卿斯退丁纽斯致函中国出席旧金山会议代表、大公报总经理胡政之，重申中美友谊，称美人愿对中国保持深厚恒久友谊，愿与中国合作以达共同愿望。

　　△　《大美晚报》（重庆版）停刊，在告别读者辞中批评中国新闻检查制度。按：该报是 15 年前旅居上海的美国人创办，原来只有英文版，

后来增加中文版。1942 年曾被迫停刊;1943 年在纽约刊行美国版,改为周刊,同时也开始刊行英文重庆版。

△ 成都发现真性霍乱,后不断蔓延到遂宁、叙永、大竹、广安等 31 个县,并发现"干霍乱",到 7 月 21 日止,经查明死亡者有 257 人。

6 月 25 日 行政院长宋子文、副院长翁文灏宣誓就职。

△ 国民政府任命蒋梦麟为行政院秘书长,原任张历生免职。

△ 中国陆军总司令何应钦在昆明举行的滇西作战有功将领颁奖典礼上,代表政府授予卫立煌一等宝鼎勋章、萧毅肃与何绍周青天白日勋章、邵百昌与傅克军三等云麾勋章。

△ 八路军冀中部队收复河北献县。冀鲁豫军区一部收复河北枣强县。

△ 中国战区参谋长魏德迈飞抵西安访问,受到第一战区代理司令长官胡宗南等欢迎。28 日,魏德迈在西安记者招待会上称:过去两周曾访问中国西北部与华北,对中美两军之合作精神与一切进步,至感愉快。美军在华无领土愿望,所希望者,即协助中国击败日本与怀有尊重中国之心理而凯旋返国。

△ 旧金山会议举行第九次大会,一致通过《联合国宪章》及《国际法院章程》,此外并通过《建立联合国筹备委员会》之文件。最后通过之《宪章》包括一序言及 19 章,111 条,计一万余字,明确规定联合国组织和各会员国所必须遵守的基本原则,以及维持国际和平和安全的有效办法。

△ 旧金山会议我国代表团代表顾维钧、王宠惠、张君劢、李璜、董必武在旧金山对《中央日报》记者谈话,对大会成就一致表示欣慰,认为系合作、互谅、民主之结晶。次日,我国代表胡霖、吴贻芳、魏道明亦对《中央日报》记者发表谈话,称赞旧金山会议。

△ 杜鲁门总统按照各国英文字母次序依次接见出席会议之 50 国代表,我国代表排列在第五位。

6 月 26 日 蒋介石在重庆接见苏联大使彼得罗夫,谈宋子文赴苏商订中苏条约事；并宣示我国对于此事之严正立场。

△　国民政府任命吴奇伟为湖南省政府主席，原任薛岳免职；任命孙连仲兼任河北省政府主席，原任马法五免职；任命周览为武汉大学校长，原任王星拱免职。

△　参政员褚辅成、冷遹、王云五、左舜生、章伯钧、傅斯年、黄炎培在重庆中央研究院会商，对团结问题议定三点意见：一、由政府迅速召集政治会议；二、国民大会交政治会议解决；三、会议前政府先自动实现若干改善政治之措施。并决定将此项意见致函蒋介石，俟蒋同意后即偕赴延安与中共领导人商谈。

△　《联合国宪章》签字典礼于午间在旧金山退伍军人大厦举行。在《宪章》上签字的总共 50 个国家的 153 名代表，首先签字的为中国代表。下午，在旧金山歌剧院举行联合国国际组织会议闭幕式。首由四邀请国代表与法国代表发言，接着使用西班牙语、葡萄牙语与阿拉伯语的各国代表先后以本国语言演说，然后杜鲁门总统致词，表示："你们方才签字的《联合国宪章》是一个坚固的基础，在它上面我们可以建筑一个更美好的世界。"

△　行政院会议通过拨给广西省 5000 万元，福建省 2500 万元，浙江省 1000 万元，作各该省办理收复区紧急救济之用；拨给山西省 2000 万元，作救济灾荒之用。

△　第三战区一部收复浙东黄岩。29 日，续克临海。

△　八路军太岳军区司令部发表 1944 年 7 月 1 日至 1945 年 6 月底的战绩：一年中在豫西、豫北、汾南、晋西南及白晋路两侧地区共发动 10 次大规模的攻势战役，解放国土四万多平方公里，使太行解放区连成一片，并控制黄河沿岸 210 里，与河南军区衔接。

△　英国定是日举行第三届"中国国旗日"，以扩大援华运动，广募捐款救济中国难民。前年第一届，去年第二届，售出 3000 万枚中国国旗章。自 1942 年以来，截至最近止，英国对华捐款已逾 150 万镑。

6 月 27 日　参政员褚辅成、王云五、黄炎培、冷遹、傅斯年、左舜生、章伯钧由邵力子、王世杰陪同晋谒蒋介石。蒋介石对七参政员热心奔走团结颇表赞许，并愿迅即恢复商谈，争取抗战胜利。

　　△　签署《联合国宪章》的 50 个国家代表在旧金山举行会议，决定成立联合国筹备委员会，由澳洲、巴西、加拿大、智利、中国、捷克、法国、伊朗、墨西哥、荷兰、苏联、英国、美国、南斯拉夫 14 个国家组成执行委员会，筹备委员会设在伦敦。

　　△　行政院长兼外交部长宋子文偕外交部次长胡世泽及沈鸿烈、钱昌照、蒋经国、张福运、卜道明、刘泽荣等自重庆赴莫斯科，商订中苏条约问题。苏联驻华大使彼得罗夫亦同机飞赴莫斯科。

　　△　八路军冀鲁豫军区第六分区部队收复河北故城。

　　△　北部湾涠洲岛居民在乡绅廖毕执率领下，将岛上日军歼灭，光复该岛。

　　△　我国留法学生秦国献在法研究改良小麦成绩卓著，法国农业部特赠金牌奖章。

　　6 月 28 日　蒋介石在重庆举行茶会，招待外国记者并发表谈话，指出中国抗战在军事方面之最终目标，系欲使日本全面溃败而向盟方作无条件投降；对于盟军与中国之合作情形甚表满意；对旧金山会议的成就表示欣慰。

　　△　美驻华大使赫尔利到重庆磁器口中美合作所重庆特警班检阅并讲话，表示在日本被打垮后，美国将帮助国民政府进行经济建设和修明内政。为了修明内政，美国愿帮助国民党统一政令和建立法制与警察制度。

　　△　美驻华大使赫尔利接见中共驻重庆代表王若飞，告以褚辅成、傅斯年、左舜生等将于 7 月 1 日赴延安协商。王若飞重提过去四项建议。

　　△　中英商会在伦敦成立，泰佛亚任董事长，李德燏副之。其发起人告中央社记者：中英商会之首要目标，乃建立双方联系，俾获得关于中国建设计划之正确报告，最后目的在使中英两国之出口贸易得以增进。

6月29日　国民政府明令公布《省参议会组织条例》及《省参议员选举条例》，均定自本年7月1日起施行。

△　前蒙藏委员会驻藏办事处主任孔庆宗在重庆星期五聚餐会谈今日之西藏，称西藏全区面积较四川大两倍，人口约150万人，其中贵族约170余家。全体人民皆信奉佛教，以达赖为政治、宗教之主持者。全藏耕地约占面积十分之一，金、煤、铁等矿皆有发现。出口以羊毛为最大宗，该地之对外贸易常保持出超。

△　据重庆《中央日报》讯：据美国政府记录，1942年共分配租借物资50亿美元，我国所得计值6921.8189万美元，列第八位。自租借物资第一年开始至今年3月1日止，全数已达400亿美元。

6月30日　行政院长兼外交部长宋子文抵达莫斯科。当晚晤斯大林，商谈中苏条约问题。

△　柳州克复。第二十九军在第四十六军协力下向柳州日军发动攻击，于28日以两个师分沿柳江两岸向柳州突进。29日，第二十九军之第一六九师一部突入柳州南城及机场，此时潜伏市区部队亦乘机发动，与日军进行激烈巷战，至是日零时，日军沿柳桂公路撤退，我军遂克复柳州南城。同时，第二十九军之预备第十一师等部队，亦先后突入柳州北城，战至是日23时，北城亦完全为我军克复。

△　华中新四军一部解放浙东上虞。

△　八路军太行军区集中五个军分区共九个团兵力组成三个支队，在三万民兵和自卫队的配合下，于平汉铁路西侧发起安阳战役。至7月9日胜利结束，共毙伤日伪军800余人，俘虏日伪军2500余人，击溃伪军900余人，攻克据点30余处，扩大解放区1500余平方公里，解放人口53万，并进一步逼近平汉铁路及安阳敌军据点。

△　中国劳工福利协会在重庆成立，选举马超俊、孙越崎等31人为理事。

△　西宁水力发电引水工程自去年4月开工兴建，已全部完成。该工程系以长约四公里、深达三米之渠道，引湟水北川之水，提高水位

30 余米,功率达 600 马力,发电 420 万瓩。

　　△　延安《解放日报》报道陕西灾荒严重:截至 6 月中旬为止,陕西各县向陕西省政府报灾者已达 50 多县,约占国民党陕西省政府统治县份的十分之七,受灾县份包括第一行政区(榆林一带)全部,关中差不多全部及陕南一部,受灾种类共有旱、风、虫、霜、寒、水、雹七种之多。夏季的麦子、豌豆、油菜籽大部干死。棉花则大部分未下种。秋季作物或尚未下种或已下种,因干旱异常,势必减产。

　　△　军委会办公厅少校副官孙德祥等人,乘中航机贩运鸦片,为航检所及海关察觉,经军委会军法总监部分别讯问明确,判处孙德祥等三名死刑,于是日枪决。

　　△　前直接税署署长高秉坊贪污舞弊案,是日重庆实验法院开庭宣判:高秉坊处死刑,姚遐龄处有期徒刑 15 年。

　　△　日本秋田县大馆市花冈矿山 800 名被抓去强制劳动的中国劳工,在耿谆领导下举行暴动,杀死四名日本监工和一名通敌分子,据守矿山附近的山地。日本警官队开赴矿区镇压,大部工人被捕,受到严刑拷打被折磨而死者多达 418 人。

　　△　日本自 1936 年起大规模向中国东北迁移所谓“开拓民”,至是月底业已移来 24 万人,其中日人 16 万,余为朝鲜人。

　　是月　河北定县、定兴、徐水日军 500 余人将易县北七、石相二村包围,将地道两口堵住,向地道内放火、放毒,毒死群众 70 余人。

7　月

　　7 月 1 日　参政员褚辅成、黄炎培、冷遹、傅斯年、左舜生、章伯钧为促成国共恢复商谈,以私人资格由王若飞陪同从渝飞延商谈国事。毛泽东、朱德、周恩来、林伯渠等前往机场欢迎。

　　△　延安《解放日报》为纪念中国共产党成立二十四周年发表社论,指出:“过去的二十四年,给了中国人民以最艰苦的锻炼。中国人民

在这种锻炼之中,完成了一件大事,这件大事就是完成了把马克思主义的普遍真理与中国革命的具体实践深深结合起来的过程。"社论号召全党同志与全国人民一齐团结起来,为最后打倒日本帝国主义与彻底解放中国人民而奋斗。

△　蒋介石在西安听取胡宗南报告第一战区现况。同日,蒋介石令赣州行辕改称为委员长东南行辕。

△　邵力子应中苏文协之请,假重庆抗建堂讲《中苏邦交问题》,略称:中苏壤地相接,过去友好之外交关系有悠久历史,以目前世界形势论,中苏邦交必趋日益亲密。

△　据重庆中央社讯:自德方夺获之文件表明,中国在牵制日本方面贡献极多。自战争初期起,日本即已向德国苦诉人力不足,并自称大部分是由于对付华军需要大批军队之故。

△　第三战区一部克复浙江天台。

△　八路军晋察冀部队攻克河北崇礼。

△　晋察冀军区发表综合战报:本区八路军和地方部队今年4月开始主动出击,扩大解放区,不断取得胜利。冀晋区:南线的井陉、建屏地区已连成一片,北线阳高至东集井间,日伪军已完全肃清。冀察区:解放国土3.4万平方里、人口52万余人。冀东区:连续击退五万敌伪的"扫荡"。冀中区:光复县城九座,恢复到1939年大"扫荡"以前的局面。

△　新四军第四师于5月21日发起的宿南战役胜利结束,共歼灭伪第十五师两个团大部及一个团一部,计2100余人。这一胜利使新四军巩固涡河以北的阵地,并开辟宿南新区,津浦铁路以西八个县,至此连成一片。

△　赣南星子县伪军第六师第十七团800余人反正来归,到达宁都附近等待改编。

△　杜鲁门总统就联合国救济善后总署工作概况向国会提出书面报告称:"供应接济中国之计划,或将为联合国救济善后总署一俟军事

情况许可,即将执行之最大单一之善后救济计划。""中国政府估计将运入约 1000 万吨之供应品,以供救济善后之用,仅此即值价约 25 亿美元。"

7 月 2 日　中国陆军总司令部颁发反攻广州计划,其方针为"以打通广州海口之目的,先以有力部队攻略桂林,夺取雷州半岛,再分别攻击衡阳、曲江,并牵制越北之日军,以主力沿西江流域攻略广州。"

△　褚辅成等六参政员到杨家岭毛泽东住所拜访毛泽东,在座的有朱德、刘少奇、周恩来。

△　中共中央在延安举行盛大晚会,欢迎褚辅成、黄炎培、冷遹、傅斯年、左舜生、章伯钧。毛泽东、朱德、周恩来出席,李富春主持晚会。周恩来致欢迎词称,中共中央的愿望也就是全解放区人民的愿望,是树立一个独立、自由、民主、统一与富强的新中国,我们希望六位先生把这个愿望带回给大后方各阶层的人民去。黄炎培讲话说,在延安看不到荒废的土地、游手好闲的人,得出一个结论:共产党是进步的、踏实的。

△　冀鲁豫军区发表公报称,在抗战第八年冀鲁豫八路军对日伪军作战 1200 多次,组织 10 个较大的攻势战役,收复大名等县城 10 座,解放国土五万余平方公里、同胞 500 多万人。

△　第九战区一部克复赣南信丰。

△　青海省自 1930 年发动军民植树,至今已成活 2000 株。其栽植之区域大部为黄河、湟水及大通河两岸地区。

7 月 3 日　毛泽东、朱德、周恩来、林伯渠到招待所,同褚辅成等六参政员商谈停止召开国民大会、从速召开政治会议等问题。

△　国民政府军委会因各省绥靖公署等机关与各省保安司令部或行营业务重复,决定裁撤川陕边区绥靖公署、滇黔绥靖公署、广西绥靖公署、广东绥靖公署、太原绥靖公署、豫省警备司令部,并限月底结束竣事。

△　第一五六师收复广西龙州、凭祥。

△　苏外交人民委员莫洛托夫举行盛大宴会招待宋子文,苏方高

级官员、陆海空军高级将领、艺术家、作家，以及各盟国使节、记者等500人与会。

7月4日　蒋介石特电杜鲁门祝贺美国国庆；国民外交协会及中美文化协会等团体亦致电杜鲁门祝贺。重庆美使馆举行招待会，国民政府官员及各国使节应邀参加。重庆市广播电台播送特别节目，各影剧院放映有纪念意义的中美两国影片表示祝贺。

△　褚辅成等六参政员在延期间同毛泽东、周恩来等进行三次正式商谈，至是日商谈结果达成五点共识：一、双方一致同意停止国民大会进行，从速召开政治会议。二、中共建议：（一）政治会议应由国、共、民（盟）三方各自推出同等数目的代表加上无党派代表组成。（二）政治会议的性质，应该是公开的、平等的、自由的、一致的，有决定权的。（三）政治会议应讨论民主改革的紧急措施；结束一党专政，建立举国一致的民主联合政府；制订民主施政纲领及将来国民大会之召集等。（四）政治会议前释放政治犯。（五）政治会议前，应由国、共、民（盟）三方面先作预备性质的协商，以便商定中共提出的上述四点及具体内容。

△　国民党中央宣传部举行记者招待会，由粮食部长徐堪报告粮政，略谓：1945年度全国各省、市征实、征借总额核定为6474万担，另随赋代征县级公粮1000余万担。按：1944年度征实、征借已实收5490余万担，占总额86％。

△　中国民主同盟主席张澜在重庆发表谈话称：德国虽然被击溃了，但东方的日寇还在作最后挣扎。目前中国的任务是废除党治，实行民主，加强国内团结一致，配合盟军登陆实行反攻。

△　中国科学工作者协会（简称"中国科协"）在重庆成立。竺可桢为理事长，李四光为监事长，涂长望为总干事，成员有任鸿隽、丁西林、严济慈等100位科学工作者。

△　郭沫若在莫斯科苏联科学院报告战时中国历史研究。丁西林参观苏联物理问题研究所，对于苏联注重发展科学备加赞誉。

　△　中美合作所成立两周年，戴笠、梅斯乐在福建建阳基地主持阅兵典礼，以资祝贺。

　△　八路军冀中部队光复河北大城。

　△　苏联最高苏维埃主席团主席加里宁会见宋子文、胡世泽。

　△　重庆《新华日报》报道敌伪毒化华北情况，内称：现在全华北经营伪禁烟局准许设的土膏店共 1395 家，售吸所共 1308 家，伪组织所征的毒品税额占全年度预算 20％弱。

7 月 5 日　黄炎培在延安同毛泽东谈历史周期率问题。据黄炎培 7 月 5 日日记记载："有一回，毛泽东问我感想怎样？我答：我生六十多年，耳闻的不说，所亲眼看到的，真所谓'其兴也勃焉'，'其亡也忽焉'，一人，一家，一团体，一地方，乃至一国，不少不少单位都没有能跳出这周期率的支配力。大凡初时聚精会神，没有一事不用心，没有一人不卖力，也许那时艰难困苦，只有从万死中觅取一生。既而环境渐渐好转了，精神也就渐渐放下了。有的因为历时长久，自然地惰性发作，由少数演为多数，到风气养成，虽有大力，无法扭转，并且无法补救。也有为了区域一步步扩大，它的扩大，有的出于自然发展，有的为功业欲所驱使，强求发展，到干部人才渐见竭蹶，艰于应付的时候，环境倒越加复杂起来了，控制力不免趋于薄弱了。一部历史，'政怠宦成'的也有，'人亡政息'的也有，'求荣取辱'的也有。总之没有能跳出这周期率。中共诸君从过去到现在，我略略了解的了，就是希望找出一条新路，来跳出这周期率的支配。""毛泽东答：我们已经找到新路，我们能跳出这周期率。这条新路，就是民主。只有让人民来监督政府，政府才不敢松懈。只有人人起来负责，才不会人亡政息。"

　△　褚辅成、黄炎培等七参政员离延返渝，毛泽东、朱德、周恩来、林伯渠等至机场欢送。褚、黄等返渝后对记者称：本届参政会中共方面的参政员仍不拟出席。"日来数度商讨之结果，前途颇为乐观，一切尚有进一步解决之希望"。

　△　中国政府正式承认波兰民族统一政府。

△ 参政会秘书处邀集参政员在军委会礼堂举行谈话会,166名参政员出席。首由秘书长邵力子报告第四届国民参政会开会较晚之原因,系因各省选举未能如期竣事;并说明议事规则第17条业经修正,各参政员提案原须20人连署,现已改为五人。嗣依历次大会惯例,推定参政员张伯苓为开会式临时主席,参政员周炳琳为开会式致词代表,并推定张难先、黄宇人、彭革陈、许孝炎、傅斯年、萧一山六人与周炳琳共商致词内容。

△ 中央训练团译员训练班举行第三期毕业典礼,蒋介石主持并致训词,魏德迈亦被邀出席。该期毕业学员计217名,将飞昆明受短期武装训练后开始实地工作。

△ 全国邮务总工会在重庆举行记者招待会,理事长王宜声报告全国邮务近况。据该会统计,全国现有邮局、所共计1867局所,邮务员工2.0586万人。目前邮政最大困难,一为交通问题,各线共有汽车不过3700辆,零件器材奇缺,正准备从美国进口3000辆汽车,以便恢复包裹寄递;其次为员工生活问题,高级邮务人员每月收入不过二万元,最低者仅六七千元,并无任何公粮及津贴,生活极不易维持。

△ 驻墨西哥大使陈介向墨西哥总统呈递国书,并面呈蒋介石赠墨总统之特种大绶卿云勋章。

△ 第三战区一部克复浙西浦江。

△ 前军政部兵役署长程泽润利用职权调用工兵建筑私宅,经军法总监部审明属实,判处死刑,于是日执行枪决。

7月6日 蒋介石电宋子文,苏联如能保证东三省领土主权之完整,不支持中共"割据",不鼓励新疆叛乱,中国愿于抗日胜利后,自动提出外蒙独立案,否则相机中止交涉。

△ 延安总部发表八路军、新四军及华南抗日纵队抗战第八周年(1944年9月至1945年5月)主要战绩统计:作战3.0342万次,日军毙伤6.0849万名、俘虏782名、投诚104名,伪军毙伤10.0418万名、俘虏13.2667万名、反正4.0455万名,缴获长短枪14.6364万支、机枪

2572 挺,攻克县城 50 座,解放国土 8.7 万平方公里,解放人口 1380 万。我军负伤 3.7759 万名,阵亡 1.431 万名。

△　中国民主同盟重庆支部举行大会欢迎民盟主席张澜暨由延安回来的黄炎培、左舜生、章伯钧、冷遹。会上张澜大声疾呼:要将国内不民主的现象澄清,目前最迫切的问题是民主团结。黄、左两人延安之行的结论是"印象很好,美不胜收"。

△　延安《解放日报》发表《晋冀鲁豫边区政府关于太行一年来民主建设的总结》,略称:一年来太行区的民主建设,随着解放区的扩大与巩固,已获得显著进步。主要表现为:通过选举成立参议会,实行"三三"制,实行减租减息与交租交息政策,政府工作人员开展自我批评,发扬了民主精神。

△　张嘉璈在巴黎约见法国外交部秘书长乔维尔。据告:"法国在中国之租界,拟照英美办法,另订条约,与英美采取同一步骤。广州湾拟照英国交与威海卫办法退还中国。滇越铁路拟修改行政管理方式,惟保留法国权益。至海防铁路,力图予中国以便利。总之,安南当力图予中国以出海通路便利。"

△　第三十七军第九十师克复赣南大庾、新城。

7 月 7 日　上午 9 时,国民参政会第四届大会开会式与抗战八周年纪念会,在重庆军委会大礼堂合并举行,出席参政员 220 人暨政府首长,各国使节,各界来宾及中外新闻记者,合计约 800 余人。首由临时主席张伯苓致开会词,略称抗战八年来赖政府领导与军民用命,卒能克服困难局面,今后应努力加强团结,实现民主。继由蒋介石致训词,阐述国际形势、对日战争及政府实施宪政之决心,并希望各参政员对于有关国民大会各问题,站在国家利益的立场,提供合理主张。最后由周炳琳代表参政员致答词,旋即礼成。10 时许,接开预备会议,选举张伯苓、王世杰、吴贻芳、莫德惠、李璜、江庸、王云五七人为第四届主席团主席。下午,举行第一次会议,首由本会驻会委员会作会务报告,接着军政部长陈诚作军事报告,最后参政员对军事问题提出书面及口头询问。

　　△　蒋介石于抗战第八周年纪念日向全国军民发布广播演说,指出必须容忍谅解,团结奋斗,贯彻外求独立、内求统一的基本国策,迎接胜利。

　　△　美总统杜鲁门、英首相丘吉尔在抗战八周年纪念日,特电蒋介石致敬。蒋介石亦分电答谢。

　　△　军政部长陈诚发表告将士书,略称:今日之整军实为当前的急务,确定四项中心工作:一、充实反攻主力;二、改善官兵生活;三、调整军事机构;四、安置编余人员。并承认去年中原战事之失利,以至桂柳溃败,都与军队纪律不良有关,强调军队要恪守军纪,保持军人固有荣誉。

　　△　国民政府军委会发言人谈:溯自 1937 年 7 月 7 日至今,在我国各战场共计毙伤敌及俘敌达 250 余万人,我阵亡官兵 130 余万人,负伤 170 余万人。

　　△　第二十九军第一六九师克雒容。次日,第一六九师又克中渡,13 克黄冕。日军退永福凭险顽抗,第二十九军以预备第一师由正面攻击,第一六九师向日军左侧背迂回,激战至 26 日始克永福,从此桂林南方门户开放。

　　△　重庆《新华日报》报道解放区兵力和战绩:主力部队约 92 万,民兵约 220 万,作战总次数约 12 万次,毙伤日军约 51 万,毙伤伪军约 46 万,缴获步枪约 44 万支,我军伤亡总数 47 万。

　　△　八路军冀晋、冀察、冀中、冀热辽四个军区一年来战绩:解放县城 14 座,国土五万平方公里,村庄近万个,人口 700 万,毙、伤、俘敌伪 4.7 万人。现解放区拥有人口 2000 万,从雁北、察南到平北、冀中,再从冀中平原到津南海滨,在许多大块地区中,驱逐并肃清敌人。

　　△　八路军山东军区司令部公布抗战第八周年战绩:自 1944 年 6 月至 1945 年 5 月,共进行大小战斗 4549 次,光复利津、乐陵、临邑等 15 座县城,解放国土 3.52 万平方公里,人口 849.807 万人。

　　△　八路军冀绥军区司令部公布军区部队、民兵一年来战绩:攻克

县城三座,歼灭敌伪万余,光复国土 1.5 万平方公里,村庄 2000 余个。

　　△　华中新四军克复江苏省睢宁县城,冀鲁豫八路军克复山东省单县。

　　△　加尔各答城侨胞集会热烈纪念"七七"八周年,并踊跃捐输,至 7 月 13 日捐款已逾 10 万盾,献机 40 余架。

　　△　中共中央发表《纪念抗战八周年口号》,计 22 条,内容包括政治、经济、军事、文化与国际等各个方面。同日,延安《解放日报》发表社论纪念抗战八周年,指出:抗战进入第九年度时,中国人民最紧迫的战斗任务是动员、统一与扩大全中国人民的抗日民主力量,为废止一党专政、建立联合政府而斗争。只有实现这个任务,才能彻底打败日本侵略者,建立独立、自由、民主、统一与富强的新中国。

　　△　国民政府宣布:全国各公路车辆自本年 10 月 1 日起一律改为靠右行驶。后延期到 1946 年元旦起施行。

　　△　中国政府与英国政府在重庆缔结《关于两国军队人员在彼此领土内管辖权问题之协定》。

　　△　蒋介石会见褚辅成、黄炎培等六参政员。褚辅成等报告延安商谈结果,蒋介石允对中共方面意见加以研究考虑。

　　△　昆明文化界文艺沙龙举行"检讨会",中国民主同盟昆明负责人闻一多、李公朴、潘光旦及田汉、安娥等 300 多人参加,一致认为:"政治不民主,一切文化都没有前途。当前的文化正在被绞杀,我们要把文化从严酷的灾难中救出来,我们要把绞杀文化的黑手击退,文化才有发展的前途。"

　　△　美军战报宣布:7 月之第一周中击沉、击伤日舰 33 艘,海空封锁已使日方围困待毙。

　　△　法国朝野名流及文化界人士发起组织中法协会,于是日在巴黎成立,其宗旨是增进中法邦交,沟通两国文化,赫礼欧任会长,郎之万、伯希和、穆岱任副会长。

　　△　宋美龄致电在伦敦的克利浦夫人,对她募款援华表示感谢。

7月8日　蒋介石核准军事委员会设置战地政务委员会。该会设正、副主任各一人，处理该会事务，规定由战区副司令长官或省府主席兼任。

△　国民参政会举行第二、第三次会议，经济部长兼战时生产局长翁文灏作经济及战时生产报告，财政部长俞鸿钧作财政报告。

△　邵力子请中国民主同盟主席张澜出席四届一次国民参政会，张表示他已好几年没出席参政会了，这次来渝系加强盟务。只要国民党有诚意实行民主团结，我当竭力促成。他希望国民党顾到国内外局面，不要在11月召开国民大会，要在党派会议上解决一切问题。

△　孔祥熙自美返抵重庆。

△　世界基督教会定是日为中国祈祷日，渝教会人士在美国新闻处礼堂举行联合礼拜。

△　美国第十四航空队司令兼中国空军参谋长陈纳德分向蒋介石、魏德迈请辞本兼各职。

7月9日　国民参政会举行第四、第五次会议，外交部次长吴国桢作外交报告，教育部长朱家骅作教育报告。朱家骅宣称：半年来安置战区学生4.2万余人，选拔师生国外深造285人。

△　中央纪念周及国民革命军誓师纪念，在重庆国府大礼堂合并举行，蒋介石任主席。叶楚伧报告，谓国民革命之进展，每因外患易加速；国民革命之成功，除军事力量外，主义思想普植人心，最关重要。因此吾人对今后主义思想之宣传与发扬，应特别共同勉励。

△　中国陆军总司令部在昆明公祭全国抗日阵亡将士暨盟邦抗日阵亡将士，由何应钦主祭，卫立煌副总司令、麦克鲁将军等陪祭，参加者300余人。

△　第十战区副司令长官何柱国与日本中国派遣军副总参谋长今井武夫在河南省淮阳县新站集会谈。今井询问中国方面是否接受日华两国直接进行和平谈判，并表示日本以维护国体、保全国土为绝对条件，对于"满洲国"和"南京政府"的处理希望做到"不违背道义"。何柱

国强调说:在《开罗宣言》发表后日华单独讲和没有实现的可能性。蒋介石主席对日本天皇制的继续存在表示善意,已向各国首脑表明了这个意向。战后,日本首先从满洲以及海外撤走全部兵力,台湾等地区必须交还。会谈进行两天,未取得结果。

　　△　第九战区一部收复赣南新城县城,次日又克南康。同日,第三方面军一部克复广西蒙山。

　　△　陕籍参政员王普涵对重庆《大公报》记者谈陕灾,略谓:陕境自去秋以来,迄未落透雨,致今夏二麦收获平均不及二成,且因田地干涸,秋禾多未播种。据陕省府勘灾报告,灾重之区已达 60 余县,待赈人数约计 300 万人。

　　△　郭沫若赴斯大林格勒参观工厂、医院和战争遗迹、城市复兴工作,回莫斯科后对塔斯社记者说:斯大林格勒是英雄们的城市,中国人民应该学习斯大林格勒人从事复兴工作的英雄气概。

7 月 10 日　墨西哥首任驻华大使易斯兰特将军向蒋介石呈递国书,并代表墨西哥政府赠送蒋介石阿芝特克雄鹰勋章一枚。

　　△　国民参政会举行第六、第七次会议,兵役部长鹿钟麟作兵役报告,司法行政部长谢冠生作司法行政报告。

　　△　褚辅成在重庆对记者谈:只要政府电约中共商谈,延安代表即可来渝,相信最短期间可望恢复商谈。

　　△　毛泽东为新华社撰写题为《赫尔利和蒋介石的双簧已经破产》的评论,批驳赫尔利和蒋介石的所谓还政于民,并质问既然愿意"还政于民",为什么不愿意实行民主改革呢? 此文发表于次日延安《解放日报》。

　　△　新四军第四师于 6 月 19 日发起的睢宁战役胜利结束,计克睢宁县城及其外围据点 17 处,歼敌 2200 余人,收复国土 300 余平方公里,解放人口 20 万,直接威胁敌在苏北之战略要点徐州。同日,八路军冀鲁豫部队收复河南虞城。

　　△　重庆实验地方法院审理黄金舞弊案,是日开庭宣判中央信托

局储蓄处经理王华等六人,分别判处三至 17 年有期徒刑。

7月11日 国民参政会举行第八、第九次会议,内政部长张厉生作内政报告,农林部次长钱天鹤作农林报告,粮食部长徐堪作粮政报告。同日,褚辅成等六人将访问延安情况报告送交参政会主席团。

△ 驻英大使顾维钧返抵伦敦,14 日拜晤英外相艾登。

△ 中国陆军总司令部宣布日军在柳州之暴行与破坏,称:"我军攻入柳州,但见一切建筑乃至平民房舍,均遭彻底破坏,致成一片瓦砾,伤心惨目。查此种暴行,既非敌军因军事需要加以摧毁,亦非作战时为炸弹、炮弹所损毁,实由日军残酷成性,组织烧杀队,有计划的破坏。如此惨无人道之行动,实开历史上未有之先例。"

△ 八路军山东部队克复沾化县。同日,八路军冀南部队克复冠县。

△ 美国当局发表斯特梅耶任中国战区美陆军航空司令部司令。

7月12日 毛泽东为新华社撰写题为《评赫尔利政策的危险性》的评论,指出:"以赫尔利为代表的美国对华政策的危险性,就在于它助长了国民党政府的反动,增大了中国内战的危机。"此文于次日在延安《解放日报》发表。

△ 国民参政会举行第十次会议,首由军政部长陈诚答复参政员质询,略谓:全面反攻在准备中,美军亦将全面参加。继由社会部长谷正纲作社会报告。

△ 印缅战区中国新一军军长孙立人在华盛顿对美国战时情报局谈战局,略谓:日本于一年内必将投降;中国兵士士气十分强劲,并能耐苦,诸公当知余之士卒于缅甸一隅曾与日军周旋一年有半,此实为作战历史中之伟大纪录。

△ 中国解放区记者联合会筹委会成立,并举行第一次会议,推选范长江、艾思奇、曹若茗、向仲华、穆欣、胡绩伟、陈克寒等人为筹委会常委,派柳湜、范长江、艾思奇、陈克寒、胡绩伟参加解放区人民代表会议筹备会。

7 月 13 日　国民参政会各组审查委员会分别开会审查各项提案，政府各有关部、会长官均列席以供咨询。此次大会各参政员所提询问案凡 580 件，其中军事 61 件，经济及战时生产 56 件，财政 79 件，外交 46 件，教育 56 件，兵役 37 件，司法行政 28 件，交通 68 件，内政 58 件，农林 18 件，粮食 41 件，社会 37 件。项数之多，为历次大会之冠。15、16 两日继续进行审查。

△　中国解放区人民代表会议委员会在延安正式成立。各方筹备参加工作的代表 129 人，选举周恩来、林伯渠、续范亭等 25 人为常务委员。解放区人民代表会议的使命是：统一各解放区的行动；加强抗日工作；援助国民党统治区人民的抗日民主运动；帮助沦陷区人民的地下军运动；促进全国人民团结与联合政府的成立。

△　山西省参政员潘连茹对记者谈晋西北蝗灾严重：晋西北 20 县因蝗害小麦颗粒未收，百万人民之生机陷于绝境，拟向政府请求除减免本年赋额外，并速设法自川省购粮运往救济。

△　伊克昭盟盟长兼绥蒙会委员长沙克都尔札布逝世。23 日，蒋介石拨 100 万元为沙克都尔札布治丧。

7 月 14 日　中苏双方就宋子文访苏之行发表公报，称：斯大林、莫洛托夫与宋子文于过去数日中在莫斯科举行谈判，谈判之主旨在改进中苏关系，因而有关双方权益之重要问题均曾讨论。会谈中，斯大林坚持要求中国必须承认外蒙古独立；宋子文则坚持中国对外蒙古的主权，双方未达成协议。因斯大林将赴柏林开会，宋子文暂返重庆，不久将再继续商谈。

△　国民参政会举行第十一、第十二次会议，开始讨论提案。一为《国民大会问题案》，参政员江一平等 74 人曾于第六次会议临时动议：国民大会应否即时召集，或须缓期召集，以及其代表人选与组织方法，应如何规定方臻完善，须指定日期在大会先行讨论，决定方案，经决议通过，因此本次会议特就此案进行一般性讨论。关于本问题之提案凡 24 件，除由各原提案人作补充说明外，其他各参政员发表意见者甚众。

经大会决定组织国民大会问题审查委员会,以参政员邵从恩等30人为委员,由主席团召集之,审查关于本问题各提案,最后提出审查报告交付大会表决。二为政府提出的《三十五年度国家施政方针草案》,中央设计局秘书长熊式辉代表政府作说明,会议决定将该草案交付由各组审查委员会召集人组成的特种审查委员会审查。

△　蒋介石致电戴高乐庆贺法国国庆日,法大使馆举行酒会招待各界人士。

△　内政部通告:福建省新设周宁县、四川省新设旺苍县。

△　美第十四航空队司令陈纳德辞职获准,将于第十四航空队改组后返国。陈氏在昆明发表谈话,盛赞中国艰苦抗战,并颂扬魏德迈将军之成就。

7月15日　蒋介石在重庆军委会大礼堂邀宴全体参政员,参政会主席团张伯苓、王世杰、莫德惠、江庸、王云五,以及参政员孔庚、达浦生、褚辅成、冷遹、傅斯年、黄炎培、左舜生等200余人出席,各院、部首长于右任、翁文灏、吴铁城、蒋梦麟等作陪。蒋介石致词,对参政会备致称许与期望,略谓:“参政会成立以来,对国家贡献甚大”;“今日吾人最切要之任务,愿为不顾一切困难,实施宪政,制颁宪法,使全国有共同之轨道可循,而后吾人抗战之胜利,始能造成人民真正之幸福。”

△　国民党中央决定,宣传部改隶行政院,所有新闻、图书等审查机关隶辖该部,以收事权统一之效。

△　中国妇女联谊会在重庆成立,李德全为理事会主席,史良、罗叔章、刘清扬等26人为理事会成员。该会先后在昆明、成都、重庆、桂林、南京、上海、北平、港九等地建立分会。

△　胡宗南将河南前线、韩城与朝邑河防线及西安、华阴等地驻军九个师兵力,开至陕甘宁边区南线附近的同官、耀县、三原、淳化等处,准备大举进攻陕甘宁边区。

△　行政院长兼外交部长宋子文偕苏联驻华大使彼得罗夫,由莫斯科飞返重庆。次日,宋子文晋谒蒋介石,报告对苏交涉经过。

7 月 16 日　蒋介石分别召见李宗黄及杜聿明,商谈改组云南省府政治、军事诸军宜。

△　第七十一军第九十一师克复广西荔浦。同日,第九战区一部克复湖南益阳城。

△　八路军太行军区部队攻克河北赞皇。

△　云南省临时参议会二届四次大会召开,省主席龙云出席致词。略谓:人民痛苦要由人民自己解除,各参议员今后应更积极协助地方政府,提高民众知识,加强民众组织。大会通过议案 55 件,于 30 日闭会。

7 月 17 日　苏、美、英三国首脑斯大林、杜鲁门、丘吉尔于德国柏林近郊之波茨坦举行会议,研究处理德国和解决欧洲以及起草要求日本无条件投降的最后通牒问题。是日下午 5 时召开第一次会议,美总统杜鲁门被邀为会议主席,初步交换意见,并决定组织外长会议,以进行会议的准备工作。

△　国民参政会第四届第一次大会通过日本天皇裕仁为战争罪犯案。

△　第九战区一部克复赣南赣州。

△　行政院会议决定,拨六亿元救济陕西、甘肃、河南、山西等省蝗、旱灾,并减免受灾地区田赋。

△　盟机数架袭击敌占城市济南,并轰炸津浦路上万德车站,其中一架被敌击伤,被迫降落万德车站西九里之胡家崖山沟,当经我方民兵赶往将机上美籍驾驶员安大卫营救出险。次日,安大卫到达解放区,并发表书面谈话感谢八路军的救命之恩。

△　美机 200 架空袭上海,猛烈轰炸江湾日军机场。

△　昆明文化界、音乐界人士千余人,在南屏大戏院举行纪念民族歌手聂耳逝世十周年大会。

7 月 18 日　中国民主同盟负责人章伯钧发表谈话称:国民党负责当局应即放弃原定举行国民大会之决定,迅速召开政治会议,如错认时机固执成议,则此后纠纷益增,演成分裂将难以邀国人之谅解。

　　△　国民参政会举行第十五次会议,讨论国民大会问题,并通过《教育决议案》。

　　△　国民政府特派保君健为庆贺秘鲁国新总统就职典礼大使。

　　△　第三战区一部收复浙江永嘉。

　　△　斯特梅耶在重庆就任中国战区美陆军航空队总司令,并兼魏德迈将军的空军顾问。

　　△　伪满洲国划分南满、北满、东满、兴安和锦热等五个战区,准备在最恶劣情况下,施行"自战自治"体制,进行最后挣扎。

　　7月19日　蒋介石会见苏驻华大使彼得罗夫,告知在外蒙问题上我已牺牲重大,在东三省及大连领土主权与行政之完整,我将坚持立场。

　　△　国民参政会举行第十六、第十七次会议,继续讨论各组审查委员会审查报告,对国民大会问题引起激烈争辩。最后通过请政府确定国民大会召集日期、妥定代表产生办法、实施宪法以及国大召集前继续求取统一团结等内容的决议。

　　△　桂境第二方面军一部克复良丰。

　　7月20日　蒋介石向华盛顿发电报,请转波茨坦交杜鲁门总统,电报阐明他过去及今后仍将在与莫斯科谈判中所坚持的立场。这一立场是:苏联完全承认中国在东北的主权,并明确保证"停止对中共和叛乱集团进行任何道义和物资援助",作为交换条件,同意维持外蒙古的现状直至战争结束,那时将举行公民投票。同时还准备:一、同意苏联海军舰队有权与中国海军舰队一起利用旅顺作为基地;二、同意把大连变为在中国政府管辖之下的开放港口;三、同意把对满洲铁路的管理权转交给中苏联营公司。蒋在电报中请求杜鲁门在苏联政府面前支持这一立场,"使斯大林确信上述立场是有根据的"。同日,蒋介石致函斯大林称:"您坚持要中国承认外蒙独立是出乎我意料之外的……这将是我的政府成员所最不希望的事。"并强调说:"为达到中国在行政和军事上的统一,必须让苏维埃俄国不给中国共产党人任何道义和物质上的援助；任何给予中国的援助都应当预先规定只是给国民政府。"还请求苏联政府给予一切可能的援助"来镇压新疆的叛乱分子"，请求在东北完全尊重"中国领土和行政的统一"的原则。23 日，杜鲁门电复蒋介石称：美国政府建议履行《雅尔塔协定》，"但我不请求您作出超过这一协定范围的任何让步"，并建议蒋介石"安排宋子文回莫斯科继续努力同苏联政府达成完全的谅解"。

　　△　国民参政会举行第十八次会议，行政院长宋子文出席报告，其要点为：一、依个人之观察，日本至迟必于明春以前投降；二、各机关应提出复员实施方案，由行政院作成整个计划；三、美、英、苏、加等国均能协助我国进行战后建设；四、经济问题为目前最大的困难，政府除继续运用黄金政策控制金融外，并将大量输入布匹与其他必需物资，故此后经济上已无危机；五、政府将继续调整机构。会议选举林虎等 31 名参政员为第四届驻会委员。下午，举行第十九次会议，继续讨论各组审查委员会的审查报告，通过对军事报告和《三十五年度国家施政方针草案》的审查报告。会议结束后，举行国民参政会第四届第一次大会闭幕式，莫德惠参政员致闭幕词。

　　△　八路军冀鲁豫部队攻克山东堂邑。

　　7 月 21 日　国民政府为酬庸前中国驻印军总指挥索尔登对华之贡献，明令给予特种大绶云麾勋章。

　　△　国民党军暂编第五十九师和骑兵第二师，突向陕甘宁边区关中分区淳化县爷台山发起攻击。23 日，又以预备第三师加入进攻。八路军 7 月 27 日主动撤出爷台山及其以西 41 个村庄。国民党军队继续以六个师三个团的兵力集结在边区边境的官庄、梁庄、龙高、早胜、彬县、耀县、小丘、黄陵、洛川一线，企图再次扩大进犯。

　　△　四川省温江县郑石均以重庆马鞍山约值 5000 万元之产业，捐助私立华西大学为奖学基金，是日国民政府明令嘉奖。

　　△　日本政府电令驻苏大使佐藤往告苏联政府，表示日皇求和诚意，然电文为苏联人故意稽延，至 25 日始送日使馆，而斯大林早已前往

波茨坦参加三国会议去了。

7月22日　新华社记者发表题为《内战危险空前严重》的评论,指出:中国政治形势在最近半年内被赫尔利、蒋介石政策推到了内战的边缘,内战危险空前严重。国民参政会通过的关于"国民"大会的决议,决不会改变这一形势;惟有三个条件可以制止内战:一、解放区军民一致团结起来,坚决地扩大解放区,缩小沦陷区,坚决制止内战;二、国民党统治区人民民主力量一致团结起来,坚决反对内战;三、英、美、苏三国在东方问题上团结一致,反对中国的内战。中国人民应该为争取三个条件,反对内战危险而斗争。

△　毛泽东电重庆中共南方局工委负责人徐冰、刘少文,指出内战危险空前严重,望将延安反内战新闻,在大后方设法传播;"望用最大的注意力布置云、贵、川三省的农村据点,准备将来打游击"。

△　陕西省临时参议会开会研究救灾及兵变事,通过决议:一、富平、邠县、陇县等11县亢旱成灾,负担繁重,请予减免粮赋,以苏民困;二、凤翔、同官等四县遭受雹灾,请予救济;三、淳化县梁于乔部哗变,请政府迅予解决。

7月23日　中共中央书记处召开会议,讨论如何打退胡宗南部对陕甘宁边区淳化县爷台山的进攻。毛泽东说:胡宗南他们已经战役展开,问题是大打还是小打,小打就是打爷台山。要准备他们大打大闹。大打,要准备他们打到延安。毛泽东要求西北局和陕甘宁晋绥联防军司令部全力组织好这次战斗。会议决定:集结八个团的兵力,由张宗逊、王世泰指挥,打击进入关中的国民党顽军;将胡宗南部进攻边区事通知美军观察组和国民党联络参谋;由朱德致电胡宗南、蒋介石提出抗议。

△　第十八集团军总司令朱德、副总司令彭德怀就国民党调动大军进犯八路军关中分区一事,致电蒋介石、胡宗南请予以制止。

△　中共中央致电徐冰、张明,告以在国民参政会期间,蒋介石调集九个师的军队进攻边区;并指示向大后方人民、民主人士及各国使

节、新闻界说明蒋介石已挑起内战,呼吁共同起来制止。同时,电令王炳南、龚澎在记者会议上进行揭露,《新华日报》加强宣传和戒备。

△ 第一三三师连日来均向百寿城垣猛攻,22日拂晓一部终于突入城内,日军据守家屋顽抗,并由城外实施逆袭,迄傍晚突入城内部队又被迫撤出,激战终夜始将日军击退,至是日7时将广西百寿(今属永福县)完全收复。同日,第七战区一部攻占粤北南雄。

△ 八路军滨海区部队克复鲁南郯城。

△ 阎锡山与日军达成"汾阳协议",规定山西日军防务初步交给阎锡山军队接管,日军调出一部分兵力"剿共"。同时,阎锡山负责保护日本在山西财产。此后,阎锡山军队陆续开进敌占区之离石、中阳、孝义、汾阳等地接防,并以两师部队换穿伪军服装,在同蒲路上与日军一起驻防。

△ 国民政府授予方先觉青天白日勋章,以表彰其保卫衡阳血战之功。

7 月 24 日 第一五六师第四六六团协同地方团队再攻凭祥,日军续向镇南关撤退,我军跟踪追击,于是日克复广西镇南关(今友谊关),将日军驱出国境之外。

△ 胡宗南向蒋介石报告淳化军事冲突经过,内称:驻防淳化的保安队叛乱,已抽调暂编第五十九师两团驰援,于21日收复淳化县等地。

△ 各民主党派人士在重庆集会纪念邹韬奋、杜重远逝世一周年,号召民主力量团结起来。民盟主席张澜表示:人民的民主团结,不是任何力量所能分化动摇的。

7 月 25 日 国民政府特任俞鸿钧兼中央银行总裁,原任孔祥熙免职;宋子文兼领四联总处副主席,原任孔祥熙免职。

△ 行政院决议:一、裁撤赈济委员会,其主管业务移归各有关机关;二、中央气象局及国立北平故宫博物院改隶教育部;三、敌产处理委员会改隶内政部;四、政务电讯管理处改隶交通部;五、通过《修正国产烟酒税条例》;六、通过《甘肃省肃北设治局组织规程》;七、通过福建省

拓洋特种区改设为拓荣县。

　　△　中共驻渝负责人徐冰至参政会访秘书长邵力子,谓:"陕北边区中共军队与中央军队发生冲突事件,希望各回原地。"次日,邵力子答复徐冰称:中央军事当局声明只要中共军队退回原防,决可无事;并称:政府深盼续商统一团结。

　　△　第九十一师攻克广西阳朔。

　　△　八路军冀中部队克复冀中交河。

　　7月26日　中、美、英三国首脑签署的《波茨坦公告》在柏林发表。《公告》促令"日本政府应立即宣布所有日本武装部队无条件投降",重申"《开罗宣言》的条件必须实施,而日本的主权必将限于本州、北海道、九州、四国及所决定的其他小岛之内",日本霸占中国的东北、台湾、澎湖列岛等地必须归还中国。苏联对日本宣战后,也于8月8日在公告上签字。

　　△　预十一师及第一六九师攻占广西罗锦。

　　△　冀鲁豫八路军攻克山东阳谷,解散寿张、莘县、阳谷三个伪县府,并克复馆陶。

　　△　陕甘宁晋绥五省联防军司令员贺龙等致电蒋介石、胡宗南等,说明淳化事变真相,要求国民党军立即停止进攻、撤返原防,并主张组织公正社会调查团体前往考察真相。

　　△　据重庆《益世报》报道:甘肃旱灾严重,被灾县份40余县,占全省县份五分之三强,被灾人民已达400余万,占全省人口三分之二。小麦价格由每市石3000元上下飞涨至一万元左右。有些县份连沟渠也被晒涸,饮水无法解决。饥民无衣无食,妻离子散,树皮草根已成盘中的上餐。

　　△　郭沫若应邀至莫斯科东方语文大学作《中国文学的两条路线》的报告。次日,全苏对外文化协会在莫斯科举行盛会招待郭若沫。

　　7月27日　毛泽东致电徐冰、刘少文,说21日至今七天侵入边区的胡宗南部,战线长达百余里,我们决将入侵的胡军打出去。

△　第九十四军第四十三师攻克广西义宁。

△　八路军冀鲁豫部队克复河北广宗。

△　我国驻纽约总领事于焌吉在总领事馆招待美国联合援华救济会和其他援华团体，对美国人民援华表示感谢，我国出席旧金山会议代表胡霖、董必武等出席。按：联合援华会是积极从事援华工作的美国民间团体之一，从 1941 年以来为中国募款几达 400 万美元。

7 月 28 日　中国民主同盟发表《对时局宣言》，向国民党提出四项要求：一、确保人民身体、言论、出版、集会、结社、迁徙、居住之充分自由；二、释放一切爱国政治犯；三、彻底取消一切特务及类似特务之法令与机构；四、承认各党派公开活动之权利。

△　桂林克复。第三方面军于 6 月 30 日克复柳州后，即以第二十九军及第二十七集团军分三路向桂林并进，同时更以第四方面军攻击宝庆、衡阳，策应桂林方面之作战。迄 27 日 15 时，第二十七集团军之第二十军一部从五里街由桂林南门突入市区，日军凭家屋顽强抵抗；同时第二十九军之部队亦由南门继续进入市区，经激烈巷战后日军不支，逐渐向北撤退。入夜，第二十七集团军之第九十四军两师均突入桂林，混战终夜，至是日晨，桂林近郊残余之日军始完全肃清，桂林遂告克复。

△　新任湖南省主席吴奇伟抵沅陵，新省府即日开始办公。

△　日本铃木首相对记者发表谈话称：《波茨坦公告》只不过是《开罗宣言》的翻版，政府认为它没有什么重要意义，"不予理睬"，并表示坚决将战争进行到底。

7 月 29 日　第二方面军一部克复粤南阳江。

△　中共中央主席毛泽东致电福斯特及美国共产党中央委员会，热烈祝贺美国共产主义政治协会特别会议决定抛弃白劳德修正主义路线，重新确立马克思主义的领导，恢复美国共产党。

7 月 30 日　行政院改组。国民政府特任张厉生为内政部长，王世杰为外交部长，陈诚为军政部长，俞鸿钧为财政部长，翁文灏为经济部长,朱家骅为教育部长,俞飞鹏为交通部长,谷正纲为社会部长兼农林部长,徐堪为粮食部长,谢冠生为司法行政部长,鹿钟麟为兵役部长,原任张厉生、宋子文、陈诚、俞鸿钧、翁文灏、朱家骅、俞飞鹏、谷正纲、盛世才、徐堪、谢冠生、鹿钟麟免职。

△　蒋介石以中国政府最高荣誉勋章青天白日章授与陈纳德,以酬谢其在华八年作战之成果及对中国空军训练之努力。

△　财政部制订《黄金购户献金办法》,规定依购存额捐 40%,一两以内者免予捐献,是日公布施行。

△　重庆《中央日报》发表《南次郎的幻想》社论,指出:日本前陆相南次郎幻想中、英、美三国终因生命物资牺牲过巨而自动停止对日作战的日子,是永远不会来的。并强调指出:在这一次战争中能坚持最后五分钟者,是日本的敌方而不是日本自己。日本的敌方现将以日益增加的军事力量促日本的毁灭。

△　毛泽东就美大使馆劝告中共不要批评赫尔利一事,致电徐冰、刘少文,指出:美国报纸经常批评外国元首,为什么中国人不能批评赫尔利?赫尔利曾经批评中共,把中共和军阀并列,并且是当作整个党来批评的,为什么中共不能批评他?"我们的批评是将美国政府与美国人民分开,又将美国政府中决定对华政策的人物与其他人员分开,又将美国政府一部分错误政策与其他正确政策分开,只要美国政府的现行扶蒋反共政策有一天能够改变,我们就将停止批评这个政策,否则是不可能停止的。以上意见,请向有关方面给予解释"。同日,又致电徐冰、刘少文,告以胡宗南军进占爷台山情况,"如爷台山不撤,难免一战,我方已调集相当兵力待命"。

7 月 31 日　蒋介石、宋子文在重庆与魏德迈会谈,就美国援华在原则上达成协议,即由美国帮助国民党军占领华北各港口和城市,美国海军陆战队在国民党军队能够控制之前,扼守战略要地。

△　旅菲侨胞蔡及时、吴九如、施教锯、李逢耀、杨耀杉等 18 人忠于祖国,领导侨民戮力御侮,菲岛陷敌后被捕,矢志不屈,为国牺牲,是

日国民政府明令褒扬。

　　△　驻英大使顾维钧代表中国政府,以特种云麾勋章授予前英国驻华军事代表团团长孔士德少将。

　　△　台湾革命同盟会假重庆广东酒家举行茶会,招待留渝参政员暨新闻界。李万居致词,对政府收复台湾之决心,以及今后建设台湾之积极准备表示欣慰。继由近自台湾来归之青年林鸿鸣、吴思汉二人报告台湾近况,略称:台湾虽沦陷 50 年,但台胞仍心向祖国。自抗战以来,台胞对祖国之热爱已在行动上表现出来。

　　△　重庆经办法币折合黄金存款及前出售黄金期货各行、局,开始发付黄金现货。中央银行牌价为每两 17 万元,各应兑得黄金之购户及存户均依次照章捐献,兑现秩序良好。

　　△　第九战区一部克复江西宜丰。

　　△　八路军冀鲁豫部队克复河北巨鹿县城。

　　△　新疆三区民族军攻占塔城。

　　△　美海军部宣称日本海军已无作战能力,遭受盟军飞机空袭的日本本土已告瘫痪。

　　是月　第二战区司令长官阎锡山派温怀光到祁县和伪山西保安副司令赵瑞会面,指示赵要"掌握部队,在日军投降后听候改编为省防军",要"确保太原和晋中各县以及孝义到太原的交通线",为阎锡山军队回太原开通道路。

　　△　据社会部统计,截至是月底,全国职工福利设施机构已达 3619 个,计重庆 168 个、四川 534 个、陕西 411 个、福建 242 个、甘肃 168 个、云南 133 个、广西 129 个,其余省、市共 318 个。其设施种类计食堂 525 处、宿舍 516 所、医院及诊所 385 所、俱乐部 265 所、体育场 202 处、理发室 181 所、合作社 180 所、补习学校 126 所、洗补室 20 所、代笔处 86 处、保险处 58 处、托儿所 21 所,其余设施共 64 所。

　　△　广东人民抗日游击队韩江纵队于是月中旬成立,由林美南、谢育才负责,辖两个支队、一个独立大队,计 600 多人,活动于饶平、潮安、

流沙(今普宁)、惠来之间地区,并于是月底建立流沙抗日民主政权。

　　△　中共广东琼崖纵队在白沙县阜龙乡取得立足点后,于月初以第一、第二、第四支队的主力大队组成挺进支队,南下开辟以白沙为中心的抗日根据地。

8 月

　　8月1日　新任外交部长王世杰到部视事。下午,对外籍记者谈我国外交政策,略谓:中国将尽其所有力量以助联合国机构早日成立,并且得到一个良好的开端。中国并将继续以全力与英、美、法合作。关于对日政策,中国并不采取复仇态度,但凡为维护公道及保障安全所必需的条件,我们必须完全求其实现。

　　△　军政部拟定《改善官兵待遇办法》,自是日起实行,按官照原额增加1.5倍,兵照原额增加二倍之标准增加后,各级官兵每月薪饷如次:上将五万元,中将4.5万元,少将四万元,上校3.5万元,中校三万元,少校2.5万元;上尉二万元,中尉1.5万元,少尉1.25万元,准尉一万元。上士3600元,中士3000元,下士2400元;上等兵1200元,一等兵1050元,二等兵900元。

　　△　国民党中央组织部负责人对记者谈党部退出学校事,略谓:中央组织部已通令各校直属党部即日起停止党务活动并开始办理结束移交。所有学校员生将分别归并各校所在地之地方党部管辖,其一切活动当由各级党部负责,学校不再负责。

　　△　行政院核准甘肃省设肃北治局。

　　△　湖南省政府主席吴奇伟召集在沅陵的省县级机关团体人员讲话,提出本年施政中心工作六项:一、加强动员人力物力,配合军事,策应反攻;二、努力实现新县制,推进地方自治,特别注意各级民意机关之建立,树立民主政治基础;三、增加工业生产,改善军民生活;四、努力办好各级教育;五、扩大防疫运动,赈济灾民;六、准备复员工作。

△　第二方面军一部克复广东廉江。

△　据重庆《大公报》报道:湖南澧县、临澧、石门、慈利一带,旱灾严重。自 5 月 20 日及 6 月 18 日微雨后,截至 7 月 10 日止,亢旱未雨,泽枯田裂,加以蝗虫为灾,秋收无望,灾情之重为几十年来所未有。刻米价飞涨,百物昂贵,穷苦民众食树皮菜根者大有人在。

△　美国第十航空队自缅甸调到中国作战。

△　美国陆军中印空运大队于 24 小时内将 5327 吨供应品飞越驼峰运到中国,创中印空运新纪录。按:驼峰运输初期运输量每月仅 1200 吨。

8 月 2 日　昨晚 10 时 40 分,波茨坦会议举行第十三次即最后一次会议,审定并签署《柏林会议议定书》(又称《波茨坦协定》),至今日凌晨 3 时会议正式闭幕。并于次日在华盛顿、伦敦、莫斯科及柏林同时发表《波茨坦会议公报》。

△　陪都各界举行慰送陈纳德将军大会,由参政员张伯苓任主席,数万民众与会。

△　第三方面军一部克复广西灵川城;第九战区一部克复江西上高城;第四方面军收复湘西新宁。

△　希腊彼得新王抵达重庆,对我国进行国事访问。

△　杜鲁门在结束波茨坦会议回国途中下令对日本两城市作原子弹爆炸。

8 月 3 日　中国民主同盟主席张澜在招待外国记者会上发表谈话,介绍民盟成立经过和基本政治主张,表示:一、反对国共两党打内战;二、坚决反对 11 月 12 日召集国民大会。并提出对当前时局的五项主张:第一,允许人民有一切自由权利;第二,允许各党派合法存在,释放一切政治犯;第三,召开各党派政治会议制定临时施政纲领,筹集真正的国民大会;第四,改组政府为临时民主联合政府,筹备真正的国民大会;第五,积极对敌反攻,迫使敌人无条件投降。

△　美杜鲁门总统、英艾德礼首相发表联合声明:集中使用盟国对

日作战部队,于最早可能期内,彻底击败日本陆、海军,使之无条件投降,并解放日本之占领区。

△ 魏德迈对记者谈视察前线观感,称:中国战区一切进行甚为顺利良好,战事活动均照计划实行,中美两国军队在前线上合作甚佳,自缅甸调回之军队正待令作战。

△ 据路透社报道,上海2000个小工厂停闭,150万雇员失业,罢工频繁,上海已陷于饥饿边沿。

△ 福开森在美国纽约病故。福氏曾在中国居留56年,任金陵大学校长及南洋工学院长达九年之久,1920至1930年间任中国政府顾问,太平洋战争爆发后在北平被日军拘留,1943年12月乘换侨轮离华返美。

8月4日 蒋介石会见苏驻华大使彼得罗夫,说明中苏谈判在条约中务须顾到我国主权、行政之独立与完整。

△ 孙科在重庆接见记者说,"淳化事件"是胡宗南保安队哗变所致,并表示解决时局的惟一方法是建立联合政府。

△ 国民政府特派驻墨西哥国大使陈介为互换《中国墨西哥友好条约》批准本全权代表。

△ 国民政府任命图布陞吉尔格勒及鄂齐尔呼为伊克昭盟正、副盟长等职务。

△ 第九战区一部克复江西吉水。

△ 延安《解放日报》报道敌伪毒化北平情况,称:北平城已成为"云雾弥漫"的毒窟,据《华北新报》公布,华北各大城市现有"官膏店"1395家,售吸所1306家,其中北平即有膏店260家,售吸所251家,但实际数目远多于此。

△ 重庆《中央日报》报道本年小麦收成情况良好,略谓:小麦本年产量估计约225.79万市担。总计本年15省小麦、油菜、大麦、豌豆、蚕豆、燕麦六大冬作总产量估计约4.3208亿市担,仍比战前增加5435万市担,惟较去年4.8602亿市担减少5394万余担。

　　△　日军窜逃江西新余县与罗坊、水北、新桥等地,历时七天七夜,据不完全统计,杀害村民 79 人,刺伤 70 多人,强奸妇女数十人,烧毁房屋 2000 余间。

　　8 月 5 日　行政院长宋子文偕外交部长王世杰再度赴莫斯科,蒋经国、熊式辉及苏联驻华大使彼得罗夫等同行。7 日抵达莫斯科,即往克里姆林宫晤斯大林及莫洛托夫,继续会谈中苏缔结同盟条约及苏联出兵进攻日本诸问题。

　　△　中国陆军总司令部由昆明迁驻柳州,另于南宁设置指挥所。同日,中国陆军总司令何应钦自昆明飞抵南宁检阅各部队。

　　△　第二战区司令长官阎锡山在山西孝义瑶圃村会见日本华北方面军参谋长高桥垣、山西日军参谋长山冈道武、汉奸苏体仁与梁上春等。高桥垣要求通过阎向蒋介石建议:"日本单独向中国投降。"

　　△　第十三军一部收复广西濛江、藤县。

　　△　美国在东亚对日作战,以尼米兹、麦克阿瑟、史巴兹分任海、陆、空统帅。

　　8 月 6 日　第十八集团军参谋长叶剑英于延安向新华社记者发表谈话,揭露美国政府支持国民党打内战的事实,指出八路军在自卫战中从国民党军手中缴获的枪械都标有号码印记,其中不少是美制武器。

　　△　第九战区一部收复江西峡江。

　　△　重庆《新华日报》报道:今年又是一个灾害年。仅据各地报纸报道,受灾区域已达 12 省之多,灾害有旱灾、水灾、蝗灾、地陷及春荒。甘肃省有 40 余县受灾,面积约 20 万平方公里,占全省面积二分之一强;至于受灾人民则达全省人口总数的三分之二。

　　△　中央研究院物理研究所所长丁西林赴苏参加苏联科学院二百二十周年纪念后于是日返渝。据丁氏谈称:苏联科学成就极大,有数种研究已超过各国之研究成果。

　　△　美国 B—29 轰炸机向日本广岛投下第一枚原子弹。次日,杜鲁门总统发表声明,敦促日本政府无条件投降。9 日,美国又在日本长

崎投下第二枚原子弹。

8月7日 朱德、彭德怀致电蒋介石,揭露暂五十九师等部大举进攻,并侵占爷台山、野狐嘴等防地村庄 40 余处,杀人抢掠,人民损失甚巨,要求饬进攻部队撤返原防,并对居民损失予以赔偿。

△ 八路军为反击国民党军对爷台山的进攻,以新编第四旅五个营为主攻部队,第三五八旅为助攻部队,教导第一、二旅为战役预备队,于是日奉命出发,次日展开总攻。为迅速解决战斗,第三五八旅第八团投入战斗,配合新四旅第十六团攻占爷台山,经顽强战斗,9 日全歼守军,至 10 日战斗结束,收复爷台山等全部失地,并歼灭国民党军五个连,俘连长以下百余名,缴获轻重机枪 19 挺。

△ 第一三四、一三三师及第二十六军攻占广西兴安。同日,第七战区一部克复粤东惠来。

△ 联合国救济善后总署第三届全体大会在伦敦召开,44 国代表出席,蒋廷黻代表国民政府与会。

△ 日本内阁紧急会议,讨论美机 8 月 6 日在广岛投掷原子弹事。广岛共约 34.3 万人,全城被毁 90%,死伤人口 80%,震惊日本。日皇面谕外相东乡茂德:"敌既已使用此种武器,战争继续更不可能。为图获得有利条件起见,不得逸失结束战争时机。"

8月8日 苏联对日本宣战。苏外交人民委员莫洛托夫接见日本驻苏大使佐藤尚武,宣布苏联政府声明:苏联政府忠实于同盟国的义务,加入美、英、中三国要求日本武装力量无条件投降的公告,因为日本拒不执行这项要求,所以苏联认为从 8 月 9 日起即与日本进入战争状态。

△ 国民政府派毛邦初、沈德燮为出席国际民航机构临时理事会议代表;15 日改派张嘉璈为代表,沈德燮为顾问。

△ 陈纳德将军由昆明起程返回美国。

8月9日 蒋介石致电斯大林,对苏联对日宣战表示佩慰,并称:"余深信已陷绝境而仍顽强抵抗之日本,必因贵国压倒势力之加入,迅速完全崩溃,而东亚之永久和平必能早日奠定也。"同日,蒋介石会见孙科、居正、于右任、戴季陶、翁文灏,商讨苏联对日参战出兵我国东北后之对策。

△ 国民政府发言人发表谈话称:苏联对日宣战,将缩短战争时间,加强世界和平秩序之恢复;并对苏联自抗战初期对中国的援助表示感谢。同日,军委会发言人亦发表谈话,对苏联对日宣战,表示衷心无限欢慰。

△ 毛泽东、朱德致电斯大林,表示中国解放区一万万人民及其军队,将以全力配合红军及其他同盟国军队消灭万恶的日本侵略者。

△ 毛泽东对苏联对日宣战发表声明,指出:由于苏联对日作战,最后地战胜日本侵略者及其一切走狗的时间已经到来了。"八路军、新四军及其他人民军队,应在一切可能条件下,对于一切不愿投降的侵略者及其走狗实行广泛的进攻,歼灭这些敌人的力量,夺取其武器和资财,猛烈地扩大解放区,缩小沦陷区";并号召"全国人民必须注意制止内战危险,努力促成民主联合政府的建立"。

△ 苏军从蒙古南部边界二连浩特到滨海地区波谢特港,在 5000 多公里的范围内同时开始对日军全线进攻。西面一路已占满洲里,东北一路从伯力分渡黑龙江及乌苏里江占领城市数处,东面一路亦占数城。

△ 中共七届一中全会第二次会议通过按七大讨论意见修改后的《中国共产党党章》和《关于若干历史问题的决议》,并讨论时局问题。毛泽东说:苏联参战,使抗日战争进入最后阶段。我们的任务有四项,即配合作战、制止内战、集中统一、国共谈判。苏联参战后,美国的政策可能有某些改变,但靠蒋介石是一定的。所以我们与美、蒋是一个长期的麻烦。内战的危险随着日本的垮台而增加。

△ 第九战区一部克复江西新淦。同日,陆军突击队伞兵降落衡阳,与日军作肉搏战,获致成功。

△ 戴笠在浙西昌化汤家湾率忠义救国军击退来袭之日军,毙伤逾 400 人。

△　第二战区司令长官阎锡山得知日本准备接受同盟国要求无条件投降的消息,连夜召开军事会议,拟定向太原前进。同时,派赵承绶到太原与山西日本军司令官澄田徕四郎面商划分防区、防止八路军进入太原地区等问题。

△　日本"七三一"部队和关东军司令部派出工兵部队,于是日及14日先后两次将哈尔滨"七三一"部队的方型楼(楼内有特设监狱)炸毁。

8月10日　蒋介石在重庆召见辽宁省主席万福麟、吉林省主席邹作华及热河省主席刘多荃,指示收复东北问题。同日,致电陆军总司令何应钦,指示各战区日本投降应行注意事项。

△　重庆《中央日报》发表社论评苏联对日宣战,指出:"苏联的对日宣战,无异宣告日本侵略者的死刑,其效力将等于数十百颗的原子炸弹同时爆炸于东京。"

△　周恩来以延安总部总司令朱德名义发布第一号命令,限令敌伪投降,并令各解放区抗日武装部队即进占所有城镇交通要道,实行军事管制。

△　中共中央指示各中央局、中央分局:苏联参战后,日本政府有继续抵抗的可能,也有投降的可能。各地党委应立即动员一切力量,向敌伪进行广泛的进攻,迅速扩大解放区、壮大我军,并准备于日本投降时,迅速占领所有被我包围和力所能及的大小城市和交通要道。以正规部队占领大城市和要道,以游击队和民兵占领小城市。在日本投降实现时,我军对日军应令其在一定时间内实行投降缴械。对伪军则应令其立即反正,接受我们的委任和改编,并指定防区驻扎,否则立即消灭之。如遇顽军妨碍我们进占城镇和要道时,应以多种方法阻止或消灭之。当我军进占城市时,应宣布纲领严明纪律,迅速建立革命秩序,加紧防卫,并注意爱护各种资材,照顾统一战线。

△　中共中央指示山东分局、军区并罗荣桓、黎玉、萧华:山东军区有占领德州、济南、徐州、青岛、连云港及其他大小城市交通要道的任

务,但着重于徐州、济南及其他可能占领的城市。望迅速进攻与招降伪军,争取群众,扩大部队。山东行政委员会改为山东省政府,黎玉任省主席。

△ 八路军冀察部队克复河北省涿鹿,冀晋区部队克复河北省平山。

△ 第三方面军一部攻克湘边全县,另一部攻克粤边梧州。同日,第九战区一部克复江西清江与丰城。

△ 老同盟会员程子楷在敌犯其故乡资兴时,胁诱不从,卒以身殉。前燕京大学校长吴雷川,抗战以来居贫处约,晚节弥坚,日前溘逝。是日国民政府均予明令褒扬。

△ 凌晨 1 时,苏联远东军第一方面军先遣部队,从沿海地区越过国境,开始向哈尔滨、吉林挺进,上午 8 时 30 分部队已进入我国境线内 20 公里地方。

△ 美驻苏大使哈里曼密电杜鲁门总统,建议美军进入辽东半岛,为满洲日军受降之地。

△ 日本政府正式通告瑞士和瑞典政府,托两国政府转达中、美、英、苏四国,表示日本愿意接受盟方《波茨坦公告》之各项规定,无条件投降,但仅要求保留天皇仍为日本元首。同日夜,日本政府令同盟通讯社及日本广播协会,秘密对国外广播《日本乞降照会》。

△ 日本政府向美国政府提抗议书,由瑞士政府转美国政府,抗议美国使用原子弹,已构成"违反人道"及破坏文明新罪恶。

△ 下午 7 时,日本投降消息传出,重庆百万市民拥到街头欢呼跳跃、歌声、锣鼓声、鞭炮声彻夜不绝。

△ 美国参谋长联席会议向魏德迈发出命令,指示全面援助国民党部队以武力取得所有日本占领地区和日军的装备,并允许把国民党军队运送到肯定会和八路军、新四军发生冲突的地区去。

8 月 11 日 四强接受日本投降。美国国务卿贝尔纳斯代表美、英、苏、中四国,以复文致瑞士公使馆代办葛拉斯理,托其转致日本政府,宣称:"自投降之时刻起,日本天皇及日本政府统治国家之权力,即须听从盟国最高统帅之命令","按照《波茨坦宣言》,日本政府之最后形式,将依日本人民自由表示之意愿确定之。"

　　△　国防最高委员会与中央常务委员会举行联合紧急会议,到蒋介石、吴敬恒、居正、于右任、孙科、叶楚伧、戴季陶、邹鲁、丁惟汾、张继、林云陔、邵力子、程潜、陈诚、陈其采、陈布雷、吴铁城、程天放、陈立夫等,讨论日本请求投降问题,通过中央对于日本请求投降之决策暨有关受降及沦陷区各问题之决议案。

　　△　国民政府就日本投降问题通电各战区司令长官部及各省、市政府:日本投降确期未经政府公告以前,全国军民工作应一如战时,不得稍有疏懈。

　　△　蒋介石发布三道命令:一、令解放区部队"原地驻防待命,不得擅自行动";二、令其嫡系部队"加紧进军"、"勿稍松懈";三、令沦陷区伪军"维持治安"、"趁机赎罪"。

　　△　参政员莫德惠、傅斯年、黄炎培、刘叔模、陶玄等及国民参政会秘书处职员共200余人,列队至国民政府向蒋介石致敬。蒋介石接见各参政员,并告以日本请求投降情况。同日,拉萨各界为日本投降致电蒋介石致敬。

　　△　阎锡山部第六十一军军长梁培璜和日军第一一四师团长三浦三郎在临汾签订《妥定事项》,商定同浦沿线之守备主要由日军担任,晋绥军负责掩护铁路运输并防止八路军进驻,并便于日军物资之运输。

　　△　周恩来以延安八路军总司令朱德名义为受降事连续发出六道重要命令:一、原东北军吕正操部、张学思部、万毅部及李运昌部,各由现地向察哈尔、热河、辽宁、吉林进发;二、贺龙部、聂荣臻部各由现地向北行动;三、山西解放军统归贺龙指挥,统一行动,肃清同浦路沿线及汾河流域之敌伪军,并准备接受敌伪军投降与进入太原;四、中国境内一切敌占交通要道两侧之解放区抗日军队,积极举行进攻,迫使敌伪无条件投降;五、朝鲜义勇队司令武亭与副司令朴孝三、朴一禹立即统率所

部,随同八路军等向东北进兵收复朝鲜;六、公布收复各城镇军事管制办法,饬各部队司令员负责实施。

△　毛泽东以中共中央名义致电王震、王首道:"苏联参战,日本投降,内战迫近,你们任务仍旧迅速到达湘粤边与广东部队会合,坚决创造根据地准备对付内战。"

△　中共中央发布《日本投降后我党任务的决定》,指出:日本投降后国民党将要向解放区收复失地,夺取胜利果实。目前应集中主要力量迫使日伪投降,扩大解放区,占领必须占领的大小城市和交通要道。解决敌伪后,主力应迅速集结整训提高战斗力,准备用于制止内战方面。

△　周恩来为中共中央起草给广东区党委电,要他们"向粤北发展,和王震部会合,造成我华南制止内战的主要根据地",琼崖及其他游击区发动人民坚持游击斗争。后因国民党军队的围攻,王震部回师北上。

△　日本人民解放联盟自延安发出通电,号召日本士兵投降八路军、新四军。同日,朝鲜独立同盟总盟通电,号召日军鲜籍士兵投降。

△　前东北军将领吕正操、万毅、张学思通电要求国民政府释放张学良将军。

△　东北救亡总会、东北军、东北义勇军在解放区代表关向应、吕正操、李延禄等致电斯大林,欢迎红军进入东北消灭日伪军。

△　日本投降消息传出后,各地物价下跌。昆明市 20 支棉纱由五万元跌至 3.5 万元,饰金每两由 20 万跌至 17 万元,百货交易尤为疲滞。西安市面各种物价狂跌,计黄金每两约跌二分之一弱,西药约跌三分之一,洋布约跌五分之二,颜料约跌二分之一,香烟约跌五分之三,惟粮食价格稍平稳。皖南及浙西各地市场物价颇有波动,黄金跌价最甚,由一两 16 万元跌至 10 万元。

△　上海全市为日本乞降休业,各报竞出号外,日军实行戒严。

8 月 12 日　最高统帅部电令各战区将士加紧作战努力,一切依照既定军事计划与命令积极推进,勿稍松懈。

△　蒋介石连电宋子文、王世杰,外蒙古问题如对方不允以中国地图为根据,决裂亦所不惜。宋、王复电,请授以全权。蒋经国电告,如坚持必破裂。

△　周恩来以新华社记者名义发表对蒋介石11日命令的评论,毛泽东修改后,于13日发表。评论指出:中国解放区抗日军队在朱德总司令指挥之下,有直接派遣它的代表参加四大盟国接受日本投降、军事管制日本和将来出席和会的权利。

△　重庆《新华日报》载中国民主同盟主席张澜为抗战胜利后的时局发表之谈话,内称:"我们感到中国今天更迫切需要统一、团结、民主。必如此,则能使全国人一德一心,和衷共济,以尽其最大的最善的努力,也才能担负起一切建国工作。这是政府与全国人民共有的责任,不能丝毫放弃。"

△　中共中央向党内发出《关于必须力争占领交通线及沿线大小城市的指示》,指出:华北各交通要道及沿线城市,包括太原(含)以北的同蒲路,归绥(含)以东之平绥路,北宁路,正太路,道清路,白晋路,德石路,必须力争占领。平绥路西端、太原以南的同蒲路,郑州以西之陇海路和以南之平汉路,长江以南各要道及大城市根本不作占领计划,而置重点于占领广大乡村,并须积极准备对付蒋介石的进攻。在城市未取得前,乡村仍是我党的根据地。

△　八路军绥远部队攻占绥远陶林城。次日,晋察冀军区部队攻克绥东之兴和县。

△　中共冀热辽区党委书记兼军区司令员李运昌率领四个军分区司令员、八个主力团和朝鲜义勇队共万余人及四个地委书记和2500多地方干部,分三路跨越长城,向东北挺进。

△　苏联军队进入察北地区,在察北抗日游击队的配合下,解放多伦、商都、察哈尔盟、张北等城镇。

△　美驻华大使赫尔利致电美国务院称:"如果美国政府和联合国

允许中国的一个拥有武装的敌对政党接受日本投降,并缴收日本人的武器,那么中国的内战会因而不可避免",并建议依照投降条件,日本须向国民政府投降,须将所有在中国的武器交给国民政府。同时,中国战区美军总司令魏德迈亦向美国参谋部发出一份内容同样的电报。

△　日本共产党代表冈野进于延安发表《关于波茨坦宣言及天皇问题的声明》,表示以满腔热情拥护盟国《波茨坦宣言》;并指出天皇不能推诿战争的责任,天皇的存废问题应由战后日本人民的自由意志决定之。

△　伪满皇帝溥仪及伪满政府高级官吏逃到吉林通化地区大栗子沟。

△　日本陆相阿南惟畿与参谋总长梅津美治郎联名致电大本营直辖各军司令官,略谓:陆军认为敌方之回答"违犯我国体护持之真意,决定断然拒绝,坚持继续战争","尚盼各军断然向作战任务迈进"。

8 月 13 日　国民政府举行中央纪念周,蒋介石发表讲话称:"吾人在抗战八年以后之今日得见敌人屈服投降,以实现吾人最后胜利之目的,实为吾全国将士与文武在职人员,尤其全国同胞忍恨茹苦,坚定不移,同忧患,共荣辱,团结一致,牺牲奋斗之结果。""八年抗战,固属艰苦非常,然以我国土地之广,人口之多,各种社会基础之薄弱,今后一切善后与建国工作,其艰巨而繁重,尤将十倍于抗战之时。"继而对复员工作,特别是筹划恢复交通、加强运输、稳定金融各项要政作具体指示。

△　国民政府任命周诒春为农林部长、罗卓英为广东省政府主席;并决定熊斌任北平市长、张延谔任天津市长、钱大钧任上海市长、马超俊仍任南京市长。

△　蒋介石电复宋子文、王世杰,授以对外蒙及其他未决事项权宜处置之权;宋子文等与斯大林续作末次会谈。

△　蒋介石复函告麦克阿瑟,指派军令部长徐永昌为中国战区受降代表。

△　毛泽东为第十八集团军总司令朱德起草给蒋介石第一封电

报,坚决拒绝蒋介石的"驻防待命"的命令,指出这个命令不但不公道,而且违背中华民族的民族利益。

△　毛泽东在延安干部会议上作《抗日战争胜利后的时局和我们的方针》的讲演,指出:抗日战争胜利后新的情况和新的任务就是建立什么样国家的斗争。中国共产党要建立一个无产阶级领导的人民大众的新民主主义的国家,而蒋介石要建立一个大地主大资产阶级专政的半殖民地半封建的国家,揭露美蒋反动派准备发动内战的阴谋,以及政治欺骗和军事进攻的反革命两手。最后,提出无产阶级的革命策略,制订"针锋相对,寸土必争"的方针,强调自力更生,依靠自己组织起人民的力量,打败一切中外反动派。

△　山东省临时参议会和省行政委员会联席会议决定,山东省战时行政委员会改为山东省人民政府,推选黎玉为政府主席。

△　陪都各界集会纪念"八一三",军政部长陈诚对官兵播讲今后建国任务。

△　南京汪伪军最精锐的警备第三师3000余人在师长钟建魂率领下,分别在苏北之六合与苏南之句容向新四军投诚。

△　驻美大使魏道明访问美国务卿贝尔纳斯,旋谒杜鲁门总统,商讨中苏关系问题。

△　美总统杜鲁门任命麦克阿瑟为远东盟国最高统帅。

8月14日　中国政府与苏联政府在莫斯科分别由王世杰、莫洛托夫代表签订《中苏友好同盟条约》及《中苏关于长春铁路之协定》、《中苏关于大连之协定》、《中苏关于旅顺口之协定》、《关于中苏共同对日作战苏联军队进入东三省后苏军总司令与中国行政当局关系之协定》等附件,并互换了关于外蒙古问题的照会等。其要旨为:两国在对日战争中,"彼此互给一切必要之军事及其他援助与支持","不与日本单独谈判"、"缔结停战协定或和约";战后"共同密切友好合作","不缔结反对对方的任何同盟"。苏联向中国提供道义的、军事的和其他物资援助,苏联尊重并承认中国对东三省的完全主权和领土及行政的完整,苏联无意干涉新疆的内部事务。中国政府同意在外蒙古举行公民投票,如民意赞成独立则承认之。中东和南满两条铁路干线由中苏共有共管。中国同意大连为自由港,但一切行政权属于中国。旅顺口为中苏共同使用之海军根据地,而该市民政归中国执行。条约有效期为 30 年。另外,斯大林在备忘录中表示,战胜日本三个月后从东北撤退全部苏军。同日,斯大林接见宋子文、王世杰,莫洛托夫在座,双方商讨有关共同利害关系之政治、经济及军事问题。

△　蒋介石致电毛泽东,请克日来渝共商国是。电称:"举凡国际国内各种重要问题,亟待解决,特请先生克日惠临陪都,共同商讨。"

△　庆祝"八一四"空军节,国民政府明令褒奖对日作战有功之徐焕升、赖名汤、刘立乾、廖广甲、周训典等 330 人。

△　国民政府军事委员会委员长侍从室电令汪伪要员任援道为南京先遣军司令,负责京苏(指南京、苏州)一带治安。

△　中美合作特种部队收复厦门岛。

△　新四军第三师部队克复安徽定远。同日,八路军冀鲁豫第八分区部队克复山东东阿。

△　忠义救国军京沪路行动总队兼江阴县长包炎民阵亡。

△　自战争发生以来第一批从欧洲返国之中国留学生 26 名,是日搭机离巴黎返渝,内有女生一名及留法时期最长(达 25 年)之刘志华博士。

△　日本天皇裕仁在皇宫防空室御前会议上决定无条件投降。当夜 11 时,日本政府用紧急电报向瑞士政府发出接受《波茨坦公告》的通告。

8 月 15 日　同盟国经由瑞士政府之通知,获悉日本天皇裕仁已颁敕令接受《波茨坦公告》之各项规定宣告无条件投降,于是中、美、英、苏四国首都同时正式宣布日本正式无条件投降。同日,日本昭和天皇裕仁以广播《停战诏书》形式,向全世界宣布无条件投降。

△　蒋介石在重庆中央广播电台发表《对日抗战胜利告全国军民

及世界人士书》,指出:"正义必然战胜强权"的真理,终于得到它最后的证明,这亦就是表示我们国民革命历史使命的成功;要求人民"不念旧恶"及"与人为善",只认日本黩武的军阀为敌,不以日本的人民为敌。

△　蒋介石分电美、英、苏三国首脑杜鲁门、艾德礼、斯大林,祝贺日本无条件投降,并特派文官长吴鼎昌、外交部次长吴国桢前往美、英、苏等国驻华大使馆致贺。同日,蒋介石以中国战区最高统帅名义致电日本中国派遣军总司令冈村宁次,指示六项投降原则,令其通令所属日军停止军事行动。又令在"军事行动停止后,日军可暂有其武装及装备,保持现有态势,并维持所在地之秩序及交通,听候中国陆军总司令何应钦之命令"。

△　蒋介石发言人在重庆记者招待会上发表谈话,说共产党必须服从蒋介石给朱德总司令"就地驻防待命"的命令,"违反者即人民之公敌"。

△　中国解放区抗日军总司令朱德以说帖一件送苏驻华大使彼得罗夫,请其转达美、英、苏三国政府,内称:国民党政府及其统帅部不能代表中国解放区、沦陷区人民和抗日武装。中国解放区、沦陷区人民武装有权接受被我军包围之日伪军投降,派遣自己的代表参加同盟国接受日本投降及将来的和会与联合国会议。说帖要求美国立即停止对国民党政府之租借法案,不要援助国民党政府发动内战。

△　中国解放区抗日军总司令朱德致电南京日军最高指挥官冈村宁次,令其命令一切部队停止一切军事行动,向八路军、新四军及华南抗日纵队投降,分派代表至指定地点接受我军命令,所有在华日军静候我军受降。

△　国民政府立法院审议《联合国宪章》及《国际货币基金协定》,一致通过。

△　国民政府任命陈介为驻阿根廷国特命全权大使;李先良为青岛市市长,原任沈鸿烈免职。

△　国民政府派定大员马超俊、钱大钧、熊斌、张廷谔、李先良、何

思源、孙连仲、阎锡山、傅作义等，分别驰往南京、上海、北平、天津、青岛、济南、保定、太原、察、绥等地，迅速恢复地方行政与秩序，安抚人民，并办理招降事宜。

　　△　宋子文自莫斯科赴华盛顿。次日，王世杰等离苏返国。

　　△　陆军突击队司令部改编为"空军伞兵总队司令部"，由马师恭继任司令。

　　△　第二方面军一部收复桂省梧州。浙省宁海及绥省包头市亦克复。

　　△　彭毓斌率领进驻太原的第二梯队，于是日到达太原城郊小店区。17 日，赵承绶奉阎锡山命令从临汾到达太原，与山西日军司令官澄田面商，规定双方任务，由日军驻防原地抗拒八路军受降。

　　△　新四军第二师部队克复江苏盱眙。同日，第七师克复安徽无为县城。

　　△　中国民主同盟在重庆发表《抗战胜利声中的紧急呼吁》，提出"民主统一，和平建国"的口号；并提出反对召开国民大会、明令重申保障人民的一切基本自由、释放一切政治犯、召集各党派及无党派民主人士的政治会议等十项主张。

　　△　重庆中国妇女联谊会发表《对时局宣言》，指出：现在摆在我们面前的，一方面是如何巩固彻底的抗战胜利，另一方面则是怎样在民主团结的基础上去和平建国；并提出全国抗日军队共同解除日伪武装、召集紧急政治会议等七项主张。

　　△　宋美龄在美国纽约播讲胜利述感，并向美国国民表示我同胞的感谢。

　　△　美总统杜鲁门发布接受日本投降的《第一号命令》，规定除中国东北的日军应向苏联投降外，在中国（包括台湾）和北纬 16 度线以北的印度支那地区的日本军队"应向蒋委员长投降"。

　　△　日本因陆军部反对投降及阿南惟畿自杀而激起"八一五事件"，铃木内阁引咎总辞职，内定东久迩宫组阁。

8月16日　国民政府派军令部长徐永昌赴菲律宾,代表中国接受日本投降。18日,徐永昌率领之中国代表团抵达马尼拉。

　△　蒋介石电令陆军总司令何应钦全权处理受降事宜;并通令全国各行营、各行辕主任、各战区司令长官,听候何总司令指示。同日,并电令伪上海市市长周佛海为上海行动总队司令,负责"维持上海市及沪杭一带治安"。陈公博、周佛海致电蒋介石,表示愿以30万军队"保卫京、沪、杭三角地带",阻止八路军、新四军接收。

　△　朱德再电蒋介石,进一步揭露他准备内战的阴谋,要他收回8月11日的命令,并提出六项要求:一、接受日伪投降与缔结受降协定条约时须先征得解放区之同意;二、解放区之人民武装力量有权根据《波茨坦宣言》及同盟国规定受降;三、共产党有权派代表参加和平会议及联合国会议;四、有权派代表接受敌人投降及处理投降后之工作;五、制止内战,共产党军队所包围之敌军由共产党军队受降,国民党军队所包围之敌军由国民党军队受降;六、立即召开各党派会议,成立联合政府。

　△　新华社发表毛泽东写的评论《评蒋介石发言人谈话》,指出:蒋介石发言人15日的谈话是蒋介石发出的全面内战的信号,并指出制止蒋介石发动内战的惟一办法,就是"坚决迅速努力壮大人民的民主力量,由人民解放敌占大城市和解除敌伪武装"。

　△　毛泽东对蒋介石电邀赴重庆谈判事致蒋复电称:"朱德总司令本日曾有一电给你陈述敝方意见,待你表示意见后,我将考虑和你会见的问题。"

　△　周恩来为中共中央起草给徐冰、张明电,指出蒋介石3月1日演说已经拒绝国共谈判,后来六参政员携回方案又被拒绝。目前,蒋介石正在扩大内战宣传,所以请毛泽东赴渝全系欺骗。我们"应集中宣传反对内战、反对独裁、主张和平、主张民主四个口号"。"目前国际国内形势均极有利于我们反对蒋之内战,望坚持此方针,以便放手动员群众,巩固和发展我们已得的胜利"。

　△　第五战区一部收复河南陕县;同日第三战区一部又收复浙江

嵊县。

　　△　新四军第二师解放安徽来安。

　　△　第二战区司令长官阎锡山电令汾东赵承绶，派其第十九军军长史泽波率所部1.6万余人，由临汾、浮山出发，向晋冀鲁豫解放区上党地区进攻。

　　△　军事委员会京沪行动总队南京指挥部成立，周镐任指挥。晚，行动总队在南京开始接收各伪军政机关，逮捕南京伪市长周学昌。

　　△　从是日起美国第十、第十四航空队开始空运新六军去南京，接受日本军队的投降。

　　△　麦克阿瑟命令日本天皇、政府、大本营停止战斗行动。旋，日本大本营陆军部、海军部及关东军，分别命令各军司令官及参谋长、海军舰队、所属部队停止战斗行动。

　　△　联合国临时执委会首次会议在伦敦举行，美、英、中、苏等14国代表出席，顾维钧大使以中国代表资格出席。英国代表贝克赞扬中国八年抗战之贡献。

　　△　汪伪中央政治委员会召开临时会议决定：一、解散国民政府；二、将中央政治委员会改为南京临时政务委员会，军事委员会改为治安委员会；由陈公博任临时政务委员会委员长兼治安委员会委员长，周佛海为临时政务委员会和治安委员会副委员长。会后发表《国民政府解散宣言》。

　　△　安徽无为县襄安镇日军拒绝投降，新四军一部发起攻击后，日军竟发射毒剂弹，致使中国军民30余人中毒。

　　8月17日　联合国盟军最高统帅部发布《第一号命令》：在中国境内（东北除外）、台湾及北纬16度以北的法属印度支那境内日本高级指挥官以及所有陆、海、空军和辅助部队，应向蒋委员长投降。

　　△　蒋介石令饬五院及有关国民政府直辖单位，迅即提报派赴收复区之负责人名单；并命内政部从速完成抗战损失调查。

　　△　8月15日由莫斯科飞往美国的宋子文，自华盛顿致电蒋介

石，请示此间有传闻战后美国仍旧供给为中国装备的美国师编制 30 个师军火情形，重庆是否有所接洽，有否需他向美国总统提出要求之处。

△ 各战区促日军停战待降，我军收复北平及粤、赣、浙、豫、晋、绥各省境内重要县份。

△ 冈村宁次复电蒋介石称："今派今井副总参谋长、桥岛参谋二人，率同随员三人，准于本月 18 日乘机飞至杭州等候尊命，再继飞玉山。"后因玉山机场不能使用，改为湖南芷江机场。

△ 日本天皇裕仁派皇室为专使，分赴中国关内、中国东三省、缅甸、马来亚及荷属东印度，监视督促各地军队执行停战命令。

△ 全县克复。第三方面军收复桂林后，令一部沿湘桂路挺进，于 8 月初旬到达全县附近，是日拂晓第一三三师主力发起向全县攻击，10 时许攻入全县城，此时进至全县南郊之预备第十一师亦随后攻入，于是广西全县克复，日军残部纷向黄沙河及东安撤退。

△ 八路军冀中部队克复河北雄县。同日，山东部队克复威海卫及牟平县城。

△ 国民政府特派王世杰为互换《中瑞条约》批准约本全权代表。

△ 中国青年党机关报《新中国日报》发表社论称：要实现民主，军队才能国家化；要求国民政府释放爱国政治犯，立即取消一切束缚民意的法令。

△ 驻马尼拉副领事告马尼拉美新闻处称：开战之时此间有 4000 名华侨被日军杀害，其中领馆职员八人或九人。据某银行界领袖说，过去三年半期间，菲岛 13 万华侨中共有一万人被日军杀害。

△ 前陆军营长杨作云、连长崔振民于接收新兵时沿途任意凌虐新兵，计自 4 月 26 日至 7 月 3 日，沿途虐死多名，经军法总监部研讯明确，依法判处死刑，是日执行枪决。

△ 英驻华大使薛穆于本月 11 日离渝赴印，原拟返国述职，抵印后突改变计划，于是日自印飞返重庆。

△ 日本东久迩宫内阁成立,东久迩宫任首相兼陆相,重光葵任外相兼东亚相,近卫文麿任国务相。

△ 国际民航组织会议在加拿大蒙特利尔召开,我国代表张嘉璈出席。

8 月 18 日 蒋介石明令何应钦,规定中国陆军总司令之 12 项任务。同日,蒋介石把中国战区分为 15 个受降区,同时下达《各战区受降主官、指挥部队、接收地区以及日军投降部队番号的电令》,任命卢汉、张发奎、汤恩伯、王耀武、胡宗南、阎锡山、顾祝同、刘峙、孙蔚如、余汉谋、薛岳、李品仙、傅作义、孙连仲、李延年分别为第一、二、三、四方面军和第一、二、三、五、六、七、九、十、十二、十一战区及第十一战区副长官部受降官。

△ 中国政府与法国临时政府分别由吴国桢、戴立堂代表两国政府,在重庆签订《中法两国交收广州湾租借地专约》。该专约规定将广州湾租借地完全交还中国,签字后立即生效。

△ 蒋介石派蒋伯诚为军事委员会委员长驻上海代表,何其巩为驻北平代表。

△ 行政院副院长翁文灏对记者称:工业复员工作正在加紧进行,即派员前往各地接收敌伪工厂。重工业分东北、华北、长江三区。对民用工业复员,视其价值及发展可能当尽力协助。

△ 重庆中国教育学术团召开第四届联合年会,教育部长朱家骅出席并致词,与会者 300 余人,集中讨论战后计划及教育问题,于次日结束。

△ 第八集团军副总司令楚溪春率领所部入太原城,并即行布告安民。旋第七集团军总司令赵承绶亦到达,组设前进指挥所准备受降。

△ 第二十军第一三四师克复桂北黄沙河。

△ 新四军一部克复江苏如皋、泰兴、靖江、泰县四县的联络枢纽黄桥;另一部克复宿迁。

△ 魏德迈在重庆美军总部招待中外记者,发表谈话称,中国战区

敌军将向中国代表投降,美决派大批运输机护送中国官员到沦陷区。

　　△　斯大林复电蒋介石称:日本投降"足示盟国间军事合作之密切无间",此次胜利"实为人类前进发展之界石",表示深信中苏友谊及合作必有裨全人类和平及繁荣。

　　△　蒋介石在《苏俄在中国》一书中表示对日军向苏联投降之事深以为憾。认为苏联是在日军投降前三天之内才进入中国东北和热河、察哈尔的。

　　△　联合国远东战犯调查委员会在伦敦开会,名单上所列日本战犯,均将拘往犯罪地国家的法庭审判。

　　△　苏远东军总司令华西列夫斯基命令日本关东军停止战斗,并于20日中午前投降。

　　△　日本共产党中央代表冈野进在延安发表谈话,揭露日本军国主义者阴谋,呼吁联合国人士提高警惕,主张必须彻底粉碎日寇一切军国主义势力,完全剥夺天皇的独裁权。

　　△　日本中国派遣军总司令官冈村宁次拟定所谓《和平后对华处理纲要》,规定日军武器"完全彻底地"交付国民党方面,"为充实中央政权的武力作出贡献";对于共产党方面,"需以武力自卫时,应不失时机地采取断然态度,发挥皇军的实力"。

　　△　伪满洲国群奸在通化大栗子沟召开所谓"重臣会议",伪满皇帝溥仪宣读"退位诏书"。至此,伪满洲国政府垮台。

　　8月19日　中、美、英、苏盟国代表在马尼拉,接受日本降使副总参谋长河边虎四郎签定初步投降书,我国代表徐永昌等参与此项接受日使初步投降仪式。同日,代表中、美、英、苏之受降国盟军第一批占领军,已跳伞降落东京湾沿岸。

　　△　国民政府民政部电令各战区、各省政府,运用伪军维持治安,控制重要据点,编组保甲,清查户口,以保持安定。

　　△　据重庆《大公报》报道:调整公务员薪津办法,业经最高当局照案复核通过,定自本月份起实行,除将生活补助费加至1.6万元外,并

将薪津按底薪由现行之 35 倍增发至 100 倍。

△　八路军绥南部队克复绥远清水河县（今内蒙古自自治区清水河），山东部队解放山东胶县。同日，新四军华中部队收复江苏扬中县、安徽泗县。

△　胡宗南部第十六、第三军和第一军之第一六七旅经风陵渡北渡黄河，在阎锡山军队配合下，向晋南解放区平陆县进攻。

△　苏军空降长春、沈阳、齐齐哈尔、承德、吉林等地，并在沈阳机场逮捕准备逃亡日本的溥仪一行。

8 月 20 日　蒋介石再电促毛泽东来渝。电称：受降办法系盟军总部规定，未便因朱德总司令一电破坏我对盟军共同之信守；又称：如何以建国之功收抗战之果，甚有赖于先生之惠然一行，共定大计。

△　中国陆军总司令何应钦由重庆赴芷江，即在芷江成立前方司令部，接受日军投降。

△　王世杰自苏返渝，即谒蒋介石报告中苏缔约经过。郭沫若亦同机返抵重庆。

△　财政部为维持金融，安定市面，准银钱业以黄金为押品互相拆款，并可向中央银行转抵押。重庆市面之黄金、美钞与桐油等，其市价继续下跌。

△　中共中央决定撤销中共北方局，成立中共晋冀鲁豫中央局，邓小平任书记、薄一波任副书记；同时成立晋冀鲁豫军区，任刘伯承为司令员、邓小平为政治委员。晋冀鲁豫军区下辖太行、太岳、冀南、冀鲁豫四个军区。同日，中共晋察冀中央局成立，聂荣臻任书记，刘澜涛、罗瑞卿任副书记。

△　中共中央军委决定各战略区就现有兵力迅速抽出二分之一或三分之二编为野战兵团，以适应形势发展的需要和实现由游击战向运动战的转变。

△　新四军华中部队解放江苏六合。

△　八路军克复热河兴隆，至此热河全境解放。

△　解放区各军自朱总司令号令向敌伪占领城市与交通要道进军以来,为时 10 日,已攻克重要军港威海卫一座,光复县城 19 座,拔除重要车站与据点百余处。

△　入越中国军队抵高平,另路向河内、谅山推进。

△　国军收复河南新乡、商水、襄城、漯河,湖北蕲春,湖南宜章、永兴,广东乐昌、新会等县。

8 月 21 日　第二十六军第四十四师收复湘南东安,同时第二十军第一三四师追击队亦收复零陵。此时日本已宣布投降,战斗遂告终止。

△　陆军总部所辖第一、二、三、四方面军司令官卢汉、张发奎、汤恩伯、王耀武及杜聿明先后抵芷江,何应钦是晚召集各将领会议,讨论今后部署问题。

△　日军乞降使节今井武夫一行八人飞抵芷江,即由陆军总部参谋长萧毅肃召晤,并代表陆军总司令何应钦上将面交中国陆军总司令部《中字第一号备忘录》,指示日军投降应行准备之事项。今井随将带来之日军在华兵力配备地图面呈萧毅肃。据今井报告,除台湾、东北及越南北纬 16 度以北区域外,冈村宁次所指挥之日军共计 109 万人。

△　国民政府颁令告诫在泰国、越南、马来亚及荷属南洋等地中国侨民,务各维持秩序,遵守法律,泯除成见,博爱为怀。

△　蒋介石接获李承晚及魏德迈电告,美、苏已以北纬 38 度线为界,划分朝鲜半岛为南、北韩。

△　外交部长王世杰分别致电驻美大使魏道明、驻英大使顾维钧、驻苏大使傅秉常,说中、美、英、苏四国已决定向中国政府及其交战国政府要求接管日本使领馆的财产案卷,并已饬令日本政府通知其驻中立国使领馆及其权益代管国。希即与驻在国政府及英、苏使节保持联络。

△　国军收复江西南昌,湖南零陵,山西曲沃、侯马、介休、长治、屯留、猗氏,河南上蔡、鲁山等地。

△　瑞士经济考察团沈德勒等五人到渝,中国工业界暨政府主管

机关与之商洽如何协助我国铝之开发问题,尤其贵州省铝之生产问题。按我国铝之储量占世界第一位,在工业建设计划中占极重要地位。

△ 联合国战罪委员会决定成立远东战罪委员会,负责讨论惩处日本战争罪犯的程序和方法,委员会直接由与远东战争有关国家的代表联合组成,中国驻英大使顾维钧当选为主席。

△ 美总统杜鲁门宣布终止《租借法案》。

△ 日本关东军在哈尔滨正式向苏军投降,苏军将日军 59.4 万人悉数俘走。

8 月 22 日 蒋介石以中国战区最高统帅身份电麦克阿瑟,授予英军司令官接受香港日军投降的权限。

△ 中共中央决定派周恩来赴渝商谈团结大计。同日,毛泽东特此电告蒋介石。在此前后,中共中央收到斯大林来电:中国不能打内战,否则中华民族有被毁灭的危险,毛泽东应赴重庆和谈。

△ 中共中央、中央军委根据日本投降后的国内国际形势联合发出指示,将夺取大城市的战略方针改变为夺取小城市及广大乡村,扩大与巩固解放区,准备应付新局面作持久打算。

△ 国民政府令准国立中央大学校长顾毓琇辞职,派吴有训继任。

△ 蒋介石电示何应钦,受降签字地点决定改在南京。另电又告,今井武夫在芷江继续接受我所致中字第二、三、四号备忘录。何应钦于本月 18 日被指派为代表中国战区盟军统帅,负责处理在中国战区内的全部敌军投降事宜。

△ 蒋介石命军政部长陈诚向魏德迈将军提出整军计划,希望美国支援武器装备等。

△ 蒋介石致电宋子文,告在中国建设海军之事,望美派考察团来华研究。

△ 国民政府同意由美发起邀约中、美、英、法等国组织处理对日问题十强咨询委员会。

△ 宋子文在华盛顿晤美对外经济处处长克罗莱,商谈租借物资

及商借 20 亿美元问题。

　　△　经济部部长翁文灏就收复区工矿事业之处理问题发表声明，谓收复各区工矿事业，已由中央规定办法，分区设立特派员办事处监督接收。

　　△　苏军空运部队在大连和旅顺港降落，至此东北全部为苏军占领。

　　△　日本关东军在黑龙江依兰长胜屯，屠杀村民 110 多人。

　　8 月 23 日　蒋介石三电促毛泽东来渝，电称："目前各种重要问题，均待与先生面商，时机迫切，仍盼先生能与恩来先生惠然偕临，则重要问题方得迅速解决，国家前途实利赖之。兹已准备飞机迎迓，特再驰电速驾。"

　　△　中共中央召开政治局扩大会议分析国内外形势，认为美、苏都不愿打第三次世界大战，苏因中苏条约的限制不能公开支持共产党，美也不便公开支持蒋介石。蒋因兵力分散，不能马上发动内战。经过讨论，将周恩来草拟的《目前紧急要求》修改为《中共中央对目前时局的宣言》，决定今后的口号是和平、民主、团结。会议认为毛泽东应去重庆谈判，时机可由政治局、书记处定，毛泽东出去期间由刘少奇代理中央主席；并增选陈云、彭真为候补书记，还决定毛泽东为军委主席，朱德、刘少奇、周恩来、彭德怀为副主席。经过研究，决定派干部到东北开展工作。

　　△　国民政府特向沦陷区民众申令：一、各伪组织负责人员，在中央接收部队尚未到达以前，应以全力维持地方治安，切实保护人民，为最后惟一自赎之机会；如有勾结盗匪，或残杀人民，以逞私欲者，罪加一等。二、沦陷区同胞应力持镇静，切勿采取报复行动，敌人及汉奸一切暴行，将来当依合法之手续处置。

　　△　何应钦在芷江中国陆军总部前方司令部召见今井武夫，令其转告冈村宁次对已发的备忘录切实照办，并于 26 日至 30 日期间准备好迎接空运回南京的中国部队。今井一行旋即飞回南京复命。

△　八路军收复张家口；并宣布恢复察哈尔省建制，省会设于宣化。晋察冀军区司令部、晋察冀边区委员会均设于张家口市。

△　苏大使彼得罗夫返抵重庆。

△　上海爆发群众性斗争，工厂区五万工人将敌营工厂占领，阻止敌军抢运厂中物资。上海近郊农民亦奋起响应，建立自卫队，收缴敌伪武装。

△　八路军晋绥军区第三军分区第十七团第三连一部在副营长薛暮荣带领下在汾阳城西北角挖地道，准备突入城内，日军拒不投降并向地道内连续施放毒剂，致使 67 名八路军战士殉国。

△　盟军总部公布中、美、英、苏、澳、荷、法等盟国受降签字代表名单。

8 月 24 日　国民政府隆重举行《联合国宪章批准书》签署典礼，蒋介石亲莅签署批准书，王世杰副署。

△　蒋介石在国防最高委员会与中央常务委员会临时联席会议上，作题为《完成民族主义，维持国际和平》的致词，略谓："我们国民革命最重大的目标和最迫切的工作，乃有三事：第一、首先要恢复东三省的领土主权及行政之完整；第二、要恢复我们台湾和澎湖的失土；第三、要恢复高丽的独立自主。"同时指出香港问题，"我们中国亦必循两国外交及条约的途径，以期解决此最后东方的一个问题"。

△　毛泽东复电蒋介石称："鄙人极愿与先生会见，商讨和平建国大计。俟飞机到，恩来同志立即赴渝进谒，弟亦准备随即赴渝。晤教有期，特此奉复。"

△　胡适自纽约致电毛泽东，希望中国共产党"放弃武力"，"建立一个不靠武装的第二政党"，以耐心毅力，和平发展，前途无量，不可以小不忍而自致毁灭。

△　副参谋总长白崇禧致函蒋介石，提出抢占地盘和利用伪军阻止八路军收复日军占领区的建议。

△　李品仙部进驻南京对岸之浦口，先头部队并已渡江进入下关。

　　△　八路军胶东部队解放烟台。

　　△　中共中央军委发布军内指示,要求彻底破坏所有铁路,将铁轨和可能夺获的机器以及其他器材尽量运回根据地。

　　△　毛泽东指示华中新四军,应尽量占领南京、太湖、天目山之间许多县城,创造纵横数百里广大根据地;迅速占领运河、串场河沿线各城市,使苏中、苏北、淮南、淮北打成一片。

　　△　新编骑兵第四师师长刘万春率所部向八路军进攻,并攻占萨拉齐(今划归土默特旗和包头市)。

　　△　重庆实验地方法院就中茶舞弊案作出宣判:一、刘孔贵、丁文浩共同对于主管之事务直接图利,处有期徒刑七年。二、李泰初在逃,候获案另结。

　　△　重庆《大公报》发表《澳门应归中国》之社论,请政府向葡萄牙政府索还失土。

　　△　韩国金九要求我承认其临时政府,蒋介石允拨助三亿元济急。

　　8月25日　中国政府和苏联政府分别批准《中苏友好同盟条约》及有关协定,并于27日全文公布。

　　△　蒋介石复电宋子文,同意美国派遣军事顾问团,第一期应定五年。又另电嘱向美海军部提议赠舰只,并协商战后海军助华的整个法案。

　　△　军令部部长徐永昌自马尼拉电呈蒋介石,报告代表团将赴东京湾美军"密苏里号"上参加日本投降典礼。9月2日为签定日本投降书之期。

　　△　中国陆军总部发布《各部队分向各地受降地区重要城市挺进的命令》,并制定大规模军队调运计划。此计划是运用海、空以及内河和铁路运输力量,在美国海军第七、第十三舰队以及空军运输力量的帮助下,将远在内地之四川、云南、滇缅边境的26个中央军(其中13个美械军计39个美械师)运往华北、华东和东北等地,执行受降任务。

　　△　全国知识青年志愿从军编练总监罗卓英在重庆举行记者招待

会,报告青年军概况,略谓:知识青年报名应征的有 12 万人,至本年 4 月底止实际报到入营的有 8.6 万人,现在确数为 7.6 万人,编成九个师,此外尚有一个师亦将编成。

△ 全国工业协会总会暨重庆分会、迁川工厂联合会假重庆江苏同乡会召开联合临时会员大会,商讨复员及解决工业上之困难问题。到各会员 400 余人,行政院副院长翁文灏应邀莅会指示。大会通过下列议案:一、请政府拨 100 亿元救济各工厂;二、请政府宣布经济政策与后方工厂免税之优待;三、请政府收购成品及后方旧机器。

△ 中共中央发表《对目前时局的宣言》,提出"和平、民主、团结"三大口号,实现全国的统一,建设独立自由与富强的新中国;并要求国民政府承认解放区的民选政府及抗日军队,制定八路军、新四军及华南抗日纵队接受日军投降的地区,公平合理的整编军队,承认各党派合法地位,召开各党派及无党派代表人士会议,成立民主联合政府。

△ 中共中央政治局开会,决定毛泽东、周恩来、王若飞到重庆谈判,并决定在谈判中作出一定让步。

△ 刘伯承、邓小平奉中共中央指示,从延安乘飞机返回太行指挥上党战役。

△ 中国战区美军总司令魏德迈就重庆谈判事致电毛泽东。当日,毛泽东复电魏德迈,电称:"鄙人承蒋委员长三电相邀,赫尔利大使两次表示愿望来延,此种诚意,极为心感。兹特奉达,欢迎赫尔利大使来延面叙,鄙人及周恩来将军可以偕赫尔利大使同机飞渝,往应蒋委员长之约,以期早日协商一切大计。"

△ 据重庆《中央日报》报道:魏德迈宣称美国运输机将被用以运输国民党军队,飞往蒋介石所指定之中国战区内之任何地点。中国现有 20 个师军队配备租借武器,尚有 19 个师配备 50% 至 75% 之租借武器,上述部队将调往北方。

△ 汉奸陈公博、莫国康、林柏生、何炳贤、陈君慧、李励庄、周隆庠在日军顾问小川哲雄大尉率领下,秘密飞往日本九州山阴县米子。

8月26日 中共中央发出毛泽东起草的《关于同国民党进行和平谈判的通知》,将毛泽东将应蒋介石电邀赴重庆同国民党当局进行谈判事通告全党,说明党中央关于谈判的方针,要求全党不要因为谈判而放松对蒋介石的警惕和斗争。

△ 中共中央军委向刘伯承、邓小平、滕代远下达关于晋冀鲁豫的军事部署:太行应集结主力,组织夺取白晋路,收复上党区,消灭顽伪,逼敌投降。太岳应集结主力向同蒲路进击,彻底破坏同蒲路,控制平陆、垣曲一带黄河渡口,造成迟滞与打击胡宗南北进之有利条件。冀鲁平原主力应继续向开封、新乡、汤阴地区进攻,消灭孙殿英、庞炳勋部,控制黄河铁桥,必要时破坏桥梁,保持桥基。晋察冀军区赵尔陆部主力应进占正太路榆次、娘子关段,夺取阳泉兵工厂。晋绥军区应协助聂荣臻所部夺取大同,保卫张家口。

△ 八路军、新四军及华南游击队等自日本投降至是日,从敌伪手中解放大小城市59座和广大农村。华北收复了威海卫、烟台、益都、杨柳青、毕克齐、博爱、张家口、集宁、丰镇等城镇。至此,已有城镇175座。

△ 重庆市百货粮价相继跌落。是日开盘、收市黄金均8.8万元。美钞价竟日盘旋于1200至1300元之间。桐油批发价虽再跌至每百市斤三万元,然零售价每市斤仍为600至700元。菜油零售价每市斤500元。百货零售价近日已开始跌落;粮价亦跌,尤以杂粮价格跌落甚巨。

△ 新编骑兵第四师师长刘万春率所部抢占归绥(今呼和浩特)。28日,傅作义及第十二战区司令部进驻归绥。

△ 何应钦命令冈村宁次协助台、澎与越南(北纬16度以内)的日军投降。并派冯衍少将为东南亚日军投降的受降代表,参加当日投降谈判会议。

△ 日军东宁支队和虎头国境守备队接到停止战斗、解除武装的命令。至此,东北全境日军停止战斗行动。

△ 朝鲜独立同盟主席金白渊致电朝鲜国内外各党派、团体领袖，呼吁团结一致，共同准备建立独立、自由、幸福的朝鲜共和国。

8 月 27 日 美驻华大使赫尔利偕同蒋介石代表张治中，为迎接毛泽东赴重庆乘专机离渝。离渝时，赫尔利发表声明称："余现将赴延安，曾获得蒋主席同意与充分赞许。""余现赴延安，至感愉快，吾人曾不断作一年以上之努力，以协助国民政府消除内争之可能性。"到达延安时，毛泽东、朱德、周恩来、林伯渠等至机场欢迎。

△ 国民政府特派王世杰为互换《中苏友好同盟条约》及其他有关照会、协定、议定书与记录、批准书全权代表。

△ 国民党中央任命吴国桢为宣传部长，原任王世杰免职。

△ 蒋介石召见英军代表魏亚特及英使薛穆；我国接收香港之坚定立场，获致英方认同。蒋介石认为："英国强欲重占香港，不许我接收，并拒绝我委派其英国军官接收香港之指令，痛愤无已。"又谓："英国对余委派英军官接收香港敌军投降之指定，最后仍承认接受，是公义必获胜利之又一明证。惟英国侮华之思想，乃为其传统之政策，如我国不能自强，今后益被侮辱矣！"

△ 冷欣副参谋长率 100 多名官兵，自芷江飞抵南京，设立中国陆军总司令部南京前进指挥所。

△ 宋子文致电蒋介石，报告与美国海军部长佛雷斯特尔、海军上将金开德商谈中美海军合作及商谈派遣海军考察团来华和继续供给军火等问题。

△ 第一方面军司令官卢汉飞赴越南受降。定于 9 月初在河内举行签字典礼。

△ 行政院核准宁夏省增设银川市。

△ 是日为教师节，教育部公布全国优良教师名单，计专科以上学校 1000 余人，中等学校 400 余人，均分别发给奖状、奖金。同日，重庆举行教师节纪念大会，并在孔庙祭孔。

△ 国立甘肃科学教育馆研究员王永焱，在武都县龙家沟上部第

三纪地层中发现原始石器一枚,推定此一石器为古原始人削皮割肉所用之工具。

△　八路军晋冀鲁豫军区遵照中共中央军委指示,为反击国民党军对上党地区的进攻,决定集中太行、太岳、冀南三军区主力进行上党战役。

△　美驻苏大使哈里曼晤斯大林,请其发表一尊重中国门户开放政策之声明;斯大林允诺,并谓东北尚无中共游击部队,望国民政府不久即派军至东北接管。

8月28日　毛泽东应蒋介石邀请,同赫尔利、张治中以及周恩来、王若飞等同机飞渝。到机场欢迎的有蒋介石代表周至柔及邵力子、雷震、张澜、沈钧儒、左舜生、章伯钧、陈铭枢、谭平山、黄炎培、冷遹、郭沫若和中外记者数十人。毛泽东在机场发表书面谈话,称:"国内政治上、军事上所存在的各项迫切问题,应在和平、民主、团结的基础上加以合理解决,以期实现全国之统一,建设独立、自由与富强的新中国。希望中国一切抗日政党及爱国志士团结起来,为实现上述任务而共同奋斗。"晚上,蒋介石在林园设宴为毛泽东、周恩来、王若飞洗尘,并邀请赫尔利、魏德迈和张群、王世杰、邵力子、张治中、周至柔等作陪。

△　延安《解放日报》发表题为《新时期的路标》的社论,指出,中共中央关于时局宣言中所提出的要求国民党当局承认中国解放区的民选政府和抗日军队等各项主张,是当前最迫切的行动纲领,它的意义是提出行将到来和平建国时期的总方针:和平、民主、团结。

△　朱德在延安对即将开赴东北工作的干部发表讲话说,国民党不要和平,要消灭我们,但事实上行不通。我们是要民主、团结、和平、建设新中国。我们要积极向东北发展,派五万军队,万把干部去,去争取3000万群众和我们在一起,把东北变为民主的东北。

△　中国纺织同业公会联合会在重庆成立,束云章为理事长,李升伯、荣尔仁、杜月笙、苏汰余为常务理事。

△　日本中国派遣军总司令官冈村宁次率同副总参谋长今井武

夫,到南京前进指挥所拜会冷欣主任。冷欣把中国陆军总司令部颁发之第六至第十三号备忘录八份面交冈村,并说:"本人奉中国陆军总司令一级上将何应钦的命令,来南京设立前进指挥所,在何总司令没有到京以前,负责随时传达何总司令命令,希望贵方切实照办,并给予本人一切便利。"冈村回答:"照办!"

△　中国受降代表冯衍少将在仰光参加东南亚日军洽降会议,签订初步协定。

△　美国政府送给国民政府租借舰艇八艘,是日中国接舰军官在美迈阿密正式接收赠舰,计有护航驱逐舰二艘、驱潜舰二艘、布雷扫雷舰四艘,分别命名为"太康"、"太平"、"永兴"、"永泰"、"永胜"、"永顺"、"永定"、"永宁"。

△　长江决口。长江水位激涨,为抗战以来所未有。湖北公安县东北叫湖堤附近之大堤突于是日崩溃约 200 米,水势甚大,其水头一股已到陆逊坡,一股已到黄金口,人民房舍、船只均被冲一空,灾情颇巨。

8 月 29 日　上午,毛泽东、周恩来、王若飞与国民政府代表张治中会谈。下午,毛、周、王与蒋介石会谈。晚间又和张治中、王世杰、张群、邵力子作长时间的谈话。是日国共双方主要是商讨这次和平谈判的必要性及谈判的原则、方针与程序等问题。

△　周恩来、王若飞在重庆举行茶会招待各界人士,说明中国共产党要求国民政府实行中共 25 日公布的《对目前时局的宣言》中的六项措施:承认解放区政权和抗日军队,划定中共军队接受日军投降的地区,承认各党派合法地位,召开各党派和无党派代表人士的会议商讨各项重大问题等。

△　蒋介石为国民政府谈判代表规定谈判三原则:一、不得于现在政府法统之外来谈改组政府问题。二、不得分期或局部解决,必须现时整个解决一切问题。三、归结于政令、军令之统一,一切问题必须以此为中心。

△　国民政府任命陈仪为台湾省行政长官;冯执正为驻墨西哥国

特命全权大使,原任陈介免职。同日,又明令颁给藏南孟地庸顿喇嘛以"辅教通览"四字禅号。

△ 中国陆军总部奉蒋介石之命,将原属中国方面受降的香港及九龙两地之日军投降改由英国接收,并授权英国海军少将哈考脱全权受降,另派罗卓英中将为中国代表、威廉逊上校为美国代表参加香港受降。

△ 陈诚在记者招待会上称:"日本投降后,我整军工作仍照预定计划进行",并对整军工作提出三项要求:一、使军令、政令统一;二、使军队成为国防的武力;三、使军队在编制、装备、训练、补给等方面都臻现代化。

△ 胡宗南部先遣支队进入郑州。胡部张耀明军于9月4日进驻郑州。

△ 中共中央发出关于切实布置可能为蒋介石所占地区的合法斗争的指示,强调:凡我不能切实占领的大城市及交通要道的工作仍须作长期打算,积蓄力量,以待将来。同日,又下达关于迅速进入东北控制广大乡村的指示,指出:"晋察冀和山东准备派到东三省的干部和部队,应迅速出发,部队可用东北军及义勇军等名义,只要红军(指苏军)不坚决反对,我们即可非正式地进入东三省。进入东三省后开始亦不必坐火车进占大城市,可走小路,控制广大乡村和红军未曾驻扎之中小城市,建立我之地方政权及地方部队,大大地放手发展,山东干部和部队如能由海道进入东三省活动,则越快越好。热河、察哈尔两省,我必须完全控制,必须迅速派干部和部队到一切重要地区去工作,建立政权与地方武装。"

△ 湖南人民抗日救国军负责人王震、王首道鉴于日本投降后形势根本变化,建立五岭根据地已不可能,是日致电中共中央建议北上。中央军委接此电后,即命令王震挥师北上,同时命令由刘转连、晏福生率领的南下第二梯队停止南征。

△ 何应钦密令各战区重新印发1933年编辑的反共文件《剿匪手

册》,发给排以上官佐阅读。

△　经济部公布《收复区敌国资产处理办法》及《收复区工矿事业接受整理办法》。

△　长江及嘉陵江近因上游山洪暴发,水位激增,是日上午重庆长江水位继涨至 84.4 呎。嘉陵江水位为海拔 197 米,沿江居民损失甚重,仅北碚一地受灾者达 500 余户,灾民万余人,估计损失在 10 亿元以上。

8 月 30 日　毛泽东、周恩来在重庆往访宋庆龄、张澜及赫尔利。毛泽东、王若飞旋在桂园会见参政员黄炎培、左舜生、傅斯年、王云五、章伯钧及张澜、柳亚子、王昆仑、张申府等,同他们进行长时间的交谈。之后,毛泽东、周恩来、王若飞出席张治中举行的欢迎宴会,于右任、孙科、邹鲁、叶楚伧、吴铁城等应邀作陪。

△　国民政府代表王世杰、张群、张治中、邵力子在重庆与中共代表周恩来就政治、军事问题进行商谈。

△　加拿大加华联谊会等九团体联名致电蒋介石及毛泽东:"希望国民党和共产党目前的谈判,结果能重新接近,以防止任何内战。现在最必要的,是立即取消一党专政,并尽早完成民主的联合。"

△　何应钦偕麦克鲁自芷江飞抵重庆,下机后即赴美军总部与魏德迈晤谈,旋晋谒蒋介石,报告关于接受日本投降各项部署情形并请示机宜。下午乘机飞昆明,召集各方面军司令官指示有关接受日本投降事宜。

△　国民政府特派驻墨西哥国大使冯执正为互换《中国墨西哥友好条约》批准约本全权代表;派兼驻多米尼加国公使李迪俊为互换《中国多米尼加友好条约附加条款》批准约本全权代表。

△　国民政府颁发《三十五年度国家总预算编审办法》。

△　《租借法案》停止后,中国政府与美国政府商订三年计划,获贷款 20 亿美元,并限以采购交通器材等为主。

△　第二战区司令长官阎锡山抵达太原,连夜召集山西省高级官

员及伪省长王骧等开会部署工作，决定由王骧向各地日伪政权、武装发布一切照常办理的密令；又委任汉奸苏体仁、梁上椿为高级顾问，冯司直、王骧为高级参议。同时，严令山西各据点日军就地待命，计划将山西日伪军改编为五个"省防军"，并委任日俘坂井少将为太原市警备司令。

△　刘少奇、朱德、任弼时致电陕甘宁晋绥联防军司令员贺龙，说明"目前在前线上最能配合与帮助谈判的事情，就是能在顽军向我解放区进攻时，在自卫原则下打几个胜利的歼灭战"。

△　八路军冀热辽军区东北先遣纵队由曾克林司令员率领与苏联配合攻占山海关。该部先头部队于本月下旬业已绕道义院口、九门口出关，相继占领前所车站和绥中、兴城等镇，与苏军会师。

△　八路军、新四军、华南抗日纵队，自8月21日至是日止，继续解放70座县市，控制五个重要港口，收复10余处著名矿区，切断10条大铁路及无数铁路支线，毙、伤、俘敌伪五万人。

△　拂晓，刘伯承指挥第一二九师共约九个团兵力，向襄垣发起猛攻，与守军暂三十八师第一团发生激战，迄晚城墙多处被毁，第一二九师战士由缺口处蜂拥而入，以白刃格斗进行巷战，于9月1日攻下襄垣城，俘虏县长翟大昌以下官兵多人。此战为上党战役之前哨战。

△　延安日本工农学校、日本人民解放联盟华北协进会、日本共产主义者同盟本部在延安举行出发纪念大会，欢送日本工农学校学员赴前线工作，第十八集团军参谋长叶剑英出席并讲话。大会通过向毛泽东、朱德致敬电。

△　北平燕京大学校务长司徒雷登自1941年太平洋战争爆发后，即被敌人拘于北平，直至最近始行获得自由，是日自北平飞抵昆明。

△　魏德迈对记者称："美国支持中国中央政府，将以99%的力量运输中国军队至收复区。"

△　全国文协和全国剧协在重庆举行欢迎郭沫若、丁西林归国茶会，由孙伏园主持。郭沫若发表谈话说，苏联这次战胜法西斯德国，当

然首先归功于红军,但苏联文艺工作者在胜利的事业中也有他们的努力与贡献。最后茶会决定由文协、剧协、新书业敦请中苏文协,于最近征募新书千卷转赠苏方,作为加强中苏文化交流的一项内容。

△　上海《中央日报》创刊。

△　川西霪雨成灾。据官厅报告,8 月上旬以后,无日不雨,累计雨量最大的为每小时 100 公厘以上,川西平原沟浍皆盈,田禾没顶,灾情普遍。蓉市灾情尤重,仅中央制药厂一厂之损失即达千余万元。是日夜起,大雨如注,次日午后始停。西南一带河水倒灌,东门城墙倒塌数处,情况之严重为 1917 年大水灾后所仅见。

△　盟军统帅麦克阿瑟等抵达日本横滨。

8 月 31 日　国民政府颁行《收复东北各省处理办法纲要》,决定在长春设立军事委员会委员长东北行营,综理一切;在长春设置外交部东北特派员公署,办理行营区域内交涉事宜;并将东北三省重划为九省:辽宁省、安东省、辽北省、吉林省、松江省、合江省、黑龙江省、嫩江省、兴安省。同日,又颁行《台湾省长官公署组织大纲》,规定台湾省行政长官隶属于行政院,依据法令综理台湾全省政务。

△　毛泽东在重庆桂园宴请柳亚子、王昆仑、屈武、侯外庐、许宝驹、谭惕吾、于振瀛、曹孟君、倪斐君等,就团结问题交换意见。

△　张群、王世杰、邵力子、张治中与周恩来、王若飞在重庆聚谈国共合作问题。

△　国民参政会秘书长邵力子、副秘书长雷震在该会设宴欢迎毛泽东、周恩来、王若飞,并约请曾赴延安之六参政员黄炎培、冷遹、左舜生、傅斯年、章伯钧作陪。

△　徐冰向民主同盟方面传达毛泽东来重庆的态度,决以柔软态度与国民党商谈,纵使谈不成也不采取拂袖而去的办法。谈判中的主要问题,希望国民政府能承认现状,互不攻击和抢夺对方的占领地区。今后如何,可交政治协商会议商定。一切问题均须以民主办法解决。对民主同盟所发宣言中的十项具体主张,表示绝对同意。

　　△　何应钦上午在昆明召集卢汉、张发奎、汤恩伯等高级将领开会，指示各方面军接受当面日军投降及有关事项。下午，在美军总部开中美联席会议，商订派赴北平、上海、南京等要地各部队开始航运顺序及其他重要事项。

　　△　宋子文由华盛顿赴渥太华对加拿大进行正式访问，于9月2日返回华盛顿。

　　△　中国受降代表团团长徐永昌一行抵日本横滨。

　　△　贵阳《中央日报》记者储裕生、贾耀恺，《贵州日报》记者徐斌，中央社贵阳分社记者袁瞵九，贵阳《大刚报》记者黄邦初五人，于军事紧急之际，冒险奔赴前线，报道敌寇暴行及难胞惨状，成绩卓殊。行政院是日授予储裕生等五人一等金质奖章，以示奖励。

　　△　中国第五十二、第六十、第九十一师进入越南北部，以解除日军武装及监视其撤退。

　　△　八路军晋绥军区调吕正操、林枫率晋察冀第三十二团及组建10个团的连以上干部400余人开赴东北。

　　△　美国《纽约时报》发表题为《战后中国》的社论，略谓：中国的任何政治解决，若是能够发挥需要的热力以维持和平，并促进民主进步，才能被重视。在达成这一愿望中，美国应该大有可为。

　　△　苏联《红星报》观察家发表评论说，中国将来的发展靠国共两党民主合作，当今两党领袖在重庆开始的谈判，即是以克服旧日分歧，讨论战后中国的新任务为宗旨。

　　8月下旬　美国陆军上尉约翰·伯奇和一名国民党军军官带领情报小组，在徐州附近侵入解放区，为当地八路军所阻拦。伯奇不认错并辱骂八路军，被八路军处决。魏德迈向中共代表提出指责，中共代表对此进行解释，并对伯奇的死表示歉意。

　　是月　第十二战区部队进攻绥远、热河、察哈尔三省解放区，攻占归绥、集宁、丰镇。

　　△　第一、第五、第六等三个战区的军队共二十几个师，由刘峙任

"剿共"总指挥,大举进攻豫、鄂两省解放区,四面包围李先念、王树声等部。豫、鄂解放区人民军队对进犯军予以坚决斗争。

△ 至是月止,中共领导的抗日根据地遍布 19 个省区,面积近 100 万平方公里,人口近一亿,控制县城 285 座。抗日武装力量获得大发展,军队达 93 万多人,民兵达 220 余万人。

△ 华南抗日游击武装在广州失陷到是月将近七年的艰苦斗争中,不断发展壮大,从数百人发展到二万多人,建立东江、珠江、粤中、琼崖等抗日根据地,成为中共在华南的重要战略支点。

9 月

9 月 1 日 国民政府特派李宗仁为军事委员会委员长北平行营主任;熊式辉为军事委员会委员长东北行营主任。

△ 中国战区最高统帅蒋介石委派英军官接收香港敌军投降之指令,英国正式接受。

△ 台湾行政长官公署在重庆成立,同时成立台湾警备司令部,陈仪任长官兼警备司令。

△ 国民政府军政部成立海军处,专管海军行政、教育、建造等军政事宜。

△ 新疆临时参议会成立,蒋介石致电勉以遵循三民主义之真谛,发扬民权政治之精神,同德同心,群策群力,复兴建国。

△ 重庆中苏文化协会举行鸡尾酒会庆祝《中苏友好同盟条约》签订,会长孙科主持,苏联大使彼得罗夫夫妇等苏联友人数十人与会。党政当局官员冯玉祥、吴铁城、陈立夫、陈诚、张治中、吴鼎昌、朱家骅、吴国桢等,及社会各界人士沈钧儒、郭沫若、左舜生、张申府、张西曼、王昆仑、阳翰笙、宋庆龄、史良等均参加。毛泽东、周恩来、王若飞也应邀出席。

△ 山东省政府主席兼全省保安司令何思源,率领保安部队进入济南。同日,江苏省政府主席王懋功等一行抵南京,准备接收工作。

　　△　中国经济事业协进会发表《对时局献言》，要求实现民主、和平、团结，立即废止管制政策，取缔官僚资本，严惩工商汉奸，切实救助工商业危机，救济失业员工。

　　△　八路军晋察冀部队克复秦皇岛。

　　△　《时代日报》在上海创刊。该报由《新生活报》改名，时代出版社出版，姜椿芳负责，是为抗战胜利后中共领导的第一份在上海出版的报纸。

　　△　禁烟委员会在重庆较场口公开焚毁所查获之烟土万余两。

　　9月2日　日本投降书签字。上午9时，盟军受降典礼在东京湾美国主力舰"密苏里号"上举行。首先由麦克阿瑟致词，接着，日外相重光葵代表日本天皇裕仁及日本政府，日陆军参谋总长梅津美治郎代表日本大本营，先后签署投降书。麦克阿瑟代表同盟国签字后，美国、中国、联合王国、苏联、澳洲、加拿大、法国、荷兰、新西兰九国代表相继签字，中国代表为徐永昌上将。全部典礼约30分钟即告完毕。

　　△　日本天皇裕仁为正式签署降书发表诏书，内称：根据《波茨坦宣言》及《联合国最高司令官之指示》，"朕命令朕之臣民速停敌对行为，放弃武器，着实履行降伏文件之一切条项及由大本营公布之一般命令"。

　　△　蒋介石在重庆官邸宴请毛泽东、周恩来、王若飞，应邀出席的还有孙科、冯玉祥、吴铁城、熊式辉、张伯苓、莫德惠、江庸、王云五、张群、左舜生、傅斯年、冷遹、黄炎培、邵力子、吴鼎昌、王世杰、张治中、陈立夫、甘乃光、吴国桢、周至柔、雷震、白崇禧、翁文灏、许孝炎等。宴毕，蒋介石同毛泽东单独会谈，双方对军队编组数目、军队驻地和解放区、政治会议、国大代表等问题阐明各自的意见。

　　△　何应钦遵蒋介石命令向各部队发出指示，要求以接收名义"急向所规定之受降地点挺进，并尽先以一部接收日军撤离之地区，主力迅速进驻日军投降集中地区之附近，完成一切受降准备"，"受降地点以外之重要城市之据点，应迅速以有力部队接防控置之"，"奸匪活动地域，

应集中优势兵力择要封锁之"。

△　民盟中央常委会在重庆特园欢宴毛泽东、周恩来、王若飞、张澜、沈钧儒、左舜生、黄炎培、冷遹、张申府、章伯钧、罗隆基、鲜特生等出席作陪。毛泽东说：今天我们聚会于"民主之家"，今后共同努力，生活在民主之国。宾主并就时局问题进行亲切交谈。

△　据重庆《中央日报》报道，新任台湾省行政长官陈仪谈治台方针，表示今后台湾省之政治方针，必须遵照孙中山遗教彻底实行三民主义；在文化思想方面须先推行国语国文运动。

△　台湾同胞特推举林献堂等四人为代表来沪，准备转往南京参加接受日本投降大典及欢迎陈仪赴台，是日向蒋介石驻沪代表蒋伯诚致敬，并请代为与陈仪取得联络。9 日，林献堂等四人赴南京拜访台湾长官公署葛敬恩秘书长，商谈台湾之政治、经济及日人居住等问题。

△　中共中央发出指示，指出新解放的县城，在根据地已有该县县政权者，立即入城办公，尚无县政权者，成立临时县政权，在较大的城市中还须成立市政权，管理县、市的民政、治安、经济等事项。

△　美军开始空运国民党军汤恩伯部至南京、上海，每日各 100 架次飞机分别运输 3000 人，运往南京、上海。

△　华北地区军民从 8 月 9 日至本日，共解放县城 32 座，歼灭敌伪军二万余人。

△　据新华社讯，山西 105 县中已有 36 县为八路军完全占领，这些县是：垣曲、夏县、平陆、晋城、阳城、安泽、高平、陵川、壶关、平顺、黎城、潞城、沁源、武乡、榆社、左权、和顺、昔阳、兴县、方山、临县、岚县、岢岚、五寨、神池、保德、河曲、偏关、左云、右玉、平鲁、山阴、文水、盂县、灵丘、阳高。

△　延安 800 余名干部，在绥德抗大一个大队、延安教导旅两个团的护送下出发，到晋西北与林枫干部团会合，组成 1500 人的干部队伍，向东北挺进。

△　越境日军代表酒井中佐等抵开远中国第一方面军司令部洽

降,由参谋长马镇、副参谋长尹继勋、英军代表海门接见。马镇宣读备忘录,并询问有关问题;酒井详细答复,并允转交备忘录。

9月3日　国民党中央于上午8时半在国民政府花园东向遥祭孙中山陵寝,蒋介石主祭,中央委员、国府委员暨各院、部、会长官与祭。旋于9时在礼堂举行庆祝会暨国父纪念周,蒋介石致词,宣示内政方针:减轻农工负担,实施民生主义;实施民主宪政,以法治为宪政基础;军队国家化,凡受国家编组和恪遵军令的军队,其待遇必一视同仁。12时,蒋介石戎装乘敞车检阅重庆市民。

△　外交部通知美、苏两使馆,国民政府已决定没收日方在华财产,请暂代协助保护。

△　国民政府为庆祝抗战胜利发表四道命令:一、"凡我曾经陷敌各省,应即予豁免本年度田赋一年,其他后方各省,为今年军糈民食所赖,准俟明年亦予豁免,全国兵役自本日起一律缓征一年"。二、"所有抗战以来殉职官兵,应由各战区司令长官部限令各军务师查明籍贯与其遗族直系亲属,于本年10月10日以前详报军事委员会依例给恤,凡阵亡将士家属及残废官兵并各依例优待,加以平时之抚慰,予以生活之保障,明定规条,通饬施行"。三、"着由军事委员会传令全体官兵,一体优予褒奖,厚为慰劳"。四、"所有在抗战期中颁布之各种战时法令,着各主管院、部、会、署立即分别检讨,加以整理,其有未合平时规范,损及人民自由者,得先申请废止"。

△　中国国民党为抗日胜利发表《告全国同胞书》,揭橥当前工作任务:准备实施宪政,实现民主政治;积极进行复员,从事经济建设;尊重统一,避免分裂。

△　重庆各界在较场口广场举行庆祝胜利大会,由国民参政会主席团莫德惠任主席,吴铁城致词,嗣由荣军代表、青年代表、妇女代表讲话。大会通过向国民政府主席、盟邦领袖、抗战将士、太平洋盟军、抗战家属及收复区同胞致敬等六电。会后,四万多人游行庆祝。

△　魏德迈发表胜利日公告,向盟国英勇将士及中国人民致敬,表

示"深信吾人当能,吾人并必须集中精神、物质之力量,以建立和平正义及有秩序之世界"。

△　苏联大使彼得罗夫在重庆大使馆设酒会共祝胜利,到中外人士百余人,毛泽东、周恩来、王若飞亦应邀莅会。

△　毛泽东在重庆桂园约见王世杰,周恩来、王若飞在座。毛泽东对两党谈判的重大问题提出八项原则性意见,略谓:一、在两党谈判有结果时,应召开有各党派和无党派人士代表参加的政治会议;二、在国民大会问题上,如果国民党坚持旧代表有效,中共将不能与国民党成立协议;三、给人民以自由,现行法令当依此予以废止或修正;四、应予各党派以合法地位;五、应释放一切政治犯,并列入共同声明中;六、应承认解放区及一切收复区内的民选政府;七、中共军队须改编为48个师,并在北平成立行营和政治委员会,由中共将领主持,负责指挥鲁、苏、冀、察、热、绥等地方之军队;八、中共应参加分区受降。

△　下午3时,毛泽东往访监察院长于右任、考试院长戴季陶及白崇禧、吴敬恒等,5时在桂园会见韩国临时政府全体成员,6时又在桂园会见郭沫若夫妇和翦伯赞、邓初民、冯乃超等,询问他们对时局的看法。

△　政府方面代表张治中、张群、邵力子与中共方面代表周恩来、王若飞在重庆交换意见,周恩来将中共拟定的两党谈判要点11项面交政府方面代表转蒋介石。其要点是:一、确定和平建国方针,以和平、团结、民主为统一的基础,实行民国十三年(1924)宣言中的三民主义。二、拥护蒋介石之领导地位。三、承认各党派合法平等地位,并长期合作,和平建国。四、承认解放区政权及抗日部队。五、严惩汉奸,解散伪军。六、重划受降地区,中共应参加受降工作。七、停止一切武装冲突,令各部队暂留原地待命。八、结束党治过程中,迅速采取必要措施,实行政治民主化、军队国家化、党派平等合作。九、政治民主化之必要办法。十、军队国家化之必要办法。十一、党派平等合作之必要办法。至此,两党普遍交换意见阶段完毕。

△　美国国会议员史奈德等一行13人,自马尼拉飞抵重庆。晚

间,蒋介石在官邸设宴欢迎,并请政府长官及赫尔利大使、魏德迈将军等作陪。

△　重庆部分文教、科学技术界人士许德珩、吴藻溪、潘菽、黎锦熙、劳君展、涂长望等,为纪念中国人民抗日战争和世界反法西斯战争的胜利、促进中国各方面力量联合建国和中国人民的民主幸福,发起组织"九三学社",并于是日成立筹备会。

△　新编骑兵第四师推进到大同。次日,第十二战区受降官孙兰峰到达大同,并准备受降事宜。

△　广州日军将海珠桥头之纺织厂内机器及物资全部炸毁,又炸毁河南岸工厂及仓库三间,工人30余名被害。同时,广州及广州湾一带日军将枪弹焚毁,并将大量物资抛沉海中。在此前后,湖南、浙江、河南、江西等省各地亦发生日军违反投降规定,擅自破坏机器,焚毁仓库,甚至烧杀掳掠情事。

9月4日　国民政府发布对台湾布告,宣布按照《波茨坦宣言》,台湾全境及澎湖列岛应交还中华民国。"本政府即派行政及军事各官吏前来治理,凡我在台人民,务须安居乐业,各守秩序,不得惊扰滋事。所有在台日本陆、海、空军及警察,皆应静候接收,不得逾越常轨,残害民众生命财产,并负责维持地方治安。其行政、司法各官吏,交通、金融、产业、教育各机关,在本府未派员接收以前,亦应照常奉公,不得破坏毁损,舞弊营私。如敢故违,定予惩办"。

△　国民政府发表东北各级官员任命令:一、特派熊式辉兼军事委员会委员长东北行营政治委员会主任,莫德惠、朱霁青、万福麟、马占山、邹作华、冯庸为军事委员会委员长东北行营政治委员会委员;张嘉璈为军事委员会委员长东北行营经济委员会主任。二、任命徐箴为辽宁省政府主席,高惜冰为安东省政府主席,刘翰东为辽北省政府主席,郑道儒为吉林省政府主席,关吉玉为松江省政府主席,吴瀚涛为合江省政府主席,韩俊杰为黑龙江省政府主席,彭济群为嫩江省政府主席,吴焕章为兴安省政府主席,忱怡为大连市市长,杨绰庵为哈尔滨市市长;

蒋经国为外交部驻东北特派员。同日，又任命胡适为国立北京大学校长。

　　△　蒋介石在重庆召见张群、张治中、邵力子了解谈判情况，商讨对付办法。蒋手定"对中共谈判要点"四条，令本此四条作出对中共 3 日提案之复案。此四条内容为：一、中共军队之组编，以 12 个师为最高限度。驻地问题可由中共提出，双方商定。二、承认解放区绝对行不通。只要中共对于军令、政令之统一能真诚做到，各县行政人员经中央考核后，可酌予留任，省级行政人员亦可延请中共人士参加。三、拟将国防最高委员会改组为政治会议，由各党派人士参加。中央政府之组织与人事拟暂不动，中共方面如现在即欲参加，可予以考虑。四、原当选之国民大会代表仍然有效，中共如欲增加代表，可酌量增加名额。

　　△　毛泽东在桂园接见来访的白崇禧。中午，美驻华大使赫尔利请毛泽东、周恩来、王若飞午宴，美国会访华团团长史奈德及张群、邵力子、张治中、吴国桢作陪。下午，毛泽东与蒋介石再度单独谈话。晚上，毛泽东等三人赴英国驻华军事代表团团长魏亚特将军举行的招待会。

　　△　张群、张治中，邵力子与周恩来、王若飞在重庆中山四路德安里，主要就军队整编和解放区政权等实质性问题举行首次谈判。政府代表提出中共方案第九、十两条与蒋介石主张相距甚远，并要求中共放弃解放区和人民军队。对此，周恩来阐释由于中共处于少数党地位，方案只是按事实解决问题，以保证中共的政治地位，促进全国政局安定。

　　△　蒋介石在重庆军事委员会大礼堂举行盛大茶会，招待各国使节及盟国将官，庆祝共同胜利。美、英、苏、法各大使及魏德迈将军等出席，戴季陶、居正、于右任、孙科、冯玉祥、叶楚伧、张继、邹鲁、吴铁城、翁文灏等政府长官作陪，毛泽东、周恩来、王若飞亦应邀出席。蒋介石发表简短致词，感谢各同盟国家的联合一致的努力。

　　△　何应钦奉蒋介石意旨，规定各部队官员进入收复地区必须遵守之戒条 10 项，内容有严守军纪风纪、绝对服从命令、随时随地维持地方秩序、不得擅自逮捕人民等。

△ 第三方面军副司令兼前进指挥所主任张雪中、副司令郑洞国等一行40余人，分乘两架运输机自柳州飞沪，进驻南京路外滩华懋饭店，并即成立第三方面军前进指挥所，从事初步接收准备工作。次日，郑洞国又奉命到南京成立前进指挥所南京分所，并兼主任，负责办理南京地区之接收准备工作。

△ 美国第十、第十四航空队在运完新六军后集中到柳州，自是日开始空运第九十四军和汤恩伯总部到上海。向南京、上海、北平空运国民党军队后，美第七舰队派出军舰把国民党军队从华南运往华北，通过海上运送的国民党军队约有40万到50万人。

△ 燕京大学校务长司徒雷登抵达重庆。

9月5日 蒋介石在重庆中央干部学校举行茶会，招待苏联大使彼得罗夫及其馆员，并邀请党政各长官及毛泽东、周恩来、王若飞出席作陪。

△ 毛泽东对重庆《大公报》记者发表谈话，称："我国政令军令如果再不统一，的确为不得了之事体，然统一政令军令必需建于民主政治之基础上。只有包括各党各派、无党无派代表人士之政治会议，始能解决当前国是，民主统一之联合政府始能带给全国人民以幸福。民主者，人民有力量之谓也"；继而谈到协议之另一结果为国民大会将延缓举行；最后表示愿团结商谈早获结果。同日，毛泽东并接见中国妇女联谊会代表及其他友好人士。

△ 黄炎培、章伯钧、左舜生、傅斯年、冷遹等五位参政员设晚宴招待毛泽东、周恩来、王若飞，交谈国共两党关于商谈军事等问题的情况。

△ 延安《解放日报》发表《庆祝抗战最后胜利》的社论，指出："对于抗日战争的伟大胜利，中国共产党作了巨大的贡献"；继而具体论述："在敌后战场上，中国共产党放手发动群众，进行人民战争，抗击了半数以上的敌军及百分之九十五的伪军，壮大了人民军队的力量，收复了广大的国土，建立了19个解放区，收复200余个县城。敌后解放区是坚持抗战，坚持团结，坚持进步的模范，是抗日战争取得胜利的决定因素之一。"

　　△　延安各界集会庆祝抗日战争的伟大胜利,朱德发表演说,号召全国人民团结起来,坚持和平、民主、团结,建设新中国! 晚间,各地演剧及举行晚会庆祝胜利。

　　△　中国民主同盟在重庆举行胜利庆祝会,并欢迎郭沫若访苏归来。沈钧儒致词,郭沫若谈游苏观感。

　　△　中国妇女联谊会发表时局宣言。宣言中指出,抗战彻底胜利的意义,是彻底消灭法西斯和保证战争胜利果实属于人民。要建立一个独立、自由、民主、幸福、强大的国家。这个国家绝不能是"少数人所得而私"的国家,"绝不允许它在政治、经济、文化各方面仍然停留在分裂、落后、不团结、不民主的局面里"。中国妇女在日本侵华战争中饱受夫离子散、亲人死亡的痛苦,"不愿在抗日胜利后,再有任何战祸发生"。

　　△　昆明文化教育界人士举行庆祝抗日胜利大会,发表宣言,提出迅速根绝内战危机,国共的谈判必须公开,在人民监督下,实现团结,实施民主改革,提出召开政治会议、组织联合政府、停止征粮征兵、惩办战争罪犯等主张。

　　△　党政接收计划委员会在芷江成立,主任由何应钦兼任,副主任由谷正纲、萧毅肃兼任,秘书长李惟果兼。下辖党团、经济、内政、交通、财政、外交六组,各组召集人以及该会成员均由行政院各部、会所派代表充任。该会为中国陆军总部幕僚性质之机构,并以"陆总"命令行之。具体负责起草"陆总"接收计划委员会组织规程、收复地区日伪各项组织事业财产接收通则、日人在华私人产业处理、日俘日侨管理、清查隐藏日伪财产及军用品、日伪仓库物资接收处理等项事宜。9 月 8 日迁至南京正式办公,同时,各省(市)党政接收委员会也相继建立。

　　△　宋美龄自美国返国抵达重庆。

　　△　新六军廖耀湘部自芷江由美国空军运抵南京。7 日入驻城内,13 日接防城区,17 日进驻挹江门下关。

　　△　第十二战区部队进攻察绥解放区,攻占兴和、尚义、武川、陶林、新堂、凉城,迫近张家口。

　　△　延安广播电台成立并开始播音,节目有时事新闻、解放区消息、言论政策和建设介绍以及纪录新闻。每日播音两次。

　　△　美总统杜鲁门根据美军方的建议,批准继续向国民政府提供六个月的租借物资。其中包括:利用美海空军为国民政府运兵、继续运送已经贮存在印度和缅甸的准备供应中国的物资,以及将中国西部贮存的美军物资转交国民政府。

　　9月6日　监察院院长于右任设午宴招待毛泽东、周恩来、王若飞,丁惟汾、叶楚伧、陈立夫、张群、张治中、邵力子出席作陪。晚上,宋庆龄举行欢迎宴会,毛泽东、周恩来、王若飞应邀出席。

　　△　我国参加盟国受降代表团团长徐永昌一行回抵重庆。

　　△　中华全国文艺界抗敌协会发表《为庆祝胜利告国人书》,指出抗战胜利的伟大意义,并称改造中国要依靠全国人民的力量和信心,要建立一个体现着团结、民主、和平三大目标的国家。

　　△　成都文化界常燕生、叶圣陶、李劼人等200余人在《华西晚报》上对国民党当局提出六项要求:一、立即结束一党专政,召开各党各派和无党无派的政治会议;二、保障人身、言论、出版、集会、结社、信仰等人民基本权利;三、立即承认各党派的合法地位;四、废除一切束缚和剥夺人民基本自由的法令与机构;五、释放一切爱国政治犯;六、严惩一切汉奸,解散伪军。

　　△　毛泽东、周恩来、王若飞往沙坪坝南开学校津南村访晤柳亚子,毛泽东将旧作《沁园春·雪》一词相赠。柳也和了一首。

　　△　王耀武第四方面军所部第十八军第一一八师进入长沙市区。

　　△　第三方面军第四十九军副军长杨文琼率领先头部队,于是日陆续飞抵上海,数万市民热烈欢迎。次日,第三方面军司令官汤恩伯等飞抵上海。

　　△　刘伯承指挥晋冀鲁豫军区八路军向山西省屯留围攻,与国民党军暂三十八师副师长徐其昌部发生激战,经两昼夜鏖战,攻下城郊据点工事及碉堡,8日拂晓向城垣发起攻击。12日,徐其昌率残部突出重

围，八路军攻下城垣。

△　八路军冀察热辽军区李运昌、曾克林等部约一万人进入沈阳，沿途接管铁路沿线的锦州、黑山等县城。

△　中央通讯社记者在新加坡查明，日军占领三年半期间，星洲一隅约有七万华侨被拘入马来半岛之集中营受到迫害。

9 月 7 日　蒋介石为苏联飞机于本月 3 日、5 日轰炸乌苏、精河事件，分别约见美、苏驻华大使，告知苏联干涉我新疆内政之事。同时，召集外交人员讨论处置方略。次日，又召见美、苏两使与魏德迈等，商防止新疆局势继续恶化的办法。

△　毛泽东、周恩来、王若飞先后往访英大使薛穆、法大使贝志高。旋赴加拿大驻华大使馆出席欧德伦大使举行的招待茶会。晚上，赴冯玉祥的晚宴。

△　第二方面军广州前进指挥所主任张励一行飞抵广州。新一军孙立人部正式进驻广州市。第十战区李品仙部进入徐州及蚌埠，正式接防。

△　国民参政会驻会委员会议，交通部长俞飞鹏报告交通复员计划，内称：在渝之机关共有 212 单位，公务员约 3.7025 万人，工役约 1.2084 万人，公务员眷属以每名三口计，约 11.4 万人。现交通部已准备 45 艘大小轮船，10 月间并可增加五艘，此 50 艘船中有八艘可航行至南京，其余只可开往宜昌、汉口。如以此现有之船只计算，两月半可将公务员全部运往南京，嗣后再运眷属、必需的工厂及普通民众，明年 6 月以前可全部还都。

△　国民政府派定中国长春铁路拟订章程委员及议定资产委员，进行有关长春铁路的对苏交涉。

△　善后救济总署署长蒋廷黻由英返渝，旋召开署务会议，决定：一、一个月以内成立各地分署；二、10 日以内派员赴上海成立机构，并准备接受联合国救济善后总署拨给之首期救济物资，现已有 2.2 万吨自美、加两国起运。

　　△　成都17个文化团体推举叶圣陶起草《成都十七个文化团体致重庆杂志界的一封公开信》,对重庆《东方杂志》、《新中华》、《中学生》等八种杂志抗议国民党的图书审查制度,决定不再送稿审查的行动表示支持。9日,叶圣陶又为成都言论界起草《我们永远不要图书审查制度》的宣言。

　　△　晋察鲁豫军区下达关于上党战役的第一号命令,决定彻底消灭侵占上党地区的阎锡山部队。参加上党战役的太行、太岳、冀南军区主力整编为太行纵队、太岳纵队、冀南纵队。

　　△　内蒙伪头目德穆楚克栋鲁普、李守信、吴鹤龄、乌古廷四人,由北平经西宁抵达重庆,再度投靠国民政府。

　　△　麦克阿瑟元帅代表中、美、英、苏盟国进驻东京,接管日本首都。

　　9月8日　张群、张治中、邵力子与周恩来、王若飞在重庆就军队组编数目和省区划分问题进行商谈。中共代表说明,解放区乃既成之事实,只求中央承认,并非要求中央另划地区;提出华北五省由共产党负责,其他六省由共产党参加,解放区120万军队缩编为48个师。政府代表不同意以上要求。最后,张群将一份政府方面拟定的《对于中共九月三日提案之答复案》交给中共代表,只允许中共军队编为12个师,不同意使用"解放区"这一名词。

　　△　下午,毛泽东、周恩来为感谢各国友好对解放区和中国抗战的援助,在重庆桂园举行茶会,招待在渝各国援华救济团体人士。英国援华会薛穆大使和夫人、美国联合援华会艾德敷以及公谊救护队、英国红十字会、美国红十字会、世界学生救济委员会、国际救济委员会等代表及保卫中国同盟主席宋庆龄应邀出席。晚上,毛泽东、周恩来、王若飞出席孙科招待宴会。

　　△　国民政府在南京设立党政接收计划委员会,统一主办对敌伪党政及物资接收事宜。

　　△　中国陆军总司令部撤销原派在南京之前进指挥所,另设中国

陆军总司令部前方司令部于南京中央军校旧址，由何应钦主持。

△ 蒋介石接见美、苏两使赫尔利和彼得罗夫，与中国战区参谋长魏德迈等商谈防止新疆局势继续恶化。

△ 顾维钧主持联合国战争罪犯委员会特别小组委员会，宣布日本战犯名单，并分送盟国批准。

△ 中国战区陆军总司令何应钦乘专机从芷江飞抵南京，并发出布告三则：一、市民均应各安本业，严守秩序，所有宪警应尽忠职守，照常服务，维持治安；二、废止伪政府颁布之一切法规章程，宣告所有因爱国行为而致遭逮捕者无罪并恢复自由；三、南京市所有捐税暂行豁免。

△ 何应钦以第二十一号备忘录致冈村宁次，饬即将匿居日本的汉奸陈公博等逮捕，押解中国陆军总司令部究办。

△ 新一军第五十师奉命进驻香港与澳门，负责守备工作。

△ 中国劳动协会重庆工人福利社开幕，由该会理事长朱学范、书记长易礼容柬邀各界人士莅临参观。按：该社筹建于 1944 年 5 月 1 日，建筑及设备费共 2625 万元，设有诊疗所、茶室、理发室、交谊室、咨询室、淋浴室等。诊疗所有内、外、五官、妇产等科，工人暨会员诊病完全免费。

△ 今井武夫对中央社记者表示：蒋介石 8 月 15 日之广播谈话，"至使吾日本上下军民深深感念，吾日本人民于感念涕零之下，绝对以最忠实及诚意的态度履行投降之条款"。

9 月 9 日 上午 9 时，中国战区日军投降签字仪式在南京中央陆军军官学校大礼堂举行，中外代表千余人出席，何应钦主持，参加受降的有陆军上将顾祝同、陆军中将萧毅肃、海军上将陈绍宽、空军上校张廷孟，日军投降代表有冈村宁次、小林茂三郎、今井武夫、小笠源清、福田良三、泽山春树、三泽吕雄七人。何应钦代表中国战区最高统帅蒋介石将《日军投降书》及《中国战区最高统帅命令第一号》交给冈村宁次，冈村签署降书后呈交何应钦签字。第一号命令内容为：一、投降之日本陆海空军即停止一切敌对行为，暂留原地静待命令；将所有一切武器物资等予以暂时保管,不加损坏,待命交纳。二、日本部队须保证严守纪律及秩序,不得有伤害及骚扰人民。三、联合国战俘及被拘人民必须妥慎照护,并充分供给其衣、食、住及医药等。四、日军须协助何应钦所指定之军队收复台湾、越南北纬 16 度以北地区及中华民国境内各日本军占领区。五、对于本命令或此后之命令所规定事项,倘有迟延或不能施行,将立刻严惩违犯者及其负责之军官。

△　蒋介石电请美军报纸转致对美军来华作战之谢忱。同日,召见第五战区副司令长官郭寄峤,命即飞迪化,协助解救新疆危局。次日,郭寄峤飞抵迪化。

△　蒋介石复电宋子文,嘱往晤马歇尔商谈国军 90 个师所需军火事宜。

△　第十一战区北平前进指挥所主任吕文贞,率领参谋人员由西安飞抵北平。同日,北平行营主任李宗仁亦派参谋长王鸿韶飞抵北平筹设行营。

△　第二方面军所属第六十四军开始接收广州湾日军所占地区。

△　薛岳第九战区鲁道源部第五十八军进入南昌市区。

△　北平私立燕京大学重庆校友会举行聚餐会,欢迎该校校务长司徒雷登,司徒雷登宣布燕大复校计划,并决定 10 月 10 日在北平复校。

△　汉奸陈璧君、褚民谊在广州被捕。

△　美军在南朝鲜登陆,苏军从日本手中接管北朝鲜,是日美苏双方划定以北纬 38 度线为南北分界线。

9 月 10 日　张群、张治中、邵力子与周恩来、王若飞在重庆举行会谈,商讨政治会议和国民大会问题。中共代表提出,在召开国民大会之前,应召开一次有各党各派及无党派人士代表参加的党派会议。政府方面原则上赞成,主张称为政治协商会议;基本上同意延期召开国民大会,但坚持旧代表有效。中共代表表示,若重选有困难,就应增加三分之一代表名额。

△　张澜致电蒋介石、毛泽东,要求"全盘""彻底"解决国家的问题,并将国共谈判内容随时公之于众。

△　蒋介石电示宋子文关于利用前《租借法案》物资问题,同意照所陈处理意见办理。

△　行政院长宋子文在白宫访晤美副国务卿艾奇逊,要求美国协助国民政府将军队从广州直接送往大连。艾奇逊答复,美国不直接参与关于接收东北的谈判,可以提供运兵舰船。

△　何应钦召见冈村宁次,指示处理日军投降事宜。冈村表示:自签订降书后,"就脱离日本政府之节制,完全听从何总司令之命令"。

△　黄金价跌落至每两五万元左右。

△　南京《中央日报》复刊。

△　八路军晋冀鲁豫军区根据中共中央军委的指示,集中太行、太岳、冀南三区主力及地方武装一部共 3.1 万人,在以长治为中心的晋东南地区发起上党战役,消灭进入晋东南地区的阎锡山部。是日开始战役第一阶段。

△　据中央社东京电称:在日本之中国战俘现处在极端无人照顾之状态中,挣扎于饥饿线上。据中央社记者估计,在日本之中国战俘至少在二万人以上,另外还有 3.7 万被日军"征用"的华工在日本作苦工,待遇与奴隶并无差别。

△　苏联情报部发表 1945 年 8 月 9 日至 9 月 9 日远东苏军战果公报:投降日军有 59.5 万名以上;其中受伤的有二万名,将官 148 名。被击毙日军有八万名。日军全部损失(不包括日舰上被击毙的水兵):被俘或被击毙的官兵计共 67.4 万名以上。苏联远东军的损失:死亡的计 829 人,受伤的 2264 人。

9 月 11 日　毛泽东、周恩来、王若飞在重庆桂园宴请张澜、黄炎培、沈钧儒等,就促进国共团结问题交换意见。周恩来并谈及国民党部队向上党地区进攻的情况,张澜等表示愿尽力斡旋。

△　张群、邵力子、叶楚伧、张厉生与周恩来、王若飞就国民大会问

题举行会谈。周恩来说:国大的任务是制宪、行宪和选举总统,国大代表不重选,中共殊难通过;提出增加三分之一代表作为补救办法,并要求修改国民大会组织法与选举法。

△　五国外长会议在伦敦召开,中国外长王世杰、美国务卿贝尔纳斯、英外相贝文、苏外长莫洛托夫、法外长皮杜尔均到会。贝文任主席,讨论国际形势,并起草对前轴心国之和约,会期定两周。会议程序与波茨坦会议大致相同,每日晨间由各国代表自行集议,下午五国外长会商。

△　国民政府任命王星拱为国立中山大学校长,原任邹鲁免职;派徐会之为汉口市市长,原任吴国桢免职。

△　中南区工业协会在重庆举行记者招待会,由该会理事长胡厥文及胡安恺等报告中南区各工厂情况,略谓:去年湘、桂、粤三省奉令迁渝之136家民营工厂,在搬徙途中损失奇重,本年春始陆续抵渝,多数厂家尚未复工,目前各厂对复员问题均茫然无计,要求政府能在复员方面予以救济,以谋继续生产。

△　第一方面军司令官卢汉所属之赵公武第五十二军已开入越南河内,是日卢汉率该司令部人员由开远乘飞机抵河内。

△　中共中央给山东军区发出紧急指示:"我党我军目前在东北极好发展。为利用目前国民党及其军队尚未到达东北以前的时机,迅速发展我之力量,争取我在东北之巩固地位,中央决定从山东抽调四个师12个团共2.5万至三万人,分散经海道进入东北活动,并派萧华前去统一指挥。"进入东北后,要"首先进驻乡村、小城市及红军尚未占领之中等城市和交通线,发动群众壮大力量,建立地方政权,改编伪军,组织地方武装,协助红军建立民主秩序"。

△　八路军、新四军与华南抗日纵队自8月11日至是日向敌伪大进军中取得重大战绩:一、收复大小城市156座,内有省会一座,海港与商埠五个;二、控制胶济路、津浦路、陇海路、平绥路、北宁路、德石路、平汉路、道清路中的部分路段;三、控制自山海关至杭州湾海岸线,以及黄

河、长江、运河部分沿岸;四、俘房及受降敌伪军 10 余万;五、缴获长短枪约 10 万支、轻重机枪 1000 多挺、各种口径炮 200 余门。

△　重庆工商界代表仇秀敷、万静安、蔡鹤年、范仲渠、潘仰山等组织"工商请愿团",向行政院、财政部、市政府请愿,要求政府贷款 100 亿元,以黄金货物作抵押,以资救济。

△　重庆中国兴业公司设有炼铁、炼钢、轧钢、机械、窑泥等部,规模宏大,原有 4000 工人,近因胜利后战时生产局停止购货,生产不振,现只剩下 2000 多工人。是日资方宣布炼铁厂停办,致使 400 多工人失业。窑泥厂亦决定于月底停工,到时又将有 500 多工人失业。

△　新疆伊宁哈萨克乱民进至迪化西北 200 里,李铁军部拒之,省垣各校疏散。同日,蒋介石电嘱外长王世杰向苏外长莫洛托夫交涉。

△　麦克阿瑟发布逮捕日本战犯名单,内有东条英机等 40 人。同日,东条在东京寓所畏罪自杀,未遂。10 月 7 日,美国宪兵将东条收押于大森收容所。

9 月 12 日　蒋介石在重庆官邸约毛泽东、周恩来共进午餐,张群、张厉生、邵力子作陪。餐后,蒋介石与毛泽东商谈军队缩编问题,毛泽东表示中共愿再作让步,由原提 48 师减至 28 师;蒋介石只是笼统答复说,政府对中共的困难无不为之解决。

△　张群、张治中、邵力子与周恩来、王若飞就国民大会、政治会议、施政纲领、各党派参加政府及承认解放区五个问题进行商谈,双方说明各自立场,没有取得实质性进展。

△　毛泽东、周恩来在重庆八路军办事处会见九三学社发起人许德珩等,建议把九三学社建成永久性的政治组织。

△　美国纽约华侨领袖李国钦致电毛泽东,对国共谈判表示关切,热望中国实现和平团结,建设真正民主国家。

△　何应钦令冈村宁次取消中国派遣军总司令名义,改称中国战区日本官兵善后总联络部长官。

△　中国陆军总司令部命令,自是日起伪钞一律停用,沿用法币,

并规定伪币与法币的兑换率为 200 : 1。

　　△　第一战区胡宗南、第十一战区孙连仲两部结合日伪军,共 20 万兵力沿平汉线、道清线向中共晋冀鲁豫地区发动进攻,至 10 月 7 日先后进占封丘、延津、原武、武陟、获嘉、辉县、汤阴等城。

　　△　山东八路军解放临沂县城,使鲁中、鲁南、海滨三区连成一片。

　　△　晋冀鲁豫军区八路军围攻长子,与国军第二挺进总队发生激战,相持三昼夜后,攻下各城关,遂于是日攻占长子,俘虏总队司令白映蟾以下官兵多人。次日又攻占壶关。

　　△　南洋日军签降,日军板垣征四郎代表日本南洋军总司令寺内寿一,在新加坡举行之投降典礼中签订降书,中国军事代表团团长冯衍中将参与受降。

　　9 月 13 日　美驻华大使赫尔利于中午欢宴毛泽东、周恩来、王若飞。下午 3 时,毛、周、王首次招待在渝外国记者。毛泽东说明共产党和平民主主张,表示将为和平尽一切努力。周恩来表示共产党应接受在他们区域内的日军投降。毛泽东、周恩来并说明:目前共产党竭力避免与国民党军冲突,但仍继续与敌伪军作战,因敌伪依然攻击共产党军队。晚 7 时,毛泽东等三人赴考试院长戴季陶邀宴。

　　△　中共中央向全党发出《关于和国民党谈判情况的通告》,指出我们与国民党的谈判已告一段落,国民党方面毫无诚意,只强调政府法统不容紊乱,军令、政令必须统一,具体问题未获进展,双方意见相距甚远,谈判将拖延一些时候。蒋介石表面上对毛泽东、周恩来、王若飞招待很好,实际上在一切问题上,不放松削弱以至消灭中共的方针,并企图压迫就范。

　　△　蒋介石召见魏德迈,商谈战后中国军事组织,并望美国派遣实业、交通、医药专家来华协助复兴。

　　△　蒋介石派张治中赴新疆处理“伊宁事变”,是日张治中由渝飞抵迪化。

　　△　山西日军投降书签字仪式在太原举行,由第七集团军总司令

赵承绶代表第二战区司令长官阎锡山,接受山冈代表、日军第一军司令官澄田睬四郎之投降。

△ 第三战区司令长官顾祝同抵达杭州成立司令长官部,进行对浙江省的接收工作。

△ 空运抵京之新六军奉何应钦之命,开始布防南京城郊。

△ 海军司令陈绍宽抵沪后,即开始接收敌伪海军,是日接收日舰17 艘,14 日为 37 艘,15 日为 30 艘,三日共接收 84 艘,均为小炮舰。

9 月 14 日 中国民主同盟主席张澜及张申府等约请毛泽东、周恩来、王若飞与张群、邵力子等共进午餐。餐后举行商谈,气氛极为融洽。下午,毛泽东、周恩来在桂园接见日本反战作家鹿地亘和池田幸子,以及各方来访好友。晚,毛泽东、周恩来、王若飞应白崇禧之请出席宴会。

△ 重庆《新华日报》刊载中国第三党领袖章伯钧对该报记者谈目前国是问题。章呼吁全国党派共同进行和平建国,并认为解放区军队和政权有功抗战,不能视为化外,而汉奸伪军必须彻底解决,不可姑息,不可利用。

△ 宋子文在美晋谒杜鲁门总统,商谈军事、政治、经济等问题。杜鲁门表示:"美国政府准备援助中国发展适度的武装力量,借以维持国内和平与安全,并承担中国解放区包括满洲与台湾在内的有效控制",而且,"甚明了向东北运兵的重要性"。同时声明补充援助不得用于内战和支持不民主的政权。同一天,杜鲁门告诉宋子文,美国在西太平洋的海陆军部队已接到命令,从即日起运送国军到东北港口。16日,宋子文离美飞抵伦敦,在英伦停留三四日后经法国返国。

△ 中国各战区、方面军自是日起开始解除日军的武装,至次年 2月 13 日止缴械基本结束。投降日军合计为,派遣军总司令部一个,方面军三个,军 10 个,师团 36 个,独立旅团 41 个,独立警备队 19 个,海军特别根据地及陆战队六个,总计俘虏日军 128.3206 万人。

△ 张治中在迪化会见苏联驻迪化代总领事叶谢也夫,征询对"伊宁事变"意见。叶谢也夫表示:这是中国内部的事情,苏联不便干涉中

国内政，并希望和平解决。张治中请叶谢也夫代为疏通阻塞和平解决的道路。

　　△　国民政府派邹秉文为中国出席联合国粮食农业组织第一次大会代表。

　　△　第九战区司令长官薛岳命第五十八军军长鲁道源，在南昌接受日军第十一军司令官笠源幸雄签署的投降书。

　　△　汤恩伯部第三方面军牟廷芳第九十四军是日起逐次接收上海市区及虹口地区之防务，并解除日军武装。至21日市区接收完毕，月底上海外围亦全部接收完毕。

　　△　毛泽东、周恩来致电中共中央转张云逸、饶漱石等：上海《新华日报》及南京、武汉、香港等地以群众面目出版的日报，必须尽速出版，派范长江、钱俊瑞、阿英等去上海工作，要多去人，快去人。在此期间，还和夏衍谈话，派夏到上海恢复《救亡日报》。

　　△　朱德在延安会见苏联后贝加尔湖前线总司令马林诺夫斯基的代表贝鲁罗索夫中校。贝氏转达马林诺夫斯基的意见：蒋介石军队与八路军之进入东北，应按照特别规定之时间；苏联红军退出东北之前，蒋军及八路军均不得进入东北；八路军之个别部队已到辽宁省沈阳市、大连市、吉林省长春市、热河省平泉县等地，请朱总司令命令各该部队退出苏联红军占领之地区；苏联红军统帅部转告朱总司令，红军不久即行撤退，我们不干涉中国内政，中国内部问题由中国自行解决。次日，朱德、刘少奇、任弼时致函马林诺夫斯基，略谓在热河、辽宁1937年中日战争爆发时即有八路军活动并创有根据地，请允许该地区八路军仍留原地。

　　△　中共中央政治局开会听取辽宁省沈阳市卫戍司令部司令员曾克林关于东北工作情况的汇报，并座谈东北的工作问题。会议决定把战略重点放在东北，力争在东北建立根据地，把原来准备南下的10万部队和二万干部转而挺进东北。朱德表示中央要迅速派人到东北去，要准备组织40万至60万军队和国民党军队对抗。

△　湖南方面日军于是日至 17 日间由湘潭仙女乡、永嘉田、何家桥向长沙撤退时,沿途奸淫掳掠,杀人烧屋。宁乡日军撤集长沙时,将军用品完全毁坏。沅江、益阳日军撤往白马寺时,掠去大批猪、牛及民用物品。豫南之南阳日军撤退时,亦焚毁军用品 400 余车,枪毙马 80 余匹,并毁枪炮弹药等甚多。此外,其他地方日军撤退时,亦不断发生违反降约规定的烧毁罪行。

△　忠义救国军浦东行动总队第三大队在浦东海面营救美海军扫雷艇,扫雷员克维斯、赛维基、叶可万葛罗、华锡比、葛歇尔、塞维生、挪维格、金斯其等八人获救登陆,送至总队部后转送上海美驻华海军基地。

9 月 15 日　张群、邵力子与周恩来、王若飞就省区划分、地方政府人选的推荐、军队缩编和军队驻地等问题进行长时间的商谈。周恩来重申中共主张某几省由中共任主席,某几省由中共任副主席,并以山东解放区迄今收复 80 余县,均已实行民选县长,治理县政,只等中央承认加委为例,说明中共办法切实可行。政府代表表示,这种办法"有悖政令之统一,政府不能接受"。关于军队改编,中共方面要求中共军队缩编为 28 个师,政府只允许编 12 个师,双方分歧很大。关于军队驻地,中共代表表示,中共军队集中于淮北及黄河以北地区,南方各省军队将考虑予以撤出。

△　毛泽东往特园访晤中国民主同盟主席张澜,向他介绍国共谈判情形,说症结仍为解放区政权和人民军队问题。张澜以其体验说,深知政权、军队对于人民的重要性。你们一定要坚持,好为中国保存一些干净土!并说,国共关门谈判,应把已经谈妥的公开出来,免得蒋介石以后不认帐。毛泽东欣然接受。晚,毛泽东在桂园设宴招待中国青年党在渝中委左舜生、陈启天、余家菊、何鲁之、常燕生等。

△　毛泽东在重庆致电中共中央,指出苏南、浙东、皖南部队应"准备将来适当时机渡江北上"。

△　首都警察厅与南京市区宪兵司令部相继成立,林锡钧为司令。

△ 湖南长衡区日军投降签字仪式在长沙湖南科学馆第四方面军司令部举行,日第二十军司令官坂西一良代表长衡一带20余万日军签字投降,中方受降主官为第四方面军司令官王耀武。签字后,王耀武即以《武字第一号训令》交坂西一良。同日,第三战区司令长官顾祝同在杭州接受日军第十三军司令官松井久太郎的代表野地嘉平等投降,并于18日正式举行受降典礼。

△ 中共中央决定在沈阳成立以彭真、陈云、程子华、伍修权、林枫为委员,由彭真任书记的中共中央东北局。同时决定罗荣桓率山东主力五万人,黄克诚率新四军第三师全部三万余人,另由各军区抽调一部分兵力共计15万人及地方干部二万余人挺进东北,会合原在东北的抗日联军等力量,消灭敌伪残余,建立各地民主政府。

△ 中共中央致电毛泽东、周恩来:中央决定组织东北中央局,彭真为书记,陈云、程子华、伍修权、林枫为委员,立即赴东北工作,办事处暂设沈阳。17日,毛泽东、周恩来复电完全同意力争东北的方针,并告谈判无进展,说东北及热、察控制在我手中,全党团结一致,什么也不怕。

△ 阎锡山为解救长治守军,急令第七集团军副总司令彭毓斌率第二十三、第八十三军、省防军等八个师共二万余人,应援上党区作战,由祁县东关镇向沁县南进,于9月26日行抵沁县,继续向关上推进。

△ 中国航空公司渝汉、渝京、渝沪线是日正式开航,航机次日到京,当日转沪。京站开始登记乘客并运输货物邮件。

△ "民联"轮由重庆猫儿石启碇出发,乘客500余人,载货350吨,作抗战八年来渝宁间首次正式通航,于23日抵达南京。

9月16日 毛泽东、周恩来在红岩住地接见美国第十四航空队总部士兵霍华德·海曼、爱德华·贝尔、杰克·埃德尔三人,并设宴招待。

△ 张治中晋谒蒋介石,报告解决新疆伊宁事变之途径,建议请苏联政府调解伊宁事变。

△ 海军总司令部接收上海日本海军设施及江南造船厂。

△　广州地区日军投降仪式在广州中山纪念堂举行,中方受降官为第二方面军司令官张发奎、参谋长甘丽初及美国博文将军;日方投降代表为第二十三军司令官田中久一、参谋长富田直亮。23 日,第二方面军司令部命令田中久一,广州附近日军自当日起开始解除武装。

△　马寅初在重庆市商会大礼堂作题为《黄金政策所表现的经济政策》的公开演讲,指出:民主与和平是安定目前中国经济的钥匙;并谓一个民主国家一定有几个代表不同意见的政党存在,比如说,假定中国国民党代表银行、工业家和地主,中国共产党是代表农民。如今政府的经济政策把民营银行和工业都搞垮了,可以说是自杀政策,也可以说没有政策。

△　中共中央军事委员会主席毛泽东授予彭真、陈云、叶季壮中将军衔,伍修权少将军衔,段子俊、莫春和上校军衔;并用中、俄两种文字书写任命书。

△　中共中央致电华中局:"全国内战危险虽然较大,但和平局面仍有可能。你们苏南、浙东、皖南三地区部队,如果和平局面出现,有转移到江北之可能",要求立即准备渡江北上。20 日,中共中央又指示华中局:浙东、苏南、皖南部队北撤,越快越好,此事已在重庆谈判中当作一个让步条件向对方提出。

△　晋冀鲁豫军区八路军两个团于 13 日起围攻潞城,激战至是日,又增援两个团,迫国民党守军撤出潞城。

△　同盟国接受香港日军投降典礼在香港总督府举行,日军投降代表为冈田梅吉、藤田赖太郎,接受降礼者为哈考脱少将。中国代表潘华国将军参与受降,并致备忘录声明:九龙日军系向我国投降。

9 月 17 日　蒋介石在重庆林园官邸设午宴招待毛泽东和赫尔利,张群、吴国桢出席作陪。宴后,蒋介石和毛泽东及赫尔利就军事问题进行商谈,赫尔利提出国共双方军队以 4∶1 的比例进行缩编。

△　毛泽东在重庆桂园举行茶会招待产业界人士刘鸿生、潘昌猷、吴蕴初、胡西园、吴羹梅、章乃器、范旭东、颜跃秋等,阐明中国共产党对

待民族工商业的政策。

△ 国民政府任命商震为国民政府参军长。

△ 国民政府军委会密令发送《剿匪手册》。

△ 何应钦抵上海视察日军缴械情形,并在中外记者招待会上表示,对于投降的日本,不要有报复企图,更不可对他们已投降的官兵和无辜的侨民加以侮辱,应保持我们文明大国的风度。

△ 刘少奇、朱德致电毛泽东、周恩来,提出"向北推进,向南防御"的战略方针,主张力争东北,控制热河、察哈尔,除派部队去东北外,必须立即调集 10 万到 15 万部队到冀东、热河一带。江南新四军主力转到江北,调到冀东或山东,由山东调出部队去冀东、热河。

△ 彭真、陈云、叶季壮、伍修权、段子俊、莫春和与曾克林及苏军代表乘飞机离延安。当日在山海关降落,改乘火车于 18 日到沈阳。中共中央东北局正式成立。

△ 著名作家郁达夫被日本宪兵杀害于苏门答腊。

9 月 18 日 "九一八"第十四周年纪念,蒋介石在重庆向全国人民广播,指出 14 年来国耻虽雪,教训永垂;并宣示建设东北方针:发挥自己力量奠定建设基础,需要盟邦援助,完成建设全功。

△ 国民政府特派军事委员会委员长东北行营政治委员会委员莫德惠前往东北代为宣慰。

△ 外交部长王世杰在伦敦以备忘录分致美、苏两外长,就日本应赔偿我国损失问题提出希望与建议。

△ 国民参政会在重庆举行纪念"九一八"茶会,毛泽东、周恩来应邀出席。毛泽东在会上致词称:今后当为和平发展、和平建国之新时代,必须团结统一,杜绝内争,除此方针之外,其他任何方针均属错误。周恩来报告国共谈判经过说,这次谈判问题很多,我们相信和平建国符合全国人民的殷切期望。

△ 东北四省抗敌协会在重庆江苏同乡会召开"九一八"十四周年纪念大会,到东北同乡约 500 人,莫德惠及萧振瀛任主席。与会者提议

即日登记旅渝东北同胞,要求政府无条件遣送回籍,免费运送并安排职业,当即决定组织东北义民回乡委员会,进行调查登记工作。

△ 延安《解放日报》发表《向东北同胞致庆——纪念"九一八"十四周年》的社论,号召东北同胞组织起来,协助苏联红军彻底扫除藏匿在山林中继续杀害人民的敌军残余,彻底摧毁敌伪的一切统治机构,成立新的地方民主政府,改善人民生活,开始经济建设,努力发展生产,使东北同胞很快恢复日军长期掠夺所造成的创痕,进入繁荣富足的境地。

△ 张澜分别致书蒋介石、毛泽东称:"今日商谈内容似应随时公诸国人,既能收集思广益之效,更可得国人共商国事之实";商谈"所作成之解决方案,必须不与国人之公意相违,如团结仅有空名,统一徒具形式,则于根绝内争一点,窃恐贡献无多。吾人虽不获事前参与,事后必须保留批评之自由"。

△ 第六战区司令长官孙蔚如在汉口接受日军第六方面军司令官冈部直三郎之投降。

△ 重庆铁路员工400余人代表平汉、津浦、胶济、黔桂、湘桂、粤汉、京宁、北宁、江南、平绥、陇海等11路流落后方的数万员工,到交通部请愿,向政府提出救济失业、资助复员还乡等六项具体要求。

△ 中国战区美军总司令魏德迈回美述职,其职务由美国驻华空军司令斯特梅耶代理。

9月19日 张群、张治中、邵力子与周恩来、王若飞就军队缩编、军队驻地和解放区问题进行谈判。周恩来提出:关于军队数目,我方"愿让至七分之一",即"如中央军队缩编为120个师,中共应为20个师"。关于军队驻地,我方第一步准备将海南岛、山东、浙江、苏南、皖南、湖北、湖南、河南境内黄河以南八个地区的军队撤出。第二步再将苏北、皖北、豫北地区的军队撤出,集中于黄河以北七个地区。解放区随军队驻地。由中共推荐山东、河北、察哈尔、热河四省与陕甘宁边区的主席,山西、绥远两省副主席及天津、北平、青岛三市副市长;北平行营由中央主持,并设政治委员会,由中共负责。政府代表对于中共这一重大让步方案仍不同意,坚持要中共开名单,由政府量才任用,不同意指定省份。

△　蒋介石召见东北行营主任熊式辉,指示与苏驻华大使彼得罗夫进行谈判东北接收问题。

△　毛泽东在重庆设宴招待燕京大学校务长司徒雷登。

△　广东省政府主席罗卓英、委员罗香林等,由渝飞抵广州就职。民政厅长李扬敬、财政厅长杜梅和、教育厅长姚宝猷、委员黄范一、萧次尹、黄文山、詹朝阳已于 18 日先抵广州。

△　中共中央发出《目前任务和战略部署》的指示:规定全党全军主要任务是,继续打击敌伪,完全控制热(河)、察(哈尔)两省,发展在东北的力量并争取控制东北。全国战略方针是"向北发展,向南防御"。并决定派张闻天、高岗、李富春、林彪、罗荣桓赴东北工作,成立冀热辽中央局;还决定华中局北移山东,和山东分局组成华东局。

△　毛泽东、周恩来自重庆致电新四军,指出浙东、苏南、皖南、皖中部队北撤越快越好。同意陈毅、饶漱石去山东,罗荣桓及萧华去东北,林彪去热河亦以快为好。

△　四川省民政厅厅长胡次威谈:川省本年水灾严重,为逊清同治九年(1870)以来所未有。截至 18 日,报灾者已达 39 县。省政府拟定办法拨款救济,并呈请中央豁免灾区本年田赋、献金、献粮及乡镇公益储蓄。

△　美国第七舰队第一支舰队 60 艘军舰由海军上将金凯德率领驶进上海港。

9 月 20 日　毛泽东先后往访叶楚伧、程潜、陈立夫、贺耀组。毛泽东会见陈立夫时,对陈所提要中共"放弃外国的思想观念"、放弃武装和政权、把一切都交给国民党的荒谬意见作了驳斥。中午,毛泽东、周恩来、王若飞应邀出席重庆大公报社午宴。席间,毛泽东针对该报负责人提出的中国共产党"不要另起炉灶"问题称:"不是我们要另起炉灶,而是国民党炉灶里不许我们造饭。"

△　第五战区司令长官刘峙在河南漯河接受日军代表、第十二军司令官鹰森孝之投降。

△　第一方面军第五十二军赵公武部进入越南海防。次日,第二方面军第六十二军黄涛部亦进入海防。

△　河北省政府在西安成立,孙连仲任省政府主席。后于 10 月 30 日由西安迁到北平。

△　1944 年度田赋征实、征借,至是日止已征得 5736.8387 万石,占总赋额十分之九弱。其中已征足者有福建、河南、绥远、宁夏四省;四川省已征得 96%,重庆市已征得 66%;陕、湘、鄂三省赋棉共征得 3.2256 万担,占总赋额 61%。

△　全国教育善后复员会议在重庆中央图书馆举行,到各大学校长、独立学院院长、各省市教育厅局长、中等学校校长、教育专家等 200 余人。会议主题为:一、内迁学校之复员问题;二、收复区及光复区教育之整理问题;三、西南、西北继续发展教育问题;四、战时失学青年补习教育问题。会期五日。

△　中共中央致电华中局,同意将我浙东、苏南、皖中、皖南部队北撤,并谓此事已在重庆谈判中当作一个让步条件向国民党提出,影响很好。26 日又指示华中局:“江南撤退,但江北必须控制,不可放松”;“目前谈判无结果,大的内战可能爆发,即时,苏北、皖北在全国战略上仍居很重要地位。”

△　中共中央军委发出关于加强炮兵建设的指示,决定将延安炮兵学校迁到东北,作为建立东北炮兵的基础。

△　上党战役第一阶段结束,八路军攻占襄垣、屯留、壶关、潞城、长子五城,歼灭长治外围各据点的国民党军暂三十八师等部 6100 余人。此后即进入第二阶段,围攻长治守军。

△　苏驻华大使彼得罗夫向外交部提交照会,内称:如中国政府愿意,苏联政府准备委派驻伊宁领事试对中国政府提供可能之协助。旋外交部向蒋介石请示后答复彼得罗夫,对苏联政府愿意协助表示感谢,

并请苏联驻伊宁领事代为通知与介绍伊宁领事代表到迪化晋谒张治中,商洽进行和平解决办法。

　　△　战后美国第一艘货船"胜利号"驶抵上海港口。

　　9 月 21 日　张群、张治中、邵力子与周恩来、王若飞继续就军队和解放区问题进行商谈。周恩来说:国民党的观念是自大的,不平等对待中共,今日商谈应取平等态度。如果成立联合政府,中共一切军队皆可交出;建议用民选方法解决解放区问题。政府代表提出,要中共先交出军队和解放区,于是谈判陷于僵局。

　　△　军政部长陈诚由渝到蓉,商讨川、康整军问题,决定川、康部队今后保留三军、六师、两独立师。24 日陈诚由蓉返渝。

　　△　中共中央军委指示刘伯承、邓小平:"必须以一切办法,阻碍胡宗南及孙连仲部在两月以内不能入平、津,使我肃清热河、冀东伪军,控制东北门户才比较有保障。"指出晋冀鲁豫野战军目前主要任务是寻求消灭胡军一两个师,组织同蒲、正太路战役,打击胡军。

　　△　据重庆《大公报》报道:日本《每日新闻》首次承认作战期间对日本人民所隐瞒之日军在南京之奸掠行为,已使日本促进日华友谊之一切努力归于失败。

　　△　晚,暹罗军警以不准华侨悬旗祝胜为由,出动 9000 多人,配有铁甲车 13 辆、坦克车 11 辆及各种轻重武器,包围华侨居住地区,用机枪滥行扫射,死伤华侨几十名,并乘机强迫华侨交出财物,制造震惊世界的血案。22 日,国民政府外交部电令驻美大使馆向驻美暹使提出质问,并请其电暹罗政府迅速制止此类不法行动。

　　△　据重庆《新华日报》报道:毕生、卡德夫人、大卫德森、爱泼斯坦、费尔德等 21 位美国作家、记者和社会名流联名上书杜鲁门总统,表示:"在中国目前的情形之下,美国对华的政策,是应该防止中国的内战,不阻止敌人就地向爱国的中国军队投降,并同时进而鼓励中国的一切力量组织一个民主的政府。"

　　△　英太平洋舰队司令福拉塞将军访问广州。

9 月 22 日 毛泽东会见青年党领导人蒋匀田,说:商谈近 20 日,时间白费。我们触及到两个问题,军队分配的比例问题,我们管理的地区自治问题,没有一个问题得到协议,"可说商谈已经失败了"。"贵党张君劢先生给我的公开信,主张我方把军队交给蒋先生。老实说,没有我们这几十万条枪,我们固然不能生存,你们党派也无人理睬"。

△ 第一战区司令长官胡宗南在郑州接受日军代表第十二军司令官鹰森孝之投降。

△ 行政院长宋子文返国抵重庆。

△ 法国大使贝志高晋谒蒋介石,陈述越南问题。

△ 外交部为曼谷军警残杀华侨事件向泰国提出质问。

△ 美驻华大使赫尔利离渝回国述职。

△ 八路军华中军区一部攻克江苏淮安,至此苏中、苏北、淮南、淮北四区连成一片。

△ 伪第二集团军第十八师师长杜新民率部在河南永城起义,后编入八路军华中第九纵队。

△ 日本《每日新闻》根据美联社记者田伯烈著作《南京大屠杀》一书,披露日军占领南京时实行血腥大屠杀事实,致使日本人民震愕万分,成为轰动世界新闻。

△ 美海军部宣布赠我国驱逐舰 20 艘。

9 月 23 日 英太平洋舰队司令福拉塞到渝晤蒋介石。次日,美第七舰队司令金凯德亦到渝晤蒋介石。

△ 中共中央电告正由太行转赴华中路过冀鲁豫地区的陈毅,中央有新的部署,决定陈毅、饶漱石均到山东工作,要陈毅和所率军事干部取捷径直去山东,接替罗荣桓的职务,以便罗荣桓迅速去东北。林彪、萧劲光已决定不去山东,直去冀东履行新任务。陈毅于 10 月上旬到达山东解放区。

△ 八路军冀热辽军区一部配合苏联军队,消灭热河境内日伪军,沦陷 14 年之久的热河及 18 县完全解放。

　　△　八路军晋冀鲁豫军区以 35 个团之兵力发动对长治地区核心战,与第十九军军长史泽波部五个团发生激战,至 8 日晚史泽波率部分三路突围,向浮山、翼城逃走。

　　△　河北滦县大地震。

9 月 24 日　蒋介石召见军事委员会驻延安联络参谋胡自立,听取报告。

　　△　第十战区司令长官李品仙在蚌埠接受日本第六军司令官十川次郎之投降。

　　△　苏军当局在中国东北发行军用票,变相地让中国负担苏军驻扎东北期间的军费。至 12 月 1 日,已发行了 28 亿(相当于此时东北货币总额),到苏军最后撤军,其总数不下 60 亿元。

　　△　全国知识青年志愿从军编练总监部宣布,从军青年已达 12 万人。

　　△　汉奸陈春岳在杭州被枪决。按:陈在日伪时期任伪宪兵队密探长,罪恶重大。

　　△　苏联政府向伦敦中、苏、美、英、法五国外长会议提出备忘录,建议设置由中、苏、美、英四国代表组成的对日管制委员会。美国则提出由美、苏、中、英、法、澳、新、加、荷九个受降签字国代表组成远东顾问委员会,作为驻日盟军统帅的咨询机构。10 月 1 日,苏联外长莫洛托夫致信美国国务卿贝尔纳斯,坚持成立四大国对日管制委员会。

9 月 25 日　张群、张治中、邵力子设宴招待周恩来、王若飞及张澜、左舜生、沈钧儒、罗隆基、黄炎培、章伯钧、张申府等,国共双方代表报告商谈情况,军队问题略有眉目,国大问题未获结果,将交给政治会议讨论,政权问题将继续商谈。黄炎培提出应一面继续商谈,一面着手组织政治会议。

　　△　国民政府派朱家骅、胡适、程天放、罗家伦、赵元任为参加联合国教育文化会议代表,朱为首席代表。

　　△　老同盟会员吴剑学在敌犯湘乡时拒绝充任伪职,不为屈挠,卒

惨遭戕害，是日国民政府明令褒扬。

△　全国慰劳总会举办之胜利劳军献金大会在重庆青年馆举行，冯玉祥、莫德惠以及各机关、团体代表等千余人与会。各界踊跃献金，总额达二亿元，实收 8023.9192 万元。

△　中国战区美军总司令部宣布，航空队飞机已载送国民党军四万多人抵各收复区进行接收。

△　世界职工大会在巴黎开幕，有 56 个国家的工人代表团参加。中国由中国劳动协会推派朱学范、刘松山、邓发、安辅庭、陈铁夫等出席。各国代表讨论世界职工联盟会章程。

△　美海军红十字会船"圣·粤拉夫号"等抵沪。

△　暹罗军警又与华侨发生冲突，至次日晨始止，据警察称，死者四人，伤者 10 人。

9 月 26 日　中共中央向全党发出《关于和国民党谈判情况的第二次通知》，指出：在最近谈判中，国民党除允许我军在原承认的 12 个师之上再增加几个预备师外，其他问题基本上无任何进展。国民党的方针是拖延谈判时间，积极准备内战，利用敌伪及美国帮助，强迫我党接受其反动条件，否则以武力解决。但他的矛盾太多，困难很大。

△　中共中央政治局召开会议，研究重庆谈判问题。朱德认为，国民党幻想消灭我们。他们要动手，我们也得动手。三个月内我们只要组织好，东北就是我们的。只要我们占有优势，他们就不得不同我们谈。

△　中国陆军总司令部正式分电各有关机关，令缉捕汉奸及查封逆产。

△　第一战区司令部收编驻在开封的伪军庞炳勋部为第一路军。

△　国民党中央宣传部部长吴国桢在外国记者招待会上称："中国政府将依照与盟国商定之计划，派遣军队共同占领日本。"

△　宪兵第十六团自广州派赴香港，会同英军担任市区巡逻。

△　全国教育善后复员会议闭幕。此次会议讨论提案 112 件及临

时提案 11 件,另 105 件交教育部参考。讨论的主要问题为:内迁学校复员、收复区教育之整理、东北台湾教育之改进、南洋华侨教育之提高、战时失学青年之复学等问题。并通过《收复区中等以上学校学生甄审办法》,规定收复区敌伪专科以上学校为伪学校,一律关闭;在校学生是"伪学生",要"甄审"。

△　宋美龄受任为中央妇女运动委员会主任。

△　行政院参事张平群在外国记者招待会上称:四川水灾区域大约均在涪江及嘉陵江流域所经之 29 县沿江地带,据报农产品估计减少三十分之一。省政府除将灾区田亩免赋外,并发放急赈 8000 万元。

△　美海军上将金开德自重庆返沪,表示第七舰队的基地将设在上海。

△　魏德迈与赫尔利抵华盛顿述职,杜鲁门并召见前第十四航空队司令陈纳德。

△　曼谷六华侨领袖访晤暹罗总理普拉莫特,对中暹友谊之破裂表示关切。暹罗华侨工人罢工以示抗议。

9 月 27 日　毛泽东答路透社驻重庆记者甘贝尔书面提出的 12 个问题,指出:目前中国只需要和平建国一项方针。在实现全国和平、民主、团结的条件下,中共愿作重大让步,包括缩减解放区的军队在内;并要求国民政府承认解放区民选政府与人民军队,严惩汉奸伪军,保障人民自由权利及成立民主联合政府。

△　张群、张治中、邵力子与周恩来、王若飞继续就军队缩编和解放区问题进行会谈。关于解放区问题,周恩来说明中共先后提出过四种主张,都遭到国民党反对,现提出暂维现状,政府代表仍不同意。最后决定交政治协商会议解决。政府代表还提出政府军要受降、进兵,中共不得阻止。周恩来表示:胡宗南、阎锡山、李延年部队利用黄河以北铁路向前推进,有以武力解决解放区的意向,我们不能坐视。

△　行政院缩编兵役部为兵役署,归还军政部建制。

△　粤桂南区总指挥邓龙光在广州湾赤坎接受日军投降。

△　第十八集团军参谋长叶剑英奉朱德总司令命令,向美军观察组伊万·叶敦上校口头声明,拒绝美军在山东省烟台市和威海卫市、河北省秦皇岛市登陆,并要他转告美军总部。

△　财政部公布《收复区敌伪钞票及金融机关处理办法》和《伪中央储蓄银行钞票收换办法》,规定伪中央储备银行钞票准以 200 元换取法币一元,其他伪钞收换将陆续规定办法。

△　重庆《大公报》发表《莫失尽人心!》的社论,略谓:国民党军接收京、沪以来的二十几天时间,几乎把京、沪一带的人心丢光了。有早已伏在那里的,也有由后方去的,只要人人有来头,就人人捷手先抢。一部汽车有几十个人抢,一所房子有许多机关争,而长长的铁路,大大的矿场,却很少人过问。继谓:因币制迟迟无规定办法,更形成了收复区之乱,更加重了收复区人民的苦。由后方去的人,满箱满笼的关金券法币,成了武器,成了法宝,伪币与法币的比价无定,物价一日三迁,大大的苦了收复区同胞,大大的发了后方去的人。

9 月 28 日　张群、张治中、邵力子与周恩来、王若飞继续进行谈判。双方互相通报派出参加军队整编技术小组的人员,政府方面为军政部次长林蔚,军令部次长刘斐、中共方面为八路军参谋长叶剑英。接着,双方就召开政治协商会议的具体问题进行商谈,双方同意在结束训政、实施宪政以前,设政治协商会议,由国民政府召集之,各党各派领袖及社会贤达推选代表出席,协议和平建国方案与召开国民代表大会问题,名额暂定为 37 人。

△　第十二战区司令长官傅作义在归绥接受日军蒙疆军司令官根本博之代表中巽之投降;第十二集团军副总司令徐景唐在汕头接受日军第二十三军司令官田中久一之代表参谋长富田直亮之投降;第一方面军司令官卢汉在越南河内接受越南北纬 16 度以北日军第三十八军司令官土桥勇逸之投降。

△　财政部指定中国银行代理买卖黄金。黄金牌价买进每两纯金8.5 万元,卖出 8.9 万元。黄金捐献即以黄金献缴,不再以法币折款。

同日,张福运经财政部指派接任关务署署长。

△　中共中央军委给东北局发出《关于争夺东北的战略方针与具体部署》的指示,指出在伪、美、英一致助蒋与我争夺东北的形势下,我军进入东北的部署应将重心首先放在背靠苏联、朝鲜、外蒙、热河有依托的有重点的城市和乡村,建立持久斗争的基点,再进而争夺和控制南满沿线各大城市。

△　重庆《中央日报》发表社论,对暹罗军警袭击华侨表示深切遗憾;并称:暹罗华侨对暹罗的文化经济作出重大贡献,而又安分守己,和平仁恕,所以暹罗实无可以排斥华侨的理由,希望暹罗政府改善对华侨的态度,迅速处理此一事件。

9月29日　何应钦抵达武汉,召集第六战区高级将领及重要幕僚举行会议,指示受降及缴械事宜,并听取第六战区受降及缴械之经过报告。次日,召见武汉地区日本官兵善后联络部长冈部直三郎,对武汉地区日军缴械及有关事项予以训示。

△　四联总处核准收复区紧急农贷40亿元。

△　周恩来、王若飞往访黄炎培,商讨国是问题。

△　旅渝暹罗归侨举行集会,商讨支援在暹华侨办法,一致认为现暹罗政府执行一贯的排华政策,决定电呈蒋介石向盟国交涉,并请盟军统帅部逮捕元凶。

△　美驻华海军团长兼中美合作所副主任梅乐斯返美述职。

△　中、美、英、苏四国同意成立盟国远东委员会,监督日本实行投降条款。

△　印度国大党领袖尼赫鲁致函印度国际大学中国学院院长谭云山,对中国八年坚毅抗战备致敬慕,并望中印合作共造世界和平。

9月30日　张群、邵力子与周恩来、王若飞在重庆国民参政会宴请各方人士,曾琦、左舜生、张澜、沈钧儒、章伯钧、张申府、王云五、罗隆基、陈铭枢等应邀出席,商议政治协商会议组织等问题。

△　国民政府通令是日午夜12时停止夏时制,将时针拨回一小时。

　　△　海军在厦门接收日舰 130 艘。

　　△　京、沪一带捕获汉奸周佛海、丁默邨等 100 余人，是日由戴笠押解到重庆收押。

　　△　旅渝台湾同胞欢宴台湾行政长官公署与台澎警备总部长官陈仪、葛敬恩等。陈仪致词勉共建新台湾，台胞代表希望速予办理抚恤救济。

　　△　美海军陆战队第一师 1.8 万人，在天津附近之塘沽、大沽登陆。其先头一部 1200 人于下午 6 时开抵天津，另有一小部队在秦皇岛登陆。

　　△　联合国救济善后总署远东委员会拟定运输 17.3091 万吨之供应品至华，以应急需。该项物品大部分已开始运往上海、九龙及青岛，物品主要为小麦、面粉、米、炼乳及豆类。此外尚有肥皂、纺织品、医药用品以及农工业复员物资等。

　　△　新四军军部率部分主力北上到达山东。随后，陈毅由延安抵临沂指挥新四军。

　　是月　月底中共中央东北局召开第一次工作会议，彭真、陈云、程子华、伍修权、冯仲云、李运昌等出席。会议分析形势，确定党在目前的主要任务是：立即收缴敌伪武装，加紧剿匪工作，严厉镇压汉奸和敌特分子，摧毁伪满政权，建立民主政府，安定社会秩序，迅速恢复生产。在农村要组织群众开展反奸反霸、减租减息斗争，宣传中国共产党的政策，肃清国民党的影响。同时广泛发动群众，扩大人民武装，准备与国民党打仗。会议于 10 月 17 日结束。

　　△　广东人民抗日游击队东江纵队，在司令员曾生、政委林平率领下，向拒绝缴械的日军展开进攻，至 9 月底，解放东江两岸、沿海及粤北等地城镇 60 余处，部队发展至 1.1 万余人。

10　月

10月1日　中国民主同盟临时全国代表大会即第一次全国代表大会，在重庆特园开幕，张澜、沈钧儒、曾琦、章伯钧、罗隆基、黄炎培、陶行知、潘光旦、史良、邓初民等 48 人出席，代表盟员约 3000 人。大会历时 12 天，通过《政治报告》《临时全国代表大会宣言》《中国民主同盟政纲》《中国民主同盟组织规程》等文件，选举中央委员会，推选张澜为主席。大会发表宣言，提出召集各党派和无党派代表会议协商国是；建立民主联合政府，实现和平、团结、统一；废除旧国大代表，普选产生国民大会；废止特务制度等 10 项主张。民盟"一大"是民盟历史上具有重要历史意义的会议。

△　重庆《新华日报》发表关于国共谈判答读者问，谓国共谈判所争的是民主与非民主的问题，是中国人民能否得到应有的民主权利和中国人民已经得到的民主权利能否保持的问题，即两种不同的政治主张之争，因此谈判才分外困难。中国共产党为了争取和平、民主、团结和避免内战，建设新中国的目的，作了重大让步。中国共产党的诚意，是建立在它永远为人民利益而奋斗的出发点上面的。中国人民迫切需要和平建国，中国共产党就必定以极大的努力来克服谈判中的困难，去争取实现人民的愿望。

△　西南联合大学张奚若、周炳琳、吴之椿、钱端升、闻一多等十教授致电蒋介石、毛泽东，谓国共两党不应只商谈地区军额，一党专政固须中止，两党分割亦难为训，应速成立立宪政府。在立宪政府成立以前，一人独揽之风应先纠正，用人应重德能，军人不应再令主政，叛国通敌之元凶应予重惩。

△　中共中央向全党发出《关于和国民党谈判情况及目前时局的通知》，内称：国共谈判在停顿几天之后，又继续进行。我方在谈判中处于有理、有利的地位，国民党是防御招架，民盟诸人批评国民党。京、沪

接收,群狗争食,闹得不成样子。美军助蒋占各大城市要道,但大量使用美军打内战,可能性不大,美国舆论助我者多。国民党是外强中干,忠奸不辨,将迅速丧失人心。希望各地坚决斗争,迅速扩大与编组力量,并尽可能争取国内外方面的同情。

　　△　中国空军第一路军司令张廷孟奉蒋介石之命,携国旗一面单机飞赴台北,与驻台日军第十方面军司令安藤利吉交涉,要求降下台北的"日本台湾总督府"上的日本国旗,升起中国国旗,日军同意。张廷孟亲手升起中华民国国旗。

　　△　国民政府军事委员会委员长侍从室结束,所有业务分别移交国民政府文官、参军两处接办。参军处增设军务局,文官处增设政务局,办理侍从室第一、第二两处工作。

　　△　农业推广委员会及陪都农场互助会等 23 个团体,在重庆合作大会堂举行联谊会。行政院副院长翁文灏到会发表谈话称:战后我国仍以农立国,进行工业建设。过去我国虽以以农立国自称,然 1938 年海关贸易记录入超八亿元,其中粮食一项即占二分之一,沿海一带皆赖洋米补国米之不足,故今后提倡农业一事甚为迫切。

　　△　八路军晋察冀军区部队解放察哈尔省南部蔚县。至此,察哈尔省一市、19 县、18 个盟旗与 200 万人民完全获得解放。

　　△　松江省民主政府在哈尔滨成立,省长谢雨琴(后改任李杜),副省长李兆麟。

　　△　八路军是日将第七集团军副总司令彭毓斌所率第二十三、第八十三军共六个师及省防军一部组成的援军合围于屯留西北地区,两军展开激战。

　　△　旅渝暹罗华侨互助社推选代表前往国民政府、外交部、军委会请愿,盼政府积极保护侨民。

　　△　苏联大使彼得罗夫通知外交部,东北苏军准备于本月下半月开始撤退,11 月底撤毕,已派马林诺夫斯基为代表。是日,外交部复照,中国军队定于 10 月 10 日前后自九龙乘美国船只,由海道前往大连登陆。

△　盟国当局于日本京都拘捕伪南京政府代理主席陈公博等汉奸六人。3日,由日本京都解到南京。

10月2日　蒋介石以军事委员会委员长名义命令昆明防守司令杜聿明执行下列五项命令:一、昆明委员长行营、昆明警备司令部、昆明宪兵司令部,着即一律撤销。二、昆明军事委员会委员长行营主任、陆军副总司令、云南省政府主席兼军管区司令龙云,着即免除本兼各职;特任龙云为军事参议院上将院长。三、昆明行营原属独立旅、炮兵团、工兵团、高射炮大队、交通兵大队,着即归昆明防守司令部指挥。四、昆明宪兵司令部原属各宪兵改编为中央宪兵独立团,归昆明防守司令部指挥,着即日开往晋宁附近改编整训。五、昆明市郊及云南省各机场设备,统由昆明防守司令部派部接防,与美陆空军各司令官确取联络,令所属部队妥为警戒,以防奸伪捣乱。昆明防守司令部执行蒋介石命令,撤销行营、警备司令部、宪兵司令部三机构。自晨6时起,城内各街道分段暂禁通行,至下午3时后即渐恢复。

△　国民政府改组云南省政府,任命卢汉兼云南省政府主席,原任龙云调长军事参议院;任命李宗黄为民政厅长,原任陆崇仁免职;卢汉未到任以前,派李宗黄兼代主席。

△　张群、张治中、邵力子与周恩来、王若飞商谈召开政治会议和解放区政权问题。政府方面表示只考虑承认60余县,实际上解放区已是280余县,中共代表提议将解放区问题交政治会议解决。周恩来并提出,中共方面已拟将一个月来的谈判记录整理出来,择其可能发表者发表之,以慰国人之渴望。政府方面表示赞同。

△　何应钦乘专机飞抵河内,视察中国军队及受降情况,并代表蒋介石宣慰侨胞。

△　王世杰在伦敦主持五国外长最后会议,向报界发表谈话,望与盟邦互惠协议达成普遍和平。会议未发表公报。

△　重庆《中央日报》发表孙廷义重划省界的来信,建议增设海南岛省。

△　美空军第一批人员 60 名于是日正午抵达北平。7 日,第二批美军千余人亦到达北平;同日,美海军陆战队 1420 人在秦皇岛登陆。

10 月 3 日　昆明防守司令部发表通告:一、奉中央命令,云南省政府改组,昆明行营、警备司令部、宪兵司令部一并撤销。二、昆明市郊治安奉命由本部派队接收。三、自 10 月 3 日起实行戒严。四、各重要机关、银行及高级长官住宅,一律由云南省警务处派警负责保护。五、如有乘机擅入民间抢劫财物施行捣乱者,一律就地枪决;危害盟军生命财产者,并连坐惩处其家属。六、本部官兵如有扰害民间情形,准市民随时具名呈报,立即查明严惩,并补偿所有损失。

△　昆明戒严,杜聿明所部与云南部队在昆明城区及市郊均发生战事,双方互有死伤。

△　国民政府明令白崇禧晋任为陆军一级上将;张治中、张发奎均晋任为陆军二级上将;胡宗南特加陆军上将衔。

△　第七十军之先头部队第七十五师在台湾基隆登陆。

10 月 4 日　延安《解放日报》发表社论《要求国民党当局履行"还政于民"的诺言》,文章揭露国民党的各种反民主行为和言行不一致;要求给人民以自由,给各民主党派以合法地位;释放一切政治犯,解散特务机关;取消一切反民主的法令,严惩汉奸解散伪军;停止进攻解放区,承认解放区民选政府及其军队;召开党派会议,成立民主联合政府。

△　八路军解放邯郸,至此太行、冀南两解放区连成一片。

△　龙云所属部队防务已由昆明防守司令部迅速接收完毕,是日上午 10 时半起,市区交通全部恢复。晚间 8 时至次晨 6 时前仍戒严。

△　中国化学工业巨子范旭东在重庆病逝。

△　美国第七舰队进入解放区烟台,并派代表上岸要求接收烟台,八路军代表严词拒绝美军的要求,9 日美舰被迫撤离烟台港。

△　八路军冀中军区一部攻击石家庄外围藁城日军据点。次日日军负隅抵抗并施放毒气,在八路军强攻下,日军于 6 日被迫投降。

10 月 5 日　张群、张治中、邵力子与周恩来、王若飞继续就政治会议和解放区政权问题举行会谈。周恩来将谈判记录交给政府代表,政府代表提出,用行政专员区来解决解放区问题。周恩来答称,解放区的存在是历史事实,只在苏北、皖北等地可用这一办法。

△　中国青年党发表对目前时局的主张 10 条,主要内容是:从速召集建国会议;保障人民之基本自由;用人行政一本惟才惟贤之旨;严惩汉奸,肃清贪污;解散伪军、裁汰冗兵;挽救工商业危机,稳定金融,平抑物价;改进教育,教师讲学自由;加强对美、苏、英、法之平等合作。

△　台湾前进指挥所主任葛敬恩、副主任范诵尧率领接收人员 80 名由渝飞抵台北,即于次日成立台湾前进指挥部。在台湾省行政长官公署及台湾警备司令部未正式在台办公前,台湾前进指挥所代表上述两机构办理若干事务。

△　第四十七军暂一师攻占中原解放区太康县城,第八十五军及第五十五师侵占解放区原武县城。7 日,第八十五军侵占武陟县城。

△　八路军将太原援军包围于老爷岭、磨盘垴地区。是日夜,国民党援军向北突围,八路军迂回部队迅即抢占厩亭以北制高点,截断国民党军退路,八路军主力部队乘势跟踪追击、拦腰截击和猛烈穿插展开攻击,激战至次日,该军除 2000 余人逃回沁县外,大部被歼灭。

△　中共湘鄂赣边区的湘中、湘北、赣北、鄂南等地区部队奉命北撤,于 11 月到达长江以北,与中原军区部队会师。同时,新四军苏南、浙东、皖南、皖中部队亦开始向苏北、皖东北地区转移。

△　日东久迩宫内阁总辞职。次日,币原喜重郎被任命为首相,9 日币原内阁正式成立。

10 月 6 日　美海军陆战队第三军团司令官洛基代表中国战区最高统帅蒋介石,在天津接受日军在津最高司令官田内银之助之投降。自是日起即由美军开始陆续将天津区所有日军全部缴械。

△　龙云由宋子文、何应钦、卫立煌陪同来渝。晚,龙云对重庆《大公报》记者发表书面谈话称:"今后更当一本初衷,乘承中枢及元首之领

导,努力建国。"

△ 国民政府明令褒扬陕西略阳县辛亥举义死难之张俊彦、康炳熙、刘利川等 24 位烈士,并由行政院转饬陕西省政府于殉难地方立碑纪念。

△ 宪兵第四团之先遣部队自福州分乘摩托帆船两艘开赴台北。

△ 第十八集团军参谋长叶剑英为美军拟在烟台登陆事,致函美军观察组伊万·叶敦上校转达驻华美军总部,郑重声明如未经与我军商妥在该地强行登陆,因而发生任何严重事件,应由美方负其全责。

△ 中共冀热辽行署电全国,呼吁救济自东北返归各省劳工。电称:自苏军解放东北后,过去被日军抓捕之总数达 300 万劳工,现正沿沈阳、天津间徒步而行,每日以万计,生活极困苦,甚望全国广为募集财物紧急援助。

△ 苏驻华大使馆通知国民政府外交部拒绝国民党军在大连登陆,声言大连为运输商品而非运输军队之港口。9 日,外交部长王世杰向苏驻华大使彼得罗夫说明,国民党军队登陆大连并不违反《中苏条约》。15 日,苏驻华大使彼得罗夫正式照会外交部,不允国民党军由大连登陆。

10 月 7 日 蒋介石接见张嘉璈,并核定东北经济委员会委员、中长铁路理监事及发行流通券等要政。同日,又会见美国《生活》、《时代》、《幸福》三杂志发行人鲁斯,谈中美文化交流。

△ 陈嘉庚在荷属印度尼西亚避居三年半后,于是日安返新加坡;并向新闻界发表谈话:一、管制日本应该像管制德国一样严密;二、数年来日本在南洋所散布的烟毒应设法扫除;三、被破坏的华侨经济圈必须重加修建。

△ 八路军晋冀鲁豫军区决定将晋冀鲁豫、冀南、太行、太岳四个军区主力部队,依次编为第一、第二、第三、第四纵队,每个纵队辖三个旅,每旅辖三个团。第二、三、四纵队还组建炮兵部队。第一纵队杨得志任司令员,苏振华任政治委员;第二纵队陈再道任司令员,宋任穷任

政治委员；第三纵队陈锡联任司令员，彭涛任政治委员；第四纵队陈赓任司令员，谢富治任政治委员。

△　山西当局枪决史葆青等三汉奸。按：史葆青在日伪时期任伪山西产业自卫队长，罪恶重大。

△　英王以最高勋章授予我陆军突击队总司令李默庵将军。

10月8日　张治中在重庆军委会礼堂举行盛大晚会招待毛泽东，周恩来、王若飞也应邀到会。张治中致词称：今后我们实行民主、和平、团结、统一，埋头努力30年，迎头赶上去，真正作世界上五强之一。毛泽东发表谈话称：和平、民主、团结、统一、富强，是我们今后的方针，我们要用统一的国家迎接新局面。

△　张群、张治中、邵力子与周恩来、王若飞举行会谈，商谈即将签署的《政府与中共代表会谈纪要》的问题。

△　云南省党部、政府及防守司令部在昆明省党部举行省府改组后首次党政军联合纪念周，李宗黄致词称：滇省政党改组后，中央与地方二位一体。为建设新云南，党政军应该三位一体，精诚团结，和衷共济。杜聿明作改组云南省政府的意义与接防昆明经过的报告，提出希望建设新云南，使成为民主化的模范省。

△　太原国民党援军被歼后，上党战役进入第三阶段。是日，长治守军以待援无望向西突围，企图逃回浮山、翼城。八路军当即以围城部队跟踪追击，并以太岳纵队自虒亭地区直出沁水之马壁进行兜击，在太岳区地方武装配合下，终于12日在沁河以东之将军岭、桃川地区歼灭败逃国民党军主力一万余人。至此，上党战役胜利结束。

△　外交部长王世杰自伦敦返抵重庆。

△　世界职工代表大会通过《世界职工联盟宪章》，成立世界职工联盟，选出联盟主席团，朱学范被选为副主席。同时，决议要求参加联合国各机构，于是日闭幕。

10月9日　蒋介石及夫人宋美龄在重庆山洞林园邀请毛泽东午宴，周恩来、王若飞及宋子文、王世杰、张群、张治中、邵力子应邀作陪。

餐后,蒋介石与毛泽东进行会谈,蒋介石仍要中共改变对国内政策方针,放弃军队和解放区;毛泽东明确表示不能同意。

△　毛泽东答英国记者甘贝尔说,不用武力而用协定的方法避免内战,"符合中国人民的利益,也符合于中国当政政党的利益。目前中国只需要和平建国一项方针"。"如果联合政府成立了,中共将尽心尽力和蒋主席合作,以建设独立、自由、富强的新中国,彻底实行孙中山先生的三民主义"。

△　蒋介石在重庆向全国发表广播演讲,提出从经济上、文化上、政治上建国的三项方针,并强调建国的根本之计,在于国民的心理建设与精神改造。

△　国民政府派关麟徵为东北保安司令长官;李书华为参加联合国教育文化会议代表。

△　国民政府派内政部常务次长雷法章及蒙藏委员会蒙事处长楚明善、航空委员会政治主任简朴等 15 人,前往外蒙古督导外蒙公民投票事宜。

△　国民政府以张道藩、邵毓麟、李宗黄、陶希圣等 107 人有功于抗战建国大业,明令给予二等至六等不同之景星勋章。

△　第十一战区北平前进指挥所派兵查封驻平德国、意大利、日本三国大使馆。

△　东北行营主任熊式辉派副参谋长董彦平率少数军政人员自重庆飞抵长春。

△　中共中央指示东北局:目前不应集中部署部队,"必须迅速摆开分散,迅速发展扩大",迅速成立北满、东满指挥机关,开辟北满、东满工作。

△　美总统杜鲁门致电蒋介石祝贺国庆,同时发表声明,对中国人民作战贡献表示敬意,并保证支持中国达成建国任务。

10 月 10 日　《双十协定》签字。国共双方代表:政府方面王世杰、张群、张治中、邵力子,中共方面周恩来、王若飞,在重庆桂园签署《政府与中共代表会谈纪要》（即《双十协定》）。《纪要》要旨为：一、关于和平建国的方针：一致认为中国抗日战争业已胜利结束，和平建国的新阶段即将开始，必须共同努力，以和平、民主、团结、统一为基础，并在蒋主席领导之下，长期合作，坚决避免内战，建设独立、自由和富强的新中国，彻底实行三民主义。双方同意蒋主席所创导之政治民主化、军队国家化及党派平等合法，为达到和平建国必由之途径。二、关于政治民主化问题：一致认为应迅速结束训政，实施宪政，并应先采必要步骤，由国民政府召开政治协商会议，讨论和平建国方案及召开国民大会各项问题。双方同意，一俟洽商完毕，政治协商会议即应迅速召开。三、关于国民大会问题：双方未能成立协议，同意将此项问题，提交政治协商会议解决。四、关于人民自由问题：一致认为政府应保证人民享受一切民主国家人民在平时应该享受之身体、信仰、言论、出版、集会、结社之自由，现行法令，当依此原则，分别予以废止或修正。五、关于党派合法问题：中共方面提出：政府应承认国民党、共产党及一切党派的平等合法地位；政府方面表示：各党派在法律之前平等，本为宪法常轨，今即可行承认。六、关于特务机关问题：双方同意政府应严禁司法和警察以外相关有拘捕、讯审和处罚人民之权。七、关于释放政治犯问题：中共方面提出：除汉奸以外之政治犯，政府应一律释放；政府方面表示：政府准备自动办理，中共可将应释放之人提出名单。八、关于地方自治问题：双方同意各地应积极推行地方自治。九、关于军队国家化问题：中共方面提出：政府应公平合理地整编全国军队，中共愿将其所领导的抗日军队，由现有数目缩编至 24 个师，至少 20 个师的数目，并表示可迅速将其所领导而散布在广东、浙江、苏南、皖南、皖中、湖南、湖北、河南八个地区的抗日军队着手复员，并从上述地区，逐步撤退应整编的部队至陇海以北及苏北、皖北的解放区集中；政府方面表示：中共所领导的抗日军队缩编为 20 个师的数目，可以考虑。关于驻地问题，可由中共方面提出方案，讨论决定。为具体计划本项所述各问题起见，双方同意组织三人小组（军令部、军政部及第十八集团军各派一人）进行之。十、关于解放区地方政府问题:中共方面提出:政府应承认解放区各级民选政府的合法地位;政府方面表示:解放区名词在日本无条件投降以后,应成为过去,全国政令必须统一。中共方面提出四种解决方案,同时认为可将此问题,提交政治协商会议解决。政府方面以政令统一必须提前实现,亟盼能商得具体解决方案,中共方面亦同意继续商谈。十一、关于奸伪问题:中共方面提出严惩汉奸,解散伪军;政府方面表示:此在原则上自无问题。十二、关于受降问题:中共方面提出:重划受降地区,参加受降工作;政府方面表示:参加受降工作,在已接受中央命令之后,自可考虑。

　　△　蒋介石至曾家岩张治中寓所访毛泽东晤谈国是,旋即相偕至国民政府礼堂出席中华民国国庆招待会。后毛泽东复应蒋介石邀赴林园官邸,与蒋介石商谈解放区政权、召开政协和国民大会等问题,当晚即下榻林园。次日晨,再次进行会谈,蒋介石表示不能承认解放区民主政府。毛泽东告知蒋介石,他返回延安后周恩来、王若飞将继续留渝,就未解决之问题继续谈判。

　　△　国民党中央在重庆国民政府礼堂举行纪念国庆大会,蒋介石发表谈话,勉励人人应加倍努力,反省自新,完成建国工作。

　　△　国民政府令授予蒋介石及何应钦、吴敬恒、戴季陶、张伯苓、胡适等7278人胜利勋章;方先觉、端木杰、刘膺古等1822人忠勤勋章;肖勃、宋锷、王可襄等12人云麾勋章。

　　△　南京各界军民五万人在明故宫举行国庆纪念大会,何应钦在会上提出三事要军民共勉:一、共谋国家真正的统一;二、恢复民族固有的道德;三、要建设现代化的国军。

　　△　延安全市庆祝国庆。上午,陕甘宁边区政府举行庆祝茶话会,林伯渠、李鼎铭主持,朱德、叶剑英、徐特立、吴玉章以及各界代表邓颖超、周扬、何思敬、丁玲、崔田夫、王克温、柯促平等数十人与会。留延的美国、法国、英国、苏联、澳大利亚等国30余友人也应邀出席。晚间,各机关举行庆祝晚会。

　　△　延安《解放日报》发表社论纪念辛亥革命三十四周年,题为《没

有民主，就不可能有和平建设》，指出：如果民主政治不建立，那么今天的中国就会象辛亥革命以后一样，重新陷入黑暗分裂的惨境，人民的光明希望有完全成为泡影的危险。

△　台湾省 500 万同胞庆祝本省第一次"双十节"。台北市举行庆祝大会，各界代表数千人与会；全市商铺住户均悬旗庆祝，并自动放假一天。

△　毛泽东在重庆桂园会见中国青年党曾琦，就民主同盟和青年党问题进行商谈。

△　东北行营主任熊式辉偕经济委员会主任张嘉璈、政治委员会委员莫德惠、热河省主席刘多荃、东北外交特派员蒋经国等离渝飞北平。12 日，由北平转往长春，主持接收东北事宜。

△　八路军、新四军等人民抗日武装，从 8 月 10 日至是日，在对拒不缴械投降的日伪军进行大反攻中，共毙伤敌伪军 23 万多人，缴获长短枪 18 万支，轻重机枪 2500 多挺，各种炮 600 余门，收复国土 31 万余平方公里。热河、察哈尔两省全部解放；山东、河北、绥远、山西、豫北、淮北、淮南、苏北、苏中等地除少数大中城市为国民党军占领外，绝大部分地区被八路军、新四军等人民抗日武装收复，并收复东北的一部分地区，总计攻克敌占城市 197 座。

△　中华全国文艺界抗敌协会改称"中华全国文艺界协会"，简称仍为"文协"。

△　第十一战区司令长官孙连仲在北平接受日本华北方面军司令官根本博之投降。北平行营接收伪"华北政委会"。

△　日本女间谍川岛芳子（前清肃亲王善耆之女）在北平被捕。

10 月上旬　萧华率八路军山东军区机关 1000 余人，由山东渡海到达安东。沙克率冀中军区第三十一团约 1500 人，到达锦州地区。

10 月 11 日　毛泽东由王若飞和张治中陪同自重庆飞返延安。毛泽东在重庆机场答记者说："中国的问题是可以乐观的，困难是有的，不过困难都可以克服。"下午，毛泽东到达延安，在机场受到党、政、军、民两万多人的欢迎。毛泽东发表谈话说："这次谈判已得到了结果,虽然前面还有困难,但困难是可以克服的,中国的前途是光明的。"次日,张治中偕王若飞由延返渝。

△　中共中央政治局举行会议,毛泽东报告重庆谈判情况,会议同意国共两党《会谈纪要》(即《双十协定》)。

△　中国陆军总部在南京举行记者招待会,何应钦谈受降及接收情况称:各指定地区办理之受降事宜,正继续顺利推进;党政接收完成。刻正加紧恢复交通,想不久可望改善。继称:越北完全归中国军队控制;重要汉奸大都就擒,将交军法、司法审讯。

△　由徐州北进之国民党军骑二军、第十二军及由伪军改编之第四路军吴化文部先头部队,到达山东济南。其后第九十七、五十九、七十七、五十一军向徐州开进。皖西国民党军第七、第五十八军占领蚌埠,控制蚌埠、浦口段津浦铁路。

△　台湾前进指挥所主任葛敬恩在台北南方资料馆,举行到台后首次记者招待会称:台湾今后之方针,以救济、发展、光大三目标按步推进。

△　教育部在北平、天津、南京、上海设临时大学补习班,收容沦陷区大学学生。

△　成都人力车夫因当局限价过低,难维生活,全体举行罢工,提出违规不罚、增加车价或不限价,恢复自由讲价、减低车租三项要求。

△　美国向中、英、苏、法等九国发出请柬,决定于 10 月 23 日在华盛顿召开远东咨询委员会成立会议。

△　中国战区美军总司令部决定于本月 15 日由重庆移驻上海,原驻重庆陆海空军官兵即将离重庆赴上海候轮归国。蒋介石与宋美龄在重庆林园官邸举行茶会,表示欢送。

△　杜鲁门强调中国战后亟待外援。

△　美国海军陆战队第六师在青岛登陆。14 日,国民党第八军由美国军舰自九龙运抵青岛。18 日,山东省人民政府致电美军驻华总司

令魏德迈,抗议美军干涉中国内政,要求迅速撤离驻华美军。

　　△　苏联将哈尔滨以北路轨改轨,今起莫斯科火车可直达东北。

　　10 月 12 日　重庆《中央日报》、《大公报》、《新华日报》和延安《解放日报》等,同时发表《政府与中共代表会谈纪要》。

　　△　重庆《中央日报》发表《政府与中共的会谈》的社论,内称:全国人民本于过去国内长期不统一,政治因而不能上正轨,经济建设因而不能获得重大发展的痛苦经验,现在一致热望是:第一,政府与中共能就未决的若干问题继续会谈,促成迅速的解决;第二,完成军令、政令的统一,消灭团结的障碍;第三,对于若干情形复杂的收复区,立刻定出一个切实可行的方法,统一其军令、政令。

　　△　重庆《新华日报》发表《和平团结、民主统一的基础》的社论。次日,延安《解放日报》发表《国共谈判的成果与今后的任务》的社论。两报社论一致肯定重庆谈判取得了重要成果,也都指出要把《纪要》上的东西变成现实,仍须全国人民继续不懈的努力。

　　△　中共中央向全党发出《关于双十协定后我党任务与方针的指示》,指出《双十协定》奠定了和平建国基础,但局部的军事冲突仍不可避免,必须战胜国民党军队正在向我进行的大举进攻,解放区问题还须经过严重斗争方可解决。此问题不解决,全国和平建国的局面即不能出现。必须保持解放区军队一枪一弹,目前伪军未解散,敌军未缴械,解放区问题未解决,谈不到整编部队问题。

　　△　蒋介石指示战时公私财产损失、人口伤亡调查报告,应将日军在南京大屠杀人数列入。同日,以第十四军军长余锦源吃空额令即撤职,交军法总监查办。

　　△　宋子文在上海中央银行召集沪军政首长暨工商界领袖举行重要会议,除听取各军政首长报告接收收复区敌伪机构及物资之详情外,并商讨沪工厂复业及交通恢复等问题。

　　△　中国民主同盟临时代表大会通过《中国民主同盟纲领》、《中国民主同盟临时代表大会宣言》,选出中央执委 66 人,推选张澜连任主

席,于是日闭幕。

　　△　教育部宣告专科以上教员审查合格者计教授 2361 人,副教授 1002 人,讲师 1671 人。

　　△　据重庆《大公报》报道:行政院战时生产局为救济重庆工业界,拨 40 亿元作为收购成品及继续订货之用。

　　△　中共中央军委指示华东八路军、新四军,目前中心任务除调兵东北外,是切断津浦铁路阻止国民党军北上,并消灭其一部或大部。

　　△　新四军军部发表八年来战绩:新四军转战大江南北,西迄湖北,东至大海,南达钱塘江,北指陇海路,解放 4000 万同胞。新四军抗击敌军 13 个师团、伪军 23 万,总计战斗近万次,缴获枪 24.2 万支、机枪 4700 挺,各种炮 448 门,毙、伤、俘敌伪 42.9 万名。

　　△　辽宁省民主政府在沈阳成立,张学思任主席。

　　△　上党战役结束。是役八路军收复长治等五城,共歼灭阎锡山主力 13 个师计 3.5 万余人,内俘第十九军军长史泽波以下 3.1 万余人。

　　△　周恩来在重庆出席东北民主政治协会学习会,对高崇民、阎宝航等人说:希望大家能争取尽快地回到东北去,或到东北解放区,或仍留在东北蒋管区,继续从事反对内战、争取和平统一的民主运动。后该会派 21 人回东北。10 月,周恩来帮助高崇民秘密离开重庆。

　　△　郑振铎主编之《民主周刊》第一期在上海出版。刊有郑振铎《走上民主政治第一步》、许杰《肃奸与民主运动》等文。

　　△　暹罗华侨代表张百基是日由暹罗经越南飞抵重庆,次日向外交部、海外部、侨务委员会等机关报告暹罗当局屠杀华侨、劫掠财产真相,吁请政府迅速采取有效保侨措施。

　　△　甘肃省甘谷县渭济渠竣工。该渠计长 20 余里,可灌溉 1.4 万亩土地。

　　10 月 13 日　宋子文在上海对各接收人员指示接收工作,其要点为:一、业已接收者,须由接收机关将接收所得之物资即速加以整理;

二、尚未接收者应迅速前往接收;三、整理后之各企业应迅速恢复生产。

　　△　财政部长俞鸿钧在沪主持四行二局会议,商议金融汇兑问题。

　　△　财政部长俞鸿钧在上海对记者谈:一、欲谋经济复兴,须力谋健全经济机构;二、对于币制宜力谋稳定;三、接收当分四步骤,即接收、点验、清理、处理;四、接收之物资统一处理,分区进行;五、税收应加调查、整理,然后作合理征收;六、外商银行准其复业,惟须依法登记。

　　△　蒋介石密令国民党各战区司令长官"督励所属"对中国共产党及其领导的人民军队,"努力进剿,迅速达成任务"。15日,又发出巧电,命令第五战区司令长官刘峙"围剿"皮定均、王树声部队。

　　△　行政院为救济目前工业界之困难,拟拨50亿元办理紧急工贷,重庆各厂矿申请贷款者300余家,请求贷款总额40亿元。惟截至是日止,获得贷款者计172家,总额仅12.8250亿元,尚有半数厂矿未获贷款。全国工业协会等三团体再度请求负责贷款之当局,放宽贷款范围,使各厂矿普遍获得救济。

　　△　东北行营主任熊式辉及张嘉璈、蒋经国会晤苏军总司令马林诺夫斯基,马表示欢迎中国中央政府代表来此商谈,并将苏联撤兵计划见告。熊请其协助接收各省、市政权,并告以运兵东北计划;马建议国民党军队最好经铁路进入东北,同时要求国民党在东北的秘密组织停止活动。

　　△　中共中央电告东北局,同意以张学思为辽宁省政府主席,朱其文为副主席;白希清为沈阳市市长,焦若愚为副市长。同意成立东满临时指挥部,萧华为司令兼政委。

　　△　香港政府封闭国民党在港党团机关,令其停止活动。国民政府外交部两广特派员郭德华于是日抵穗转港,向英国当局交涉。

　　△　美众议院外交委员会委员孟斯菲尔德在众议院发表演说,主张美国撤退所有驻华美军,并指责美军在华北登陆造成对中国内政的不公道干涉。

　　10月14日　何应钦赴徐州、郑州视察。次日晨,在郑州召集军政长官会议后,乘机经开封返京。何氏对记者谈:据徐、郑、汴各地方人士见告,徐州附近之津浦、陇海铁路及彰德附近之平汉铁路近被破坏,道清路西段被拆毁 80%,现民众还乡因交通阻滞,勾留各地者 20 余万人,扶老携幼,情况极惨。

△ 第十一战区副司令长官马法五、高树勋率领第三十军主力、第四十军(附第二十七师)及新八军约四万人,从新乡沿平汉路北进,第三十二军及第三十一集团军随后跟进,企图以 10 天左右时间打通平汉路进抵石家庄,尔后会同胡宗南部继续北进。

△ 空军司令部派机赴台空投《告台湾同胞书》。

△ 天主教南京区主教于斌在南京举行首次感恩弥撒,以庆祝胜利。

△ 广州地区大汉奸吕春荣经广州行辕军事法庭判处死刑,是日从第二方面军执行监看守所提出押赴天字码头执行枪决。按:吕曾在日军侵占广州后充任"广州维持会"副会长、"和平救国军"总司令、汪伪南京政府"军参院"中将参议等伪职,血债累累,罪大恶极。

△ 日本大本营遵照盟军总部命令宣布解散。16 日,盟军最高司令官麦克阿瑟宣布,日本军队已被完全解除武装。

10 月 15 日 蒋介石在重庆招待外国记者会上,对国内团结问题表示乐观,宣称他与毛泽东谈话已获甚大进步;并谓在时间许可时将访问美国;登陆华北之美海军陆战队,一俟中国军队到后即可撤退。

△ 东北外交特派员蒋经国会晤马林诺夫斯基,阐释国民政府政策。

△ 苏使彼得罗夫正式照会中国外交部次长甘乃光,反对国民党军由大连登陆。

△ 中共中央发出《关于进行交通战,阻止国民党军北进的指示》,指出:为争取我党我军应有地位,目前华北、华中解放区作战的中心应放在铁路线上,作战的目的是消灭和阻止北进之国民党军,目前交通作战是决定今后国内形势和人民地位的中心环节,因此,必须全力作战,

将最得力的干部派到前方,去亲自组织这一交通战。

△ 中国民主同盟第一届第一次中央委员会召开,讨论临时全国代表大会交议的议案,决议将全国组织划分七区,筹办机关报,通过成立中央秘书处及组织 11 个委员会,最后通过大会宣言,于次日闭会。

△ 第九十二军侯镜如部由汉口空运至北平。

△ 第三十四集团军李文部经山西进入石家庄。同日,第五十四军由梧州全部开抵广州,军长阙汉骞、副军长叶佩高、郑挺铎等同时到达。

△ 第三十军鲁崇义部、第四十军马法五部、新八军高树勋部攻占豫北解放区汤阴县城,于 18 日进抵安阳。

△ 渝沪、沪平民航是日开航。

△ 中国战区美军总部由重庆迁抵上海,美陆军航空队驻华总司令斯特梅耶亦抵沪。

△ 驻华美空军代表团在重庆成立,协助中国建设空军,蓝度少将任团长。

△ 盟军总部揭发日军练习冲刺用中国战俘作目标之暴行。

10 月 16 日 国民政府改组原"昆明防守司令部",组成"东北保安司令长官部",首先调其所属第十三军、第五十二军转运东北。

△ 蒋介石函熊式辉、张嘉璈,运兵应海运与陆运并进,大连登陆须坚持到底,同时积极恢复北平至沈阳铁路,作陆运为主准备。

△ 蒋介石、宋美龄设宴款待视察太平洋及中国战区、于昨抵重庆的美国陆军助理次长麦克劳与陆军部专家一行七人。

△ 宋美龄在重庆林园官邸为行将归国的美第十四航空队举行茶会,以示惜别。

△ 国民政府派白云梯为蒙旗宣慰团团长,率团赴东北暨热、察、绥等省境内之哲里木、卓索图、昭乌达、呼伦贝尔、锡林郭勒、察哈尔、乌察木兰等盟旗抚慰,是日由渝乘机返京,转赴各蒙旗。

△ 国民政府派严家淦为台湾省行政长官公署交通处处长,原任

徐学禹免职。

　　△　国民政府训令各机关节用经费,并宣布税率减半征收,纾解民困。

　　△　联合国粮食农业机构会议在加拿大魁北克举行,美、英、中等30 余国代表出席,苏联派代表列席。各国代表签署会章,并讨论增加粮食生产,改进分配等问题,于 11 月 1 日闭会。

　　△　中共中央发出《关于平绥战役及准备消灭阎锡山残部的指示》,指出:即将开始的平绥战役,关系我党在北方的地位及争取全国和平之局面关系极大,为收复失地,打开东北、华北、西北之通路,应在不妨碍速援东北之条件下,尽可能彻底歼灭阎部残余。

　　△　毛泽东电示彭真,苏方已拒绝蒋军在大连、旅顺登陆,故蒋方从营口、锦州试探登陆,还可能从安东等处试探。"蒋军从秦皇岛登陆,向山海关、锦州攻击前进,是必然的。除令在途各部兼程急进,胶东方面星夜海运,并令林彪急至沈阳助你指挥外,望你就现在力量加强训练,并动员民众坚决阻止登陆,争取时间"。

　　△　八路军渤海军区为迫使山东平(原)禹(城)日伪军缴械投降,控制津浦铁路北段,发起平禹战役。经二个多月战斗,至 12 月 31 日,禹城日军弃城南窜,后被我军围困,鏖战三小时,毙日军 145 人,俘其大队长以下 613 人。至此战役结束,克县城四座,毙、伤、俘日军约 2000余人,伪军近万人。

　　10 月 17 日　蒋介石接受美国合众社社长贝利采访,畅谈中外局势;对日主张不计旧怨,并望中美加强合作。

　　△　毛泽东在延安干部会议上作《关于重庆谈判》的报告,指出对反动派必须采取针锋相对的方针,并告戒全党:"已经达成了协议,还只是纸上的东西,纸上的东西并不等于现实的东西。"进而指出:"成立了《双十协定》以后,我们的任务就是坚持这个协定,要国民党兑现,继续争取和平。如果他们要打,就把他们彻底消灭。"最后说:"前途是光明的,道路是曲折的。我们面前困难还多,不可忽视。我们和全体人民团

结起来,共同努力,一定能够排除万难,达到胜利的目的。"

　　△　熊式辉、蒋经国第二次晤马林诺夫斯基,提出六事:一、修理沈阳至山海关铁路使之通车;二、修理沈阳经热河至古北口铁路使之通车;三、中国准备接收邮电及长春以外铁路;四、发还被苏方封存之中国法币;五、由中国编练地方团队;六、行营派人赴各地视察。马同意一、二、三各点,并允将非政府之部队解散,余需向莫斯科请示。

　　△　苏联政府向国民政府提出:一、日本在东北所经营的工厂企业,应作苏军的战利品;二、伪满洲国及中国人所经营的工厂企业,交还中国政府;三、日本和伪满合办的工厂企业,由中、苏两国政府正式谈判解决之等要求。

　　△　中央政府代表张治中与伊宁代表赖希木江、阿不都哈依尔·吐烈、阿合买提江在迪化会晤,张治中向伊宁代表阐明中央关切边民的政策,又以《恢复兄弟间的和气与家庭间的团结》为题,说明伊宁事件的不幸,希望和平解决新疆问题。伊宁代表表示,他们除了"解放"外,没有什么意见,愿意先听中央的意见。

　　△　第七十军由军长陈孔达率领乘军舰于是日上午在台湾基隆登陆,下午抵台北,30万市民夹道欢迎。次日,海军第二舰队司令李世甲自闽乘扫雷舰渡海,20日驶抵基隆港。

　　△　何应钦以训令致冈村宁次,规定中国战区日本徒手官兵服役办法,饬修复战时破坏工程。

　　△　第九十四军第四十三师一部空运到平转津,其余部队将陆续到津。

　　△　蒋介石密令第十战区司令长官李品仙拦击依照国共协议北撤的浙西、皖南新四军,电称:"(一)浙西奸匪酉微北窜,现集贵池,匪似有溃窜之模样;(二)皖南铜、繁地区奸匪第七师一部,申有开始北渡等情。希望派队截击歼灭。"

　　△　贺龙指挥八路军晋绥野战军由左云、右玉地区北越长城,向绥远之凉城、天城、新堂运动,准备攻击,绥远战役开始。此次战役由晋

绥、晋察冀两军区组织,12 月 15 日结束。

　　△　财政部决定自本年 10 月起,全国各地营业税税率减半征收。以前按营业收入额征收 3％营业税,现改 1.5％征收;以前按营业资本额征 4％,现改按 2％征收。同时,运输业、粮食业两种营业税从本年 9 月起免征一年。

　　△　据新华社讯:日军在占领绥察、晋北等地期间厉行毒化政策,勒令农民种植罂粟竟达 80 余万亩,年产烟土 3000 万两。现这些地区大部为八路军解放,边区行政委员会决定设立禁烟督察局进行禁烟。

　　△　外交部长卫世杰在外国记者招待会上称:最近暹罗所发生之排华事件,系暹警之不法行动,致令华侨遭受重大损害。吾人坚持暹方必须采取有效步骤,以防止类似事件之再演,并须严惩此番暴行责任者。为求中暹关系之改善,中国政府已通知暹罗政府,中国政府有立即派遣外交代表赴暹之必要。

　　△　暹罗排华案,截至是日止统计:一、耀华力路事件,呈报案件共 155 宗,财物损失总数 292.9933 万铢,死六人,伤 18 人,被捕 33 人。二、新城门事件,呈报案件 188 宗,财物损失 276.2598 万铢,死七人,伤 24 人,被捕 10 人。三、其他各地呈报案件 172 宗,财物损失 253.2944 万铢,死 13 人,伤 90 人,被捕 41 人。

　　△　美总统私人代表洛克飞抵重庆,旋赴广州、台湾等地视察,28 日再飞重庆。29 日,谒见蒋介石,探讨战后中、美经济合作途径。

　　△　美陆军部次长助理麦克劳率美太平洋区空军总司令齐尔斯、美宪兵总司令赖奇等大批重要军政官长飞抵上海。

　　△　1684 名华工由日本乘船回国,是日到达塘沽。次日,乘车到天津,住西沽北洋大学市府招待处,是为自日本回国的首批华工。

　　△　重庆中华自然科学社第十九届年会在重庆召开,到社员 110 余人。会议通过提案:要求政府拨款,提倡科学研究;在各大城市成立科学博物馆,以普及科学;奖励各团体和私人研究。会议一致声讨汉奸

科学人员。18 日闭会。

10 月 18 日　蒋介石在重庆与苏大使彼得罗夫商谈国民党军登陆大连问题,并愿借苏船运兵,请其报告斯大林。

△　陆军总部参谋长萧毅肃在南京记者招待会上称:除正在开始解除山东、河北两省日军武装外,各战区及各军区之日军几已全部缴械。在越南北纬 16 度以北地区之日军立将全部解除武装。我军一军已抵台湾,数日之内即将接收日军防地。中国战区解除武装之日军共 109 万,东北之日军未计算在内。

△　云南省警备总司令关麟徵在昆明对中央社记者称:目前工作要旨为:肃清散兵游勇,根除匪患,绥靖地方;举行人民身份登记;定期登记私人枪弹;严整军队纪律及后方机关。

△　据重庆《中央日报》报道:四联总处核准之工贷 50 亿元,分配情况为:机电 13 亿元、化工八亿元、冶炼八亿元、液燃五亿元、煤矿三亿元、纺织三亿元,其他 10 亿元。其中贷款数目较大者有:中国毛纺厂、四川水泥公司各一亿元,渝鑫钢铁厂 9000 万元,中国纸厂、建国纸厂各 8000 万元,华新水泥公司 6000 万元,中南橡胶厂、中国汽车公司各 5000 万元,其余厂家核准数 100 万元者甚多。

△　台湾行政长官公署及警备总司令部在台北开始办公。

△　内政部次长雷法章率领外蒙古公民投票督导团飞抵库伦(今乌兰巴托)。按 1945 年 2 月苏、美、英三国首脑雅尔塔会议,决定以“外蒙古的现状须予维持”作为苏联对日作战的首要条件。8 月 14 日签订《中苏友好同盟条约》的附件规定:苏联政府将尊重外蒙之政治独立与领土完整,而中国国民政府则声明,“日本战败后,如外蒙古之公民投票证实此项愿望,中国政府当承认外蒙古之独立”。

△　新四军军部发言人为该军江南部队奉命北移事发表谈话,告别江南父老,并希望国民政府及地方当局保持当地的民主措施,更望国民党当局迅速实现已确定的和平建国方针与实施民主的诺言。

△　第十二战区傅作义部队从 8 月下旬以来进占已解放的归绥、

武川、陶林、丰镇、集宁、兴和等城,又以六万余人的兵力企图夺占已解放的张家口,控制平绥路。于是,八路军晋察冀军区、晋绥军区集中 14 个旅 5.3 万余人于是日发起绥远战役。至 12 月 15 日结束,共歼 1.2 万余人,收复绥东、绥南广大地区。

△ 据新华社电讯:国民党军继续以压倒优势兵力,拦击为和平、团结奉命北撤之新四军浙东纵队,企图歼灭于钱塘江畔。仅澉浦至松江一线,封锁与进攻新四军者即有三个师 11 团之众。在澉浦被围的新四军一部夺路突围,双方伤亡惨重。现国民党军队仍在沪杭甬铁路沿线阻击新四军。

△ 国民党军自 10 月以来进占济南、滕县、兖州、泰安等地,企图先控制津浦路南段,然后北向进攻解放区。于是,新四军于是日开始发起津浦路徐(州)济(南)段战役。战至 1946 年 1 月 13 日,战役胜利结束。此役解放邹县、滕县、大汶口等地,歼灭 2.8 万余人,控制铁路 200 余公里。

△ 驻天津美军官兵 30 余人,下午 3 时包围搜查驻天津英租界八路军冀中军区办事处,捕去五名工作人员,带至美军兵营审讯。下午 6 时被捕人员被释放,但四支手枪被扣,办事处房屋被美军强占。

△ 据美新闻处报道:第一批海运来华之美国黄金已抵沪。中国官员称:黄金将由中央政府保存,用以稳定币制。黄金共值 5000 余万元。

10 月 19 日 蒋介石明令陆军总司令何应钦展开日俘、日侨遣返工作。同日,又令准程东白等四人无罪,新疆冤狱得告大白。

△ 中国民主同盟发表《临时全国代表大会宣言》,对政治协商会议、民主联合政府、国民大会、人民自由、释放政治犯与废止特务制度,以及军队、经济、外交、内政、教育等十个方面阐述立场和态度,力求全盘彻底地总解决。

△ 熊式辉第三次与马林诺夫斯基会晤,坚持登陆大连,马允可转达莫斯科,并要求向蒋介石说明苏方意见。

△ 重庆西南实业协会星期五聚餐会邀请周恩来作《当前经济大势》的讲演，阐明中共对工业的几个基本问题的意见：一、政治环境问题，"一国的经济建设，不能离开政治而独立，政治环境的不良，足以影响经济建设"，"所以我们要求的第一是和平、第二是民主"。二、资本问题，应有国家资本、私人资本、合作资本，"今后必然还要经过一段保护私有财产、发展资本主义的阶段"；同时反对官僚资本、垄断资本、侵略资本。三、发展问题，为发展工业，首先要进行农村改革，实行减租减息、耕者有其田和土地国有；其次是区域经济，"工业建设，应该按照地区情况，分别规定"。四、税收问题，对于关税，我们采取"各种货物不同的税率，以保护我们的民族工业"；至于内地税，"工业税在原则上应该课得比较轻些"。五、劳资问题，"厂方劳方一定要在互让原则下求得劳资的合作"。按此努力，在二三十年后，可以使中国成为富强、独立、民主的中国。

△ 重庆文化界举行鲁迅先生逝世九周年纪念会，冯玉祥、邵力子、周恩来、郭沫若、柳亚子、老舍、叶圣陶、曹靖华、冯雪峰以及美、苏友人约500人出席。冯玉祥、邵力子、郭沫若、叶圣陶、周恩来等发表讲话；周恩来希望文化界能参与政治会议，依靠人民建立民主的新文化。

△ 延安《解放日报》发表《必须实行双十协定》社论，指出："全中国人民和各党派人士要清楚认识实现和平建国的方针，必须克服前进道路上的种种困难，必须停止反动势力的破坏活动。我们要以坚定的信心和百折不挠的努力，把国共会谈中已获协议的条款见诸实施，并争取尚未获得协议的问题达到圆满解决。"

△ 中共中央指示东北局："我党方针是集中主力于锦州、营口、沈阳之线，次要力量在庄河、安东之线，坚决拒止蒋军登陆及歼灭其一切可能的进攻，首先保卫辽宁、安东，然后掌握全东北，放弃过去分散的方针。"23日，中央又给东北局发出战略重点的指示，指出："竭尽全力，霸占全东北，万一不成，亦可造成对抗力量，以利将来谈判。"

△ 聂荣臻率领四万余八路军自兴和、阳高西向，自是日至23日

与傅作义部新三十一师、新骑四师激战后,连续攻下隆盛庄、集宁,续与新三十二师激战后攻下丰镇。24 日,与马占山、王英部激战后攻下柴沟堡、聚乐堡,马、王两部退守大同。

△ 时遣返日本战俘及日本侨民,初步统计已逾 200 万人,内计日俘 124.5 万人,将分由 12 个港口陆续返日。

△ 首批台湾籍军人、军属 3000 人由日本还抵基隆。

10 月 20 日 张群、王世杰、邵力子与周恩来、王若飞重开团结商谈。双方就政治协商会议之性质、代表总数和各方应推出的代表数、会议之职权、表决方式以及由谁出面召集等五个问题进行商谈。这是签订《双十协定》后的第一次国共谈判。

△ 王若飞在重庆访晤中国民主同盟主席张澜,就各方面出席政治协商会议的代表名额进行协商。

△ 蒋介石偕白崇禧、俞济时等一行自重庆乘专机飞泸州检阅时已编入第九军之青年远征军第二〇三师,并视察野战医院,参观亲爱社。晚,接见军、政、党、学各界首长及地方耆绅。次日,离泸州赴宜宾。

△ 张嘉璈致书蒋介石,报告攸关东北经济问题,反对中苏合办东北工矿。

△ 东北行营副参谋长董彦平在长春会见苏军参谋长巴佛洛夫斯基,提出要在大连设立航空站,并派接收人员前往大连地区视察。次日,东北苏军当局答复东北行营,不准国民党军队在大连登陆、设立航空站和派军事人员视察;对于前往北宁路视察的国民党接收人员,苏军可以陪同,锦州以南地段不能保证安全;不准国民政府收编伪满军队。

△ 张治中在迪化会见赖希木江、阿不都哈依尔·吐烈、阿合买提江,并将《中央对解决新疆局部事变之提示案》交给他们。赖希木江等表示要带回伊宁详细研究之后才能提出答复。22 日,赖希木江等三人返回伊宁。

△ 中共中央发出《关于和平建设过渡阶段的形势和任务的指示》,指出:目前开始的六个月左右期间为抗日阶段转变至和平建设阶

段的过渡时期。这个阶段的斗争,将是决定我们今后的政治地位的关键。我党在国民党统治区域内的任务是扩大民族民主统一战线,与广大友好的及可能争取的中外人士合作,组织发动民众要求民主,惩办汉奸,挽救经济恐慌和救济失业。

　　△　中共中央电告周恩来称:蒋介石现以 70 万大军向解放区进攻,如不停止,中共对政治会议无甚兴趣,叶剑英出来也无可谈。伪军、受降、解放区三问题不解决,缩军、国大均谈不上。

　　△　美国国务院发言人称:美国将继续与中国合作解决其种种问题,鼓励并协助其发展为统一、强大、合作与民主之国家。此种国家对于远东和平至关紧要。

　　△　首批遣送归国之天津日本侨民 3400 名,内有伤兵 300 余名,搭车赴塘沽,乘船返日。

　　△　外蒙古举行赞成外蒙古独立公民投票,历时 3 日,将于 22 日完毕。

　　10 月中旬　万毅率八路军山东军区滨海支队约 3500 人,到达磐石、海龙、东丰、西丰一带;吕正操率晋西一个小团约 600 人,到达沈阳。

　　10 月 21 日　张群、王世杰、邵力子与周恩来、王若飞就停止进兵、重划受降区、恢复交通、解散伪军和承认解放区等问题进行谈判。周恩来说,进犯解放区的国民党军已达 70 余万人,再前进必致引起内战。军事上停止前进,重划受降区,恢复交通,解散伪军四者互相关联,必须先行解决,办法是承认各边区政府。会上对于伪军、受降、解放区三问题未达成一致意见,只确定各方面参加政协代表的人数为:国民党八人,共产党七人,民主同盟六人,青年党五人,无党派人士九人。

　　△　张群往访民主同盟主席张澜,对政治协商会议代表问题交换意见。张群表示政府希望政治协商会议能于 11 月 1 日举行;张澜则表示会议代表应孚众望,迩来工业界及文化界均已向政府提出请求,希望能推选代表参加会议。

　　△　国民政府加拨 1.2 亿元赈济豫省沦陷区。

　　△　中共中央发出《关于加强辽宁、安东两省工作的指示》,指出国民党正急于派部队及党政人员赴东北与我争夺,我党的方针是集中主力于锦州、营口、沈阳一线,次要力量是庄河、安东之线,坚决拒绝、阻止蒋军登陆及打退其一切可能的进攻,首先保卫辽宁、安东,迅速接收各级政权,守住东北的大门,然后掌握全东北。

　　△　美军飞机十余架在八路军驻地河北安次县上空盘旋约一小时,时适安次军民正在广场举行大会,美军飞机突以机枪向会场扫射。同日,美军飞机约 10 架在河北固安城上空低飞盘旋一小时,并投下一函限该地八路军于 3 日内退出,否则即进攻该地。

10 月 22 日　张群、王世杰、邵力子与周恩来、王若飞在国民参政会继续就停止进兵、恢复交通和解放区政权问题进行谈判。周恩来提出:一、规定双方停止攻击,各守原防不动;二、规定受降区,各自执行,不得相犯。

　　△　国民政府特派潘文华为川黔湘鄂边区绥靖主任,刘文辉为川康绥靖副主任。

　　△　马法五、高树勋率领的三个军,主力由倪新庄,一部由丰乐镇分别渡过漳河。23 日起,两兵团开始交互前进,当晚攻抵磁县附近。24 日,右翼兵团再占秦家营、何红城、柴庄、夹堤、崔曲、赵庄诸据点,左翼兵团占领马头镇,进出屯庄阎家线一带。八路军以先期到达之第一纵队实行运动防御,阻止和消耗国民党军队,以掩护和等待八路军主力到达战场。

　　△　魏德迈在华盛顿对记者谈话称:驻华美军任务,是帮助运输国民党军至东北及收复沦陷区。驻华美军为陆军 6000 名,海军陆战队 5.3 万名。最后表示美军绝无干涉中国内争的意向,但对于内争得以消弭殊表欣慰。

　　△　中国空军第一联队在汉口成立,徐焕昇任司令。

　　△　美国总统杜鲁门私人代表洛克由重庆飞抵广州,"了解广州经济情况"。

10 月 23 日　张群、王世杰、邵力子与周恩来、王若飞就停止军队前进和军事冲突问题举行会谈。周恩来指出：孙连仲部队向河北，阎锡山部队向大同，胡宗南部队向石家庄前进，抗战初期这些地区早已划为第十八集团军作战地区，现在国民党军进兵，而中共不能撤退，冲突无法避免。

△　东北行营主任熊式辉在重庆召集东北九省主席、两市长及各部特派员举行会议，熊氏报告东北近况，盼各省主席及两市长早日前往接收。下午，熊晋谒蒋介石报告一切。

△　据合众社讯：最近视察上海、南京、北平、天津、广州归来的社会部部长谷正纲承认，在中国"收复地区"，现有 600 余万工厂工人失业；京、沪物价之突然上涨有四因：一、由于中国内地来人的集中，形成了更大的需要；二、由于工厂停顿引起供应品的减少；三、国营企业价格的提高，如邮政、电报等；四、京、沪等市周围的和平秩序尚未恢复，更加减少供应品流入城市。

△　外交部派员在南京接收日本大使馆。

△　教育部东北区特派员臧启芳等启程飞长春接收东北高等教育。

△　国民党中宣部宣布上海《大公报》、《立报》等 15 种报纸获准发行。

△　教育部特派员沈兼士主持接收北平国立故宫博物院。沈称：古物、图书、文献等幸获安全，但日军先后运走铜缸 66 口、铜炮一尊、残破铜灯亭 91 座，又在历史博物馆运走铜炮三尊、铁炮 1369 尊。此外，先后搬走及撕毁图书一万余册。

△　重庆中国进出口贸易协会举行记者招待会，吁请政府解除阻碍贸易正常发展之桎梏，而予进口商人以有力之扶助，并提出四项要求：一、彻底取消贸易管制；二、调整外汇，取消官价，重订汇率；三、活泼资金，准许官民自由携带钞票出入；四、改善运输，俾商货源源外出，以换取大量之外汇。

　　△　中共中央发出《关于内蒙工作方针的指示》,指出:对内蒙的基本方针,在目前是实行区域自治,强调要加强广泛的统一战线,对民族上层应积极争取他们参加自治运动,打击对象要缩小到最低限度。同时,中共中央决定派乌兰夫回内蒙统一领导自治运动。

　　△　苏大使彼得罗夫拜谒蒋介石,声明不同意国民党军登陆大连;蒋介石请其再向斯大林报告,根据友谊关系予以答复。

　　10 月 24 日　美、英、苏、中、法五大国及其他 24 个国家都将《联合国宪章批准书》交存美国政府,《联合国宪章》从是日起开始生效。联合国作为战后最大的国际性组织正式成立,此后这一天被定为"联合国日"。

　　△　国民党中央党部秘书长吴铁城在重庆设宴庆祝韩国光复,并欢送韩国志士金九、金奎植、赵琬九等回国。金九致词,对中国朝野援助朝鲜独立运动之热忱,致衷诚之铭感。

　　△　台湾省行政长官兼台湾警备总司令陈仪,偕同行政长官公署交通处长严家淦等,由沪飞抵台北履新。

　　△　第十二战区司令长官傅作义致电毛泽东,提出所谓"明示内战责任"的问题。26 日,新华社奉命驳斥,指出傅作义企图推脱内战责任。

　　△　中共中央致电华中局,同意以邓子恢、谭震林、粟裕、张鼎丞、刘晓五人为华中局常委。邓子恢任华中局书记兼华中军区政治委员,谭震林任副书记兼副政治委员,粟裕任华中军区司令,张鼎丞任副司令。10 月 25 日,华中分局、华中军区正式成立。10 月 29 日,中央同意粟裕提议:张鼎丞任华中军区司令员、粟裕任军区副司令员并兼华中野战军司令员。

　　△　八路军晋冀鲁豫军区集中第一、二、三纵队及太行、冀南、冀鲁豫三个军区主力共六万人,于是日发起邯郸战役,11 月 2 日结束。

　　△　王震、王首道率领湖南人民抗日救国军,王树声率领河南军区部队,与李先念率领的新四军第五师在桐柏地区会师。中共中央决定

成立以郑位三、李先念为首的中共中央中原局和中原军区,统一指挥该地区的斗争。中原军区下辖江汉、鄂东、河南三个军区和第一、二两个野战纵队,共有六万余人。

△　中央社电,浙江省立图书馆收藏文籍30多万册,其孤山分馆文澜阁并藏有《四库全书》,是国内具有宏大规模的图书馆之一。杭市陷后,遭受浩劫。该馆大学路馆地的雄伟大厦被敌拆筑仓库,只剩四处残壁,孤山分馆房屋还残存,内部损毁很多。该馆藏书除《四库全书》已运渝保存幸免于难外,善本散佚三分之一,杂志报章荡然无存。

10月25日　盟国中国战区台湾省受降仪式于台北市公会堂(今中山堂)举行,陈仪为受降主官,日方投降代表为台湾总督兼第十方面军司令官安藤利吉。首由陈仪宣布,奉中国战区最高统帅蒋介石之命令,为台湾受降主官,并把《第一号命令》和受领证交给安藤利吉。安藤在受领证上签字,径呈受降主官。受降后,陈仪代表中国政府正式宣布:自即日起,台湾及澎湖列岛已正式重入中国版图,所有一切土地、人民、政事皆已置于中国主权之下。下午3时,台北市举行民众庆祝大会,陈仪出席并发表演说。国民政府为纪念台湾光复,明定10月25日为台湾光复节。

△　行政院公布:台胞即日恢复为我中华民国之国籍。

△　台湾《新生报》出版,此为台湾光复后首创报纸,社长李万居,总编辑陈超飞。是日发行18万份。

△　国民政府改组江苏省政府,任命王懋功为江苏省政府主席,王公屿为民政厅厅长,董辙为财政厅厅长,陈石珍为教育厅厅长,董赞尧为建设厅厅长,陈言为省政府秘书长,贾韫山为保安副司令。

△　何应钦飞抵琼崖视察。据广东第九区行政专员兼保安司令丘岳宋统计,六年来海南岛遭受敌伪蹂躏,民众被杀害者达25.5554万人,民房被毁26.1621万间,田地被占30.8669万亩,耕牛被掳4.7398万头。

△　张群在蒋介石官邸宴请黄炎培,商谈政治协商会议事。

　　△　外交部长王世杰面告苏大使彼得罗夫，请依照熊式辉与马林诺夫斯基所商，国民党军改由葫芦岛、营口登陆。28 日，蒋介石会见苏联大使彼得罗夫，要求苏方为国民党军在营口和葫芦岛登陆提供保证。

　　△　杜聿明以内定东北保安司令长官身份在上海与美第七舰队指挥官金凯德达成协议，由美第七舰队负责运送国民党军队到营口和葫芦岛。

　　△　东北苏军搜查设在长春的国民党吉林省党部和中央党部特派员办公室，切断东北行营同外部的通讯联系。次日，苏军当局通知东北行营，禁止国民党官员到各地视察，不准国民党在长春组织保安队，并指责国民党在东北进行反苏宣传。

　　△　中共中央发出《关于建立国军工作部的指示》，决定中央军委和各中央局、中央分局设立"国军工作部"，以加强对国军的宣传、争取、瓦解、策反工作。

　　△　重庆《新华日报》发表社论《江南新四军开始撤退》，同时发表新四军发言人声明：为了实现和平、团结，新四军受命撤到长江以北。

　　△　贺龙、聂荣臻等部队会合于卓资山，同国民党军第三十五、六十七军、新骑四师、暂骑五师发生激烈战斗，至 27 日国民党军放弃卓资山阵地。贺龙等三路部队继续西进，28 日连下旗下营、白塔，30 日完成了对归绥的合围。

　　△　青岛日军正式签降，受降主官为美海军陆战队第六师司令谢勃耳与军政部胶济区接收委员陈宝仓，日军投降代表为青岛日军司令官长野荣二。

　　△　何应钦饬令冈村宁次应称中国为中华民国，所属军队为国军，并令查告在外台侨及在日军中的台人数字。

　　△　中美双方在上海举行遣返日人联合会议，决定使用中国的秦皇岛、上海、青岛、广州、海口、厦门、基隆、高雄、连云港、雷州、三亚、汕头及越南的海防等港口，遣返日俘、日侨。

　　10 月 26 日　王世杰、邵力子与周恩来、王若飞继续就国民党停止进兵、恢复交通、避免冲突问题举行谈判。国民党方面奉蒋介石的提示提出三点：一、铁路交通必须恢复；二、中共军队撤退铁路以外，其已占领区域暂维持现状；三、中共军事代表叶剑英应早日来渝进行军事小组会议，商谈中共军队整编及驻地问题；要求以此三点电达延安。周恩来指出：在解放区问题未解决、受降区没有重划以前，国民党军进兵，即为进攻。必须停止进兵，才能恢复交通。

　　△　周恩来、王若飞致电中共中央，报告同国民党谈判情况，提出关于恢复交通、避免内战的具体方案请中央指示，并要求中央按日具体广播国民党进兵与进攻事实。

　　△　国民政府派杜聿明为东北保安司令长官，原任关麟徵免职；派关麟徵为云南省警备总司令。

　　△　国民参政会驻会委员会议，财政部部长俞鸿钧报告收复区财政状况及设施情形，略谓：中央在收复区普遍推行减免赋税政策，除田赋业已明令免除一年外，其他中央各税亦分别酌予宽免。继谓：以京、沪区财政、金融、经济情形言，目前亟待解决之问题，为物价、工潮与煤荒。又谓：财政部正积极安定后方金融，救济工商实业，将工贷总额定为50亿元，由各行、局贷放，使面临崩溃之工商业得以转危为安。最后称：今后财政计划之改革重点在于：一、平衡国库收支；二、调整财政系统；三、改进赋税制度；四、调整内外债；五、稳定币值；六、健全金融机构等工作，以奠定坚强之财政金融基础。

　　△　熊式辉于是日自重庆返抵长春。29日，熊式辉第四次与马林诺夫斯基会谈，告以国民党军决定在营口和葫芦岛登陆，同时由山海关前进，请苏方协助并保证安全。马氏表示，可以掩护国民党军队在营口登陆，在葫芦岛不能负责。国民党如果经北宁路运兵，在山海关至锦州一段，苏方不能保证国民党军队的安全。如果国共发生武装冲突，苏军不予干涉。但是，苏军于11月11日撤退之前，国民党军队不能进入锦州。

　　△　中国民主同盟总部在重庆举行记者招待会，报告同盟的成立

和历史,以及此次临时代表大会的经过和成就。张澜强调同盟不愿中国再见内战,军事冲突应立即停止,希望舆论界一致主张、一致努力。

△　台北全市学生为庆祝台湾光复举行大游行,参加者计有大学、专门学校及中等学校等 28 校,学生 5000 余人。下午,台北各界民众数万人,复自大龙洞保安宫前出发,环绕全市大游行一周,以庆祝光复。

△　闸北四行孤军抗日八周年,上海各界公祭谢故团长晋元,蒋介石赐颁"军民楷模"挽额表扬之。

△　第一战区副司令长官裴昌会密令第十五军军长武庭麟"围剿"豫西八路军,令称:"兹为适应北进政策起见,着该长官剿匪指挥任务,由第五战区刘长官负责,围剿伏牛山平汉路中段以西、黄河以南地区奸匪皮定均、王树声部而歼灭之。又该奸匪现已大部南窜南召以北,战区所属第十五军应在豫西嵩县一带防堵。"

△　叶剑英奉朱德之命,为秦皇岛美军向解放区山海关等阵地推进事,向延安美军观察组伊万·叶敦提出严重抗议,要求采取有效步骤制止向解放区推进行为。

△　国民党石家庄之第十六军、安阳之第三十二军,南北对进增援邯郸。八路军集中两个纵队歼灭国民党第四十军,以一个纵队钳制第三十军和佯攻新八军,以另一部阻止国民党援军。

△　中央社记者沈宗琳报道上海物价上涨情况,略谓:8 月 10 日以前,一般物价较战前约涨 10 万倍(以法币、伪钞一对一计),胜利到临之初期,物价曾一度惨跌,如米每担由 200 万元(伪币)陡降至 60 万元,阴丹士林布每尺由三万元跌至 6000 元,猪肉每斤由四万元降至 2.6 万元。然胜利二阅月后,物价不特恢复 8 月 10 日前之一般平均价格,若干种如百货匹头抑又过之,如以昨日行市言,米已涨至 140 万元,阴丹士林布六万元,猪肉 3.5 万元。燃料则以来源断绝,胜利前后始终上涨,白煤 215 万元一吨;煤球 15 万元一担。物价上涨系由于受敌伪八年经济压榨与近来残余物资又渐多内流所引起。

△　民生公司在重庆向新闻界报告公司在抗战中所作贡献和存在

问题,略谓:公司现拥有船只84艘,总吨位为2.6069万吨。到胜利时为止,共抢救或装运兵工器材19.4万吨,航空油料、器材3.9万吨,枪弹、辎重、马匹等30.6万吨,运送军队壮丁270.5万人,运输美军器材2400吨。公司损失也大,总计被敌机炸沉船只1.2万吨,炸死员工270人。最大的损失是历年的亏空,自从1939年政府统制政策以后至今,亏折已达四亿元。究其原因,主要是拉差扣船与营业受统制。希望得到政府的扶植,把在抗战中破旧了的船只和工厂整顿起来,逐渐成为工业化中国的一条活跃的交通动脉。

10月27日　蒋介石训令第六战区司令长官刘峙全权指挥第六战区协同第五战区追击桐柏山附近新四军李先念部,电称:"四望山李先念部主力,现既北窜桐柏附近,希派有力部队追剿,不受作战地境限制,以协助第五战区剿匪,期一鼓歼灭,勿使漏网为要。"

△　国民政府派李平衡、包华国、谢嘉、张天开、余长河、李铭、寿景伟、朱家让、朱学范、安辅庭、冷隽、刘选萃分别为出席第二十七届国际劳工大会中华民国政府第一代表、第二代表、代表顾问、代表秘书、雇主代表、雇主代表顾问、雇主代表秘书、劳工代表、劳工代表顾问。

△　国民党中央宣传部长吴国桢对外国记者发表谈话称:政府为谋迅速恢复铁路交通,已同意中共部队在让出各铁路线后,其在各铁路线以外之驻区维持现状,惟铁路交通必须恢复,使无障碍。

△　国民政府派驻东京救济我国战俘的代表团六人,由李华英中将率领抵东京。

△　立法院通过《处理汉奸条例》,规定曾任伪职荐任以上者均须检举。

△　阎锡山在重庆对记者谈:此次来渝任务有三:一、向中央报告第二战区受降经过;二、向中央报告最近晋境军事情形;三、向委座请示今后措施。并谓今后晋省施政方针,决本中央政策建设地方,提高生产能力,改善民生。

△　重庆《新华日报》报道:"国民党部队继续进攻,用优势兵力拦

击我为和平、团结而奉命令北撤的新四军浙东纵队,企图歼灭我军于钱塘江。在澉浦、松江一线封锁与进攻我军的就有三个师十一个团之众,我军一部曾在澉浦被包围,夺路突围,双方伤亡都重,现在国民党军队仍在沪杭甬铁路阻击我军。"

△ 中美双方在上海召开第一次遣反日俘日侨会议闭会,订定《中国战区日本官兵与侨民遣送归国计划》。

△ 美海军陆战队开始在华北各铁路沿线布防,并在货车上担任护卫。

△ 英国赠我舰艇 11 艘,第一艘"震旦号"驶抵国门。

10 月 28 日 三民主义同志联合会在重庆召开第一次全体大会,由谭平山主持,到会的有全国 18 个省、市代表和会员。大会制定《三民主义同志联合会临时组织总章》,通过《三民主义同志联合会政治主张》、《第一次全体大会决议案》等文件,选举谭平山、陈铭枢、柳亚子、王昆仑等为中央常务干事。

△ 杜聿明飞抵长春,当晚会见苏军远东总司令马林诺夫斯基,要求苏军同意国民党军在营口登陆。马林诺夫斯基表示同意,但说明该地苏军业已撤退,无法予以协助。

△ 陈仪在台湾省行政长官公署接见高山族代表鹿毛等八人,对各代表爱护祖国之精神予以慰勉。

△ 新疆省会迪化设市,金绍先任市长。

△ 中共中央发出指示,明确提出:"我党决心动员全力,控制东北,保卫华北、华中。"

△ 八路军对马法五、高树勋所部发起总攻,战至 30 日,歼马法五第四十军第一〇六师大部,争取高树勋新八军一万余人起义。

10 月 29 日 国民党中常会决定,云南省党部主任以李宗黄继任。

△ 蒋介石致函蒋经国:"万一我军不能在葫芦岛登陆,则决心在秦皇岛与天津登陆,由山海关入东北。"

△ 蒋介石在重庆会见韩国临时政府主席金九,关切各地尤其东

北地区韩侨宣抚工作。同日,令司法行政部调查收复区日军战犯,提交盟国战罪委员会远东分会。

△　阎锡山在中枢纪念周谈艰苦抗战及与中共之战争。午间,蒋介石设宴招待阎锡山。

△　美总统私人代表谒蒋介石报告视察台湾情形;蒋介石以晚宴款待。

△　陈仪在台湾行政长官公署首次纪念周上发表治台方针:一、消极方面:废止日人统治下之苛捐杂税,废弃压榨台胞之法规制度,保障民众合法权利,禁止官吏贪污及扰民行为。二、积极方面:增加民众受教育及服务之机会,建立民意机构,提高民众之生活水准。

△　东北行营主任熊式辉与苏军远东总司令马林诺夫斯基在长春签订协定,苏军分三期撤退,即沈阳以南自 11 月 2 日开始,哈尔滨以南自 11 月 25 日开始,12 月 2 日前东北苏军全部撤完。

△　安东省主席高惜冰、合江省主席吴瀚涛、哈尔滨市长杨绰庵等离平飞长春赴任。同日,辽宁省主席徐箴、嫩江省主席彭济群、兴安省主席吴焕章、大连市长沈怡等,亦离渝飞长春赴任。

△　中共中央华中局电告中央:苏南、皖南、皖中、浙东约七万部队、地方武装及干部,均已胜利到达江北皖东地区。31 日中共中央复电表示祝贺。

△　中共中央发出《关于对待在华美军的方针和应注意事项的指示》,指出:对美军的方针是在尊重我方权益的条件下,欢迎与其合作。

△　据暹罗华侨抗战建国联合总会调查,截至是日,暹罗军警抢劫、虐杀华侨造成的损失为:财产损失 452.5948 万铢,华侨伤亡及被捕者共 149 人。此多系暹罗军警借故搜查而破门抢劫、虐杀之暴行所造成。

△　暹罗总理普拉莫特称:暹罗将与中国协商建立中暹外交关系,对迭次发生之华侨与暹人冲突事件表示遗憾。

△　世界青年会议在伦敦开幕,63 个国家计 500 余人与会,中国代表 25 人参加。

10 月 30 日　张群、王世杰、邵力子与周恩来、王若飞举行谈判。周恩来对国民党代表 26 日所提的三条意见作如下答复:一、为坚决避免内战、迅速恢复交通起见,中共方面提议:(一)停止进兵、进攻、进占;(二)停止利用敌伪;(三)在八条铁路线(平绥、同蒲、正太、平汉北段、陇海东段、津浦、胶济、北宁西段)上双方均不驻兵;(四)政府方面如须向平、津、青岛运兵,须经过协商。二、军事小组只能在上述问题之原则决定后,方得拟具体办法,否则无权解决此事。三、如不能于事先商得协议,中共方面不反对先开政治协商会议,但开会时必须先行解决避免内战、恢复交通问题。四、政府方面须表明关于国民大会的意见。双方就这四项问题进行商谈。

　△　黄炎培为国共双方军队冲突日趋激烈,致函国民党代表张群、张治中、邵力子及中共代表周恩来、王若飞,提议组织调查团前往冲突地点调查真相,商谈解决。11 月 2 日,张群以电话告知黄炎培,国民党方面已经决定接受其建议。3 日,王若飞访晤黄炎培,表示中共愿接受其建议。

　△　中共中央致电周恩来、王若飞,让他们告诉国民党代表王世杰、邵力子,召开国民大会必须慎重,不可草草决定、强制执行,并坚决反对旧国大代表、旧宪草和速开"国大"。

　△　国民政府明令改组山东省政府,任命何思源为山东省政府主席,刘道元为民政厅厅长,赵秀勋为财政厅厅长,李泰华为教育厅厅长,丁基实为建设厅厅长。

　△　何应钦抵北平视察,并对中外记者发表谈话,表示惟有全国同胞自身之努力,才能拯救国家的危急。

　△　延安《解放日报》发表《停止八十万军队进攻解放区》社论,指出:"根据最近各地电讯,南自广东,北至察、绥,在广大的国土上,有八十万以上的国民党军队,向各解放区进行着攻势。"并严正指出:"我们解放区军民,坚决避免内战,争取和平,但在国民党军队进逼太甚、让无可让的情形下,解放区军民不能不起而自卫,和全国人民一致制止反动

派挑动内战的阴谋。"

　　△ 第十一战区副司令长官高树勋在邯郸马头镇召开总部科以上军官会议,宣布新八军(包括所属第二师、新六师)起义。会后,高树勋打电话给第四十军军长马法五、第三十军军长鲁崇义及第十一战区参谋长宋肯堂,表明率所属部队与八路军联合,共同反对蒋介石发动内战与实行独裁专制的反动统治;并要求他们也脱离国民党阵营。

　　△ 美军一部配合第九十四军一部进攻并占领八路军冀东解放区临渝县之海阳镇,解除游击队之武装;并以悬有美国旗之车辆运输国民党部队。国民党军在美军掩护下向山海关八路军进攻。同日,国民党军队由美运输舰载运,在秦皇岛登陆。

　　△ 苏军开始自中国东北撤退。原定12月2日前撤完,后应国民政府的要求而延期。

　　△ 远东顾问委员会在华盛顿召开,美、英、法、中、澳、新、加、菲、印等国代表出席,讨论管制日本问题。苏联代表未出席。

　　△ 美国《纽约时报》《纽约先锋论坛报》等报纸发表社论,主张美国对于中国中央政府和中国共产党之间的冲突应采取不干涉政策,对于美国军队和飞机帮助国民党一方表示痛惜。

　　△ 中国著名音乐家冼星海因患肺病不治,在莫斯科逝世。

　　10月31日 张群、王世杰、邵力子与周恩来、王若飞举行谈判。政府方面对中共四点主张予以答复,避开停止进兵一条,提出"由路局警察维持铁路秩序",以抵制中共的双方都不驻兵的主张。

　　△ 行政院通令各省、市政府实施二五减租办法,办法规定照租约应缴额减四分之一,未免田赋省份明年度开始实行。

　　△ 重庆全国工业协会、迁川工厂联合会及工协重庆市分会召开临时联合会员大会,讨论当前工业问题,并发表《后方工业界对目前紧急情势宣言》,要求政府拨出100亿元作为定货收购成品专款,支持工业生产以解决失业恐慌;稳定经济,实行"经济第一"、"建设第一"之国策;召集工业复员会议,确定建设大计;大量兴建西北、西南公共工程,

以利工业发展;鼓励后方民营工业界人士参与接收、经营各收复区敌伪厂矿;拨款救济一切失业员工,并予以还乡就业之便利。下午,由 80 余位经理、厂长组成请愿团,赴行政院请愿。

△　美军与国民党军各一部,由秦皇岛犯北戴河,八路军被迫撤出北戴河。

△　魏德迈在纽约重申美军之任务仅在协助中国政府撤退日军,决不参与中国内部之争执。

△　粤富商谭礼庭将全部家产(约合法币二亿元以上)献予岭南大学作教育基金。

△　新四军为肃清苏北伪军,发起盐城战役。战至 11 月 11 日,守城伪军被迫投降,歼伪军两个师,俘一万余人,缴枪近 1900 支。

△　东北人民自治军组成,林彪任总司令,彭真、罗荣桓分任第一、第二政治委员,吕正操、李运昌、周保中分任第一、第二、第三副司令,萧劲光任第四副司令兼参谋长。自治军相继建立东满、北满、西满、南满四个军区,并迅速发展到 30 余万人,自治军总部于 11 月 4 日成立。

△　吴克华、彭嘉庆率八路军山东军区(胶东)第六师和第五师两个团,约 8000 人,到达东北营口地区。杨国夫、刘其人率山东军区(渤海)第七师,约 12 万人,到达山海关、古北口地区。第三五九旅刘转连、晏福生部,约 3000 余人,到达沈阳以西地区。文年生率陕甘宁边区警备第一旅,约 3000 余人,到达锦州地区。

10 月下旬　鄂豫皖中央局改为中原局,郑位三、李先念、陈少敏、王震为中原局常委,同时组成中原军区,李先念任司令员,郑位三任政治委员。中原军区下辖河南、江汉、鄂东三个军区与第一、第二两纵队。

是月　自是月底起,我国开始将分别集中于中国大陆及台湾、海南岛、越北各地的日俘、日侨 212.9826 万人,由塘沽、青岛、连云港、上海、厦门、汕头、广州、海口、三亚、海防、基隆、高雄 12 个港口遣送出境。自内陆运输到港口由我方担任,海上运输则由美方负责;美方以登陆艇

85艘、自由轮一艘及日船一部分担任运输。截至次年6月底始全部遣送完毕。

　　△　青年远征军编练总监部以编练任务完成奉令撤销；而青年远征军政治部仍继续存在，直至国防部预备干部管理局成立后始撤销。

　　△　延安抗日军事政治大学总校遵照中共中央军委命令自陕北迁往东北，改建为东北军事政治大学。在此前后其他地区也都遵照中共中央军委指示，以原抗大分校为基础，先后建立军政大学或军政干校。

11　月

　　11月1日　张群、王世杰、邵力子与周恩来、王若飞在重庆继续就避免冲突、恢复交通问题进行谈判。政府代表将对中共10月30日所提四点提案的复案交给中共代表。其主要内容为：一、双方下令所属部队暂各驻守原地；二、中共在各铁路线之部队，移驻铁路干线10里以外；三、由国民参政会组织交通考察团，会同当地公正人士赴各铁路线考察；四、中央军队如在平绥、同蒲、正太、胶济、平汉北段、津浦北段各铁路有运输之必要时，共同协商定之；五、双方应在一个月内商定对中共军队驻地及其整编等根本办法；六、立即召开政治协商会议。

　　△　何香凝致函宋庆龄、孙科、宋子文表示："希望你们三位向蒋先生苦言力争停止内战，一切问题以政治协商求得合理解决。"

　　△　财政部决定今日起收换伪币，并指定中央银行等先行处理伪储券。

　　△　财政部派陈果夫为中国农民银行董事长，原任孔祥熙免职；李叔明为总经理，原任顾翊群免职。是日，陈果夫、李叔明到重庆中国农行视事。

　　△　翁文灏在南京接见记者谈称：收复区经济调整问题结症在交通。以沪纺纱工厂言，恢复数十万锭原无问题，存棉尚可应付一时，惟以缺煤未能如愿。物价上涨，一部分系由于伪钞大量出笼。政府曾接

收大批布匹,2 日起平价供应,衣可无虞,米亦在分头采购,煤亦商由盐船运输,惟开滦矿场情况之紊乱,实非初料所及。

△ 苏联大使彼得罗夫通知外交部,营口已被来历不明的军队占领。同日,美军运输舰到达营口、葫芦岛,发现港口已被中共军队占领,决定折回秦皇岛。

△ 上海票据交易所成立,系由原有之银、钱两业票据交换所合并改组而成,内设交换、代理交换、总务、会计四科。

△ 大华航空公司经经济部、交通部批准,于是日正式成立,此为中国民营航空公司之第一家。该公司有美制 C47 飞机三架,用于渝京、渝沪、渝汉三线之飞航。

△ 全国商会联合会在重庆成立。

△ 上海横贯黄浦江汽油输送管完成。按此运输管全长 4 英里,起自浦东美孚与德士古油栈,经黄浦江底,止于江湾机场,油管直径为四英寸,每小时输送汽油 250 桶。

△ 重庆《中央日报》特派员杨政和著文《今日台湾》,内称:台湾人口共约 600 余万,日人约 50 万人,为 12 与 1 之比。台胞多为闽、粤两籍,通行语言以厦门话及客家语为主,一般台胞虽受日人 50 年之统治,而归向祖国之赤心终未减灭。

△ 中共中央书记处电告晋绥分局,同意在绥远收复后仍用绥远省政府名义,以云泽(乌兰夫)任主席,杨植霖任副主席。

△ 八路军由卓资山西进,是日攻下归绥城郊南北据点多处。守归绥的国民党外围部队退守城垣,依有利地形连续反扑;八路军攻击不克,改为围困,并以主力进攻包头。

△ 中共东北局机关报《东北日报》在沈阳创刊。

△ 钟泉在重庆《新华日报》发表《请听东南父老的呼声!》一文,称法币一元换伪币 200 元的规定不合理,希望政府设法解除沦陷区民众的倒悬,合理规定对兑比例。

△ 美国军舰将国民党第十三军全部运抵秦皇岛。在 8 月至 9 月

间,美国空军已运送国民党军14万到华北。至10月上旬,美国海军又开始大量运送国民党军到内战前线。

11月2日 张群、王世杰、邵力子与周恩来、王若飞继续会谈,拟定停止军事行动的具体办法,商定俟分别请示各自中央后再继续商谈。

△ 中国民主同盟发言人发表谈话称:为制止内战提出四点主张:政府应在10天内召集政治协商会议;在政治协商会议召开前,国共双方停止冲突;由政治协商会议组织视察团,分赴冲突地点,就地调解纠纷,并公诸社会;政治协商会议全盘彻底的合理解决军队的编遣与地方政治的调整。

△ 何应钦在北平电台对华北同胞广播称:抗战八年我军阵亡的将士计达140余万人,受伤和失踪的170余万,同胞生命财产和其他有形无形的损失牺牲尤属难以数计。并谓日前急要的工作有两项:恢复交通与治安;普及教育与进行工业建设。

△ 外蒙观察团雷法章等一行返抵重庆。

△ 蒋介石函示蒋经国与苏军商谈护路以待国民党军逐段接防问题和国民党军空运东北计划。

△ 毛泽东、朱德联名电贺高树勋,欢迎他率部起义,电称:"反对内战,主张和平,凡属血气之士,莫不同声拥护,特电驰贺,即颂戎绥!"

△ 重庆《新华日报》发表《中国人民对美国希望什么?》的社论,希望美国政府重视中美两国人民的共同愿望,帮助中国立刻停止内战,帮助中国迅速完成和平团结与民主统一,并在实际上使美国切实避免"参加中国内部的争执"。

△ 八路军晋冀鲁豫军区部队发起的邯郸战役结束。国民党军伤亡1.5万人,第十一战区副司令长官马法五、第四十军副军长刘世荣以下官兵2.3万人放下武器。八路军伤亡约4700人。

11月3日 国民政府对东北同胞发表布告,表示将努力安定地方秩序,建立政治制度,扶植经济活力,治标治本,并顾兼筹。

△ 陆军总司令部布告取消各机关办事处,并严戒军警人等不得

占住民房及招摇勒索、嫖赌、游宴。

　　△　王世杰复电驻美大使魏道明,要求续向美方交涉日舰分配事,说明我国所受损失较其他盟邦为巨,故赔偿比例自应较大。

　　△　台湾行政长官公署公告台湾法制原则:中国现行一切法律适用于台湾,日据时代的一切法律、法令一律废止。

　　△　中共中央复电周恩来、王若飞,内称:我方对傅作义、阎锡山军队发动自卫反攻,具有充分理由,如他们诬我发动内战,我将发表蒋介石酉皓致胡宗南电及其他各项内战文件。国大代表必须重选,会期必须推迟一年以后,否则我方坚决反对。政治会议问题,由你们商定初稿,待恩来回来讨论后再定。平、津、青三市应驻我军。

　　△　安东省民主政府成立,高崇民、刘澜波任正副主席。

　　△　联合国救济善后总署副署长韩雷生来华,是日抵达重庆。次日与蒋廷黻等举行会谈,商洽善后救济事项。5 日,在重庆对记者称:联合国善后救济总署已购价值 1.92 亿美元之救济品,待轮运到中国;并称中国将列为被援助国之第一位。

　　△　杜聿明自秦皇岛乘舰抵营口港外,布置国民党军登陆。

　　△　国民党第五路军吴化文部,由山东滕县北犯,在界河遭到新四军第二纵队和八路军山东军区第八师伏击,大部被歼,军长于怀安被俘。6 日,山东军区第三、第四师击退进犯西下店的吴化文残部。

11 月 4 日　朱德致书中国战区美军总司令魏德迈,就美军 10 月 18 日搜查八路军冀中军区驻天津办事处及 10 月 21 日美军飞机在河北安次县、固安县上空寻衅等事提出抗议,要求美军保证不再发生破坏中国主权、干涉中国内政及参加国民党军队进攻中国解放区之行为。

　　△　延安《解放日报》发表《美军干涉我国内政真相》文章,略谓:"美军正在积极干涉中国内政,不仅以武器、运输工具、训练人员等帮助国民党进行反共反人民的内战,而且美军已直接向我解放区军民开火,侵犯我华北解放区,逮捕我军人员,收缴我军武器。美军在事实上正在积极进行武装干涉中国内政。"

　　△　蒋介石在重庆中央党部礼堂举行茶会,欢送韩国临时政府正、副主席金九、金奎植等官员返国。次日,金九等一行33人乘专机离渝飞沪,由沪转乘美机返韩。

　　△　周恩来就与国民党谈判的办法问题致电中共中央。次日,中共中央复电指示周恩来、王若飞:邯郸战役获得大批文件,证明国民党有全盘反共内战计划,在谈判中应采取强硬态度。

　　△　中共中央向刘伯承、邓小平等发出关于开展西北军工作的指示说,在高树勋起义后,应即从各方面展开对西北军的工作,争取西北军在内战中守中立,并进而起来反对内战,主张和平。

　　△　中国伊斯兰青年会在重庆举行临时全国代表大会,决议更名为"中国回民青年会",并将宗旨修正为团结全国回民,增进回民利益,融洽民族感情,共负建国责任。

　　△　上海交通大学学生自治会为所谓"伪学校"、"伪学生"甄审事,发动学生向教育部长朱家骅请愿,要求取消甄审,无结果。交大、上医等六所被列为"伪学校"的学生秘密组成学生协会,提出:"人民无伪"、"学生无伪"、"我们要读书"等口号,6日有千余学生向接收大员李熙谋请愿,并举行游行。11日,学生再次游行。北平、南京等地被列为"伪校"的学生也先后行动起来,要求国民政府改变办法。

　　△　美驻华使馆向美国务院报告称:中国大规模内战的威胁正在增长中。共产党从事阻止中央政府占领他们所控制的区域的主要武器,就是共产党部队在那些区域内对付铁路的有效性。共产党相约只要政府答应停止运送政府部队前往华北,就不进行攻击交通线,但政府明确表示拒绝。并表示对中国的情况感到"切乎绝望"。

　　11月5日　蒋介石接见重庆工业界代表胡西园、胡厥文及吴羹梅。胡西园等提出:复员工作刻不容缓,工业化应集中使用国内资本,后方工业应能接收日伪工厂,即速召开复员会议等九项意见。蒋介石当向各代表表示:今后将由行政院随时与工业界密切联系,商讨工业复员、善后救济及工业建设诸问题。同日,又接见第一方面军总司令卢

汉,听取其报告在越南受降经过。卢汉称:开赴越北受降之国军约 10
万人,完成任务循海道返国者已有三分之一。彼等在越期间曾受到当
地及邻近地区 11 万爱国侨胞之欢迎,及越南人士的合作。

　　△　毛泽东以中共发言人名义,发表《国民党进攻的真相》的谈话,
指出吴国桢 4 日对合众社记者所说"政府在此次战争中均居守势"全系
撒谎;并指斥所谓恢复交通的办法不过是缓兵之计;号召全国人民动员
起来,用一切方法制止内战。

　　△　何应钦在北平居仁堂召集高级将领 30 多人举行"华北剿共会
议",宣布华北"剿共"军事步骤:第一步,借美舰帮助运兵到秦皇岛、塘
沽、青岛,并由此到达内地,确实控制大城市。第二步,占领胶济路,肃
清胶东和胶州附近的八路军,实行分割华北,占领同蒲路,以分割晋察
冀和陕甘宁边区;占领平绥路,以分割晋察冀与东北。第三步,依靠铁
路分区"围剿"各解放区。第四步,实行封锁各商业交通线。

　　△　重庆中国农业协进社、中国经济事业协进社、中国农村经济研
究会、世界科学社、农村科学出版社、环球出版社六团体,发出为停止内
战的紧急呼吁,内称:"我人所期求者无他,惟望内战不致造成,民主得
以安定,经济建设得以顺利推进。"

　　△　中苏文协会长孙科、副会长邵力子为庆祝苏联革命节二十八
周年纪念,在重庆招待新闻界。孙科发表谈话称:我们必须永远保持并
加强中苏两国间的友好关系;并称:苏联主张四国共同管制日本的方
案,我国应予以百分之百的支持。继对盟国保留日本天皇一事予以猛
烈抨击,谓利用天皇而改造日本为一民主国家,简直是破天荒的奇想。

　　△　迪化各宗教、文化、教育团体举行盛大集会,欢迎政治部长张
治中、国民政府委员麦斯武德及其他中央来新人员。张治中致词,谓中
央决以同胞之爱扶助边疆人民。

　　△　中共中央致电周恩来、王若飞,指示在和国民党谈判恢复交通
等问题中必须强调立即制止内战,应先解决解放区担任受降、解散伪
军、实行自治三个问题,才能恢复交通;应揭露国民党政府一面谈判,一

面大举进攻,所谈尽是欺骗。

　　△　熊式辉与马林诺夫斯基举行第五次会谈,熊氏指责东北苏军故意设置障碍,拒绝国民党军队在大连登陆,不负责北宁路运兵的安全,禁止东北行营视察交通设施,还把营口、葫芦岛转交中共,所有这些行动完全违背中苏条约的精神。马氏反驳说,苏军不可能阻止八路军进入营口,葫芦岛早已被中共军队占领,苏军不能介入中国的内部冲突;并谴责国民党在东北进行反苏活动。

　　△　中共中央关于热河施政纲领问题给胡锡奎、赵毅敏指示,指出宗教问题在热河至关重要,应增加宗教信仰自由,还应增加各党派、各阶级合作及三三制;奖励私人企业,保护私有财产,欢迎外地投资;保护盟国外侨,欢迎盟国资本正当投资等内容。

　　△　周至柔在南京对记者称:美驻华空军所有器材,包括战斗机、轰炸机、运输机,将全部移交中国使用。中国已开始训练接用人员。按:中国战区美空军飞机,包括飞驼峰空运总队,总数在3000架左右。

　　△　俞飞鹏在记者招待会称,北方各铁路合计1413公里被毁;并称治安问题一日不解决,燃料终难如愿解决,今后将分段驻兵切实保护。

　　△　辽北省民主政府成立,阎宝航任主席,栗又文任副主席。

　　△　察哈尔省民主政府成立,张苏为省主席。

　　△　南京硫酸铔厂复工,日产肥田粉百吨,为我国最大之硫酸铔厂。该厂原为永利公司所有,战前数月始完工,八年来被敌盘踞,制造硝酸部分设备且为敌转往日本。

　　△　在华美军租借组长霍克称:美军用汽车1.5万余辆,已在美租借条款规定下转交华军,用以协助华军运往收复区。

　　11月6日　国民政府成立战争罪犯处理委员会,为处理战犯的最高权力机关。同日,又任命田培林为河南大学校长。

　　△　中共发言人在延安就国民政府提出组织交通考察团事发表谈话称:中心问题是内战问题,不是交通问题,因为内战是基本问题,交通

是技术问题,基本问题不解决,技术问题无法解决。因此,主张组织内战考察团分赴各省考察两党军队移动、作战、占地及对人民态度、人民反应、敌伪表现和美军干涉中国内政等事实,并要求国民党政府允许中外新闻记者等自由访问解放区。

△　翁文灏接见工业界代表胡西园、胡厥文、吴羹梅,商谈有关工业诸问题。翁氏表示,前此工业界对挽救当前工业危机、协调劳资纠纷、接收敌伪厂矿及今后工业建设诸建议,已由行政院会议提出讨论,短期内可有具体决定。至工业界于 5 日上呈蒋介石之各项意见,蒋介石亦已交由行政院商讨办理。

△　重庆《新华日报》发表《美军应立即停止参加中国内战》的社论,指出:美国在中国所采取的措施,如空运国民党军队到华北解放区、海运国民党军队到华北登陆、美军担任所谓"护路"任务、美国继续装备与训练国民党军队以及仍拟军需品等贷给中国当局等,都必须立即改变。这样,中美的友谊才能持续于永久,东亚的和平也将得有发展。

△　东北苏军当局通知熊式辉,同意用美军运输机将国民党军队空运至沈阳、长春等大城市,于苏军撤退前 5 日降落。地面设备由苏方负责,每次只准许降落飞机一架,空运部队的驻地由苏方指定。

△　美国社会服务员工会致电蒋介石、张澜、毛泽东,反对美国干涉中国内政,指出:"这种片面干涉中国内政政策的结果,已经加重了中国内战的危机。"

△　林伯渠、李鼎铭在延安主持鸡尾酒会,邀集在延国际友人及延安各界代表与各解放区代表,庆祝苏联十月革命节。吴玉章向《解放日报》记者发表谈话,阐述十月革命对于中国人民解放运动的重要意义。次日,延安各界二万群众集会庆祝,并在致全国各界电中号召全国人民团结起来,制止内战。

△　中国军队在老挝(寮国)解除日军武装完竣。

△　马来亚森美兰邦之爪拉霹拉一群马来人,冲入华侨所居之村落,大肆屠杀华侨。据森美兰华侨总会调查,华侨 84 人被杀,四人受

伤,另有抗日军四人被杀,二人受伤,难民达3197人。被害侨胞派代表面见陈嘉庚、连瀛洲陈述一切,经陈促请英国殖民当局注意戒备,以防事故重演。

△ 作为中国战区处理战争罪犯的惟一机构,战争罪犯处理委员会成立。徐永昌、陈诚、王世杰、谢冠生、蒋麟、王化成等任该会委员。

11月7日 蒋介石致电苏维埃社会主义共和国联盟主席加里宁祝贺十月革命二十八周年,希望共同维护远东和平。同日,苏联大使馆为庆祝十月革命节举行鸡尾酒会,招待各界及各国使节。

△ 国民党中央宣传部部长吴国桢对外国记者称:政府深切期望中共能即指定其出席政治协商会议之代表,以便早日召开会议;并盼第十八集团军之代表能从速来渝,成立军事小组,庶可对中共军队驻兵地区及其整编等商定根本办法,以利和平建设。

△ 熊式辉致马林诺夫斯基备忘录,开列六次会谈内容七点:一、苏方同意于苏军撤退前5日,由中国空运部队至长春、沈阳;二、苏方于10日前将撤兵日期通知中国;三、苏方保证空运部队之飞行安全;四、中国可用美国飞机空运部队;五、苏方负责解除营口方面非政府军队之武装,并保障政府军队之安全;六、中国政府所派行政人员即赴各地到任,苏方通知军队协助,请作准备;七、行营即派人至哈尔滨、长春、沈阳筹组地方团队。

△ 周恩来、王若飞致电中共中央,建议:我们对于美国人及其政策的批评,宜取严格的态度,批评宜真诚。最近延安广播的评论说他们说谎,这两个字在基督教国家等于骂人无人格,最易引起反感。中共中央根据这一意见,将延安、重庆的英文评论稿中说谎用语改为“不合事实”。

△ 重庆中国妇女联谊会为制止内战发出紧急呼吁,希望双方马上停止军事行动,立即召开政治协商会议,解决目前的军事冲突和国共会谈纪要中所未解决的各项问题。同日,延安各界通电反对国民党军队进攻解放区。

△　据新华社统计,国民党用以进攻解放区之正规军,迄是日为止已达 49 个军 100 万人。

△　新华社在延安公布国民党第一战区"清剿"计划,其内容是:规定七个清剿区的指挥官、范围和兵力,统归副长官裴昌会指挥,要求"凡接近黄河之清剿区,应确实控制各渡口,接近山区,应确实控制各要点以阻奸军流窜"。

△　远东咨询委员会第三次会议,中国代表提出处置日本工业问题;美代表对日俘遭返问题表示关切,说在华日人仍有 400 万,在太平洋方面则达 600 万之多。

△　魏德迈在北平对记者发表谈话称:华北美海军陆战队须三个月以后撤离;希望国民党中央与中共能谋取解决内争,不致使事态扩大而影响及于中国与诸盟邦一致所祈求之目的。

11 月 8 日　张群、王世杰、邵力子与周恩来、王若飞在重庆继续谈判。中共代表提出:"为有效的停止内战,应请国民政府军事委员会首先下令所属部队实行下列四事:(1)全面停止向解放区进攻;(2)从进占区全部撤退;(3)从八条铁路线撤退;(4)取消各地'剿匪'命令,保证以后再不进攻各解放区。"政府代表以中共所提四点对他们在本月 1 日提出的六项未予明确之答复,表示无从商谈,谈判陷于僵局。

△　外交部电驻苏大使傅秉常,令查明苏联兼并我唐努乌梁海真相。11 月 22 日,傅秉常复电称:"苏报最近发表选举区,确将唐努乌梁海列入在内,称为杜伐自治省。"

△　中共中央致电周恩来:"在美蒋坚决进攻方针下,我们无法退让,只有自卫一法。"山海关 3 日已打响。"目前的谈判,彼方全为缓兵之计","彼方一切布置均为消灭我党"。关于宣传工作,你提的意见很对,应当采取"哀者"态度,照顾中间派,"不要剑拔弩张,而要仁至义尽"。"目前谈判方针在不束缚手足","保留伸缩余地"。

△　台湾省接收工作业已完竣。是日台湾省长官公署委员分赴台北、台中、台南、新竹、高雄各州及台东、花莲港、澎湖各厅分别接管;派

黄朝琴、石延汉、连谋为台北、基隆、高雄市长，成立市政府。并根据地方实际情形，分置七市 24 县。

△　重庆《宪政》、《国讯》、《中华论坛》、《新中华》、《中学生》、《东方杂志》、《再生》、《文汇》等十大杂志，联合出版增刊《呼吁停止内战》专号，主要内容有：重庆 27 种杂志的呼吁《不要内战》、黄炎培《老百姓不能再流血了》、章伯钧《谈内战问题》、俞颂华《为制止内战危机呼吁》、叶圣陶《也算呼吁》、陈翰伯《请美军退出中国》等文。

△　八路军晋冀鲁豫野战第四纵队攻克同蒲路上的赵城及什茨、南关等车站，控制同蒲铁路 150 余里，截断国民党军继续沿同蒲路北上的道路。同时，太行、太岳军区部队解放沁阳县城。

△　魏德迈在上海对记者称：已决定派 5.3 万名海军陆战队代替国民党军队在华北执行任务，并称美军在华之立场，乃在完成协助中国军队接收，促成日军缴械之任务。对中国内政及政府与中共纠纷，绝不愿作任何批评与干涉，并希望中国不发生内战。同时，美国务院以对华外交要领通知驻华大使馆，以促进中国安定统一为主，中国现政府为国民党专政，政权无力，军队贪污，政治缺乏人身安全保障，应迅速建立宪政，必须随时注意现实状况，在华美军不得卷入内战，亦不得予中国政府以戡剿叛乱之便利。

△　行驶粤、港"海珠号"轮船在虎门爆炸沉没，千余人罹难。

△　联合国救济善后总署在伦敦举行会议，通过自今年 10 月至明年 12 月止 15 个月内，中国区救济经费为九亿美元。

11 月 9 日　国民参政会驻会委员会议商讨制止冲突、挽救危局办法，建议政府提前召开参政会四届二次大会，共同讨论国家大计，集中各方意见，合理解决国事。

△　行政院电告各收复区省、市政府及田赋粮食管理处，对于历年旧欠田赋，亦一律缓征一年，俟明年新赋开征时再行并征，以纾民困。

△　东北行营主任熊式辉在长春欢宴马林诺夫斯基及苏军其他高级将领，并邀张嘉璈、蒋经国及九省主席、两市市长等作陪。席间，熊式

辉、马林诺夫斯基、张嘉璈、蒋经国均发表致词,表示要彻底实现《中苏友好同盟条约》;马林诺夫斯基亦表示全部邮电设备可交还,多余武器亦交中国政府。次日,熊式辉自长春飞回重庆,直接向蒋介石请示对策。

△ 周恩来、王若飞邀请民主人士黄炎培等人,告以最近国共商谈情况,以及缴获蒋介石重新印发之《剿匪手本》与发动内战的作战命令。

△ 第一方面军司令官卢汉在重庆对记者称:我军任务为接受越北日军之投降,故对法越冲突绝对采取中立态度,不加任何干涉,惟负责安定越北秩序,并保护法俘、法侨使其重获自由。入越我军任务今已部分完成,一军业已奉令他调,另一军亦待运中。由此可知,我对越南并无任何领土野心。目前越北侨胞为数约 11 万余人,与法越人民相处和谐。

△ 原第二战区阎锡山所部校级官佐百余人,在太行解放区集会,联名向全国发出通电,呼吁和平,反对内战,并揭露阎锡山强迫进攻八路军罪行。

△ 美国中国学社开会讨论中国政治问题。中国青年党领导人李璜说,中国政治由两个主流支配着,一方面是传统的农业和武力割据的封建思想,另一方面就是现代合作统一的民主思想。《时代》、《生活》、《幸福》三大杂志发行人鲁斯说:中国目前是建设一个强大和工业新国家最良好的机会,希望这个黄金时代不为自私的内战所毁坏。

△ 据重庆《中央日报》报道:桂省敌军退却时,沿途所经城市悉被彻底破坏,尤以桂、柳两城为甚,桂林房屋被破坏者约 99%,柳州约 98%。广西 99 县遭敌蹂躏者达 72 县,各县耕牛亦遭屠杀,今春各地大半未能播种,秋收极微,民食颇成问题。全国各省中广西沦陷最后,收复最先,而受害最惨。

11 月 10 日 国民政府任命黄朝琴为外交部驻台湾特派员;并派包华国等 10 人分别为出席国际劳工组织海事专家预备会议的政府、雇主、劳工代表以及代表顾问、秘书。

△　美军移赠国民党军飞机 200 余架，并助国民党军建立空军。

△　中国空军荣誉第一联队司令徐焕昇获选世界飞行员之一。

△　中国全国工业协会、中国全国工业协会重庆分会及迁川工厂联合会三团体，为制止内战发出紧急呼吁，要求政府及中共双方即日停止内战，并请政府从速召开政治协商会议，解决政治争端，议订和平建国纲领。

△　中国民主实践社致函重庆各报社紧急呼吁大家起来制止内战，要求立即停止任何地区军事冲突，停止进军，惩办伪军头目和勾结敌伪的不肖将领。

△　华中野战军组成，粟裕任司令员，谭震林任政治委员。下辖第六、第七、第八、第九四个纵队。

△　高树勋起义部队齐集武安县阳邑城召开大会，宣布成立民主建国军，高树勋为总司令，王定南为总政治部主任，范龙章为第一军军长，乔明礼为第二军军长。

△　孙良诚部苏北绥靖公署所属第四军军长赵云祥、第四十师师长戴心宽，率五个团一个总队共一万余人在苏北起义。

△　重庆妇女界人士黄三妹、李亦芳、杨祯、陈英等发表致美杜鲁门总统、美国妇女及各界人士公开信，要求杜鲁门总统停止帮助中国反动派，美国各界人士动员起来要求美国政府撤退驻华美军。

△　重庆《民主星期刊》第七期发表陶行知教授致美国名教育家杜威函，请求杜威联合美国各界名流，号召全美人民起来制止美国对华干涉政策。同日，美国 5000 名基督教牧师致电杜鲁门总统，要求实现不干涉中国内政诺言，不要让中国成为亚洲的西班牙。

△　中共中央电示东北局，迅速派大批民运、党务干部去沈阳——山海关线、沈阳——营口——安东线，把发动民众创造战场作当前紧急任务。

△　四川綦江铁路通车。

△　朝鲜汉城发生劫杀华侨事件，张金明全家三人遭杀惨死。近

两月来,汉城及郊外已有 40 余家华侨家庭遭抢劫。

△　英军与印尼人在泗水血战,当地华侨六万人陷于绝境。

11 月 11 日　复员整军会议在重庆开幕,何应钦、程潜、白崇禧、徐永昌、陈诚、张治中、张群、顾祝同、阎锡山、刘峙、孙蔚如、卢汉、汤恩伯等军委会各部、会长官及行营、战区长官等出席。蒋介石到会致训词。何应钦报告中国陆军总部办理受降经过概要,并对今后整军工作有所指示。会议制定"对共产党全盘战争"作战计划,"三个月到半年消灭共军",于 16 日闭幕。

△　国共双方代表张群、王世杰、邵力子、周恩来、王若飞邀请民主同盟张澜、沈钧儒、黄炎培、左舜生、罗隆基、章伯钧、张申府、鲜特生、周鲸文在重庆特园举行会议,商谈政协会议和国民大会召开时间及停止军事冲突问题。商得三点:一、政治协商会议日期主张本月 20 日左右召开,希望中共速复;二、国民大会日期,政府主张明年 5 月 5 日,不加可否;三、双方先电令停止军事冲突。

△　美舰 31 艘载运国民党军四个师在秦皇岛登陆。

11 月 12 日　国民政府明令宣布,定于 1946 年 5 月 5 日召开国民大会。

△　蒋介石主持孙中山八十诞辰中枢纪念会,并派员飞南京代表谒陵致祭。东北、台湾及海外亦举行纪念孙中山八十诞辰纪念活动。

△　孙科在重庆中央广播电台作"和平统一,和平建国"广播讲话,要求以作战精神争取和平胜利,盼各党派忍谅恕让,相安相成,勿因小我得失危及国家前途。

△　国民参政会举行在渝参政员茶会,周恩来发表谈话,报告目前各地军事冲突及政治协商会议、国民大会等问题。

△　军政部长陈诚在复员整军会上作报告,说明整编军队的目的,在于如何使现在庞大复杂之军队,调整为少数必须之常备军,编余官兵则将予转业资遣,全部整军工作明年完成。

△　翁文灏在北平对记者指斥收复区之种种不良现象"坏到使人

不敢相信",并厉声称:"本人官可以不作,此若干坏事必加追究。"

　　△　国民政府派赴香港参加受降之潘华国、刘方矩等,于是日由港返渝述职。潘氏在渝对记者谈及香港目前情况,并说港胞均希望有一强大、独立、统一之祖国。此次祖国军人堂堂正正出现于香港,并与英方官员平等往来,实为百年所仅见。

　　△　中华民族解放行动委员会发表《对时局宣言》,提出四项主张:一、立即停止各地的军事行动,不进兵,不进攻,不增兵;二、迅速召开政治协商会议,切实解决有关受降、驻军及地方自治等问题;三、立即阻止国共两党在东北各省区发生军事行动,改组东北接收委员会,首先成立地方联合政权;四、在国民大会召开以前成立统一的民主联合政府。

　　△　东北银行在沈阳成立,叶季壮任总经理。该行属辽宁省民主政府,在东北各地共设 18 个分行,发行东北地方法币一元券、五元券、10 元券三种,与伪满币比价为 1∶10,通行东北全境。

　　△　《扫荡报》改名《和平日报》,总管理处设在南京,下辖南京、上海、汉口、重庆、兰州五分社。

　　△　美国加利福尼亚州华工合作会致函杜鲁门总统,请求:一、立即撤退驻华美军;二、不要以武器和文通工具协助任何一方;三、承认维持远东安全是维持世界和平所必需。

　　△　美陆军部长柏德逊在华盛顿发表谈话称:在华美军将协助中国中央政府解决在华 100 余万日军之武装,并遣送返回。除非遭遇攻击,决不参加内争。美军将保护美国人生命财产,倘或遭遇攻击,将必予以有力之抵抗。

　　11 月 13 日　蒋介石核定法学家王宠惠草拟之对日本索取赔偿与归还劫物之基本原则及进行办法。

　　△　杜聿明部第十三、第五十二军攻占山海关。

　　△　南京市市长马超俊在重庆谈南京近况称:南京之秩序已完全恢复,现有人口 74.025 万人(战前为 118.9506 万人),房屋战前为6.2156万栋,被毁者共 4596 栋。教育方面,计有中小学生三万余人。

物价问题据市府估计,自受降迄今,最高者涨达五倍,因之市民生活至感痛苦。

△　重庆复旦大学等 30 多个团体、1000 余人,举行纪念孙中山八十诞辰晚会,一致要求国民党停止内战。老舍、陈望道等呼吁与会者"联合起来,用口、用笔、用一切办法制止内战"。14 日,成都各大学等 21 个团体也发表制止内战宣言,并提制止内战的三项要求。

△　黑龙江省民主政府在北安成立,陈大凡任政府主席。

△　苏大使彼得罗夫通知国民政府外交部,中国空运长春等地部队以宪兵、警察为限。

11 月 14 日　伊宁代表赖希木江、阿不都哈依尔·吐烈、阿合买提江再来迪化。是日,张治中会见赖希木江等三人,赖希木江等出示《伊宁方面对中央提示案之意见及所提要求》,全文共分 11 项。张治中在研究之后于次日提出答复,其要点:(甲)县长可由民选,但副县长应由中央委派;(乙)官厅文书汉文、回文并用;(丙)小学用固有文字,中学以汉文为必修科,大学汉文、回文并用;(丁)在国内准予自由贸易,对外贸易须候对外商约及经济合作办法商定后才能确定;(戊)改编军队由中央派员点验,按实有人员大部编为地方团队,其余编为国军,以团为最大单位。

△　嫩江省民主政府成立,于毅夫任政府主席;并成立护路军,郭维城任司令员。同日,热河省民主政府成立,李运昌任政府主席。

△　中共中央给林彪、彭真发出"以锦州为中心地区为主力集中作战之枢纽"的指示。

△　国民党军队开始在青岛登陆。

△　香港政府取消进口限制,中国各地来客可自由登岸。

△　魏德迈向美军总参谋长马歇尔提交报告,内称:海军陆战队在天津到秦皇岛地区采取的行动,对保护交通是完全必要的。目前运抵华北的国民党军队已有第十三、六十二、九十二、九十四等四个军。这些军队足以把美军从其占领区替换下来,并同时保护一些有限的地区。

但是,蒋介石如果坚持要守住现在已占领的所有地区,并企图加以扩大,特别是准备进入东北,肯定需要美军继续替他看住沿海港口和交通要道。

△　美国务卿贝尔纳斯对报界称:杜鲁门总统曾下令再予中国租借援助,以助其达成使全中国各地(包括东北在内)日军投降之任务。美国官方认为中国内争乃"一大憾事",惟美国迄未参加中国任何一处所发生之纠纷。

△　赫尔利在新墨西哥州对记者称:美国在华绝无帝国主义之野心,亦不拟谋取任何特权。今美军在华之任务,确系盟国对日作战之结束阶段;并称:美国深盼中国政府能成为其一己之领导政权,厘订其一己之政策。

11 月 15 日　张群、王世杰、邵力子与周恩来、王若飞就避免内战、解放区政权、敌伪受降、国民大会、政治协商及外交等问题举行会谈。周恩来指出:接受日军投降工作不若想象之困难,不需美军在点与线上驻兵,现在美军行动与原定计划不符;魏德迈将军所说关于美国准备给中国 50 师装备和在华剩余军火物资的计划,就是要以武器帮助国民党打内战。

△　蒋介石自是日起连续三天在重庆林园举行座谈会,各战区、方面军高级将领参加。会议首由 12 个战区分别报告,次为四个方面军报告,最后由蒋介石作讲评,并由各将领检讨工作。会议策划在六个月内击溃八路军、新四军主力,然后分区进剿。

△　蒋介石因接收东北遇到困难,令东北行营及接收人员全部自长春撤至山海关。17 日,东北各省主席及接收人员撤离长春。

△　毛泽东为中共中央起草给林彪、彭真的指示,指出待敌疲劳时,由林彪、罗荣桓亲自指挥举行反攻,分作几次战斗,再次歼灭其二三个师,最后全部歼灭三个军,即能从战略上解决问题。

△　东北人民自治军黑龙江军区成立,叶长庚任司令员,王鹤寿任政治委员。次日,吉黑军区成立,高岗任司令员,陈云兼政治委员;松江

军区成立,聂鹤亭任司令员,张秀山任政治委员。

　　△　解放区职工联合会筹备会致电感谢美国旧金山国际码头工会声援中国人民;并希望他们号召美国工友和人民紧急行动起来,督促美国政府立即停止美军武装干涉中国,立即禁止对中国反动派任何形式的援助。

　　△　驻华美空军代表团在重庆成立,并由蓝度出任团长,协助国民党军建立新空军。

　　11 月 16 日　延安权威人士评国大召开问题称:此举是国民党及国民政府对《双十协定》的又一次背弃,足证国民党方面对目前国内重大政治问题,均无诚意经政治途径与各党派会议协商解决,亦透露国民党政府现在已下定破裂国内团结、实行大规模内战的决心。

　　△　重庆《新华日报》发表特讯《国民党调动 200 万大军发动全面内战真相》,指出:国民党下达"剿匪"命令以后,"各个有关战区及其所用兵力是:胡宗南的第一战区十个军,阎锡山的第二战区七个军,顾祝同的第三战区五个军,孙蔚如的第六战区五个军,余汉谋的第七战区二个军,傅作义的第十二战区四个军。此外,还有不属上述战区六个军,人数共达 56 个军,加上挺进部队及奉命参加内战的敌伪军 50 万人,共约 200 万人"。此外,还简要介绍国民党各个战区对解放区的进攻和"清剿"目标和计划。

　　△　杜聿明部攻占已被八路军占领的山海关,随即沿北宁路北进。

　　△　重庆中共发言人对《新华日报》发表对于赫尔利最近在美谈话的评论,指出:我们不能不认为赫尔利谈话是极不公正,且与事实完全不符。鉴于中美关系是如此重要与处于如此重要的发展阶段,而赫尔利却如此不了解中国的情形和不能代表美国人民的意志,我们诚恳希望美国政府采纳美国舆论的意见,使中美的友谊能在巩固的基础上得到真实的进步,而不致为这类轻率的谈话所破坏。

　　△　魏德迈在上海举行记者招待会,宣称已通知美军第三军,在唐山、秦皇岛之间如"受中共军队之袭击而发生危险时,可执必要而适宜

之军事行动"。

△　爪哇泗水英军与印尼人激战一周,华侨死伤逾五万人。

△　苏军将溥仪改囚伯力收容所。

11 月 17 日　张群、邵力子与周恩来、王若飞在重庆德安里谈判东北等问题。周恩来提出:让东北发展成为平等、民主与和平的模范区,要求停止在北宁线上运兵。

△　张治中与赖希木江、阿不都哈依尔·吐烈、阿合买提江于是日及次日继续在迪化商谈。在两天商谈中,大部分条款都获得协议,但伊方代表还坚持下列各点:一、要求给予完全自治,自省主席以至县长各级行政官吏都由人民选举;二、政府机关官方文书均用回文,大、中、小学均用国文施教;三、商民得对外自由贸易;四、组织民族军队。

△　重庆青年界召开大会纪念世界学生日。按:德军攻占捷克后,自1939 年 11 月 17 日起,将布拉格及捷克各大城市学生捕入集中营,并封闭一切高等教育机关。世界学生大会于 1941 年定此日为世界学生日。

△　延安《解放日报》发表社论《真和平与假和平》,揭露国民党玩弄假和平的阴谋,要求国民党当局取消一切"剿匪"密令,停止向解放区进攻和运兵,公开合理划定八路军、新四军受降地区。并忠告国民党当局:你们现在还在骗美国政府,说中国人民没有力量,说三个月到半年就可以消灭共军。你们的如意算盘,是永远不会成功的。

△　原阎军将、校、尉 217 名官佐在太岳解放区联名发表通电呼吁和平,反对内战,要求政府履行《双十协定》,立即撤退进攻解放区军队,实行民主政治,成立联合政府。

△　苏大使彼得罗夫照会外交部否认国民政府关于苏军支持中共的指责,并说明中共军队占领苏军撤出的某些地区,是国民党军队无力控制的结果。如果国民政府同意,苏军可以暂缓撤退,并允许国民党军队空运至沈阳和长春等大城市。

△　美国 21 艘运输舰自是日起运送青岛区之日俘及日侨回国。第一批计有海军 1700 人,陆军 4300 人,日侨 1.5 万人。

　△　英国牛津大学授予胡适法学博士荣誉学位。

　△　印度著名美学教授甘歌利应教育部之聘来华讲学一个月,是日抵达重庆。

11 月 18 日　蒋介石在重庆主持军事会报,决定仍要求苏军先解决长春中央军安全接收等问题,至于进军东北则空运暂缓,陆路照行。

　△　中国人民反内战同盟发表《为国共军事突冲告全国同胞书》,内称:内战的炮声频频传来,我们正站在毁灭与新生的岔路上,只有凭我们自己的力量才能挽救我们自己的命运。情势太紧迫了,我们必须立刻起来,制止内战,彻底消灭一切足以引起内战的因素。

　△　上海、青岛港口运输司令部正式成立,负责协助运送日俘、日侨返国,唐君尧兼任司令。日俘自是日起自青岛、塘沽、上海各港乘美船返国,平、津两地每日载送 3000 人。

　△　美国舰队司令柯克到广州与宋子文会商开发海南岛资源及黄埔、榆林开港事宜。

11 月 19 日　外交部答复苏联大使照会,提出接收东北应重新拟订具体办法,经双方同意后实行。所谓具体办法就是协助国民政府接收和阻止中共力量的发展同时进行。它包括:解除沈阳、长春及其周围机场附近中共部队的武装,苏军必须给予方便,使通过北宁路和各港口运兵顺利进行;苏军协助国民政府接收行政权,并准许编组保安队。如果上述条件被接收,可以同意苏军缓撤一个月。20 日,苏联大使又照会外交部,对外交部所提条件除保证空运至沈阳和长春的国民党军队安全着陆之外,其余一概拒绝。

　△　重庆各界人士 500 余人集会,成立"陪都各界反对内战联合会",郭沫若、陶行知、黄炎培等在会上发表反内战讲话,号召全国人民动员起来,用一切方法包括以罢工、罢课、罢市、拒绝纳税等来制止内战,号召国民党官兵拒绝内战,呼吁早日成立联合政府,反对美国干涉中国内政。

　△　东北人民自治军主动撤出长春、吉林等地,26 日主动撤离锦州。

△ 魏德迈接到美陆军部命令,责成他把美海军陆战队限制在华北,避免卷入对东北的军事行动,只能从"心理上加强"蒋介石的力量。

△ 美国《生活》杂志发表题为《中国:什么是和平的代价?》的社论,内称:美国应全力支持国民政府,协助中国完成统一独立,亚洲始有永久和平可言。

△ 盟军总部下达第二批拘捕战犯令,列名者荒木贞夫等 11 名,以侵华战犯居多。

11 月 20 日 国民政府明令第二次改组云南省政府,任命卢汉为云南省政府主席、李宗黄为民政厅厅长、华秀升为财政厅厅长、王政为教育厅厅长、陇体要为建设厅厅长。

△ 国民政府任命张笃伦为重庆市长,原任贺耀组免职。

△ 中国政府开始接收澎湖。

△ 行政院拨款 40 亿元救济后方工业。

△ 宋子文在重庆再度接见工业界代表吴蕴初、胡西园、胡厥文,表示前此工业界请求之增拨紧急工贷及放宽工贷范围、继续定货、收购成品、接收敌伪工矿拨交民营工厂经营、修改解雇工人处理条例、召开工业复员会议等项意见,均经行政院批复,所应办之各事项亦交由主管机关办理。至有关劳资问题之法规,应予改正者,亦由社会部办理。

△ 中共中央致电东北局:决定改变 10 月 19 日以来拒阻国民党军进入东北的方针,要求"迅速在东满、北满、西满建立巩固的基础,并加强热河、冀东的工作。应在洮南、赤峰建立后方,作长久打算"。"只要我能争取广大农村及许多中小城市,紧靠人民,我们就能争取胜利"。

△ 东北苏军代表通知中共东北局,根据上级将长春路沿线及各大城市交国民政府接收的指示,决定凡苏军驻扎地区,中共军队不得进入,并不准与国民党军队作战;在苏军全部撤出东北之前,包括山海关至锦州地区在内的东北全境内,亦不准作战;中共军队必须退至铁路沿线 50 公里以外,中共所属机关必须从大城市撤出。

　　△　美国纽约《先锋论坛报》发表社论,反驳美国官员所持"共产党遭到袭击,只是因为他们干预受降敌人事宜"的说法,指出围攻山海关,源源冲入东北的重庆军队,并不是以日人作对象,他们的主要目的在和共军竞赛,以便占有远东最富足的农业地区。

　　△　美国纽约《太阳报》刊载赫尔利对《生活》杂志关于中国之社论的评论,赫尔利重申全力支持国民政府,并称美国在华部队今日正执行受降令以解除日军武装,并移交其装备于中华民国。

　　△　发动九一八事变引起中日战争之前关东军司令本庄繁畏罪自杀身亡。次日,美纽约《先锋论坛报》发表社论称:本庄繁的自杀,对于美国将是一个备忘录,警告美国不要重蹈 1931 年在东北的覆辙。

　　11 月 21 日　国民政府与美国政府在华盛顿签订《长江三峡水力发电计划委员会合约》。旋资源委员会组设"三峡水力发电计划研究委员会",主持三峡开发事宜。

　　△　国民政府批准《美国在华空中摄影协议》。按照此项协议,美国飞机得以在中国领空进行军事调查活动。

　　△　梁漱溟在重庆区海关同人进修会讲《中国的统一问题》,内称:中国今天是最最需要统一了,但是,统一是要统一于一个能够十足代表全国国民利益的民主的政府,统一于明确的建国的目标之下。

　　△　重庆《新华日报》发表社论《与大公报论国是》,严正驳斥《大公报》说中共要求特殊化,要求南北朝,要乱不要变的谬论,指出《大公报》把内战的责任写到第十八集团军的帐上,不是大公无私的态度。在一切首要问题上拥护国民党当局,正是《大公报》的基本立场。

　　△　合江省民主政府成立,李延禄任政府主席。

　　△　招商局接收日轮告竣,其中江轮改名"江宁"、"江陵"等,多艘续驶长江航线。

　　11 月 22 日　蒋介石以东北、华北接收困难,电请美总统杜鲁门拨足船只,以赶运五个军前往冀、鲁、热、察、绥诸省接收。

　　△　外交部长王世杰电复美国务卿贝尔纳斯,对于美、英、加三国

关于管制原子能之联合宣言申明两点：为废止战争，必须增强并扩大联合国机构之权力；尽速成立原子能管制委员会，以便保证原子能不能用于破坏之目的。

△　熊式辉电促张嘉璈将东北行营限期撤离长春。

△　马林诺夫斯基在与国民政府驻长春的军事代表团会谈时表示，苏军在中国政府军队未到达及中央政府的行政基础未确立之前，暂不撤离。

△　财政部规定法币一元兑伪联银券五元，是日起实行并定期收换。

△　据重庆《新华日报》报道：工业界巨子吴蕴初具呈经济部，表示愿将生平投资于各种事业的股票，计票面509.28万元，以目前价值计，至少在五亿元以上，完全交出，另组织保管委员会共同保管，自1946年起，产业盈利收入完全作为公益费用。

△　上海《申报》自1941年太平洋战争爆发后即被敌伪侵占，是日正式复刊。

△　第五十二军是日先后攻占兴城、连山、葫芦岛等地，秦皇岛与葫芦岛间铁路电信均恢复。

11月23日　国民政府公布《处理汉奸案件条例》，凡11条。同日，行政院公布《收复区敌伪产业处理办法》。

△　据重庆《新华日报》载：郭沫若、洪深、老舍、茅盾、叶圣陶、孙伏园、曹靖华、胡风等17人致函美国援华会作者委员会赛珍珠和全美作家，请求他们发挥如椽之笔的力量，使美国人民明白在中国发生的事实真相，为中美两国人民悠久的友谊采取有力的措施。

△　马来亚华侨团体联名致电国共两党领袖蒋介石、毛泽东，呼吁早日成立举国一致的联合政府，反对内战。

11月24日　蒋介石会见美海军陆战队司令骆基，续商华北、东北受降事宜。

△　四川省政府主席张群在成都对记者称：月来在渝继续与共产

党代表商谈,主要问题为避免冲突、恢复交通与召开政治协商会议三事。此次参加商谈代表秉承政府意旨,努力不懈,对避免冲突、恢复交通办法已略作具体之商谈,意见尚未一致。但政治协商会议召开办法业经商定,并已预定下月 1 日召开。政治协商会议均系各党各派人士及社会贤达参加,悉心研议,谅能获得合法合理之解决。

　　△　云南省党、政、军当局举行联席会议,代理省政府主席李宗黄、云南省警备司令关麟徵、第五军军长邱清泉等出席会议,议决:"凡各团体、学校一切集会或游行,若未经本省党、政、军机关核准,一律严予禁止。"次日,李宗黄召集各大学负责人开会,要求各校务必制止学生集会。

　　△　齐齐哈尔市民主政府成立,朱新阳任市长。

　　△　重庆世界科学社致电全世界科学家、教育家、宗教家、实业家、政治家和一切同情中国人民的人士,请求一致敦促美国人民及其政府立即撤退驻华美军,停止供给过剩军火,以拯救中国人民,及早扑灭亚洲原野的熊熊战火。

　　△　东北各地区工会代表座谈会在沈阳召开,与会代表 30 余人。陈郁作当前东北工人运动的任务、方针以及工人运动的团结统一等问题的讲话,各地代表交流工运工作发展的情况和经验。一致决定以到会代表为委员,以沈阳、大连、哈尔滨、长春、吉林、鞍山等工会九位代表为常委,建立东北职工总会筹备委员会,并推举陈郁为筹委会主任。

　　△　魏德迈在上海对记者谈话称:北方美军暂不撤离;并称:美军计划助华配备 36 个师后,以装备有余,乃以所剩余者再配备三个师,共成 39 个师,其中 20 个师曾受新式训练并参加抗战。

　　△　长春苏军总司令马林诺夫斯基之经济顾问斯拉特哥夫斯基,正式向东北经济委员会主任张嘉璈要求中苏共同经营东北工矿及民航事业,计 154 种。

　　11 月 25 日　蒋介石在重庆会见张嘉璈,听取其报告留守长春近况。张强调东北局面有转机,并谓:"中央军五万人去东北,应无问题。"

"经济合作方案宜早决定,庶几省、市接收可望顺利进行。"

　　△　昆明西南联大、云南大学、中法大学、英语专科学校和昆华、南菁、五华等校学生,以联大学生自治会名义准备在云南大学礼堂召开反对内战、呼吁和平的时事晚会,国民党军队当局闻讯发布禁止集会、游行的命令,并不准云南大学借给礼堂。时事晚会遂改在联大图书馆前草坪上举行,到会学生约 6000 人。闻一多、费孝通、钱端升、潘大逵等教授发表讲演,揭露国民党反动派不顾人民愿望和利益打内战的阴谋,表示坚决拥护中共提出的和平、民主、团结,成立民主联合政府的主张。座谈会开始不久,国民党第五军即包围会场,鸣枪威胁,国民党特务切断电线,企图引起混乱。与会学生不怕恐吓和破坏,严守纪律,坚持开会。联大等四大学学生团体联合建议:发表反对内战宣言;呼吁美国人民和政府反对美军参加中国内战的提案。

　　△　行政院命令在接收原"台湾帝国大学"基础上成立"台湾大学"。

　　△　内蒙古西部地区人民代表大会在张家口召开,讨论和确定内蒙古自治运动的方针,并成立"内蒙古自治运动联合会",乌兰夫任联合会主席兼军事部长。

　　△　重庆各大学学生张永和、张宫、王金、李诚、黄左、赵明礼等614 人联名致书美国学生,请他们发动人民,督促政府停止帮助国民党运兵,撤退在华美军,阻止政府把租借物资交给中国反动派。

　　△　黄金价格在战后几个月中,经过当局的稳定金价措施,慢度回涨,旋即回升到 11.5 万的价格。黄金暴涨,出现黑市,与政府牌价差距日大。

　　△　联合国救济善后总署救济船六艘抵沪,载运小麦、面粉、车辆与医药品等计三万吨。行政院善后救济总署接收后,将视各地需要统筹分配。

　　11 月 26 日　国民党中央常务委员会及国防最高委员会举行临时联席会议,通过召开政治协商会议办法,并决议设立最高经济委员会。

△　国防最高委员会召开最高经济委员会首次会议,蒋介石主持。会议通过该委员会组织条例,并决定以行政院正、副院长兼任正、副委员长,经济、交通、农林、粮食、财政、教育、社会等部部长及善后救济总署署长等为当然委员。

△　东北经济委员会主任张嘉璈对记者称,东北接收工作甚为乐观,我接收人员即将陆续派赴东北,苏联极愿协助我方进行接收。接收东北技术人员,须有经验及技术者,政府将尽速训练大批人员备用,在过渡期内恐一部分矿厂人员将暂时借才异地。

△　外交部照会苏联大使彼得罗夫,表示接受苏方的建议,立刻派代表前往长春恢复谈判。同日,外交部与有关部、会商定接收日本船舰与索还日本掠夺我国之文献、古物办法。

△　国民党军以第十三军为攻击兵团、第五十二军为迂回兵团续向锦州攻击,于是日攻占锦州。

△　董必武从美国纽约乘机回国,是日抵达重庆,章汉夫随行。

△　昆明各大中学校学生为抗议国民党当局派军警破坏昨晚时事晚会的暴行举行罢课,要求取消禁止自由集会的反动命令,反对内战,并呼吁工人罢工、商人罢市。

△　港、沪航运恢复,第一艘航轮"永生号"是日晨离港驶沪。

△　魏德迈向总参谋长艾森豪威尔报告对中国形势的估计,认为即使蒋介石暂停接收东北,全力巩固长江以北和长城以南地区,如果没有美军的帮助,这也是很难实现的目标。12 月初,再次向艾森豪威尔报告华北形势,称驻华美军实际上正为国民政府防守着秦皇岛、天津、北平和青岛,并控制塘沽到秦皇岛的铁路线。大约有一万日军在协助美军护路。除非协助国民政府增调军队,否则美军无法执行解除日军武装的任务。并要求美国政府发表一项声明,确定美军驻华北的目的,而且宣布美国不向任何人发动攻击。

△　驻华北美海军陆战队司令骆基在上海对记者称:今日华北局势诚为严重,现今驻防华北之美海军陆战队共有五万人,以协助国军完

成受降工作。

△ 美国民主党众议员德拉西在众议院提案,敦促杜鲁门总统立即召回驻华美军部队。

△ 美总统杜鲁门私人代表、国民政府经济顾问洛克离渝返美。行前招待记者谈在华工作,谓商谈经济合作结果圆满,并对中国经济前途表示乐观。

△ 国际妇女联盟在巴黎成立,中国为发起国之一。

△ 印度尼西亚国会宣布:泗水事件华侨死伤5.5万人。

11月27日 行政院会议决议取消战时生产局与战时运输管理局,并通过设立中国纺织建设公司等案。

△ 国民政府特派王世杰为互换中荷条约批准本全权代表。

△ 国民政府向新闻界发表政治协商会议代表名单,计38人。其中政府代表为孙科、吴铁城、陈布雷、陈立夫等八人,共产党代表为周恩来、董必武、王若飞、吴玉章等七人,青年党代表为曾琦、陈启天等五人,民主同盟代表为张君劢、张东荪、梁漱溟、沈钧儒等九人,无党派人代表为王云五、傅斯年、胡霖、钱永铭等九人。

△ 何应钦在重庆对记者称:中国战区接受日本投降事宜,现除山东及河北两省区外,其他各地区均照原订步骤完全解除日本武装,所收缴日军武器亦悉数点验封存。各地日俘、日侨均集中管理,现已开始遣送回国。此次召开之复员整军会议,主要在讨论编余官兵之安置、残废官兵之教养、阵亡将士遗族之抚恤等具体办法。至于今后军区划分,俟核定后即可公布。

△ 行政院善后救济总署署长蒋廷黻、联合国救济善后总署副署长韩雷生、上海分署署长凯塞及中国善后救济总署上海分署正、副署长刘鸿生、王人麟等,在上海招待中外记者报告工作情形。韩雷生称:各地破坏情形以柳州、衡阳等地为最惨重。载运救济物资船已有六艘抵沪,以后平均每月将有30艘来华,每船载重约8000吨,盼望中国政府能迅速动员各种交通工具,将救济物资由沿海运入内地。继由蒋廷黻

报告谓:政府已拨善后救济款项 1000 亿元,明年将增至 4000 亿元。至于救济物资之分配,将以战时破坏之程度及最近二三年内所遭天灾程度决定。

　　△　重庆各大学学生联合会致书美国政府,呼吁美军退出中国,反对美国政府资助国民党加剧中国内战。

　　△　据重庆《大公报》报道:据约略统计,在日之侨胞约五万至六万人,亟待返国者约 1.3 万余人。各有关机关已商定办法,利用日侨回国空船接运。

　　△　美国务院、陆军部、海军部协调委员会会议,讨论对华政策,决定:海军陆战队必须留驻中国;继续帮助国民党向华北运兵;在日军撤出地区实行停战;在国共之间达成一项政治协议,并把共产党地区和部队包括在内组成一个统一的中国国家和中国军队。

　　△　赫尔利在美全国新闻俱乐部发表演说宣布辞职,并指责职业外交人员设置阻力,批评美国外交政策混乱。28 日,向美国报界发表辞职书。

　　△　杜鲁门总统批准赫尔利辞职,同时任命原美军总参谋长马歇尔为总统驻华特使。28 日,国民党宣传部长吴国桢就杜鲁门此项决定答外国记者称:"赫尔利大使为中国之真实伟大友人,赫氏辞职自令人惋惜。马歇尔元帅为美国当代名将,此番以特使身份来华,自必获我朝野欢迎。"

　　△　美国将其在中印缅战区所有飞机包括战斗机、运输机共 700 架移交国民政府。

　　11 月 28 日　国民政府宣布以 9 月 3 日定为抗日战争结束日期。

　　△　蒋介石在重庆接见魏德迈、巴贝,会商加速运送国民党军进驻东北事宜;并改变暂不接收东北主张。同日,又召见西藏班禅驻京办事处处长计晋美。计氏报告班禅大师堪布会议厅工作近况,蒋介石予以慰勉。

　　△　中共中央发出毛泽东起草的《建立巩固的东北根据地》的指

示,要求东北部队在距离国民党军队占领中心较远的城市和广大乡村建立巩固的根据地,将工作重心放在群众工作方面。

△　朱德在延安就中国共产党对于东北问题的态度对外国记者发表声明,指出国民党当局不经过与中共正式协议,而经过美军的援助,硬把军队开入冀热辽解放区,这是北宁路上发生内战的原因。希望国民党在国共《双十协定》的基础上,迅速以政治方法和平解决东北纷争,其基本关键在于成立全国的及东北地方性的民主联合政府。同时还要求美军不要参加中国内战,以免加深中国的分裂与中美的误解。

△　昆明西南联合大学、云南大学、中山大学、昆华农校、昆华工校、昆明俄文专科学校、省立英语专科学校、联大附中等31所学校全体学生,联合发表告全国同胞书,要求立即停止内战、立即撤退驻华美军、组织民主的联合政府,并抗议国民党军警武装干涉集会。

△　美国务卿贝尔纳斯在记者招待会上发表声明称:"美国对华政策将无改变","美国乐于运用其善意的机能,使中国的两党联合。"

△　魏德迈接到美国务卿、陆军部长和海军部长的通知,重申要他执行美国继续在后勤方面援助国民政府的命令。

△　美总统杜鲁门在华盛顿对记者称:马歇尔使华将执行美国一贯对华政策,惟此种政策将较以往有更明晰之说明。同日,魏德迈在重庆对记者称:马歇尔代表杜鲁门总统到中国来考察军事及一般情形,然后向总统提出具体的方案供采择。

11月29日　蒋介石批准拨发100亿元,备日俘、日侨三个月食粮之用。

△　陈云、高岗、张闻天以《对满洲工作的几点意见》,致电中共中央东北局并转中央。《意见》共有七条,分析苏联在东北所采取的基本政策,总结我军转入东北后三个月来的斗争经验,阐明东北的实际情况,提出我党在东北工作应采取的基本方针。认为我们首先独占沈阳、长春、哈尔滨三大城市及长春铁路干线以独占满洲,这种可能性现在没有了。因此,当前在满洲工作的基本方针,应该不是把我们的全部注意

力集中于这三个城市,而是集中必要的武装力量,在锦州、沈阳前线给国民党部队可能的打击,争取时间。同时,将其他武装力量及干部,有计划地主动和迅速地分散到北满、东满、西满,包括广大乡村、中小城市及铁路支线的战略地区,以扫荡反动武装和土匪,肃清汉奸力量,放手发动群众,扩大部队,改造政权,以建立三大城市外围及长春铁路干线两旁的广大的巩固根据地。这个电报于是日及次日分两次发往中央。中共中央收到第一天电报后即复电说:看了你们未完的电报,中央完全同意。

11 月 30 日　国民政府与苏军当局就接收东北问题谈判达成协议:苏军同意协助国民党军队空运到沈阳、长春两地;苏军延至 1946 年 1 月 3 日撤尽。

△　行政院善后救济总署在重庆举行记者招待会,蒋廷黻称:据内政部统计,抗战八年来全国难民共约 4900 万人。重庆方面因交通困难,自胜利迄今,输送回乡之难民仅 4000 人;黄河堤防工程为本署计划中之最大工程,修筑即可开始;豫北、苏北、鲁西等黄泛区灾民亦将运送还乡。

△　据重庆《新华日报》载:黄炎培在重庆对《自由导报》记者发表谈话,提出和平建国四原则:一、中央政权应从速开放;二、地方政治应由老百姓自己决定;三、全国军队可以在政权开放后整编;四、在情势特殊复杂或于国际上特殊关系的区域,应集合各方面有才志之士,用合作方式来处理一切行政。

△　中国人民反内战同盟发表《告全国同胞书》,严正指出:谁要"把人民的血肉当作政治的赌注,谁就要受到中国人民的唾弃,受到亿万祖孙的诅咒"。要求全国人民一致起来,用一切有效的方法制止内战,"准备用行动来表示我们的意志"。

△　兰州至宁夏之兰宁公路与酒泉至架积之酒架公路完工通车。

△　前日本南方派遣军司令官寺内寿一,在仰光以古剑献与蒙巴顿将军,作为率其部队投降之最后表示。

是月　中共东北局撤离沈阳,迁往本溪。同时,东北人民自治军亦撤出沈阳。

△　至是月底止,八路军、新四军到达东北的部队约 10.8 万人,党政干部约二万人,总计近 13 万人。

12　月

12 月 1 日　昆明发生"一二一"惨案。云南警备司令关麟徵和民政厅长李宗黄派军警、特务到云南大学、西南联大等学校殴打罢课学生,并投掷手榴弹,炸死南菁中学教员于再、联大师院女生潘琰、师院学生李鲁连、昆华工校学生张华昌四人,重伤 25 人,轻伤 30 余人,造成震惊中外的惨案。

△　云南大学 71 名教职员联合签名发表《为昆明市学生罢课并受枪击致遭伤亡事敬告各界书》。同日,联大、云南同学会派代表向省政府、省参议会面陈惨案经过,要求严惩凶手,伸张正义。

△　云南警备司令关麟徵到联大新校舍询问"一二一"惨案真相,表示道歉并负责惩凶。

△　兵役部正式改为军政部兵役署,徐思平任署长;军法执行总监撤销,业务移交军法司。

△　中国民主同盟举行外国记者招待会,由张澜主持,罗隆基、沈钧儒、章伯钧、梁漱溟等出席,对记者回答说:一、民盟欢迎马歇尔使华;二、主张成立东北的地方联合政府;三、华北问题,主张县由地方选举,省由各党派协商成立联合政府;四、中国事情由中国人自己解决,美军帮助任何一方都是不对的;五、东北苏军缓撤系应中央政府的请求,仍属在履行中苏条约范围内;六、由政治协商会议共同协议,成立联合政府。

△　中共中央致电董必武、王若飞,要向国民党提出再开谈判之门,约王世杰、邵力子商谈;并提廖承志为中共党代表、叶挺为无党派代表参加政治协商会议,要求国民党先行释放他们。如彼同意先放人,又

要求不为代表,中共方面可以同意。

　　△　中国解放区青年联合会筹备会为纪念"一二九"十周年,给各解放区青年团体发出通知,号召青年行动起来,坚决反对内战,制止国民党反动派进攻解放区,呼吁美军不要参加中国内战。坚决要求实现双十公告的和平、民主、团结、统一的方针,成立民主的联合政府,建设新中国。同时提出给国统区的昆明、成都、重庆各地青年学生的反内战运动以有力的支持。

　　△　东北人民自治军以修复的日军坦克为基础,在沈阳市郊建立全军第一支坦克队——东北坦克大队,全队 30 余人。

　　△　国民政府代表熊式辉要求苏军从东北缓撤,苏军代表马林诺夫斯基允暂缓一个月撤走。6 日,蒋经国又向马林诺夫斯基提出,国民党军空运一师至长春、陆运二师至沈阳,要求苏军将驻区内之"非法武装"予以解除。

　　△　东北国民党军继续由锦州向前推进,越过义县、沟帮子之线;另一路沿铁路向盘山进击,并派铁甲车沿北宁路天津至秦皇岛间往来巡逻。

　　△　美驻华军事代表团成立,魏德迈任团长,并向蒋介石递交备忘录。

　　△　联合国救济善后总署运华物资分批到达沿海各港口。是日,装载有卡车、面粉等物品的货轮八艘抵上海,以后每日均有物资运到。

　　△　全国船舶调配委员会正式成立。

12 月 2 日　中国青年党第十届全国代表大会在重庆开幕,于 12 日闭幕。发表宣言,反对以武力作政争工具。

　　△　行政院会议通过在广州、汉口、天津、上海设置金融管理局。29 日,广州市金融管理局成立。

　　△　重庆中国社会科学研究会发表《对目前时局的紧急呼吁》,坚决反对内战,提出立刻停止全国各地的武装冲突,国民党军队停止向解放区进攻;美军迅速撤离中国;立刻从严逮捕及严惩汉奸,解除日伪武

装;迅速召开政协会议等项要求。

△　昆明市中等以上学校罢课联合委员会在西南联大图书馆前举行"一二一"死难四烈士入殓仪式,联大代常委叶企荪主祭,各校学生、教师和各界群众6000多人参加,联大教授会推派周炳琳、汤用彤、霍秉权三教授致悼词。世界学生救济委员会代表伊罗伦也参加了仪式。

△　周恩来致电刘伯承、邓小平、陈毅、饶漱石、张云逸、邓子恢:"自高树勋发难、马法五被俘后,西北军受了极大波动。"冯玉祥、鹿钟麟、赵寿山、余心清都在活动,冯治安、刘汝明有初步觉悟,表示开会不说反共话,前线不打八路军。西北军将开往陇海、津浦。可进行工作的有:池峰城、孙连仲、何基沣、刘汝珍、曹福林、张岚峰、孙良诚、梁冠英等。6日,中共中央再次电告陈毅、饶漱石,望刘、邓、陈、饶迅速布置对西北军各部进行工作。

△　美驻华空军司令斯特梅耶在上海称:从是日起,美空军飞机开始遣送第十、第十四航空队1600名官兵返国。

△　美国国外清理委员会在沪设办事处,处理在华剩余物资;印缅战区剩余军用飞机700架开始移交中国。

△　盟军总部下达第三批拘捕战犯令,拘捕平沼骐一郎、广田弘毅等59人。

12月3日　中共中央给东北局发出《关于发动农民减租和肃清土匪的指示》,指出:"你们从长春铁路沿线大城市退出以后,除开继续发展与整训部队以外,应集中力量发动农民减租,解决土地问题,并组织工人群众。只有这一改革的实现,发动了千百万工人、农民群众,才能使我们在东北站稳脚跟,并确立我们对国民党的优势。"

△　陈嘉庚组织南洋侨胞卫生调查团32人,将赴全国各地工作。

△　被强制押赴日本作苦工之同胞1300余人返国抵上海。

12月4日　国民政府特派顾维钧、胡世泽分别为出席联合国筹备会议代表、副代表。

△　蒋介石接受阿根廷首任驻华大使阿尔西呈递国书。

　　△　张嘉璈、蒋经国自北平返长春,次日晤马林诺夫斯基,谓中苏合办工矿问题,于苏军撤退后方可商谈。7 日,苏方答复,东北工矿为苏军战利品。此后苏联将东北工矿机械设备拆搬到苏联。

　　△　云南省参议会驻会委员召开临时会议,吁请政府"立即设法禁止暴徒在市区任意逮捕及殴打学生,波及市民;甚至任意闯进学校掷手榴弹伤及学生,从而激动舆论,影响社会之安定秩序"。

　　△　驻华美军炮轰冀东解放区卢龙县村庄。

　　△　联合国救济善后总署拨赠中国医院 1210 所。

　　△　首批由上海遣归日侨启航返国。时日人回国者将达 70 万人。

　　△　西南联大"一二一"惨案投掷手榴弹凶犯陈奇达、刘友治在云南警备总部公开审判。云南省政府主席卢汉为审判长、总司令关麟徵、厅长李宗黄陪审。

12 月 5 日　《中苏友好同盟条约》、《中荷新约》在重庆互换批准约本。

　　△　蒋介石派邵毓麟为军事委员会委员长驻韩代表,并令外交部等对韩侨妥善处理。

　　△　教育部训令各省、市教育局继续实施普及失学民众识字教育计划,以肃清全国文盲。

　　△　东北外交特派员蒋经国同驻东北苏军司令马林诺夫斯基举行会谈,苏方同意国民党部队一部空运到长春,一部陆运到沈阳,并"保证他们的安全"。

　　△　中共中央就关于与国民党谈判的策略问题致电董必武、王若飞,指示在美国特使马歇尔来华之前,不要明确答复国民党提出的问题。

　　△　周恩来在延安写成关于国共谈判向中央的报告稿。报告指出反内战求和平的方针深得人心,第三次世界大战的征候现在还看不出来。美国在抗战时是扶蒋用共,现在是扶蒋压共。要蒋介石放弃灭共企图是不可能的,但由于国内外的要求,一时的表面的停止则是可能

的,边打边谈将成为今后一个时期国共关系的特点。建议恢复中共南方中央局(或重庆中央局),由董必武(书记)、王若飞(副书记)、刘少文、徐冰、华岗、钱瑛、钱之光、潘梓年、熊瑾玎为委员,章汉夫、王世英、童小鹏、王炳南、许涤新、张友渔、夏衍为候补委员,共16人组成,以领导国统区工作。另组中共代表团,由周恩来、董必武、王若飞、陆定一、叶剑英、吴玉章、邓颖超组成,负责谈判和出席政协会议。并谈国统区的统战、城市、乡村、情报、军事等工作。

△　中共东北局致电中共中央,提出:"我们仍积极准备夺取沈阳,以造成对于和战均有利之局面。如蒋顽开到后苏军即撤走,我即坚决争取消灭顽敌,先占沈阳,再夺长春。"7日,中共中央复电指出:"我独占东北已经是肯定的不可能,因此,不应以争夺沈阳、长春为目标来布置一切工作,而应以控制长春铁路两侧地区建立根据地。"

△　冈村宁次在南京对记者表示,感谢蒋介石、何应钦之宽大待遇。

12月6日　国民政府公布重行制定之《惩治汉奸条例》,凡16条。

△　何应钦在上海就日军缴械情况对记者称:"截至目前在华日军35个师团,缴完者有25个,正在缴者八个,仅余二个尚未缴械。独立旅团41个,有24个缴完,正在缴者六个。独立警备队及支队20个,有13个队缴完,三个队正缴中。特种兵队五队,仅余一队未缴。"何继称:若以战区及地区计,各地缴械情形,第一、二两方面军及第三、五、六、七、九各战区均已全部完成,惟第三方面军之苏北,第十战区之海州,第十一战区之保定、石门、沧县,第二战区之平遥、沁县,均因交通被破坏,国军不能如期到达指定地点,致缴械迟延。关于接收东北九省问题,何称:苏方没有问题,所余者仅为我方内部问题,目前共军"窜扰"长城各口,致使国军接收东北一再迟延。关于八路军反击国民党军队之情况,何称:"目前鲁南一带最为严重。"

△　国民政府明令褒扬故国民政府委员黄郛及在马来亚进行抗战工作、被捕殉难之爱国华侨林谋盛。

△　驻美大使魏道明会晤由杜鲁门总统任命以特使身份接替驻华大使赫尔利的马歇尔将军,就其使华若干问题交换意见。魏于当日将情况呈蒋介石。

△　重庆各界反内战联合会举行第三次常务理事会,到会常务理事有彭一湖、章乃器、曹孟君、罗隆基、郭沫若、沈钧儒、何公敢等,由何公敢任主席。决议以该会名义致电慰问昆明各校为反对内战而遭枪杀之学生,并电汇国币 10 万元作死伤同学善后及医药费用。

△　中国民主同盟发言人为昆明惨案发表谈话,谴责国民党当局制造血案,表示希望政府应速采妥善合理之办法,勿使迁延扩大,并提出:一、严惩肇事军政首长;二、优恤受害青年;三、撤销特务;四、政府以后对青年爱国运动勿再听任军警干涉。

△　平、津汉奸王克敏、王揖唐、王荫泰、齐燮元、许修直、汪时璟等 240 人被捕,押于北平陆军监狱。

△　盟军总部发出第四批逮捕日本战犯令,列名者有近卫文麿、木户幸一等九人。

12 月 7 日　蒋介石特派教育部次长朱经农飞昆处理昆明惨案,并发表《告昆明教育界书》,称:学生惨案"乃讹言流传,波及学府"而演成,"对此次事件必当根据是非与法纪,作公平负责之处理"。目前一切问题必须恢复课业为前提,以正当手续为解决,否则政府纵如何爱护青年,亦不能放弃其维护安定秩序之职责"。

△　蒋介石决定派蒋经国赴苏访问。

△　蒋介石接见东北保安司令长官杜聿明,听取东北近况报告。

△　苏军驻长春代表马林诺夫斯基再次提出中苏东北经济合作要求,张嘉璈复告需苏军撤出东北后再谈。

△　国民参政会驻会委员会议,外交部长王世杰作报告,黄炎培提出议案:请政府特派大员彻查昆明学生及教员因反对内战在校开会惨遭伤害,究明凶犯依法严惩,以重人道而伸国法。

△　郭沫若、茅盾、叶圣陶、巴金、冯雪峰、胡风、阳翰笙等 18 人,致

函昆明各校师生,"对死者致悼,对伤者慰问,祝生者继续努力"。

　　△　延安《解放日报》发表社论《昆明惨案》,指出昆明一二一惨案是当前全国政局的一个缩影。在昆明,国民党当局把要求和平的学生加以无情屠杀;在全国,国民党当局发出"剿共"命令,调了200万大军进攻解放区军民,其原因也只因为解放区要求和平。昆明惨案说明谁要和平,谁在国民党当局眼中就是敌人。

　　△　成都各大中学教授、学生4000余人,举行反内战示威游行,并成立"成都大中学生援助昆明学生反内战联合会"。

　　△　美国务卿贝尔纳斯对参议院外交委员会声明,对华根本政策在于建立统一、民主、稳定之中国,并且"始终相信蒋委员长领导下的政府,是发展民主中国最满意的基础"。不过这个政府必须"扩大范围容纳各党派的代表"。同时认为赫尔利指摘前驻华职业外交官破坏美国对华政策,是毫无根据的。

　　△　解放区妇女联合会主席蔡畅、副主席邓颖超致电国际妇联,"抗议美国帝国主义者武装干涉中国内政的政策,要求撤退在华美军与收回对华租借之武器与物资,以便有效地制止中国内战,实现远东的和平与民主"。

　　△　教育部长朱家骅分别急电昆明朱经农次长、联大常委傅斯年、云大校长熊庆来,要求"对昆明学生惨案从优抚慰,妥为善后,各校应恢复常态,克日复课"。

　　△　解放区青年联合会筹备会主席冯文彬写信给昆明罢委会,慰问全体教职员及全体同学,对为争取和平民主而流血牺牲的师生表示沉痛哀悼;对国民党反动派屠杀青年的残忍行为提出严重抗议,并表示"在争取和平民主的共同目标下,解放区青年将永远和你们站在一起"。

　　12月8日　周恩来在延安向干部作关于目前时局的报告,略谓:国共谈判可以分两个阶段,前50天,毛泽东在重庆,国民党偏向于和。后50天,国民党偏向于战。它沿铁路线前进,分割华北、华中解放区,"清剿"华中、华南解放区。目前形势的特点是"边打边谈"。我们的方针仍是：团结、和平、民主、统一，用自卫力量挡住他的军事进攻，用和平力量向他作政治进攻。美国是扶蒋压共。我们的对策是使美国知难而退。对美国的批评要有区别。

△　平、津又捕逮汉奸，主要有周作人、文元模，曹汝霖、殷汝耕、张璧、秦臻、余晋龢、周大文、管翼贤、陶尚铭、温世珍、杜锡钧、潘毓桂、冷家骥、刘玉书、池宗墨、邹泉荪、张燕卿等 140 余人。

12 月 9 日　蒋介石以昆明学潮案防范欠周，令云南警备总司令关麟徵停职，由霍揆章代理，李宗黄调离云南。

△　第五战区刘峙指挥"清剿"新四军的战事于是日激烈展开。刘峙扬言：非将鄂豫边区新四军"全部歼灭"决不停战。

△　重庆各界 3000 人在长安寺举行追悼昆明被难师生大会。沈钧儒主祭。郭沫若读《祭昆明四烈士》，痛斥"屠民以逞"的"佞人"，表示"誓步后尘，敢彼披猖"。柳亚子亦赋诗志痛。张澜、梁漱溟、张东荪三人合送的挽联上写着："为反内战而牺牲，真成痛史；试思中国之命运，能勿忧心。"邓初民在会上演讲时疾呼："今天有人在争论是谁在发动内战，是谁先放的第一枪，是谁？"

△　成都各大中学生在华西坝举行追悼昆明死难烈士大会，到会学生 5000 多人，并有国际友人参加。会后游行示威。

△　云南省主席卢汉、教育部次长朱经农、代理云南警备总司令霍揆彰代表政府邀请四大学当局和学生代表，谈判复课条件问题。卢汉对抚恤死者、医疗伤者和赔偿一切公私损失等项均表示负责解决，但对追究射击联大事件责任和惩凶等，则需转请国民党中央处理。同日，卢汉发出《告各校同学书》，要求"即日复课，恢复常态，至惨案则应静候法律解决"。

△　延安各界青年 2000 多人举行纪念"一二九"十周年大会。周恩来在会上发表讲话说：五四运动未完成的任务由"一二九"青年运动继承，"一二九"未完成的任务由今天的青年运动继承，昆明惨案就是新的"一二九"，号召全国青年为实现国家的民主、和平而奋斗。大会通过

致全国青年等电。

　　△　中共中央书记处致电董必武、王若飞,指示:对国民党我们宜严整阵容,在政治上取攻势,在军事上取守势,同时又应使它在军事上知难而退。这次中共参加政协的代表为周恩来、董必武、王若飞、邓颖超、叶剑英、陆定一、吴玉章。请告民盟朋友希望他们也在纲领、联合政府、国大及宪法草案方面作准备。

　　△　马林诺夫斯基与张嘉璈、蒋经国商定苏军撤退日期再展至明年2月1日。

　　△　马林诺夫斯基再次表示必须从速解决东北经济问题,称所有东北的重要工矿事业均为苏联对日作战所获的战利品,现苏联决定以50％之股权让予中国,作为中国与苏联合作经营的资本。张嘉璈答称双方意见纷歧,且赔偿问题不能由中苏两国间解决,已将最近与苏方经济顾问谈话报告政府,同时拟与经济顾问继续商谈。

　　△　马歇尔与贝尔纳斯、艾奇逊、文森特和陆军部参谋赫尔等人,在国务院研究对华政策问题,结论是:可以协助国民政府向东北运兵;在国共达成协议之前,停止向华北运送国民党军,应妥善准备向华北运兵;是否实施向华北运兵计划,应由马歇尔根据情况作出决定。

　　12 月 10 日　国民政府特派俞鸿钧为议订中苏关于苏军进入中国东三省后之财政事项协定全权代表。旋俞鸿钧与苏大使彼得罗夫签订财政协定,允东北苏军发行红军票,将来由中国兑换收回,其损失归日本赔偿。

　　△　粤省主席罗卓英访问香港,以增进港、粤间接触。

　　△　台湾省开始与福建通邮。16日又开始与全国各地通邮。

　　△　国民党军攻占营口。

　　△　桂永清离英赴德,就任兼驻德中国军事代表团团长。

　　△　中共中央致电华中局、山东局、晋冀鲁豫中央局,要他们给因受国民党围攻考虑转移的新四军第五师以财政援助,要第五师在原地坚持。以后,中央决定由周恩来向国民党交涉,将第五师转移到华北或

华中。12月下旬,第五师撤离桐柏山区,准备开往安徽五河一带。次年1月行进到以湖北大悟县宣化店为中心的地区,因停战令发布而留在原地待命。

△　美国务卿贝尔纳斯签署范宣德所拟之备忘录,命马歇尔劝令国民政府扩大组织,容纳各党各派。

△　据中央社讯:法、越在越南南部冲突中,我侨胞直接间接因冲突而受损害者,两月来仅西贡一地已达 351 起,侨胞死难者 81 人,伤 205 人,财产损失(越币)1306.9531 万元。华侨妇女被法军奸污者 18 人。西贡侨胞已派代表向国民党中央报告,并吁请各方救济。

△　行政院善后救济总署在上海、九龙、青岛等六地设储运局;在首都成立冬令救济署。

12 月 11 日　蒋介石飞抵北平,巡视与慰问北方同胞;并部署进攻热河解放区及冀热辽边区作战,企图切断东北与华北解放区的联系,使东北解放区陷于孤立。

△　国民政府任命梁华盛为东北保安副司令。

△　行政院召开例会,决定设立“中国蚕丝公司”,总公司设上海,并在国内外设分公司或办事处。20日,成立董事会,由经济部、农林部会同聘任谭伯羽、周诒春等 11 人为董事,陈郁等五人为监察,周诒春为董事长,葛敬中为总经理。

△　据行政院秘书处致经济部的情报称:滇省共有公私工厂 77 家,抗战胜利后已停业 37 家。各业代表曾赴渝请求解决工贷、收购成品及恢复交通等问题,均未获结果,咸表不满。近又召开会议,准备再扩大请愿。

△　国民党中央派出各地宣慰特使分别出发。是日,苏浙皖宣慰使叶楚伧、钮永建乘机飞上海转赴各地慰问。13日,粤桂宣慰使陈济棠赴柳州转粤慰问。18日,华中各省收复区宣慰使刘文岛飞汉口转往各地慰问。同日,华北各省收复区宣慰使张继、鹿钟麟飞平转往各地慰问。

　　△　云南省主席卢汉亲临联大吊奠死难烈士,并劝告同学复课。罢委会代表表示:在中央尚无合理的措施之前,同学复课实有困难。

　　△　昆明学生罢委会为警备司令部定于本日枪决所谓投掷手榴弹罪犯陈奇达、刘友治两人事致函警备司令部,认为在真正主谋凶犯尚未根究严惩之前,遽然将二犯枪决,显有灭口嫌疑。陈、刘二犯都不是现役军人,既未正式通过法庭处理,又未经过正式程序,冒然枪决,便为违法,故必须从缓执行,否则警备司令部必须负一切法律责任。

　　△　昆明西南联合大学惨案凶手陈奇达、刘友治枪决。按:此二人原为因盗卖军用品被判死刑之军官,并非真正凶手。

　　△　阎锡山由晋东南及同蒲北段抽调精锐第四十二、四十四、四十五、四十八、六十九、七十一、七十二共七个师,集中于霍县、赵城、洪洞、临汾一带,由王靖国统一指挥,企图再度进犯晋东解放区。

　　△　马歇尔在华盛顿与国务卿贝尔纳斯和总统杜鲁门会晤,商定运送国民党军到东北应成为公开政策;并商定作好将国民党军海运和空运到华北的准备,但准备工作应保密。

12 月 12 日　蒋介石视察北平行营,并发布公告,准许人民陈诉痛苦;还于数处邮局特设密封信箱,以便市民投递有关信件。

　　△　国民政府明令派沈鸿烈及楚明善分往华北及东北各省,考察接收及帮同办理盟旗事宜。

　　△　重庆《中央日报》发表社论《迅开政治协商会议》,略谓:蒋介石与毛泽东重庆会谈,国共双方代表签定双十会谈纪要,是积极成果,并期望政治协商会议迅速召开,以使一切问题得到可能合理解决。并把内战的责任强加到共产党身上,要共产党"终止目前的混乱局面"。

　　△　中共中央军委发出《关于准备粉碎国民党大举进攻的指示》,指出:国民党正以强大兵力布置进攻解放区,反民主、反人民、反和平的大规模军事进攻,即将大爆发。为了和平民主,为了人民利益,我们必须紧急动员起来,作一切有效的准备。粉碎国民党空前大规模军事进攻,为争取和平民主新中国而奋战。

　　△　江苏高等法院判处伪江苏省省长陈则民死刑（12 月 24 日改判无期徒刑），伪江苏高等法院院长陈福民无期徒刑。

　　△　第三战区将新四军撤出的苏南、浙江、皖南和江西、福建地区划为八个"绥靖区"，实行"清剿"。

　　△　安徽沦陷区代表金童子上书宣慰使叶楚伦、钮永建，揭露国民党接收人员、地方官吏之黑暗甚于敌伪，随意指责民众某为汉奸，某为奸商，或用假名控告，明取强夺，拘押敲诈，而真正汉奸、地痞则仍复起用作为耳目，要求重新修订惩治汉奸条例从严惩办。

　　△　安东省民主政府处决汉奸、伪安东省省长曹承宗和伪安东省副省长渡边兰治。

　　△　苏军拆运东北鞍山钢铁厂机器，经大连运往海参崴。

　　△　美总统杜鲁门对美国人民重申：美海军陆战队办理日军投降事宜竣事后，即行从中国撤退。

　　12 月 13 日　蒋介石在北平接见蒋经国、傅作义，听取东北与绥远局势报告，并任命陈继承为第十一战区副司令长官。

　　△　国民党军进驻沈阳。

　　△　八路军解放冀南水陆码头衡水，冀中、冀南解放区连成一片。

　　△　八路军山东军区第八师师长兼政治委员王麓水，在津浦路阻击战中，率领第八师围攻滕县城时牺牲。

　　△　首都各界举行仪式，为八年前南京大屠杀罹难军民志哀。

　　△　上海举行追悼"一二一"死难烈士南菁中学教员于再公祭大会。宋庆龄、柳亚子、马叙伦、郑振铎、许广平、沙千里、金仲华等担任主祭团，各界团体 70 余单位，约二万人参加。马叙伦读祭文并发表演说。柳亚子致词，说昆明死者之血并未白流。

　　12 月 14 日　蒋介石在北平怀仁堂举行茶会，政军各界负责人 350 余人出席。同日，蒋接见久居天津之东北军在野将领张作相、翟文选、王树翰以及负责整编华北伪军的第九十四军军长牟廷芳。

　　△　行政院等单位首批还都人员陆续抵南京，另经由水路载送者

亦已在途。

　　△ 国民党军空运抵长春。

　　△ 傅作义部骑兵第五纵队向八路军反攻,攻下萨拉奇。

　　△ 晋冀鲁豫边区文化、教育界杨秀峰、申伯纯等 500 余人,致电声援民主同盟及重庆反对内战联合会的反内战行动,号召大后方各界立即以各种行动坚决抗议,以制止国内反动派反共反人民之狂悖行为。次日,张家口文化界成仿吾、肖三、艾青等数十人亦联名致电重庆反内战联合会及郭沫若、茅盾、老舍、洪深等,响应重庆等地的反内战运动。

　　△ 东北松江军区司令员卢冬生,在哈尔滨市因公牺牲。

　　△ 香港当局利用日俘兴筑屏山机场,任意拆毁附近农民房舍,强征乡民田园,使广大乡民无家可归,引起乡民极大愤怒。是日,屏山附近乡民以英文发表《告盟邦书》,要求停建机场,并报请国民党当局予以处理。

　　△ 美联合参谋部指示魏德迈:驻华美军的任务是协助国民政府解除中国战区的日军武装,以及控制包括东北在内的解放地区,并有责任与国民政府协调行动。美国应援助国民政府向东北运兵,并提供相应的装备和补给,美军不承担进一步向华北增调国民党军队的任务。华北港口除了为向东北运兵所必需者外,不得再用于调动军队。驻华美军应尽可能避免与中共军队发生任何冲突;美国对国民政府的支持,不得扩大到美军的介入影响中国内部冲突和进程。

　　△ 联合国救济善后总署副署长韩雷生由华返美后对报界称:国民政府船运殆已全部停运,该署决定在援华全部计划中加倍侧重船只计划,共分三项:一、利用得自盟军之登陆艇;二、以硬木及其他原料接济中国造船;三、设法使外国船只恢复中国沿海及内河船运。并称:“联总援华全部计划,至少当达六亿余美元。”

　　12 月 15 日　蒋介石在北平怀仁堂举行盛大茶会招待中外来宾,到靳云鹏、张作相、朱启钤、谷钟秀、陈垣、陆志韦及美军驻平、津长官、英、美记者,对华北人民八年来在敌伪压迫之下,忠贞不屈之精神,备致赞扬。

△ 交通部次长龚学遂在重庆告记者称:日本投降后,接收敌伪大小船舶 2751 艘,其中一千吨以上者 22 艘,500 吨至 1000 吨者 23 艘,100 吨至 500 吨者 86 艘,炮舰 17 艘、炮艇 96 艘。继称:并拟定航运分段计划:专驶渝宜段者 19 艘,宜汉段者 15 艘,汉沪段者 12 艘。以上海为中心,行驶北方各港口者 24 艘;以广州为中心,行驶南方各港口者 21 艘。

△ 第三战区长官司令部奉令结束,设立徐州绥靖公署。

△ 北平行营命令所属机关就平津区展开逮捕第二批汉奸,其名单中有邵文凯、吴赞周、林景龙、舫兆芝、罗庆山等。

△ 据重庆《新华日报》载:国民党军事当局根据 11 月军事会议计划,布置全面内战,企图在六个月之内,从全面范围击溃八路军、新四军主力,然后进行分区"清剿"。六个月计划分三步进行:第一步,控制苏北、皖北,打通津浦,肃清山东,控制山东海岸;第二步,以平、津为"扫荡"华北基地,向冀、晋、察、绥、热作辐射性"扫荡";第三步,打通平绥,占领察、绥。

△ 中共中央在延安召开全体会议,确定派代表团去重庆谈判的纲领和方针,通过出席政协代表七人名单,以及周恩来关于正式成立南方局(目前称为重庆局)的提议。周恩来在会上报告当前形势,指出国民党准备在将于月底召开的政协会上实行有利于它的条件的停战,成立请客式的联合政府,保持旧国大。中共代表团的任务是配合军事自卫,开展政治攻势,同时准备寻求可以接受的妥协方案。我们出去后将向国民党提出:全面停止内战;制定共同纲领;召开国民大会,提出宪法草案原则,充实新民主主义内容;实现双十公告,在政协召开前释放叶挺、廖承志;解决东北问题。

△ 中共中央发出由毛泽东起草的党内指示,指出:"站在自卫立场上,尽一切努力粉碎国民党的进攻,仍是各解放区的中心任务。"强调要抓紧做好练兵、减租、生产等十项工作,以巩固解放区,提高我军战斗力。"不论时局发展的情况如何,我党均须作持久打算,才能立于不败之地"。

△ 中共中央东北局发布《关于当前东北形势与准备作战的指

示》,指出:"目前我党已无有独占东北之可能。当前任务乃是力争我在东北之一定地位,力争我在东北之优势,并准备明春的大规模作战。"为此我军主力应放在控制沿长春铁路线两侧的广大地区,建设根据地,发动群众,组织武装,肃清土匪,整编军队。对于沿长春铁路大城市的争夺战基本上应放弃。

△ 中国解放区战犯调查委员会公布首批日本战犯名单:准备发动侵略战争者及侵略战争的积极执行者和积极支持者冈村宁次等52名(南次郎、东条英机等已由盟国捕逮,从略);侵略战争的积极执行者及与军部合作积极支持侵略战争者松井太久郎等116名;与军部合作积极支持侵略战争者清水澄等201名。

△ 北平市商会整理委员会孙锡山等17人上书蒋介石,要求建都北平。

△ 据重庆《大公报》专电称:北平流传"三洋开泰"民谚,即捧西洋,骂东洋(一作爱东洋),挣现洋。在上海、南京一带,则有"五子登科"民谚,即"车子、房子、金子、衣服料子、婊子"。

△ 美总统杜鲁门发表对华政策声明,阐述美国对华外交的主要原则:一、赞成召开有中国各主要党派参加的国民会议,尽快解决目前的纠纷,促成中国统一。为了实现统一,国民政府的基础必须扩大,容纳其他党派参加。政府改组后,中共应将其"自治性军队"统编于政府军队中。二、一切联合国家均承认国民政府是中国惟一合法的政府,是中国统一的基础。三、美军继续留在华北是为完成遣返日军,并保证美国对国民政府的支持,"不会扩展至以美国军事干涉影响中国任何内争的过程"。

△ 美总统杜鲁门致函马歇尔,对以总统特使身份使华规定基本原则;并指出:"我特别希望你努力说服中国政府召开一个包括主要党派的代表所组成的全国会议,以获致中国的统一,同时实行停战,特别是在华北要实行停战。"

△ 旅居烟台的法国、罗马尼亚、希腊、奥地利、意大利等12国外

侨 41 人,联合通电美国朝野,电称:"如果美国干涉中国内政,必然招致中国的内战,而造成千百万人的牺牲。希望美国当局尽最大努力,避免使中国人民流血的屠杀;应该根据贝尔纳斯先生所表示,促使强盛、团结、和平、民主的中国早日实现。"

12 月 16 日 蒋介石在北平太和殿召集北平市大中学生 1.8 万余人训话,提出三点要求:一、要恢复民族伦理;二、要研读《中国之命运》;三、要集中于三民主义旗帜下亲爱团结。同日,蒋介石在东交民巷美军操场检阅在平美海军陆战队,对美军协同国军接受敌伪投降备加赞扬,并授勋有功美军官兵。

△ 中国民主建国会在重庆西南实业大厦举行成立大会,出席会员 93 人。大会通过成立宣言、政纲、组织原则和章程。宣言中提出对于国际关系、国内政治、经济、社会、教育文化五项主张。其要点为:和平统一、民主集中;政府必须即刻停止以武力干涉人民的政治活动,充分尊重人民身体等项基本自由;各政治党派必须以国家利益为前提,相忍相让;通过政治的民主化以达成军队的国家化。大会选举胡厥文、章乃器、黄炎培、胡西园、施复亮等 37 人为理事。

△ 中共政协代表周恩来、吴玉章、叶剑英、陆定一、邓颖超及随员 30 余人,由延安飞抵重庆。叶剑英在重庆机场对记者发表谈话说,如何停止军事冲突,是迫待解决的问题,中共也和全国人民一样抱着和平的希望,希望双方先停战。

△ 苏、美、英三国外长在莫斯科举行会议,商谈远东问题及对意、罗、保、匈、芬和约问题。

△ 日本前首相近卫文麿在东京私寓畏罪自杀,自认须负中日战争责任。同日,日本菲律宾方面军司令官山下奉文在马尼拉法庭被判绞刑。

△ 第十一战区审判战犯军事法庭在北平成立。

△ 台湾区战俘管理处成立。

△ 北平军事当局下令对华北境内日本战犯进行第三次逮捕,约为 120 人。

12月17日　美特使马歇尔自美来华履任途次北平,是日蒋介石会见马歇尔作首次晤谈,论及美军继续在华北协助受降、遣送日俘、日侨,以至国民党军进驻东北问题等。

△　中共中央发言人在延安发表谈话称:"中国共产党欢迎杜鲁门总统15日对华政策声明中关于国民党、共产党及其他意见不同的武装部队间停止敌对行动,召开各党派代表会议,结束国民党一党专政,改组国民政府为各党派获有公平而有效的代表权的广泛代议制政府,藉以实现中国之民主统一的建议,并愿为上述建议的彻底实现而努力。我们希望杜鲁门总统的建议能为中国各方面在实际行动中所接受;我们要求中国内战之立时的、全面的与无保留的终止,并要求即将在重庆召开的政治协商会议执行各党派代表会议的职权,结束一党专政与改组国民政府。"

△　重庆《新华日报》发表社论《政治协商会议的使命》,指出:根据《国共会谈纪要》规定,政协的使命是"邀集各党派及社会贤达协商国是,讨论和平建国方案及召开国民大会的各项问题"。即然"国是"有待各党派与社会贤达"协商",那么现政府所执行的政策,必然有"不是"之处,是无庸置辩的。而"其中最大的'不是'就是进行内战与固执独裁"。因此,政协的"最大使命也就是要找出一条把'不是'变为'是',即把内战与独裁变为和平与民主的可行道路"。"只有这样,才能符合于中国人民的基本要求"。

△　中共政协代表在重庆向报界发表声明,希望在政协开会前及开会期间,国民党军队停止进攻解放区。

△　中共代表团成员周恩来、董必武、叶剑英、王若飞、陆定一等分访孙科、王世杰、邵力子、张澜等,商谈政治协商会议事。

△　王炳南到美驻华大使馆,通知美代办罗伯逊,周恩来等中共政协代表已到重庆,中共欢迎杜鲁门声明和马歇尔来华。

△　国民政府特派魏道明为中华民国签署《国际货币基金协定》及《国际复兴开发银行协定》特命全权代表。

△　中华全国文艺协会上海分会举行成立大会，并发表宣言，主张实现和平、团结、民主。

△　傅作义骑兵第五纵队、新骑四师向八路军反攻，攻下毕克齐。八路军遂撤出对归绥、包头的包围，集中主力于绥东、绥南休整，察绥战役至此结束。此役共歼国民党军近万人，收复绥东广大地区，减轻国民党军对张家口地区的威胁。

△　赫尔利电复蒋介石说明其回国原因并介绍马歇尔来华，电称："今后，马歇尔将军赞助阁下统一中国之全部军队使隶属于国民政府，必不致遭美国官员之反对而能获成功。"

12 月 18 日　蒋介石由北平飞抵南京。行前对记者称：杜鲁门总统深知中国情形，尤其对中国现在情形更为了解，其最近宣言表现对华友谊深挚，至堪钦佩；并称：杜鲁门总统所声明之意见，正与我之意见相合。

△　中共政协代表周恩来、董必武、叶剑英、王若飞、邓颖超、陆定一等在重庆举行记者招待会，到中外记者 50 余人。周恩来在会上介绍中共代表这次来重庆，一方面是参加政治协商会议，另方面是要继续进行国共谈判。当前"首先待解决的是停止内战问题"，"尤其是解放区一万万人民，现在处于被进攻的状态中，更是迫切的要求停止内战"；其次是"要讨论出一个和平建国方案"，它"将包括共同纲领、政府改组、复员善后问题等"；还要讨论国民大会的问题，"包括国民大会代表的改选问题"。解放区的问题，"要在讨论全国实行地方自治问题下去解决"。军队国家化的问题，"现在的政府还是一党专政的政府"，我们不能把抗日的军队交给它，也反对参加请客式的政府。我们要求改组成为各党派参加的民主政府，由它来统一全国的军队。关于东北问题，"国民政府代表中国去接受东北主权，这是应当的。但是如何建设东北，却是内政问题，不能混为一谈"。

△　中共中央电告华东局，同意由陈毅等五人为华东局常委，饶漱石任书记，陈毅、黎玉任副书记。

△ 美官方正式宣称:美国政府决定为中国建立一支强大之海军,以维护太平洋上之和平。海军部长福尔斯特尔向国会提出法案,建议授予杜鲁门总统下列各项权力:一、借售、交换、租借、赠送,或以现货购买,将海军过剩船只让与中国。二、供给中国技术顾问。三、美海军官兵在航海事务上协助中国。福氏还称:如中国提出要求,美国深愿派出代表团赴华,从事海军方面顾问事宜。

△ 丹麦政府自动宣布:放弃在华治外法权,并愿复交,修复旧好。

△ 香港政府将接收的五艘敌舰经国民政府特派员在港移交接收。

12月19日 中共代表团周恩来等在第十八集团军办事处宴请国民参政会秘书长邵力子。周恩来说:中共希望政治协商会议能迅速召开,并望在政协开会前,立即停止内战,一切具体问题如铁路线驻兵问题、进占区问题,都可以在战争停止后用商谈方法求得解决。中共希望双方不提任何停战前提条件,以求得立即停战,如能做到这点,就可以使全国人民不失去对和平解决争端的希望和信心。要求邵力子将此意见转陈蒋介石,并使张群、王世杰尽速返渝,以便国共谈判重新继续进行。

△ 中共代表团周恩来等五人往晤青年党代表曾琦,对有关政协会议各项问题初步交换意见。同日,中国民主同盟张澜、张东荪、梁漱溟、蒋匀田往访中共政协代表,双方对召开政协会议的有关问题交换意见。

△ 中国民主同盟文化委员会负责人张申府、沈志远举行茶会,招待学术界人士和新世纪学会会员,到会有张东荪、梁漱溟、陶行知、邓初民、张西曼、杜国庠、王寅生等数十人,商讨增进团结及对和平民主建设应有之努力。

△ 美国海外部队约2300人开到天津,与华北同一数目的部队调防。

△ 重庆实验地方法院对黄金提价泄漏消息案再次进行宣判,判

处王绍斋徒刑八年。

　　△　西南联大教授会举行会议,决议发表《告同学书》,劝告学生于 12 月 20 日晨务必复课,其有因故不能上课者,亦勿对上课同学有拦阻之举动。还向同学保证:关于一二一惨案,"现在除军事负责首脑人员已经政府先行停职议处外,本会并请求政府对行政负责首脑人员先行撤职,决以去就力争,促其实现"。"关于非法禁止集会之禁令,将于本晚推举代表与现军政当局洽商,望其对合法之自由予以尊重"。"如学校早已恢复常态,同学对于政府之要求亦可早日实现。如坚持罢课,则前途演变恐有不忍言者"。

　　△　华中野战军集中主力第七、八纵队及地方武装共 15 个团,向驻守在高邮、邵伯等地日军和伪军发起进攻,激战至 26 日,攻占高邮县城,歼灭日军 1000 余人(俘 900 余人)、伪军 4000 多人。

12 月 20 日　国民政府任命程潜为军事委员会委员长武汉行营主任,余汉谋为衢州绥靖公署主任,顾祝同为徐州绥靖公署主任,刘峙为郑州绥靖公署主任。

　　△　财政部驻东北财政金融特派员陈公亮,在请示接收东北财政金融办法的签呈中透露东北流通券印制情况:一元券一亿元,五元及 10 元券各二亿元,50 元券五亿元,100 元券 1000 亿元。伪满币暂准与流通券等价使用。

　　△　天津市商业联合会及各业公会代表 500 余人召开紧急会议,反对该市当局印发钞票垄断物资。会后全体代表赴市政府请愿,提出:停止发行 5000 元票额的大钞、开仓发放敌伪物资、平抑物价、取缔金银黑市并检举囤积奸商等四项要求。天津市当局拒不接受。

　　△　中共中央发出关于西满工作给东北局的指示,指出:为加强西满工作,决定李富春为书记兼西满军区政委,黄克诚为副书记兼副政委,林彪兼西满军区司令员,吕正操、李运昌为副司令员,由李、黄、林、吕、李及张平化任西满分局常委。并指示:"西满分局当前的紧急任务是建立西满(包括热东)根据地,统一合编西满一切部队,保卫热河,有

计划地肃清土匪，统一筹备给养经费，划定军分区，建立地方党政，发动群众进行减租减息、锄奸增资运动。"

△　圣约翰大学、之江大学、东吴大学、大同大学、建承中学等校学生约 4000 人，在上海中央路广场（现中央商场）集合，准备到华懋饭店（现和平饭店）递交要求"撤退驻华美军"、"停止援助政府进行内战"的《全市大、中学生给马歇尔特使的公开信》，遭到国民党派遣的暴徒殴打。学生们奋勇反击，当场抓获八名暴徒。后《公开信》由美总统特使私人秘书艾利奥脱出面转交马歇尔。

△　在重庆召开的救国会通过《中国人民救国会政治纲领》，凡 52 条。纲领规定："中国现阶段的历史所课于中国人民的革命任务，是反对外来的殖民帝国的民族压迫，反对国内封建主义与法西斯主义残余势力的压迫，因之，其革命性质，还是资产阶级性的民主主义革命，而不是社会主义革命。"提出民主主义革命的目标"是建立一个独立、自由、平等的人民共和国"。

△　美总统特使马歇尔到上海，蒋介石派何应钦赴沪迎接。

△　中国战区美军总司令魏德迈在上海发布告所部将士书，谓撤退计划延缓实行，继续协助遣送日俘工作，并运输国民党军至收复区，支持马歇尔元帅完成使命。

12 月中旬　国民党以 11 个军 24 个师和八个游击纵队向桐柏山区进逼。中原解放区主力部队由桐柏山越平汉线东进，到大别山寻找战机反击。

12 月 21 日　美国特使马歇尔偕魏德迈由上海飞抵南京，蒋介石夫妇亲往机场迎接。当晚蒋介石在寓所举行晚宴欢迎马歇尔。宴毕，蒋介石与马歇尔会谈，王世杰在座，魏德迈亦参加。马歇尔向蒋介石说明立即停战的利害关系，指出美国援华取决于国共争端能否和平解决，除非国民党采取明确的行动解决目前的问题，否则在中国继续保持美国的力量是非常困难的。蒋介石表示，杜鲁门总统声明中最重要的内容是中国的统一，而取消中共自治性军队是中国统一的根本途径。政府目前的方针首先是占领华北，只要在那里有足够的军队，就可以迫使中共妥协。并希望莫斯科三国外长会议能达成协议，促使苏联履行条约义务，政府将据此决定在东北采取行动。

　　△　重庆《新华日报》刊登柳亚子致马歇尔书，揭露赫尔利改变罗斯福对华政策，袒护独裁，干预政治，以至造成中国之内战；呼吁美国"勿与人民为敌，勿以民主为仇，速撤驻华美军，速罢袒蒋之吏，勿以军械与空运制造中国之分裂，勿以租借法案与政治借款鸩毒中国之民萌"。

　　△　重庆《新华日报》记者就美国总统杜鲁门发表对华政策声明及马歇尔来华，访问孙科、张澜、黄炎培、章伯钧、郭沫若、马寅初等各方人士。他们均表示欢迎和感谢，但认为中国问题还须中国人民自己作更大的努力去解决，希望美国多看事实，认清事实，与赫尔利的错误政策一刀两断，不被假象所蒙蔽；并要求对华政策见诸于实行，如立即撤退驻华美军，停止装备不民主的军队等。

　　△　交通部与泛美航空公司订立合同，合组中国航空股份有限公司。该公司从管理及监督、财务、经营、驾驶员、领航员、无线电报员、机械员训练等，全以美国为主。

　　△　重庆千余家小织布业因受当局花纱布管制关系，不能领纱，行将破产，是日招待新闻界吁请当局求平价供应原料、贷款，大小厂应平均分配棉纱，俾免穷富悬殊。

　　△　中共中央发出关于建立东北长久根据地给东北局的指示，指出：必须派必要的老部队和干部去通化、延吉、宁安、东宁、密山、穆棱、佳木斯、嫩江、黑河、洮安、开鲁等地开辟工作，建立后方，建立工业，组织与训练部队，开办学校，以便供给前方。"只有这一计划的成功，我在东北的斗争才能立于不败之地，并能迟早争取胜利"。

　　△　魏德迈以备忘录呈蒋介石，否认美机曾在华北扫射解放区军民，以及参预国民党军对八路军作战。

　　△　魏德迈在上海电台广播称，鉴于杜鲁门发表对华政策声明，中

国战区美军的归国问题势将延阻。并称他与马歇尔会谈后,已决定保留美军,以便协助中国政府遣送日人归国,以及把国军运至收复区,同时为保护美方财产,组织美国志愿军事咨询团。

12月22日 马歇尔在重庆举行记者招待会,发表谈话称:渠希望能于年前完成与各党派人士交换初步意见之工作,以为决定在华工作具体计划之参考。

△ 国民政府公布山东省临时参议会第二届正、副议长、参议员名单,裴鸣宇为议长,贾慕夷为副议长。

△ 新任长春市长赵君迈经苏军同意进入长春视事。旋沈阳、哈尔滨市长亦分别进入两市。

△ 中央银行长春分行开业,东北流通券发行。东北流通券与伪满币同值使用,与法币比值为13元:1元。

△ 重庆《新华日报》发表《内战必须立即停止》的社论,大声疾呼:"非和平不可!非停止内战不可!中国人民的态度,中国共产党的态度,美国政府的态度,是一致要迅速停止内战,我们竭诚希望国民党当局也顾念老百姓的痛苦,顾念国家民族的前途,下定决心,悬崖勒马。"

△ 邓颖超应邀出席中国经济事业协进会茶话会,并发表讲话,说明中共代表来渝开政治协商会议,是为和平民主奋斗,只要全国人民能一致为民主奋斗,积极主张,发挥人民力量,督促政治协商会议,为真理奋斗,是可以成功的。

△ 中共晋察冀边区行政委员会组成特别法庭,于23日公审大汉奸伪蒙疆政府副主席于品卿,27日执行死刑。

△ 美国第七舰队司令巴贝抵南京。据合众社电称:巴贝来华是为"运用美水陆作战船只训练青岛华军,加速遣返日军及其他有关共同利益事宜"。

△ 美国第七舰队运输舰一队开始运送杜聿明部抵葫芦岛港,并由该港开赴锦州。

12月23日 蒋介石由南京返抵重庆,与马歇尔会谈。离南京前,召见冈村宁次询问有何困难,冈村宁次对此深感敬佩。抵重庆后急电卢汉,指示对学潮忍让为怀,谨慎处理。

△　周恩来、叶剑英、董必武在重庆访晤马歇尔。马歇尔阐明美国介入中国内部事务的必要性和合理性,并表示中国必须寻找达成协议的基础,以便结束中国存在两支军队的局面。周恩来说:中国人民抗战八年,如从"九一八"算起,已经 14 年了,牺牲重大。日本投降后,毛泽东来渝,本希望在抗战胜利后立即能和平建设,不幸当时有些问题未能获得协议,终于出现了目前的战争状态。我们的政策是用民主的方法解决国内的一切问题。中国不能内战。我们主张由政治协商会议草拟宪法,然后由改组了的政府筹备国民大会,通过宪法使中国走入宪政的国家。

△　中国经济实业协进会在重庆召开成立大会,董必武、叶剑英、邓颖超、沈钧儒、马寅初、梁漱溟、胡厥文等应邀出席。会议通过章程和对当前经济问题的意见书,选举阎宝航为理事长,沙千里、杨修范、林大琪、罗叔章、胡子婴、王寅生、耿一民为理事。

△　绥远省主席傅作义部从八路军手中再次夺回绥远。

△　国民党军三万余人发动对黑山、北镇、义州、阜新地区进攻。24 日,占黑山、北镇;28 日,占义州;30 日占阜新。

△　山西省防第四军第十二师第三十四团第三营营长苏文率 240 余人,在襄陵城南史村起义,后改编为民主建国军支队。

△　联合国救济善后总署署长李门称:对国民政府救济计划总额为 6.75 亿美元,台湾将列为中国救济计划的 15 个行政区域之一。

△　莫斯科三国外长会议决定:组织管制日本委员会,设于东京,麦克阿瑟地位不变。

12 月 24 日　陪都各界反内战联合会致函蒋介石要求国民政府停止武装冲突,接纳各党派所提民主要求;同时致函毛泽东呼吁和平。28 日,周恩来、董必武复信表示感佩,并说明这次来渝已向国民政府提出立即无条件停战,一切争论和平协商解决。

　　△　全国工业协会在重庆发表对政治协商会议的意见书，提出政治协商会议的职权必须确定，应讨论当前最迫切最大的现实问题，应组织处理收复区军事冲突监察团，应议定和平建国纲领，作为现阶段建国的最高指导原则。

　　△　中共中央致电东北局，指出："你们今天必须放弃争取东北大城市的任何企图"，"你们今天的中心任务是建立可靠的根据地，站稳脚跟"，"现到东北的主力部队和干部必须分散部署，应以大半分到东满、北满、西满各战略要地去建立根据地，只留一小半在三大城市附近发展，并准备随时能撤走。"

　　△　江苏高等法院判处前伪江苏省府民政厅长张北生死刑。

　　△　梵蒂冈教宗庇护第十二擢升青岛田耕莘主教为东亚有史以来第一位枢机主教。

　　△　西南联大常委梅贻琦、云南大学校长熊庆来在清华大学办事处联合举行本市各报社、通讯社记者招待会，就一二一惨案经过发表声明，宣布事实真相，以驳斥中央社诬蔑师生之言论。梅贻琦详细报告事变经过，指出这次惨案自非偶然事件。熊庆来表示："本校教授会认为对此事件负责之当局应受应有之处分，本人认为政府该有公平处理。"

12 月 25 日　蒋介石在重庆林园欢宴美国特使马歇尔，并作第二次长谈；马歇尔返城后又先后接见民主同盟及青年党领导人及无党无派人士。

　　△　蒋介石应苏联政府要求，并经马歇尔同意，派蒋经国为其私人代表，前往莫斯科交换中苏合作的看法。

　　△　行政院决定续拨农贷专款 10 亿元。

　　△　国民参政会驻会委员举行临时会议，首次执行职权审查政府交议之 1946 年度国家岁入岁出总预算草案。财政部长俞鸿钧报告预算案编制经过称："编制方针乃在要安定民心，使逐步开始建设工作。"

　　△　伊宁代表第三次来迪化，次日会晤张治中，对中央代表的修正文件表示原则接受。

△　中国航空公司开辟沪台线班机。

△　昆明市中等以上学校罢课联合委员会代表大会讨论通过《复课宣言》，略谓：为顾全大局，为顾及地方及学校当局之困难，更为了顾全我们的学生，乃于 12 月 27 日在最低条件下，忍痛抑悲，停灵复课。并继续向国民党当局提出立即停止内战，切实保障人身自由等要求。最后表示要为反内战、争民主、争自由而奋斗到底。

△　傅作义部沿平绥路东犯，占领陶卜齐、旗下营两地，向集宁进攻。

△　汉奸王克敏病死于北平陆军监狱。

△　国际气象会议于是日起在伦敦举行大会，讨论战后国际气象之建设发展及联络等事宜。国民政府派赵九章、涂长望出席。于 1946 年 3 月 2 日闭会。

12 月 26 日　中国民主同盟沈钧儒、张东荪、梁漱溟、罗隆基、章伯钧、刘王立明、周鲸文往访马歇尔，说明民盟对停止内战、联合政府、国民大会等问题的意见。

△　中共中央军委电告华东局，同意华中入鲁部队编组为山东野战军第一、二、三纵队。

△　日本战俘和侨民开始撤离台湾。

12 月 27 日　国共恢复谈判。国民政府代表王世杰、张群、邵力子与中共代表周恩来、王若飞、叶剑英，在重庆国民参政会就全面停止内战和政治协商会议的有关问题进行商谈。中共代表以书面形式提出无条件停止内战的三项建议：一、双方应下令所属部队，在全国范围内均暂各驻原地，停止一切军事冲突；二、凡与避免内战有关之一切问题，均应于军事冲突停止后，经和平协商方法解决；三、在政治协商会议指导下，组织全国各界内战考察团，分赴发生战争区域实地考察，并将事实真相公布之。并建议政协开幕日期定在明年元旦。此外，中共代表要求恢复被国民党查封的八路军办事处电台。国民政府代表答应将这些意见报告蒋介石后再续谈。

△　马歇尔在重庆宴请周恩来,商谈政协会议和东北等问题。

△　山东日军代表第四十三军司令官细川忠康中将,在济南向受降官第十一战区副长官李延年签降。

△　八路军与第十五、十九集团军经过激战,解放鲁南滕县。同日,八路军解放禹城。

△　吉林省民主政府于岔路河成立,周保中任省政府主席。

△　日本共产党领导人冈野进离延安返日本,并致电中国共产党、八路军、新四军,感谢对其帮助,誓言为日本民主及远东和平而斗争。

△　参加布雷顿森林会议的 31 个国家代表在华盛签署《国际货币基金协定》及《国际银行协定》,中国由魏道明代表签字并认股。国际货币基金组织和国际复兴开发银行正式宣告成立,总部均设在华盛顿。

△　苏、美、英三国外长会议闭幕,发表公报,对中国统一、管制日本、托治韩国及成立远东国际法庭,均有所决定与声明。三国外长一致同意"必须在国民政府之下建立一个团结而民主的中国,国民政府的各部门必须广泛地由民主分子参加,并且内战必须停止"。重申不干涉中国内政的政策。公报还说明:美、苏两国外长在尽快撤军的问题上,"彼此意见完全一致"。

12 月 28 日　行政院长宋子文在北平视察,并与行营主任李宗仁会晤,召集军政首长汇报。

△　中共中央发出由毛泽东起草的致东北局的指示,要求在"距离国民党占领中心较远的城市和广大乡村"建立巩固的军事、政治的根据地,"将正规军的相当部分,分散到各军分区去,从事发动群众,消灭土匪,建立政权,组织游击队、民兵和自卫军,以便稳固地方,配合野战军,粉碎国民党的进攻"。

△　在上党战役中被中共军队俘获的第十九军军长史泽波、第三十七师师长杨文彩等数十名高级将领联合通电全国各党派暨政治协商会议诸先生,提出四项愿望,要求立即停止向解放区进攻的军事行动,反对美国武装干涉中国内政,一切问题应由政治协商会议解决;结束一

党专政,迅速成立联合政府,实现政治民主化、军队民主化等。

△ 中共代表团在曾家岩设午宴,招待民主同盟政协代表及在重庆的中央常务委员,交换对政协会议的意见。

△ 盟国管制日本及托治朝鲜两项协议生效,中国与美、英、苏同列为主持国。并成立国际法庭,审讯日本战犯。另远东咨询委员会改组为远东委员会。

12 月 29 日 国民政府公布出席联合国第一届大会代表,首席代表王世杰,代表顾维钧、傅秉常、钱泰、张彭春。

△ 行政院驻北平办事处成立,谭伯羽抵平主持。

△ 外交部举行鸡尾酒会欢迎马歇尔特使,中共代表应邀出席。同日,马歇尔与左舜生、陈立夫、张群等晤谈。

△ 中央政府代表同伊宁代表对解决新疆局部事变处理方案获致协议。

△ 广州湾易名湛江市,郭寿华任首任市长。

△ 中共代表团分别设宴招待救国会领导人沈钧儒、陶行知、邓初民、李公朴、史良等,和中华民族解放行动委员会负责人章伯钧等,同他们就召开政治协商会议问题交换意见。

△ 中国民主同盟南方总支部在香港成立,李章达为主任、丘哲为副主任,李章达、丘哲、胡愈之、陈此生、萨空了、黄药眠等为委员。南方总支部领导广东、广西、福建、香港、澳门、马来亚、新加坡、印度尼西亚、越南、英国、美国等地的民盟工作。

△ 台湾省行政长官陈仪对记者称:台币与法币兑换率,暂定为台币一元合法币 30 元;在台美军可以美金一元向台湾银行换取台币37.5元。

△ 台湾省专卖局规定以烟、酒、火柴、樟脑、度量衡为本省专卖品,无论产、制、运、销须经法令许可,不得私营。

12 月 30 日 国共双方代表继续举行谈判。国民政府代表复文中共代表团,同意停止一切军事冲突,组织军事考察团;并主张对所有同停止军事冲突、恢复铁路交通及受降有关的事项,由国民政府派代表一人,中共派代表一人,会同马歇尔商定办法。复文并说蒋介石决定于1946年1月10日召开政治协商会议。

△ 中国民主促进会在上海中华学艺社举行第一次会员大会,宣告成立。马叙伦、王绍鏊、周建人、林汉达、徐伯昕、赵朴初、陈巳生、梅达君、严景耀、雷洁琼等26人出席。大会通过会章、对时局宣言等决议。

△ 中共中央发言人对三外长莫斯科会议关于中国的协议发表谈话,指出:"三强外长在莫斯科会议中所达到的协议,对于建立巩固与持久的和平,开创新的局面,值得全世界爱好和平民主的人民热烈欢迎。"对于中国的协议,"这是与中国人民目前的迫切需要相适合的。这便是:(一)中国一定要是团结的和民主的中国;(二)国民政府必须改组,必须广泛地吸收一切民主分子参加国民政府一切(各级)机构;(三)中国的内战必须停止;(四)列强不干预中国内政和外国军队在最短期内撤离中国"。发言人说,中共愿乘此机会,再度向国民党呼吁,迅速以政治商谈的方法,来解决国内的一切争端,国民党当局应抛弃武力解决的意图,诚意地以和平友谊的态度和国内各党派、无党派代表商决国家大计。

△ 中国民主同盟主席张澜致函国共两党代表张群、王世杰、邵力子和周恩来、王若飞、叶剑英,提出:政治协商会议举行在即,至希中央政府、中国共产党于民国三十五年元旦,双方发令所属一切军队即日停止武力冲突,所有问题均得提交政治协商会议解决。为此迫切建议,希望转达当局,予迅鉴纳施行。

△ 国民政府东北外交特派员蒋经国应斯大林邀请,以蒋介石私人代表身份访问苏联抵莫斯科。蒋经国要求斯大林调解中国内战,斯大林予以拒绝,并再次声明支持国民政府。

△ 第十一战区在济南逮捕汉奸136人。

△ 前美第十四航空队司令陈纳德将军飞抵上海。

△　京沪卫戍总司令汤恩伯分别在南京设首都警备司令部,镇江设指挥所。

12 月 31 日　国民政府代表向中共代表团提交复文:一、停止国内各地一切军事冲突,并恢复铁路交通。二、因国内军事冲突及交通阻塞等事,与我国对盟邦所负有之受降及遣送敌俘等义务有关,所有与停止军事冲突恢复铁路交通及其他与国内和平恢复有关事项,由政府派代表一人、中共派代表一人同马歇尔将军从速商定办法,提请政府实施。三、由国民参政会推定公正人士五人,组织军事考察团分赴全国发生冲突区域考察军事状况、交通情形,以及其他与国内和平恢复有关事项,随时将事实真相提出报告并公布。政治协商会议成立时,亦请其推定公正人士参加。

△　蒋介石宣布定于 1946 年 1 月 10 日在重庆召集政治协商会议,会期 14 天。

△　蒋介石设宴祝贺元旦并庆同盟国胜利,兼为马歇尔贺寿,到中外来宾 500 余人。

△　行政院长宋子文在北平宣布《处理敌伪产业办法》,凡 16 条。

△　何应钦就受降结果及处置伪军等事对记者称:全国十大受降区已受降完毕。日军各军、师均缴械,仅冀、鲁、晋尚有少数步兵大队在继续办理中。长江以南各战区受降进行顺利。惟华北第二、第十一、第十二三个战区因受共军"妨害"进行困难,尚正在继续努力。日战犯名单仍在调查中。长江以南伪军已处理完毕;长江以北伪军在共军"阻挠"中,亦已缩减半数或三分之一。

△　海军总司令部奉令撤销,该部业务由军政部海军处接管,原陈绍宽总司令专任军事委员会委员。

△　财政部海关复员工作告竣,海关总税务司李度由渝飞沪,总税务司署移沪办公。

△　周恩来、王若飞、叶剑英函复张澜,重申中共无条件全面停止内战的主张,表示完全同意于明岁元旦国共双方下令所属部队即日停

止武力冲突。

　　△　中共中央决定,进入东北的部队和东北人民自卫军统一组成东北人民自治军,林彪任总司令,彭真、罗荣桓分别任第一、第二政治委员。

　　△　中共中央东北局发出《关于群众工作的指示》,指出:目前东北群众运动仍以联合一切人民肃清土匪及敌伪残余,反汉奸特务运动为中心,争取一般地主。但在条件具备的地方,可发动减租减息斗争,只有充分发动农民,才能建立巩固的根据地,才能确立起优势。

　　△　晋冀鲁豫军区部队,从9月3日至12月,在挫败国民党军队进攻的同时,继续攻歼拒绝投降的日伪军。在平汉铁路沿线连续攻克滑县、内丘、高邑、邢台、汤阴、磁县、邯郸等19座城市;在新乡以南地区攻占原武、中牟等县城,在道清铁路沿线攻克焦作、修武、孟县、沁阳;在其他地区先后收复齐河、夏津、高唐、曹县、茌平、菏泽、宁阳、衡水等县城。

　　△　八路军解放河北省遵化县。同日,鲁南八路军解放曲阜。

　　△　国民党军统局长戴笠就记者所询华北汉奸迟迟未送法院事答称:“华北环境特殊,谅为人民所共知。”

　　△　美空军后勤司令部正式结束。

　　是月　中国纺织建设公司成立,隶行政院经济部,为垄断全国纺织工业的机构。资本60％为官股,40％为商股。在上海设总公司,天津、青岛、沈阳设分公司,统一接收日本在中国的棉、毛、麻、绢纺织、针织、印染及纺织机械等工厂。

　　△　《世界知识》在上海复刊,负责人为金仲华、冯宾符、王德鹏。该刊执行利用合法、长期隐蔽、以待时机的方针,以剖析国际形势、介绍国际知识为主。

　　是年　上海物价指数自1945年9月—12月,逐月平均增长率为71.5％,超过日伪统治末期1945年1月—8月的55.5％的平均增长率。职工生活指数压低,有些系统如教育部门,工资停滞不动。

1946 年(民国三十五年)

1 月

1月1日 蒋介石发表元旦广播讲演《告全国军民书》,谓日本业已投降,我全体国民可仰首伸眉,稍纾喘息,但我国之处境还备极艰难,停止内战必须首先恢复交通,实现民主必须首先军令政令统一。

△ 国民政府令:傅作义、徐堪晋给一等景星勋章;董其武、何文鼎、楚溪春、马占山各给予青天白日勋章;李汉魂、宋希濂、陶希圣、陈行、叶恭绰等党、政、军、文化、学术界967人给予胜利勋章。

△ 国民政府公布《国民大会筹备委员会组织条例》,凡10条。该条例规定:委员会设置委员七人至九人,由国民政府特派之,并就中指定主任委员、副主任委员各一人,综理本会一切事务。

△ 政治协商会议中共代表团首席代表周恩来与美国驻华特使马歇尔于重庆晤谈。马歇尔建议中共接受政府关于国、共、美三方会商的提议,成立三人委员会,处理有关停战、恢复交通和受降事宜。周恩来表示:中共欢迎外来的友谊,但也希望盟国恪守"不干涉中国内政"的诺言。

△ 国民政府委派杨绰庵正式接收哈尔滨市政。是日,东北经济专员张嘉璈于哈市召集银行、路局人员指示接收事宜;并访晤苏军驻东

北军区司令马克西莫夫、哈市城防司令喀查夫，商谈东北接收事宜。

△　延安《解放日报》发表新年献词，指出：1946 年全国人民奋斗之任务，首先是力争迅速停止内战，建立国内和平，废除一党专政，实现民主的联合政府；同时指出：解放区应继续开展减租、大生产、拥政爱民、拥军优抗、整理财政等五项任务。

△　中国战区美军司令魏德迈命令第三军团将所接管之仓库物资和日侨移交国民政府军政部长陈诚。同日，敌伪产业处理局将法币1000 万元，汪伪币 4000 亿元，黄金 30 万两，白银 1000 万两，银元 534箱等并上海市各金融机关原有之敌伪存款总额 1000 亿元"委托"中国银行接收保管。

△　华中野战军解放江苏高邮城，歼日军第四补充兵团山本原所部、岩崎大队等千余人，俘大队长以下 900 余人；歼伪孙良诚之第五军第四十二师两个团、特务团全部及伪顾秀伍之第二十四师、第二十五师各一部共五个团，生俘伪军几千人。

△　郑州绥靖公署成立，刘峙任主任，胡宗南、刘汝明、孙震副之。

△　国民政府以绥远灾情惨重，特派鹿钟麟前往视察，并拨发救济款 200 万元，抚慰灾民。

△　国民政府交通部公路总局成立。是日，徐(州)汴(开封)特别快车通行；宝(鸡)天(水)铁路于天水举行正式通车典礼。

△　国民政府代表张彭春由渝启程飞赴英国出席联合国大会。

△　重庆市电影业不堪苛捐杂税之苦，是日被迫宣告停业。2 日下午 2 时，电影、戏剧业招待新闻界，呼吁当局立即取消一切附加税，开放票价。

1 月 2 日　国民政府行政院举行第七百二十七次例会，翁文灏主席。决议通过《收复区所有各年田赋，自沦陷之日起至收复之日止，除敌伪征收者准予人民持据向政府登记、以备对敌清算外，一律免予追收案》；并通过何修为最高法院检察署检察官等 13 项任免事项。

△　中央政府代表张治中与新疆伊宁人民代表赖希木江·沙比尔

阿吉、阿不都哈依尔·吐烈、阿合买提江·喀司莫夫于迪化签订《中央对于新疆伊宁事件之和平条款》，凡 11 条。其要点为：一、政府给予新疆人民选举行政官吏之选举权；二、政府予以信仰宗教之完全自由；三、国家行政机关与司法机关内之文书，准予单独使用其本族文字；四、在小学及中学，用其各族本族文字施教，大学则依照教学需要，并用国文与回文施教；五、政府确定民族文化与艺术之自由发展；六、政府确定出版、集会、言论之自由；七、政府按照人民之实际生产力，并视其力量规定税率；八、政府给予商民以对内外贸易之自由，但商民应遵照中国政府与外国所订商约之规定；九、在专区内准予组织民族军队；十、新疆有政府之组织，应由中央增加委员 25 人（其中中央派定十个委员）；十一、事件解决十日后，双方相互开释拘捕之人士。

△　中午，政治协商会议中共代表团各代表邀民主建国会李烛尘等晤谈，交换对时局意见，并共进午餐。

△　马歇尔于重庆邀华西公司总经理胡光镳晤谈，探询中国工业界对当前政局意见。3 日，又与中国农业协进社理事长董时进晤谈，探询中国农业详情。

△　国民政府教育部颁布《收复区专科以上学校毕业生甄审办法》，激起各地师生强烈反对，是晚夜深青岛市文德女中教员费筱芝张贴标语，遭枪杀惨死，全市震愤，各中、小学即日罢课，疾呼当局严缉杀人凶手。

△　天津市 21 所中学 6000 余学生大规模示威游行，历四小时，提出实现言论、出版、集会、结社自由，保障教职员工不失业，取消对学生的思想检查等五项要求。

△　中央社上海电称：善后救济总署江西分署署长张国焘称：赣省灾情严重，全省 84 县，有 300 万亩土地荒芜，难民达 160 万人，亟待救济，医药奇缺，饥民遍野。

1 月 3 日　下午 5 时，中共首席代表周恩来偕王若飞、叶剑英、董必武，与国民政府代表张群、王世杰、邵力子商谈停止军事冲突事宜。

中共指出：军事冲突应马上全面停止，目前尤应从速制止进攻热河；全面恢复交通（包括邮电航空）并撤除封锁；军事考察团由各界人士组成。

　　△　周恩来同马歇尔会谈，转告中共中央欢迎马歇尔参加停战、受降、恢复交通等问题的协商。马歇尔提出在北平设执行部，由国、共、美三人委员会组成，一切行动须根据一致协议。并称美国有义务帮助国民政府运兵去东北。周恩来表示：东北有特殊性，如何规定尚在考虑。

　　△　行政院长宋子文于北平接见各省主席，同意东北一元化接收办法，指示东北物资归中央银行统一调用。4 日，宋飞抵青岛，召见全国性事业接收委员会副主任委员程义隆，决定组织山东青岛区敌伪产业处理局审议委员会及青岛日用品平价委员会，指定彭石年为该二委员会主任委员。

　　△　军事代表团团长董彦平，与苏军司令马林诺夫斯基上将会谈，并向其参谋长特罗增科中将提出编组保安队等通知八点。特罗增科对编组保安队事表示无异议。

　　△　第三方面军副司令官兼上海指挥所主任张雪中奉调离沪，遗缺由副司令官郑洞国继任。

　　△　中共中央军委电示程子华、萧克、罗瑞卿、林彪、李运昌、聂荣臻等，说国民党企图在停战前占领热河，要求"不惜一切牺牲坚决打退进攻热河之顽军，保卫承德"。

　　△　国民党军占领热河重镇阜新。4 日，东北保安司令杜聿明偕热河省长刘多荃到阜新、朝阳视察，下午 1 时国民党军占领北票。

　　1 月 4 日　蒋介石任命白崇禧代理陆军总司令职务。

　　△　中国民主促进会对时局发表宣言，阐明现阶段的中国，民主是统一的基础，同时又是统一的内容和目的。在八点主张中要求，宣布前国民大会代表之选举无效，制定普选方法，限期完成正式最高权力机构的选举；战时机构即行核实裁并；制定适应时代的建国大纲，交付政府制定政策方案。强调"为争取民主，须先自动的实现言论、出版、集会、结社、人身的自由，反对一切摧残人民自由的举动"。

△　中共中央军事委员会决定将东北人民自治军改称东北民主联军,任命林彪为司令员,彭真为政治委员。

△　国民党上海市特别执行委员会发表通告,谓:为清理本市党员党籍,健全党的基层组织,自1月5日至1月20日止,举行全市党员重新登记。附逆党员及于汪伪党部入党者,一律不准登记。

△　国民政府派法学家梅汝璈、向哲濬为代表首次出席远东国际法庭审判日本战犯,向任检察官,梅任审判官。

1月5日　我国承认外蒙古独立。是日,国民政府公告:"外蒙古人民于民国三十四年十月二十日举行公民投票,中央曾派内政部次长雷法章前往观察。近据外蒙古主持投票事务人员之报告,公民投票结果已证实外蒙古人民赞成独立。兹照国防最高委员会之审议决定,承认外蒙古之独立。除由行政院转饬内政部将此项决议正式通知外蒙古政府外,特此公告。"

△　政府代表张群、王世杰、邵力子与中共代表周恩来、董必武、王若飞、叶剑英进行谈判,商定《关于停止国内军事冲突的协议》。规定:一、"停止国内各地一切军事冲突"。二、停战、恢复交通、受降、遣送战俘等"应由政府与中共各派代表一人,会同马歇尔将军从速商定办法,提请政府实施"。三、由公正人士组织军事考察团,会同国共双方考察军事情况、交通情形等。

△　周恩来同马歇尔会谈,讨论《关于停止军事冲突、恢复交通的命令和声明》的具体条文。周恩来称:我们承认东北问题的特殊性,因为它关系到政府接收东北的主权,牵连到美国协助中国经海路运兵到东北境内,应由国民政府直接与美、苏办理,中共不参与其事。

△　上午,马歇尔会晤蒋介石。下午,会晤周恩来,同意为国共纠纷出任调停。

△　董必武、叶剑英、邓颖超出席中国青年党政协代表曾琦、陈启天等五人为招待中共代表团举行的宴会,双方就政协会议各种问题交换了意见。

△ 国民政府派员接收东北主权,松江省主席关吉玉率接收人员飞抵长春,嫩江省主席彭济群一行经长转嫩,接收辽北省政。

△ 上午,首批空运东北之杜聿明所部由北平抵长春,天津牟廷芳部亦步尘北上。中国战区美军司令魏德迈会见新闻界,宣称:驻沪国军精锐部队今起空运东北,另有2.6万国军在沪作进入东北之种种准备,周内由美海军登陆舰负责运至葫芦岛。另有美兵5000名正于来华途中。同日,美军总部宣布:美军船只运输新六军之工作,将于本月16日开始。

△ 美国海军第七舰队司令巴贝抵青岛,视察国民党中央海军训练团。24日,美国海军考察团团长墨利、美第七舰队副参谋长兼国民党中央海军训练团顾问卡罗抵青岛视察。

△ 重庆市银行开幕,市长张笃伦兼任该行董事长。同日,财政部宣布:南京停业之商业银行、钱庄共160余家。

△ 中国红十字总会改组,蒋梦麟为会长,杜月笙、刘鸿副之。

△ 美国进出口银行批准对华棉花信用贷款3300万美元。

1月6日 政治协商会议召开办法正式公布,规定会议名额为38人,协商范围为和平建国、施政纲领、宪法草案、国民大会及军事问题五项。同日并公布政协各方代表名单,国民党八人:孙科、吴铁城、陈布雷、陈立夫、张厉生、王世杰、邵力子、张群;共产党七人:周恩来、董必武、叶剑英、吴玉章、王若飞、陆定一、邓颖超;民主同盟九人;青年党五人;无党派九人。成立秘书处,雷震任秘书长。

△ 冯玉祥为中共代表团举行招待宴会。当晚,孙科亦为中共代表团举行招待会,席间就时局问题交换了看法。

△ 驻秘鲁大使保君健与厄瓜多尔总理特鲁吉罗在基多(厄瓜多尔首都)签订《中厄友好条约》。条约规定发展两国友好与文化关系,并便利双方国民之入境。

△ 南京临大补习班学生因不满英语甄试爆发学潮,无意中殴伤班主任王书林。9日,国民政府教育部宣布开除滋事学生于柏青等14

人,以施镇压。19 日,临大斗争不息,又有八人被逮捕,13 人被南京地方法院提出公诉。该校实习班全体学生集体绝食,表示抗议。23 日全体补习班学生 300 余人列队前往地方法院请愿,强烈要求立即释放被捕八名同学,恢复 14 人学籍。

1 月 7 日 政治协商会议全体代表茶话会,商谈正式会议应筹备的各项问题。中共首席代表周恩来发言,说这是第一次政治协商会议,如两星期不能完成,亦应延长,以便从长讨论。并就议程问题提出意见,希望两三天内发表停止内战的命令,使政协会议能在和平空气中开幕。关于解放区问题,中共方面决定这次不向政协提出,而将列入和平建国方案中去解决。并说,秘书处工作,中共方面定齐燕铭参加。

△ 政府代表张群,中共代表周恩来,美国特使马歇尔三人举行首次会议,讨论《关于停止国内军事冲突、恢复交通的命令和声明》的具体内容。周恩来提出:停止冲突应包括全国。拆除阻碍交通的障碍物应包括影响交通的碉堡、工事。关于交通的定义包括铁路、公路、轮船、电报、邮政等等。张群同意全国停战,但认为东北和华北的赤峰、多伦例外,因为政府要从苏联手中接收主权。并认为恢复交通主要是铁路。周恩来提出,接收主权涉及苏联,讨论时应有苏联代表参加。现在赤峰、多伦已由中共接收。马歇尔提议暂时不讨论这个问题。自此到 10 日,三人会议进行了四天六次的商讨。

△ 蒋介石下达密令:"政治协商会日内开会,我军应于停战令未下前占领有利地点,已下令前进至某地而尚未到达者应催促其星夜前进,其尚未缴械地区速令当地驻军即行缴械,免被奸军利用。行动务希秘密迅速,免资共方借口。"

△ 中共中央军事委员会命令,新四军在山东的部队与山东军区部分主力组成山东野战军,陈毅任司令员,黎玉任政治委员。

△ 周恩来所写的《蒋介石元旦演说与政治协商会议》作为《解放日报》社论发表,说:国民党的所谓"国民大会""是一个企图把一党专政合法化并延长到无限期的东西"。我们反对在联合政府成立之前召开

国民大会。蒋介石演说一字不提召开的政治协商会议;他的"军令政令必须统一","必然是愈'统一'而民主民生愈悲惨"。"政治协商会议的任务,必须是实现无条件停止内战,结束一党专政,改组国民政府,成立民主联合政府"。

△ 津浦路徐(州)济(南)段之战结束,国民党军被中共军队歼灭2.8万余人,第六路军郝鹏举部万余人投向中共。

△ 上海新新公司职工800余人联名检举汉奸李泽(该公司总经理),事被当局拖延数月之久,激起民愤,是日,当局被迫逮捕李泽。

1月8日 晨10时,周恩来、张群会同马歇尔续商停止冲突、恢复交通等问题,讨论焦点为停止冲突后政府军坚持进军问题:国民政府欲令杜聿明部继续进军承德、赤峰,中共代表坚持热河政府军应就地停止前进。未获协议。4时半至8时再度集议。

△ 下午,民主建国会于重庆西南实业大厦举行茶会招待政治协商会议代表。主席宣读该会致政协呼吁书,呼吁会前先要停止内战,人民言论、集会、身体、结社等基本自由必须迅速获得。董必武、郭沫若力表赞同。

△ 中共代表团在重庆招待东北政治建设协会的宁梦岩、阎宝航等,就有关问题交换意见。

△ 宋子文与美军总部签订购买美剩余物资协定。协定规定:中国将以美金2500万元及国币61.6亿元购买美国在华剩余物资及全部美国留于中国西部之器具。

1月9日 周恩来同马歇尔会谈,反对国民政府从中共手中接收赤峰、多伦的要求。当夜,经马歇尔同蒋介石会商,国民政府决定撤回要求。自此晋察冀解放区北部的安全与东北解放区交通的畅通获得保证。

△ 全国妇女界举行茶会招待政协代表,叶剑英、董必武、邓颖超、邵力子、沈钧儒等到会。李德全、史良、曹孟君发言要求立即停止内战,实现政治民主化,释放一切政治犯,取消特务组织,废止一切妨害人民

自由之现行法律。最后,邓颖超应邀发表讲话,表示一定把会上的意见带到政协去。

△　国民政府任命董文琦为沈阳市长。

△　军事委员会委员长东北行营主任熊式辉率干部 14 人进驻锦州。自锦州、盘山向东推进的国民党军进驻营口。进驻热河省境国民党军部队的南路主力,其先头部队于本日晨进抵叶柏寿,接收车站。

△　晋冀鲁豫军区部队和第七纵队主力解放山东济宁,歼伪军 7000 余人。

△　重庆文化、出版、学术、电影、杂志等七团体联合举行茶会,招待政治协商会议诸代表,到 300 余人。七团体代表发言,一致要求政府全面无条件停止冲突,恢复交通、废除妨碍民主生活、自由权利之法令,释放政治犯,取消特务机关,结束一党专政,建立民主政府。

△　广西各县、市商会代表团向行政院请愿,要求:一、举办商业贷款;二、定期停免营业税;三、取消战时过分利得税;四、偿还抗战期间征用物资;五、解除盐商痛苦;六、修复湘黔铁路。

1 月 10 日　政治协商会议在重庆国府礼堂开幕。政协由国民党八人、共产党七人、民主同盟九人、青年党五人、社会贤达九人组成。蒋介石致词,说这次会议将商讨"国家由战时渡到平时,由抗战进到建国的基本方案"。并宣布四项诺言:保证人民自由,各政党一律平等,实行地方自治和普选,释放政治犯。又宣布说,经政府与中共签署的停止冲突命令即日生效。中共首席代表周恩来在致词中对四项诺言表示欢迎,并说:"应痛下决心,不仅在今天下令停战,而且要永远使中国不会发生内战。我们中共代表团是带着这种信念和决心来参加会议的。""政治协商会议,就要请各党代表及贤达,一起来订出如何实现政治民主化、军队国家化及党派平等合法的方案。"提议:"在共同纲领的基础上,实现各党派、无党无派代表人士合作的举国一致的政府。"

△　政府代表张群与中共代表周恩来签署《关于停止国内军事冲突、恢复交通的命令和声明》,与本月 5 日达成的《关于停止国内军事冲

突的协议》同时公布。停战命令规定于 13 日 24 时起全国一律停战。

　　△　中共中央向各级党委、各部队首长、各级政府发布停战命令，严格遵守国共双方达成之停战令。并谓："中国和平民主新阶段，即将从此开始。"

　　△　张群、周恩来签订建立军事调处执行部协议。协议规定：军调部设于北平，设委员三人，国民政府代表郑介民，中共代表叶剑英，美驻华代办罗伯逊充任主席。三委员各有表决、互让权，一切事宜须经三人一致通过，三人不能协议之问题，应提交军事三人小组决定之。

　　△　蒋介石电令陆军总司令部，各行营、绥靖主任公署，各战区，各方面军，各警备司令，卫戍司令，各集团军，各省主席，各军长：自即日起执行停止冲突、恢复交通之命令，规定限自即日起开始实行，至迟不得超过本月 13 日下午 12 时，务必在各地完全实施。

　　△　晚 7 时，胡厥文、章乃器、李公朴邀各界代表集会，决定组织陪都各界政治协商会议协进会，即日开始工作，举陶行知、胡厥文、施复亮、茅盾、曹孟君等 35 人为该会主席团主席。

　　△　财政部发表公告，谓：民国二十五年复兴公债第二十次还本；民国二十八年建设公债第二期债票第二次还本；民国三十年军需公债第一期债票第六次还本，于今日重庆市执行抽签，持有中签号码债票，归还本金。

　　△　新任衢州绥靖公署主任余汉谋面晤蒋介石述职。按：衢州绥靖公署辖浙、闽两省及皖南、赣东之一部分，李汉魂、蒋光鼐任副主任。

　　△　上海市社会局召开第一次物价平抑委员会，会议商决敌伪产业处理局，将封存之物资及早大量低价出售，以资平抑物价，规定商人合理利润不得超过原价二成。会议公决彭学沛等 10 人为该会顾问。

　　△　北平粮价陡涨 20%，金价涨至 8.55 万元，百物相继暴涨。19 日，金价突破 10 万元大关，3.25 万名饥民拥塞街头，市民叫苦不堪。天津、上海、汉口粮价亦突飞猛涨，广州 4 个月来米价飞涨六倍，民有饥色，野有饿殍，平均每天路毙 20 余人。

△　联合国首届大会于伦敦开幕,51 个联合国成员国代表出席大会,中国代表团团长顾维钧率团员 36 人参加。11 日,大会举美、苏、英、法、中五国为常任理事国。

△　中国政府赴暹罗代表团抵曼谷。11 日,暹罗国王接见代表团长李铁铮。12 日,双方正式谈判中暹邦交问题及解决上年 9 月曼谷枪杀华侨事件。按:1945 年 9 月 21 日晚,曼谷军警枪杀华侨,捣毁侨宅,损失 500 万元至 800 万元暹币。

1 月 11 日　国民政府令:何应钦、程潜、白崇禧、徐永昌、陈诚、张治中、李济深、何键、张群、冯玉祥、宋子文、宋美龄、戴笠、康泽、蒋经国等党、政、军要员 82 人各给予忠勤勋章。

△　下午 3 时,政治协商会议第二次会议,周恩来、张群报告停止军事冲突商谈经过。周恩来重申:全国人民亟待无条件停战,商谈停战不应争论条件,谈判方法应公之于众。政府代表坚持军队国家化问题由三人军事委员会讨论,中共代表周恩来反对。

△　晨,马歇尔偕美驻华武官罗德飞抵北平,筹设军事调处执行部,实施停战协定。

△　中共中央委员会开会讨论停战与政协问题。指出:和平实现了,但和平并不巩固。我们的任务是巩固和平,发展民主。民主愈发展,和平愈巩固。同日,中共中央主席毛泽东电令解放区党、政、军各机关遵照停战令,立即停止一切军事冲突。

△　上海金融界、工商界、牧师、教授各界代表马叙伦、赵朴初、周建人、林汉达等 42 人致函马歇尔,坚决要求立即建立一个真正能代表全民之政府,有言论、出版、集会、结社自由;保障各政党享有合法地位,个人自由不受威胁。

△　太岳军区第四纵队主力解放同蒲线上之侯马镇。

1 月 12 日　上午 9 时,政治协商会议第三次大会,到代表 35 人,听取周恩来、邵力子报告国共会谈的四点经验教训:一、互相承认,不要互相敌视;二、互相商量,不要独断;三、互相让步,不要独霸;四、互相竞赛,不要互相抵消等。继通过何基鸿、李可玑、王葆真、章元善、李德全、周炳琳、杜斌丞、伍观淇八人为军事考察团团员,冷遹、林虎、张奚若、任鸿隽四人为候补团员。

　　△　陪都各界政治协商会议协进会首次集会,邀章伯钧代表作报告,与会者同声疾呼当局立即取消政府独霸之纺织公司和蚕丝公司,实现经济民主化;撤销特务机关,使自由真正兑现。该会更名为"政治协商会议陪都各界协进会",设政治、经济、军事、教育、文化和综合五个专门委员会,主席团改为理事会。

　　△　第十一战区司令长官孙连仲转发蒋介石手令:"应速抢占战略要点,尤其热河方面,最好于停战命令前占领承德,否则亦必须迅速抢占古北口、建平及凌源为要。"

　　△　国民政府松江省政府成立。是日晨,松江省府主席关吉玉举行就任典礼,即日开始视事。

　　△　冀东国民党军第二十二师、第十二军等三个师兵力向解放区古北口猛烈攻击。次晚,河北第九十二军及第十六军再次猛攻古北口。14日,第九十二军、第十六军集结三师兵力犹向古北口以南之新开岭、下河庄、香水峪一带阵地猛攻。

　　△　美运输机10架运送国民党军北上长春。

　　△　英国协助国民政府建立海军,赠军舰13艘。本日晨在英国普利茅斯正式交接第一艘"伏波号"。勃维斯海军上将代表英海军部,桂永清中将代表国民政府,先后致词。

　　1月13日　军事调处执行部三委员郑介民、叶剑英、罗伯逊由重庆飞抵北平,军事调处执行部宣告成立。军调部受军事三人委员会领导,下设若干执行小组,分赴各冲突地点进行调处。国共双方各130人,美方150人,加入军调部工作。

　　△　中共中央电令林彪、彭真,东北局立即布置一切,坚决击破国民党军的进攻。

　　△　国、共两军在津浦路近三个月之战结束。国民党军方面的北

进严重受挫,伤亡被俘共 2.8 万余人。中共军方面亦有五六千人的伤亡和被俘。

　　△ 东北民主联军辽南吴克华部击退第五十二军,是日占领营口。

　　△ 上海驶往台湾之"复兴号"客轮于基隆附近淡水镇二公里处遭遇狂风险浪,驾驶失灵,机房进水,下午 5 时许船身破裂,乘客 60 名匆忙跳水逃生,均遭灭顶。

　　1 月 14 日　政治协商会议举行第四次全体会议,讨论改组国民政府和保障人民民主权利问题。政府代表强调改组政府不能根本动摇法统,国民党代表应占多数;中共代表董必武提出政协应决定改组政府的共同纲领,各党参加政府的人员不得超过三分之一。周恩来提出要求释放张学良、杨虎城。

　　△ 蒋介石主持国防最高委员会,要求对政治犯于七日内调查明确,除汉奸及确有危害国家的行为者外,分别予以释放。对于人民享有身体、信仰、言论、出版、集会、结社等自由问题,则说要对现行法令分别予以废止或修正,拟在十日内拟订办法,呈核后交政府施行。

　　△ 东北外交特派员蒋经国访问苏联后,今返抵重庆。在莫斯科期间,斯大林谓蒋经国:如美国有一兵到中国,东北问题即难解决;美国如不在东北取得利益,苏必可作必要让步,并盼蒋介石访问苏联。

　　△ 下午,第五十二军开抵沈阳接防。15 日,新六军一部 6000 人乘美运输舰开赴东北。

　　△ 美陆军部长柏德逊自东京飞抵上海,同魏德迈等 20 余名美高级将领作重要商谈。次日,柏德逊举行记者招待会,答复遣送美军返国诸问题,并声称:"美对华政策与计划已有固定方针,杜鲁门总统宣布不容改变。"

　　△ 上海市新闻记者丁梅村等 61 人,因名记者羊枣(杨潮)冤死扬州狱中,联名向政府提出强烈抗议,要求当局立即查究羊枣遭受酷刑之情形和死因,并严惩祸首,释放一切无辜人士。按:羊枣于 1945 年 7 月 23 日在福建永安被捕入牢,同年 12 月 31 日因不堪虐待身患重病,不

得治疗，于 1946 年 1 月 12 日病逝牢中。

△ 是日，《解放日报》公布八年抗战中解放区遭受损失为：被敌伪屠杀者 196.9296 万人；被捕壮丁 70.5722 万人；被烧毁的房屋 569.7122万间；家畜损失 494.0652 万头；粮食损失 2.78923536 亿石；农具损失 776.2707 万件；被服损失 1701.8021 万件。

△ 为法战犯卡可平诺为驻沪法领事偷运出境一事，上海各校三万余人游行示威，抗议法方侵犯中国主权；游行队伍行至前法领事馆门前高呼"立即交出法奸"等口号；旋又至市府请愿，提出：交出被捕法奸、撤回驻沪法总领等五项要求。21 日，国民政府外交部就卡可平诺事照会法使馆，封闭法在华所有领事法庭。

1 月 15 日 上午 8 时，政治协商会议第五次大会，讨论施政纲领问题。董必武提出中共《和平建国纲领草案》，分为 10 项主张，强调实行政治民主化、军队国家化与党派平等合作化是纲领中必须首先规定之方针。吴铁城发言攻击中共 10 项主张为"分赃"，遭民盟代表痛击，民盟力主中共 10 项主张为纲领之依据。青年党主以六全大会政治纲领为依据，各持己见，未获结果。大会确定分组委员会名单，分别讨论政府改组、施政纲领、国民大会、宪法草案、军事五大问题。

△ 军事调处执行部发表第一号公报，称今晨派遣三人执行小组携带停战命令前往赤峰调查冲突地区情况。下午 1 时，军调部派赴赤峰之执行小组美方代表托尔·提罗，中共代表杨建中，政府代表谷汉礼飞抵承德，当即会晤冀热辽军区政委程子华，托尔谓"此行任务调查赤峰国共双方冲突实情，并监督该地停战之执行"。4 时三代表飞赴赤峰，程子华亲往机场欢送。

△ 冯玉祥上书蒋介石，要求大赦除汉奸、贪污外之一切政治犯及普通罪犯。

△ 香港《华商报》、《自由世界》、新华南通讯社等 12 家媒体分别致函政协会议，抗议广东党政当局任意逮捕人民，钳制舆论，践踏民主，要求该会力促政府实践民主诺言。

　　△　马歇尔邀东北政治建设协会宁武等晤谈,交换对东北问题意见。

　　△　国立浙江大学学生会为敦促国民政府当局释放该校政治经济学教授费巩,发表《敬告社会人士书》,书谓:"政府一再表示还政于民,但空言无补实际,本校教授费巩先生自去岁 3 月 5 日于陪都突告失踪,已逾一载,至今踪迹渺无,由是同学疑为此次失踪与特务组织不无关联,如政府倘不以事实真相白于天下,即不能释同学之疑。特务组织一日不解散,全国人民之身体自由一日不得保障。"书中提出立即取消一切特务机关等五条要求。

　　△　苏北新安镇伪军向海州逃窜,华中野战军部队占领该镇。

　　△　南京日俘八万余名起运上海,候轮返日。长江各地日侨亦经沪返日,每日轮运日侨 6000 人。19 日,青岛市日俘 2919 人是晨 9 时遣送返国。30 日,魏德迈于上海对新闻界发表谈话,谓"自 1945 年 12 月底至今,已遣送日俘、日侨逾 30 万人"。

　　1 月 16 日　上午 9 时,政治协商会议第六次会议,讨论军队整编的原则和办法问题。周恩来代表中共中央提出《军事改革十二项建议》,并强调国共军队应立即实施改编,中共军队可在六个月内缩编为 20 个师。张澜提案则要求所有军队脱离党派关系,大量裁减常备军,从事科研和工业建设。青年党提出实行公平编遣、军民分治、军党分立,设立国防部实行征兵制,民意监督军纪。张群承认停战令下达后,各地仍有冲突,并说:已组成周恩来、张群、张治中三人小组讨论军队国家化各项基本工作。

　　△　政治协商会议分组委员会名单发表,分政府、施政纲领、军事、国民大会、宪法草案五组,王世杰、罗隆基、张厉生、董必武、胡霖、张东荪、邓颖超、曾琦、傅斯年、陈启天分别为上述各组召集人。各组委员七人。中共首席代表周恩来为军事组及宪法草案组委员。

　　△　国民政府令:国民参政会第四届第二次大会定于本年 3 月 20 日在陪都召集。

　　△　国民政府公布《台湾法院接收民事事件处理条例》、《台湾法院接收刑事案件处理条例》。

　　△　晋绥边区参议会代表晋绥边区 500 万人民致电政治协商会议,提出三点:一、忠实执行停战协定,即刻停止对热河、绥远、冀东等解放区的大举进攻;二、严惩汉奸,解散伪军;三、承认解放区各级民选政府,公平合理整编全国军队,商定和平建国纲领,结束一党专政。

　　△　美进出口银行宣布:美贷款中国 3500 万美元,以购买美棉。此贷款将于货物抵达二年后偿还。该款可购美棉 27.5 万至 30 万包,足敷 60 万枚纱锭一年之用。

　　△　美运输舰六艘首批运送新六军在秦皇岛登陆。

　　△　中共中央发言人发表谈话,指斥政府军队大肆进攻热河、绥远、冀东、冀南、豫北、豫南、苏北解放区,坚决要求政府军队从 1 月 13 日午夜零时以后由所侵占的地方撤退。

　　△　国民政府经济委员会工矿处代处长兼经济部接收工矿特派员张莘夫前往东北接收抚顺煤矿,是夜于返回沈阳途中遇害。嗣后,围绕"张莘夫事件"国内各大中城市发生学生游行示威。

　　1 月 17 日　政治协商会议举行第七次会议,讨论国民大会问题。政府代表孙科等八人提出关于国民大会之意见书,提议 5 月 5 日召开国民大会,制定宪法,旧代表有效。章伯钧宣读民盟五项意见。大会发言对旧代表是否有效引起争论。

　　△　新华社记者就山西阎锡山军撕毁停战协定、进攻解放区一事,访陈赓将军叩询真相,陈答称:被阎锡山军王靖国部攻占的集宁、浮山、孟县已为我军收复,16 日收复浑源城。

　　△　伪满洲国国务总理张景惠病卒狱中。

　　1 月 18 日　上午,政治协商会议第八次会议,续议国民大会问题,承认或否认旧代表为争论焦点。中共、民盟、各社会贤达坚决否认旧代表有效,陈立夫发言提出"不能抹煞现有一党之政治制度,否则各项问题不能解决",并称政府指定代表符合中国国情。争论僵持未决。大会对于本年 5 月 5 日召开国民大会预计计划,未予赞同。

△ 军调部发表联合公告,谓:本部为积极执行停战协定、恢复交通、迅速结束受降工作、遣回战俘,已组成八个停战协行小组于负责区内执行停战命令,如获令仍冲突不止者,该部将据实报告重庆谈判当局。并称,今日出发三组分赴济南、集宁、赤峰冲突地区调查,并以飞机于察、绥、热、冀、鲁五省 15 处村镇散发停战命令,监督各冲突区立即停战。

△ 军事三人小组国民政府方面由原先参加人选林蔚、刘斐改为张治中、张群参加,中共方面因叶剑英已去北平,改由周恩来参加。蒋介石提议以马歇尔为顾问,周恩来同意。

△ 中午,军调部济南执行小组 12 人飞抵济南。19 日清晨专机赴泰安、兖州、滕县、罗山等地,传布停止冲突令并调查实地情形。

△ 政治协商会议陪都各界协进会于沧白堂第五次集会,政协代表邵力子、王若飞演讲,李公朴主持会议。散会后,一位于会场发言的青年走到沧白堂大门口,突被一群特务包围,打伤于地,腹部重伤;另一青年急上前扶救受伤者,也遭毒打,头部重伤。

△ 九三学社筹备会提出,"应从速开放中央及地方政权,使全国人才参加各级政治机关,刷新政治,以新中外人民耳目"。

△ 蒋经国偕大连市长沈怡飞抵长春接收东北重工业。同日,先后两批飞机空运国民党军数百人抵长。

1 月 19 日 政治协商会议举行第九次大会,讨论宪草问题。各代表对宪草中之五院制备加批评和反对。吴玉章代表中共提出民权不应受法律限制;中央与地方均权;地方自治制定省制,省长民选;军队实行民主等原则。曾琦主采内阁制以代总统制。黄炎培反对宪草中限制人民自由之各项规定。沈钧儒就地方政权,力言省长民选并依地方文化、风俗习惯情形不同制定省宪。会议决定成立宪草审议委员会研讨该案。

△ 军调部公布三委员下设联合参谋部,由政府代表蔡文治、中共

代表耿飚、美方代表罗斯克组成。联合参谋部除执行三委员之命令外，并可提出有关建议事项。

　　△　军事调处执行部会集三方代表，就目前各项工作问题举行会议。本日派三执行小组分赴徐州、大同、张家口。

　　△　晚7时，政治协商会议陪都各界协进会第七次集会，请张群、吴铁城、梁漱溟作报告，到千余人。张、吴未出席，当梁报告整军方案时，阵阵石块从窗外而入，狂击会场，呼打之声大作，一群暴徒将场内桌椅全部捣毁，殴打大会主持人和到会群众，张东荪等被殴伤。后暴徒狂呼口哨而去，迫使大会终止，制造了"沧白堂事件"。

　　△　晋冀鲁豫边区政府、边区参议会联合急电军调部、政治协商会议，要求立即制止国民党军向同蒲、平汉、道清、陇海等线的侵犯行动，并自1月13日24时停战令生效后，从侵占之所有城市乡村全部退出，以昭停战信义，维持和平。

　　△　《新华日报》载称：前第十一战区副司令兼第四十军军长马法五、第四十军副军长刘芳圃、第四十军参谋长李照东联名致电政治协商会议，要求立即停止冲突、终止一党专政、成立联合政府、释放政治犯。

　　△　重庆市中小工厂联合会致书政治协商会议，呼吁召开全国经济会议，并提出10条经济改革措施。

　　△　国民政府授予杨格等四人特种领绶云麾勋章；授予杨克瑞门特种襟绶附勋表云麾勋章；授予杨廷义忠勇勋章。

　　△　晨7时30分，北宁铁路平沈线自"九一八"沦陷15年后在锦州首次举行通车典礼，国民政府主席东北行辕主任熊式辉、保安司令杜聿明派参谋长赵家骧前往主持。

　　△　盟军最高统帅发表特别通告，宣布设置远东国际军事法庭，以便"审理犯有破坏和平罪及包括破坏和平罪行在内的个人、团体成员以及兼有此双重资格而被起诉者"。同日又批准《远东国际军事法庭宪章》，对法庭的组织、管辖权和任务作了明确规定。

　　1月20日　国民政府令免李汉魂广东省保安司令职，任罗卓英兼广东省保安司令；免韩德勤江苏省保安司令兼职，任王懋功兼江苏省保安司令。

　　△　国民政府特派张彭春为出席联合国经济和社会理事会代表。

　　△　晚，晋察冀军区司令员聂荣臻宴请军调部执行小组并发表讲话，略谓：全力支持北平军调部三人小组所作之和平努力。

　　△　上午11时半，军调部徐州小组美方代表哈利斯、政府代表李树正、中共代表王世英及随行人员专机抵徐，即日开始办公。

　　△　民主建国会邀政协代表邵从恩、缪云台作报告，听众百余人，施复亮主席，会中有人捣乱，遭群众喝打离去。

　　△　晋绥野战部队收复左云城。

　　△　下午3时半，满载日侨、日俘5000余人归国之"江岛丸"，于扬子江口外60里之花岛山附近触及水雷爆炸沉没，近千人死亡。

　　1月21日　中共中央关于东北谈判条件问题给东北局发出指示，与国民党谈判的条件是："（一）政府接收东北主权时各党派及东北民主人士及民众团体均须有代表参加，要求取消行营，改为东北行政委员会，包括各党派代表为委员，释放张学良并仍参加接收工作；（二）承认在东北的八路军及东北人民组织的自卫武装，并编为地方自治政府的保安队及民警；（三）派进东北的政府军数目不应超过10万至15万，另驻东北各地军队之数额和运进路线预加协商。"

　　△　宋美龄乘"美龄号"专机飞抵长春，代表蒋介石赴东北宣慰东北同胞，11架飞机满载慰劳品30吨同时运抵长春。22日，宋美龄以糖果三万匣赠与驻东北国军、苏军和东北同胞并举行隆重授勋式，授予苏军将校级以上军官各式勋章，以示嘉奖。

　　△　军调部发表第二号公报，命令互相冲突的国共双方于冲突地区停战，务各后退一日行程之距离（至少60华里），并采取步骤恢复到13日晚12时以前双方驻防地。

　　△　军调部徐州小组美方代表何华德、政府代表李树正、中共代表王世英，赴津浦北段韩庄实地视察。济南执行小组美方代表雷克等一

行赴胶济线调查，双方军民沿途热烈欢迎。22日晨抵张店、淄川、博山等地调查。

△　国民政府全国公路会议开幕，会议通过重组全国公路交通委员会、统一各省公路名称等提案60余件，25日闭幕。下午，公路会议第二次会议决议，全国公路今年分四期修复。

△　行政院电复台湾行政长官陈仪的电请：以原有我国国籍之台湾人民，应自去年10月25日台湾光复之日起，恢复我国国籍。

△　国民政府财政部贸易委员会奉命撤销，其业务移交经济部接收。

△　阎锡山军王靖国部，以三师兵力奔袭侯马镇，太岳军区第四纵队发起反击，歼其一个师。

△　云南当局是晚密令昆明市社会局，嘱其警告鼎新、昆明、崇文、云南四大印刷厂，不得代印呼吁民主之报刊，致使《民主周刊》、《时代评论》、《中国周报》、《昆明新报》、《学生报》等五种刊物被迫停刊。

△　上海文泰公司客轮一艘，于焦山西北尖滩附近漏水沉没，死600余人。

1月22日　蒋介石就苏军将于2月1日撤返苏联，致信苏军表示惜别，并派宋美龄到东北慰问，分发《致在华苏军将士书》40万份。

△　下午，政治协商会议"施政纲领"组第四次会议通过外交、侨务两章。23日，通过经济、财政两章。25日，通过政治并前言部分，纲领问题全部告竣。决定组织"人民自由保障委员会"。

△　午后，政治协商会议"宪草组"开会，各方达成下列协议：同意改组一党立法院，政权机关系两院制；立法委员由人民直接选举，监察委员由各省参议会选举；考试院增选各党派人士任委员，司法院不兼管行政，由司法官若干组成。

△　政治协商会议"军事组"开会。下列问题达成协议：实行军党分立，军民分治，现役军人脱党，并不得兼任行政官吏；废止军事旧委员会，设国防部，各党派参加，将校放弃党籍；政府军六个月内编为90师，

中共军队三个月内编为20师,明年则混合编为60师。整编之具体问题意见仍未统一。"政府组"以参加院、部、会人数问题尚待折冲,"国大组"仍以旧代表问题为阻力,政治协商会议决定延期三天。

△ 国民政府释放中共中央候补委员廖承志。按:廖承志自1942年在广东乐昌被捕,监禁四年,经中共与政府多次谈判后,中共释放第十一战区副司令长官马法五等人(1月26日释放),政府释放新四军军长叶挺及廖承志。是日,廖承志在重庆获释。

△ 军调部发表第三号公报,称:派赴济南执行小组,协同国共双方指挥官于泰安成立协定,协定规定立即停止一切冲突,互释俘虏,修复铁路。

△ 《大公报》发表社论,呼吁国民政府立即兑现四项自由,杜绝特务到处横行、贫苦百姓时遭拘禁之可怕现象;立即取缔战时限制人民自由之各种法令。社论痛斥特务暴行,并严正指出:"最近政治协商会议陪都各界协进会在沧白堂集会数遭流氓破坏,代表遭石头毒打,其卑劣行径令人发指,决不是无人指使漫无组织的行为。"

△ 晨7时,上海沪东区62家工厂6000余失业工人云集杨树浦公园,举行反饥饿大示威。游行队伍包围市政府,提出"从速实现国内和平,消灭内战"等六项要求,至晚7时结束。23日下午2时,上海永安、新工、中华等几大公司全体职工万余人,举行怠工,要求合理待遇。

△ 台北市1000余市民为抗议物价高涨举行请愿。是日,台湾各地发生抢米风潮。

1月23日 政治协商会议为谋解未决问题成立综合委员会,王世杰、吴铁城、周恩来、董必武、曾琦、陈启天、王云五、傅斯年等为委员。

△ 政府代表陈鼎勋、中共中原军区参谋长王震、美方代表福特签订《罗山停战协定》。《协定》规定双方军队(包括非正规部队及民兵)停留于现在各自所在地,不得再向对方前进。同日,军调部派赴武汉之执行小组与中共中原军区司令兼新四军第五师师长李先念于吕王城达成临时协议。

　　△　东北保安司令长官部沈阳指挥所成立，彭璧生任主任。彭称：苏方已将锦西防务移交国军。同日，沈阳警备司令部成立，刘德川任司令。26日，新民、彰武苏军全部撤退。

　　△　国民政府出席联合国参谋长会议代表团团长商震偕团员孙立人飞伦敦赴会。

　　△　中国与暹罗于曼谷签订友好条约，两国互换大使。

　　1月24日　宋美龄于上午10时由长春起飞，11时到达锦州，出席民众欢迎大会并致词表示慰问。

　　△　午后，张群、周恩来、张治中三人军事小组继续会谈，就整编军队原则问题进一步取得一致意见。

　　△　军调部发表第四号公告，称：大同已无军事冲突，罗山双方同意下令停止冲突，徐州冲突减少，集宁尚在协议中。

　　△　军调部执行小组美方代表哈勒德、中共代表马金桥赴枣园寺执行军调部命令。徐州执行组亦飞抵峄县。同日，陈毅发表谈话，指出"我军要求受降日军是应有的正当权利，蒋介石企图垄断接受日本投降的权利是非法的"，并揭露济南、兖州国民党在重新武装被缴械之日军。

　　△　军调部执行小组美方代表雷克复抵泰安，国共商谈结果，迫使济南执行小组政府代表涂叙五保证不再发第一枪。25日返济，雷克专机飞兖州会晤陈毅。

　　△　国民政府新任嫩江省主席彭济群接收省政，嫩江省政府成立。

　　△　重庆政治协商会议文化界协进会成立，李公朴、茅盾、侯外庐、邓初民、翦伯赞、陶行知等17人为理事。

　　△　重庆中央大学、重庆大学、四川教育学院等八校师生万余人举行示威游行，高呼立即停止内战、实行四项诺言、国大代表重选、收回香港澳门等七项要求，历六小时之久。

　　△　中国纺织公司成立，宋子文发表谈话，谓此公司每年可获利一亿美元。

△ 杭州爆发抢米店风潮,是日五万人冲进 200 余家米店,杭州市府出动大批军警分乘摩托车开往出事地点,鸣枪镇压,伤二人,死一人,逮捕多人。

1 月 25 日 政治协商会议军事、宪草两组达成协议,其他各组意见仍僵持未决。蒋介石晤中共代表周恩来,图谋打破僵局。

△ 军调部赴粤小组(第八执行小组)美方代表密勒、政府代表黄维勤、中共代表方方飞抵广州调处粤省冲突。下午 4 时,第七执行小组林光炯、王振民、孙志远(中共代表)、克瑞格(美方代表)一行 17 人由集宁飞抵归绥会晤傅作义。26 日晚,广州张发奎于胜利大厦宴请第八执行小组。

△ 重庆各高等院校师生举行游行示威,于英国大使馆门前摇旗高呼"收回香港、澳门"、"停止建筑九龙机场"、"惩罚一切汉奸、释放政治犯"、"四项诺言必须彻底实现"。同日,天津 2000 余学生集会游行,庆祝国共停战,抗议昆明政府当局残杀学生。

△ 下午 2 时,上海市商会、轮船业同业公会、中华商船驾驶员总会、轮机员联合会、航业学会、中华海员工会等七团体负责人举行紧急会议,决议通过吁请政府切实保持领水权完整、严禁悬挂外旗之船舶航行内河以及经营中国沿海贸易,并电请政府迅速修复现有各种船舶及其他船业设备,迅速扫除水雷、恢复夜航、增加运输量。

1 月 26 日 政治协商会议政府组初获协议,议定府委 40 名,委员由主席遴选,各党派推出人选,主席如不同意可再另推,行政院增设政务委员,各院、部、会概可开放。

△ 政府代表王世杰访中共代表周恩来、民盟代表罗隆基,提出让步建议:主张"彻底改革政府机构,规定国府委员会议由各党派参加后,应赋有任命各部长之权;国府主席发布命令须由国府会议核准;国府会议三分之二以上人数通过之决议案,国府主席无权加以否决"。中共及民盟代表对此项建议未置可否。

△ 行政院长宋子文偕随员一行 12 人于中午由广州飞抵香港访

问,港督哈科特少将、英驻港空军司令布鲁克等到机场迎接。

　　△　中华全国文艺作家协会在重庆文化会堂举行成立大会,到会100余人,选举张道藩、朱光潜、焦菊隐等31人为理事,王蓝、何如等10人为候补理事,熊佛西、傅抱石、徐悲鸿等九人为监事,陆丹林等五人为候补监事。

　　△　晋冀鲁豫军区司令员刘伯承等21人赴新乡参加停战执行小组谈判。

　　△　上午11时,佩带枪支宪警并便衣特务四人非法搜查民主同盟政协会议代表黄炎培寓所。当日,民盟主席张澜召开紧急会议,当即决定向国民政府严重交涉。黄炎培亦致书蒋介石要求对此侵犯人权行为立即追究。

1月27日　周恩来、陆定一飞抵延安,参加中共中央书记处会议。周恩来在会上报告停战、政协等问题的谈判情况,对解放区问题、军队国家化问题、国民大会问题所持原则立场有详细说明。

　　△　民盟九代表因黄炎培、张申府、史良等住宅遭非法搜查盘问,宣布退出政治协商会议,以示抗议。原定今日召开之政府组、国大组会议陷于僵局,宣布取消。

　　△　午后,民盟负责人郑重声明:鉴于蒋介石对于宪警搜查政协代表住宅,悍然破坏四项诺言尚无答复,本会代表无意参加预定28日之会议。

　　△　政府代表张群急访民盟总部,表示对黄炎培案严加追究,并谓:"限制人民自由法之废止或修正报告即将提交大会,切望民盟代表复会若何?"民盟代表当即声明:"须获政府书面答复,才能保证其诺言之兑现,否则仍无意出席会议。"

　　△　晚,政府代表孙科等八人联名致函民盟代表团保证:"一、关于战时所颁涉及人民自由法规,已分别命令各主管机关拟具应行废止或修正,于本月28日提交国防委员会通过,依照手续办理,并拟向政协会议提出报告;二、黄炎培住宅被搜查事已交主管机关切实查究。"民盟得

此复件,为顾全大局,决定 28 日出席政协会议。

　　△　军调部发表声明:重申本部未命令杜聿明部占领热河省之赤峰,反之本部命令国共两军之各司令,遵照停战命令自 1 月 13 日 12 时起停止一切军队移动。

　　△　白崇禧、汤恩伯偕江苏省主席王懋功抵镇江、扬州视察并检阅该地驻军第五十七师。28 日,白、汤由常州赴无锡视察防务。29 日,白召集第五方面军军官暨党政负责人训话,江南各县县长亦参加,白谓:"军事方面以统一军令、整军建军为第一;政治方面以加强组织、健全基层组织为第一。"

　　1 月 28 日　中共中央书记处会议,初步商定中共参加政府之名单:毛泽东、朱德、林伯渠、董必武、吴玉章、刘少奇、张闻天、周恩来。同日,中共中央政治局会议听取周恩来报告停战、三人会议、政协等情况及讨论中共参加政府之名单。会议同意代表团商定的政协会议各项文件,委托代表团签字。

　　△　是日及次日,蒋介石在重庆听取美驻苏大使哈里曼关于美、英、苏三国外长莫斯科会议的情况和苏联战后对华政策的通报。

　　△　民盟致函政府代表,同意出席政协会议,并提出五点意见:一、听取政府一切有关人民自由法规如何废止及修正后协商会上作一公开检讨;二、政府应制定《损害人民自由治罪法》并组织人民自由保障委员会;三、明令各地军政机关不得妨害各党派公开活动;四、立即兑现蒋介石宣布之四项诺言,并明令各地党、政、军机关,所有政治犯就地释放并公布名单,若宣布释放令后有被害者,该执行机关应负一切责任;五、黄炎培住宅被搜查事,政府于彻究后向大会报告。

　　△　军调部发表第六号公报,谓:"据大同执行小组报告,山西北部、河北南部、察哈尔西南之一部分及绥远东南之区域内,军事冲突完全停止。"并谓:大同执行小组已成立协定,规定各部队恢复 1 月 13 日午夜之阵地,并恢复本地区内各村镇间之交易;双方互派联络官,互释俘虏;对正太、同蒲两铁路沿线路轨、电话线等交通器材进行严密调查

与紧急修理。

△　军调部徐州执行小组调处达成协议,双方保证以后不再发生冲突,如某方违令,经执行小组调查属实,由进攻一方负完全责任,双方第一线部队互派代表保持联络;对执行小组人员,不得搜查留难;双方部队应即恢复 13 日 24 时原防位置。

△　军调部派赴全国各地执行停战令工作告一段落,是晚彻夜会晤,着手恢复交通事宜。中共主张恢复包括铁路、河道、公路、邮电等全部交通,政府代表意在恢复铁路一项,双方争持未决。

△　何应钦偕王耀武飞抵济南视察。美方代表雷克报告调处情况并请示各项问题。

△　联合国大会决议,以中、英、美、苏、法五国文字为大会正式语文。

1 月 29 日　蒋介石接见美国驻苏大使哈里曼及美特使马歇尔,倾谈良久。蒋介石指出,最近美国总统杜鲁门宣称,如中国不统一,则不贷款与中国及不代运国军北上,凡此适与其援华及促成中国统一之政策相反;此无异苏俄破坏中美合作之诡谋已成。

△　张嘉璈致电蒋经国,告苏军以煤缺影响军运、国军以御寒设备不齐,未大量开入为由,撤军需缓至开春。31 日,张嘉璈再次电告苏方延缓撤军。

△　陪都重庆青年联谊会于青年大厦举行成立大会,沈钧儒、李公朴及会员数百人到会,大会通过会章,以维护青年权益推进民主运动为宗旨,选出宣言起草委员会,举祝公建、胡静之、梁公任等 11 人为理事。

1 月 30 日　国民政府宣布:政治协商会议决定 31 日闭幕。"国民大会组"旧代表僵局问题,暂且搁置,由各党会外接洽。

△　国民政府令:米都登给予特种领绶云麾勋章;麦克鲁、威尔逊等 44 人各给予特种襟绶附勋表云麾勋章;克罗斯贝等 28 人各给予襟绶附勋表云麾勋章;魏金生追赠襟绶附勋表云麾勋章;罗门斯等二人各追赠襟绶云麾勋章。

　　△　军调部新乡执行小组政府代表曾杰陶、中共代表纪明、美方代表康斯威一行 18 人飞抵新乡，即赴修武调查冲突实况。

　　1 月 31 日　政治协商会议闭幕，通过《关于政府组织问题的决议》、《和平建国纲领》、《关于军事问题的协议》、《关于宪法问题的协议》、《关于国民大会问题的协议》五项决议，主要内容为：一、改组政府：充实国府委员会，府委 40 名，国民党占半数，由主席选任，为最高国务机关，得议决立法原则、施政方针、军政大计、财政预算，任免各部、会长官暨任用立法、监察委员。中央及地方行政机关用人不得有党派歧视。国民党以外人士担任之部、会数目于会后续商。二、和平建国纲领：宪政实施前之施政准绳奉三民主义为建国指导原则，全力建设统一、自由、民主新中国。确认政治民主化、军队国家化、党派平等合法，用政治方法解决政治纠纷。三、军事问题：军队国家化，实行军党分立及军民分治。军事三人小组应即商定中共军队整编办法，中央军亦应依限期完成整编。军委会内设整编计划考核委员会。四、修改宪法草案：决定修改原则 12 项，组织审议委员会主持，两月内完成修正案。五、国民大会：本年 5 月 5 日召集，制定宪法，旧代表不动，另增 850 名。是日，国民党中央常务委员会通过政治协商会议报告。

　　△　从延安返南京的周恩来向马歇尔转达了毛泽东的口信：中国共产党认为马歇尔处理停战问题的态度是公正的，中共愿在这一基础上就全国与地方性的事务与美国合作。同时，周恩来还转交了毛泽东致马歇尔的信件，信中对马歇尔的"公正态度"表示赞赏。周恩来还说，我们在理论上是主张实现社会主义，但是目前不打算将它付诸实现，所以要学习美国的民主和科学，要使中国能进行农业改革、工业化、使企业自由、发展个性，从而建成一个独立、自由、富强的国家。马歇尔表示他要说服蒋介石解除对中共动机的疑惧。

　　△　军调部济南执行小组雷克一行冒恶劣气候飞抵临沂调处鲁省全面和平工作，并与新四军军长陈毅、参谋长陈士榘晤谈。

　　△　民主促进会致函政治协商会议，疾呼：组织举国一致之民主政

府、政协会议代行最高权力机构之职权、重选国大代表、修正"五五宪草"、保障民权、发展民主经济等。

　　△　重庆文艺界茅盾等 50 余人,戏剧界洪深等 50 余人,音乐界、美术界知名人士分别致函政治协商会议,吁请停止内战、改组中央及地方政府、制定和平建国纲领、废除文化统制政策、确立民主之文化建设政策等。

　　是月　从军女青年全部退役。

2　月

　　2月1日　蒋介石与周恩来会谈,蒋介石表示政府仅派张治中一人出席军事三人小组,张群不再参加;周恩来转达毛泽东关于军党分立、国共长期合作的意见,并谓毛泽东将参加联合政府。

　　△　中共中央发出《关于目前形势与任务的指示》,指出政治协商会议"已获得重大结果"。"从此中国即走上了和平民主建设的新阶段"。"中国革命的主要斗争形式,目前已由武装斗争转变到非武装的群众的与议会的斗争","我党即将参加政府","我们的军队即将整编","党将停止对于军队的直接指导(在几个月之后开始实行)",指示全党全军做好同国民党合作建国的思想准备。

　　△　马歇尔与周恩来会谈,马歇尔建议国共双方军队混编,中共军队主要驻华北,一部可驻在东北、华南;周恩来希望三人会议能尽快到各地视察,他们既可调查停战和恢复交通的情况,又可就整编问题同各地将领交换意见。

　　△　中共首席代表周恩来在中共代表团办事处举行中外记者招待会,就各记者所提关于最近延安之行及关于整编中共军队等问题一一作答。

　　△　政治协商会议秘书处照国民政府颁布之政治协商会议召开办法规定,将全部议决案及"了解事项",呈送蒋介石交付政府实施。

△　下午,军调部发表第七号联合公报,略谓:"结束国共冲突已获满意成果,今日又派出三个军调小组飞侯马、承德、大同开展工作。原有之大同组,明日将转移至太原工作。尚有 12 个组于不久之将来亦将派出工作。目前问题是积极恢复交通。"

△　济南军事调处执行小组雷克上校视察胶济线。胶济沿线已无军事冲突。

△　新四军控制下徐州至海州全长 170 公里之陇海铁路全线通车。9 日,新华社电称:自徐州以东横贯晋、冀、鲁、豫四省,东起临沟,南达泌阳,西接翼城,北迄商邑,全长 1548 公里之 12 条公路恢复通车。

△　新六军 5000 余人分乘三艘登陆舰开赴东北。中国战区美军总司令魏德迈偕新六军军长廖耀湘巡视新六军登舰情形。自上月 16 日至是日,驻沪新六军主力全部运送完毕。

△　上午,军调部新乡调处小组于焦作成立协议,议定:一、双方停止攻击;二、释放俘虏;三、立即修复修武至焦作之公路。

△　国民政府为购置留印美军剩余物资,成立上海接转处,将布匹、机械、卡车等三万吨货物经海路运沪。16 日,美军海外剩余资产清理委员会委员马克贝宣称:中国政府购买堆积在加尔各答全部美军剩余物资,计值 2500 万美元,此项物资计有载重三吨之卡车 5700 辆,此外尚有纺织品约值 500 万美元。

2 月 2 日　军调部济南小组在临沂与新四军军长陈毅举行会谈。美方代表雷克承认:"本小组得中共协助,进展顺利,倘若中央军与中共携手合作,问题的解决将无障碍。"陈毅表示:"本人指挥新四军及山东境内军队 70 万人,执行停战,已无问题,但须公平,伪军及未降日军均应归新四军缴械。"旋经彻夜长谈,双方于 3 日就泰安问题获一致意见。

△　军调部德州小组政府代表梁汉及中共、美方代表乘专机飞赴该地区视察。3 日,德州成立临时停战协定。

△　中国赴缅甸代表团代表李铁铮,就缅甸士兵袭击、枪杀华侨事,向缅甸政府外交部提出抗议,要求缅甸政府采取有效行动,处罚肇

事者,并保证在缅华侨安全。

2月3日　军调部中共代表叶剑英派龚澎等两人飞渝,向周恩来请示机宜。4日,叶剑英访晤熊式辉,就东北合作问题交换意见。

△　延安两万余人集会庆祝政协会议成功。朱德总司令发表演说,指出:这个胜利是中国人民一百年来奋斗的结果,是中国共产党和全国一切民主力量二十五年奋斗的结果,是解放区人民和军队八年奋斗的结果。我们的任务就是要使政治协商会议的一切决议彻底实现,使民主政治一步步实现,使国内和平一天天巩固,今后还要作更大的努力来实现这些决议;中国共产党已经准备参加政府,以便站在负责的地位来与各党派合作,实现这些决议,保证国家的民主化。大会通电拥护政协,要求早日解除敌伪武装,立即释放政治犯,撤销对陕甘宁边区的封锁。

△　军调部济南小组美方代表雷克与陈毅在临沂继续会谈。陈毅提出:新四军在济南、徐州各设办事机关;建议撤销徐州、济南绥靖机关,徐州、南京间15个军分散复员;未降日军应由新四军受降缴械;泰安、兖州、淮县、德州、枣庄、即墨伪军应由新四军就地缴械等六项意见。雷克于当日午后飞济电军调部报告。

△　军调部太原小组政府代表邹陆夫、中共代表许光达、美方代表和礼乘专机飞抵该地区视察。

△　新华通讯社于重庆设立分社。

2月4日　行政院训令:《战后编余官兵安置计划委员会组织规程》改名为《复员官兵安置计划委员会组织规程》。同日,行政院公布废止《非常时期奖励捐款及募捐款承购国债条例施行细则》。

△　东北行营经济委员会主任张嘉璈飞抵重庆向蒋介石报告东北近情。5日,张嘉璈向报界发表讲话,谓:东北九省经济接收工作,将由东北行营组织"东北敌伪产业接收委员会"统一接收。

△　下午,军调部武汉执行小组飞抵武汉,中原军区参谋长王震同机到达。6日,赴信阳监督停战及恢复交通事宜。7日,武汉小组就开

放交通、运输、购粮等问题进行商谈，未获一致意见。

△ 新四军参谋长陈士榘代表陈毅飞北平军调部请示解决山东问题之方针。

△ 张家口 5000 余群众举行欢庆和平民主大会。大会通电拥护实行和平建国纲领，改组各级政府。会后游行。

△ 陪都重庆纪念第五届农民节举办之农产展览比赛会开幕，6 日闭幕，三日内观众共达八万余人。

△ 联合国安理会军事参谋团首次会议于伦敦举行，国民政府代表团团长商震偕团员六人出席会议。

2 月 5 日 蒋介石在官邸接见英、美记者，谈国内外政策，宣称，"吾愿中国各党派永久合作，共同建设国家。政府决定于国民党六届二中全会后即行改组。""国民党现在将其一部分责任分与各党派，实为还政于民愿望之开始，还政于民以后，国民党仍当与全国人民共负建国的责任。"又谓：此次政协会议主要目的之一，在于军队国家化，相信共产党对于此事必能切实做到。关于马歇尔在华活动，蒋谓：马歇尔来华主要任务，以军事问题为中心，对于其他方面亦有间接之帮助。

△ 周恩来于重庆举行茶会，招待文化、文艺、戏剧界代表，百余人出席。周恩来报告政协会议成果及今后民主宪政发展之趋势，指出：改组政府是实现政治民主化、军队国家化的枢纽。"民主道路崎岖，大家要努力争取。"

△ 军调部石家庄小组政府代表胡屏翰、中共代表徐德操、美方代表葛瑞波乘专机飞赴石家庄、元氏县视察。

△ 上海时装、煤气、自来水、公共汽车、机械、毛织、卷烟等 70 余家行业工人代表 200 余人集会，商讨组织上海劳工自由保障委员会。各行业代表纷纷发言，对当局指使暴徒毒打工人、逮捕代表事极表愤慨，强烈要求有关当局披露事件真相，严惩凶手，并表示誓作电力工潮之后盾。

△ 山东解放区最高学府山东大学在临沂正式开学。

△　美国众议院海军委员会一致通过授权总统以美国过剩之海军战舰、巡洋舰及驱逐舰 271 艘移交中国政府之议案,该提案并授权总统遣派海军顾问团援华,并将运用并保养上述舰艇以及训练舰只上人员所需之物资同时移交中国。

2 月 6 日　国民政府令:傅作义给予特种领绶云麾勋章;李德生等 26 人各给予特种襟绶附勋表云麾勋章;波脱莱等八人各给予襟绶附勋表云麾勋章。

△　政协宪草审议委员会由孙科、周恩来、曾琦、张君劢、傅斯年、吴尚鹰等 35 人组成;蒋介石指定孙科为召集人。

△　立法院长孙科对记者谈政协决议实施步骤称,此次政治协商会议全部决议案将由国民党代表向二中全会说明,期获通过,惟各案现已逐步实施,政府最近已着手修改国民政府组织法及行政院组织法,一俟组织条例公布,各方人选推定后,政府改组当可实现。

△　中共中央电中共重庆代表团,同意周恩来、董必武、吴玉章、秦邦宪和何思敬五人为宪草审议委员的中共方面人选,毛泽东、林伯渠、董必武、吴玉章、周恩来、刘少奇、范明枢(如范不能去则提彭真)、张闻天为国民政府委员的中共方面人选;并表示"同意以周、林、董、王(若飞)分任行政院副院长、两部长及不管部"。

△　中共代表周恩来会见美国《读者文摘》记者乌特莱,指出政协通过的纲领和中共的原提案出入颇多。并在回答经济政策时指出,国有工业应真正掌握在国家手里,使其有效自行经营或在外国资本的帮助下经营。现在国营包而不办,以致工厂废弃、工人失业,有些国营变成了少数官僚资本的统制。即使将来国营企业经营得法,也不应独占一切。中国太大,太落后,私人企业存在是客观需要,和国营企业竞争可以刺激国营企业进步。

△　国民党中央宣传部部长吴国桢就东北苏军撤退一事举行记者招待会称:苏军迟迟未撤,是为交通障碍之故。26 日,苏军驻东北总部发表声明,说明苏军暂时终止撤退是考虑到中国当局的要求而决定的;

宣布自本年 1 月 15 日起,苏军撤退重新开始,完成日期"不会迟于美军的撤退"。

△　国民政府财政部长俞鸿钧飞抵上海会晤宋子文,磋商金融措施。

△　中国航空建设协会上海市分会举行成立大会。上海市长钱大钧宣读蒋介石训词,略谓:"今抗战胜利,建国肇始,凡我同胞应协助建立航空事业,以复兴中华民族,巩固国防,保障世界和平。"

△　军调部晋南侯马小组国共双方举行首次会晤,太岳野战纵队司令员陈赓列举中共遵守停战命令以及阎军屡次向解放区进攻之具体事实;双方重申尊重停战命令。同日,陈赓命令所属部队严格执行军调小组有关停战之各项通知。

△　临汾地区达成停止洪洞以北之三阳堡及临汾南之邓曲等地冲突协议。

△　日军 4000 余人在济南缴械,至是鲁境日军全部缴械,总计6.6673万人。

△　旧金山联合国组织会议中国代表团顾问徐谟当选为联合国海牙国际法院大法官。

△　美国技术团炼油、制糖、化肥专家爱格洛夫、罗比、胜雷、司马尔等七人应资源委员会聘请,是日飞抵台湾,就任技术顾问,协助台湾糖、油、化学、肥料工业之发展。

2 月 7 日　中国政府与加拿大贷款协定在渥太华签字,加拿大贷予中国 6000 万加元,年息为 3%,自 1948 年起 30 年还清,支付方式为今明两年内向加购买产品。

△　蒋介石就派往各收复区之接收人员利用职权兼营商业囤积居奇事,电令收复区各军政机关"严厉查禁",声称:"此种恶劣行为……一经查出,决予严惩不贷。"

△　行政院长宋子文于上海主持中、中、交、农四大银行理事会议,通过第二期紧急救济农业贷款 10 亿元之分配方案等四项议案。次日

上午，召见彭学沛、刘功芸、徐乐元询问上海区敌伪产业处理局及上海区燃料管理委员会工作状况。晚间，出席敌伪产业审议委员会第三十次会议，听取各要员报告，并对平抑物价指示机宜。

△　中共中央发出《关于争取蒋介石国民党向民主方向转变、暂时停止宣传攻势》的指示，指出国民党内部已起分化，斗争已开始激化。我们应努力孤立国民党内部的反动派。为执行上述方针，中央决定暂时停止对国民党的宣传攻势。

△　陆军总司令何应钦招待中外记者，报告日军缴械情形称：日军缴械工作由于交通破坏，进行缓慢，直到1月初旬方告完成。又谓：遣送工作截至目前止，业已遣送33.5011万名日俘、日侨返日。

△　北平军调部就铁路管理权争执问题举行会议。中共代表重申两点：一、黄河以北之全部铁路线，应归中共控制管理；二、国民党军区域内之全部铁路由国共双方联合控制。政府代表以"全国铁路必须统一管理，否则有损国家主权完整"为由，坚决反对。

△　军调部太原小组国共双方代表于丰镇成立恢复交通、自由贸易等三项协定。同日，军调部石家庄执行小组一行10人上午抵石，调处石家庄周围50公里至70公里地区之战事。

△　新华社电称：苏皖解放区迅速恢复交通，目前可通车之公路达2125华里；以淮阴为起点，西北可达徐州东南70里双沟镇；北经沭阳，东到阜宁、盐城；南达上海对岸之南通、海门；西南可达南京干线之六合附近乡间。苏中、苏北、皖东北等地有15条河道通航。

△　监察院战地第一巡视团负责人对《文汇报》记者发表谈话，略谓："两周来接获人民控告政府接收人员之呈文已逾90件，其中控告接收人员营私舞弊、化公业为私产者最多，控告与汉奸暗通声气、私相接收者亦不少，其中更甚者为控告接收人员诬蔑善良人民为汉奸，从而霸占其产业，人民呼吁无门，只有听命彼等鱼肉。"声称："对此，本团正严密查询中。"

△　教育部任吴敬恒为国语推行委员会主任委员，潘公展、林语

堂、黎锦熙、魏建功为常务委员。

△　重庆杂志联谊会、重庆出版业分别举行茶会、新年联欢会，庆祝政协会议圆满闭幕。同日，上海市报业工会举行代表大会庆贺政协会议圆满成功，并一致通过强烈要求改善待遇等提案 10 余件。

△　中央银行在锦州、哈尔滨、沈阳、长春之分行复业，中国银行在长春复业。

△　前美军中国作战司令麦克鲁及魏德迈之前参谋长柏德纳飞抵上海，主持组织"援华"军事顾问团。

△　美第七舰队司令柯克在上海举行记者招待会，声称："美国积极协助中国建立强大海军，计在青岛受美国训练之中国海军军官为 660 人，而在美国受训者 1100 人，即将训练者 1500 人，此乃美国协助中国之苦心。"

2 月 8 日　马歇尔同外交部长王世杰密商东北敌产问题，马告诉王世杰"不应对苏联作出正式的或非正式的承诺，从而承认它所提出的战利品其中包含它正在要求的那类经济权利"。

△　驻华美军总司令魏德迈举行中外记者招待会宣布："目前在美军协助下，中国战区（包括中国海南岛、台湾以及越南北纬 16 度以北的地区）被遣返的日人已达 36 万人。"又谓：今年 3、4 月间，可能有 4500 名美军被遣送回国，但同时亦将有人担任彼等未完成的工作。

△　张治中举行庆祝政协会议成功联欢会。中共代表周恩来出席并讲话，指出写在纸上的文字要去做，去执行，要遵守诺言，要倾听人民呼声实行政协决定。

△　山东泰安国共两军对撤防问题未获一致意见，军民绝粮九日。是日，军调部济南执行小组雷克偕双方代表飞抵北平，请示军调部解决。

△　国民政府委派上海市高等法院首席检察官向哲濬参加审讯日籍战犯。是晨，向哲濬飞抵东京，就任国际军事法庭副检察官。

△　蒙古人民共和国政府访华代表团一行八人由团长、蒙古人民

共和国政府副主席齐米特多尔济苏龙甲布率领飞抵重庆。

2月9日　军事三人小组马歇尔、张治中、周恩来商谈恢复交通及军队整编之实施办法,白鲁德以本案草拟人资格参加会议。下午达成12项协议并签字。泰安僵局亦商妥解决办法。

△　军调部发布第一号特别指令,指定徐州顾长官、太原阎长官、北平孙长官、山东王长官、各执行小组立即与下列对峙之共军指挥官设立联络机构,以解决粮食运往下列城镇:陈毅将军(司令部在山东临沂)辖即墨、张店、枣庄、泰安、兖州等处;山西丰镇之刘伯承将军(司令部在河南武安县)辖聊城(山东)、东明(河北)、永年(河北)、闻喜(河北)等处;聂荣臻将军(司令部在丰镇)辖大同以东(山西);贺龙将军(司令部在丰镇)辖大同以西(山西)。

△　北平军调部发表第九号联合公报宣布:国共双方同意伪军包括于停战范围之内,公报规定:属于停战范围内之一切部队应保持1月13日午夜所驻守之位置。

△　军调部德州小组会同中共驻军代表签订德州区域临时停战协定。中共允供粮五万斤以救德州缺粮之急。

△　参政会委员会举行第十五次会议,王云五主席,邵力子秘书长宣读外交部书面报告后,农林部长周诒春报告最近农林设施及收复区农林事业接收情形。

△　东北行营政治委员会首次会议在北平召开,熊式辉主席报告接收经过,会议通过请政府速订处置东北汉奸条例及训练东北各机关工作人员等议案。

△　交通部部长俞飞鹏抵北平,指示华北恢复交通事宜,谓:该部对于恢复胶洛、津浦、平汉、陇海四大干线交通正在努力准备中,数以千计之修路工程技术人员已按原定计划到达各工段。

△　"人权保障委员会"发起人在重庆召开第一次会议,冯玉祥、李烛尘、沈钧儒分任正、副主席,举董必武、邵力子等27人为筹备委员。会议通过:一、广泛发动省、市、县、区、乡、村成立本会;二、敦促政府明

令公布实行提审法,积极取消特权,清理失踪、遭非法逮捕人员情况等六项决定。

　　△　上海黄金、食粮、布匹继续高涨,米粮、绸缎、人造棉、日用品、卷烟等一致暴涨,投机活动猖撅。财政部京沪特派员办事处急于控制局势,是日派员分别到各银行检查账册、簿籍、库存。同日,天津金价扶摇直上,突破 12.9 万元,美币每元 1650 元,面粉每斤 190 元,蓝布每匹 4.7 万元。10 日,北平金价涨至 8.55 万元,突破重庆官价 8.5 万元之数,各种物价因之高涨 30 倍。

　　△　美国国务院正式向苏联和中国政府发出关于处置中国东北工业之照会,宣称:"中俄两国政府对于满洲工业问题协议之谈判,被认为将会违反门户开放之原则,对可能盼获机会参加满洲工业开发权利的美国人将会形成明显的歧视,并且会使美国商业利益,在其与满洲建立未来贸易关系时陷入明显的不利地位。"又称:"满洲工业的最后处置问题,事关曾担当击败日本主要任务的诸盟国共同利益和利害关系。"要"在各个申请国家之间实行最后的分配,因此,在此期间进行对满洲的日本国外财产的最后处置,不应当作战利品将此种工业财产搬走,或是由俄中两国政府关于这些财产所有权的掌握问题进行协议,都似乎是最不恰当的"。

　　△　马歇尔致杜鲁门,建议撤销"中国战区",迅速建立军事顾问团。略谓:"我们必须尽快在这里脱身,以避免类似今天俄国人对英国在希腊驻军问题上的那种照例的指责。对此,我的意思是,我们必须结束中国战区,并迅速发展军事顾问团来代替它。"并谓:"魏德迈在我敦促下,正在实际上但非正式地在南京组织该团。"13 日,杜鲁门复电,对马歇尔上述"尝试性行动方针"颇为赞赏。并告以关于驻华军事顾问团的修正计划几天之内便可拟就,拟好后,当请其提出意见。至于撤销中国战区一事,杜鲁门谓:"我颇感兴趣,愿闻你关于这一撤销时间的看法。"

　　2 月 10 日　　上午,陪都重庆各界庆祝政协成功大会在较场口广场举行。到3000人,李德全、李公朴、章乃器、郭沫若等为大会主席团主席。主席宣读《告全国同胞书》,呼吁全国同胞共同为政协五项协议彻底实现与和平建国成功而努力奋斗。会间有人提议由重庆市农会常务理事刘野樵充大会主席,为李公朴阻止,发生争执,台下哗然,一伙暴徒上台抢夺扩音器,占领主席台,捣乱会场,殴伤李公朴、郭沫若、施复亮及《大公报》记者等十数人,到会群众多人亦遭殴击。大会被迫中止,是为重庆较场口血案。

　△　政协代表孙科、邵力子、周恩来、沈钧儒、陈启天、李烛尘等10余人就较场口血案紧急磋商,公推周恩来、李烛尘亲晤蒋介石面述惨案经过。蒋介石避而不见,次日离重庆飞抵上海。

　△　下午,重庆各界庆祝政协成功筹备大会举行中外记者招待会,李德全、章乃器报告大会遭暴徒袭击经过。是晚,民盟政协代表举行特别会议,紧急磋商较场口事件。

　△　下午,重庆各界青年团体就"二一〇"较场口血案举行紧急座谈会,决议组织陪都各界青年"二一〇"血案后援会,紧急呼吁政府惩办凶手,取消特务,释放政治犯。

　△　蒋介石召集国民党中央负责人谈称,政协宪法草案与总理五权宪法及建国大纲之遗教"出入处颇多",提出意见12项,"深望今日在座之各位老同志于此次宪草审查委员会开会时,尽保障三民主义五权宪法之责任"。

　△　上海举行授勋典礼,宋美龄代表蒋介石向行将离华返美之空军司令斯特拉特梅耶、空军参谋长麦克纳、副参谋长伊文斯、副参谋长鲁特克颁授勋章,市长钱大钧及美方魏德迈等人出席。

　△　广州举行授旗典礼,广州行营主任张发奎代表蒋介石将荣誉旗五面,分授予缅北滇西会战中抗战有功之新一军及所属之新编第三十八师与第五十四军及所属之第三十六师、第一九八师。

　△　青年远征军第二〇七师由沪开赴东北,全副美式装备之国民党新一军自广东开往东北。

△　外交部长王世杰与蒙古人民共和国访华代表团团长齐米特多尔济苏龙甲布就建立两国外交关系问题举行首次会谈。下午,齐米特多尔济苏龙甲布会晤蒋介石。

△　中央社长春分社正式成立,即日开始发稿。此为中央社创立以来首次在东北境内设立分社。

2 月 11 日　上午,周恩来、张治中就执行冲突命令所发生的临时问题举行会谈。午后,周恩来、张治中、马歇尔继续就中共军队整编办法进行广泛协商。

△　北平军调部就恢复华北、华中交通初获协议并发表第十号联合公报。公报责成各驻军司令长官立即采取有效步骤协助重建一切公路、铁路、水路、邮政、电话线、无线电设备等;各指挥官须立即撤去或平毁各交通线上之一切地雷、碉堡及其他障碍交通之军事设施。一切非法或假借任何理由阻挡平民旅行、行商运货,破坏私人货物,强迫检查,障碍邮电等措施均应停止或废除之;各司令长官并应协助解决抢修交通人员的食物、住房、运输、建筑材料,修复工作将于执行部监督之下由交通部之代表机关完成之。指出:"修复中国之已断绝之交通线及对此所需之协力,将被各方及全世界视为国民政府与中共对于实现真正停战确具诚意之证明。各指挥官务须际此时机一致奋起,将此种目的视为至上,以求获致长期和平。"

△　北平军调部增设铁路管理组,由政府代表陈农华、中共代表耿飚、美国代表奚尔组成。下设几个小组,分别监督平汉、平绥、平承、津浦北段、陇海东段、胶济、同蒲、正太八大铁路之修复和通车事宜。14日,铁道管理组举行首次会议,议定津浦、平汉、胶济、平绥四条铁路修复工程于三月内动工。

△　军调部中共代表叶剑英致马歇尔备忘录,抗议广东张发奎部队于停战令下达后仍不断进攻惠阳大鹏湾一带东江抗日纵队。

△　蒋介石由渝乘"美龄号"专机飞抵上海。同日,蒋介石向市民发表谈话,称:今日邪正不能并存,奸忠不容并立,我要求上海同胞加紧

团结,明辨是非,忍艰忍苦,奋斗到底。

△　国民政府指令改四川省理番县为理县。

△　国防最高委员会通过麦斯武德继罗家伦任新疆监察使。

△　交通部派出视察团11人,飞赴华北各地视察交通接收修复实况。

△　中国民主促进会、民主建国会、民主同盟等民主团体代表许广平、胡厥文等40余人就较场口血案举行紧急会议,一致通过立即组织人民基本自由保障委员会上海分会。

△　下午,重庆各界,就昨日庆祝政协成功大会会场扰乱事,在市参议礼堂举行伸张正义联合会成立大会,通过会章宣言,并捐款二万元慰问受伤民众。

△　美、英、苏三国同时公布雅尔塔秘密协定。按:此为1945年2月11日英、美、苏三国领袖议定苏联于德国投降后对日宣战之秘密协定,该协定损害中国主权,其中包括承认外蒙"独立";中苏共管中东、南满两铁路;南库页岛及其毗连之各岛归还苏联;大连辟为国际港,并保障苏联在该港之优越权利;旅顺仍复为苏联所租用之海军基地;以日本千岛群岛割于苏联。上述条件作为苏联在德国投降三个月后对日宣战的代价。

△　美驻华空军总司令史特拉特梅耶离任返美,遗缺由参谋长威利云接任。

△　上海市粤菜业职工怠工半月,资方被迫妥协,同意职工工资自2月份起实行调整。14日全体复工。同日,僵持半月之上海电力公司工潮,劳资双方达成协议,资方被迫答应职员任免事需工会同意等11项要求。

2月12日　蒋介石在上海会见魏德迈,就中国地区军事问题作重要会谈。当晚,魏德迈宴请蒋介石夫妇,陈诚夫妇及各高级将领、党政委员出席作陪。

△　行政院第七三三次例会通过《华侨复业贷款办法案》。14日,财政部为协助华侨恢复海外事业,饬由中国、交通两银行举办华侨复业

贷款,其总额为 5000 万美元。

△ 军调部大同执行小组中共代表许光远、美方代表茫茂隆、政府代表孟文和一行 11 人抵解放区云岗镇视察。

△ 中华全国文艺协会总会致函郭沫若、李公朴、施复亮等表示慰问。同日,《希望》《文艺》等四杂志联合致函李公朴、郭沫若,谓:"较场口事件铁一样的事实教育我们,在人民的民主力量逐渐抬头之前夕,旧的没落势力必然表现得更卑鄙,更无耻。"

△ 美国务卿贝尔纳斯在华盛顿发表声明,谓:"美国对中苏关于东北之谈判深表关切",要求中国速将中苏关于处置东北财产及设备事通知美国。

2 月 13 日 蒋介石在上海召集"蒙难"代表训话,蒋伯诚、吴开先、戴济民等参加。蒋介石对彼等在沦陷区之"艰苦奋斗"备加慰问。下午,蒋介石夫妇举行茶会招待沪上耆绅,章士钊、杜月笙、黄金荣等数十人参加,蒋介石发表演说,勖勉上海父老同胞共同完成建国大业。

△ 蒋介石在上海设立主席行辕秘书处,办理各界公函及陈诉函件。

△ 外交部长王世杰与蒙古人民共和国副主席齐米特多尔济苏龙甲布举行建立中蒙外交关系换交式,并决定最近将来互派外交代表。

△ 中共中央发言人阐明中国共产党在东北问题上的原则立场。指出:"为了实现东北的和平民主与团结建设,我们认为以下的原则是应该确定的:(一)现在国民政府接收东北的机构是国民党一党包办的,不合于东北与全国的民意,因此从行营及其政治委员会、经济委员会到各省政府,都应该改组,尽量吸收东北民主人士与国内各党派无党派人士参加,使一切民主分子享有公平有效的代表权;(二)对于东北现有抗日民主部队都应予承认并整编,使与国民政府派去的军队共维地方治安,消灭伪军土匪,避免军事冲突;(三)对于东北各县民主自治政权应予承认。如认为他们的基础尚有不够广泛之处,亦应采取协商改组办法,或另行选举。不应不予承认,或坚持委派的不民主办法,而反对人

民选举的民主办法；(四)现在中苏友好,国共停战,全国要求裁兵复员,东北治安又有地方部队协力维持,故国民政府为恢复主权而开入东北的军队,应限制在一定数量之内,以轻民负,以利和平。至于收编东北伪军及利用华北伪军(如姜鹏飞部新二十七军)去接收东北之权,则应予以禁止。"

△　第十三军第八十九师第二百六十五团一营分由新立屯、彰武进犯法库县,11 日抢占东北民主联军之秀水河子镇。是夜 22 时,民主联军第七旅及第一师共四个团的兵力分别从东南、正南及西北、正北四面发起反击,次日凌晨战斗结束,歼灭国民党军 1500 人,收复秀水河子镇。

△　军调部徐州执行小组中共代表韦国清、美方代表赫里斯、政府代表谢慕庄、王世英一行七人再赴临沂会晤新四军军长陈毅,谈修复交通问题。陈毅表示,我方早有修复铁路准备,希望政府拆除军事障碍。

△　泰安达成停战协议。15 日下午,军调部泰安执行小组召集粮食运输会议,决议运粮办法六项。同日,石家庄停战协议亦告成立。16日,山东张店停战协定成立。

△　重庆新闻界代表 42 人联名致函中央通讯社,抗议该社关于10 日较场口惨案之歪曲报道。同日,陪都各界庆祝政协成功大会筹备委员会发表向全国同胞控诉书,报告较场口血案真相。书中并提出严惩肇事主犯刘野樵、吴人初等六人,彻查幕后全部主使者,立即解散一切特务机关等七项要求。

△　重庆黄金黑市交易猖獗,游资竞购黄金,是日,中央银行重庆分行宣布停止出售黄金。

△　广州国民党当局以《自由世界》、《文艺新闻》、《新世界》等四杂志"手续不合"、"内容荒谬"为由,禁止出售。

△　印度访华贸易代表团飞抵上海。

2 月 14 日　上海市国民党党政、公教、民众 200 余团体举行欢迎蒋介石莅沪大会,15 万人参加。蒋介石发表演说,指出今后建国与保障独立自由,最重要就是恢复中国固有的道德,"明礼义,知廉耻,守纪律",希望上海同胞,"人人都能身体力行,来做全国同胞的模范,共同一致完成我们建国的使命"。

△ 政协宪章审议委员会首次会议讨论国民大会问题。周恩来、董必武、王云五等25人出席,中共中央派秦邦宪出席会议。会议就国民大会问题决定成立协商小组,协商国民大会、中央政制、地方制度、基本国策等六项专题。

△ 军事三人小组周恩来、张治中、马歇尔就全国军队整编各细节问题举行首次会议,周恩来要求派执行小组到营口调停军事冲突,政府代表反对。15日、16日继续商讨。

△ 临汾停战协议成立。协议规定国共双方互派联络组,确定运输物资路线并保障双方人员安全。

△ 蒙古人民共和国访华代表团在重庆举行中外记者招待会,宣布中蒙正式建立外交关系。19日,蒙古人民共和国政府代表团返蒙。

△ 广东省高院判处伪广东华侨联合会会长李起群死刑,为广东省汉奸明正典刑第一人。

2月15日 上海市物价直线上升。是晨,蒋介石召见参政员奚玉书征询平抑物价意见。旋召杜月笙等询问交易买卖情况,复召沪工商界人士指示组织专门委员会以谋对策。

△ 上海市长钱大钧邀财政部驻京沪金融特派员陈行、敌伪产业审议委员会主任委员彭学沛、敌伪产业处理局刘攻芸、地方协会会长杜月笙等就平抑物价应采取之步骤、方针进行磋商。16日彭学沛召集抑平粮价会议,决定对非法交易严加监督,对提高价格、囤积居奇者"严惩"。

△ 财政部驻京沪财政金融办公处会同上海市警察局赴华商证券交易所大楼突击检查各证券字号账册,取缔投机,涉嫌投机者百余家,黑市交易全市停顿,银楼亦停止饰金买卖。

△ 陆军总司令部召集武汉、广州两行营,徐州、郑州、衢州三绥靖

公署及徐州、郑州两绥署所分辖之八个绥署区,与武汉、云南两警备司令部及分布各地之八个集团军,44 个军及 111 个师各单位主管、参谋长及政治部主任在南京开军事复员整军会议预备会议,陆军总司令何应钦主持,白崇禧、顾祝同、张发奎、刘峙、余汉谋、薛岳等 200 余人出席。

　　△　国民政府令:汤恩伯陆军中将特加陆军上将衔。

　　△　政协宪草审议委员会举行第二次会议,周恩来、董必武、莫德惠、陈布雷等 23 人出席,孙科主席,继续讨论国民大会组织、职权、任期与议会制度之关系等问题,各方意见未获一致。

　　△　军调部大同执行小组就立即修复大同、阳泉间之公路问题达成正式协议。

　　△　新六军军长廖耀湘抵锦州,向东北保安司令杜聿明报告该军北运情形,并请示机宜。

　　△　驻华美军总司令魏德迈由沪飞渝。次日,在曹家岩美军总部作战室举行记者招待会,答复关于遣送日军返国及运载国民党军前往东北等问题。宣布已遣送日军 39 万人,表示当尽力利用美所有的工具负责运载更多的军队前往东北。

　　△　国民党中央常务委员、立法院副院长叶楚伧在上海病逝。27 日,国民政府明令发给治丧费一万元,派孙科、钱大钧等 21 人组成治丧委员会,料理丧事。

　　△　东北行营政治委员会召集在北平蒙旗委员茶会,到 50 余人,表示拥护中央政府。

　　△　中国诗歌音乐工作者协会于重庆正式成立。举田汉、马思聪、贺绿汀、欧阳予倩等 25 人为理事。

　　△　中央通讯社于台北成立分社。

　　2 月 16 日　军事复员整军会议在南京正式开幕,蒋介石亲临主持并致训词,陆军总司令部参谋长萧毅肃报告各战区受降经过及接收情形,嗣由各将领报告各部队情形。

△　政协宪草审议委员会举行第三次会议,讨论中央政制问题,孙科主席,各方就分权制度与议会政治之利弊争辩热烈。下午举行第四次会议,王云五、周炳琳相继发言,力主中央采总统制,各方意见仍未获一致。

△　北平军调部发表第十二号联合公报,宣布遣送华北日俘、日侨为该部目前主要工作。略谓:本部组成后,其第一项主要工作,停止一切冲突已完成;第二项主要工作,监督华北、华中交通之恢复,并进入解决之途;目前已开始第三项主要工作,即遣送华北日俘、日侨。

△　中共中央发言人就张发奎否认粤境解放区和华南抗日纵队之事发表声明予以驳斥:"中共领导的广东华南抗日纵队,自民国二十七年国民党军队在日军进攻下不战而弃广州后即已组成并英勇抗战,七年战功卓著,不但中国人,且英、美各国人士无不承认其战绩。三人军事委员会与军调部应迅速采取步骤纠正广东当局此种错误言行,并停止其进攻。"

△　《新华日报》发表社论,提出以"和平、民主、团结、建设"为解决东北问题的方针。并指出:"中国共产党及其领导的军队和东北人民有十四年并肩作战血肉相联的关系。不承认东北人民与中国共产党在东北的地位,企图以军事解决,势必发生内战。东北问题的解决仍须坚持政治协商会议的民主协商原则,依照东北人民的愿望,考虑中共主张和中共及地方力量,达到公平合理的解决。"

△　成都金大、齐大、华大、川大、中大等校学生 5000 余人及文化界 10 余团体代表举行庆祝政协成功及声援重庆"二一○"血案大会,一致通过强烈要求当局取消特务组织。会后游行示威,高呼"严惩'二一○'血案祸首"、"中国民主一定胜利"等口号。

△　东北旅渝同乡会举行大会,要求苏军立即撤离东北,到 1400 余人,杨秉文主席。会后,同乡会会员 400 余人结队前往国民政府"请愿",沿途张贴反苏标语,散发反苏传单,高呼"苏军立即撤离东北"。

△　中、中、交、农四行及中央信托局员工要求调整待遇,怠工两小

时,迫使营业停顿。17 日,中央银行副总裁陈行答应增薪,怠工风潮解决。

2 月 17 日　军事复员整军会议举行第二次会议,各部队长报告各地国共停止冲突情形;继就军队文化、官兵娱乐、加强部队教育等项进行讨论。

△　武汉行营主任程潜自重庆飞抵汉口,就任新职。当即对记者发表谈话,谓:本行营所辖区域为湘、鄂、赣三省暨豫、皖边境之一部。26 日,该行营正式成立。

△　军调部徐州执行小组就恢复该地交通问题达成初步协议,决定即日开始修复津浦、陇海两线受破坏之地段。

△　军调处执行部开始遣送日俘、日侨。北平的日俘、日侨遣送工作,由塘沽港口运输司令部主办,于去年 10 月 18 日开始,迄今已遣送 17 万余人,尚有 23 万人待轮遣归。

△　根据长江区航政局统计,迄今全国已接收敌伪船舶 2751 艘,共 15.1218 万总吨。长江区航政局管核川、鄂、湘、赣、皖、苏六省所有长江及其支流航务,川、鄂、湘、赣四省重要港阜该局均已设立办事处,皖、苏两省则定 3 月 1 日接管,并成立芜湖、镇江、南京三个办事处。

△　上海民主促进会等 32 个团体集会,欢迎政协代表沈钧儒及文化界人士叶圣陶。大会一致通过要求蒋介石严惩较场口血案主犯,停止保甲编制,撤销戒严令和撤销邮电新闻检查制度等五项提案。

△　晋冀鲁豫边区文化、新闻界驰电慰问郭沫若、李公朴、施复亮,并要求严惩暴徒。

△　昆明万余人在西南联大举行集会,庆祝政治协商会议成功并抗议重庆"二一○"惨案,闻一多主席。大会宣读昆明学联抗议国民政府重用"二一○"惨案祸首李宗黄的抗议书,会后游行,高呼"严惩重庆血案凶手"、"切实保障人身集会自由"等口号。

2 月 18 日　国民政府令:国民参政会第四届第一次大会,定于民国三十五年 3 月 20 日在陪都召集。

△ 军事复员整军会议举行第三次会议,蒋介石主持,通过本年度全国陆军整编计划:步兵 90 个师,骑兵 10 个旅。

△ 蒋介石手令财政部订购暹米 300 万石。

△ 政协宪草审议委员会举行第五次会议,王宠惠主席,讨论地方制度问题。莫德惠赞成制定省宪,周炳琳、余家菊反对,各方意见未获一致。19 日,宪草审议委员会举行第六次会议,讨论人民权利与义务。

△ 军事三人小组周恩来、马歇尔、张治中就军队整编方案举行第四次会议,获若干协议。19 日,周恩来飞返延安。

△ 北平军调部第十三号联合公报,发布遣送日人回国命令,略谓:在华北有日军 12 万人,日侨 18.9 万人,将分别从塘沽、青岛遣送回国。执行部将协同中国政府及中国战区美军采取必要步骤,设法输送此等日人至登船港口,至于各地日人之遣送次序问题,则将由执行部根据铁路设备等情况以决定之。并谓:对于华北日人尽可能从速遣送一点,亦已获得协议,任何其他因素,不得容其延缓此项运输工作。

△ 军调部第八执行小组从广州沙石出发赴惠州视察大鹏半岛,当晚抵惠后即召开小组会,驻军第六十三军副军长欧鸿应邀参加,美方代表米勒宣读军调部对于大鹏半岛方面第六十三军第一五三师进攻中共人民抗日游击队东江纵队一事进行调处之训令,欧称:"在六十三军防地之内,并没有什么中共部队,只有少数散兵游勇,扰乱地方治安",加以抵制。21 日,执行小组因无法进行调处任务,遂返回广州待命。

△ 民盟主席张澜在重庆对记者发表谈话,略谓:"全国实现民主团结,东北问题自可解决。反苏反共决不会有出路。"25 日,民盟发言人就东北局势发表讲话,要求政府早日公布外交真相,遵循政治解决途径,协商具体解决办法。

△ 重庆、万县、泸县、江津等中小工厂代表因受战后经济危机影响无法开业,是日组成中小工厂联合会,并招待新闻界陈述困难,呼吁当局给予救济。

△　美国《纽约时报》发表题为《中国之东北》的社论,宣称:"东北是美国门户开放政策和太平洋战争的摇篮,美国对于东北的命运,由于其传统的政策及其所负的特殊义务,具有真正的关切。东北地位重要,拥有中国70％的重工业,美国对这一形势的牵涉,自不言而喻。"

2月19日　蒋介石在新生活运动十二周年纪念会上训示新生活运动促进会总会与各省、市分会以及机关、团体暨全国同胞,称:"新生活运动实为民族复兴之运动,建国一日未成,此义一日不废。"并要全国同胞"务必明礼义,知廉耻,负责任,守纪律,振衰起敝,贯彻始终"。

△　国民政府特派外交部长王世杰为商定中法关于法国放弃在华治外法权及其有关特权条约暨中法关于越南之协定及换文全权代表。

△　军事复员整军会议闭幕,通过国军整编等项决议案,蒋介石训话重申"军令、政令统一",中国战区美军总司令魏德迈应邀出席演说,表示:"吾将尽全力协助中国建设现代化军队。"

△　北平军调部发表第十四号联合公报,宣布津浦、胶济、陇海、平绥铁路立即开展修复工作,首先修复津浦线,其他三线依次修理。

△　济南执行小组涂叙五、邝任农、雷克一行到达泰安。21日下午,双方代表再度磋商解决泰安紧张局势之具体办法。

△　河南省黄汛区灾情调查:灾及20县,死亡12.2万人,淹没田地959.3474万亩、房屋415.9647万间,淹毙牲畜51.5434万头,农具损失共值68亿多元。

2月20日　蒋介石飞抵杭州视察,检阅青年远征军第三十一军第二〇八师及第二〇九师。是日举行茶会听取各机关首长报告并训话。

△　外交部发表声明,谓中国不受雅尔塔密约的拘束。

△　军调部太原执行小组赴孤山勘察。经双方磋商,同意于平绥铁路线上罗防村以北30米处设立双方防区界牌(大同北四五里),于公路线上之山底村正南设一界牌,界南为国军防区,界北为八路军防区。双方同意恢复铁路交通亦以界牌为线。

△　美军《星期报》载称:美军遣送日俘责任业已结束,今后在华美

军任务为：一、运输中国军队北上；二、组织军事顾问团；三、守护在华美军产业。

△　国民党中央监委、国民政府委员、陆军上将李烈钧在重庆病逝。

△　国民党党政工作考核委员会秘书长李宗黄到职视事。3 月 4日，昆明 30 余学校三万余学生罢课，抗议当局提升"一二一"惨案杀人凶手李宗黄，并提出要求政府赔偿一切损失，立即改组政府等六项要求。

△　上海 43 家官营、民营棉毛纺织厂四万余工人为要求补发上年 11、12 两月按生活指数计算不足之差额及新工人借薪万元两事，是日举行总怠工。上海市社会局局长吴开先被迫妥协，同意由资方照办，工人复工。

2 月 21 日　国民政府令授予魏德迈青天白日勋章。同日，上海市长钱大钧主持授勋典礼，授予对付"异党分子"成绩表现甚佳之中美合作所美方将领贝乐利、海基、钱普三人高级勋章，表示双方进一步"精诚合作"。

△　中共代表周恩来自延安飞抵重庆。同马歇尔会谈，说明中共中央、毛泽东感谢其好意，使中国走上现代化和民主的道路。赞成美国在技术上帮助中共军队。原则同意军队分两步统编的步骤。并提出，三人小组应去东北，停战令适用于东北，军队整编方案应包括东北。

△　周恩来、马歇尔、张治中举行第五次会议，继续就第三、第四次会议中整编军队问题的困难项目谋取解决办法。

△　"冀省难民还乡团"在北平东四一带示威游行，狂呼："打倒共产党"、"取消解放区"，沿途散发反共传单。旋至协和医院军调部，捣毁中共办公室，殴打中共办事人员，守门宪警不加阻拦，暴徒扬长而去。

△　北平军调部叶剑英、罗伯逊等就暴徒捣毁军调部一事向北平市政府提出严重抗议，要求采取适当措施，保证执行部三方工作人员之办公所、住宅及工作人员的安全。同日驰电蒋介石，要求责成各有关机关对军调部克尽保护之责。

　　△　军调部参谋长罗瑞卿就军调部被捣毁一事发表谈话,指出:"全国人民正拭目以待政府实施政协五项决议之际,而特务竟敢如此横行,实属令人费解。"重申:"中共代表团为了停战、恢复交通、受降遣俘之共同任务来到北平,绝不会因外来阻力而终止工作。"

　　△　军调部归绥执行小组赴凉城视察。22日,该小组举行首次正式会议,决定赴绥东铁路沿线视察。

　　△　东北保安司令杜聿明因肾结核病复发离职静养,蒋介石命京沪卫戍副司令郑洞国暂代。是日,郑飞北平履任。3月8日,杜聿明飞美治病。

　　△　上海电讯职工5000余人要求改善待遇,实行怠工,嗣后,扬州、南京、镇江、丹阳、无锡、广州、天津、青岛、成都、北平以及苏、鄂、赣各地相继通电响应。26日,上海市当局表示妥协,商决四项临时解决办法,职工复工。

　　△　陇海路中牟大桥通车。

　　2月22日　重庆大、中学校万余名师生为"东北问题"发生反苏反共游行,发表《告全国同胞书》、《告东北同胞书》、《致苏联抗议书》及《质问中国共产党书》等宣言,高呼"苏军必须立即退出东北"等口号,捣毁民生路《新华日报》营业部,该报营业部主任杨黎原及职员徐曼君、管佑民等受伤,书籍、财物用具损失达一亿元左右。民盟《民主报》亦被捣毁。当日,中共代表团招待记者,明确指出:此次事件纯属预谋已久之有组织有计划的反共事件,希望具有爱国精神的青年学生,不要上特务的排外阴谋的当。并严正声明:中共始终为和平民主建设而奋斗,绝不受挑拨,也绝不退却。

　　△　国民政府委派刘增华为驻东京盟军总部外交特派员,是日刘增华飞抵东京。

　　△　上海市物价激烈波动,蒋介石再度飞抵上海。次日,分别召见上海市长钱大钧及中、中、交、农四行总、副经理陈行、宋汉章以及杜月笙等人,听取沪市金融物价波动情况,商讨稳定物价办法。

△　军调部第五号特别指令,规定国共双方在 3 月 15 日呈递驻军详细报告,注明部队番号、部队实力、指挥官姓名、指挥所地点及部队驻地主要位置,再由军调部将此报告通知各该执行小组。

△　保定停战协议成立。26 日,保定地区全面冲突停止,国共双方签署停止冲突保证书。

△　《解放》三日刊在北平创刊,5 月 29 日被政府下令查封。该刊系中共北平市委创办,共出版 37 期。

2 月 23 日　国民政府令:军事委员会办公厅主任贺国光另有任用,应免本职;特任朱绍良为军事委员会副参谋总长兼军事委员会办公厅主任;特任贺国光为军事委员会委员长西昌行营主任。

△　蒋介石手令行政院实施平抑物价办法三项:一、迅速恢复铁路、公路及航运;二、帮助收复区各工厂开工;三、收复区农、工、商业并重,农贷应迅速办理。

△　中共驻重庆代表团首席代表周恩来就《新华日报》被捣毁事向政府提出抗议书,提出立即查究主犯,解散特务组织和赔偿损失三项要求。同日,民盟主席张澜亦就《民主报》被捣毁事致函蒋介石,要求严惩主使人,解散特务组织,保证不再发生同样事件。

△　军事三人小组举行第六次会议,就国共军队整编问题达成协定。25 日,张治中、周恩来、马歇尔在重庆举行《关于军队整编及统编中共部队为国军之基本方案》签字仪式。《基本方案》凡八条 23 节,规定协定公布后 12 个月内,将政府军编为 90 个师,中共部队编为 18 个师。

△　国立西南联合大学教授 110 人对东北问题发表宣言,要求政府与苏联均应忠实履行中苏协定,苏联应尽速撤退在我东北驻军,归还一切工厂设备与资源,不得有超出中苏条约范围以外之任何行动或措施。

2 月 24 日　蒋介石巡视南京、上海、杭州等地完毕,是日返抵重庆。

　　△　重庆警备司令王缵绪发表声明，对于《新华日报》、《民主报》两家报纸被捣毁事表示遗憾。并谓："捣乱分子九人已经警察局保安大队当场逮捕,送交法院处置。"

　　△　中国民主宪政促进会在重庆举行成立大会,举张西曼、许德珩等25人为理事。大会发表宣言,并通过取消保甲制度等11项主张。

　　△　中共中央发布《关于各地须从事整编军队的准备工作的指示》,通报整军方案内容,说周恩来"到各处时,请你们和他商量"。

　　△　成都各校和各界人民团体数万人,在华西坝广场集会并游行,一致要求苏军立即退出东北。华西坝五个大学校长及全体教职员为此致电蒋介石,贵州大学20名教授签名发表宣言,对东北问题提出七点意见。南京、上海、北平等地学界响应。

　　△　美国财政部长文森发表美国冻结各国在美财产之统计报告,其中冻结中国3.56亿余万元。

　　2月25日　蒋介石在重庆出席国民政府纪念周发表讲话,宣示政府对于东北问题的方针,即："(一)必须遵守我国之法令;(二)尊重中苏友好同盟条约;(三)不抵触我国所签订之一般国际协定。"望全国民众"切不可轻听外间无根据之传闻,而有激昂过分之言动"。

　　△　国防最高委员会开会,通过宋子文所提开放外汇市场案,该案规定:一、中央银行指定若干银行买卖外汇;二、现行官价外汇汇率废止。中央银行应察酌市面情形,并依照供求实况;随时供给或收买外汇,以资调节,而防止过度波动。对外币钞票及黄金之买卖,亦依同样原则办理;三、拨美金五亿元为法币准备金,并由中央银行于现有外汇中划出一相当数量为基金,作随时平准市场之用。又通过《进出口贸易暂行办法》、《中央银行管理外汇暂行办法》。

　　△　马歇尔与中共代表周恩来会谈。周恩来提出,停战和整军协定应包括东北在内。对国民党军大肆进攻解放区、一直不同意派执行小组到营口等提出批评。

　　△　军事三人小组就全国军队整军方案达成协议,并经国民政府

主席蒋介石、中共中央主席毛泽东批准,是日下午 4 时,张治中、周恩来、马歇尔在重庆举行《关于军队整编及统编中共部队为国军之基本方案》签字仪式。《基本方案》规定于 12 个月内全国陆军应为 108 个师,其中中共部队编成 18 个师;18 个月内,政府军编为 50 个师,中共部队为 10 个师。

△ 中国青年党中央执行委员会发表对东北问题意见,指出:一、一切友邦必须承认并尊重中国在东北的领土主权的完整,凡一切有关中国问题的协议,如未经中国同意,中国国民绝对不能承认;二、希望苏联充分地履行条约的规定,使两国的友谊更加强;三、必须充分由外交途径解决中苏间的悬案,以增进两国间的友谊;四、关于东北问题的内政部分,必须与外交问题分开,本协商的精神,求合理的解决。

△ 美国总统杜鲁门指示国务卿、陆军部长、海军部长,建立美国驻华军事顾问团。

△ 驻苏大使傅秉常返国述职。

△ 山东聊城国民党军王金祥部与城外冀鲁豫军区司令员宋任穷部隔城对峙,间有枪声,局势紧张,城内军民粮食、燃料断绝。济南执行小组是日抵聊城,立即发放善后分署急赈 200 万元。同日复召双方开会,成立协议三项:一、双方严格执行命令,停止冲突;二、组织粮食委员会,解决城内军民食粮问题;三、允许城内外居民自由往来,不得干涉。27 日,雷克一行返回济南。

2 月 26 日 国民政府令准免中央银行总裁俞鸿钧兼职,特任贝祖贻为中央银行总裁。

△ 中共代表周恩来在重庆《学生快报》上发表对东北问题的意见:一、从东北行营到各省政府应吸收东北民主人士参加;二、承认东北抗日民主部队;三、承认东北各县民主政府;四、国民政府开入东北的军队应有限制,并禁止利用伪军接收东北。

△ 马林诺夫斯基元帅的参谋长特罗岑科陆军中将关于苏军撤离中国东北问题对长春市报界发表声明,指出因中国政府行动极为迟缓,

未能按时到达苏军撤出的地区,中方也曾多次提出,待中国政府军到达后,苏军再自行撤离;煤炭的缺乏和严冬环境给铁路运输造成各种障碍等,是造成苏军延缓撤离的原因。驻满洲苏军司令部期望,苏军撤离的期限,将早于,无论如何也不会迟于美国将美军撤出中国的期限。

　　△　重庆文化界人士茅盾、巴金、史良、胡绳、杜国庠、徐迟、冯雪峰、郑君里、何其芳、侯外庐、翦伯赞、欧阳山尊等 152 人签名发表《告国人书》,要求惩办较场口"二一○"血案祸首,取消特务机关,赔偿医药费和损失费,释放无辜被捕人员。

　　△　中墨友好条约在墨西哥外交部互换。

　　2 月 27 日　北平军调部发表第十五号联合公报,宣布:军事三人小组马歇尔、周恩来、张治中将于明日飞抵北平,视察华北地区,巡视路线计划为集宁、济南、张家口、新乡、太原、徐州等地。并将赴汉口、广州地区视察。本部三委员叶剑英、郑介民、罗伯逊将陪同前往视察。

　　△　沪海关禁止外币出口。

　　△　重庆文化界、产业界以及东北大学、武汉大学、重大教育学院一部分教授,对东北问题发表共同宣言,要求美、英、苏三国应坦白承认雅尔塔秘密协定的错误,苏联应遵守《中苏友好同盟条约》迅速撤退东北驻军。

　　△　长春"满洲电业会社"突被此间苏军总部派员接收。沈阳 4000 余家工厂仅余空壳,剩 20 家在苏军守卫下艰难开工。

　　2 月 28 日　立法院举行第二九五次会议,通过《国民大会代表选举补充条例》。该《条例》依选举法规定除 1200 名代表外,补充东北、台湾等区域代表 150 名,各党派及社会贤达代表 700 名,总计国民大会代表为 2050 名。

　　△　民国政府特派蒋廷黻为出席联合国救济善后会议第四届大会代表。

　　△　外交部长王世杰与法国驻华大使梅里霭在重庆签订《关于法国放弃在华治外法权及其有关特权条约》。同日,王世杰与梅里霭签订

《关于中越友好关系协定》及《关于法国供给中国驻越北军队越币》、《关于中国驻越北军队由法国军队接防》之换文。

△　张治中、周恩来、马歇尔飞抵北平。李宗仁、熊式辉、孙连仲、军调部三委员叶剑英、罗伯逊、郑介民前往机场迎候。是日,张、周、马与郑介民、罗伯逊、叶剑英三人举行会议。晚,军调部于北京饭店举行鸡尾酒会,欢迎张治中、周恩来、马歇尔,熊式辉、孙连仲以及美、英、苏等中外来宾 200 余人应邀出席。

△　重庆妇女团体联谊会 28 个妇女团体,为东北问题发表宣言,表示反对损害中国领土主权的雅尔塔协定,要求苏联立即自东北撤兵。

3 月

3月1日　上午 9 时,中国国民党第六届中央执行委员会第二次全体会议在重庆开幕。中央执监委员、候补执监委员 269 人出席,蒋介石主席并致开幕词,宣称:"全体会议的任务,是要检讨过去的工作,分析当前的局势,以决定今后的方针。"10 时,接开预备会议,决定会议程序,仍由蒋介石主席,于右任、居正、戴季陶、陈果夫、孙科、陈诚、何应钦、邹鲁、陈立夫、白崇禧、张道藩 11 人当选为主席团,11 时散会。

△　国民政府特派张厉生为国民大会代表选举总事务所主任;特派邵力子为国民大会筹备委员会主任委员。

△　张治中、周恩来、马歇尔飞抵张家口视察,听取第五执行小组的报告后与晋绥军区司令员贺龙等举行会议。下午飞抵绥省集宁听取第一执行小组的报告,当晚飞返北平。

△　资源委员会华北钢铁公司在天津正式成立。

△　美国国务院发表声明,称"美国与苏联政府并无关于东北战利品之秘密或其他协定"。

△　澳大利亚新任驻华公使高伯兰飞抵重庆,23 日向蒋介石呈递国书。

3月2日　国民党六届二中全会举行第一次大会,中央党部秘书长吴铁城作党务报告,报告分别列举了国民党在贯彻实行三民主义方面的成绩,检讨了施政方面的缺点,承认:"战争结束以后,亟待处理的问题,有许多事没有做好。如收复地区的物价,没有能够制止它的狂涨。接收的敌伪财产,没有能够防止走漏和损坏。金融的调节,货币的整理,没有能够迎头赶上。接收的工厂学校,没有能够有效运用。地方秩序和全国交通,没有能够迅速恢复。亟待还乡的人民,没有能够全力扶助。军队的调防,没有能够迅速做到。各地区在沦陷时期产生的恶势力,没有能够彻底扫除。"报告谈到党务的改革与推进时承认,"成效还是不足,事实上也有些积重难返"。并谓:"现在已经到了不能不革新的最后阶段","本党同志,必须忏悔过去,改革现在,创造将来,才能达到革新党务,推动政治的目的。"下午继续开会,讨论党务报告,戴季陶主席,决议推谷正纲等66人为党务报告审查委员会委员。

△　张治中、周恩来、马歇尔一行飞抵济南视察,与政府高级官员王耀武、何思源及从临沂到济之新四军军长陈毅晤面后,即慰问山东受难同胞。午后,陈毅随三人小组飞抵徐州,新四军第一师师长粟裕来徐欢迎,即与三人小组会商实行整军方案。是晚,国共双方达成三项协议,将枣庄列为共管区,即日解围,徐州僵局初获解决。

△　上海中央银行公布经营外汇之27家银行名单(其中外商11家)。3日,中央银行总裁贝祖贻召集27家银行代表举行会议,商讨外汇开放后各行业务上之联系法及解释中央银行管理外汇暂行办法之内容,决定有关外汇办法七项,4日,外汇市场正式开放。

△　前南京伪维新政府行政院院长梁鸿志在苏州被捕,押上海提篮桥监狱。

△　晋察冀边区高等法院以卖国罪判处前伪蒙疆自治政府司法部长文书君、伪高等法院院长许维本死刑。

△　中国与多米尼亚共和国友好条约附加条款在巴西互换批准书。

3 月 3 日　国民党六届二中全会举行第二次大会,邹鲁主席,军政部长陈诚(次长林蔚代)作军事复员报告,宣布部队复员时间定为 18 个月,分为两期,第一期 12 个月,第二期六个月;第一期将 242 个步兵师复员到 90 个师,第二期由 90 个师复员为 50 个师。居正等七委员发表意见,陈诚当即作答。次推程潜等 51 人为军事复员报告审查委员会委员。旋又通过组织地方行政委员会及边疆问题委员会,推张继等 51 人为地方行政委员会委员,白云梯等 24 人为边疆问题委员会委员,先行研讨地方行政及边疆问题之报告事宜。

△　张治中、周恩来、马歇尔离徐州飞抵新乡召开军事会议,下午,偕第一二九师师长刘伯承飞抵太原视察,听取太原小组报告。当晚召开国共双方军政负责人会议,未获协议。

△　军事三人小组在河南新乡同国民政府黄河水利委员会委员长兼黄河堵口复堤工程局局长赵守钰,商谈黄河堵口、复堤、勘测、迁移居民问题,商定由赵直接与晋冀鲁豫解放区地方政府代表具体商讨进行步骤。后经国民政府黄委会、联合国善后救济总署、国民政府行政院善后救济总署和晋冀鲁豫地方政府代表会商,于 4 月 7 日、15 日签订《开封协定》、《菏泽协定》,决定先复堤后堵口,给河床居民每人发法币 10 万元迁移费等。

△　军事三人小组在太原会见阎锡山和执行部驻太原第三小组代表陈赓,听取了太原执行小组的汇报。

3 月 4 日　上午 9 时,国民党六届二中全会举行第三次大会,居正主席,财政部长俞鸿钧作财政金融报告。下午继续开会,白崇禧主席,经济部长翁文灏作经济工作报告。

△　上午 8 时,国民党六届二中全会举行总理纪念周,蒋介石主席并致词,称:"此次全会关系本党之成败与国家之兴亡。希望各位同志平心静气,认清国内外之现实环境,研讨实际办法,勿以一时片段之现象,而有愤慨空洞之议论。"并谓:"全会同志,今后一切之言论行动,必须有政策、有目的、有宽大之气度、而不必斤斤计较于一时一事之得失,

尤应在会议中发扬党德，发扬民主精神，并须尊重纪律，以完成吾人革命建国之使命。"

△ 晨，张治中、周恩来、马歇尔在太原同阎锡山举行会谈。旋乘机到达归绥视察，绥远省主席傅作义及马占山等到机场欢迎，12时出席各界欢迎大会，傅致欢迎词，表示忠诚执行停战命令，希望和平、统一、民主。

△ 下午，张治中、周恩来、马歇尔偕军调部郑介民、叶剑英、罗伯逊一行自归绥飞抵延安，毛泽东、朱德等中共中央负责人及各界群众数千人到机场热烈欢迎。随至杨家岭中共中央办公厅举行会谈。晚，中共中央举行宴会，毛泽东致词，对于马、张、周三将军为建立和平、民主、团结、统一之中国而奔波宣劳，深表谢意。表示："中共刻已准备以一切努力于建国事业。"宴会后，延安各界举行盛大集会欢迎三人小组。

△ 原新四军军长叶挺在重庆获释。5日，叶挺致电延安中共中央，请求加入中国共产党。同日得延安电复批准。

△ 第十八军破坏停战协定，加紧进攻鄂东、豫南一带中原解放区。是日，第十八军所部围攻湖北黄陂县抱树店、洪家河，当地驻军两个连仅40余人冲出重围，其余惨遭牺牲。

△ 美国务院宣布美国要求中苏两国就苏军自中国东北搬运工业设备一事提供正式报告。

3月5日 上午，国民党六届二中全会举行第四次大会，孙科主席，讨论财政金融和经济问题两报告。各代表对敌伪财产业处理不当和官僚资本的弊端意见纷纷，略谓："经济部接收人员颇多失职"，"生产低落，民生凋敝，物价高涨，人民深受痛苦。"大会推俞鸿钧、翁文灏等50余人为财政金融经济问题报告审查委员会委员。下午，二中全会举行第五次大会，何应钦主席，外交部长王世杰作外交报告。

△ 国民政府令：《提审法》自民国三十五年3月15日起施行；派俞鸿钧为国际货币基金及国际复兴建设银行理事，席德懋为代理理事。

△ 张治中、周恩来、马歇尔由延安飞抵汉口，武汉市长徐会之、新

四军第五师师长李先念、参谋长王震等百余人前往欢迎。当即以三人小组名义,向报界发表书面谈话,略谓:根据各地各有关军事长官间所达成之协议,吾人坚信各地之围困即可解除,人民自由往来之束缚亦可停止,并使恢复各种交通之搁延得以消失,各地之军队在精神上现已准备从事整编及统编之艰巨工作,吾等并对各军事首长在明了重庆协议之广大目的后所表示之合作愿望,表示感谢。下午,张、周、马召开会议,听取武汉小组报告。

△　重庆中国毛织厂全体工人要求改善待遇,三次怠工,厂主派数十人闯入工人宿舍毒打工人,强制工人复工,并枪伤 20 余人,逮捕 20 余人。6 日,罢工工人绝食一天,抗议厂方暴行。8 日,该厂军警密布,厂方继续迫害工人,百余工人纷纷离厂。

△　西藏代表团访问印度,是日,中国驻印专员公署及驻印军事代表办公处,分别招待该代表团。

△　越北法军不顾中法双方议定的登陆日期延至 7 日的协议,突以兵舰五艘于海防强行登陆,炮轰港口中国守军,死伤 10 余人,弹药库一所被击中着火。6 日,法驻华代办戴礼访外交部,就法军接防越北磋商办法。7 日,中、美、法三方派人抵海防调查冲突真相。

3 月 6 日　国民政府以正式照会送达苏联政府,请东北苏军即行撤退。22 日,苏驻华大使复照王正廷,谓苏军正在撤退中,并声明至迟将于 4 月底前完全撤退。

△　上午,国民党六届二中全会举行第六次大会,陈果夫主席,继续讨论外交问题之报告。黄宇人等 16 人发表意见,指责秘密外交的错误作风,继推定王宠惠等 55 人为外交报告审查委员会委员。下午,二中全会举行第七次大会,陈诚主席,善后救济总署副署长浦薛凤作善后救济工作报告。声称:联总暂定资助我国救济物资总值 6.75 亿美元,我方正在交涉增加;中央本年度预算列有善后救济专款 320 亿元,用于恢复全国铁路及黄河、长江堤防。大会推宋美龄等 54 人为善后救济问题报告检察委员会委员。

　　△　张治中、周恩来、马歇尔一行结束北平、张家口、集宁、济南、新乡、归绥、延安、武汉等 10 地视察停战事宜,是日飞返重庆;军调部郑介民、叶剑英、罗伯逊三委员并中外记者飞返北平。

　　△　济南执行小组雷克、涂叙五、邝任农携粮 20 万斤,抵张店解救粮荒。

　　△　国民党中央宣传部长吴国桢举行记者招待会,宣布废止收复区新闻检查。

　　△　川汉铁路公司财产清理委员会在成都成立。当即议决请四川省府向交通部交涉,将公司存款 2700 余万元如数归还。

　　△　重庆电信职工 2200 余人,因生活艰难,是日赴交通部请愿,提出增加薪金、改善生活等三项要求,交通部邮政司负责人接见,声称三项要求须再予修改方可接受,请愿终无结果。同日,中航公司渝沪线班机飞行人员不满待遇,宣告罢工,停机拒绝飞沪。是日各线客机亦停机拒飞,地勤人员纷起响应,怠工一日。

　　△　东蒙代表团放弃前往重庆要求"高度自治"的原定计划,是日乘飞机离北平返海拉尔。

　　△　前美第十四航空队司令陈纳德抵沪,12 日抵渝会晤蒋介石。15 日,陈表示将留在中国为国民政府效力。

　　3 月 7 日　国民党六届二中全会举行第八次大会,戴季陶主席,孙科作政治协商会议报告,下午续开大会,检讨政协报告,谷正纲、潘公展等人发言,公然反对政协决议,扬言要共产党"放弃割据之政权"、"放弃武力夺取政权之野心"、"不应以种种问题束缚领袖"。并声称:五权宪法原则不容变更,"宪草修改原则"必须设法纠正。经主席团决定,增加专题报告两项:一、张群作关于商定停止军事冲突经过报告;二、张治中作关于停止军事冲突及恢复交通之视察报告。

　　△　国民政府授予马歇尔、张发奎、胡宗南、顾祝同、刘峙、孙蔚如、余汉谋、朱绍良、李品仙、刘斐、林蔚等青天白日勋章。

　　△　中共首席代表周恩来就暴徒捣毁《新华日报》事再次致函国民

政府,指出:"继 2 月 22 日重庆《新华日报》营业部及《民主报》社遭暴徒袭击后,24 日成都《新华日报》营业部分处亦遭破坏,职员李某身负重伤。3 月 1 日西安十八集团军办事处亦发生暴徒聚集逞凶。一月以来,《新华日报》向外邮寄、航寄报纸屡遭各方刁难,不能顺利寄出,似此情形,使恩来等生命自由无时不在特务威胁之中,一切民主团结工作均难进行。"要求国民政府实践四项自由。

△　晨,苏军开始从沈阳撤退,至 12 日午夜,全部撤离。

△　第十八集团军副参谋长滕代远、新四军参谋长陈士榘飞抵重庆,出席军事三人小组整军会议。

△　军调部第八执行小组、中共代表方方分别急电北平军调部及重庆军事三人小组,要求制止第五十三军第一五三师、第一八六师、第一五二师及第五十四军之第三十六师、新一军之第三十师、第五十师连日向大鹏半岛解放区的疯狂进攻,恢复广东和平。

△　军调部淮阴执行小组政府代表萧凤岐、中共代表韩念龙、美方代表邓克抵淮阴视察,受到解放区苏皖边区政府主席李一氓和华中军区司令员张鼎丞盛宴款待。

△　上海军事法庭筹备就绪,第三方面军司令长官汤恩伯派杨继章为上海指挥所参谋长,主持军事法庭以审讯日战犯罪行,并定于 3 月 15 日正式办公。

△　上海永安、先施、大新等九大百货公司职工云集街头,再次举行集体示威,敦促资方合理解决底薪问题,提出自 2 月 16 日起,最低底薪不得少于 11.6 万元。九公司资方集会磋商对策,无结果,被迫发表联合声明,宣布是日起停止营业。

△　巴拿马新任驻华公使兼驻沪总领事布瑞森诺抵华。

3 月 8 日　　上午,国民党六届二中全会举行第九次大会,居正主席。行政院长宋子文作政治报告,谓:"当前最紧要最严重的问题……就是经济问题。""目前经济状况,可以说,人人都不满意,这是势所必然的,即本席个人,亦觉得不但不能满意,而且是极不满意的一个人。"提出政府应付的方略四项:第一,谋收支平衡;第二,增加物资的供给;第三,尽速恢复交通运输;第四,开放对外贸易。次推孙科等54人为政治协商会议报告审查委员会委员。

　　△　下午,国民党六届二中全会举行第十次大会,何应钦主席,主席团推张道藩说明关于国民大会代表名额商定之经过,吕云章等对政治报告发表意见,宋子文答复关于政治报告之质询,推李文范等73人为政治报告审查委员会委员,旋由交通部长俞飞鹏作交通报告。

　　△　阎锡山撕毁临汾协定,所部第三十八师纠集日步兵第二四五大队1500余人,是晚偷袭北晋路东侧长坡沿村八路军防地。八路军阵亡九人,伤13人,余部因寡众悬殊,含泪撤退。次日晚,阎部省防第五军分三路夹击北晋路两侧,八路军阵亡连长以下共20人。

　　△　青年军退役管理处在重庆成立,蒋介石任命陈诚为处长,彭位仁、蒋经国为副处长。

　　△　重庆各界妇女万余人集会庆祝战后首届妇女节,宋美龄为总主席并致词,大会发表宣言,提出巩固世界及国内和平、争取妇女本身的权利等四项努力方向,要求全国妇女同胞共同实践,以求实现和平民主的新中国。

　　△　衢州绥靖公署主任余汉谋抵渝,10日向蒋介石述职。

　　△　中央银行开始抛售黄金,售价为165万元;次日价增至170万元;11日又增至175万元;12、13两日减至165万元;14日以后均为160万元。

3月9日　上午,国民党六届二中全会举行第十一次大会,白崇禧主席,主席团推白崇禧宣读阎锡山关于报告中共活动情形来电,并略加说明,戴季陶就阎来电发表意见。陈希豪等人对交通报告发表意见,推张嘉璈等32人为交通问题报告审查委员会委员,粮食部长徐堪作粮食问题报告,说明最近各地粮价高涨、粮食恐慌酿成当前严重局势之主要因素,提出该部四项补救办法。

　　△　下午,国民党六届二中全会举行第十二次大会,邹鲁主席,

张继等人提出临时动议:《为解除人民痛苦,安定北方大局,所有政治协商会议有关北方各省市之决议,应请予以修正案》。河北省旅渝同乡会等团体推派代表刘次箫等三人向大会"请愿","立即取消中共所谓解放区","立即将中共军队调离现驻地点,另指定适当驻扎区域,迅速整编"。次推徐堪等 41 人为粮食问题报告审查委员会委员,末由黄绍竑作地方政治报告,略谓:"各地控告贪污或指责庇纵之事件不断发生,被灾各省市疮痍满目,亟待救济。"并谓:"各省市物价波动特甚,各省之公教人员及团队警察生活已难维持,而怠工怠教之情事已不断发生,若不急筹调整,则地方行政势将难以维持,影响国家前途至为重大。"

△ 军调部发表第十七号联合公报,宣布国共协同开采枣庄煤矿,由政府、中共、中兴公司各派代表一人合组委员会监督修理、开采事宜,并责令国共双方部队撤离矿区及枣庄临近地区。10 日,徐州、枣庄矿区生产委员会宣告成立。

△ 军事三人小组会议,讨论铁路统一管理办法,决定分路分段而治。

△ 马歇尔同中共代表周恩来会谈时说,他近日将返美,由吉伦中将参加三人会议。并提出在国民党二中全会准备接受政协决议时,延安发表社论指责国民党内有法西斯分子活动,使结果变坏了。

△ 英驻苏代办罗柏兹向苏外交人民委员莫洛托夫递照牒文,声明英政府不同意苏搬走日本在中国东北工厂之机器设备。并称,此项日本财产应由盟国共管,在未商定办法之前,暂由中国保管。

△ 魏德迈正式宣布:美驻华军事总顾问团于南京正式成立,前美军驻华作战司令部司令麦克鲁任团长,参谋总长冰克,军训主任麦加麦。顾问团下设人事、情报、战略、交通等部,该团总人数为 750 名,任务是助华训练军队。

△ 东北抗日联军第三路总指挥、哈尔滨市中苏友好协会会长李兆麟于下午 3 时许被国民党特务杀害。

3月10日　下午,国民党六届二中全会举行第十三次大会,陈果夫主席,何应钦作受降报告,称:中国战区受降范围为中华民国(东北除外)、台湾及越南北纬16度以北地区,日军投降代表为日军驻华派遣军总司令冈村宁次,各地日军投降兵力总数为128.32万人,计有:总司令部一个,方面军三个,军10个,师团36个(内有战车师团一个,飞行师团两个),独立旅团41个(内有骑兵旅团一个),独立警备队、支队19个,海军特别根据地队及陆战队六个。需遣送之日俘、日侨者213.8353万人。嗣后各委员对地方行政报告发表意见,并推张继等53人为地方行政报告审查委员会委员。

△　中共代表周恩来在同马歇尔会谈时表示,希望马歇尔在解决东北问题后再回国。说正在召开的国民党二中全会企图推翻政协决议,不愿放弃一党独裁政府。所以延安发表的社论没有错,东北问题"责任不在我方"。提出解决东北问题原则,外交和内政分开,中共不介入外交,内政要协商;军事和政治平行解决,政府军在东北只保留五个军的兵力,实行政治民主,地方自治。在马歇尔转达9日蒋介石提出的五项条件后,周恩来认为,蒋的五条,实质是其军队可以接收一切地区,要中共军队从任何地方都撤出。马歇尔表示此问题再协商。

△　军调部为军事三人小组出巡圆满结束发表第十八号联合公报,宣布:"军事三人小组三委员决完成对华中及华北之视察,将加速军调部工作速度。""此次视察所得之结果,殆可于军调部任何工作方面看出,三将军解决在途中面临彼等之许多问题,均能完全扫除党派主见……以完成吾等共同之目标,并建立一和平统一繁荣之中国。余等希望将来之工作,得因此次之视察而趋向平坦之途。"

△　军调部石家庄执行小组成立协议,决定成立物资交换委员会,主持双方物资交换、输送事宜。

△　第九战区司令长官、武汉行营副主任薛岳飞渝述职。

△　中国福利基金会在上海成立,由宋庆龄主持。

△　范文澜抵解放区邯郸,任北方大学校长。

△　黄河花园口堵口复堤工程正式开工，征民工二万人。

3 月 11 日　国民政府公布《国民大会代表选举补充条例》及《国民大会代表选举补充条例附表》，规定国民大会代表除原定 1200 名外，另增补由国民政府直接遴选者 700 名；依《附表》规定产生者 150 名，连同《国民大会代表选举法》第二十四条规定之 45 名，第三十二条规定在台湾者一名，共为 196 名。

△　国民党六届二中全会举行第十四次大会，孙科主席，听取边疆问题报告：一、白云梯作内蒙问题及其解决办法报告；二、格桑泽仁作藏旗现状报告。12 日上午，二中全会举行第十五次大会，邹鲁主席，推李文范等 15 人为决议案整理委员会委员，次由张治中报告新疆问题解决方案。下午，六届二中全会继续开会，何应钦主席，推白崇禧等 39 人为边疆报告审查委员会委员，次由张群报告关于商定停止军事冲突经过，张治中报告关于停止军事冲突及恢复交通之视察情形，最后由陈仪作收复台湾报告。

△　张治中、周恩来、马歇尔就《调处东北军事冲突草案》继续会谈，双方同意将北平军调部工作范围扩大为包括东北在内，并派遣执行小组前往东北执行停止冲突，周恩来不同意《草案》中第四项关于"政府部队有权占领恢复中国东北主权必要之各地区"之规定，其他各项取得原则上之协议。

△　晚，马歇尔离重庆返国述职，其军事三人小组顾问一职，经政府和中共认可，由吉伦中将代理。

3 月 12 日　国民政府公布《褒扬忠烈条例》，凡六条，规定凡抗御外侮忠勇义烈之官兵、人民，合于下列条款之一者，依本条例褒扬之："一、杀敌致果，建立殊勋者"；"二、尽力守土，忠勇特著者"；"三、临难不屈，以身殉国，或不受敌人利诱威胁，致伤亡或拘囚者"；"四、举义乡里，抵抗敌人，或毁坏敌用重要战具者"；"五、毁家纾难，或计划守土，著有功绩者"；"六、个人或全家或全村与敌博斗，致伤亡被毁者"；"七、因守土伤亡者"；"八、其他忠勇义烈事迹，足资矜式者"。

△　东北民主联军占领辽北昌图县;同日占领开原县,县长王应敏被俘。

△　军调部太原中心小组政府代表邹陆夫、中共代表许光达、美方代表和礼赴太原县视察,受到当地民众学生热烈欢迎。三方代表分别指示自由贸易和城市解围之意旨。当晚中心小组成员返回太原。

△　驻东京远东国际军事法庭检察官向哲濬飞抵上海,专程调查日战犯之罪行。

△　内政部近据报告各收复区有所谓"一贯道"、"先天道"等邪教组织,是日请饬各省、市政府依法查禁。

△　上海市400余家旅馆业职工因要求增加工资未获结果在下午4时实行总罢工。次日下午,旅馆业职工代表600余人赴社会局请愿,迫使社会局召集劳资双方代表举行谈判,劳方要求增加工资70%,资方允40%,双方僵持。14日,过往旅客无处投宿,舆论大哗,社会局急召劳资双方代表协商,资方被迫允增工资60%,劳方初获胜利,是日下午复工。

△　秘鲁首都利玛成立中秘文化协进会,到秘鲁总统代表及大学教授等百余人,中国方面亦有多人参加。

3月13日　国民党第六届中央监察委员会于重庆举行第二次全体大会,中央监委71人,候补监委24人出席,张继主席。大会报告党务、政治、财务及三委员会等工作,通过请政府迅速严惩汉奸等五议案。

△　周恩来、张治中继续磋商东北调处事宜,吉伦代表马歇尔出席。周恩来声明,他尚未接到延安对他请求作进一步指示的答复。双方对草案各持异议,吉伦建议修正原草案,会议中止。

△　连续两日,第五十二军军部及所属第二十五师、第二师共二万余人接收沈阳,新一军之第五十师进至沈阳西北之平安堡,新六军之第二○一师进至沈阳以北之公主屯,第十师进至沈阳以西之大民屯。

△　中、瑞两国关于瑞士放弃在华领事裁判权及其有关特权之协定,由中国驻瑞公使梁龙与瑞士代表卜蒂比爱尔于伯尔尼签字。

△　中法两军交接防务协定签字。根据中法协定,北纬 16 度以北越南地区华军防务于本月 22 日起至 31 日止,全部移交法方接收。

3 月 14 日　上午,国民党六届二中全会举行第十六次大会,白崇禧主席,军政部次长刘斐报告东北军事情形。东北行营经济委员会主任张嘉璈报告东北经济接收情形。次推朱霁青等 30 人为东北问题报告审查委员会委员,李嗣璁等四人临时动议:“张委员治中报告:尚有 25 城市被共军包围,人民在水深火热中,应由调处执行部令共军即日解围,撤退至 60 里以外”,经主席团决定:送政府即电调处执行部切实办理,主席团根据张继等 60 人提出临时动议:经请示蒋介石,决定中央常务委员名额定为 36 名。最后修正通过对于粮食问题之决议案。

△　政协综合委员会、宪草审议会协商小组举行联席会议,孙科主席。会议举王世杰、王若飞、曾琦、罗隆基、王云五、莫德惠六人就改组国府人选问题再行协商,决定各方于 3 月 25 日前提出国民大会代表名单。

△　军事委员会委员长北平行营主任李宗仁赴天津视察。

△　第二十集团军总司令夏楚中偕第四方面军前进指挥所主任陈金城抵青岛视察军务,16 日返济南。

△　晋冀鲁豫解放区执行整军方案,首批 7.5 万人复员,缩减军费 35 亿元,追加复员建设费七亿元。

△　美国总统杜鲁门特使马歇尔返国飞抵华盛顿。当晚,会见杜鲁门就远东形势提出初步报告。16 日,马歇尔在国务院举行记者招待会,报告三个月在华调停工作及中国局势。略谓:今后数月,对于中国人民关系重大,亦为世界和平所系,中国如能统一,在政治及经济上必能获得西方诸国需数世纪方能达到之进步。惟中国完成统一具有两项基本条件:一、美国须援助中国;二、其他国家勿以阴谋妨碍东北重归和平统一之新中国。并谓:中国东北局势极为危急,收复东九省主权,责在国军,而不在共军。由海道运输国军至东北系美国之责任,运兵船只即系美国船员,此项责任迄未有所变更。在回答记者所提问题时,马歇

尔谓:对华援助非常复杂,但极需要,美国应以财政优先权给予中国。

△　中美两国在华盛顿签订《美棉贷款合同》,美方提供 3300 万美元贷款,用于中方购买美棉。

△　美陆军部长柏德逊抵沪,次日召魏德迈、柯克等 20 余高级将领作重要商谈。会后,柏对记者宣称:"美对华政策不容改变;美军在华任务亦未完成。"

3 月 15 日　上午,国民党六届二中全会举行第十七次大会,邹鲁主席。通过:一、军事复员工作报告之决议案;二、交通问题报告之决议案;三、善后救济报告之决议案;四、政治报告之决议案。地方行政报告之决议案交原审查委员会再行审查。下午继续开会,何应钦主席,财政金融经济之决议案,交原审查委员会再行审查,党务报告之决议案大体通过,并交原审查委员会整理。

△　政协会议综合委员会、宪草审议会协商小组举行第二次联席会议,孙科主席,会议就国民大会职权、行政院与立法院关系、省宪等三问题进行激烈辩论,决议修正宪法草案原则:"一、国大应为有形之国大,行使选举或罢免总统、创制立法原则及复决法律之权;二、行政院与立法院之关系,立法院对行政院之不信任权及行政院解散立法院之权取消;三、省得制定省宪,改为省得制定自治法规或省单行法规。"

△　国民政府特任命于焌吉为驻意大利大使,任命张平群为驻纽约总领事。

△　顾祝同、汤恩伯由徐州飞抵青岛,视察山东省驻军情形。

3 月 16 日　上午,国民党六届二中全会举行第十八次大会,蒋介石主席,通过对于政治协商会议报告及对于外交报告两决议案。政协报告决议案称"属望中国共产党切实依照协议,在其所占区域内首须停止一切暴行,实行民主"。外交报告决议案要求政府提出日本赔偿方案,并积极参加盟国行将设立之赔偿机构,"以求我赔偿要求之实现"。次对东北问题报告之决议案决议提交常会。下午续开大会,戴季陶主席。首由主席团报告:一、关于国民政府委员产生办法;二、国防最高委员会应即撤销,恢复成立中央政治委员会;三、国民大会本党代表之产生办法。均经大会通过,并决议由大会选举蒋介石为国民大会国民党代表,次则选举常务委员及国民大会国民党代表。

△　国民党中央监察委员会第二次全体会议第二次大会开会,张继主席,吴敬恒、王宠惠等99人出席。大会通过《常务委员会工作报告》、《中央监察委员会组织条例》。选举吴敬恒、张继、王宠惠、邵力子、程天放、贺耀组、姚大海、邵华、刘文岛、鲁荡平、林云陔、李敬斋12人为本届常务委员。

△　国民政府令:军事委员会委员兼海军总司令陈绍宽着专任军事委员会委员。

△　国民政府代表张治中同中共代表周恩来会谈时,对周所说中共军队在东北所占的地方不能让,表示谅解,并承认共产党军队在东北的地位。周继续提出,国军只能进驻现时苏军撤出的地区,如要进驻现时中共部队驻在地区,应该经过商定,以后东北驻军依整军方案另定。张坚持删去"现时"两字,未达成协议。

△　蒋廷黻当选为联合国善后救济总署理事会主席。

3月17日　上午,国民党六届二中全会举行第十九次大会,蒋介石主席,中央执监委员、候补执监委员共303人出席,首先宣布中央执行委员会常务委员选举结果:于右任、孙科、戴季陶、居正、陈果夫、陈诚、白崇禧、邹鲁、何应钦、梁寒操、宋庆龄、陈立夫、吴铁城、朱家骅、贺衷寒、谷正纲、张道藩、张治中、张厉生、李文范、宋子文、段锡朋、刘健群、丁惟汾、潘公展、朱霁青、萧同兹、赖琏、陈布雷、田崑山、萧铮、白云梯、王启江、麦斯武德、邓文仪、柳克述36人当选。梁寒操等149人当选为国民党国民大会代表,通过对于东北及华北党务、对于边疆之党务、对于边疆问题、对于地方行政、对于财政金融经济五项报告之决议案及总裁交议修正国民政府组织法案,修正通过全体会议宣言。下午,国民党六届二中全会举行闭幕典礼,蒋介石主席并致闭幕词,谓"中国必须采取和平统一的道路"。

　　△　东北民主联军解放四平街,国民政府辽北省主席刘瀚东等被俘。

　　△　新四军第五师师长李先念、政委郑位三就国民党背信弃义集重兵包围该师断绝五万官兵粮食一事,急电北平军调部和军事三人小组,要求立即制止国民党军的疯狂进攻。

　　△　国民党军统特务头目、军事委员会调查统计局局长戴笠,是日自北平经青岛飞返上海,因气候恶劣,飞机在南京西南郊板桥镇附近触戴山焚毁殒命。戴之副官及将校级军官 23 人同时殒命。

　　3 月 18 日　中共代表周恩来在重庆举行中外记者招待会,就保障人民权利、改组政府、整军、停战等问题,批评国民党"二中全会的决议动摇了政治协商会议的决议"。说内政问题必须用政治方法和平解决。

　　△　中共中央致电重庆中共代表团,表示对 15 日所决定的修正宪草原则三点"深感不妥,因为这动摇了议会制、内阁制及省之自治地位","必须迅速加以挽救"。说:"国民党二中全会是坚决反对国家民主化的,他们必然坚持要修改宪草原则,国大代表名额他们又擅自增加,我与民盟在国大保持否决权将不可能,在这种情形下,我们决不能参加国大参加政府。此点望你们即与民盟人士商量,并在适当时机告知国民党。"

　　△　下午,军调部徐州执行小组淮阴组政府代表萧凤岐、中共代表韩念龙、美方代表邓克抵南通。是日,按照中共南通城工委的布置,南通各界千余人冒雨举行游行示威欢迎执行小组。游行群众高呼"要求和平,反对内战"、"要求民主,反对独裁"、"彻底实现政协五项决议"、"反对一党专政"等口号。南通军警荷枪实弹并设置铁丝网封锁线,阻止群众接近执行小组。游行群众冲破国民党军的三道防线,到达执行小组驻地门前请愿求见,并派代表向执行小组政府代表递交南通文艺协会招待执行小组茶话会的邀请函及公开信、建议书,旋美方代表出见游行群众,并与群众代表约定第二天出席文协招待会。群众欢呼斗争胜利,继续游行示威,至深夜始散。是晚,国军第一○五师、南通县党

部、县长、三青团书记、军统、中统负责人紧急集会,决严加防范,对各为首分子施特别制裁。

　　△　国民政府军事代表团团长董彦平中将与苏军总部参谋长特洛曾科举行会谈,特洛曾科声明,长春以南已无苏军,董彦平提出利用大连港口运输救济物资问题,特洛曾科表示须向莫斯科请示。

　　△　宋美龄招待东北旅渝人士商讨救济办法,当即筹商组织东北救济会,举宋美龄为会长,莫德惠为副会长,韩仁为总干事,周至柔等七人为筹备委员,当即起草章程,并规定于两月内募足一亿元捐款。

　　△　江苏高等法院对汪伪南京政府代理主席、汉奸陈公博以叛国罪正式提起公诉。检查官韩焘宣读《起诉书》,列举陈公博十大罪状:即一、缔结密约,辱国丧权;二、搜索物资,供给敌人;三、发行伪币,扰乱金融;四、认贼作父,宣言参战;五、抽集壮丁,为敌服役;六、公卖鸦片,毒化人民;七、改编教材,实施奴才教育;八、托词清乡,残害志士;九、官吏贪污,政以贿成;十、收编伪军,祸国殃民。

　　△　下午,魏德迈在北平就日俘遣返问题举行记者招待会,声称:"至本月底止,中国境内日军民遣返本国者,可达 100 万左右。"

　　△　英国太平洋舰队总司令福拉塞抵厦门访问。

　　3 月 19 日　行政院举行第七三六次会议,院长孙科主席,讨论国民党六届二中全会通过之《加速经济复员紧急措施办法实施办法案》及外交、教育报告,通过《取消硫磺统制、裁撤硫磺机构案》及处理台湾公私产业案。

　　△　新一军从沈阳沿中长路北进,23 日占铁岭,27 日占开原。

　　△　下午,中国共产党代表周恩来、董必武、王若飞就国民党六届二中全会决议违背政协决议一事,同国民政府代表王世杰、张群、邵力子、张治中举行会议,促请按照政协决议从速实施,商谈无结果。

　　△　陆军副总参谋长兼军调部参谋长蔡文治由北平飞抵南京,对中央社记者谈称:冲突大体停止,修路已开始进行,"目前之基本问题,厥为整军,更进而将国军共军统编,是乃北平调处执行部之职责"。

　　△　美国官方宣布：美进出口银行与中国签订五种借款，共计3379.375万美元，作为购买船只、铁路及煤矿之修理材料设备及辅助动力厂之用。

　　△　美国国外物资清理委员会宣布，将价值一亿美元之陆海军剩余船只、药品、食物售予总署，以供"救济"中国之用。出售物品中，有价值4000万美元之船只及港口设备，以恢复中国水运，此外尚有干粮4.5万吨及供疏导黄河计划用之大量医药品。

　　3月20日　上午，国民参政会第四届第二次大会在重庆开幕，参政员159人出席，中共参政员拒绝出席，王世杰、莫德惠、李璜、江庸、王云五为大会主席团，莫致开会词，强调当前国家之急务有二：一、为制定宪法；二、为经济建设，盼与会同仁，善尽言责，并努力求得成果。蒋介石出席大会并致词：承认各地民众不能安居乐业，"真所谓如水益深，如火益烈"，要大会把握重点，注意现实，贡献实际可行而且行之必成的办法，关于解除地方痛苦与增进地方福利的一切建议，都要顾及国家整个利益与实际情况，权衡轻重缓急，提供方案。下午，举行首次大会，交通部长俞飞鹏作交通报告。旋各参政员提书面询问61件，口头询问案九件。

　　△　政协综合小组开会，孙科主持，达成三点协议：一、宪法草案乃提交国民大会承认之惟一文件；二、一切党派有义务使其出席国民大会之代表支持大会所提出的宪法草案；三、国民党中执会只任命参加国民政府委员会的国民党员，其他成员由各该党派分别任命，无党派人士由蒋介石任命。

　　△　郑洞国飞抵锦州主持东北军事。

　　△　第十八集团军新四军驻汉口办事处主任郑绍文为新四军第五师处境危急，发表谈话，呼吁国民政府当局停止进攻，开放运粮道路，否则一切后果由国民政府方面负责。

　　△　远东国际军事法庭审判官梅汝璈飞抵东京任职。

　　△　美国第七舰队司令柯克"视察"青岛、秦皇岛、北平、天津、塘沽

各地海军基地,并赴东京访麦克阿瑟归来,是日在上海举行记者招待会,宣布该舰队协助运送国军队北上,已达七军计官兵 22 万人,又谓:在美之米亚密受训之中国海军人员 1100 人,将于下月 1 日分乘美军舰八艘离美回国,在青岛受训完毕之中国海军人员,则达 800 人。

△　温州米价急剧飞涨,全城罢市。

3 月 21 日　上午,参政会举行第二次大会,经济部长翁文灏作经济报告称:目前经济情况,更较战时恶劣,整理促进,备感困难。参政员纷纷对接收人员贪污舞弊盗卖接收物资、经济汉奸逍遥法外、物价飞涨、工人不能复工、企业不能复业等问题提出质询。

△　重庆中共代表团发言人宣布:"因本届参政会将重演国民党二中全会各种造谣诬蔑政协决议的活动,故中共参政员决不出席大会。"

△　周恩来离重庆赴延安,向中共中央请示国民党二中全会关于政协决议及东北问题。23 日,军事三人小组美方代表吉伦派高海上校由渝飞延,同周恩来协商打开东北问题僵局,周恩来提出对东北问题两项具体建议:第一,由执行小组至东北立即执行停战,调查当地情形,然后报军事小组;第二,由军事小组审核东北军政问题,俟决定后再派执行小组至东北执行停战。

△　陈赓接替许光达担任军调部太原中心小组中共代表。

△　刘峙、程潜集结大军进犯中原解放区,以第六十六军一部集结信阳,第十五军第六十四师集结泌阳,豫南保安队王翰声部集结桐柏,第四十一军所部集结确山,形成四面包围之势。是日各该集结地以压倒优势兵力围攻新四军第五师李先念部防地宣化店。新四军第五师处境危急。

△　新六军占领辽阳,第五十二军占领抚顺。

△　中国民主宪政促进会召集临时会员大会,就东北问题通过决议五项,要求政府迅速允许三人小组急赴东北实行无条件停止内战;依照整军方案整编东北一切部队。

3 月 22 日　参政会第三次大会,行政院长宋子文作行政院施政报告,内容包括关于解决抗战胜利后人民衣、食、住、行问题及经济复员问题等项。参政员书面询问 37 件,口头询问 32 题,涉及诸如贪污腐败、经济危机、物价高涨、民生凋敝、汉奸逍遥法外等项,政府如何解决? 下午,参政会续开第四次大会,陈诚作军事报告,称:整军之根本办法,现已开始实行,年内决可达到 90 师之目的。刘叔模等 60 人临时动议,要求单独为接收问题开一次检讨会,并请行政院长及各部长出席答复有关问题案,获通过。

　　△　军调部发布和字第六号命令,重申:政府及中共军队必须停驻于 1 月 13 日中午 12 时正所在位置,任何部队曾越过上述位置者应立即退回;违令者将以违反停战命令论罪。命令由蒋介石及军调部郑、罗、叶三委员共同署名。

　　△　军调部新闻发布组发表第十九号联合公告,声称大同小组在解决政府及中共管制区间双方币制、物品交易、加速该区交通恢复等工作方面取得七项协议。

　　△　越北(北纬 16 度以北)中国军队,根据中法协定,是日开始向法国军队移交防务。31 日,中法军队交防全部完毕。

3 月 23 日　参政会举行第五次大会,邵力子、张群分别作政治协商会议与停止冲突恢复交通及整军方案报告。在政协会议报告中,邵力子强调指出:会议召集之目的为求国内之和平、团结、统一、民主,系根据参政会去年大会之决议案精神而来,又谓:宪改修改意见大体上保持了五权宪法的精神与形式,邵并表示,为和平及为国家前途着想,均应实行政协各项决议。张群在报告中称,在国共双方军队整编商谈中,政府作了"极大让步",已由赫尔利建议之七比一,让至五比一。参政员共提出 31 项询问案。下午,续开第六次大会,外交部长王世杰作外交报告。

　　△　国民政府特派外交部部长王世杰为互换中法关于法国放弃在华治外法权及其有关特权条约暨中法关于中越关系之协定及换文批准约本全权代表;特派外交部部长王世杰为互换中暹友好条约批准约本全权代表。

　　△　中共代表周恩来在延安接待美方哈特·考伊上校时表示,广东和第五师问题必须同东北问题同时解决。

　　△　民盟举行记者招待会,罗隆基谈东北问题谓:民盟认为国共两党在东北之军队,事实上已发生冲突。民主同盟坚决主张:无论如何,东北军事冲突必须停止,迅速实行马歇尔临行前之派遣执行小组至东北之决定,东北执行组应即出发调处东北各地之冲突。至东北行政机构,须通过协商方式,容纳各方人士参加,并谓:民盟希望国府改组以前,先将东北问题求得合理解决。

　　△　夜,军统南通小组组长顾思明和副组长唐绍曾带领特务13人潜伏在西北水关桥,绑架文艺协会会员顾迅逸、郑英年及青年艺术剧社社员孙日新,次晚,唐绍曾同谍报连连长带领特务数人,将顾、郑、孙三人蒙上黑布,抛入江心,制造了屠杀进步青年的"南通惨案"。

　　△　中国出席联合国参谋长会议代表团团长商震、团员桂永清等七人离渝飞赴英国出席会议。

　　△　澳大利亚新任驻华公使高伯兰向蒋介石呈递国书。

　　3 月 24 日　参政会举行第七次大会,农林部长周诒春、司法行政部长谢冠生分别作农林、司法报告。参政员王冠英等40余人临时动议《请政府迅速救济各地粮荒》一案,当经表决通过。旋由参政员进行质询。农林书面询问32件,口头10件;司法书面27件,口头八件。下午,续开第八次大会,社会部长谷正纲作社会报告。

　　△　新一军孙立人部、第五十二军杜聿明部占铁岭,东北内战扩大。

　　3 月 25 日　国民党六届二中全会中央常务委员举行第一次会议,讨论国民政府委员会组织法、中央政治委员会组织法及中央党务机构调整办法。

　　△　参政会举行第九次大会,财政部长俞鸿钧作财政报告称:三十五年度国家预算赤字庞大,支出为2.5万余亿元,收入仅7500亿元。各参政员就黄金政策、通货膨胀、盐税名目繁多等问题提出口头、书面

询问等94件。下午,参政会第十次大会,粮食部长徐堪作粮食报告,承认入春以来,各地粮价竞涨,粮食发生恐慌,并提出补救办法。参政员提出书面询问案40余件。

△ 周恩来由延安返抵重庆,美国代表高海上校同机返渝。当晚,周恩来在怡园与吉伦会谈。周恩来指出,政府在东北正不断增兵,扩大内战。并要求马歇尔在美交涉借款,最好在改组政府、修改好宪草后实现,否则政府改组更困难,影响整军进行。在次日再次会谈中,周恩来说,延安已批准东北停战协议。并反驳国民党军事委员会发言人说国民党军占领抚顺不是打仗的说法,认为"只要不执行协商的进占便是冲突"。

△ 重庆忠恕沱兵工厂第十厂工人要求改善待遇举行全体罢工。27日夜11时,厂方突然调入卫兵百余人,抓走工人13名。28日以武力强迫工人复工。

△ 南通国民党军统特务四名闯进进步青年孙平天宿舍,将孙勒死,并投尸江中。至30日下午,天生港江滩上发现孙平天浮尸,其状惨不忍睹。

△ 印度访华贸易代表团抵渝,26日代表团举行记者招待会,团长齐特赞扬中印两国悠久的传统友谊。

3月26日 国民政府令:浙江省政府委员兼主席黄绍竑,江西省政府委员兼主席曹浩森,另有任用,均应免本兼各职;任沈鸿烈兼浙江省主席,王陵基为江西省政府主席。京沪卫戍副总司令郑洞国另有任用,应免本职;派郑洞国为东北保安副司令长官。

△ 国民政府令:国民大会前经明令于民国三十五年5月5日召开,所有当选及遴定各代表,均应依照《国民代表大会选举法实施细则》第八十九条之规定,于开会前10日内,即自本年4月25日起,来到南京国民大会代表报到处报到,并缴验当选证书。

△ 上午,参政会举行第十一次大会,教育部长朱家骅作教育报告。下午举行第十二次大会,内政部长张厉生报告内政,善后救济总署副署长浦薛凤作善后救济工作报告,通过本届大会各组审查委员会名

单,至此大会报告全部结束。

△　第十一战区司令长官孙连仲由平抵津。28 日偕杜建时视察遣送日俘情形。

△　中国出席联合国参谋团会议代表商震,当选为联合国参谋团会议首届主席。

△　《大公报》镇江是日电称:军调部淮阴执行小组美方代表邓克、政府代表萧凤岐,中共代表韩念龙视察南通、如皋,国共双方达成双方军队驻地各隔 60 里;解除封锁,流通物质;通用法币,废除苛杂;取消民兵,保障人权四项协议。

3 月 27 日　上午,参政会举行提案审查委员会。午后,蒋介石设茶会招待各参政员。

△　张治中、周恩来、吉伦于重庆怡园正式签订关于派遣执行小组前往东北调处停止冲突协定,旋就新四军第五师及东江纵队遭受围攻事举行会谈。

△　军调部发表第二十号联合公告,内称:军调部于星期五(29日)将有四执行小组飞往东北九省,今晨 9 时重庆三人会议,已获得协定,已决定即刻慎选人员组成执行小组依据下列训令开往东北:一、此等小组之使命,将仅限于军事问题之调处;二、此等小组将在政府军及中共军之地区内工作,而不进入现仍在苏军占领下之地区;三、此等小组应赴政府军及中共军之冲突地点,或两军密集之处,使其停战,并作必要之公平调处。

△　《中巴文化协定》由驻巴西大使程天固与巴西外交部长冯妥拉于里约热内卢签字。

△　外交部照会西班牙总领事格兰哥利,敦其即日撤除驻沪领事馆,停止活动。按:西班牙于沪设领事馆,事先未取得中国方面同意。

3 月 28 日　国民政府特派张治中为军事委员会委员长西北行营主任。

△　国民政府训令行政院、司法院及军事委员会切实遵办中央监

察委员会第二次全体会议决议有关惩治汉奸办法五项："(一)各地已就捕之汉奸,应即加增审判人员,迅速公开审判。(二)曾任伪政府特任以上或各省、市长之汉奸,应由政府饬送法院从速公开审判,从重治罪。(三)未经逮捕之汉奸,应严令有关机关迅予逮捕检举,勿使逍遥法外。(四)已逮捕而未移送法院侦察者,应依提审法之规定,从速移送,以一事权,即免拖延。(五)汉奸于三十四年八月十日以后自首者,不适用自首减免其刑处理汉奸案件条例第六条已有规定,执行时,应切实审慎,勿稍宽假在案。"

　　△　即将去迪化任军事委员会委员长西北行营主任的张治中,接待来访的中共代表周恩来和邓颖超。周希望他释放在新疆被关押的100余名共产党员。

　　△　孙立人所部新一军攻占四平街,旋向长春急进。

　　△　本年1月23日在曼谷签字之《中暹友好条约》是日上午由外交部长王世杰与暹罗访华代表团团长銮实在重庆互换批准书。

3月29日　国民政府令:新疆省政府委员兼主席吴忠信另有任用,应免本兼各职,所遗新疆省主席职务,派张治中兼理。

　　△　下午,新任新疆省政府主席张治中乘专机飞抵兰州,与伊宁人民代表赖希木江等三人续谈未解决之问题。

　　△　是日为抗战胜利后第一个青年节,蒋介石发表《告全国青年书》称:中正深知青年战后的境遇是交通断绝,回乡无路,就学无力,就业不易,以致衣食不给,疾病无告,比之抗战时期还要苦闷。又谓:青年要认识国家的现实,抱定坚定的信念,锻炼身心,努力前进,促成我们国家民族的复兴。

　　△　上午参政会续开提案审查会议。下午,参政会举行第十三次大会,翁文灏、俞飞鹏答复经济、交通之询问各案。各参政员相继发言,揭露接收敌伪财产之流弊。最后经大会议决:建议政府组织调查接收及处理敌伪资产委员会;各参政员对各地接收舞弊情形之报告,一并送请政府查明究办。

△ 中国战区美军司令魏德迈在重庆曾家岩官邸,代表美国政府举行赠予典礼,以特等功绩勋章赠予蒋介石,谓其在 1943 年 5 月至 1945 年 9 月"抵抗日本侵略有功",是晚,蒋介石为魏德迈离重庆回美治病设宴饯行,授魏青天白日勋章,盛赞魏对于中国建军与中美合作"功绩卓著"。

△ 军调部发表第二十一号联合公告,告以该部执行处长白鲁德将军已飞往沈阳,安排一切,以备执行小组按时前往,白将军并将在锦州东北行营稍留,与政府长官会谈,且拟布置国共双方会议由此而达成协定之基本原则,重申执行小组皆根据重庆三人小组之指示,前往国共两军冲突地点或密接处所,专任军事调处,以便停止冲突。

△ 内政部训令各直属机关,以三十四年(1945)9 月 3 日为对日战争结束日期。

△ 教育部发表上年度全国师范教育状况统计,计有师范学院 11 所,学生 7418 人;师范学校 562 所,学生 15.7806 万人。

△ 中国经济事业协进会于重庆西南实业大厦举行茶会招待政协代表,马寅初、郭沫若、沈钧儒等会员数十人到会,阎宝航主席。举马寅初等 15 人为该会国大代表候选人。

△ 郑州花园口黄河复堤堵口工程与江汉干堤堵复工程均开工。

3 月 30 日 上午 9 时,参政会举行第十四次大会,讨论第五审查委员会有关教育文化之审查报告,通过教育提案 37 件。下午续开第十五次大会,通过教育报告之决议,以及有关社会、司法行政、善后救济及卫生等提案 63 件。

△ 下午,政协综合小组及宪草审议委员会举行联席会议,就国府委员名额、国大代表人选及行政院与立法院之关系诸问题进行磋商。王若飞代表中共代表团声明:鉴于政府四项诺言迄未切实实行,国民党二中全会违反政协决议的混乱情形尚未澄清,宪草修改原则之事端亦未解决,在此种情况下,中共目前实无提出国府委员名单之可能。

△ 军调部石家庄执行小组政府代表胡屏翰、中共代表陶希晋、美

方代表董瑞波连日开会。是日达成停止冲突、恢复交通、物资交流、难民还乡等项协议。其中停战协定规定：绝对禁止军事调动；任何运输站不得运输军队及军火。

△　军调部东北执行小组美方代表白鲁德偕第二十七、二十八、二十九、三十四执行小组政府代表及美籍代表离北平飞东北，是日抵锦州，会晤东北行营主任后，续飞抵沈阳。31日，访东北保安司令长官部沈阳指挥所主任彭璧生、沈阳市长董文琦。

△　中共代表廖承志、政府代表皮宗石偕东江纵队政治委员林平飞抵广州，贯彻军事三人小组关于广东问题之决定。4月1日，东江问题达成协议。

3月31日　上午，参政会举行第十六次大会，讨论内政、地政、蒙藏、交通、农林、水利等提案之审查报告。是日通过议案99件。下午续开第十七次大会，通过《撤销边区政府》、《取消中共解放区之特殊组织》及《东北局势日趋严重，拟请政府采取有效措施，以保国权而维民命案》等七项决议。

△　美国允诺再为国民政府方面运兵五万到东北，使国民党军用美机运到东北的兵力超过整军方案，中共代表周恩来对此提出严重抗议。并在次日与美方代表吉伦会谈中强调指出，在政府军在东北已有七个军的情况下，美国仍应允再运四个军去东北，对东北停战是个威胁。

△　下午，中国驻日本代表朱世明将军抵东京，范惠尔将军代表麦克阿瑟将军在厚木机场欢迎。

△　中国学术工作协会成立，侯外庐主席。通过会章，举郭沫若、侯外庐等45人为理事，并发表宣言。

4　月

4月1日　上午，国民参政会举行第十八次大会，161人出席，吴贻芳主席，蒋介石到会致词，声称："东九省之非法组织，政府决不承认"，

"东北军事调处只能在不影响行使国家行政权力的前提下进行",公开推翻东北停战协议和政协决议。大会通过财政、经济议案 30 件,军事、国防议案 21 件。下午参政会举行第十九次大会,李璜主席,通过内政、地政、善后救济、蒙藏、司法、行政等提案 23 件;通过呈请政府明令定都北平案。是晚,蒋介石邀宴全体参政员,对参政会与政府"共甘苦共患难"备致赞许。

△　国民政府任命赵太侔为国立山东大学校长。

△　下午,政治协商会议综合小组与宪草审议组召开联席会议,就国民大会职权、组织、任期、会期及与行政院之关系获相当协议。青年党代表陈启天企图取消地方自治,提出省自治法宜经立法院通过,遭中共代表秦邦宪驳斥。13 日,政协综合小组开会决议成立"宪草检讨修正案条文起草组"。

△　外交部为促请保护撤退区内公私财物事致苏联驻华大使馆照会。外交部部长王世杰指出,中国政府接获报告:一、驻在长春法政大学校舍之苏军,于 3 月 21 日撤退时,将校舍纵火焚毁;二、长春飞机场附近之大仓库于 3 月 25 日被苏军爆炸加以破坏。中国政府认为苏军上述行为实与中苏友好同盟之精神不相符合,特请贵大使转电苏联政府电知东北苏军司令部迅予有效制止此类行为,并于苏军自东北各地撤退以前,对于各该地区内之公私财产及建筑物加以切实保护。

△　魏德迈往访宋子文,讨论中国经济建设及整军问题。魏氏提出中国经济建设应着重于铁道、公路、水路之修建,且经济建设计划中之轻工业与重工业,尤应保持适当比例。宋表示完全同意。会后,宋子文宣称,最高经济委员会定最近移沪,由翁文灏暂留沪主持,厘定政府经济政策之实施方案,并规定建设计划之优先顺序。

△　军事三人会议代表廖承志、林平与广州行营代表皮宗阙、美方代表柯夷、米勒等会商东江问题。2 日,三方获得协议,于一个月内将东江南北及北江三地区中共武装人员 2400 人(包括妇孺 300 人)在大鹏半岛集中,由美舰北运烟台。琼崖纵队等其他未决问题另行商议。

△　山东枣庄解围。国共双方协议自即日起,双方部队同时撤退,以枣庄为中心,五公里半径之周围为非武装地区,不得驻扎任何部队。

△　军调部铁路小组政府代表陈麓华、中共代表黄逸峰、美方代表谢尔由北平到济南,会同济南执行小组政府代表涂叙五、中共代表华诚一等飞沧口,转车至高密,召集国共双方负责人商恢复胶济路交通事。3日,铁路小组返济,召集济南、泰安、晏城三小组听取修复铁路报告。4日飞平向军调部报告。

△　长春西部通宵激战,长春苏军司令特洛申科急晤市长董文琦,双方商定三日后了结双方一切未尽事宜。

△　拂晓,新六军第二十二师李涛所部四个团自辽阳沿铁路进犯辽阳西南的首山和鞍山,民主联军被迫自卫,激战竟日,伤亡各 700 余人。

△　空军战斗机八架飞抵延安上空低飞盘旋半小时,进行威吓。2日,重庆中共代表团向政府提出严重抗议。

△　徐谟飞抵海牙,就任国际法院法官。

4月2日　上午,国民参政会举行第二十次大会,通过交通、水利、农林报告决议案多件。大会举林虎、马乘风、孔庚、钱公来、褚辅成、李洽、罗衡、傅斯年等 31 人为该会第四届第二次大会休会期驻会委员。下午参政会举行第二十一次大会,讨论第三特种审查委员会审查报告,对于政协会议与停止冲突等报告之议案,因引起争辩,主席宣布由原审查会召集人进行会外协商。续通过有关财政、经济、粮食等议案 70 余件;通过对施政报告的审查报告。是晚大会闭幕。共通过议案 453 件。

△　行政院院长宋子文、副院长翁文灏于上海中国银行大楼院长办公处复召徐堪、钱大钧、郑介民、吴开先、徐寄顾、刘鸿生等,就粮食供应,"抑制工潮",振兴工业等问题续行商讨。

△　周恩来电中共中央并东北局:照目前情况看,四平街、本溪、鞍山都有失掉的危险,长春也暂难为我所有。我们不如以消灭蒋军为主,守城为次,这样较易争取主动,打得蒋痛,以利谈判。

△ 饶漱石、耿飚、许光达、张经武分别充任东北四个军调执行小组之中共代表。是日四人偕小组成员 40 余人飞抵沈阳开展工作。

△ 陕甘宁边区第三届第一次参议会在延安开幕。3 日,大会举高岗连任正议长,谢觉哉、宋文钦为副议长。

△ 驻意大利特命全权大使于焌吉离上海赴任。

4 月 3 日 国民党中央宣传部部长吴国桢于外国记者招待会上宣布:军政部长陈诚继张治中为军事三人小组政府代表。

△ 政府代表陈诚、美方代表吉伦、中共代表周恩来会谈恢复交通问题。周提出,应恢复一切交通,铁路可以先修,其他水陆交通也要恢复;拆除交通线上一切碉堡特别是国共双方交界地方。并对陈诚坚持保留"保护"交通线的碉堡意见,表示现已停战,没有必要,如果通车了,交通再被破坏即是又有战事。

△ 国民政府令:《陆海空军军官佐官籍规则》着即废止。

△ 第七十一军第六十八师占领营口,第九十四军第五师攻占海城、鞍山、牛庄。

△ 凌晨,北平军警当局以检查户口为名,突然武装包围第十八集团军副参谋长叶剑英的军事顾问滕代远寓所,逮捕李耕涛、李新等五人。与此同时,200 余武装宪警包围了《解放》(三日刊)编辑部及营业部、新华通讯社,将钱俊瑞、姜君辰、杨赓等 29 人及发行科马建民等 10 人捕去。4 日晨,滕代远亲赴北平行营及第十一战区长官部提出严重抗议。同日,叶剑英就此事质问北平市长熊斌,提出严惩搜查者、公开道歉等六项要求。5 日,熊斌下令全部释放。

△ 东北军事代表团团长董彦平以国民政府接收满洲代表之身份,求见东北苏军元帅马林诺夫斯基之参谋长特罗曾科,要求苏军延缓撤退,谓:"中国政府军队来不及接收苏军将要撤退的城市",遭特罗曾科严词拒绝。同日,特罗曾科奉命宣布苏军撤退日期,谓:马帅总部所有僚属 4 月 5 日离长春返国;长春苏军将于 4 月 14 日、15 日撤完;哈市苏军 4 月 25 日撤完;吉林市苏军 3 日至 16 日撤完;齐齐哈尔苏军 4

月 26 日或 29 日撤完,本月 30 日前苏军可全部撤至苏联国境。

　　△　中共东北中央局、民主联军总部以及东满地区铁路员工各界代表万余人举行李兆麟将军追悼大会。彭真、林枫、吕正操等 12 人为大会主席团。

　　△　江苏高等法院在苏州开庭审讯汉奸、汪伪立法院副院长缪斌。

　　△　中央社南京 3 日电称:中国陆军总部审判战犯军事法庭已正式成立,负责审判重要战犯,庭长石美瑜。陆军总部并指定各地军事机关设立军事法庭 14 处,分别审判于各地犯罪的战犯。10 日,第十一战区长官部军事法庭首次公开审理日本战犯丰台警务段分所长岩利春等五人。

　　△　南通军统特务、第一○五师谍报连继续搜捕进步青年,季天择、戴西青、钱素凡、罗镇和相继被捕。是夜 12 时,第一○五师特工人员将以上四人用刺刀刺死后投入江心。

　　△　成华大学在重庆成立,是日举行立校纪念典礼,该校董事长邓锡侯出席并讲话。校长为王兆荣。

　　4 月 4 日　第七十一军、新一军及辽南第一九五师分别占领昌图、法库。

　　△　周恩来就国民党破坏政协决议煽动内战事举行中外记者招待会。会上,周恩来列举事实,指出国民党内顽固派破坏和平、曲解停战与交通协议以及整军复员方案,并郑重声明:如此种种破坏活动未能澄清之前,决不可能实现和平、民主、统一、安定的中国,倘政府不以政治协商会议为基础加以改组,则中共决不参加政府。关于美援,周恩来指出,目前美国予国民政府之援助,将增加混乱,延长一党专政,中国人民与共产党并不欢迎此项援助。

　　△　东北民主联军总司令林彪抵四平街,同日并电中共中央和东北局,表示"集中六个旅的兵力拟坚决与敌决一死战"。

　　△　军事委员会委员长西北行营主任张治中飞抵迪化。5 日与伊宁人民代表阿合买提江等三人就军队改编、伊宁参加省府名单等问题

再行正式磋商。

　　△　驻美大使魏道明致电外交部,报告美国副国务卿艾奇逊关于美国对华贷款之声明,略谓:美国"进出口银行董事会决定,准备 1947 年 6 月 30 日以前,贷给中国政府机关及私人企业信用贷款总数五亿美元,作为在美购买物资、装备及雇用服务人员之用,俾协助中国经济之复兴与发展"。

　　△　暹罗访华代表团结束历时 40 天的访问,是日飞抵昆明,5 日自昆明飞返本国。

　　△　远东国际军事法庭特派审判官马鲁奉命自东京飞抵南京,调查南京沦陷时期日军大屠杀之详情。

　　△　教育部公布国立学校迁校办法。

　　△　中央社兰州 4 日电称:甘肃灾情惨重,仅皋兰县 13 万人口中,赤贫无依、流离失所、掘食树皮草根者居 10 万人以上。甘肃各界紧急呼吁"联总"物资需大量运甘,并请豁免驻军之补差价及严禁就地征发,以苏民困。

　　△　北平中小学教职员工要求增薪,全体罢教。5 日,中小学教职员工联合招待新闻界,呼吁各界声援,同时于会上发表声明,略谓:"课毕归家,则老者呻吟,幼者号泣,点金乏术,告贷无门,请求一饱,决无苛求。"10 日,上海交通、复旦、同济、临大等国立大学教授以生活困苦举行联席会议,决议通过即日罢教。

　　△　中国战区美军司令魏德迈自沪乘飞机返国述职,其职务由吉伦将军代为执行,由参谋长麦特辅助。临行前,魏德迈在沪举行记者招待会,宣布中国战区美军司令部将于 5 月 1 日起改为驻华美军司令部,仍设上海,美军人数将大量减少;又谓在华美军数已由 6.5 万人自本月份可减至 5000 人,美海军陆战队在华北之数额,亦自 5.3 万人减至 3.4 万人。

　　△　香港政府正式宣布停筑屏山机场,并成立特别补偿委员会,补偿该地居民因筑机场所受之各项损失。按:香港政府以《江宁条约》及

《中英展拓香港界址专条》为由建筑九龙屏山机场,该场侵占农田一万亩,迫使1.2万余人流离失所。经九龙居民群起抗议,中国政府多次交涉,香港政府被迫妥协。

4月5日　长春苏军大量撤退。6日上午苏军总部马林诺夫斯基元帅偕总部人员分乘专车赴哈尔滨返国。

△　东北保安司令部移至沈阳办公,是日熊式辉、范汉杰由锦州飞抵沈阳。东北保安代司令郑洞国偕赵家骧亦专车到达沈阳。

△　周恩来电中共中央,提出解决东北问题之方针,略谓:东北应准备大打,决勿幻想国方让步。关内,国方重在蚕食、封锁与破坏,我拟进一步揭穿之,将关内问题与东北问题联系起来解决。同日,中共中央复电同意周恩来对情况的估计及其所提的应付方针。

△　中共代表周恩来致美方代表吉伦备忘录,就北平40余人被捕和执行小组中共代表在沈阳机场被扣事提出抗议。并在同吉伦会谈时指出,中共军队是在停战令发布前于遭到进攻的情况下被迫进入苏军撤走的一些地方和原来伪军占领的铁岭、四平、昌图的。现在国民党军要接收,必须经过协商。

△　重庆中共代表团就北平当局无理逮捕新华社、《解放》(三日刊)工作人员和滕代远公馆被非法搜查一事向国民政府提出严重抗议。

△　西藏出席国民大会代表扎萨普嘛图丹桑批等八人飞抵南京。

△　联合国善后救济总署理事会主席蒋廷黻于纽约会晤美国副国务卿艾奇逊,吁请美国急速援助中国解决粮食问题。

4月6日　国民政府特派郭忏为军事委员会委员长武汉行营副主任。

△　毛泽东电令林彪保卫四平街,指出:"希望你所在四平方面,能以多日反复肉搏战斗,歼敌北进部队的全部或大部,我军即有数千伤亡,亦所不惜。""在当前数日内,争取四平、本溪两个胜仗,则是关键。""上述两仗如能打胜,东北局面即可好转。"

△　军调部济南执行小组政府代表涂叙五、中共代表邝任农、美方

代表雷克以鲁境小冲突仍未停一事,致电国共山东司令官、军长王耀武、陈毅,要求双方遵照军调部和字六号命令,严饬所属,立即停止冲突,停止构筑工事,停止封锁政策,停止逮捕人员。

4 月 7 日　延安《解放日报》就蒋介石在 4 月 1 日参政会上的演说发表《驳斥蒋介石》的社论,指出:"蒋介石报告的真正'要点',是两个:一是撕毁东北停战协议,重新向全国宣布大规模的内战;一是撕毁政治协商会议决议,重新向全国宣布独裁,并企图经过国民大会,使这个独裁得以宪法的形式加以确定。"重庆《新华日报》全文转载。

△　湖北高等法院以通谋敌国反抗本国罪行判处伪汉口市长石星川死刑。

△　本溪周围激战,第五十二军以一师兵力进逼本溪,新六军第十四师策应,与东北民主联军激战两昼夜。9 日,第五十二军、新二十五师、新六军第十四师全部溃败,副军长郑明、新二十五师师长刘世懋毙命,伤亡团长以下官兵 1800 名,被俘 700 人。民主联军缴获美式武器轻重迫击炮 10 余门,轻重机枪 60 余挺,步枪数百支。

△　新一军第五十师、新三十八师沿长春路向四平街方向发起猛烈进攻,民主联军坚守四平顽强抵抗,新三十八师全部溃败,伤亡营长以下官兵 1300 余人。

△　中国民主运动协会于重庆新生活俱乐部举行成立大会,大会通过会章、宣言及选举理、监事,宣言要求"整饬内政挽救危机","政令军令必须统一,反对秘密外交"等。

△　平汉铁路一〇一次列车自郑州南下,出武胜关百余里处发生覆车事件,九辆车厢出轨,死亡 33 人,伤 19 人。

4 月 8 日　蒋介石在重庆接见美国合众社远东经理伏恩,谓"联合政府可于数周之内组成",并诡称:俟中共提出国府委员人选后,始能成立联合政府。蒋对伏恩表示:希望美国继续维持其对世界之"有力量与有决断的领导地位"。关于中国国内的现势,蒋谓:"中国经济恢复之速度,与美方供给品到达之迟早,极有关系。"

△　国民政府令：《惩治盗匪条例》施行期间，自是日起再展限一年。

△　新一军所部第五十一师、新三十八师连日猛犯四平未逞，是日集中五师兵力复向四平扩大其推进攻势，以第七十一军第八十七师、第九十一师自法库向四平西南重镇八面城急进，以昌图新三十师北上增援策应新一军，与民主联军于四平西南 30 公里的大洼一线展开激战。

△　中共中央委员王若飞、秦邦宪及新四军军长叶挺，由重庆飞返延安途中，飞机于山西省兴县黑茶山触山失事，不幸牺牲。同机遇难者尚有中国解放区职工联合会筹备会主任邓发及叶挺夫人李秀文等 17 人。

△　哈尔滨苏军自黑河、绥芬、满洲里三路撤退。哈市市长杨绰庵是日发表声明，称："日昨曾与共军负责人晤谈，双方表示决依政府指示以和平原则解决一切问题。"

△　江苏高等法院宣判汉奸、汪伪立法院副院长缪斌以通谋敌国、图谋反抗本国罪处死刑。

4 月 9 日　上午，行政院举行第七三九次会议，更换湘、鄂两省主席及改组绥远政府。决议湖南省主席吴奇伟、湖北省主席王东原免职，任命王东原为湖南省主席，万耀煌为湖北省主席；任命傅作义为绥远省主席。同日，国民政府明令公布。

△　蒋介石偕蒋经国飞抵贵阳视察。

△　东北行营及各省主席在锦州集会，商讨东北接收及各省府组织问题。

△　周恩来电中共中央转东北局：三人小组到沈阳后可先提出：一、停止冲突；二、停止运兵到东北；三、国民党军退出 3 月 27 日以后攻占的地区。

△　联合国善后救济总署发表中国灾情调查报告，略谓："战争造成中国空前严重的饥荒，19 省人民已有 3000 万濒于饿莩境地，湖南省 2300 万人民中，有 700 万人嗷嗷待哺或不久于人世，数百万人日食草根树皮沙土以苟延残喘。"

△ 法国内阁会议通过废止《中法协定》。

4 月 10 日 下午 5 时,民盟宴邀国共双方代表,就东北局势交换意见,建议双方立即下令停战数天进行商谈,使东北政治问题得到解决。中共代表指出:政府军队于 3 月 27 日后攻占中共七个城市,故必须立即停战,坚决要求彻底实行 3 月 27 日三人小组之三项协定,主张先行停战,再商谈一切。政府代表坚持先行"接收",然后才能停战商谈其他。

△ 上午,蒋介石视察贵州省政府及国民党黔省党部;下午,视察贵州大学,对该校千余名师生训话,勖勉全体师生刻苦耐劳,建设三民主义的新贵州。

△ 立法院通过修正《国民大会组织法》,凡 20 条,并于 17 日公布施行。

△ 参谋总长兼陆军总司令何应钦乘专车赴沪视察京沪沿线防务及各地接收敌伪仓库情形,旋对记者发表谈话称:京沪国军将于视察后开始整编。是日上午抵镇江检阅驻军第五十七师,下午抵常州视察第四十九军军部,抵无锡视察绥靖区司令部,并对记者宣称:决不承认东北非法机构。

△ 军调部发表第二十二号联合公报:军事三人会议代表秦德纯(政府代表)、吉伦(美方代表)于是日下午 2 时飞抵北平,至军调部商谈赴东北调处问题,视察东北之行,或将延缓。

△ 军调部济南小组三代表抵高密,商讨胶济全线修路具体办法。

△ 中共华中第一军分区致军调部淮阴执行小组美方代表邓克备忘录,斥责政府军队不顾和字第六号命令,向南通、如皋、泰兴、靖江中共驻军防地猖狂进攻,先后侵占小海镇、袁家圩、陈家桥、刘桥、兴仁镇、大生桥等地,要求立即制止国民政府的军事蚕食行动,退回原地。邓克允将备忘录转达第一〇五师当局。

4 月 11 日 行政院颁订《中央党政机关还都办法解释及补充》,凡六条。

　△　蒋介石在贵阳检阅青年军第二〇五师,贵州省主席杨森、青年军军长刘安琪、第二〇五师师长胡素等人随行。蒋于检阅毕后发表讲话,谓:"青年远征军的责任,在实行三民主义,完成国民革命,建设我中国为一个自由平等独立的现代国家"。"望我全体官兵,认清自己责任的重大……不辜负我们从军报国的初衷。"

　△　下午 1 时,东北军事代表团团长董彦平偕团员邱楠等,与苏军参谋长特罗曾科中将在苏军总部会谈,就国军运输及各主要城市治安问题达成谅解。关于溥仪引渡问题亦获具体协议。

　△　为纪念较场口"二一〇"血案,李公朴、施复亮、黄次咸、王葆真、曹孟君、史良、黄洛峰等 50 余人成立"二一〇"社,致力民主运动。

　△　联合国善后救济总署宣布:中国迄今收到之救济供应物资共 9.8148 万吨;本年三个月内,共有货船 19 艘已于上海交卸,且有 13 艘正在该地卸货,尚有货船 98 艘正在赴华途中,此类货船载有火车头、货车及小麦、肉类、牛奶、罐头等食品。

4 月 12 日　国民政府令:兹指定河北、山东、山西、云南、西康、青海、新疆、热河、察哈尔、绥远、辽宁、安东、辽北、兴安、吉林、黑龙江、嫩江、合江、松江、台湾、南京、上海、北平、天津、青岛、大连、哈尔滨 27 省、市为《非常时期违反粮食管理治罪暂行条例》实施区域。前经明令指定之四川、湖南、江西、贵州、广西、甘肃、安徽、陕西、河南、广东、福建、浙江、江苏、湖北、宁夏、重庆 16 省、市仍应继续实施。

　△　是日至 21 日,国民政府公布《公司法》,凡 10 章 361 条,规定公司分为无限公司、两合公司、有限公司、股份有限公司、股份两合公司五种。同日,明令废止十八年 12 月 26 日公布、二十年 7 月 1 日施行之《公司法》及二十年 2 月 21 日公布之《公司法施行法》暨二十九年 3 月 21 日公布之《特种股份有限公司条例》。

　△　国民党中常会决定 9 月 9 日(按:系日本签订降书之日)为胜利纪念日,并决议停止 9 月 18 日及 7 月 7 日举行纪念仪式。

　△　蒋介石举行茶会招待贵阳绅耆,到 200 余人,蒋介石致词指

示：一、发展民众卫生，以增强人民体格；二、造林植树；三、提高文化，尤其要提高苗胞之文化。

△　陆军总部第二处处长曹士澂少将向记者称，我国战区日侨、日俘 205 万人，遣送已达 136 万人。现我国内，东北除外，尚有日人 69 万人决于 6 月底遣毕。

△　苏州江苏高等法院正式判处汉奸陈公博死刑。

4 月 13 日　国民政府令：程潜专任军事委员会委员长武汉行营主任。

△　政协综合小组开会，孙科主席，就宪法草案中行政院与立法院关系一项达成三点协议。国民政府改组中之国民大会代表名额扩充案，国共意见不一，未果。

△　周恩来在重庆记者招待会上发表谈话指出，东北局势已发展成为内战状态，再次抗议美国输运国民政府军队往东北。声明东北民主联军有充分权利接防东北主权，接防苏军撤退的城市。

△　军事委员会发布青年军复员命令，规定青年军各师及拨入其他军师、宪兵教导团、辎汽团内之知识青年志愿兵，除有任务者应延期至任务完毕，交通恢复，再行复员外，其余统着于本年 5 月底经考验后结业复员。军事委员会为办理青年军复员事宜，特成立青年军复员管理处，陈诚兼处长，彭位仁、蒋经国、邓文仪为副处长。

△　首任驻阿根廷特命全权大使陈介向阿根廷总统法勒尔递呈国书。

4 月 14 日　长春苏军城防司令卡洛夫率领最后一批苏军北撤，上午 10 时，长春防守司令陈家珍、副司令刘德摩正式就职，同时宣布接收长春全市防务，并张贴布告宣布是日 10 时起全市临时戒严。戒严期间执行停止集会、结社自由；检查新闻、邮件、电报、出版物；检查旅馆、公共出入场所及可疑之私人住宅等六项决定。下午 3 时，陈家珍首次招待中外记者，报告长春防务及民主联军进攻情形，略谓"长春周围受共军压力甚重，本人决尽全力保卫长春"。晚 7 时，陈家珍向市民发表广播演说,宣布"誓死保卫长春"之决心。

△　军调部发布第二十三号联合公报:军事三人小组政府代表秦德纯、中共代表罗瑞卿、美方代表吉伦于今晨飞赴沈阳视察,以期获得关于东北之直接情报,俾于马歇尔返华时,立即交呈。北平执行部政府委员郑介民、中共方面陈士榘(代表叶剑英)、美方委员罗伯逊同行。

△　中共代表团周恩来、董必武、吴玉章、陆定一、邓颖超就北平国民政府当局蓄谋查封中共北平机关报《解放》(三日刊)事函告王世杰、邵力子、张群、张厉生,请转饬北平政府当局,实践保障人民自由诺言,制止此种侵犯言论自由的行为,停止查封。

△　中国国民党民主促进会成立,李济深任主席,李未到任前由蔡廷锴代理。

4月15日　蒋介石为谋求国民大会如期召开,是日亲邀政协会综合小组各会员茶叙,要各党派于本月20日前提交国府委员和国大代表名单,周恩来、张君劢、王云五、陈启天先后发言,希望指定专人进行协商,当即由蒋介石指定邵力子、张群、张厉生及雷震四人为政府代表负责协商。

△　国民党中央常会选出叶实之、何兆麟、蒋经国等71人为国民大会国民党党员代表。

△　财政部公布《公有土地管理办法》,凡19条。

△　延安中共中央隆重举行追悼"四八"遇难烈士王若飞、秦邦宪、叶挺、邓发大会,毛泽东、朱德、刘少奇、任弼时等15人为大会主席团。19日,重庆各界追悼"四八"烈士,中共代表周恩来、董必武、吴玉章、陆定一、邓颖超,各党派人士、学生、工人、青年、妇女、文化、工教人员等5000多人参加,孙科主席,张澜主祭,周恩来、孙科、王云五、沈钧儒等陪祭。周恩来报告殉难烈士生平事略。

△　朱德致函第一集团军司令孙渡、第九十三军军长卢浚泉、第六十军军长曾泽生,希望他们发扬滇军护国光荣传统,站在人民一边。

△　法国访华代表团一行14人飞抵重庆,白崇禧代表蒋介石赴机

场迎接。16 日,法国访华代表团团长、法参谋总长余安代表法政府授赠王世杰一等荣光勋章一座,刘锴等五人分别授赠二等、三等、四等荣光勋章。17 日,余安团长偕代表团团员会晤蒋介石,并授赠十字勋章一座。

　　△　美国垦务局为协助中国资源委员会设计长江三峡水利工程(即 YVA 计划),派该局设计总工程师、水利专家萨凡奇于上月来华,勘察三峡水闸坝址,是日抵南京,并对记者谈称,三峡工程对中国的贡献:一、可发电 1056 万千瓦。二、工程完工后,一万吨的船只可由宜昌直达重庆。三、可以防洪。四、可灌溉 1000 多万亩良田。五、宜昌一带的湖沼可变 400 多亩良田。六、每月至少可吸引六万人参观旅游。七、以宜昌为中心,输电区域南至广州,北及郑州,东达上海,西到成都。

4 月 16 日　东北民主联军周保中、曹礼怀、张庆和等部向长春市挺进,15 日夜,民主联军进占长春市郊三处机场,并以密集炮火围攻市区,战斗彻夜不息。是日,国共两军于长春激烈巷战,新六军等 7000 多人被迫龟缩至市中心大同广场、煤炭大厦、中央银行等高大建筑物内顽抗。长春电台与沈阳、锦州、重庆等地电讯联络全部断绝。是晚,援长新一军被民主联军阻于四平。

　　△　东北民主联军保卫四平的战斗历时 33 天,是日于四平以西八面城西大洼反击战中全歼第八十七师。17 日,美机数架低飞四平助战。20 日,四平前线激战不息,国民党军以六师兵力在美式轰炸机配合下向市区狂轰滥炸,落弹两千多发,市郊民房毁伤惨重。

　　△　国民政府派刘敬宜为出席国际民用航空第一届临时大会代表。

　　△　是日至 23 日,国民政府公布《营业税法》《遗产税法》《所得税法》。同日并明令废止《遗产税暂行条例》。

　　△　豫北、豫东国民党军频繁调动,连日集结九军兵力,于平汉路沿线赶修碉堡工事,仅安阳至新乡 210 里路之两侧碉堡达 192 座。是日,军调部新乡执行小组中共代表黄镇飞抵北平,向执行总部要求迅速

派人前往调处。

4 月 17 日　军调部发布第二十四号联合公告,宣布:美国总统特使马歇尔即三人小组美方委员,已于今晨偕其夫人抵北平,将其离华期间所发生之事件检讨完毕后再行返渝,参加三人小组会议。公告并谓军事三人小组中共代表周恩来将军之代表罗瑞卿参谋长及陈士榘少将已于今晨飞返重庆,美方代表齐兰中将尚留北平,将与马歇尔一同回渝。

△　行政院修正通过《财政部管理银行办法》,凡 27 条。同日,财政部令:《非常时期管理银行暂行办法》着即废止。

△　教育部公布《留学生考试办法》。该办法规定本年考区设在南京、重庆、北平、西安、武汉、广州、昆明七处。并规定无论公、自费留学生,均须经过留学生考试合格方可出国留学。

△　行政院善后救济总署河南分署署长马杰由开封抵南京,对报界发表谈话称:"河南迭遭黄泛旱灾、兵燹蝗灾之结果,现已田园荒芜,十室九空,难民达 820 余万人,亟待救济。"

4 月 18 日　东北民主联军解放长春,生俘市长赵君迈、秘书长张大同等 30 余人,城防司令陈家珍负重伤,副司令刘德溥毙,其余官兵伤亡 4000 余人。

△　晚,蒋介石夫妇于重庆林园官邸宴请法国访华代表团长、法参谋总长余安将军以及代表团全体团员,席间蒋介石授赠余安以大绶云麾勋章并致赞词,并再次授赠法驻华梅里霭大使大绶景星勋章。

△　东北保安司令杜聿明病愈,飞返沈阳重主东北军务。

△　军事委员会与行政院联合颁发《收复区敌伪产业处理办法》,凡八条。

△　何应钦就遣送日俘、日侨事招待新闻界,略谓:"截至本月 18 日止,陆军总部已运走日俘 80.5551 万人,日侨 80.9932 万人,剩余日侨日俘 60.9 万余人,可于 6 月底遣送完毕。"

△　美国总统特使马歇尔携夫人自平飞渝。

4 月 19 日   国民政府特派商震为盟国对日委员会中国代表兼中国驻日本代表团团长。

△   国民政府明令褒扬私立金陵大学前校长、美籍福开森博士。

△   行政院例会决议设立"行政院执行决议案检讨委员会",以切实执行国民党全国代表大会、中常会、参政会、国民大会等对该院有关之决议案。

△   中共中央电林彪、彭真并转周恩来等,其要旨为:传令嘉奖占领长春有功将士;用全力夺取哈尔滨、齐齐哈尔两市;用全力发动长春、哈尔滨、齐齐哈尔三市及哈齐线东西两侧各 200 里左右地区的数百万群众,帮助他们组织起来与武装起来,作为控制全满之中心区。迅速准备一切,为保卫长春而战。同日又电令重庆中共代表团:"如国、美要求我让出长春,请断然拒绝。"

△   重庆卫戍总司令部布告严令禁止游行请愿,否则以"防害治安论罪"。

△   援长新一军抵公主岭,谋求再度争夺长春。

4 月 20 日   国民政府明令公布江苏、浙江、安徽、江西、湖北、湖南、四川、西康、山西、河南、陕西、甘肃、青海、福建、广东、广西、云南、贵州、绥远、宁夏、南京、上海、青岛、西京 24 省、市区域及职业团体国民大会代表名单,共计 781 人。同日又公布国民大会自由职业团体代表名单,计 52 人。

△   重庆国民党中央党政各部纷纷还都南京,是日组织部长陈立夫、宣传部长吴国桢、财政部长俞鸿钧、中央文委主委张道藩于下午飞抵南京。行政院定于 25 日起在南京正式办公,规定各省、市公文自 25 日起径寄南京,中央各部则于 28 日起在南京办公。

△   国民政府特设"中央党政军机关留渝联合办事处",军事委员会副参谋总长朱绍良为主任。

△   中共中央电令东北局及林彪保卫长春:"长春防御工事一概保留,准备于必要时把长春变为马德里。"指示"南满部队速调一部北上,

交林(彪)直接指挥作战"。

　　△　晨,鄂省第七十二军新十三师由麻城分兵两路偷袭新四军防地界岭、周家河等数处及黄安、黄陂、经扶、商城、麻城的无数村庄,开始大规模围剿新四军中原军区的主力部队。

　　△　财政部公布《货物税查检验规则》。

　　△　英太平洋舰队总司令福拉塞抵沪。

　　4月21日　蒋介石召集军事幕僚讨论东北战局,军令部部长徐永昌认为,"国军既受运输限制(无问军队,粮弹尤然),更防苏联破脸的助共,我孤军深入,今已为甚,奈何开进"。"今日诚不可再进一步"。

　　△　蒋介石指示熊式辉,在四平街会战中,"国军应彻底集中兵力,一举击破共军之主力"。

　　△　中共代表团向政府代表提交声明:中共从不认可可以孤立解决参加国民政府及国民大会的名单问题,而置政协决议、停战协议、整军方案任人破坏于不顾,尤不认为在内战重新扩大、民主毫无保障的现况下可以参加政府,召开国大。

　　△　中共中央致林彪、彭真《关于保卫长春、哈尔滨的电示》,指示:"南满我军宜多抽调向北,并须兼程开进,以便集中优势兵力歼灭大量敌人(至少三四个师),保卫长、哈。一切决定于战场胜负,不要将希望放在谈判上。"

　　△　中共中央电周恩来,指出谈判中要力争东北停战,东北问题政治解决,力争民主宪法,力争政协决议百分之百兑现,国大和宪草审议问题可放后一步。对国民党应强硬,但不要与美国搞僵,与马歇尔要搞好关系。

　　△　下午,"平市国大代表选举协进会"于北平中山公园音乐堂举行国大代表选举问题演讲会,揭发选举中的舞弊事,主席宣布开会,预先埋伏在会场中的暴徒大肆捣乱,将鸡蛋、砖块狂掷主席台,主讲人陈瑾昆教授的眼镜被击碎,右眼受重伤,数十人遭石头击伤,讲演会遭到破坏,被迫终止。

　　△　粮食部通电全国,指出:"粮荒日臻严重,全国同胞自应一体警惕,特加节约。"通电并颁布办法六项,其中第四项为:"策动社会改变消费习惯。例如向以米面为主食者,尽量配食杂粮。日食三餐以上者,减少次数。日食干饭者,酌改稀饭。各就当地情形,提供推行。"

　　△　人民自由保障会在沪成立,选王晓籁、朱学范为理、监事。

　　4 月 22 日　周恩来同马歇尔会谈,说明中共愿执行 3 月 27 日的指令,而政府军违背指令,武力占领我方七个城市,我方遂也进占长春。他们既不能遵守这些条款,我们只能被迫采取自卫行动。苏军即将撤完,东北已无接收问题,因此不应再有军队调动,东北应无条件停战。并强调说,非实现全面停战,中共不能参加政府。

　　△　苏军撤离齐齐哈尔。

　　△　江苏高院刑事法庭判决陈璧君通谋敌国图谋反抗本国罪,处以无期徒刑。同时以通谋敌国图谋反抗本国罪判决褚民谊死刑。

　　4 月 23 日　蒋介石召见东北保安司令部参谋长赵家骧,要求彻底使用空军助战,设法抽调新六军备用,坚定各军官兵信心;并答应给增调援军。

　　△　中共代表周恩来致函政府代表张群、邵力子、张厉生,对他们 22 日的来函没有对中共代表团 21 日声明所提各点作具体答复表示不满,"似在卸脱责任"。声明:给共产党、民主同盟、青年党、无党派人士按八、四、四、四分配政府委员名额,动摇了三分之一否决权(即 14 名),我方绝对不能考虑;东北内战又在扩大,何能改组政府? 宪草争议未决,何能先开国大?

　　△　国民政府令:政府还都在即,为加速完成西南各省建设及协助复员未定工作,着将二十八年 1 月撤销的军事委员会委员长重庆行营予以恢复设置,原设成都行辕撤销,所有业务归并重庆行营办理,特派何应钦为行营主任。何未到任前,由张群兼任。

　　△　国民政府公布平、津两市临时参议会议长、副议长、参议员、候补参议员名单,谷钟秀、许惠东分任北平市临时参议会正、副议长;时子

周、喻传鉴分任天津市临时参议会正、副议长。

△ 陕甘宁边区参议会一致通过对时局的意见书，要求国民政府实行全国地方自治；停止东北内战，严惩暗杀李兆麟将军的凶手；撤销对边区的封锁，恢复交通，平毁碉堡；释放全国政治犯。大会致电美国政府，要求立即撤走驻华美军，停止运送国民党军到东北扩大内战。

△ 文学家夏丏尊在上海病逝。

4月24日 下午4时，蒋介石再度邀请政协会议综合小组各党派代表及社会贤达茶会，商讨召开国民大会问题，张君劢、周恩来，王云五、曾琦、莫德惠、傅斯年相继发言，周恩来询问蒋对四项诺言保证问题，蒋表示已经在办。各方代表协议：政协原定5月5日召开的国民大会延期。

△ 下午6时，重庆举行陪都各界庆祝国府胜利还都及欢送蒋介石重返南京大会，国府各院、会于右任、戴季陶、周钟岳、吴铁城等及川、康籍国大代表、渝市参议员、各机关团体代表600余人到会，会上渝市地方耆绅致词，蒋介石致答词，赞扬重庆对于抗战胜利的伟大贡献，谨祝重庆日益发展，成为全国模范城市。

△ 国民政府令：原定5月5日召开之国民大会延期举行。

△ 国民政府特派雷震为国民大会筹备委员会委员。

△ 民主同盟机关报《民主报》发表社论，表示除非立即停止内战，否则将不提出参加国府和国大代表名单。

△ 军令部长徐永昌继军政部长陈诚为军事三人小组政府代表。

△ 行政院指令上海市政府组织委员会，清理前租界官有资产及清算官有义务债务事宜，市长钱大钧奉令兼任主委。

△ 西安全城戒严，军警分批奔赴西北大学本部宿舍、各公共场所严密搜查共产党。同日，四川大学教授刘连龙等85人不堪政治迫害，要求改善待遇，于是日起罢教七天。

4月25日 正午，哈尔滨苏军全部撤离哈市。嫩江省主席彭济群、关吉玉、杨畸庵以下各省、市委员、局长、中央接收人员47人，沈阳市长董彦平及代表团员杨作人、朱新民、邱楠等 14 人亦追随苏军撤退。

  △   上午,民主同盟、青年党、无党派人士为谋求东北问题的迅速解决,于重庆再度集会,决定罗隆基、章伯钧与共产党商谈,陈启天、莫德惠与国民政府商谈,征集双方意见后,拟就解决东北问题的折衷方案。

  △   国民政府特派驻秘鲁国特命全权大使保君健为互换中厄(瓜多尔)友好条约批准约本全权代表。

  △   陕甘宁边区三届一次参议会举习仲勋等九人为常驻议员,举林伯渠为边府主席,李鼎铭、刘景范为副主席。28 日,陕甘宁边区参议会通过和平建设计划与复员提案,通过边区地方宪草原则。同时边区政府主席林伯渠及政府委员、各厅厅长宣誓就职,历时 25 天的参议会闭幕。

  △   法国访华团团长余安以荣光大十字勋章赠予何应钦,当日飞赴越南。

  4 月 26 日   民盟代表罗隆基、张君劢会晤周恩来,双方就东北问题交换意见,周恩来再度重申东北应无条件停战。

  △   东北民主联军解放齐齐哈尔。

  △   北平中山公园音乐堂事件发生后,民主人士张君劢、郭沫若、沈钧儒等 66 人特致函陈瑾昆教授、江绍源教授及受伤者表示沉痛慰问,紧急呼吁保障人权,严惩凶手,解散特务组织。

  4 月 27 日   蒋介石于 25 日飞抵成都,告别川中父老,是日公宴成都耆宿绅学及党、政、军、民各首领。陆、空军官学校高级军官、西康省主席刘文辉、川康绥靖主任邓锡侯、四川省党部主委黄季陆等 24 人列会。蒋介石致词,叙及四川在辛亥革命中的历史地位、抗战中的伟大贡献及今后四川“以建设为第一”的努力目标。提出今后三五年内,在交通运输方面,要修成成渝、天成、叙昆、渝筑、川康五条铁路,在电气事业方面,首先完成都江堰大电厂,扬子江水闸亦正在计划中,希望四川同胞以“诚”、“拙”、“实”为自立立人的南针,“来建设新四川,成为我们中国的模范省"。28日上午蒋介石飞返重庆。

　　△　国民政府特派冯玉祥前往美国考察水利事宜。

　　△　国民政府令准免中国出席联合国战犯审查委员会远东及太平洋分会代表王宠惠本职,派刘锴继任;派刘秉文为中国出席世界粮食紧急会议代表。

　　△　国民政府令:增订辽宁、安东、辽北、吉林、松江、合江、黑龙江、嫩江、兴安等九省为《边远省份公务员任用资格暂行条例》适用省份,其施行期间,并与新疆等省至三十七年(1948)1月10日同时截止。

　　△　美方代表与中共代表周恩来会谈东北问题,马歇尔征求对接替陈诚人选的意见,周表示:既能代表蒋介石,又确愿把事情办好。徐永昌是好人,但不能代表蒋,陈能代表蒋,但太冲动从事。

　　△　衡阳、长沙、上海米价暴涨,宋子文急召徐堪、钱大钧商讨对策。

4月28日　蒋介石在重庆会见美国总统特使马歇尔,商谈东北停战问题。

　　△　东北民主联军和平解放哈尔滨,市民10万余人夹道欢迎。

　　△　四平外围战斗激烈。第五十二军第一九四师、第六十七军第一八二师、新一军新三十八师、第五十师等七师兵力三面迂回弧形包围四平,民主联军坚守四平顽强抵抗。

　　△　国民党军连日从关内源源赶运东北,继续扩大内战。是日第九十九军奉令北调,其先头部队第九十四师全体官兵由副师长刘国光率领自九江抵上海转赴东北。驻昆明炮兵十团于27日启程北上。

　　△　重庆中国经济事业促进会、中国民主宪政促进会等20余团体联合组成之"民主运动联盟",于青年大厦举行成立大会,阎宝航主席。大会发表宣言,并向南通、北平等地血案受害者家属致慰问电;举东北政治建设协会等九单位为理事。

　　△　东北政治建设协会等20团体联合致函马歇尔,提出立即停止东北内战,成立由东北地方人士及各党派参加的东北临时政务机构,美

国必须立即停止运兵东北等五项主张。

4 月 29 日　国民政府公布《土地法》(是日至 5 月 4 日)及《土地法施行法》(是日至 5 月 2 日)。

△　马歇尔同周恩来会谈东北问题,转达蒋介石的解决方案:中共军队撤出长春并由政府军进入;政府军占领长春后,由三人小组考虑军事和政治局势的各项问题,蒋介石建议:一、执行停战令;二、按照 2 月 25 日达成的军队整编协定确定国共双方的兵力;三、政府控制铁路沿线两侧 30 里地带,以重建在东北的主权;四、进一步讨论政治事务。周恩来指出:蒋介石一、不愿承认中共已有的地区;二、凡是能用武力则用武力,只有不得已时才能谈判;三、他是"中央",一切要听他的命令,他只有被迫时才让一点。因此很难协商。

△　民盟提出解决东北问题方案,其要旨为:中共军队退出长春,国民政府只派行政人员和平接收长春,不得派军队进入;国共重开政治谈判,依据政协决议和整军方案的精神解决东北问题。周恩来表示可以考虑,请示延安后决定。马歇尔表示接受,蒋介石坚持打长春。

△　远东国际法庭检察官季楠提出日本主要战犯 28 名之起诉书。28 名战犯名单如下:荒木贞夫、土肥原贤二、桥本欣五郎、畑俊六、平沼骐一郎、广田弘毅、星野直树、板垣征四郎、贺屋兴宣、木户幸一、木林兵太郎、小矶国昭、松井石根、松冈洋右、南次郎、武藤明、永野修身、冈敬纯、大川周明、大岛浩、佐藤贤了、重光葵、岛田繁太郎、白鸟敏夫、铃木贞一、东条英机、东乡茂德、梅津美治郎。

4 月 30 日　国民政府颁布定于五月五日还都南京令。

△　蒋介石于还都在即离重庆飞抵西安。

△　周恩来举行记者招待会,对东北问题发表重要谈话,指出坚持"打下长春,再谈停战"的主张是十分危险的,"早下决心,回头不晚",仍希望协商在南京继续进行。最后宣布中共代表团迁南京后,在重庆设立驻渝联络处,与中共四川省委合署办公,并介绍中共代表团驻渝联络代表兼四川省委书记吴玉章、副书记王维舟等同记者见面。

　　△　美国总统特使马歇尔离重庆飞抵南京。

　　△　美国前总统、美国急赈委员会主席胡佛偕随员七人飞抵上海"视察"中国灾情。

　　是月　中国民主宪政促进会重庆分会林亨元、郭沫若、阎宝航等对南通惨案提出抗议，向国民政府提出三项要求：严惩凶手，保证不再有同类事件发生；由政府进行抚恤；必须切实实行蒋介石的四项诺言。

　　△　上海成立南通惨案后援会，发表控诉书，要求严惩凶手，立刻释放被捕诸人，切实保障他们的身体自由和生命安全，撤销一切特务组织，实行政协决议，结束一党专政。此案直到南通解放，于1949年3月18日经各界人民代表集会控诉后，由南通市军事管制委员会所组织的军事法庭判处凶手姜铁石等八人死刑，当日执行。

5　月

　　5月1日　中共代表周恩来在渝约见军事三人小组政府代表徐永昌，揭露政府当局"围歼"新四军中原军区六万军队之密令，并要求立即停止该命令的执行。徐允电告蒋介石。2日，周续就该事追询徐，徐称已电蒋，尚未回电。

　　△　周恩来在渝电南京马歇尔，指出政府当局已下达"围歼"新四军中原军区之密令，其预定进攻之日期为5月4日至9日，企图在东北未攻占长春以前，突然发动全国性大内战。请马歇尔立即阻止国民政府方面的军事攻击行动。并申明政府如果破坏停战，进攻中原，应负挑动全国内战之责任。同时提议三人小组三方代表同至宣化店监督停战。

　　△　蒋介石西安行辕发言人对中央社记者谈称，关于东北问题，长春共军应先撤退，交还中央接防，才能谈其他问题。

　　△　新六军廖耀湘部向驻本溪之中共辽东军区程世才部发动猛攻，中共军顽强抵抗，打退进攻10余次。3日，廖部攻占本溪。

　　△　中国战区美军总司令部宣布撤销,另组驻华美军总司令部。吉伦、麦克鲁任正副司令。其公告称,至 4 月 30 日止,在华美军官兵已缩减至 4581 人,5 月起将逐月减少,但五项任务尚待完成:一、协助中国军队之整理与训练,由军事顾问团执行之;二、协助中国政府完成敌侨之撤退;三、运载中国军队与配备;四、处理剩余物资;五、完成剩余工作,如坟基登记及追寻失踪美方人员等。

　　△　美国急赈委员会主席、前总统胡佛在上海与粮食部部长徐堪、行政院善后救济总署署长蒋廷黻、联合国善后救济总署署长奥斯特、美国粮食部委员、杜鲁门总统私人代表哈利逊等讨论中国粮食之分配及救济问题。

　　△　军事委员会委员长重庆行营正式成立,张群兼代行营主任。

　　△　中共南京市委成立,陈修良(女)任书记。

　　△　民盟西北总支部负责人、西安《民众导报》主编李敷仁遇害被救。是日,李被国民党特务从西安街头架上汽车,拉至咸阳西北枪杀,李中弹未死,为当地农民救护。李于 7 月 17 日抵延安,29 日电罗隆基转民盟中常会,陈述遇难经过,请诉诸全国公论。

　　△　民盟中常委、西北总支部主任委员杜斌丞在西安主办的《秦风·工商日报》(联合版)营业部被国民党特务捣毁。3 日,该报被迫停刊。

　　5 月 2 日　蒋介石偕宋美龄由西安飞抵汉口,即召见武汉行营主任程潜、副主任孙蔚如、郭忏、湖北省参议会议长何成濬、省府主席万耀煌、省党部主委方觉慧等党、军、政要员听取湖北地方情况。蒋过新乡曾召见豫北将领(内有伪军将领庞炳勋、孙殿英等),下达 5 月 5 日至 9 日围歼中原部队的密令,号召他们"雪耻自强,扫荡反动派共产党"。

　　△　国大联谊会在南京举行国民大会准备会议,到国大代表 234 人,呼吁国大如期召开。

　　△　《和平日报》报道,军事委员会规定现役军官佐限龄:一级上将 62 岁,二级上将(上将衔)60 岁,中将 56 岁,少将 52 岁,上校 46 岁,中

校44岁,少校42岁,上尉40岁,中尉38岁,少尉36岁,准尉34岁。凡现役各级官佐服现役至上列规定年龄时,即核予退为备役。

△ 美国粮食部委员、美总统杜鲁门私人代表哈里逊从上海赴各地视察粮荒情况,是日抵天津,3日到北平,6日到汉口,8日到开封,11日到衡阳,13日到广州,16日到南京,旋返美国。

5月3日 蒋介石由汉口飞抵南京。同日,蒋在京举行茶会招待美国前总统胡佛。

△ 国民大会准备会议开第二次大会,到165人,议决请政府迅即召开国大,并以此意致电蒋介石。

△ 中共政协代表团周恩来、邓颖超、陆定一由重庆飞抵南京。晚,周恩来招待中外记者,重申中共对时局之态度:在东北应首先实现无条件停战,再谈其他问题。并指出国共谈判重开时,应首先协议停止中原内战,以免牵动全局,发展成全国内战。

△ 中共南京局成立,下设外事工作委员会。6月在上海马思南路107号(今思南路73号)设立中共代表团驻沪办事处,对外称"周恩来公馆"。

△ 民盟主席张澜由重庆返成都,行前对记者谈,民盟日内将派代表赴京,协同调解东北之国共冲突。

△ 胡佛离上海飞往朝鲜汉城(今韩国首尔)。行前对记者谈赈粮,谓:"中国无论需要如何之大,目前所有运输工具每月仅能运输粮食20万吨而已,本人鉴于运输上之限制,深觉无须亲赴灾区视察。"

△ 东北苏军全部撤出中国境内(大连除外)。

△ 联合国九国法官组成的远东国际军事法庭在东京开庭,对东条英机等28名日本甲级战犯进行审判。中国法官梅汝璈、检查官向哲濬出庭。

5月4日 周恩来访马歇尔,提出欲解决东北问题,应先解决中原问题。同日,徐永昌由重庆抵京,三人小组会议复会,就调处中原战事达成协议:三方代表5日赴汉口,作初步调处,再赴宣化店视察。

△　马歇尔向徐永昌提出解决东北问题之计划:中共军撤出长春,在长春设立军调部前进指挥所,以维持治安。由政府任命一名市长,组织地方保安队。8日,马向蒋介石的联络人、交通部长俞大维重提该计划,并建议规定政府军在六个月左右的期间内进入长春。

△　中共中央发出《关于清算减租及土地问题的指示》,肯定农民的土地要求,批准农民在反奸清算、减租退租中从地主手中获得的土地合法化。指出:"如果我们能够在一万万数千万人口的解放区解决了土地问题,就会大大巩固解放区,并大大推动全国人民走向国家民主化。"要求各地党委必须认识解决土地问题是党目前最基本的历史任务。

△　九三学社是日在重庆成立。褚辅成、许德珩等为发起人。宣言声称:"愿本'五四'精神,为民主与科学之实现而努力。"主张立即无条件停止东北及中原的内战,一切问题概以和平民主方式解决,在国民政府未根据政协决议改组前,美国不应有援助中国任何党派之行为。

△　至是日止,四川省呈报旱灾之县已达53个,省府请中央即拨赈款10亿元。

△　《中央日报》报道,行政院工程计划团已与美国马立森克努公司订立合同,实施长江三峡水利工程之萨凡奇计划,将在宜昌附近筑一大坝,使大轮直通沪、渝,利用长江水力发电,扩大农田水利。

△　青年党机关报《中华时报》在上海出版。

5月5日　蒋介石率党、政、军要人在南京中山陵举行还都大典,与会者万余人。蒋率领党、政、军、民恭谒中山陵寝,并由张道藩委员宣读告文。读毕,蒋致训词,谓:"今日沈阳虽已收复,而东北整个的行政与主权的完整,还需要我们全国同胞为国家,为民族,精诚合作,继续努力奋勉,来保持我们最后胜利光荣的战果。"今后一致的建国方针是:"一、要戒浪费;二、要尚节约;三、要明礼义;四、要知廉耻;五、要负责任;六、要守纪律。"下午4时,蒋介石夫妇于国府礼堂举行茶会,招待外宾。到马歇尔将军夫妇及各国驻华使节,以及我各院、部、会首长、中共代表等共400余人。晚8时,蒋介石亲临中央广播电台,在还都大典所致训词,复向全国军民广播。

　　△　是日为 1921 年孙中山在广州建立革命政府之纪念日暨国民政府还都南京,上海、北平、天津、汉口、武昌、青岛、南昌、广州、成都、太原、开封、济南、西安、宁夏等全国各地及越南侨胞,均举行庆祝国民政府还都及纪念革命政府成立大会。

　　△　周恩来、徐永昌由南京抵达汉口。同日,马歇尔的代表、军调部执行处美方处长白鲁德偕新派光山临时执行小组从北平抵汉口。三方代表听取汉口第九执行小组报告,紧急商谈调处中原战事,议定三方代表赴宣化店中共中原军区实地视察。6 日,周恩来、白鲁德及徐永昌的代表武汉行营副参谋长王天鸣前往宣化店。

　　△　中共中原军区就国民党发动对中原军区六万余部队之围歼阴谋事发表严正声明,指出国民党当局已调动第七十五、七十六、七十二、六十六、十八、十五、十、四十一、四十七、六十九、八十四军共 26 个师,30 万兵力向中原军区围攻,呼吁全国人民努力制止内战爆发。

　　△　民主促进会、民主同盟、民主建国会等 52 个团体在上海成立上海人民团体联合会,提出停止内战、实行政协决议、建立联合政府等17 项主张。并一致反对上海官办的“人民自由保障协会”。选出马叙伦、林汉达、周建人、许广平、沙千里等 29 人为该联合会理事。

　　5 月 6 日　蒋介石在京主持召集国民党中常会及国防最高委员会举行联合谈话会,讨论当前经济情况、公教人员待遇问题、还都各机关和职工房屋问题,分饬各主管机关限期拟报具体办法。

　　△　国民大会筹备委员会主任委员邵力子招待来京之“国大”代表,宣布“‘国大’延至秋凉后举行”。

　　△　蒋经国应约与苏联驻华武官罗申会谈后,向蒋介石报告斯大林有意邀请蒋介石访问莫斯科。蒋介石决意拒绝,于 5 月 8 日让蒋经国婉告罗申。

　　5 月 7 日　蒋介石招待来京之 200 余名“国大”代表,各代表要求蒋如期召开“国大”,蒋答:“国大”将于东北统一完成之时召开,决定延期系出于政府"尊重民意",绝不是因受各党派的压迫。"国大"延期而不定期,亦为本人之坚决主张,因不愿再授各党派以把柄。

△ 《新华社》在延安公布,自 1 月 10 日停战令下迄今,政府当局正在紧张地非法调动军队,布置全国大内战。已查明:一、苏皖、山东方面调动九个军 21 个师;二、鄂豫方面调动五个军 12 个师;三、豫北、陕西方面调动九个军 20 个师;四、广东方面调动三个军九个师;五、东北、热河方面调动 10 个军 28 个师。非法调动的兵力达 100 万人以上,正进迫各解放区,新的全国大内战已迫在眉睫。

△ 国民政府特任李铁铮为驻暹罗国特命全权大使。

△ 行政院通过严禁公务人员不正当娱乐案,规定公务员有下列行为之一者,一律撤职,长官知情而不处置者,应予惩戒:一、涉足备有舞女之舞场或其他不正当场所;二、招致妓女、舞女、歌女陪席。

△ 美国第十四航空队队长陈纳德拟在华组织航空运输队未果,是日离沪回国。

5 月 8 日 周恩来、王天鸣、白鲁德一行抵宣化店视察,中共军中原军区司令员李先念报告,自 1 月 10 日停战令发布以来,国民政府军调集 11 个军 26 个师包围封锁,先后挑衅进攻 240 多次。同日,三方代表返汉与徐永昌会商。同日,汉口第九执行小组新成立的附属小组(亦称光山小组)由汉口抵达宣化店。9 日,周、白、王三人由宣化店返回汉口。

△ 西南联大教授华罗庚在莫斯科讲演《中国的数学研究》,苏联数学研究所所长称华的成就已达世界第一流水平,其科学成就不亚于西方国家。

△ 联合国善后救济总署宣布:中国重灾 18 省,营养不良者达3300 万人,在饥饿线上挣扎者 700 万人。

5 月 9 日 何应钦在南京陆军总司令部答记者称,军事委员所属军令部、军政部、军训部后勤部、政治部及参谋本部于 15 日结束,陆军总司令部于月末结束,成立国防部,直隶行政院,最高统帅权属于国家元首。何又指责中共军不遵停战令,自1月14日至4月底止,共军违停令,"攻击国军三百九十三次,破坏交通六十九次,攻占城镇九十二处,劫夺物资三十三次"。

△ 美国陆军参谋总长艾森豪威尔上将视察太平洋地区之美军,是日由菲律宾飞抵南京。何应钦、陈诚等前往迎接,蒋介石设宴款待。艾森豪威尔召集在京美军官训示,饬其协助中国完成和平统一工作。同日,艾离京抵上海。10日,离沪飞往东京。

5月10日 周恩来、徐永昌、白鲁德在汉口签订关于调处国共双方军队在中原冲突的协议,规定双方停止冲突和调动军队,停止修筑工事,交换被俘人员,释放政治犯,保护中共军复员人员回乡之安全,保护中共军伤病员安全转移到安阳。该协议同时发致北平军调部、武汉行营及中共中原军区司令部转令长江以北各有关部队实施。同日,周、徐、白三人由汉口飞抵南京。

△ 中共中央发言人在延安答新华社记者,指出:国民党当局企图撕毁菏泽治河协定,不先浚河复堤,而竟抢先堵口,蓄意水淹冀、鲁、豫三省解放区黄河故道700万人民。若当局一意孤行合龙放水,解放区人民势将被迫自卫。

△ 马歇尔就满洲问题致蒋介石备忘录,其要点:军事方面,政府军队应集中在南满,与中共军队保持5∶1的比例。政府军应配置在长春及长春以南,并且让中共军配置在哈尔滨以西及满洲里之间。军调部在长春设立前进指挥所,在谈判期间控制该市;政治方面,共产党和民主同盟希望改组东北政治委员会和经济委员会,而且这两个委员会不受军人控制。对该问题必须正视。最后指出:"国民政府在满洲的军事地位是软弱的,而共产党在那里拥有战略上的优势。"某种妥协必须尽速获致,否则后果严重。

△ 东北保安司令杜聿明宣布,东北日本人130万名,将由政府与美军合作遣送回国。遣送事宜在9月30日完成。

5月11日 马歇尔将其所拟关于解决满洲问题之折衷办法交俞

大维,略为:一、中共军撤离长春,在长春设立军调部前进指挥所,作为谈判之基础;二、由马歇尔与中共代表达成谅解,政府军至多不超过六个月进占长春;三、在东北军队的比例,中共军一个军,政府军五个军;四、由马歇尔出面阻止中共军占领长春以北的关键性城市。

△　徐永昌、白鲁德分别向蒋介石、马歇尔报告中原解放军的情况。周恩来访邵力子、王世杰,交换对时局的意见。

△　政协秘书长雷震由南京赴上海,联络在沪之各党派和无党派政协代表,商讨时局问题。14 日返京。

△　《中央日报》报道,第五十三军荣誉第二师,奉令调赴日本,与盟军共同担任占领日本工作,该师已于越南海防集中,定下周乘船直驶横滨。

5 月 12 日　马歇尔与蒋介石在京会谈,蒋表示大体上同意 10 日备忘录中关于军事条款之建议,但须明确规定中共不应占领哈尔滨。关于政治问题,国民政府在满洲的军事司令部和东北政治委员会及经济委员会应予撤销,然后通过九省政府主席实行控制。马歇尔强调现时华北危急,迟误可能引起不可挽回的崩溃。蒋要求马不要急于重开谈判,最好由中共代表提出初步建议。

△　中国民主同盟华北总支部对北平"四二一"血案发表严正声明,指出这是"反民主罪行的表演",这"根本不是选举","我对于以如此横蛮手段制造出来的所谓平津国民代表,万难予以同意,并望全国民众一致力争"。

△　司徒雷登由上海至南京。17 日,马歇尔会见司徒雷登,问询其对中国时局之意见。18 日,司徒雷登赴北平。

5 月 13 日　马歇尔与周恩来就东北问题会谈,马提出:中共军撤离长春,军调部在长春设立前进指挥所,政府军留在目前的阵地,由此便开始就军队的配置和政治问题进行谈判。希望中共能够接受他的建议。并强调,如果没有达成协议希望的前景,他不愿作调解人。周表示将马的建议转达延安,劝马不要放弃调解的努力。14 日,马、周继续会谈。周申明中共对马提议之态度：一、担心政府一旦占领长春后将继续提出对其他城市的要求，如对哈尔滨；二、希望把整军方案所列东北中共驻军由一个师改为五个师。

△　陆军总司令何应钦在国府纪念周报告军事，其第一部"日本投降后中国陆军总司令执行任务之情形"，谓最高统帅所规定的 12 项受降任务现已全部完成。现中央军事机构改组，国防部即将成立，本人在下月前辞职，以让少壮贤能，本人出任战略咨询委员。战略咨询委员会直隶元首，其成员平时研究国防及战略，战时担任高级指挥官。

△　东北保安司令长官杜聿明下达进攻四平街之命令。14 日，廖耀湘新六军、彭锷第八十八师等 10 个师组成左、中、右三个兵团，轮番向四平街实施进攻。

△　第八绥靖区夏威部第四十八军第十三师攻占苏皖解放区之定远。

5 月 14 日　军事三人小组会议在京通过致军事调处执行部三委员协议，略为：国共双方对执行小组之行动给予帮助，不得有任何延迟或限制，保证执行小组人员之自由与安全。在任何执行小组区域内，双方将有同等调查之机会。关于前往各地区巡视之次序，由小组美方代表拟定，各代表一致同意后执行，若小组成员一直不能取得同意，美方代表将不同意见直陈军调部三委员，三委员于 24 小时内达成一致决定，或将该事呈报三人小组决定。

△　国民政府令免钱大钧上海市市长本职，任命吴国桢为上海市市长。

5 月 15 日　国民党中常会还都后首次会议决议：调整中央组织，缩编党务机构，依照六届二中全会决议，中执会分设组织、宣传、海外、农工四部，妇女、文化、抚恤、革命勋绩审查、党史、财务、甄选七委员会及秘书处。中央党务专任工作人员以 500 人为限，大部分多余人员设法转业。通过彭学沛继吴国桢任宣传部部长。

△　民盟政协代表黄炎培、梁漱溟、章伯钧在上海对记者谈，目前

时局严重,呼吁全国同胞一致起来制止内战,挽救危局。望国共双方尊重军事调处部停战令,各地一律奉令停战。

△　第三十八军第五十五师(原杨虎城部)师长孔从周率该师全体官兵在河南巩县起义。随后,该部冲破胡宗南指挥的追围,进入晋冀鲁豫解放区。

△　晋冀鲁豫解放区《人民日报》创刊。

△　美国社会党领袖汤麦斯、劳工同盟协会主席葛林、《密勒士评论报》发行人鲍威尔等美国名流62人联名发表《对中国东北宣言书》,要求修改雅尔塔秘密协定,保持美国在华之门户开放政策,对苏联洗掠东北严加谴责。

5月16日　国民政府令免翁文灏经济部部长本职;特任王云五为经济部部长;免俞飞鹏交通部部长本职;特任俞大维为交通部部长。

△　白崇禧从南京飞抵北平。16日在平召集军事会议后下午飞沈阳,对中央社记者谈,此行到东北视察,"凡国军所在地,均拟前往巡视"。

△　美国第七舰队司令柯克海军上将在沪对记者谈:美登陆艇试航长江,结果良好。上海至重庆,全程需144小时。该舰队大部力量将移驻青岛,帮助运输国民党军25万人到东北的工作业已完成,帮助中国训练海军将在青岛继续进行。

5月17日　北平军事调处执行部颁发和字第七号命令:一、政府及中共双方之军事及行政当局,对执行小组之行动,给予一切帮助,不得加予任何迟延或限制;二、双方保证执行小组人员自由与安全;三、在任何小组执行区域内,双方得同等调查之机会;四、往各地区巡视之次序,由小组美方代表拟定,各代表一致同意执行之;五、若发现有违反协定之虚伪报告,应将该报告交三人会议,以定制裁办法。

△　周恩来与马歇尔会谈时局问题,周提出:一、东北的政治委员会和东北各省的各种委员会应予改组;二、应依政协会议决议,在各县推行自治政府;三、所有交通应予恢复并由一个临时委员会管理;四、东

北的军队整编方案应以实际情况为依据,必须调整国共军队在东北的人数。东北问题须同停战令、政协决议、整军方案、宪法草案及保障人民的各项自由等问题一起解决。马歇尔提出,双方军队都要保证停止敌对接触。并强调,若无相当把握,他不能再作调解人签订带重要性条款的协定。

△　董必武、李维汉访张厉生、雷震,要求尽快重开政治协商会议综合小组会议。

△　廖耀湘之新六军在向四平街迂回包抄中攻占西丰。

△　中国政府答复美国政府,赞同美国关于订立中、美、英、苏四国公约,以防止日本重整军备再度侵略之提议。

△　湖南"国大"代表10人在南京向新闻界介绍该省灾情:湖南连年战争,复经旱、风、虫灾,全省灾民达2000余万。长沙、衡阳、常德等市房屋被毁者无数。公私中学400余所,被毁损者达80%。

△　经济学家马寅初在上海工商业"星期五聚餐会"上说:国民政府4月12日公布实行的新公司法是丧权辱国的法规,迎合美国资本输出的需要。"中国民族资本被摧残,而官僚资本将更进一步与外国资本勾结,操纵中国经济"。

△　最高法院复判原任伪中国国民党中央监察委员、伪中央政治委员会委员陈璧君无期徒刑。

5月18日　"联总"、"行总"、国民政府水利委员会、黄河水利委员会、黄河堵口复堤工程局代表与晋冀鲁豫政府代表达成南京协议。"联总"中国分署代理署长福兰克芮·雷、"联总"总工程顾问塔德,在与中共代表周恩来的会议中亦达成六项口头协议。其中决定"行总"在菏泽设立办事处,中共参加一事,22日"行总"署长蒋廷黻在同周会商后,决定菏泽办事处处长由政府派,副处长由中共派。

△　中共代表周恩来致马歇尔备忘录,称:前已商定黄河堵口之前应疏浚复堤,给黄河道内的居民拨款救济,这一点应在汛期前办到。

△　白崇禧与杜聿明从沈阳往四平街前线视察,当日返回沈阳。

白向杜转达蒋介石之意图,谓暂不攻取长春,以待与中共重开谈判,不战而取得长春。白主张攻至公主岭而止。杜坚持一举攻占长春、永吉的命令已下,不容变更。并表示有绝对把握达到预期目的。白亦同意按原计划攻击前进,待返京后再向蒋汇报。

△ 廖耀湘之新六军攻占四平街东面之平岗,向四平街侧后迂回。陈明仁之第七十一军越过四平街西面之梨树,向四平街侧背夹击。新一军在飞机、坦克掩护下在四平街正面进攻。夜,东北民主联军全部从四平街撤退,部分主力撤至松花江北岸。

△ 资源委员会在上海成立中国石油有限公司,统一经营中国石油事业之产、炼、运、销。由翁文灏任董事长。

△ 国民政府派李平衡、包华国为出席第二十八届国际劳工大会代表;派卢作孚为出席第二十八届国际劳工大会中华民国雇主方面代表;派刘师舜为出席国际民用航空第一届临时大会首席代表,王承黻、李景樅为代表。

5 月 19 日 孙立人之新一军进占四平街,陈林达之第一九五师攻占四平街东侧哈福屯,历时 33 天的四平街攻防战至此结束。国民党军占领四平后,分五路继续向长春推进。

△ 军政部部长兼三民主义青年团书记长陈诚在镇江对记者谈,第一期国军整编 27 个军已完成,第二期整编 29 个军本月即开始。

△ 山东省府主席何思源急电南京国民党中央,谓鲁省共军调动主力谋攻济南,17 日已攻占胶济路之明水(今章丘)、龙山、郭店。

5 月 20 日 马歇尔向报界发表声明,称他本人为恢复和平正在作出努力,但国共双方目前仇恨的宣传战,使局势更加严重,执行小组之工作至感困难。中国之和平,“多半有赖于此等执行小组之成功,各小组中之美方代表,正以坚定而公正之努力应付危险之局势,以谋改善现状”。

△ 外交部长王世杰与丹麦专使高福曼在南京签订中丹两国关于取消丹麦在华治外法权及处理有关问题之条约。同日,蒋介石接见高福曼。

△　杜聿明从沈阳至四平街视察。自四平街进攻长春的五路国民党军已迫近公主岭。

△　粮食部长徐堪在总理纪念周报告粮政,谓上年订购粮食740万石之计划,至今仅办到三分之一。遵照六届二中全会决议,行政院业已决定,自7月1日起,恢复田赋征实。

△　上海市长吴国桢为平抑米价采取紧急处置办法:限豆米商三日内登记存粮,否则没收;非米商不得营米业,违者严办;今后米商交易须严格登记,对投机米商严厉取缔。

5月21日　蒋介石接见马歇尔,商谈东北对共方针。

△　周恩来与马歇尔会谈,周表示同意马歇尔20日之声明,已将声明全文电告延安。并表明共产党对时局之态度:政治方面,将东北政治委员会和经济委员会改组为三、三、三制的行政委员会,由一名无党派人士为长春市长。军事方面,应依双方同意的整军方案实行复员,中共希望在东北驻五个师。马歇尔表示,为了避免政府军进攻长春和华北局势恶化,必须速达协议。不同意中共在东北驻五个师,建议降低兵员总数和调整军队配置。

△　新一军攻占公主岭,新六军攻占西安(今辽源)、伊通。东北民主联军继续全线北撤。

△　民盟政协代表张君劢、黄炎培、沈钧儒、章伯钧、梁漱溟自沪致电南京蒋介石和延安毛泽东,为在东北实现和平,"吁请即停战:一、中共军队撤出长春;二、中央不再进兵长春;三、东北政务委员会驻长春主持政务,就地组织警察行使职权,所有委员人选由各方协商后由中央简任之。其他一切问题俟停战后协商解决"。

△　邵力子以参政会秘书长名义同政协秘书长雷震宴请周恩来、董必武、邓颖超、陆定一、李维汉、吴铁城、王世杰作陪。席间,邵力子提议恢复国共商谈。

△　汪伪政府立法院副院长缪斌在苏州被枪决,此为高等法院枪决汉奸之第一人。

5 月 22 日　东北民主联军完全撤出长春。中共中央东北局和东北民主联军司令部就此发表公告称：放弃长春，"不是我们没有防卫长春的力量，而是由于我们希望以自动撤出长春的让步，看国民党在东北是否有停止内战实现和平的诚意，并由于我们不愿使长春 80 万人民及长春城市遭受战争的毁灭"。

△　熊式辉、杜聿明致三人小组、军调部通电称，国军虽收复四平街，仍本和平统一之方针，"只要共产党军队遵守停止军事冲突与军队整编方案等协定，自动退出安东（今丹东）、长春、哈尔滨、齐齐哈尔等我政府前业已接收之各地，并退出铁路沿线，尽先恢复交通，而由三人小组或执行部负责调处，则我军情愿求得和平解决"。

△　白崇禧由四平街返沈阳，同日飞抵南京，向蒋介石报告东北战况。

△　蒋介石告知马歇尔，表示赞成马歇尔的见解：即在跟中共签订协定的基础实际已经完成之时，攻占长春是不合宜。为了控制局势，蒋定 24 日动身赴沈阳。

△　国民党中宣部长彭学沛在南京对外国记者谈：接收东北，乃国民政府之责任，吾人希望共军自动撤出长春，政府不愿用武力。关于新闻方面，政府对报纸根本不加统制。

△　国民政府令免翁文灏经济部资源委员会兼主任委员兼职，免钱昌照副主任委员本职；经济部资源委员会改隶行政院；特任钱昌照为行政院资源委员会主任委员；特派外交部长王世杰为议订中丹条约全权代表。

5 月 23 日　廖耀湘之新六军新二十二师和孙立人之新一军第五十师进占长春。新六军一部进占东丰，新一军一部进占怀德。陈明仁之第七十一军第九十一师进占辽源（今双辽）。东北民主联军续向松花江以北撤退。

△　毛泽东复电民盟张君劢、黄炎培等五政协代表，对其关于东北问题和平解决的提议，谓"原则上极表赞同，一切由恩来面商"。

　　△　马歇尔把蒋介石提出作为获致任何一般协定的三项先决条件递交周恩来：一、中共必须尽力促成交通之恢复；二、在关于东北问题的任何协定里，必须规定在一定日期之内实行军队复员和整编方案；三、双方应谅解，当执行小组或高级参谋小组的成员由于意见不一致而陷于僵局时，应由美方成员作最后决定，否则，蒋不愿受进一步的协定的约束。周表示，他愿尽力与俞大维商谈恢复交通，对第二点不反对，第三点尚需商议后才能答复。并指出，蒋去沈阳有使用武力解决东北问题的意图。并要求派执行小组到长春，停止政府军队的进攻，遭到拒绝。

　　△　军事调处执行部第八小组发表公报，称：对中共武装人员自粤境内撤退的安全问题及中共借款问题，已获解决。第八小组定 25 日派出三个支组，分赴东江以南、东江以北，及粤北开始工作。下午 3 时 50 分，军事调处执行部第八小组在沙面该组办事处举行首次记者招待会，美方代表密勒上校、政府代表黄维勤少校、中共代表方方少将主持。方方表示，此次粤中共武装人员的撤退是为贯彻中共“撤退长江以南武装人员”的诺言。

　　△　蒋介石偕宋美龄、白崇禧、张嘉璈由南京飞抵沈阳。

　　△　蒋介石召见第一战区司令长官胡宗南，胡建议改征兵制为民众组训方式，则预期陕境可训壮丁 30 万人，需军官 5000 人；河南可训壮丁 50 万人，需军官 9000 人，即可解决兵源补充问题。蒋嘱拟订办法。

　　△　巴拿马首任驻华公使白善乐在京向蒋介石呈递国书。

　　5 月 24 日　宋美龄代蒋介石由沈阳致函马歇尔，详述蒋介石与中共谈判的条件为：一、依照停战令的字面规定和精神实质予以执行。二、依照计划进行复员和整编军队。三、恢复交通必须完成。四、程序办法：中共不得阻碍政府依中苏条约接收主权；不得干涉或阻碍政府修复全国各地铁路；在执行停战令、军队整编方案及恢复交通协定中，国共观点分歧时，在军调部或执行小组里的美国军官必须有决定权和解释权。

△　宋美龄再次代蒋介石自沈阳致函马歇尔,内称:如果中共接受前一封信中所提建议,蒋介石可能接受马歇尔关于中共在东北可驻三个师,政府在东北驻扎15个师的建议。但中共军应驻在黑龙江省新省界之内,该驻军区域内的省府主席人选,可于军事问题决定时解决之。

△　青年党政协代表曾琦、陈启天以及左舜生、李璜等在上海邀请张群、张君劢、章伯钧、梁漱溟、黄炎培、沈钧儒等政协代表交换对时局之意见,各代表均一致希望仍以政治方式解决一切问题。

△　中共代表团秘书长齐燕铭由京赴上海,与留沪政协代表商议时局,25日、26日与民盟政协代表连续会商,并邀他们赴京参与谈判。

△　政府政协代表张群在上海对记者谈,政府接收长春后,将按既定方针沿中长路各城市自当先行接收,齐齐哈尔、哈尔滨自亦包括在内。又称,倘中共在华北、苏北立即停止军事行动,不围攻济南、青岛,政治协商当可继续进行。

△　廖耀湘新六军一部攻占梅河口、海龙。

△　军调部济南第七小组赴临沂。25日,与新四军军长兼山东军区司令员陈毅会谈,政府代表文泽要求停止冲突,包括将明水、龙山、千里堡等地交还政府,陈表示上述地方暂不能交出。双方争执,未获协议。同日,该小组返回济南。

△　杜鲁门总统私人代表、处理远东赔偿委员会专员鲍莱由汉城飞抵南京,鲍莱对记者谈,决定在沈阳从速设立办事处,以便调查东北九省生产原料制品,协助远东工业复兴。25日,鲍莱与马歇尔及翁文灏、钱昌照、王云五、王世杰等会商后赴北平。26日飞沪。27日,鲍在沪对中外记者谈,"日本对中国之赔偿数目,应较任何国家为多"。同日,离沪飞往汉城。

5月25日　政治和谈会议在南京重开。政府代表王世杰、邵力子、张厉生、雷震同中共代表周恩来、董必武、陆定一就停止冲突、恢复交通、宣传休战诸问题进行商谈,双方均表示愿努力促和平早日实现。

△　马歇尔邀周恩来会谈东北局势,马表示希望立即停止冲突,并

声称在接到蒋介石来信之前,除 23 日转达的蒋的三点建议外,没有谈判的基础。

　　△　蒋介石在沈阳接见第一集团军总司令孙渡、新一军军长孙立人,面允新一军休息三日,再去解鞍山、海城之围。

　　△　陈诚、白崇禧、顾祝同、李宗仁、张发奎上书蒋介石,主张用武力"接收"整个东北。

　　△　东北行营发表,吉林省政府秘书长尚传道兼代理长春市长、刘守刚为秘书长。新六军军长廖耀湘兼任长春警备司令,副军长舒适存、保安第二总队长刘德溥兼任警备副司令。

　　△　美国务院代表吉莱柏特抵沪,吉氏对记者谈,此来参加第四届远东粮食会议,并考察"联总"在远东之工作,以求补救之道。

　　5 月 26 日　中共代表周恩来在阅得美方代表马歇尔所转的宋美龄在 24 日代写的蒋介石致马歇尔的函后,致函马,对蒋愿意停战恢复和平表示欢迎,要求实施 3 月 27 日三人会议通过的东北执行小组的三项任务。

　　△　马歇尔复函蒋介石,提议:一、在长春设立军调部前进指挥所;二、我劝你立即发出在 24 小时内停止国民政府军队前进和追击的命令并公开宣布这一命令,以促成和谈解决问题。如不能做到这两点,就将违反你最近向共产党提出的建议。

　　△　蒋介石在东北行营召集沈阳附近驻军营长以上军官 542 名训话,谕其努力安定社会,保护人民,协助建设。并特命行辕秘书处在各邮局设置信箱五处,从 27 日至 29 日止,接受人民直接向蒋本人投陈诉函件。

　　△　东北民主联军辽东部队经两昼夜之围攻,是日攻克鞍山,全歼第六十军第一八四师第五五一团,并击溃由辽阳增援的第五十二军第二十五师一部,控制沙河至海城之铁路。

　　△　国民政府发表日本赔偿设备紧急拆迁项目,列举我国最迫切需要日本赔偿之设备及其数目,要求尽速拆迁我国。

5 月 27 日　廖耀湘之新六军向长春以北推进,抵占九台。

△　国民政府令派桂永清为中华民国驻德军事代表团团长。

△　盟国对日管制委员会中国代表团团长朱世明及中国派驻日本占领军荣誉第二师师长戴坚从上海飞抵东京,与麦克阿瑟总部接洽中国占领军驻防地区事宜。

△　海军部就美国已决定将 200 余艘舰艇移交中国,英国亦拟赠中国各式舰艇事在上海成立舰队指挥部,陈诚任指挥官。

5 月 28 日　宋美龄由沈阳致函马歇尔称:蒋介石对于周恩来 26 日所说“原则上”同意履行三项协定感到恼怒,蒋认为如果你和政府立场坚决,共产党就会让步。万一共产党不让步,剩下的惟一办法是占领东北各战略中心,这样共产党就将被迫履行协定。

△　蒋介石由沈阳复函马歇尔称:基本同意马 26 日的建议,为实现该建议,必须补充以下条件:一、发出停战令前,马歇尔必须取得中共的保证,即军队整编方案立即实施,并首先在东北实行。军调部前进指挥所于发出停战令之日设立。二、政府不能放弃接收东北任何地区的权利。三、必须给予美国代表以关于修复铁路与其他交通以及完成该工作时限的决定权。四、同意美国代表的决定权限于特定事务,但修复铁路及其他交通的行政事务应包括在内。五、希望马歇尔对所参与的一切协定的实施规定时限,并负责监督中共方面严格遵循。

△　廖耀湘之新六军主力附第八十八师进占吉林省城永吉及盘石,中共军向永吉东北面退走。新一军第五十师进占德惠。同日,杜聿明以该部进占永吉、迫近松花江岸与中共军对岸向蒋介石报捷,蒋以拉法为永吉以东铁路公路之交叉点,令杜派一个团渡江攻占。

△　国民党中委张道藩、郑彦棻、谷正鼎由京飞抵沈阳。同日,留北平之黑龙江省府主席韩俊杰、兴安省府主席吴焕章、吉林省府主席郑道儒、合江省府主席吴翰涛、东北行营政治委员邹作华飞抵沈阳,着手东北接收工作。

△　宋子文、俞大维先后访马歇尔,就蒋介石、宋美龄信件内容进

行商谈。同日，徐永昌访马歇尔，商议在政府取得东北军事优势情况下如何恢复国共谈判。

△ 民盟代表张君劢、梁漱溟、黄炎培、沈钧儒、章伯钧向中共代表周恩来、陆定一、齐燕铭表示，东北已无主权问题，应立即停战。

△ 国民政府特派汤恩伯为首都卫戍司令。

5月29日 马歇尔要求宋子文将下列电文转达蒋介石："国民政府军队在满洲继续前进，你并未采取任何行动以停止冲突，与你经由蒋夫人5月24日信中所提条件全不相符，使我作为一个可能的调解人的工作陷于十分困难，也许不久实际上陷于不可能了。"

△ 蒋介石出席沈阳各界民众欢迎大会并致训词，谓应勿忘过去之痛苦教训，"人人习勤劳，尚节俭，明礼义，知廉耻，负责任，守纪律。大家在政府的领导之下，军民同心一德，埋头苦干"，保卫领土，建设东北。

△ 国民党中宣部长彭学沛在京举行中外记者会，就国共和谈问题答记者，谓政府曾同意若干协定，该类协定均有三点规定：一、停止冲突；二、恢复交通；三、整编国军及统编中共部队为国军。此三点为政府方面基于和谈之方针。

△ 民盟张君劢等五政协代表在京电沈阳蒋介石："长春既定，局势应趋好转。同人愿本我公爱好和平之初衷，从事于消弭战祸之工作，因于28日相偕来京，矢心奔走。深盼钧座公毕早日言旋。"

△ 民盟政协代表黄炎培向王世杰提出调停国共东北冲突新方案：中共退出哈尔滨，政府不再进兵，一切协商解决。

△ 北平市政府奉国民党中央电令，派警察局非法将北平《解放报》、新华通讯社北平分社查封，同时被查封的尚有其他报刊、通讯社75家。

△ 国民党中常会通过改组皖、苏两省党部案：皖、苏两省党部主任委员，原分由各该省主席李品仙、王懋功兼任，现免去李、王各兼职，以刘真如任皖省党部主任委员，以汪宝瑄任苏省党部主任委员。

　　△　国民政府军事委员会核定重庆行营辖区为川、康、滇、黔四省，西藏全部及湘、鄂、川、黔四省边区地带。

　　△　中共中央军委对各军区发出指示："我应有对敌作战之充分准备"，各战区应于电到半月至一月内完成各项准备工作，不得有误。

　　△　社会部部长谷正纲和上海市市长吴国桢为消弭工潮，共同在上海工会理监事及工人团体代表会上宣布：依中央政策，现制定惩处怠工罢工办法五项，违者依法严办。

5月30日　蒋介石偕白崇禧由沈阳飞抵长春，在长春接见当地士绅，发表讲话，谓："盼望东北同胞努力协助政府恢复地方秩序，加紧复兴工商业，使东北迅速成为富强康乐之地。"同日，蒋、白由长春飞往北平。宋美龄由沈阳径飞北平。

　　△　马歇尔邀周恩来就蒋介石28日致马信所提问题会谈。周指出，蒋计划把战争进行下去，特别是在东北，直到攻占完大城市及占领铁路线为止，才会考虑重新谈判。马表示，谈判能否成功，必须同蒋本人讨论。并强调"倘若没有达成妥协的相当可靠的基础，我就不作一个调解人重新参加谈判"。

　　△　东北民主联军辽东部队攻占海城、大石桥、营口。第六十军第一八四师师长潘朔端、副师长郑祖志率第五五二团、第五七二团于海城举行反内战起义，并参加东北民主联军。

　　△　新六军第二〇七师第一八一团进占桦甸县黑石镇，新一军一部进占农安，第七十一军第八十八师进占小丰满发电厂及松花江北岸桥头堡。

　　△　罗隆基在京对合众社记者谈，谓："美国对国民党军队之支援，仅足以拖长内战，增加中国法西斯主义之威胁。""美国苟一旦中止援助，政府立即无法继续战争。"

　　△　民盟政协代表张君劢、黄炎培等六人在京聚商调停东北问题，拟劝中共放弃哈尔滨。同日，王世杰、邵力子等访民盟代表，交换对时局之意见。

△ 中国陆军第一方面军司令官卢汉从河内返国,行前接见中央社记者,谈称,越北接受日本投降工作已完竣,所部于 6 月 10 日前全部撤回国内。次日,卢抵昆明。

5 月 31 日 国民政府明令改革中央军事机构,"所有原设之军事委员会及其所属各部会以及行政院之军政部,着即裁撤,改于行政院设立国防部,俾臻完善,而专责成。除颁布国防部组织纲要,先行成立外,其有关改制事项,并着行政、立法两院迅即分别办理"。

△ 国民政府特任白崇禧为国防部部长;特任陈诚为参谋总长;免顾祝同徐州绥靖公署主任本职,特任顾祝同为陆军总司令;特任陈诚兼任海军总司令;特任周至柔为空军总司令;特任黄镇球为联合后方勤务总司令;特任薛岳为徐州绥靖公署主任。

△ 国民政府公布《国防部组织纲要》,凡 12 条。

△ 陆军总司令部举行结束典礼,何应钦通电,自 6 月 1 日起,解除其本人参谋总长及陆军总司令职务。

△ 马歇尔电蒋介石重申:"在政府军队在满洲继续前进的情况下,我的调解工作不仅日益困难,而且即将达到这样的地步,我的正直诚实的地位要成为严重的疑问了。因此我再一次请求你立即发布停止政府军队前进、攻击或追击的命令,并准许军调部前进指挥所立刻出发到长春去。"

△ 军调部中共委员叶剑英在北平举行中外记者招待会,着重指出:北平《解放报》、新华通讯社北平分社和其他 75 家报刊、通讯社被查封,是第二次"七七事变",表示中国民主的危机十分严重,国民党内反动派摧残舆论的暴行,是其扩大内战阴谋的一部分。

△ 行政院院长宋子文在沪对记者谈时局,略谓当前大局关键在于政府对中长路沿线之接收,东北问题告一段落后,和谈当可恢复。中共军应改编为国军,不能另划驻防地区。

△ 下午 3 时半,蒋介石在北平召见军调部政府方面参谋长蔡文治中将,对军调部工作询问极详。5 时,听取北平市长熊斌报告,饬熊

应特别注意公共卫生，希望每一市民均能遵照新生活运动之原则实行整齐清洁之生活。

△　汪伪国民党中央宣传部长林柏生在南京高等法院被判处死刑。

是月　第六十军暂编为第二十一师、第一八二师、第一八四师，全部由美国军舰运抵东北。

6　月

6 月 1 日　蒋介石在北平复电马歇尔称："倘若我不能立即发布停止政府军队前进的命令，我准备同意你提出的派遣军调部前进指挥所到长春去以便进行初步工作的建议。"

△　马歇尔在京邀罗隆基会谈，提出东北调停方案，主要内容为：军调部及执行小组不能解决的问题，由美方代表最后决定，并要罗劝中共代表接受此方案。下午，罗访中共代表团，转述马歇尔方案，周恩来表示不能接受。

△　国防部正式成立。2 日，国防部长白崇禧在京对记者谈该部之任务：一、使军政密切联系，政略战略协调；二、使陆海空军、军政、军令一元化。该部当前主要任务为：一、确立国防计划；二、发展国防工业；三、建立现代化之国防军；四、发展科学，研究国防科学。

△　东北行营奉蒋介石电谕，吉林省府主席郑道儒未到任前，暂派东北保安副司令长官梁华盛代理。

△　新六军第二〇七师第一八一团进占桦甸县黑石镇，是日被东北民主联军吉辽部队包围歼灭。

△　上海常熟区开始实行"警员警管区制"。此后，南京、重庆、天津、开封、南通等地也次第实行。

△　美国政府所派总统赔偿问题专员鲍莱调查团之先遣人员抵达沈阳，该团由地质、钢铁、矿务、人造汽油及化学、纺织、机械、电力等方

面专家八人组成,主要调查苏联在东北拆去工矿机件数值。16日,鲍莱由汉口抵沈阳,巡视沈阳铁西区,17日,巡视抚顺煤矿及附属工厂,18日,巡视鞍山,19日,巡视锦州、葫芦岛,20日,离沈阳返美。

6月2日 蒋介石在北平党政军扩大总理纪念周上训勉各界,应根除不求有功、但求无过之心理,对一切事必须自动负责。并指出华北过去之混乱在于事权不能统一,今后由北平行营负全责,一切应听从行营主任李宗仁之指导。

△ 立法院院长孙科在沪对记者谓,"警管区制"立法院未通过,本人更不知有其事,当然是不合法的。如果内政部或警察局擅自实行,则人民可向行政院控告。

△ 天主教中国枢机主教田耕莘抵沪,在徐家汇天主堂主持大弥撒,教廷驻华代表蔡宁总主教襄礼,南京教区于斌主教、上海教区惠济良主教、海门教区朱主教均参加。到上海教区公教进行会等100余单位教友5000余人,盛况空前。

△ 最高法院复判陈公博、褚民谊死刑,陈璧君无期徒刑,移送狮子口江苏第三监狱。厦门第一号汉奸伪厦门市长李思贤,被高一分院宣判死刑。

6月3日 蒋介石偕宋美龄由北京经济南返南京。在济停留四小时,向驻济中上级军官训话后,分别召见师以上长官。

△ 蒋介石向南京各界举行的禁烟纪念会颁布训词,谓政府决心在最短期间禁绝烟毒。"凡属接收区域,在政府权力充分到达后六个月内,必须完全禁绝"。

△ 陈诚在国府纪念周作军事报告,略谓国军现有步兵89个军,239个师(青年军三个军、八个师在内,共军三个师除外),骑兵二个军,13个师,应于本年3月起至明年2月底止,整编为步兵30个军(共90个师)及骑兵10个旅,编余官兵分别退伍或转业。首先各军均裁减三分之一,然后照三人小组签订的整军方案实施。关于华北方面,共编七个军,在本年9月之前,先编成一个军,俾与中共军统编为集团军,其他

六个军稍后编成,并指定其中三个军与中共军统编为集团军。

△　美方代表马歇尔与中共代表周恩来会谈。周批评了美国的两面政策,一面表示要赞助中国实现和平民主,一面仍帮助国民党运兵到华北、东北打内战。并说国民党用各种方法欺骗美国,把美国推到与中共对立的立场上。马表示愿意等蒋介石从沈阳回来后,面商停战。

△　全国青年远征军除第二〇七师士兵自请延长服役外,自 6 月起开始退伍。是日晚,蒋介石对该军各师士兵致广播训词,要求退役士兵珍惜这一年多的军营生活经历,继续保持守秩序、守纪律的作风,才能在事业上成功。并称自己"生活之能够简单,工作之能够有恒,四十年如一日",仅因为 24 岁时在日本野炮联队入伍一年,受到严格训练。如果没有那一年的当兵经历,也就不会有今天的事业。

△　民盟政协代表罗隆基、黄炎培、梁漱溟、章伯钧、沈钧儒积极进行和平调解活动。上午访青年党中常委李璜。下午访国民党政协代表张群。晚上访中共代表团,周恩来再次表示拒绝马歇尔 1 日所提方案。

△　八路军冀东部队攻占伪军据点香河县安平镇。

△　上海市总工会召集各界工会代表讨论民族工业危机问题,理事长朱学范指出,民族工业危机的主要原因是外货倾销,官僚资本垄断,政局不稳,工潮起伏所至。建议劳资双方须通力合作,合作办厂,减少工资,充实资本。

△　代理汪伪国民政府主席兼行政院院长,陈公博在苏州被枪决。

△　中共刊物《群众》从重庆迁往上海出版,并由半月刊改为周刊。

6 月 4 日　马歇尔与蒋介石会谈,蒋提出关于国共和谈的建议:同意派军调部前进指挥所去长春,命令在东北的政府军停止军事行动 10 天。并就下列各点与共产党完成谈判:"一、制定在东北停止敌对行动的详细办法;二、制定于一定期限内完全恢复华北交通的明确办法;三、确立立即实行军队整编方案的基础。"同时强调:这是他同共产党打交道的最后努力,否则,他宁愿进行全力以赴的战争。

△　马歇尔向周恩来转达蒋介石关于和谈的建议,周表示接受蒋

的建议,但 10 天的停战期限太短,谈判内容复杂,需返延安请示,要求将休战期限延长为一个月。

　　△　马歇尔电北平军调部三方委员,谓已与蒋介石商妥,成立军调部长春前进指挥所,令军调部先作准备事宜。

　　△　荷属东印度巴达维亚(今译雅加达)西面坦其隆华侨聚区惨遭当地恐怖分子劫掠和焚烧,数千华侨被杀害。7 日,外交部长王世杰电令驻巴达维亚总领事蒋家栋向印荷当局严重交涉抗议,要求严惩凶手,抚恤伤亡,赔偿损失,保证今后不再发生类似事件。

　　6 月 5 日　马歇尔向蒋介石转述中共方面对休战之意见,请将休战期限予以延长。经马说服,蒋同意休战 15 天。同日,马歇尔会见周恩来,就国共双方宣布休战 15 天达成协议。

　　△　马歇尔总部宣布:三人小组已下令设立军调部长春前进指挥所,"准备实施为了停止冲突可能达成的任何协定",令军调部派先遣小组前往长春,进行商讨获致停战协定的准备工作。白鲁德将军为该指挥所美方高级代表,白鲁德在军调部的执行组主任的职务由廷伯曼暂行代理。

　　△　蒋介石主持国防最高委员会例会,通过宋子文关于暂时开放内河航行,以一年为限,准许外轮在南京、汉口、芜湖、九江四口岸停靠的提议。

　　△　延安《解放日报》发表《美国应立即停止助长中国内战》的社论,指出:"美国应当停止并收回对于国民党政府内战与独裁政策的任何援助,尤其是军事援助。""只有这样,马歇尔将军关于停止中国内战的努力才不致成为一种徒然的装饰。"

　　△　上海人民团体联合会发表反内战宣言,号召全国人民起来反对内战,要求国共两方立即停战,立即恢复政治协商,将东北问题一并解决。

　　△　新一军第五十师沿中长路北渡松花江,进占陶赖昭。第三十师、第三十八师进占海城、大石桥。第七十一军第九十一师进占双山。

△　国民政府派社会部部长谷正纲主办救济苏北难民事宜。

△　国民政府令:淞沪警备总司令部着改为淞沪警备司令部;淞沪警备总司令李及兰免本职,派宣铁吾兼淞沪警备司令。

△　国民政府令:《处理在华美军人员刑事案件条例》之施行日期,自 1946 年 3 月 3 日起,延长一年;《中华民国战时军律》即废止。

△　广州市党、政、军、警、特机关奉国民党中宣部密令,是日大举没收刊物、书籍多种,捣毁书店多处,兄弟图书公司、广州书报社、《华商报》等被捣尤重,30 余种刊物被勒令停刊。

△　英国首相艾德礼在议会讲话,略谓:"为了中国人民的利益,我们极望看见尽快出现一个稳定、强大和统一的中国。"并谓为达此目的,"完全依赖于国共两党争端的解决"。

△　驻华法国海外部队第一批(越南兵)离天津回国。9 日,第二批及工部局职员离北平、天津回国。按:法军驻华始自 1857 年英法联军之役,依据二次大战后的中法新约,法国放弃在华军队驻屯权和领事裁判权。

6 月 6 日　蒋介石向新闻界发表东北暂时停战声明:"余刻已对我在东北各军下令,自 6 月 7 日正午起,停止追击、前进及攻击;其期限为十五日。此举在使中共再获得一机会,使其能确实履行其以前所签订之协定。政府采取此一措施,绝不影响其根据中苏条约有恢复东北主权之权利。下列各点必须在十五日内获得完满之解决:一、完全停止东北冲突之详细办法;二、完全恢复国内交通之详细办法及进度;三、获得一确切之基础,迅即实施 1946 年 2 月 25 日有关于全国军队复员、整编、统编之协定。"

△　中共代表陆定一举行记者招待会,发表周恩来关于东北停战的公报,表明中共是主张无条件停战和真正停止内战的,由于中共的坚持,现在蒋介石下令在东北停止进攻 15 天,进行谈判。希望国民党方面能有诚意使暂时休战成为长期休战、永远停止进攻。

△　美方代表马歇尔与中共代表周恩来会谈,周对蒋介石所提凡

是苏军驻过、现在是中共军队占领的地方,都必须退出来才能停战的要求,表示这是不可能的,这是东北问题的关键。

　　△　中共代表周恩来在会见北平执行部交通处美方代表希尔上校时,特别说明恢复交通,不仅是铁路、水路、邮政,同时要拆除碉堡工事。

　　△　蒋介石致马歇尔函称:"关于阁下和共产党代表建议派遣军调部前进指挥所赴东北的事,可以派遣它到长春去从事工作,但当然是直到具体措施获得解决时才开始工作。"

　　△　北平军事调处执行总部执行处主任白鲁德少将率随员由北平飞抵长春,并正式设立军调部前进指挥所,准备执行停战令。

　　△　第七十一军第八十八师派一个加强团抢占永吉以东之交通要点拉法(属蛟河县)。

　　△　财政部、粮食部在京召开实施改订财政收支系统会议,财政部长俞鸿钧称,政府将继续推行征实。政府于胜利后所定豁免田赋一年办法,今改为三年分期豁免,每年免征三分之一。

　　△　"伊宁事件"最后协议在迪化签字,张治中下令释放全新疆的政治犯。

　　△　朱德电贺在海城起义的第六十军第一八四师全体官兵。

　　6月7日　周恩来从南京飞抵延安,向中共中央请示休战谈判问题,陆定一同行。中央中共决定在不丧失基本利益的前提下实现和平,哪怕短时期也好。

　　△　东北保安司令长官杜聿明在沈阳对中外记者宣布:东北各军自7日正午起停止追击、前进及攻击,"现国军追击到达之要点,北自辽源亘双山县、农安县至中长路松花江北岸陶赖昭附近;东至亘拉法、桦甸、海龙、梅河口、清源各附近;南至温泉寺、连山关、析木城、大石桥南十五公里各附近;西面仍在热境平泉南北附近守备"。"国军预计于十五日后继续接收之主要区域为:大连市、安东、嫩江、合江、黑龙江与兴安诸省"。中共军必须集中退往不妨害国军接收之区域内。

　　△　黄炎培、罗隆基、梁漱溟、章伯钧、沈钧儒、莫德惠、李璜、曾琦、

陈天启等举行会谈,讨论促国共双方重视政治问题,用政治方式解决一切的办法。

　　△　"联总"远东区委员会在南京开会,中、美、苏、英、法、印度、荷兰、菲律宾、新西兰及澳大利亚等国代表出席。9 日闭会。会议决定设立一特别小组,为"联总"关于中国分配政策之实行机构,由中、美、英三国代表组成。

　　△　整编第七十三师第七十七旅攻占苏皖解放区之来安。9 日,该旅从来安、整编第七十四师第五十八旅从六合、整编第二十五师第一〇八旅从仪征同时向淮南路东解放区进攻。

　　△　国民政府特派何应钦为出席联合国安全理事会军事参谋团中国代表团团长。

　　△　东北行营主任熊式辉收到蒋介石函称:在 6 月 15 日至 21 日停战期间,"即在东北,国军有行动自由,及政府在东北接收政权,不受阻碍。若共军再有攻击之举,即予反击。共军恐难就范,故须准备进攻。"

　　△　世界航业会议在美国西雅图揭幕,中国代表包华国发表演说,为中国海员争取平等待遇。

　　6 月 8 日　　新四军山东部队与八路军晋冀鲁豫部队同时在胶济线、津浦线发动攻势,占领张店、周村。9 日攻占胶县。10 日攻占津浦路之德州、泰安、枣庄。共解除 1500 多名伪军武装。12 日,新四军军部暨山东军区发言人就此事发表声明:军调部迭次命令解散伪军,但无奈国民党方面让伪军充作内战先锋,以致数月来伪军活动猖獗,攻击我军,残害和平居民,我军不得不采取自卫手段。

　　△　黄炎培、罗隆基等访马歇尔,提出休战谈判之建议:一、希望休战期限延长;二、军事与政治商谈应配合进行,召开政协综合小组会议。马表示,对第二点主张不反对,但这不在他的权限之内。

　　△　立法院例会,行政院副院长翁文灏及有关部(署)长列席。各立法委员以国民经济已临崩溃前夕,纷纷提出质询,财政部长俞鸿钧答称:国家预算无法控制,军费依然以紧急命令支出,1 月至 5 月国家支

出 1.5 万亿元(法币),而财政收入仅 2500 亿元。粮食部长徐堪承认,因征购军粮而造成粮价高涨并发生种种弊端,国家免赋,人民未受实惠,其所受痛苦则远在征实之上。

△　蒋介石在财政收支系统会议上致词,谓这次会议决定田赋征实延长一年,此举对完成复员工作十分必要。并强调丈量土地、调查户口、登记财产三事,是建国的基本工作,一定要努力完成。

△　经济部长王云五在立法院报告接收敌伪资产情况称:据最近统计,除东北及台湾情形特殊外,一、苏浙皖区出售收入为 2500 亿元,华北区出售收入 145 亿元,现金证券收入 35 亿元,华南区出售收入 76 亿元,湘鄂赣区出售收入 70 亿元,共收入 3726 亿元。二、本年可能收入者,苏浙皖区 2500 亿元,华北区 300 亿元,华南区 100 亿元,湘鄂赣区 30 亿元,共 2930 亿元。

△　国民政府就印度尼西亚恐怖分子在荷兰军占领坦其镇后,对我华侨生命财产所施行的种种残害暴行,饬外交部电令驻荷大使董霖,向荷兰政府提出严重交涉。外交部长王世杰所发电文中称,"查此次事件发生系在印尼军撤退,荷军占领之际,荷军应有力量及机会保护华侨之安全","仰迅向荷政府提出惩凶、抚恤暨保留我方要求损失赔偿之权,并要求荷政府立即采取有效之措施以防止此类事件之续发"。下午 3 时半,外交部举行记者招待会,由情报司司长何凤山报告对事件处置的经过。

△　上海文化界、实业界马叙伦、陶行知等 164 人致函蒋介石,呼吁停止内战。并附寄中共代表团。周恩来、董必武、陆定一、邓颖超于 6 月 11 日复函马叙伦等,表明中共决愿本一向和平、民主、团结之职志,进行谈判,永息戎争,"尚祈诸先生再接再厉,制止内战"。

△　外交部长王世杰、法国驻华大使梅理霭分别代表本国政府在南京互换批准法国关于放弃在华治外法权及有关特权条约暨中法关于中越关系之协定。

6 月 9 日　周恩来从延安返抵南京,中共中央委员李敏然(立三)同行。

△　白鲁德按照马歇尔的要求,向三人小组和军调部呈送一份长春前进指挥所和东北执行小组的工作计划草案,提出在东北初步使用八个执行小组,并立即把这些小组的美方成员派至指定地点,为迎接小组的中国成员作准备。

△　国民党军第六十军第一八二师攻占法库。

6 月 10 日　俞大维邀周恩来会谈恢复交通问题。中共方面提出五项条件:一、凡交通线两侧的碉堡均拆除;二、津浦路山东境内线路归中共管理;三、中共在东北控制的铁路,政府应承认其管理权;四、政府不得用中长路作军运,双方军队撤离中长路两侧 20 公里或 30 公里以外;五、东北若干铁路以及平汉、平绥两路若干站负责人,政府应委派中共人士担任。政府方面亦提出五项对案:一、无条件恢复交通;二、如地方治安无虞,碉堡可考虑拆除,但复员计划未贯彻前,暂缓拆;三、先行抢修平汉、津浦、陇海、北宁四路;四、同意双方军队从中长路两侧撤退20 或 30 公里;五、政府改组后,中共即行参加政府,此时不必特别指定某段铁路由中共人士管理。

△　中共代表周恩来专访美方代表马歇尔,说明中共的方针是要争取和平民主,但国民党正在开军事、财政、粮食会议,准备 15 天后大打,内战危险日益严重,将迫使中共不能不抵抗。

△　马歇尔致徐永昌备忘录,建议由长春前进指挥所直接领导已在东北的四个执行小组,以提高行政效率,但严格遵守 3 月 27 日的协定。11 日,马歇尔会见徐永昌,讨论 10 日备忘录事,徐再三强调,蒋介石不愿前进指挥所在休战 15 天内有所活动。

△　实施改订财政收支系统会议通过财政部所提关于调整 1946年下半年度各省(市)县(市)财政收支案及对省县机构紧缩之建议案。同日,该会闭幕。

△　新疆释放的政治犯 131 人首途离新回延安,西北行营派专车八辆护送。按:该批政治犯系 1940 年至 1943 年间在新疆被盛世才捕押的共产党人,曾一度在新疆负重要责任。

△ 财政部长俞鸿钧在国府纪念周报告最近财政主要措施:改革税制,增加税收,运用黄金外汇稳定币值,收缩通货及储金银行制度促进生产,以达财政收支平衡。

△ 瑞士首任驻华公使陶伦德向蒋介石呈递国书。

△ 应东京远东国际法庭要求,中国选定南京大屠杀目击者许传音、尚德义、陈福宝、伍长德及前金陵大学校长贝士博士为证人赴东京作证,是日离沪飞往东京。

△ 东北民主联军第一、二师夺回6日被第七十一军第八十八师加强团攻占的拉法,并将该团全歼。

△ 美国《时代》杂志是日以《坏政府》一文,表示对国民政府失望和反感。指出:国民党现在已有足够的武力可以保障自己的存在,但他不能永远压住四亿不快乐的人民。中国政治不搞好,共产党的革命是没有办法可以停止下来的。

6 月 11 日 蒋介石电杜聿明,饬其遵守停战命令,停止前进,以待15 天之休战期限。

△ 徐永昌向马歇尔递交"真正实行《军队整编及统编中共部队为国军之基本方案》的补充办法草案",提出允许中共在东北驻军由一个师增加为三个师,但原驻华中之一个军应即取消,强调中共军在关内外均须驻于偏僻、边远之地区。

△ 徐永昌与周恩来会谈,首次就休战谈判交换意见。

△ 中共代表邓颖超在京对外国记者发表谈话,指责政府阻挠她出席本月 27 日在巴黎召开的世界妇女民主联合会执行委员会。

△ 周恩来、董必武、陆定一、邓颖超函复7 日上海各界人士来信,谓来信已转陈毛泽东,在15 天休战谈判中,"敝党决愿本一向和平、民主、团结、统一之职志,进行谈判,并盼能从此长期停战,永息戎争"。

△ 国防部次长秦德纯,应东京远东国际法庭之邀,离京飞沪转日,为审讯日战犯作证。秦行前与记者通话,告以此行乃因七七事变发生时,适任北平市市长,兼廿九军副军长,军长宋哲元已赴山东,整个政

治、军事、外交问题之折冲均由其一人负责，对于敌人侵略阴谋洞悉无遗，对于当时侵略之敌寇首脑亦甚熟知。

△　杭州 14 所大、中、职业学校组成学生联合会，发表响应罢工、罢教、反对开放内河航权、反对内战的宣言，并决定自 12 日起总罢课三天。

6 月 12 日　马歇尔与周恩来讨论当前国共军事冲突，并就恢复交通、停战问题交换意见。同日，军调部交通组主席希尔上校与周恩来商谈恢复交通之具体问题。周恩来声明中共军队绝不攻济南、青岛，除非国民党军要消灭我第五师。会上商定派参谋飞青岛调查。当日，中共南京局军事组参谋郝汀和美方柯克上校飞青岛，调处胶东半岛战事。

△　中共代表周恩来连续两日会见美方代表白鲁德，希望白尽快到长春，并欢迎他到哈尔滨，可由王首道、李立三陪同。

△　国民党中常会决议：一、为尽快实施二中全会各决议案，实行督导办法，推李文范、吴铁城、梁寒操等九人为督导委员；二、中央训练团改隶行政院，训练团原教育长陈诚免职，由薛岳继任。

△　白鲁德奉马歇尔电召由北平抵京（白于 10 日由长春返平），向马报告东北冲突详情，研究东北调处方案。

△　彭学沛在京举行外国记者招待会，称目前时局严重，"共军必须撤退其在 6 月 7 日以后所占之城市，并迅速恢复其所破坏的交通线，方能除去谈判之极大障碍"。为保证一切协定能迅速实施，"政府坚持美方代表必须有仲裁之权力"，"共党在周恩来将军从延安返京后，仍拒绝这种建议"。

△　美国第七舰队司令柯克上将因青岛形势紧张，由沪赴京，与马歇尔会商后，携蒋介石给青岛警备司令丁治磐之手令，由京赴青，与丁治磐、驻青美国海军陆战队司令克莱门少将研究防务。同日，青岛警备司令部宣布水陆戒严。克莱门宣布："美国海军陆战队决与中国军事机关合作，于戒严期内实行联防。"13 日，柯克由青返京。

△　管理东北经济委员会呈文东北行营主任熊式辉，请转呈国民

党中央,内称:"查目前东北每月支出之数,计军费 20.65 亿元,政费 11.41 亿元,共 32.06 亿元。""若继续增发东北流通券,势必变成第二法币。"

△　外交部长王世杰照会驻华英大使,请转告东南亚洲最高司令,申明爪哇华侨被杀害近 3000 人,要求其采取紧急措施,保护荷属东印度华侨之生命财产安全。

△　南京《中央日报》报道,国际劳工组织航运会议在美国西雅图开会时,中国代表要求对世界船舶的吨位应作合理分配。中国雇主代表卢作孚为中国发言称:在过去十年内,中国之需要与中国之地位全被忽视,中国本有船只 15.7 万公吨,现在只剩 10 万吨,大多数为内河轮船,中国有权公平支配日本船舶,中国将建设内河运输。

6 月 13 日　东北民主联军总司令林彪电沈阳执行小组转北平军调部,略谓自停战令下达后,国民党军仍继续向民主联军进攻,民主联军除被迫自卫外,并"向国、美双方保证,如国军不继续向我军进攻,我军决不向国军攻击"。同时向执行部报告,此时,"政府军队仍在法库及海城、本溪地区向我军进攻"。

△　美国国务卿贝尔纳斯将拟予中华民国以军事顾问与援助的法案提交参议院讨论。14 日,将该法案提交众议院讨论。贝尔纳斯在附函中强调:对华援助极为重要,中国曾请求美国派遣军事代表团至华,此准许对华实施军事援助的法案,系由陆、海军及国务院联合拟定。

△　白鲁德在京与周恩来商谈停止东北冲突问题。同日,白鲁德与马歇尔商拟东北调处方案。

△　梁漱溟访周恩来,了解当前谈判情况。14 日,梁离京赴沪。

△　杭州市学生举行反内战大游行,著名经济学家马寅初向学生演讲,痛斥政府贪污、内战,并亲自带领 4000 多名学生冒大雨示威游行。

6 月 14 日　中共代表团发言人就目前时局发表谈话,指出东北国民党军待援仍再谋大战,接收主权只是内战借口,自停战令下后,国民党军非法调动军队 130 多万人,进攻解放区已达 3675 次,在冀南等地修筑碉堡 2104 座,鄂北地区修筑碉堡 6000 座以上,阎锡山留用日军 7000 名,各地顽军频频骚扰,苏北形势日益紧张。重申中共不放弃任何一线和平希望,警告反动派玩火必自焚。

△　美国务院正式向国会提交一项军事援华法案。同日与国民政府签订《中美处置租借法案物资协定》,以保证向国民政府充分供应军火和器材。

△　马歇尔与周恩来会谈军队整编问题,周重申中共希望在东北驻五个师,分驻于五个大城市。关于军队重新分布,有四个因素须加考虑:一、军队的数目;二、分布的地区;三、运输条件;四、供应条件。马歇尔表示,相信政府会接受国共两党在东北军队的比例为 5：1,代替原整编方案规定的 14：1 的比例。周还指出,蒋介石 6 日的声明是一篇最后通牒,15 天停战是临时的,是在争时间准备更多的冲突。希望白鲁德尽快去长春,并欢迎他到哈尔滨。

△　八路军太原军区部队攻占山西闻喜县城。同日,八路军另一部攻占绛县县城。

△　美国赔偿代表团团长鲍莱偕代表团一行 35 人抵沈阳,代表杜鲁门总统在中国东北从事赔偿调查。

△　美国总统杜鲁门在《关于执行租借法案的二十二次报告》中披露:日本投降后,美国对各国都已停止租借,但仍继续援助中国军队,为空运华军赴中国各处,美国已用去三亿美元,并由美军供应品中借给华军价值 6800 万美元的车辆及价值 5000 万美元的军火。胜利日后给中国的援助等于胜利日以前向中国租借物资总量的两倍。自 1945 年 12 月 31 日迄今,美国向中国租借物资价值 13.35632 亿美元。并重申,美国不愿以武力干涉中国内政。

6 月 15 日　马歇尔向国共双方提出《结束东北之战事》之建议,略谓:双方紧密接触或正在战斗中的部队应立即停战,各自后撤,受当地执行小组指导,6 月 7 日正午存在的当地局势为调整的基础,双方意见不一致时，应以前进指挥所美方高级军官之决定为依归，政府不再增兵东北，但整军方案所允许的额定补充，则例外。

　　△　北平军调处交通处中共代表黄逸峰到南京，与美方代表希尔会谈恢复交通问题。

　　△　军事三人小组签署批准白鲁德9日呈送的关于军调部长春前进指挥所及东北执行小组的工作计划，并指示军调部迅即实行。训令指出：在东北的执行小组按照3月27日之协议进行工作。

　　△　国防部发言人对新闻界发表谈话，谬称中共军不遵协议，违反停止冲突之命令，扩编部队，袭击国军。

　　△　政协综合小组主席孙科宴请中共政协代表周恩来、董必武、邓颖超、李维汉以及国民党政协代表吴铁城、张厉生、邵力子、王世杰、雷震，席间，双方对谈判中各问题广泛交换意见。

　　△　军调部沈阳中心小组中共方面组长李敏然（立三）、代表王首道访马歇尔、白鲁德，商谈长春前进指挥所之组织与东北停战的具体问题。

　　△　《益世报》上海版出版。该报除上海版外，原已在天津、北平、重庆、西安四地出版。

　　6月16日　周恩来、俞大维和军调部交通组主席希尔上校就恢复交通问题达成协议：国共双方各自就控制区内尽速先行修复津浦、胶济、陇海三条铁路；碉堡可以拆除；中共区内铁路管理可由中共推荐人员负责，国际铁路中共可派代表若干人参加管理；双方均不得用铁路运兵；中共区内路警由中共自行训练。

　　△　马歇尔与蒋介石商讨军队整编基本方案。同日，马歇尔根据蒋介石意见，拟成《修正东北驻军提案附带中央政府关于华北驻军之规定》，其主要内容为：中共须将部队于9月1日前，自热河及察哈尔两省完全撤出；政府须自由派一个军占领烟台及威海卫，将青岛兵力增至一个军，以便接管美国海军之防务；6月7日正午后中共军在山东强行占领的大小城镇须于7月1日前撤出各该城镇30华里以外；政府于9月

1 日起派一个军驻防天津,接替美国海军陆战队。

△　立法院院长孙科邀宴在京的青年党、民盟等政协代表。席间,梁漱溟代表中间人士提出三点建议:一、15 日休战应谋得永久和平;二、国共双方均在备战,中间人士无从制止,吁请双方克制,缓和局势;三、双方敌意之宣传应立即彻底停止。

△　军调部长春前进指挥所美方代表白鲁德、政府代表郑介民、中共代表李敏然(立三)、王首道由京赴北平。18 日,经沈阳抵长春。

△　午 12 时 15 分,美国赔偿专员鲍莱在沈阳铁路宾馆招待中外记者,称:"在各盟国内,中国应获得较多之赔偿,因为最有要求赔偿权利者为中国。"

△　八路军胶东部队攻占即墨县城。

△　《东南日报》上海版出版,该报董事长陈果夫为此宴请上海各界著名人士。

6 月 17 日　蒋介石提出恢复交通方案:一、铁路线三公里外的碉堡可以拆除,保护车站,桥梁、仓库、隧道者不拆;二、中共区内铁路管理人员,中共可以推荐,但需经政府考训,合格者方能录用;国际铁路中共不能参加管理;三、护路警察由政府统一派遣,每公里驻五人;四、中共区铁路不许运兵,其他铁路不受限制。

△　徐永昌致马歇尔备忘录,提出东北整军方案:一、东北国军与共军比例可改为 5:1;二、共军须驻在齐齐哈尔、海拉尔、延吉三地,其军管区指定为兴安省、合江省、黑龙江省;三、共军须立即退出安东、敦化、牡丹江、洮南、哈尔滨等地及各铁路线。

△　马歇尔邀周恩来会谈整军方案,马表示最大的困难是不明确中共的条件和建议。周答:中共没有提出建议,是因为愿意作出让步。同日,马歇尔与蒋介石会谈后,向周恩来提交一份备忘录,并附国民政府关于在停战期间达成协议的主要文件三份:一、政府关于东北驻军的重新分布及华北驻军的规定;二、东北驻军附加条款;三、关于恢复交通的方案。

△ 蒋介石在国府纪念周讲演国内政局,宣称政府始终采取政治解决之方针,然中共一面拖延,一面破坏国家和平统一,现停战期限仅有数日,希望在此期间能决定具体办法,以获圆满结果。

△ 徐永昌致周恩来备忘录,提议国共双方谈判争执之问题,将最后仲裁权赋予马歇尔。

△ 美国国务院宣布:中美两国政府代表签订中国长期偿付所有租借物资之协定,即中国将对日战争结束后订购或启运的军备租借法项下物资5890万美元,自1947年7月1日起,分30年偿还美国。

△ 英国人白礼查继丁贵堂任江海关税务司。19日,宋子文在京答记者称,"一切关务行政仍然操于我手,不过利用外人富有经验之技术"。

6月18日 马歇尔在京与徐永昌、俞大维会谈时,提出:蒋介石关于和谈对中共所提的条件太苛刻,是否可以撤回。俞说蒋在军队重新分布方案中,愿予中共较富饶的地区,并以据蒋意绘制的地图出示。同时说明,如果中共同意这一建议,就完全处于政府的军事控制之下了。马表示,中共不可能接受这个建议。

△ 马歇尔邀周恩来会谈17日备忘录所附三文件,周表示,关于华北方面的条款,除了在山东省恢复6月7日以前状况的那部分外,他不能考虑这项建议。关于东北附加条款,要中共让出许多地方给政府军,这不能接受。并建议,共军驻扎在其当时已控制的地区,在若干地区不配置军队驻防,政府军不应这时进入处于中共军控制的地区。关于恢复交通,中共已作出让步,现在政府方面试图迫使中共作出远远超过1、2月份协定的让步,对于争论的政治问题却不给予保证。

△ 国民政府代表徐永昌、俞大维与中共代表周恩来会谈整军方案,在周拒绝了政府方面所提中共部队在关内分驻陕北、上党、大名、临沂、热察五个地区的要求后,再次提出承认美方最后决定权问题,周愤怒指出,这是丧失国权的办法。

△ 青年党、民盟及社会贤达代表张君劢、罗隆基等12人请中共

代表报告谈判情况,董必武说明谈判因蒋介石提出使中共无法接受的方案而陷于僵局。同日,诸代表又访政府代表,交换和谈意见。

△　青年党宣传部长左舜生在京对记者谈:在当前国共商谈争议中,罗隆基言论有第三者立场,左袒中共。同日,罗隆基亦向新闻界发表谈话指出:左舜生抨击他"亲共",国民党正在利用左氏言论分化民盟。

△　新四军华中军区司令员张鼎丞对新华社记者谈:目前华中形势十分严重,由于国民党军在淮南、淮北、苏中、苏北各地区 27 个师的兵力,已经开始发动全面军事进攻,大规模的内战,有一触即发之势。

△　在海城起义的第六十军第一八四师官兵及在东北各地携械投奔民主联军之国民党军官兵,整编为民主同盟军第一军,下辖新一师和第一八四师,由潘朔端任军长,郑祖志任副军长。同日,潘、郑通电全国,表示誓为和平民主奋斗到底。

△　中国驻英国军事代表团正式结束,该团团长桂永清在伦敦举行告别宴会。

△　南京大屠杀美籍见证人,前上海密勒士评论报发行人兼主笔、曾任南京鼓楼医院内外科医生鲍威尔,耶鲁大学圣公会牧师麦克基,把日军暴行摄下电影的魏尔逊,三人到东京出席远东国际战犯审判法庭作证。

6 月 19 日　国民政府致北平军调部备忘录称:"今为自卫之绝对需要,不得已已将第五十四军等运送青岛,第七十三军等运送济南。"共军须立即履行停战协定,退出停战令下达后所攻占之城市,"否则共军应负破坏和平及因此而发生的一切不幸之责"。

△　中共代表周恩来会见司徒雷登。周对司氏所提先从改组政府、制定宪法、打击贪污等着手和由美国分开装备训练国共两军的意见表示同意。并请其转告马歇尔,蒋介石先停战才好再谈判,中共愿意和平,但解决问题必须双方让步。

△　第三方面人士黄炎培、梁漱溟、罗隆基、曾琦等积极活动,以求

转圜和谈僵局之办法,议定:一、希望政府下令延长停战谈判期限;二、希望中共赞同马歇尔仲裁权;三、分派代表向国共双方转圜。

△ 罗隆基、黄炎培、张君劢访周恩来,劝其对美方仲裁办法让步,周答,须向延安请示。

△ 上海市72所大、中学校学生召开争取和平联合会成立大会,通过反对内战宣言。

△ 重庆各界人士4270人联名向蒋介石、毛泽东发出通电,呼吁全面停止内战,协商谈判只许成功,不许失败。

△ 国民政府特任徐永昌为陆军大学校长;任命包尔汉(阿合买提江·喀司莫夫代)为兼新疆省政府副主席。

△ 马歇尔电美国国务院,对杜鲁门总统所提对华继续进行军事援助,并协助中国陆军现代化之议案表示赞同。

6月20日 周恩来向马歇尔说明中共对当前谈判之基本态度,强调指出,对政府建议美方代表有最后决定权之方案表示拒绝,每一问题,须各方面共同协商。并向马歇尔递交一份声明书,略谓:"关内及东北战事均应停止,而不受时间限制,以待重新调整;国共争执,如需盟国调停,应以1945年12月15日杜鲁门总统声明及1945年12月26日莫斯科三国会议公报所定原则为依据。"

△ 中共代表周恩来会见美方代表马歇尔,说明蒋介石要中共军队分驻几个地区,是要中共军队退出城市和铁路线,以便消灭,这不能接受。现在情况紧迫,内战有一发不可收拾的危险,建议东北全面停战,关内重申停止冲突。

△ 中共代表周恩来接见记者,发表谈话,说明中共主张,不分关内外,不受时间限制,停止一切冲突,静候调处;如果国共争端需要友邦调解的话,必须按去年12月15日杜鲁门声明及莫斯科三国外长会议公报的原则办理。

△ 马歇尔与俞大维讨论国共和谈问题,马认为政府方面必须考虑以下各点:将关于热河、察哈尔和山东的条款删去,并将这些省份包

括在军队重新分布的方案内;在第一阶段,政府方面只调一个军入华北;同意中共控制某些铁路;停战至少延长五天。并强调指出,美国不会支持一场中国的内战。

△　彭学沛在京对记者谈,关于国共和谈中美国代表之公断权(仲裁权、最后决定权)之解释,"公断为中国名词,仲裁为日本译语"。"近代国际之争,常请海牙法庭公断,无损主权。有人译为最后决定权,亦殊不符"。"请各报注意,以后概用公断二字"。

△　第三方面人士在京邀请政府政协代表会商,交换对时局之主张,要求政府延长停战期限,继续和平,永绝内战,并托政府代表将该要求转告蒋介石。

△　上海人民反内战运动高涨。各界妇女三万人、经济界 17 团体分别上书蒋介石、毛泽东、马歇尔,呼吁永远停止内战。影剧界著名人士 104 人致函美国同业,请其促使美国政府撤退驻华海陆空军。同日,上海人民团体联合会推代表赴京请愿。

△　中共中央中原局、中原军区决定,中原军区主力部队分作南北两路向西突围。北路由李先念、郑位三、王震率领中原局、中原军区直属机关和第二纵队(缺第十五旅两个团),自广水与信阳间突破国民党军在平汉路的封锁线西进。南路由王树声率领第一纵队(缺第一旅)从孝感、花园间突破平汉路封锁线西进。同时,为掩护主力向西突围,由皮定均率一纵第一旅向东佯攻,张体学率鄂东军区部队东进大别山腹地,黄林率河南军区部队,罗厚福率江汉军区部队在平汉路西侧掩护突围,王海山率二纵第十五旅控制宜城襄河一线渡口,掩护南路部队。24日,各部奉令在根据地秘密集结,向突围方向运动。

△　美国杜鲁门总统赔偿问题专员鲍莱由沈阳飞赴东京,该调查团留下八名团员继续在东北调查。据鲍莱调查团估计,苏联红军拆运东北工业设备的价值共 8.58 亿美元,而弥补转移、损坏和一般损失的全部重建费用将达 20 亿美元。

6 月 21 日　蒋介石发表声明,宣布东北休战期限延长 15 天,内称："为了再一次给予中国共产党一个机会，以便对军事冲突、恢复交通、军队整编与重新配置等问题获得圆满的解决，余已命令我军各司令官将余以前的停止前进、攻击和追击的命令的有效期限延长至1946年6月30日中午。"

△　马歇尔与周恩来会谈，周奉中共中央命令，提出四点新建议：一、由三人会议宣布东北长期停战并重申全国停战命令，命令双方部队严格遵守；二、由三人会议立即协商恢复全国交通之具体办法，首先恢复重要铁路；三、由三人会议定期商定全国及东北整军复员之具体补充办法，并立即实施；四、由政府经协商定期重开政治协商会议，迅速解决政府改组、保障人权、解救民生、完成统一各项政治问题。同日，中共代表团将上述四点建议函告政府代表，如赞同即交三人会议及政协综合小组协议施行。

△　周恩来在南京梅园新村办事处对记者谈：中共对东北军事冲突，素主长期停战。今政府宣布延长停战期限至6月30日，"此虽与我们之主张相距甚远，但凡有一线和平希望，我们无不努力以赴"。只要政府军队严守命令，"我敢保证我方军队必坚守原防，以便双方在马歇尔将军协助之下，求得长期停战，实现和平"。

△　中共代表团周恩来等七人致函蒋介石，指出内战大火有一发难收之势，三人会议应立即宣布东北长期停战、协商恢复全国交通的具体办法、商定整军复员及东北整军的具体补充办法等。

△　俞大维电话通知马歇尔，托马转告共产党，蒋介石延长停战令有两点附加要求：一、胶济路沿线的中共军必须于1946年8月1日前撤退到铁路两侧30公里以外的地区；二、三人小组和军调部的一致表决程序必须于1946年6月30日以前加以修订。

△　财政部长俞鸿钧向驻会参政员报告最近财政金融措施，称："欲谋收支平衡，政府自然要积极整理税收，以期渡过当前的危机，即使加重人民负担，也不能不忍耐一时，原则上确是如此。"除税收外，处理接收之敌伪财产为国家收入，严谨运用黄金外汇，利用善后救济物资，

向友邦洽借外债，以救稳定金融，收缩通货。

　　△　国民政府特任薛笃弼为水利委员会委员长；特派外交部政务次长甘乃光为庆贺菲律宾独立特使。

　　△　国民政府明令褒奖在华从事教育事业垂50年之燕京大学校长司徒雷登。

　　△　教育部训令各省市教育厅局处、各公私立专科以上学校、国立中等学校，对抗战阵亡将士女子就学，应予以优先录取，免费入学。

　　6月22日　中共中央主席毛泽东发表声明，反对美国继续对华军事援助。指出："美国实行所谓军事援助，实际上只是武装干涉中国内政，只是以强力支持国民党独裁政府继续陷中国于内战、分裂、混乱、恐怖和贫困。""这种行动已经证明是中国大规模内战爆发与继续扩大的根本原因。"表示："坚决反对美国政府继续以出售、交换、租借、赠送或让渡等方式将军火交给中国的国民党独裁政府，坚决反对美国派遣军事使团来华，并坚决要求美国立即停止与收回对华的一切所谓军事援助，和立即撤回在华的美国军队。"

　　△　军事三人小组举行自3月份停开以来的第一次会议，讨论结束东北战事问题。周恩来建议起草关于执行小组和美国军官决定权的文件，以便既适用于东北，也适用于关内。徐永昌赞成，并提出恢复交通、在东北停止冲突、修改军队整编方案三问题须一并解决，解决这些问题的协议须同时签字。

　　△　国民政府特派宋子文兼最高经济委员会委员长，翁文灏兼副委员长；特派王云五、俞大维、周诒春、徐堪、俞鸿钧、朱家骅、谷正纲、蒋延黻、蒋梦麟、钱昌照兼最高经济委员会委员；特派吴蕴初、陈受昌、郭顺、徐继顾、李铭为最高经济委员会委员；特派翁文灏兼最高经济委员会秘书长。

　　△　傅斯年、莫德惠等第三方面人士招待中共代表董必武、李维汉、邓颖超，并就和谈提出三点建议：一、一切谈判希均公开；二、军事问题与政治问题分别协商；三、不赞成在整军中重划驻军区域，以免引起

大争执。中共代表表示赞同。

　　△　江苏省政府主席王懋功令各县县长,限 10 日内动员民伕,将下列公路抢修完毕:一、上海至苏州;二、上海至无锡;三、南京至镇江;四、无锡至镇江;五、口岸至泰县(今泰州);六、扬州至泰县。

　　△　美国第七舰队司令柯克上将在青岛宣布,该舰队将无限期留驻中国境内,总部已由沪迁青,在青常驻舰 40 余艘。将扩大规模训练国民党海军。

6 月 23 日　上海学生、工人及各业民众五万余人齐集北站,欢送赴京和平请愿代表马叙伦、黄延芳、阎宝航等 10 人,欢送大会通过四项提案:一、组织上海各界和平促进联合会;二、请愿只许成功,不许失败;三、十代表请愿不成功,发动群众步行赴京请愿;四、电美国政府,请勿助长中国内战。11 时,代表登车启程后,五万与会者举行反内战示威游行。

　　△　上海和平请愿代表抵南京,在下关车站被 200 余名自称"苏北难民"的国民党特务围困殴打,马叙伦、阎宝航、雷洁琼、陈震中四代表被打伤。《大公报》记者高集、《新民报》记者浦熙修及民盟前往欢迎的代表叶笃义均被殴伤。

　　△　军事三人小组开会讨论恢复交通的建议草案,俞大维(代徐永昌)提出四点进行讨论:一、拆毁防御工事问题;二、在铁路管理中使用中共人员问题;三、中共希望政府不派铁路警察前往修复的线路问题;四、中共不仅希望恢复铁路交通,而且恢复一切交通问题。

　　△　毛泽东为中共中央起草致中原局电:"同意立即突围,愈快愈好,不要有任何顾虑,生存第一,胜利第一。"

　　△　港、粤各界著名人士何香凝、徐傅霖、彭泽民、蔡廷锴等 98 人,分别致电蒋介石、毛泽东、各民主党派、杜鲁门及美国国会,呼吁和平,反对内战,反对美国干涉中国内政。

　　△　南京大屠杀惨案调查委员会在京成立,参议院副议长陈耀东、参议员伍崇、卢前学等为委员。该会请王世杰、吴鼎昌为顾问。

△　驻无锡第十七军官总队军官 200 余人以《大锡报》、《锡报》刊登军官滋扰该市之新闻,将该两报馆捣毁,损失约一亿元。同时,因不满军人胡为而罢市的九家商店亦被捣毁。第一绥靖区司令汤恩伯亲往报馆慰问,并赔偿损失。

△　国民党军青岛守备军阙汉骞之第五十四军以主力向即墨县马山地区进攻。7 月 2 日,攻占即墨县城。9 日,攻占蓝村。12 日,攻占胶县。

6 月 24 日　军事三人小组会议通过《完全结束东北冲突训令》,该训令规定:1 月 10 日停战协定除由三人会议修改外,均仍有效;密切或实际交锋部队双方立即就地停战,各自后撤;以 6 月 7 日正午存在的局势为基础,由执行小组就地指导调整;双方一切战术性调动均应停止;本训令颁布 15 日内,双方应将在东北的一切部队并团以上指挥官、兵力位置之清册送军调部长春前进指挥所;政府不调部队入东北;不执行训令的军官应撤职法办。该训令未签字。

△　军事三人会议继续讨论恢复交通问题,通过《关于重开华北、华中交通指令》,指令规定:立即恢复华北、华中的一切交通线;修筑各路的工作受各交通小组监督,并受交通部管制;在铁路管理中任用合格的中共人员。但该指令未签字。

△　军事三人会议通过《解决执行小组、交通小组、北平军调部及长春军调分部中某些争执之条款》,议定:执行小组及交通小组国共双方意见不一致时,美方代表可就其观察意见直接向军调部报告请求指示,美方代表有权决定执行小组在所辖区域进行有关军事行动之调查,在双方对停止冲突及隔离部队之事项不一致时,美方代表有权令双方长官立即停战实行隔离部队;军调部及分部国共两方意见不一致时,美方资深人员可向三人委员会单独报告,在双方执行上级命令或指示意见不一时,美方资深人员有权指导该命令或指示之执行。该条款未签字。

△　周恩来在军事三人小组会上报告上海和平请愿代表在南京下关车站被殴经过,并以备忘录致马歇尔、徐永昌,提出惩凶、取消特务机

构、保障人权等六项主张。

　　△　上海人民团体联合会、上海市学生争取和平联合会,分别召集紧急会议,讨论"南京下关事件",并致电蒋介石提出抗议,致电中共、民盟吁请予以声援。

　　△　汪伪政府军令部长、苏豫区总司令胡毓坤、海军部长凌霄、湖北省府主席、武汉行营主任杨揆一在南京雨花台被枪决。

　　6 月 25 日　俞大维向马歇尔提交《军队整编及统编中共部队为国军之修正事项》,主要内容为:协定签订后,中共须将热河、察哈尔两省的部队集中到两省边境以待统编,政府军进入上述地区;政府派一个军驻烟台及威海卫,加派一个军驻青岛,胶济路之中共军全部退出,待政府军接收;9 月 1 日起,政府派一个军驻天津;苏北各地的中共军全部退到华北统编驻地;凡 6 月 7 日以后为中共军占领的地方,均得退出,由政府军进驻。

　　△　梁漱溟、黄炎培、章伯钧、罗隆基、张申府就下关事件联名致函国民党政协代表,指出"此事件,并非全由下关军警之不得力,而实出于一种特务活动","政府必须取消特务机关"。

　　△　中共代表团在京招待上海和平请愿代表,周恩来说明中共一贯致力和平民主经过,并阐明中共之土地、工商业各项政策。同日,毛泽东、朱德电慰上海和平请愿代表,表示"中共一贯坚持和平民主方针,誓与全国人民一致为阻止内战,争取和平奋斗"。

　　△　徐州市徐州中学发生大血案。该校学生酝酿进行反内战游行示威,校内驻军连长方某指挥架起三挺美式重机枪向学生扫射,打死教务主任及学生 10 多人,伤学生 20 多人。

　　△　立法院通过大赦案,凡犯罪在 1945 年 9 月 2 日以前,判为有期徒刑以下者均赦免之;战犯、汉奸、贪污、贩毒罪不赦。

　　△　内政部部长张厉生在行政院例会上检讨下关事件的发生,说治安当局未能尽到保护之责,内政部当局亦难辞其咎。

　　△　美国国务院发言人重申美军在华之任务,系应中国政府之要

求,用以协助遣送在华之大量日军。

　　△　戴伯尔门由北平飞往长春,代理白鲁德执行调处任务。

　　△　第二绥靖区王耀武部李弥第八军自昌乐强渡㳇河向西进攻。26 日,与山东中共军在益都以东激战,27 日攻占益都。

6 月 26 日　全面内战爆发。奉蒋介石之令,第五、第六绥靖区(第六绥靖区属武汉行营,临时划归郑州绥靖公署)第一线部队 10 万人,凌晨自信阳、罗山、光山、经扶(今新县)、黄安(今红安)、黄陂、孝感分路向以宣化店为中心的中原解放区大举进攻。中共中原军区军民奋起自卫。

　　△　周恩来与马歇尔会谈整军问题。周提出两项可供选择的办法:一、先实行在东北停止冲突和恢复铁路交通,然后讨论军队整编方案;二、确定关于军队整编的几项原则:在整编期间双方军队驻扎在不威胁对方的地点;军队不干涉政治;在整编期间政府地区和共产党地区都有某些地方可以不由双方军队驻防。马歇尔表示可以考虑第二个建议。

　　△　第二绥靖区陈金城第九十六军自济南出动沿胶济线向东进攻,占领龙山,韩浚第七十三军(缺第十五师)沿胶济线北侧东进。7 月 6 日,第七十三军与由昌乐沿胶济线西进的第八军在张店以西地区会合,11 日,该两军攻占博山,控制了淄博煤矿区。

　　△　国民政府令:驻美利坚合众国特命全权大使魏道明免本职;特任顾维钧为驻美利坚合众国特命全权大使;驻伊朗国特命全权大使李铁铮免本职;特任郑亦同为驻伊朗国特命全权大使;驻阿富汗国特命全权公使邹尚友免本职;特任许念曾为驻阿富汗国特命全权公使。

　　△　国民政府令:善后救济总署江西分署长张国焘免本职,派蔡孟坚继任。

　　△　国民党中常会决议:一、通过党员总清查实施要点;二、通过中央党务机关缩编办法。

　　△　内政部公布全国人口总计为 4.70026252 亿人。

△　中国陆军第一方面军司令部正式撤离河内。至此,中国军队在越南的受降工作完全结束。

△　美国众议院外交委员会通过延长对华军事援助之法案。该法案规定以剩余军备移交中国,并派军事代表团来华,训练中国军队。援华时期,以该法案生效之日起,以十年为限。

△　中央航空第八大队第五十三中队机长刘善本上尉,驾驶 B24 式 530 号飞机由成都飞往延安。29 日,毛泽东、朱德亲临欢迎刘善本大会,朱德致词,谓"刘上尉退出内战义举,标志着全国人民争取和平、民主、独立高潮到来"。

6 月 27 日　马歇尔与蒋介石会谈,蒋进一步提出军事调整条件:共军应在 10 天之内撤出苏北、胶济线、承德、古北口、安东省和哈尔滨,这些地方在一个月内由政府军队占领;中共军还须在一个月内从其他指定的地方撤退,但政府军可以延缓两三个月进入。马歇尔认为蒋的条件过苛,必须寻求某种妥协的基础。

△　马歇尔向周恩来转告蒋介石关于整军条件,周表示:中共愿考虑关于哈尔滨、热河承德以南、察哈尔张家口以南等地区国共双方驻防问题,但不能接受政府对于胶济线、承德、古北口及其他地方的要求;中共可以减少苏北驻军;如果政府军只驻济南、潍县和青岛,中共军可撤离胶济线,并撤出烟台、威海卫;中共军可以撤出枣庄煤矿,铁路专作营业用,并成立一个委员会来管理;中共军退出的地区所建立的地方政权不得损害。

△　第五、第六两绥靖区攻占宣化店四周战略要点,中原解放区主力军部队向西转移,军区司令部撤离宣化店。

△　宋子文访马歇尔,吁请美国给予经济援助。

△　上海赴京和平请愿代表马叙伦等 10 人见马歇尔,希望先造成中国的永久和平,然后美国再给予物资上的援助。

6 月 28 日　蒋介石通知马歇尔:中共军应撤出山东滕县,不得在山东菏泽、河北大名、山西闻喜驻防。同意中共军驻防邢台。同日,马歇尔将蒋之要求转告周恩来,周指出目前局势危险,蒋已下令进攻中原解放区。同时指责蒋要把共军分隔成五个孤立的地区,只有张家口、邢台在铁路线上,这样容易将共军包围。

△　马歇尔致蒋介石备忘录,指出在谈判现状和 2 月 25 日军队整编协定规定军队分布的问题上,政府与中共有多处不可调和,整军协定的正式详细修订文件在 6 月 30 日中午以前不能制定出来,如果把休战期限延长到 6 月 30 日以后,会使局势完全崩溃。因而,"建议达成一项包含对于危急地区的足够详细的解决办法的特殊协定,以充分地保护政府的利益,以便可于 6 月 30 日发出停止冲突的命令"。

△　美方代表马歇尔与中共代表周恩来会谈。周指出国民党军已于 6 月 26 日开始进攻,迫使中共军队起而自卫,蒋介石应立即电鄂、豫部队停止进攻,蒋的进攻是违反政协决议的。

△　第三方面人士与政府代表会谈,黄炎培等提出折衷方案:一、东北停战、恢复交通两大问题既可成立协议,应先签字,以和缓气氛,继续商谈;二、中共在军事方面既多让步,则政府在政治方面应多开放,以此为交换条件;三、先局部解决整军和驻地问题。国民政府代表表示愿转陈蒋介石。

△　民盟代表访中共代表团,周恩来向其介绍谈判情况,谓中共在东北、热河、察哈尔、山东、苏北等地驻防问题均作了重大让步。民盟代表定次日访马歇尔、王世杰和邵力子,呼吁以中共之让步打开谈判僵局。

△　上海赴京和平请愿代表黄延芳向蒋介石请愿,要求立即停止内战。蒋佯称:"就是这次谈判不成,停战期过,我也不打。请回去告诉上海人民。"

△　上海赴京和平请愿代表向中共代表团请愿,要求停止内战。周恩来说明谈判情况,由于蒋介石要求中共撤出苏北、胶济线、承德、安东省等地,使谈判陷于僵局。周表示,中共力争和平,倘政治民主有保障,在军事问题上还可以让步。

　　△　国民政府令:重庆卫戍总司令部改为重庆警备司令部,任命孙元良为重庆警备司令。

　　△　美国代理国务卿艾奇逊在华盛顿发表声明,阐释美国对华政策。略谓美政府为协助中国而采取的各项行动,其目的为协助整个中国消除对日长期战争所引起的种种影响。此等步骤不能解释为支持中国内部任何党派之军事集团。

　　△　《大公报》报道:兰(州)宁(夏)公路全部竣工,定7月1日正式通车。该路全长489公里,费时两年零三个月,用款近二亿元。该路为国有干线。

　　6月29日　马歇尔拟定整军折衷方案,主要内容为:一、明确规定国共军队的分布;二、不变更5:1的兵力比率;三、军队在六个月内开入指定的地区;四、军调部立即决定1月13日以来双方占领的地方和在20天内应该撤离这些地区的军队;五、军调部立即决定6月7日中午以后东北国共双方占领的地方和在10天内应该撤离这些地区的军队;六、中共同意政府军在哈尔滨驻防5000人;七、中共军集中到规定的地方,关内中共军撤退的地区现在的政治状况不变。

　　△　马歇尔将所拟折衷方案面交蒋介石,蒋拒绝改变自己提出的关于中共军配置的条件,特别坚持要共军撤出承德、整个江苏省和东北的安东省,并坚持在共军撤出的地区里的现有地方政府应撤销。马表示,政府没有作出妥协,进一步谈判是没有基础的。

　　△　马歇尔以其折衷方案及蒋介石之意见与周恩来会谈。周表示"除去牵涉到共军撤离苏北和政府军队占领那个地区的地方民政问题之外,他准备考虑任何方案"。对马提出的方案,"除一两项次要问题外,这个文件的主要条文共产党几乎完全可以接受。"周恩来还说,我们愿意和平,但不能接受蒋的一套,希望同国民政府方面代表在明天12时前达成整军方案协议。

　　△　罗隆基、张君劢向马歇尔提出三点建议:一、中共已让步,希望政府亦能让步;二、中共撤出地区之政治问题应由政协综合小组解决,

或由未来之联合政府解决；三、中国内战能否停止，美国之态度关系甚大，希望马歇尔取强硬态度为中国求和平。

△ 第三方面人士与政府代表会商，邵力子告称，蒋介石已明确表示，政府方面坚持中共退出苏北、承德、安东，并不得保留地方政权及保安队。政治问题亦交三人会议解决。

△ 中原军区司令员李先念率新四军第五师主力、副司令员兼参谋长王震率八路军第三五九旅主力、王树声率新编第一纵队，在平汉线信阳至广水间开始向西突围。

△ 王震向军调部光山第三十二小组送交备忘录，内称：政府军大规模围歼中原军区部队的进攻已爆发，中共军将被迫自卫，李先念将军已离宣化店，请该调处小组本日上午 11 时以前撤离宣化店。

△ 驻青岛美国海军陆战队第六师团长克莱门少将飞抵临沂，会晤新四军军长兼山东军区司令员陈毅，交换关于停止目前山东军事冲突的意见。并邀陈去青岛与王耀武会谈。陈表示：目前中原、淮南、苏北等解放区正受国军大规模进攻，时局紧张，难离职守。克莱门当日返青。

△ 国民政府特任汤恩伯、范汉杰为陆军副总司令；任命毛邦初、王叔铭为空军副总司令；任命黄维、陈良、何世礼为联合勤务副总司令。

△ 驻粤中共武装部队 2400 人乘美轮离粤开赴烟台，留粤者仅781 人。

6 月 30 日 马歇尔与蒋介石会谈，蒋表示对于承德愿意接受稍折衷的办法，但苏北的共军必须在一个月内撤到陇海线以北，否则，难以实现和平。马歇尔指出：所有关于华北的要求都是政府提出的，除去条件的某些修改外，政府没有向中共作出让步。政府正在使用武力独裁的政策。蒋最后说，他已对军队发出命令，"除了自卫外，不得采取任何进攻行动"。并建议成立一个由政府和中共代表组成的特别小组，讨论共军依照政府要求而撤出的地区的地方政府问题。

△ 马歇尔与周恩来会谈，马说，蒋介石已命令他的军队不得从事

任何进攻行动,但应保卫他们目前的阵地。并表示继续进行谈判。周指出:目前局势和谈判面临的主要困难在于苏北、热河和津浦路沿线,蒋对这三个地方有关的问题非常顽固。

　　△　国民党中宣部长彭学沛发布公告称:今停战命令虽已满期,政府对于和平统一之方针决不变更。除非共党进攻国军,加以抵抗与驱逐外,"中央军队不对共军采取军事行动,以静候各项未决问题之解决"。

　　△　中共代表团发言人在京向新闻界发表书面谈话,指出彭学沛所宣布的公告形式特别,一方面声明中央军不对共军采取军事行动,但并未说明政府方面是否已发布此项命令,尤其未说休战时间。另一方面指责中共军在进攻,破坏交通,以便在"自卫"、"恢复交通"等借口下,不受任何限制地向中共军采取军事行动。

　　△　周恩来在京对中外记者谈,中共对马歇尔提出的整军方案"绝大部分,而且是极其重要的部分,包括驻军原则、军队比例和东北问题的处理等,大都是同意的。但政府坚持要接收其所指定的区域,致此方案未被同意"。"现在政府提案竟把军队驻地和当地民政联系一起,变成以军干政的防区制或军管区、师管区制,这就是国共两党在这个问题上的分歧"。

　　△　整编第七十二师新十三旅第三十七团进占中原解放区首府宣化店。

　　△　《解放日报》载,上海各界名流黄墨涵、黄次咸、邓初民等4271人联名电陈毛泽东、蒋介石,力述目前民族深重危机,呼吁全面停战,延长协商期限,一切政治问题应以政治方式解决。

　　△　香港、九龙各界召开促进祖国和平运动大会,彭泽民、何香凝、千家驹等在会上发言,一致要求实现和平民主,反对美国援助国民政府,并决定组织反内战大同盟。

　　△　国民政府将驻海南岛之第五十四军由海路运抵青岛,从而开始了为1月10日停战协定所禁止的对华北部队的全面增援。

△ 据中央银行统计,到是月底止,全国各省、市金融机构共 4634 家,其中银行总数 3489 家,内官营者 2446 家,商业银行 1043 家。

7 月

7月1日 蒋介石向国军各司令官发布命令:"如共军不进攻我军,则我军亦不进攻共军。若共军向我军进攻,则我军为自卫、保护人民之生命财产及维持地方治安计,将集中力量予以反击。"

△ 毛泽东、朱德令共产党全体战地司令员:"在任何地点,如国民党军队不攻击我军,我军不应主动地攻击国民党军。但如被攻击,我军将坚决采取自卫手段,以保护人民之生命财产,并维持民主政府的法令。"

△ 国民党中央党部与国民政府联合举行纪念周,国防、经济、交通、水利、资源等部、会首长白崇禧、陈诚、王云五、俞大维、薛笃弼、钱昌照、顾祝同、周至柔、黄镇球等 45 人宣誓就职。蒋介石授印并致训词,饬其"树立建国之模范,求政治之修明,不多用一人,不浪费一文钱,要负责任,守纪律,为一般僚属之模范,以奠定修明之政治基础,完成国家所赋予之使命。"并领读《党员守则》。

△ 参谋总长陈诚发表《告全国官兵书》,说明国防部成立之意义,强调当前之急务是继续完成整军,进而改革军事制度。

△ 国防部长白崇禧在京对新闻界发表谈话,谓未来大局之发展,将取决于共党之态度。政府对政治问题,一本政治解决之方针,决不诉诸武力,在军事上无任何新部署。

△ 郑州绥靖公署主任刘峙令所部全力追击由平汉路突围西进的中共中原军区部队:第六十九军、第十军调天河口、高城一线;第十一军、第七十五军分别取捷径赶赴天河口、高城之西北和西南;第十五军、第四十七军、第六十六军迅速向天河口、高城追击,务须将中共军围歼于天河口、高城地区。4 日,刘峙所部还未到达指定地区,中原军区主

力突围越过天河口一线。

　　△　王树声率领中共中原军区由南路突围,主力在湖北花园以北之王家店越过平汉铁路,向襄河挺进。同日,皮定均率领掩护主力突围之一纵第一旅进入鄂皖边界的大别山腹地。

　　△　经济部计划委员会召开首届全体会议,讨论《民国三十六年经济部施政纲领》,拟订挽救工业危机、物价管制等决议案,财政部长王云五表示对各议案保证实施。5 日闭会。

　　△　粤汉铁路修复通车。

　　△　新疆全省举行和平庆祝会。监察院长于右任在迪化市庆祝大会上发表演说,省主席张治中宣读告全疆同胞书,提出永保全疆和平之四原则:一、增进中苏亲善;二、拥护国家统一;三、实行民主政治;四、加强民族团结。

　　△　前英美混合部队第六军司令美军鲁加斯少将抵南京,担任美国驻华军事顾问团团长。

　　△　国防部命令中国战区日本官兵善后联络总部所有人员当晚向上海集中,遣返回国。次日晨,前中国派遣军总参谋长小林浅三郎中将以下人员乘船离京赴沪。5 日,大部人员由沪返日。10 日,小林等乘最后一艘遣返船离沪。中国政府内定扣留的冈村宁次总司令官等 14 人在南京成立总联络组,指挥北平、太原、汉口、青岛、上海、广州、台北七个联络组,继续收容运送散居在偏远地方未遣返的日人,以及处理其他悬而未决之事。

　　7 月 2 日　蒋介石与周恩来在京举行还都后之首次商谈,蒋重申政府过去之立场及态度,希望中共对整军及商谈作同样之让步,对亟待商谈之问题,政府方面由邵力子、陈诚、王世杰为代表与中共商谈。周表示:军事问题由三人会议商讨;政治问题希望提早召开政协综合小组会议解决。

　　△　周恩来、董必武与邵力子、陈诚、王世杰商讨政局,双方均坚持过去立场。周提议召开政治协商会议,政府方面代表反对。

　　△　"联总"副署长罗克斯奉署长拉加第亚之命来华视察中国善后救济工作,在蒋廷黻陪同下拜会蒋介石。蒋提出,救济物资分配应不拘政治派别,必须由"联总"与"行总"派员会同监督办理。

　　△　国民政府令:废止《总理陵园管理委员会组织条例》,公布《国父陵园管理委员会组织条例》;公布《财政收支系统法》及《财政收支系统法施行条例》。

　　7 月 3 日　国防最高委员会决议:一、国民大会定于本年 11 月 12 日召开;二、修正通过粮食部呈拟 1946 年度田赋征实征借办法及田赋、粮食之紧急措施方案;三、国民参政会本届参政员任期延长六个月(原于 7 月 6 日届满)。

　　△　五人小组会议(政府代表邵力子、陈诚、王世杰,中共代表周恩来、董必武)在京举行正式首次会议,讨论解决地方政府问题。

　　△　中共代表团发言人就政府决定召开国民大会事声明:中共对此事事前毫无所知。"当现存国民政府未照政协决议改组政府之原则实行改组之前,国防最高委员会仍为国民党一党专政机关,中共对该委员会之决定不受任何约束"。

　　△　国民政府令派王陵基兼江西省保安司令并兼江西省军管区司令,万耀煌兼湖北省保安司令并兼湖北省军管区司令,沈鸿烈兼浙江省保安司令并兼浙江省军管区司令,王东原兼湖南省军管区司令。

　　△　武汉行营主任程潜首次在汉招待各报记者,指责中共违反《罗山协定》,宣称中原军区李先念部集结主力于宣化店附近,猛向信阳、花园间之平汉路发动攻势,如事态扩大,本行营将"作有效制止"。

　　△　行政院长宋子文在沪召集航业界领袖杜月笙等商讨发展航业办法,与会者提紧急建议:取消开放沿海各口;收回英商航业资产;协助航商订购船只;建上海为东方大港;从速确定航业政策。

　　7 月 4 日　国民政府令:民国三十五年 11 月 12 日召开国民大会;国民参政会第四届参政员任期自民国三十五年 7 月 7 日起,延长六个月。

　△　周恩来、董必武、陈诚、王世杰、邵力子继续举行五人会议,就国大召开之代表名单及苏北问题进行讨论,未获一致意见。

　△　国防部新闻局长兼首都各界抗战死难军民追悼大会筹备会秘书长邓文仪在京对记者报告抗日战争中军民死难情况:一、由国府褒扬者有上将总司令张自忠、李家钰及军、师、团、营长148人;二、经军委会褒扬者有团长李庚星等1854人;三、按照战地守土奖励条例奖恤之文职官吏共282人;全国死难军民一时难有正确统计,仅南京一市即达30余万;四、呈报有案之阵亡士兵达350万人,全国死亡军民当在1000万以上。

　△　重庆《新华日报》发表《美国国庆》社论,对美国《独立宣言》的"天赋人权","平等、自由、幸福"的崇高思想,及林肯"民有、民治、民享"的原则,表示赞赏;对美帝国主义支持蒋介石政府打内战,干涉中国内政的错误行径,进行强烈谴责。社论呼吁美国人民和民主力量发扬《独立宣言》的精神,改变美国现行的政策,并坚决相信,在美国人民和世界各国人民的声援下,中国人民一定能克服各种困难,建立一个独立、自由、民主和富强的国家。

7月5日　中共代表周恩来在同国民政府代表陈诚、王世杰、邵力子会谈中指出,7月3日国防最高委员会未经商量,即宣布于11月12日召开"国大",完全是分裂行动。提议立即召开政协综合小组会议,商讨补救办法。同日,周在与美方代表马歇尔会谈中,向马告知这一情况。

　△　周恩来会见英国驻华代办华仑格,介绍马歇尔来华后的中国政局变化过程,希望他转告英国外相。指出现在的情况完全是美国政府政策的两面性造成的,一方面帮助中国建立和平,另一方面又给国民党军火、借款、运兵。希望各国都遵守三国公约,使中国不致走到内战和独裁。英国也有责任"提醒美国不要用错误的方法来违背三国公告"。

　△　参政会驻会委员会决议:一、请政府迅即裁撤粮食部,以慰民

望；二、请政府对京、沪主要物价作有效之管理。

△　民盟暨无党派人士对政府决定召开国民大会而未向彼等商议一事，均表示不能同意。

△　军调部长春前进指挥所美方组长戴伯尔门由长春飞哈尔滨，与中共东北民主联军司令林彪会晤，讨论军调部东北执行组之活动问题。林表示愿与杜聿明会晤，但中共军决不退出哈尔滨，东北国共驻军人数应相等。戴氏当日返回长春。

△　国立北京大学校长胡适由美返国抵沪。

7 月 6 日　五人会议继续商谈，政府方面坚持先谈整军问题，中共方面则要求整军与政治合并讨论，双方意见难接近，谈判成僵局，无任何决议而休会。

△　军调部电各执行小组及长春前进指挥所，谓国共双方业已声明，在进一步谈判获得结果之前，全国继续实行休战。执行部三委员指令，在此期间，双方均不得有前进、攻击和追击之进攻行动。

△　中共中原军区李先念部王树声第一纵队进占湖北枣阳县南之北茅茨畈，文建武第二纵队进占河南唐河县之湖阳镇，鄂东军分区张体学部进占罗田西北，迫近立煌县。

△　外交部宣布，中国政府正式承认奥地利政府。

△　监察院长于右任在迪化接见新疆各族代表 600 余人，代表中央慰问全疆父老，勉励各族团结一致建设新新疆。在场代表一致通过以"新新疆之荣誉公民"赠予于氏。

△　是日至 7 日及 8 日至 11 日《中央日报》讯：中、美、英、苏等 11 国向东京远东国际军事法庭共同控诉日战犯荒木贞夫、土肥原贤二、东乡茂德、东条英机、梅津美治郎等 27 名，犯破坏和平与杀人罪。

7 月 7 日　南京党、政、军及各社会团体、学生二万余人纪念"七七"抗战九周年。蒋介石致祭抗战死难军民祭文，并在大会上致词，要求全国同心一德，实现三民主义，建设现代国家。同日，全国各大城市均举行隆重纪念大会。

△　中共中央为"七七"九周年纪念发表宣言,指出抗战胜利后,人民没有得到民主与和平,主要是美国反动派"帮助了我国反动派的独裁和内战",并对时局提出四项主张:一、立即向全国重行发布无例外、无条件、无限期的停战令;二、重开政协会议,改组国民党一党专政的各级政府,成立联合政府;三、在政协监督下从速复员裁兵;四、通知美国立即从华撤退一切军队。同时声明,在联合政府成立前美对华一切贷款中国人民概不负责。

△　中共代表团对国民党方面单独决定召开国民代表大会提出书面抗议,指出国大之召集,须由政协各方决议,若国民党单方面决定,中共不受其拘束,引起纠纷,由国民党负责。

△　民盟代表张申府、梁漱溟、罗隆基等访邵力子,谓民盟希望政协综合小组会议能提早召开,以便讨论政治问题。邵以蒋介石对苏北问题态度坚决,无退让余地,而对谋政治解决无动于衷。同日,罗隆基等访周恩来、董必武,劝延安不要反对美国。

△　中共中原军区司令李先念将军发表声明,国民党军 10 万人分路进攻,中原军区司令部所在地宣化店被占,我部现虽突围求生,坚持和平立场决不动摇。只要国民党"允许我军和平撤往华北解放区,并保护中原解放区人民一切民主权利,则我方对于国民党反动派如此背信弃义,仍可曲于原宥,不咎既往。否则,我六万员兵不惜一切,誓当死里求生"。一切后果应由国民党当局负责。

△　美国参众两院议员艾伦德等一行八人来华访问。

7 月 8 日　周恩来送备忘录致马歇尔,并附中共中央为"七七"抗战九周年纪念发表的宣言。马向周指出:中共的反美宣传给他同政府方面的谈判以严重打击,这种宣传继续下去,他在调处工作上就无能为力了。

△　蒋介石接见接收处理敌伪物资工作清查团在京团长张知本、刘文岛、钱公来等,要求清查工作愈详细愈切实愈好,该工作完毕后,须做一总检讨,俾可作一具体处理办法。

△　宋子文在沪招待新闻界谈当前诸问题称,政府正在考虑抚恤抗战殉难烈士遗族,根绝官僚资本,奖励出口办法,制定稳定金融措施,维护航权,肃清贪污。

△　国民党中宣部长彭学沛在沪对新闻界发表谈话,指责共军违反协议,在东北及津浦、胶济两铁路沿线采取军事行动,中共拒绝提出国府委员及国大代表名单。政府为速还政于民,故决定 11 月 12 日召开国民大会。

7 月 9 日　马歇尔会晤五人会议的政府代表王世杰、陈诚、邵力子,交换对时局之意见。政府坚持中共军须撤离下列四个地区:热河省承德以南(含承德)、安东省、胶济铁路、苏北,政府不要求中共军在所有撤退后的地方交出地方政权,但上述四个地区须交出地方政权。

△　马歇尔与青年党领袖曾琦商讨时局问题,曾表示该党"乃国共之外,始终保持独立与中立之第三大党,代表小资产阶级"。该党之特性为"独立性,中和性,建设性"。

△　马歇尔派专机赴汉口,接回军调部汉口小组成员,询问湖北境内国共军事冲突情况。

△　联合国善后救济总署署长拉加第亚宣布中国政府一再以"联总"物资作政治及其他用途。自是日起。暂停运救济物资往华。白米、小麦及牛乳等食品继续运华,但须以中国政府迅速出清各口岸及"行总"将救济物资运往中国内地,以满意方法分配为条件。

△　顾祝同由沈阳飞往长春,视察附近驻军。同日,杜聿明亦由沈阳抵长春,准备与林彪会晤。

7 月 10 日　五人会议续开,讨论中共军撤退区之行政问题。政府代表表示,他们不能改变蒋介石关于中共军必须撤出热河、安东、胶济路、苏北四个指定的地区并交出地方政府的指示,只能许诺在政府接收这些地区时,考虑中共现存的机构。周恩来对此表示不能接受。

△　杜鲁门总统任命燕京大学校长司徒雷登为美国驻华大使。马歇尔对记者谈,司徒雷登旅华最久,对中国情形了解最深,相信必能胜

任,并成为他的最佳助手。

△　中共代表团发言人对彭学沛 8 日谈话严加驳斥,谓彭氏长篇谈话充满捏造与诡辩,破坏政协及整军基本方案的实为国民党。国民党御用之国大,中共自当不能承认。

△　国民党中宣部长彭学沛在京举行外籍记者招待会,指责中共七七宣言"实于寻求和平之外,别有用心",其反美宣传,"实不值得讨论"。并诡称中共军正集中重兵包围海门、六合、大同,在湖北、河南、苏北、山东、山西、东北等地攻击国民党军。日本投降前共军占领区域仅74 县,迄今已达 337 县。

△　上海《中央日报》报道:南京人口最近调查为 72 万人。

7 月 11 日　马歇尔与周恩来会谈,周建议全面讨论关于在所有共产党控制地区的地方政府问题,并表示,中共可以考虑进一步减少承德等四个政府指定撤军地区的军队,但不能接受把共军和共产党的地方政府从这些地区完全撤出的要求。周恩来还对政府军在湖北、苏皖的进攻表示极大不满,要求其停止对第五师的进攻。

△　国民政府就联总署长拉加第亚指责政府分配救济物资作政治用途,未将物资公平分配给共产党,并暂停运救济物资到华事发表声明,谓联总人事更迭,使运华救济物资减少,拉氏之指责系片面之词,行总分配物资全视需要,绝不分政治关系。

△　晚 10 时许,民盟中执委兼民盟教育委员会副主任委员李公朴在昆明学院遭凶犯狙击,弹穿腹部。次日 5 时在云南大学附属医院去世。

7 月 12 日　国民政府训令直属各机关:国民参政会四届二次大会通过的《请政府厉行革新政治案》、《请政府改革官僚政治肃清贪污以利建国案》、《剔除时弊贯彻法制精神以完成建国大业案》、《请政府速采有效措施彻底刷新政治以振人心与民更始案》、《制宪行宪之期已近请政府忠心努力于此以致太平案》,经国防最高常委会决议,饬各机关应即分别采择施行。

△　行政院善后救济总署署长蒋廷黻在沪对记者谈,"联总"对政府之批评多出于误解,未考虑我国交通不便等特殊情况。对"联总"建议自当重视,"行总"将不断努力以合理数量物资设法运入中共控制区。

△　行政院物资供应局负责人对记者谈,"联总"救济物资对华停运,美国剩余物资输华并无影响,不断有大批物资源源而来。

△　联合国安理会军事参谋团中国代表团团长兼中国驻美军事代表团团长何应钦由沪飞美赴任。

△　中共中原军区北路突围主力抵达内乡、淅川、荆紫关地区。南路主力越过襄河,向武当山进军。

△　中央航空公司由上海飞北平的 C46＋五号飞机在济南失事,机组人员及乘客 16 人遇难,伤多人。

7 月 13 日　周恩来访马歇尔,表示需要全面休战。如果国民党再进攻,一定会在山东爆发战争,如果山西的胡宗南、阎锡山发动攻势,中共军将以进攻大同来报复。如果国民政府不改组,地方政府问题不能解决。

△　马歇尔与俞大维会谈,马希望政府方面努力稳定军事局势,以便避免内战。指出政府不愿派执行小组到汉口以北的关键地区去,是为其军事行动不受监视。并表示,如果进攻的军事行动有所发展,他将被迫退出谈判。俞说只要中共军撤出的地区不保留保安队,蒋介石可以再一次参与地方政府问题的讨论。

△　毛泽东、朱德致李公朴夫人张曼筠唁电,对李遭反动派狙击逝世,表示"无任悲愤","今为和平民主而遭反动派毒手,是为全国人民之损失,抑亦为先生不朽之光荣"。

△　中共代表周恩来、董必武、邓颖超、李维汉、廖承志致张曼筠唁电称:"公朴先生之牺牲,必将激起全国人民反法西斯暴行及争取和平民主运动的高潮,敝代表团誓为后援。"

△　武汉行营主任程潜在汉招待记者谈:一、中原军区共军向西北进攻,目的在与西北共军会合;二、共军之军事行动系达政治目的之手

段;三、鄂省境共军之扰乱最短期内可以平定。

　　△　国防部新闻局长邓文仪在京招待新闻界。报告国防部改组、青年军复员等情况,国防部六厅八局人事编制大致完成,现已整编五十九个师。青年军复员后三分之二已复学或就业。

　　△　苏浙皖区产业处理局发表接收敌伪物资价值共10012.018375亿元。

　　△　古巴新任驻华公使孟德沙在京向蒋介石呈递国书。

　　7月14日　蒋介石偕宋美龄由京飞往庐山牯岭避暑。

　　△　军调部汉口第九执行小组三方代表决议:该组分两队赴老河口、麻城调处,为和平作最后努力。

　　△　李先念、郑位三率领中共中央中原局、中原军区机关在淅川城三里外之大石桥渡过丹江,摆脱了国民党军郑州、武汉、西安三绥靖公署调遣的大军包围。同日,王震率领第三五九旅和干部旅经过激战突破荆紫关,进入陕南。

　　7月15日　民主同盟中央执行委员兼云南支部常委、宣传部主任闻一多在昆明云南大学参加李公朴追悼会后,又在府甬道14号招待记者,痛斥反动派特务暴徒的野蛮罪行。下午5时半,闻一多偕其子闻立鹤返家途中,于民主周刊社外遭暴徒狙击,闻一多身中数弹,即刻身亡。其子亦中弹多处重伤。

　　△　昆明警备司令部向各报投登悬赏启事,凡能捕获谋杀李公朴、闻一多之凶犯解部法办者,各奖法币100万元,闻风报讯而缉获者,奖法币50万元。同日,滇省府亦悬赏50万元缉凶。

　　△　国民政府令:本年度田赋仍须继续征实征借,各级办理粮政人员,倘有舞弊营私,一经查实,定依法严惩。应于1946年度免赋之四川、西康、云南、贵州、福建、陕西、甘肃、宁夏、青海九省及重庆市,一律改为两年平均豁免,本年予免征半数,余者明年再豁免。

　　△　蒋介石电四川省府主席张群并省参议会,略谓为挽救经济危机,纾解国内困难,政府继续实征国策,今年需在川省定减半征额,计征

实415万市石,征借450万市石,带征县级公粮135万市石,望依限完成。

△　国民党调动12个军以上的兵力对苏北中共军发动大规模攻势,西起天长、东至淮南、北自兴化、南迄泰兴的广大区域蒙受战火。

△　周恩来偕中共黄河复堤代表王笑一在沪与"行总"署长蒋廷黻、"联总"驻沪代表福坎莱会商黄河复堤工程,周对黄水入旧道,危及下游中共区域表示担心。蒋保证复堤后对下游两岸无危险,"行总"对中共区域复堤工程亦负担工赈经费。

△　白崇禧在国府纪念周报告,强调今后应加强国民之组织与训练国民兵制度。根据蒋介石最近指示,民众训练必须加紧进行。

△　中共发言人宣布,中共已向外交部长王世杰正式要求中共代表董必武应列入出席巴黎21国欧洲和平会议中国代表团团员之一。

△　美国新任驻华大使司徒雷登由北平飞往南京。

7月16日　第一绥靖区李默庵部整四十九师由苏北如皋东南之白蒲向中共军华中野战军张鼎丞部粟裕新一师发动进攻。同日,邱清泉第五军分两路向华中野战军淮南军区进攻,胡长清第四十五师由六合向天长进攻,黄翔第九十六师由来安向盱眙进攻。

△　军事三人小组政府代表俞大维向马歇尔、周恩来提出强烈抗议,指责中共军在苏北调动大军发动全面攻势,使局势益增紧张。

△　周恩来由沪返京,与马歇尔讨论时局问题,马建议,中共保持在日本投降以前占领的县,以后占领的县撤出让政府接收,这些县的土地调整问题等国府改组后再行解决。如不能就特殊的初步文件达成协议,他无法说服蒋介石下停战令。

△　俞大维与马歇尔会谈,俞称苏北共军发动全面进攻,力图消灭那个地区的精锐的政府军。马即否认,指出此非事实,因这与政府方面曾说在三至六个月能消灭所有的共军相违背。并预示,谈判暂停期间,政府在军事上可能一时得利,但形势可能并不依蒋介石的信念发展。

△　驻美大使顾维钧向杜鲁门总统呈送国书,保证与美国合作,保

持世界和平及增进繁荣。杜鲁门答词赞扬中国逐出侵略者所表现的坚忍卓绝精神,对顾所带来的蒋介石函札表示谢意。

　△　美白宫宣布:杜鲁门总统签署协助中国海军法案。该案规定,总统认为在协助中国及解除在华美军任务有必要时,得向中国"出卖租借交换或移交浮动船坞,修理器材,训练用机及劳役等,并授权总统指派海军与海军陆战队军官 100 人及士兵 200 人前往中国充技术助理"。交予中国的舰艇总数不得超过 271 艘。

7 月 17 日　周恩来访马歇尔,周指出由军事冲突的蔓延和政治性的暗杀,中共对接受政府关于苏北问题的要求越来越困难。如果蒋介石以武力威胁迫使中共让步,中共则将坚决抵抗。

　△　周恩来举行记者招待会,发表《反对扩大内战与政治暗杀的严正声明》:指出目前最严重最急迫的两个问题,一是内战,二是政治暗杀。国民党当局破坏停战协定,大规模的战事正在中原、山东、苏北、晋南四个战场进行,其内战责任应由国民党负责。昆明两次政治暗杀,肆无忌惮,如果国民党当局不取消特务,则一切政治协商都将徒然无望。

　△　中共代表团就李公朴、闻一多遭暗杀事向政府提出严重抗议,并要求政府立即撤换昆明警备司令,限期捉拿凶手,严责各地政府军警机关,保护各党派及民主人士,彻底实施四项诺言,取消一切特务机关,释放一切政治犯。

　△　毛泽东、朱德致闻一多家属唁电:"惊悉一多先生遇害,至深哀悼。先生为民主而奋斗,不屈不挠,可敬可佩。今遭奸人毒手,全国志士必将继先生遗志,再接再厉,务使民主事业克底于成,特此致唁。"

　△　周恩来、董必武、李维汉、邓颖超、廖承志电唁闻一多夫人高真,说:中国人民将踏着李公朴、闻一多诸烈士的血迹前进,消灭法西斯统治,实现中国之独立、和平与民主。

　△　中华文艺协会总会就该会理事闻一多被暗杀事电南京于右任监事和邵力子理事,请其转呈蒋介石严饬昆明当局破案雪冤,并公开申令保障全国文化教育人士之自由安全。

△　蒋介石手令四川、云南军政当局,限一周内缉获狙击李公朴、闻一多之正凶,依法严办。

△　行政院通令各省、市政府,切实加强保护一切人民生命安全与自由,尤应对政治党派人士特加保护。昆明凶案显系奸人意图扰乱,今后如再有此种狙击事件发生,各省、市长官及所属管治安人员,不能辞其咎责。行政院派警察总署署长唐纵赴昆明督办。

△　国民政府特任郑天锡为驻英国全权大使。

△　国防最高委员会决议:一、各地军事委员会委员长行营改称国民政府主席行辕,其组织及职权仍照旧;二、汉奸在判刑前死亡,得单独宣告没收其财产之全部;三、通过 1947 年度政府总预算编审办法。

△　李震整六十五师由靖江向中共华中军区新一师驻地如皋攻击前进。18 日,攻占黄桥。21 日,攻占搬经镇。23 日,协同第四十九师攻占如皋。

△　李先念率领的中原军区突围部队在鄂、陕边境南化塘与胡宗南第一军第一师激战。20 日,李先念部击退胡宗南军,进入陕南。28 日,与陕南红色游击队会师。

7 月 18 日　周恩来在沪对中外记者谈:现在局部的内战正向着全面的内战发展和扩大,激烈的战争正在中原、胶济铁路沿线、苏北、山西进行,国民党向这四个地区调入了大量军队。还指出,昆明暗杀事件,是反动派妄图用最卑鄙的手段来吓退和平民主人士。陈立夫来沪,系加强特务组织,布置新的暗杀,此种暴行随时可能在渝、蓉、京、沪发生。同日,陈立夫函周恩来,对周的谈话表示不满。

△　周恩来与蒋廷黻及"联总"远东区代理署长赖氏会商黄河堵口工程问题。议定:一、由中共担任修堤工程方面之工作,政府负责经费、器材、救济、工赈工作;二、堵口工程及救济全部费用 80 至 100 亿元。同时,周要求中共参加"行总"各部门之工作。

△　徐州绥靖公署主任薛岳指挥第三、第八绥靖区及第十九、第三十二两集团军在津浦线南段铁路两侧向中共军发动全面进攻。

△　中共华中野战军新一师粟裕部、新六师王必成部、第七纵队刘培善部在如皋城东之丁堰与整四十九师王铁汉部激战,整四十九师师部阵地被中共军突破,残部败退顾家庄。

△　美国赠给中国八艘军舰编成的新舰队在古巴受训完毕后,是日抵达吴淞口。八舰共有军官 70 余人,士兵 900 余人。旗舰"太康"及"太平"两舰各为 1200 吨位,"永胜"、"永顺"、"永定"、"永宁"四舰各为 800 吨位,"永泰"、"永兴"两舰各为 700 吨位。

△　国民党中组部长陈立夫在沪招待市商会全体理、监事,征询挽救工商危机之意见,市商会要求政府调整现行财政政策。

△　民盟北平负责人孙中原被暴徒绑架。

△　昆明 14 个人民团体组成的"李闻惨案后援会"向全国同胞紧急呼吁:一、要求当局严惩杀害李、闻的正凶及主谋人;二、要求政府立即取消特务制度,取消中统、军统;三、要求政府切实保证不再发生类似事件,切实保障人身自由;四、要求立即停止内战,重开政协会议;五、要求美军立即退出中国,美国政府立即停止对华租借法案和一切军事援助。

△　民盟秘书长梁漱溟就"李闻惨案"发表书面谈话,指出这是政府政治上的暗杀,并正告政府当局,若不取消特务机关,民盟断不参加政府。

△　重庆各界各团体组织"陪都各界反内乱大同盟",至是日止,参加者 427 个团体及 3.9267 万人。该盟分别致电蒋介石、毛泽东,要求停止内战,并发表宣言,愿为国家纾难,甘作前驱。

7 月 19 日　美国新任驻华大使司徒雷登在庐山牯岭蒋介石行馆向蒋呈递国书。20 日,司徒雷登返回南京。

△　周恩来同黄河筑堤工程师泰德及"联总"驻沪分署代署长赖氏由沪飞开封,视察黄河筑堤工程。

△　参政会驻会委员会第六次会议议决,向政府提十项要求:一、迅速拯救丝业危机;二、彻查"联总"停运救济物资入华之内幕及"行总"

运用物资情况,并速拟改进办法;三、速解决京市房荒;四、明令保护人民房屋财产;五、对菲律宾排华速筹对策;六、饬云南省府严办暗杀凶手;七、整理中国、中央两航空公司;八、严密注意汉奸案之处理;九、优待边省教学人员;十、逮捕通敌叛国汉奸现任上海市秘书长何德奎。

△ 郭沫若、茅盾、洪深、叶圣陶等13名著名文化界人士联名电联合国人权委员会,谓中国著名的文化领袖李公朴、闻一多被政府的反动爪牙暗杀,中国一党独裁的政府为了无情地摧毁它的反对派,成百的民主人士被列入暗杀的黑名单,请联合国立即派调查团来调查。

△ 东京日警枪杀中国台胞,中国驻日代表团声明此事严重,刻采适当步骤以应付局势。7月23日,国民政府电令中国驻日代表团团长朱世明迅速调查此案真相,详加报告。

7月20日 国民政府特派外交部长王世杰为中国出席巴黎和平会议代表团团长。

△ 中共中央主席毛泽东向全党发出指示,要求全党立即行动起来,"以自卫战争粉碎蒋介石的进攻"。

△ 中国民主同盟政协代表联名为李公朴、闻一多遭暗杀向政府提出严重抗议,要求政府立即派人与本盟人员同赴滇调查事件真相,依法究办正凶及主使者,撤惩昆明治安长官,抚恤李、闻遗属,立即撤销国民党党部及军事机关之调查统计局,以后设置情报机关,并保证不作对内政治斗争之用。

△ 河北省政府迁保竣事,是日,省府主席孙连仲及各厅厅长正式在保定办公。

7月21日 中国出席巴黎和会代表团团长王世杰偕同新任驻英大使郑天锡、欧洲司长吴南如、新任驻波兰代办葆毅等七人离京飞赴巴黎。

△ 陆军总司令顾祝同自京抵庐山牯岭向蒋介石报告东北视察情形。

△ 周恩来偕"联总"驻远东区代理署长赖氏自汴返沪。22日,

"联总"、"行总"及中共三方代表在沪开会议定：黄河堵口工程年底完成，"行总"允拨 15 亿元救济黄河旧道居民，此款作中共取得善后救济供应品之用。

　　△　中华文协总会在沪召开临时大会，郭沫若、茅盾、叶圣陶等 50 余人出席，与会者愤怒控诉反动派暗杀李公朴、闻一多的无耻罪行。大会通过《中华文艺协会总会为李闻惨案宣言》和《告世界学者和文艺作家书》。

　　△　中国共产党中央委员、八路军第一二○师政委关向应在延安病逝。

7 月 22 日　宋庆龄发表《关于促成联合政府并呼吁美国人民制止他们的政府在军事上援助国民党的声明》，指出："反动分子企图将美国卷进我国的内战，从而将全世界都卷入这个战争。这种内战已经是不宣而战地开始了。""我特向中国两大党的领袖们和其他党派的领袖们呼吁，立刻将联合政府组织起来！"并谓："美国的反动分子正在与中国的反动分子互相勾结，狼狈为奸。""我向美国朋友们呼吁，你们应当阻止所有的军事援助，并帮助一个属于中国人民的政府，来推动这样一个运动。"

　　△　司徒雷登在京对记者谈，"目前国共争议，仅属人类问题，而所有人类问题，均能解决"。"国共谈判，我当竭尽全能，促成全国四万万人民所期望之和平。"

　　△　军调部长春前进指挥所三方首席代表议定：在松花江桥头堡附近，保持停战，并设立一中立地带，以避免冲突。27 日，指挥所派第二十五小组、第二十九小组在所辖区域内设立中立地带。

　　△　国防部次长秦德纯在东京远东国际法庭作证，证明卢沟桥事变最初鼓动华北战争者为土肥原贤二。

7 月 23 日　整四十九师、整六十五师攻占如皋县城，中共军向海安、东台退却。

　　△　国民党军第一七二师攻占灵璧，26 日攻占长沟，28 日攻占泗

县,30 日会同第一七一师攻占五河。

　　△　美国务院发言人重申对华政策意在促成中国各党派团结,组成一联合政府,将全力阻止内战扩大。

　　△　调查轴心战败国赔偿问题之美国总统杜鲁门私人代表鲍莱在华盛顿对记者谈,以其在沈阳、抚顺、鞍山、哈尔滨等处所见,所有电力、钢铁及其他制造工厂,凡可移动之设备,均被苏军搬运一空。苏俄在中国东北搬走的工业设备价值 20 亿美元,复原最小需 30 年。拟向麦克阿瑟将军建议,将日本本部之机械运至东北之抚顺煤矿。

　　7 月 24 日　青年团庐山夏令营自七七抗战中断后,是日举行首次开学典礼,到教职员 151 人,学员 838 人,兼团长蒋介石致训词,要求学员"认清目前的时局",特别要研究如何求得社会的安定和国家的统一,以完成建国的伟大使命。

　　△　马歇尔在京会见参政员、金陵女子大学校长吴贻芳,听取对和谈之意见。吴谈,政府不得放弃由协商途径与共党商获达成协议之希望,中国大多数人皆希望国共统一。

　　△　挪威驻华大使奥尔及阿富汗公使哈比布拉唐济在庐山牯岭向蒋介石呈递国书。

　　△　国民政府特任陈质平为驻菲律宾全权公使。

　　△　中共中央军委命令王树声率领中原军区向西突围的南路部队,"在长江以北、襄河以西以南广大区域实行机动灵活之作战,各个歼灭敌人,发动民众,建立根据地"。

　　7 月 25 日　蒋介石在庐山牯岭召见昆明警备司令霍揆彰,询问李公朴、闻一多被刺案,饬其务必迅速破案。

　　△　民盟代表罗隆基等访邵力子,要求由政府、民盟、美国共同派代表调查李、闻被杀案。邵表示向政府转达,恐政府不能同意美方参加。

　　△　社会教育家、民盟教育委员会主席陶行知在沪病逝。周恩来、邓颖超、沈钧儒、郭沫若前往吊唁。

△　毛泽东、朱德致陶行知家属唁电,内称:"先生为人民教育家,为人民解放与社会改革事业奋斗不息,忽闻逝世,实为中国人民之巨大损失。"同日,中共代表团致陶家属唁电,谓:"伟大人民教育家和民主战友陶行知先生不幸逝世,实为中国人民大众政治解放和精神解放的最大损失。"

△　军调部第九小组、第三十二小组对中原战事调处失败,两小组是日由老河口飞往西安。

7月26日　周恩来分别往访马歇尔、司徒雷登,提出解决目前局势的两项措施:马上实行全面长期无条件的停战;改组政府,按照政协原则处理地方行政。下午,马飞抵庐山转告蒋介石。

△　蒋介石在牯岭召见陆军总司令顾祝同、云南省主席卢汉、宪兵司令张镇、昆明警备司令霍揆彰,饬其同飞昆明处理李公朴、闻一多被刺案,由顾祝同全权负责。27日,顾等由牯岭飞赴昆明。

△　延安各界群众举行反内战反特务大会,并追悼李公朴、闻一多、李兆麟等烈士,朱德总司令在大会上讲演,号召全国人民一致团结起来,打垮反动派的进攻。

△　苏皖解放区各界军民万余人在清江市叶挺公园开会追悼李公朴、闻一多,对国民党当局以大军进攻解放区,以特务进行政治暗杀的罪恶行动表示极大愤慨。大会通电,决心为中国的和平、民主奋斗到底。

△　东北民主联军总司令林彪的代表李立三在沈阳与东北保安司令部长官杜聿明会谈东北停战诸问题。

△　东京远东国际军事法庭审讯南京大屠杀惨案,中国政府派许传音在法庭作证,许陈述其目睹日军在南京杀人、放火、强奸暴行。

7月27日　国民党中宣部长彭学沛在上海对中外记者谈称,目前经济困难最主要原因是共党占据山东、河南、苏北所造成,如果中共不封锁农村,全国物价即可普跌。中共关于"无条件停战"建议,"无异于无条件延长政治军事之混乱局面,而陷国家于困境",实质上是"东北无条件割据,交通无条件截断,以及军队扩充与军费增加之无条件竞争"。

△　美驻华大使司徒雷登离京飞庐山牯岭,当晚偕马歇尔与蒋介石会商时局。

△　胡长清第四十五师攻占苏皖边境天长县城,中共军向黎城镇退却。

△　联合国善后救济总署撤销停止救济物资暂运华之命令。

7 月 28 日　重庆各界 6000 余人开会追悼李公朴、闻一多,张群任主席,并致词称:"我们追悼两先生,应该一致努力,共求中国和平团结的早日实现。"史良报告李公朴的生平,北大法学院院长周炳琳报告闻一多的生平。

7 月 29 日　美海军陆战队 42 人护送载有联合国善后救济总署物资的汽车队由天津开往北平,在平津公路上的安平镇,该美军与中共军发生冲突,双方交战四小时,美军死三人,伤 12 人。

△　民盟代表罗隆基与政府代表吴铁城商谈赴昆明调查李、闻惨案事,吴称政府仍坚持分别调查,但政府可派人照料民盟赴昆人员。

△　海军总司令部特派"长治"舰舰长邓兆祥中校前往接收英国赠舰 12 艘,该舰队最大巡洋舰"震旦号"载重 7000 余吨,为中国历来军舰中之最大者。

7 月 30 日　马歇尔谒见蒋介石,请允民盟要求,组织三人调查委员会,由政府、民盟及美方各派一人,前往昆明共同调查李公朴、闻一多被刺案。蒋告,调查此案为政府应尽职责,自应有政府负责,如调查公布结果彼尚有怀疑,自允许有关团体参加研究。

△　马歇尔与俞大维就时局会谈,马指出:目前政治形势比军事形势更为严重,由于秘密警察大肆活动,任何自由观点的人都受到监视、压制和迫害,使蒋介石的威望在美国人心中降低,这是悲惨的。

△　国民政府特派外交部长王世杰为互换中国与丹麦关于丹麦取消丹麦在华治外法权及处理有关问题条约批准约本全权代表;特派驻阿根廷大使陈介为议定中阿友好条约全权代表。

△　整六十五师由江苏如皋、整八十三师由江苏姜堰分别向驻海

安的中共军攻击前进。8月1日,整八十三师攻占曲塘,整六十五师一部攻占海安。3日,整六十五师第一〇五旅攻占李堡。

△　立法院邀"行总"署长蒋廷黻报告该署工作后,各委员相继质问,为何物资滞存上海,不赶运灾区?"行总"救济工作,仅在"救济本署",今年拨"行总"补充费4320亿元,该署行政费竟达289亿。蒋答称因客观条件未能圆满完成任务,但该署工作人员能洁身自好。

△　中国出席巴黎和会首席代表王世杰在大会发言,阐明对和约之立场,战胜国必须恪守战时所作诺言,意大利之殖民地应立即予以独立或托管。

△　行政院公布《市县佃租委员会组织规程》,该委员会之职能为实施二五减租。

△　上海泰山警察分局在大西路破获一大制毒机关,抄获毒品价值2.5亿元以上,擒要犯10人。

7月31日　蒋介石令北平行营主任李宗仁,彻查安平镇美军被袭真相。并令李会同北平军调部政府代表郑介民代其向受伤之美军慰问。

△　中共代表团周恩来、董必武就中共要求出席巴黎和会事再函国民党代表邵力子,谓此次出席巴黎和会之各国代表团非限外长一人,中国出席和会之代表为国民党垄断,中共仍望照现时各国出席和会代表方法允予出席。

△　彭学沛在京对中外记者谈当前时局,称由于中共军展开全面攻势,和谈毫无进展,政府仍不放弃和谈之努力。对美军在安平镇被共军袭击表示震愤,当彻底追究处罚。

△　国民政府令:陆军一级上将冯玉祥、二级上将万福麟、徐源泉、上将张之江、鹿钟麟、王陵基、李济深、李杜、张钫、石敬亭、郭汝栋、周濂、金汉鼎、王树常退为备役;谢濂、陶广等201名中将退为备役;海军中将杨宣诚、空军中将汪强退为备役;陆军少将王履阶等499人退为备役;马腾蛟等九名中将除役;范庆熙等23名陆军少将除役。一级上将阎锡山、程潜留延役一年。

△　国民政府令各地军事委员会委员长行营,改称为国民政府主席行辕,其组织及职权,均照旧办理。中央党政军机关留渝联合办事处着即撤销,其未了事宜,统交由重庆行营办理。

是月　月底,国民党中央监察委员会、监察院、国民参政会共同组成苏浙皖、东北、湘鄂赣、粤桂、冀热察绥、闽台、鲁豫七个区的"接收处理敌伪物资工作清查团"。

8　月

8月1日　司徒雷登在庐山牯岭向蒋介石建议,组织一个特别小组,只包括国共两党的代表,由司徒雷登任主席,专门讨论改组政府事,获致协议,立即组织国民政府委员会。蒋原则上表示同意,但需要展缓进行。

△　周恩来与马歇尔在京会谈,周指出目前国民党军正继续在山东、山西、苏北向中共军追击,这样下去会使内战蔓延。并提三项避免内战办法:一、6月30日以前达成的协议应予签字公布,地方政府问题将来讨论;二、先派执行小组到冲突最严重的地方去解决冲突;三、军事问题与政治问题一道解决。马认为组织联合政府,是挽救局势所必须的惟一切实可行的行动。

△　中共华东中央局发表《为彻底粉碎国民党反动派的进攻,争取第二次自卫战争的胜利告同胞同志书》,号召解放区全体军民动员起来,全力投入自卫战争。

△　国民党中央秘书长吴铁城在南京记者公会成立会上宣称,和平统一迄未成功,共产党应负全部责任。

△　国防部新闻局在庐山牯岭召开"业务会议",各行辕、各绥靖公署、各军、师之高级政治干员60余人出席,蒋介石亲自主持并训话。会议总结检讨20余年来军队政工制度及成果。通过取消军队政工制度等决议多项。5日闭会。

△　国民政府主席东北行辕经济委员会决定自是日起苏联红军在撤离东北前所发行的百元钞票停止使用,10 元以下者照常流通。

△　北平市临时参议会议长谷钟秀在冀热察绥接收处理敌伪物资清查团招待会上说:"迟至今日始来北平清查,十分遗憾,因物资之盗卖已入无法清查阶段。"

△　民治党在沪召开第一次代表大会,该党由国内外致公党及海外洪门团体组成,大会通过政纲,选举朱家兆、司徒美堂、赵昱等为该党领导人。

8 月 2 日　国民政府公布《国民参政会组织条例》第三条修正条文,参政员总数为 314 名,川、湘、赣、皖、鲁、豫、浙各 10 名,苏、冀、陕、闽、桂、滇、台各八名,贵、甘各六名,晋、新、重庆各四名,察哈尔、绥远、上海、青海、西康、宁夏、辽宁、安东、吉林、松江各三名,辽北、合江、黑龙江、嫩江、兴安、热河、南京、北平、大连、哈尔滨各二名,天津、青岛、西京各一名,蒙古五人,西藏三人,海外八人,国民党中央选 75 人。

△　国民政府公布《禁烟禁毒治罪条例》,凡 21 条。凡制造毒品者、聚众抗铲烟苗者、运输或贩卖毒品者,均处死刑。该条例施行期为二年。

△　空军飞机轰炸延安,历时 20 分钟,投弹 10 余枚。6 月 26 日刘善本驾驶飞往延安之美制 B—24 型飞机在延安机场被炸毁。同日,军调部中共代表叶剑英就轰炸延安事向军调部政府代表提出抗议。

△　中共晋绥野战军贺龙部攻占大同南面的怀仁,暂三十八师韩步洲部退守大同。中共军迫近大同四周。

△　军调部政府方面参谋长蔡文治在北平就安平事件发表声明,宣称中共军在安平袭击美军,完全出自预谋,"其企图于逼迫美军撤退后在华北各省发动全面内战"。

△　美国驻华舰队总司令柯克上将在庐山牯岭拜会蒋介石,讨论美军帮助政府训练海军计划及安平事件。4 日,柯克离牯赴沪,旋返青岛防地。

　　△　苏浙皖区敌伪物资接收处理工作清查团团长张知本在沪邀请各业代表征询清查工作意见,各业代表纷纷陈述敌伪物资处理局"假公济私,对民有资产多延不发还。同时对已查封之仓库管理不严,'开后门'盗窃物资,比比皆是"。清查委员程中行承认,"关于敌伪物资接收处理情形,实在弄得民怨沸腾"。

　　8 月 3 日　美方代表马歇尔与中共代表周恩来会谈。周指出,昨日国民党飞机轰炸延安,这是空前严重事件;徐州国民党军又向山东解放区发动全面进攻;蒋介石现在同意改组政府不过是要以政治谈判拖长内战时间,如不停战,全面内战不可避免。马认为,问题在于如何为停止冲突获致协议。午后,马即三上庐山会晤蒋介石。

　　△　中共军贺龙部继续在大同外围作战,4 日,攻占口泉、平望及马坡山,四面迫近大同,与守军激战。

　　△　李先念等率领中原军区北路突围部队与进军伏牛山的河南军区部队会合,奉中共中央及中央军委命令,正式成立豫鄂陕区党委和豫陕军区,汪锋任党委书记兼军区政治委员,文建武任军区司令员。

　　△　民盟秘书长梁漱溟、副秘书长周新民受民盟委派由南京飞重庆转昆明调查李公朴、闻一多被惨杀案。6 日,梁、周抵昆明。在昆明历时半月调查,22 日,梁、周携带全部调查材料返回南京。

　　8 月 4 日　周恩来致函蒋介石,严重抗议国民党飞机轰炸延安,如不承认此举为全面内战开始之信号,则请立即制止暴行扩大:"一、下令调查此次暴行之经过,并严惩此次暴行之负责者。二、将全国空军置于北平军调执行部管理监督之下,以保证中国空军不参加中国内战。"

　　△　国防部发言人谎称,所谓国军飞机轰炸延安,其任务是奉令炸毁 6 月降落于延安机场的 B—24 型国军飞机,以免被共军用以对付国军。执行轰炸任务之飞机并未经过延安上空。

　　△　行政院长宋子文、参谋总长陈诚分别由沪、京抵庐山牯岭,向蒋介石报告军政近况。

　　△　陕西省政府主席顾祝同在西安发表谈话,限令中共军李先念

部立即离开陕境。

8月5日 蒋介石通知司徒雷登,表示同意成立一个小型的非正式的五人小组,政府和中共各派两名代表,以司徒雷登为主席,讨论获致组织国民政府委员会的协议。

△ 中共延安总部发言人为国民党飞机轰炸延安对记者发表谈话,谓本部已电令南京、北平中共代表向国民党方面提出严重抗议,除要求国民党道歉赔偿外,并要求完全禁绝在内战中使用任何空军。

△ 周恩来、董必武第三次致函邵力子,请政府允派中共代表出席巴黎国际和平会议。

△ 北平军调部宣布,应国共双方代表之请,该部派特别小组赴出事地点调查安平事件真相。

△ 国民政府公布《中华民国驻联合国组织条例》,设处长一人,秘书四至六人,随员四至六人,主事六人,专门委员四至六人,顾问二至四人,雇员四至六人。

△ 经济部长王云五在京中枢纪念周报告敌伪工矿接收情况,共接收2411单位,移转者577单位,发还者127单位,已复工者852单位,标卖者114单位,未处理者951单位。本年度预算变卖敌伪物资收入5000亿元,迄今仅得半数。

△ 美国国务院发言人声明,美国目前对华政策仍一如代理国务卿艾奇逊6月28日所宣布者,绝无变更,并无从华撤退美军之意。

△ 下午,中国《密勒氏评论周报》发行人鲍威尔于远东国际军事法庭出席作证,历述前首相东条英机及其他26名战争罪犯罪状。

8月6日 司徒雷登由牯岭返回南京,对记者谈称,在牯岭与蒋介石广泛详细地交换了对时局之意见,其对和平解决仍极有希望。

△ 司徒雷登在京向周恩来转达蒋介石在5日所提的五人小组会议中共必须接受的初步条件:除实行停战令、恢复交通协议及军队整编方案外,"一、苏北共军应撤至陇海铁路以北;二、共军应自胶济铁路撤退;三、共军应自承德及热河省承德以南的地区撤出;四、东北共军应退

入新黑龙江、嫩江及兴安省;五、共军应撤离 6 月 7 日以后在山东和山西两省内所占领的地区"。蒋还强调,中共接受此条件即停火恢复谈判。周表示,该条件太苛,违反政协决议,任何一项中共均不能接受。中共仍要求无条件停战,召开政协综合小组和宪草审议委员会。周强调指出,蒋如此无理,应负内战责任;美国实际上驻兵助械借款,也不能卸脱参加内战责任。会后周恩来电告中共中央内战形势:"蒋为大打,必先多方要求,而美亦有可能放手让蒋大打一阵再谈。"

8 月 7 日　中共主持召开的东北各省代表联席会议在哈尔滨举行,出席代表 187 人,中共东北中央局及民主联军总部代表彭真致词,号召大家为中国实现独立和平而奋斗。会议决议成立"东北各省市(特别市)行政联合办事处",为东北各省行政之最高机关,选举林枫、吕正操、张学思、周保中等 27 人为该办事处之行政委员。11 日,通过《东北各省市民主政府共同施政纲领》。15 日,行政委员会推选林枫为主席,张学思、高崇民为副主席。同日,联席会闭会。

△　国防部长白崇禧在中宣部举行的记者招待会上报告战事情况,称苏北共军决淮河多处,阻碍国军行动。山东无冲突,中原李先念五万之众仅剩 7000 人。山西共军正准备攻大同。东北共军正在发展实力。

△　国民党中常会决议:中央政治学校与中央干部学校合并,定名为国立政治大学,隶属教育部。

△　英国新任驻华大使史蒂文森在庐山牯岭向蒋介石呈递国书。

8 月 8 日　马歇尔与蒋介石在庐山牯岭会谈,马向蒋转达周恩来不能接受蒋对五人小组所提的五个条件之意见后,并指出,政府方面现在的做法可能导致共产党控制全中国,美国的舆论对蒋及政府压制人民民主和自由的行径已极为不满。蒋认为,中共的谴责多为歪曲。并要求马如果在京与周恩来协商有任何达成协议之可能即通知他。晚,马歇尔由牯岭冒雨返回南京。

△　司徒雷登在京与青年党领导人曾琦等交换对时局之意见。曾

表示,在和平统一、团结民主的原则下,愿与友邦人士共同努力,在实现政协决议,变更政治形态,进入宪政阶段,在安定繁荣的原则下,愿与朝野各党共同努力。

△ 军调部调查安平事件之小组由北平乘美军用车赴出事地点安平镇调查。政府代表要求先听地方政府报告,中共代表要求先去中共军司令部,双方各执己见,调查无结果,当晚返回北平。

△ 上海各大学校长暨教授吴保丰等 64 人联名电美国总统杜鲁门,请美国"对中国国民政府继续予以协助,藉使民主与统一之中国早日奠定基础"。

△ 关于遣送归国侨胞赴原居留地事,经侨务委员会办理外交部与有关各国交涉结果,首批决定五万人,在上海、厦门、汕头、广州四港集中,然后至香港后即由"联总"负责送至南洋各地。

8月9日 俞大维访马歇尔,谓整个军事形势更加恶化,中共军大规模进攻大同,同时破坏了山西与河北之间以及同蒲铁路。同日,司徒雷登向马叙述与周恩来会谈情况。同日,周恩来访马歇尔,详述中共对谈判以来的看法,认为蒋介石没有和谈的诚意,而是在按他自己早已选定的路线行动。

△ 北平军调部三委员致电武汉程潜、南阳刘峙、老河口孙震、西安胡宗南暨中共军李先念,告以三委员拟订之中原停止冲突之临时协定,政府军停止追击,双方各以现在据点退后 10 英里。中共军应停止移动,派代表 9 日抵西安与第九或第三十二小组会商。

△ 上海市工商界请愿团吴蕴初等 47 人赴国府请愿,要求:一、加强银行专业化,改善金融措施;二、速办生产贷款,抢救金融危机;三、实行进出口连锁制度;四、组织复兴实业投资公司,请求工业救济贷款 2000 亿元。文官长吴鼎昌表示即向蒋介石请示。

△ 行政院善后救济总署署长蒋廷黻同中央银行总裁贝祖贻签订透支 800 亿元贷款合同。此为中央银行成立以来所办最大贷款。

△ 南京中外记者 16 人乘飞机巡视战火殃及的苏北泛区,目击数

百公里之田园房舍尽成泽国,窑湾、东海(海州)、灌云等城及陇海路之
运河站等均被洪水浸绕,若干村落人畜绝迹。

　　△　　重庆各界联合组织成立"陪都李闻惨案后援会",史良在会上
号召"把人民的力量动员起来,组织起来,坚决要求政府彻查惨案真相,
切实保障人民的言论自由与生命安全"。大会发表宣言,要求政府严处
凶手及祸首,撤换云南警备司令,保障人民自由与安全,立即明令撤销
中统、军统及一切变相的特务组织。

8 月 10 日　马歇尔、司徒雷登发表联合声明,谓国共和平调处难
获妥协,"现战争范围日益扩大,几有使全国卷入战祸而致负责者不能
控制之虞"。但双方难获致发布完全停止冲突之命令,"在此等未解决
之问题中,有关系于军队之重新部署者,但尚有更基本之问题,即在军
队重新部署以后国民大会未作根本决定之前,此等已撤兵地区之地方
政府究竟应为何种性质,实较军队之重新部署问题更难解决"。

　　△　　马歇尔、司徒雷登与周恩来会谈。周希望美国调处成功,否
则,中国将陷于内战或"国际干涉"。司、马向周提出非正式建议:中共
军应:一、从整个苏北撤到陇海路以北;二、撤出胶济铁路;三、撤出热河
含承德以南的地区;四、退入新黑龙江、嫩江和兴安省。周认为此问题
都是 6 月 29 日以前五人会议上讨论的老问题,希望关于 6 月 29 日以
前没有解决的军事事务的任何建议,应在这时解决;地方政府的问题应
交政协的政治小组处理。

　　△　　俞大维与马歇尔会谈,俞提出形势恶化的责任全在于共产党
违背协定。马谓导致形势恶化是由于双方进行了军事报复行动,而且
双方各不能正确估计对方。并指出:蒋介石在防止共产主义的努力中,
以它目前的财政、经济的混乱和内战,正在创造对共产党政权有利的种
种条件。

　　△　　美总统杜鲁门致蒋介石函,表示对中国日益恶化的政治军事
形势深为关切,对政协决议不能实施而失望。并指出,如和平解决中国
内部问题不能确保在短时期内有真正的进展,美政府将重新解释对华

政策之立场。

　　△　中午12时，外交部举行记者招待会，发言人情报司司长何凤山说明保侨情况，正积极交涉东京涩谷、新侨区7月19日晚日人枪击华侨惨案；对于法军6月21日在越南南圻槟省新香市杀害旅越华侨，7月10日、13日在距西贡两公里的富寿村杀害华侨的暴行，中国政府特向法大使馆提出严重抗议，要求惩凶、赔偿。

　　△　刘伯承、邓小平指挥晋冀鲁豫野战军在陇海路开封以东的兰封至徐州以西60余公里的李庄车站间200余里之宽的正面向国民党军发动进攻，将该段铁路线控制占领并破坏。

　　△　中共苏北新四军向海安以东之立法桥和李堡反攻，激战至11日晚，全歼国民党军第一〇五旅及新七旅。

　　△　"联总"远东区代表在沪举行特别会议，中、美、英、法、苏、印、荷、澳大利亚、新西兰等国代表出席。"行总"署长蒋廷黻说明财政措施，本年1至7月，共支出900亿元，其中370亿元为分署所用，300亿元为储运局所用，80亿元为附属机关及其他用。各代表要求"行总"增加运输效能，救济物资不能作政治用途，分配不平均的现象必须纠正。

　　△　中共八路军第七纵队独立第一、第二旅向徐州西陇海路上的黄口、砀山进攻，经两天激战，12日攻占砀山。13日，整十一师由黄口向西进攻，与中共军连续激战，19日攻占砀山，中共军退往单县。

　　8月11日　周恩来与司徒雷登在京会谈，周认为司、马联合声明表明美国政府认为马歇尔的使命失败了，司徒雷登即予否定。周提出接受蒋介石五项条件之前提：一、中共军在苏北配置一个师；二、中共军完全撤出胶济铁路；三、除承德外，热河南部之中共军撤走；四、满洲除安东外，问题易解决；五、山东、山西，只要政府方面采取同样行动，中共军撤出6月7日以来所占领的城镇。

　　△　司徒雷登在南京基督教协会举行之抗战胜利周年庆祝礼拜致词，谓"民主政体为现行政体中之最佳者；然如国民缺乏责任心，亦可演成最劣之政体"，凡基督徒及中国之青年，均应为民主之实现而努力。

8 月 12 日　延安《解放日报》发表《七月的总结,评司马联合声明》的社论,指出美国七个半月的"调处"和"援华",导致了更大的内战"。"马歇尔可以宣布自己使命的失败,但中国人民决不容许国民党反动派横行到底"。美国应放弃片面援助国民党反动派的政策,撤走陆海空军,中国人民是有力量解决自己的问题的。

　　△　司徒雷登在京对记者谈,"吾人正期待谈判之进展,余将不放弃希望,直至吾人认为无从为力为止"。外间对司、马联合声明反响悲观,"是吾人所预料者"。

　　△　国民党中央组织部长陈立夫抵庐山牯岭,旋对记者谈,交通不能恢复,军队不能整编,为当前威胁和平两大因素,欲求和平,必先去其威胁因素。

　　△　上海《中央日报》报道,绥远省府令各县普遍训练壮丁,18 岁至 45 岁男丁一律入营,以县为纵队,乡为大队,保为中队,甲为小队。自卫队枪支弹药由政府补助,战利品则政府不取,预定年底训练 40 余万壮丁。

　　△　张嘉璈在沈阳欢迎中美农业技术合作团,报告东北农业现况,东北约 750 万户,其中 540 万户为农民,东北之繁荣,必赖于农业之发达,现在生产低微之原因是肥料、水利不足,农机短缺,种籽低劣。

　　△　中央银行向华盛顿国际复兴建设银行汇股本 894 万美元。按:原股本为六亿美元,国际货币金融会决定因受战争损失过大者,先付总额 2%,此中 0.5% 还可在五年后筹付。中行原已付六万美元。

8 月 13 日　徐州绥靖公署薛岳部为策应郑州绥靖公署作战,令整十一师由徐州西面的黄口沿陇海线向西发动进攻。19 日复攻占砀山,中共八路军第七纵队退向单县。

　　△　国民政府令,兼任捷克斯拉夫国特命全权大使金问泗免兼职,特任梁龙继任。

　　△　美国副国务卿艾奇逊在华盛顿对记者谈,马歇尔无返美之意,司、马联合声明十分完善。

△ 国民党军第一八一师在陇海路民权地区与中共八路军激战，被八路军击毙、俘获 7000 余人，师长米文和仅率随从数人逃走。

8 月 14 日 蒋介石发表抗战胜利一周年纪念日文告，宣称国共谈判破裂和国家经济的窘困，责任均归共产党。又谈政府今后对时局之方针：一、结束训政时期，建立立宪政府，定于 11 月 12 日召开国民大会；二、坚持政协决议；三、扩大政府的基础，容纳各党派及无党派人士，以完现政协的和平建国纲领；四、遵守 1 月 10 日停战协定，只要求中共撤出若干已经构成和平威胁和阻碍交通的地区；五、如果中共保证执行各项协议，政府用政治方法解决政治分歧；六、必当尽力解除对和平的威胁。

△ 彭学沛在京对外国记者谈国共军冲突情况称，刘伯承以 27 个团的兵力向陇海路兰封一线发动进攻。山西共军正围攻大同，张家口已成为共军向山西一带策动军事进攻的总根据地。

△ 民盟代表罗隆基对记者谈蒋介石之庐山文告，"其中若干与事实不相符"，所列六项方针，"其前三项即完全与政协精神违反"。罗认为在朝在野党都要反省，"彻底停止内战"，"用政治方式来解决国家问题"。

△ 蒋介石在庐山牯岭接见青年党领袖曾琦，征询国是意见。曾表示拥护蒋介石之文告，希望庐山成为和平的发扬地。

△ 北平军调部美方代表罗伯逊、中共代表叶剑英由平飞京，向马歇尔报告安平事件。

△ 西安调处工作经第九小组三方面代表一致协定，自是日零时起正式宣布停止。

△ 中共豫东八路军攻占杞县。

△ 国防最高委员会决定：对意大利战争结束日期应为 1943 年 9 月 8 日，对德国战争结束日期为 1945 年 5 月 8 日。

△ 空军总司令周至柔发表《继续抗战精神，努力完成建军》一文，历述八年抗战中空军战绩：击毁敌机 568 架，创伤 603 架。击毙敌官兵

3.8282 万名,骑兵 3800 名,战马 5472 匹,击毁敌舰 30 艘(内航空母舰一艘),其他船舶 252 只,创伤 1347 只,击毁车头及车厢 2548 辆。中国损失:轰炸机 473 架,驱逐机 1229 架,空地勤人员死伤 6794 人,其中空勤军官死亡 827 人,失踪 332 人,伤残 970 人,死伤占空勤军官总数的二分之一。

8 月 15 日　蒋介石接顾维钧转来杜鲁门本月 10 日密函。杜称,如中国内部问题的和平解决办法不即于短期内表现真实进步,则其本人将重行审定美国立场。蒋"既甚以为异,又甚以为辱"。

△　马歇尔在京会晤周恩来、叶剑英,商谈安平事件。

△　马歇尔由京飞牯,四上庐山,声称为和谈奔走。宋子文同行。

△　陆军总司令军法处暨云南省保安司令部驻昆明宪兵第十三团组织军事合议审判法庭,对杀害闻一多之凶犯云南警备总部特务营连长汤时亮及该连排长李文山审讯,该二犯供称,因闻一多在"追悼李公朴会中辱骂政府痛诋军人,迫于一时愤激,共同行凶"。民盟代表梁漱溟、周新民参加观审。

△　民盟代表梁漱溟、周新民在昆明致函顾祝同,谓"观审闻案后,发现该案疑窦甚多,请勿定案"。16 日,梁、周再函顾祝同,要求将该案审讯记录抄送一份,顾拒绝。19 日,梁访顾,问询该案是否要再审,顾面有难色,答称:"我做不得主。"

△　李立三由哈尔滨飞抵沈阳,商订遣送中共控制区域之日俘、日侨协定。

△　陇海路中段国民党军夏邑、虞城、永城联合总指挥蒋嘉宾率所部 5000 人起义,参加晋冀鲁豫解放军。

△　内政部警察总署在南京成立,唐纵就任署长。

△　美国产业工会联合会所属政治行动委员会及美国公民政治行动委员会分别上书杜鲁门总统,要求将美军从中国全部撤退。

△　美国圣公会南京传教师马琪在东京战犯法庭陈述日军南京暴行,称"南京大屠杀"诚为一"不可置信之恐怖行为",日军进入南京即开

始杀人,不久即变为有组织的屠杀。

8月16日　蒋介石在庐山接见马歇尔。马在行前探询周恩来对蒋在14日发表的文告的意见。周声明,仍须立即全面停战;要求政府,并须由国共两党事前商讨,延请司徒雷登大使参加,俟获协议后再咨商他党;须待政府改组后方得召开国民大会;中共军决不自苏北撤退,并要求在东北方面驻扎三个师,分三个地点集中;地方政权问题须重行选举,并须商谈选举办法。蒋则提请马注意两点,中共是否愿意放弃以武力夺取政权以及组织波兰式的极权政府的本质;能否不受俄国指挥,而不妨碍中国的建设与打击美国在远东的政策。

△　国民政府令:公布《货物税收条例》;《货物统税条例》着即废止。

△　国民政府公布《国产烟酒类税条例》。烟叶征税50％,烟丝征税30％(先纳烟叶税),酒类征税80％。

△　第十二战区司令长官傅作义飞抵大同视察防务。

△　美国陆军部宣布,在华美军不撤退。

△　伪满皇帝溥仪在东京远东国际法庭作证,陈述日关东军司令本庄繁及参谋板垣征四郎等组织伪满洲国胁迫其充当伪满皇帝之阴谋。

△　邱清泉第五军由宿县分两路向西北进攻。19日攻占永城及大回村、鲁楼等地。22日,攻占夏邑、韩道口。25日,军部进入砀山。26日,攻占虞城、马牧集。中共军退向单县,陇海路徐州至开封间战事暂寂静。

8月17日　宋子文与马歇尔在庐山会谈,宋谓蒋介石14日文告主张正确,决不相信共产党会愿意在正常的基础上进行政府改组。

△　美国陆军部次长彼特森及美对外清算委员会委员麦凯布偕随员28人飞抵上海,与国民政府商谈让与太平洋各岛剩余作战物资及借款问题。

△　马歇尔之代表在京问询周恩来,中共是否派代表参加国府委

员会。周表示只要履行政协决议和停战协定,随时即派代表。

△ 交通部长俞大维由京抵庐山牯岭,对记者谈称,此来为向蒋介石报告恢复交通步骤。

△ 中共代表李立三同军调部美方代表就东北遣送日侨、日俘问题,获得协议。

△ 延安《解放日报》载,据不完全统计,抗战胜利一年来,东北民主联军与地方武装毙、俘蒋军 14.6963 万名,缴获枪支 4.1254 万支,各种炮 558 门,轻重机枪 1540 余挺,高射机枪 57 挺,冲锋枪 453 支,各种子弹 78.7 万余发,汽车 153 辆,电台两台,坦克五辆,战马 3093 匹,飞机五架。民主联军死伤三万余人。

8 月 18 日 行政院长宋子文发表声明,谓中央银行调整外汇汇率,政府取消出口税,目的在于:"一、鼓励输出减少输入;二、激导侨民汇款回国;三、扶助国内生产事业。""今后且将继续运用黄金储备,以稳定国内币值。"

△ 军调部政府代表郑介民送交中共代表叶剑英备忘录,内称如果中共军不停止围攻大同,政府军将对中共区三个主要城市(延安、张家口、承德)之一发动猛烈攻击。

△ 宋子文由庐山飞沪。晚,宋与美陆军部次长彼特森等商谈购买美太平洋剩余作战物资及借款问题。

△ 太岳八路军攻占晋南重镇洪洞县城及赵城县城。至此,灵石至临汾北 200 余里之同蒲路全为八路军控制。

8 月 19 日 蒋介石致函杜鲁门,称中国政府已于 8 月 14 日发表对时局方针,"将尽力与马歇尔将军合作","以求达到彼此共同之目标"。

△ 财政部长俞鸿钧在京对记者谈,调整外汇汇率,旨在扶助国货,鼓励出口,减少消费品之输入,此次调整,全由宋子文主持,财部 18 日始知。

△ 中央银行宣布调整外汇汇率,由美金一元合国币 2020 元提高

到 3350 美元。中央银行公布外汇汇率调整后,是日,沈阳、天津、广州、杭州、上海、昆明、兰州、成都等地黄金、美元顿时暴涨。

△　上海市长吴国桢邀请各业同业公会常务理事开会,吁请商民在外汇汇率调整后,与政府合作,稳定物价。并说明:"米、煤、油、布、面,政府决不使涨价。禁绝摊贩,协助百货。公用事业,也不预备涨价。"

△　马歇尔与蒋介石在牯岭会谈,蒋表示"只有国府委员会的问题达成协议,才能同意发布停战命令",这是重大让步。马指出:"战争一再拖延,对政府是不利的。"20 日,俞大维告知马歇尔,不要向中共代表谈及蒋介石昨日会谈时的主张。

△　民主同盟主席张澜在成都被暴徒殴辱。

△　国民政府派李平衡为中国出席第二十九届国际劳工大会第一代表。

△　溥仪在东京战犯法庭陈述日本控制东北经济情况,日人的重重剥削使"中国蒙受可惊之损失",在其侵略经济之下,在东北建立的64 家企业公司的资本达数十亿日元,一切银行俱操日人之手。还称,27 名主要战犯之一前"满洲国"总务厅长星野直树为关东军下享有最高权力的人,控告梅津美治郎使用压力强行在东北推行神道教以先奴化东北人民,并称自己完全是日人的"招牌而已"。溥仪在次日的出庭中又作证详述了日人统治东北奴役中国人民情形,称在其鼓励日人移殖东北的策略下,20 年内日本移民到东北者达 600 万人,而东北人民被驱至荒芜不毛之地。

8 月 20 日　司徒雷登由北平飞回南京,对记者谈,获悉中共全面动员,令人惊异。全面的内战开始,将给中国人民带来深重灾难。中国的问题,应当循政治方式解决。

△　马歇尔由庐山牯岭飞回南京,与司徒雷登长谈时局至深夜。

△　台湾行政长官公署财政处长兼台湾银行董事长严家淦宣布自是日起,台币与法币的汇率,由台元一元折合法市 30 元改为台币一元

折合法币 40 元。

　　△　苏北难民救济协会上海市筹募委员会为筹救济款举行"上海小姐"及平剧、歌星、舞星"皇后"选举。王韵梅以 6.55 万票（即 6550 万元）当选"上海小姐"，言慧珠以 3770 万元当选"平剧皇后"，韩菁菁以 2000 万元当选"歌唱皇后"，管敏莉以 2315 万元当选"舞国皇后"。此次共募款 2.2 亿元。

　　8 月 21 日　周恩来与司徒雷登会谈。司建议先进行改组政府的谈判。周认为，在谈判前要弄清三个问题：谈好改组政府之后，国民政府能否保证放弃 8 月 6 日的五条，立即停战以及根据政协决议商谈成立国府委员会。如不保证这三点，谈判仅仅便利于政府拖延时间。

　　△　蒋介石接见比利时驻华大使戴尔福，接受其递呈比利时国立列日大学所赠文哲博士学位证书。

　　△　中宣部长彭学沛在京就物价上涨对记者谈，政府 19 日调整汇率后，各地物价上涨，政府已通令各省、市政府严密监察，不准奸商抬价，中央党部、团部亦已通令各地党、团部协助政府平定物价。

　　△　军调部调查安平事件的第二十五特别小组离平赴出事地点调查。主要成员：美方代表马丁上校，政府代表张叔衡少将，中共代表黄逸峰少将。

　　△　中共华东野战军向苏北如皋以东的丁堰、林梓反攻，激战至 22 日，国民党军交警第七、第十一总队及第二十六旅一团大部被围歼，少数突围逃至白蒲。

　　△　东北保安长官部郑洞国部在热河向中共晋热辽野战军发动进攻。右路石觉之第十三军分别由黄土梁子、天义向宁城攻击前进，24 日占领宁城，集结平泉。左路周福成之第五十三军分别由绥中、秦皇岛向西攻击前进。

　　△　新编第一军军长孙立人正式就任第四绥靖区司令长官及长春警备司令。

　　△　徐州绥靖公署薛岳指挥所部向苏北运河西岸地区之中共军发

动进攻。夏威之第七军为右翼兵团,辖第一七一、第一七二、整六十九、整七十四师,分别自泗县、长直沟、古城集、双沟镇、庙山圩、单集四面向睢宁、宿迁进攻。冯治安之左翼兵团,辖整二十八师、整五十九师、整七十七师,分别由曹八集、板桥集向台儿庄西南地区进攻。

8月22日　司徒雷登与马歇尔会晤,司氏建议马向蒋介石继续施加压力,迫使蒋发布停战令,以便用和平的方式解决政治分歧。马表示赞成。

△　司徒雷登问询俞大维,蒋介石是否仍然坚持五项条件。俞答,由于中共军沿陇海路发动进攻,整个军事形势发生了变化,即使中共完全接受蒋之五项条件,也不会对问题的解决有实质性的帮助。"中国没有和平的希望,而且苏联对中国构成一种威胁"。五项条件是政府的最低条件。

△　周恩来与司徒雷登会谈。司再次建议成立非正式小组先谈组织国民政府委员会问题。周表示中共愿意讨论国府委员问题,并谓,非正式小组开会谈好改组政府之后,国民政府能否保证立即停战;最好一面开非正式小组会议,一面谈停战,否则谈判会拖下去。

△　宋子文与周恩来在京会晤,商谈时局问题。此为宋子文参加和平谈判之开始。

△　张君劢、张东荪等领导的国家社会党与海外华侨所组织的宪政党宣告合并,定名为民主社会党。宣称以渐进的步骤,以民主的方式达成社会主义为政纲。该二党合并后,将仍积极参加民盟工作。

△　中共代表团致民盟主席张澜慰问电,内称"李、闻追悼会,特务捣乱,先生受惊,谨致慰问"。"成都暴行,更证明昆明暗杀为特务系统所为。不粉碎特务系统,中国人民不能安生,民主政制无法建立。为民主,必须反特务,愿与先生共勉之"。

△　东北中共控制区域之日本侨、俘首批遣送到长春。

△　马歇尔通知美国海军第七舰队司令柯克,谓由于华北国共军事冲突,国民政府军增援部队向华北调入,美军保护运煤列车及铁路桥

梁的职责将由政府军接替。

8 月 23 日　马歇尔与周恩来在京长谈,就国共谈判中一系列重要争执问题交换意见,周特别指出:如果战争无限地打下去,将迫使共产党进行全国性的战争。如果国民党召开没有共产党参加的国民大会,将迫使中共在其辖区域也开一个大会。

△　为美国陆军助理等到华同宋子文谈判出售战时物资和蒋介石正准备以中国的航空权与美国分享一事,周恩来致电马歇尔,指出蒋正以过去美国转让的军用物资从事内战,在此时机又转让剩余物资等于火上加油。"我受令向美国政府提出抗议,并坚决反对对中国领空权的任何损害。"

△　马歇尔与俞大维会谈,俞坚持先开五人小组会议,然后再讨论蒋介石提的五项条件。马指出:"形势在继续恶化,有可能迫使共产党寻求外部的支援,例如苏联的援助,这最终会使得和平解决的任务更加困难。"

△　马歇尔由京飞牯岭,为调处时局五上庐山。

△　蒋介石在庐山夏令营结业典礼致训词,勉其以"力行的精神"和"科学的精神",努力"完成国民革命成功的使命",党员"无所谓权利,而只有义务;无所谓享受,只有牺牲","必须勤劳努力,为民众服务"。

△　财政部长俞鸿钧、国防部长白崇禧应蒋介石电召由京飞抵牯岭,俞对记者谈,政府对金价、粮价、物价之抑平极有把握。

△　太岳八路军攻占晋南同蒲路上之霍县县城。

△　历任汪伪政府驻日大使、外交部长、广东省长等要职的大汉奸褚民谊在苏州枪决。

△　柯克通知华北美海军陆战队司令官洛基,饬其对当地的国民政府军司令官施加压力,促使政府军尽快接管当时由美军保护的所有桥梁、运煤列车及煤矿的警卫职责。

8 月 24 日　蒋介石在庐山接见马歇尔。马提议组织五人小组,专门商谈国民政府改组问题,而不涉及其他行政院的改组或停战问题。

蒋勉允一试。

△ 周恩来致函蒋廷黻，说中原部队被迫撤出，不少人躲避国民党军清剿和迫害，逃亡武汉，请救济安置。我方在宣化店负责救济工作的七名人员，被国民党军扣留，望查寻并促早日释放。

△ 苏北战事愈趋激烈，国、共军在邵伯鏖战。如皋、睢宁、铜山等处战火不绝。

8月25日 陆军总司令顾祝同在昆明发表闻一多被杀案审判经过及结果，杀闻凶手云南省警备司令部特务营第三连连长汤时亮及该连排长李文山判处死刑，警备总司令霍揆彰革职，由陆军总部看管，派何绍周为警备总司令。

△ 民盟秘书长梁漱溟在北平对记者谈，政府处理闻一多案"吞吞吐吐"，"破绽甚多"，民盟希望政府把这一政治暗杀案坦白公布，"把这一案移南京组织特别法庭审理"。

△ 民盟负责人张君劢、张东荪、章伯钧、沈钧儒、罗隆基、梁漱溟、周新民等在沪发表书面谈话，阐述对时局的意见，"坚决抗议这没有理由的内战"，主张全国立即停战，实施政协决议。现在当政的国民党必须实行民主，保障各党派人士和人民的安全与自由。

△ 国民党军第六十九师之第九十九旅由黄桥向如皋开进，图谋援救林梓，行至分界，被新四军第六、第一两师包围，激战至27日，该旅全军覆没。

△ 国防部长白崇禧在牯岭对记者谈，今后将以电影作为教育工具，普遍深入地进行国防教育。又称"国防部有保障人民生命安全，维护地方安宁之绝对把握"。

△ 上海市学生总会发表告全体学生书，抗议各校提高学费，要求政府及教育当局对各校无理提高学费予以有效制裁。

8月26日 中共代表团在京招待新闻界，散发新华社印就的《群众周刊》社论《立即无条件停战，实施政协决议》，作中共对时局之正式声明。周恩来发表谈话，指出蒋介石14日文告，不仅未改变紧张局势，

"而且更加恶化了这一局势"。"自 6 月 7 日到现在,政府军已损失了16 万人"。"六月商谈中,协议已达成 90%,但政府不签字,反提出要求中共退出苏北、热南、胶济线及安东等地区,甚至行政亦须退出,遂使全部和平谈判前功尽弃。在商谈陷于僵局之后,司徒大使曾建议先讨论改组政府问题,中共表示愿予以考虑,唯有两条件:一、是否改组政府谈妥后即无条件停战;二、是否政府放弃中共退出苏北等五项要求。但政府始终未放弃其五项要求,且无条件停战亦无表示"。

　　△　周恩来向马歇尔设在南京的总部递交抗议书,谴责美国和国民政府在沪商谈转售剩余战争物资,蒋介石正打算让美国"分享中国航空权"作为对美国援助战争物资之酬劳。

　　△　石觉第十三军由平泉分两路向承德中共军队攻击前进。

　　△　刺杀闻一多之凶犯汤时亮、李文山在昆明由宪兵团执行枪决。

　　△　中共哈尔滨公安机关破获国民党阴谋大暴动案,捕获主犯姜鹏飞(蒋介石委任的新编第二十七军军长)、李明仪(国民党中执会敌后工作委员会东北四省分会军事委员)、崔大刚(第六路军第三军军长)。姜等潜入哈尔滨,已组织队伍 600 余人,计划本月 28 日暴动。9 月 9日,中共哈尔滨军政当局对姜、李诸犯公审,10 日枪决。

　　8 月 27 日　　美国陆军部次长彼特森及国外物资清理委员会主席特别帮办麦凯布为中美买卖剩余物资发表声明,称该剩余物资纯系民用物品,并未包括军火在内。谈判中更未曾涉及中国民用航空权问题。

　　△　中共驻沪发言人严厉谴责中美关于剩余物资之买卖,指出该项物资之谈判,实为美国以大量物资投入中国内战中,违背杜鲁门总统去年 12 月对华政策宣言,违背莫斯科三国外长公告及联合国宪章。

　　△　美国代理国务卿艾奇逊对记者谈,国务院已令外国清理委员会调查不守规则,以剩余作战物资转交中国之责任。美国已将作战物资转交许多国家,惟对中国已停止此种措施。

　　△　马歇尔由庐山返抵南京。行前与蒋介石长谈,就五人小组、政协会议、苏北、胶济、大同、承德及东北诸问题广泛交换意见。

△　王树声率领的中原军区突围部队到达湖北房县之上龛,建立鄂西北军区。

8月28日　马歇尔与俞大维在京会谈,马指出:一、应尽早建立国府委员会,作为导致和平解决的步骤;二、中共主张停战,但不能肯定这种主张会继续多久,如果战争蔓延到满洲,招致苏联介入,将是国民政府的祸根。晚,俞访马,谓经蒋介石批准,政府指派国民党中央秘书长吴铁城和内政部长张厉生为五人小组成员。

△　司徒雷登在京与周恩来会谈,司徒向周转告蒋介石对停战的声明:鉴于有1月10日的停战协定,不需要发布停战命令,需要的是共产党停止作战。周表示,毛泽东可能向中共军发布停火令,希望马歇尔向蒋施加压力,使蒋亦采取同样行动。当周得知蒋已要宋子文派两人参加非正式小组谈判改组政府,谈好后马上成立国府委员会之事,指出:首先应下停战令,如蒋不做,在召开非正式小组商妥组织国府一事后,蒋仍不停战就是欺骗。成立非正式小组的目的在于从速解决问题,不能以此拖延,否则我们要发表声明。

△　上海《周刊》出版休刊号,马叙伦著文指出国民党想用武力解决共产党,"只是有自讨苦吃,终归失败,是必然的"。

△　军调部三委员会议议定,安平事件由第二十五特别小组继续调查,其争论之问题,由三委员继续解决。

△　马歇尔指示洛基将华北美军撤退的时间表递交华北政府军司令长官,以作促使尽快接替美军防务之声明。同日,洛基电告马歇尔,由于政府军在这一地区的进攻战已开始,无兵力接防,请缓交替。

8月29日　中共中央委员会发表反对美、蒋罪恶买卖的声明,谓美国陆军部次长彼特森与蒋介石政府商谈出卖美国在西部太平洋之巨量剩余战争物资,将价值20亿美元的物资仅以五亿美元低价出售,以换取中国之领空权与延长中国内战。美、蒋的此项协定及同类谈判中的任何密约协定都是非法的,中国人民对此决不负任何责任。

△　国民党中宣部发言人对记者谈,购买美军在太平洋剩余物资,

商谈已半年,此乃中美互助,中美民用航空磋商完全是另一问题。中共将此不相涉之两者混为一谈,系任意曲解。

△　中共延安总部发言人称,自 7 月 13 日至 8 月 27 日,新四军粟裕部在苏中保卫战中击败蒋军汤恩伯之进攻,七战七捷,消灭汤军七个整编旅(即七个师)之多,俘获五万余人和大量美国装备。

△　周恩来与马歇尔在京会谈,周表示赞成召开以司徒雷登为首的非正式五人小组会议,中共以周和董必武为代表,集中精力讨论国民政府的改组问题。并要求马从蒋介石处获得对中共 8 月 21 日提出的保证作出明确答复。马解释,谓迫切要求赞同成立五人小组的是他本人而不是国民政府,他已几乎停止了对国民政府军事方面的一切直接支持。但当前的宣传运动中,他受到中共、苏联及国民党内的顽固分子攻击,这会使停战更加困难或成为不可能。

△　民主社会党致函民主同盟,要求"民盟重要声明均须预先取得本党同意"。

△　王震率领第三五九旅等中原突围部队经两个月苦战在陕甘边境之阳庆与彭德怀亲自指挥前来迎接的中央警卫第三旅会师。同日,中共中央致电王震,"一、庆祝你们到达边区的胜利;二、你部即在陇东适当地点休整,望与陇东党政军接洽"。

△　石觉第十三军攻占中共部队驻地热河省城承德。并继续向北推进,热河战事扩大。30 日,该军攻占隆化县城。

△　吕梁八路军攻占晋中汾西县城,至此,太岳、吕梁两解放区联成一片。

△　军调部调查安平事件之第二十五特别小组之中共代表黄逸峰以未获得叶剑英的命令,不能前往调查。美方和国民政府代表要求立即出发,双方争执,未成行。

8 月 30 日　中共延安总部发言人对记者谈:"凡为着进攻解放区为目的而运载军火或军队或军官到内战前线的一切飞机,我们都下令射击,因为这些飞机无论来源如何,都是参与了作战行为。"主张把空军放在北平执行部管理之下","尤其坚决反对蒋政府强迫征用民航机从事内战。"

　　△　周恩来与王炳南往访司徒雷登,就改组政府问题交换意见,再次明确要蒋介石放弃8月6日所提五条要求,并立即下令停战。

　　△　马歇尔与俞大维会谈,俞责怪美国政府没有批准中国政府购买军火的请求,这将使国民政府处于非常困难的地位。马表示,美国只能支持联合政府下的国家军队。

　　△　参政会驻会委员会决议,通过吁请政府及中共迅即停止冲突,恢复商谈,以实现和平统一案。

　　△　马歇尔由南京飞牯岭,为国共和谈六上庐山。

　　△　赴昆明处理李、闻案之陆军总司令顾祝同抵牯岭向蒋介石复命。同日离牯飞京。

　　△　财政部美籍顾问杨格博士回国前发表声明,谓其任财政顾问逾17年,因体力不支,不得不离华休养。中国当前之首要关键问题,是裁减军费,开创和平局面,以求财政稳定。

　　△　《中央日报》公布《东北工业损失概况》,内分电力、电气、煤矿、燃料、钢铁、五金、机械、化工、纺织、交通、军火,共11大类。

　　8月31日　上午9时半,蒋介石接见国民党中央党部秘书长吴铁城、内政部部长张厉生,商谈五人小组会议原则及政府问题。蒋力主从速实现扩大政府基础,希望中共即将国府委员名单及国大代表名单提出,政府委员名额问题可由五人小组商讨。

　　△　行政院长宋子文与美国国外物资清理委员会主席麦克勃在沪签订购买美国太平洋剩余物资合同。该项物资原成本为五亿美元,现以5500万美元让售。此物资不包括飞机、军火或未先改为民用之军用品。

　　△　周恩来致函宋子文,就黄河、淮河、沂河、沭河等涨水冲破多处堤岸事,要求江北运河工程局立即开放沿江各坝,以免苏北人民遭受水灾浩劫。9月2日,再次致函宋子文,谴责国民政府不但不开放沿江各

坝,反而不断轰炸高邮附近堤身,扫射修堤人民,致使堤岸又告溃决,演成宿、沭、灌各县空前水灾。再次强烈要求开放沿江各坝。

△ 杜鲁门致蒋介石函称,盼望中国停止内战能达到满意的政治解决。中国的内战威胁消除后,美国援华的政策不会变更。

△ 司徒雷登由京飞沪,对记者谈:"中国今日必须致力于统一与和平,然后始可建立强大之国家。"又称:"美军在华北之任务,从前为协助遣散日侨,目前则为暂时协助保护铁路。"

△ 新四军经两昼夜激战,是日攻占苏中南线重镇黄桥,国民党军第一八七旅残部全被俘。

△ 军调部调查安平事件之第二十五特别小组由平抵安平、继续询问有关证人曹玉亭等三人。中共代表黄逸峰认为安平政治环境既变,一切证人证物不足信。三方代表同意将一切材料留待以后讨论。

△ 在国防部参谋总长陈诚限令第十八集团军西安办事处于8月底撤销的情况下,朱德电令办事处所属人员撤返延安,并致电第一战区司令长官胡宗南,要求拨给交通工具,保障沿途安全。

△ 美军驻华北海军陆战队司令洛基再电马歇尔请示,华北美军与政府军的接防将从9月23日开始至10月15日结束。马即指示,要求将接替时间提前。

9 月

9月1日 蒋介石在庐山牯岭召见五人小组成员吴铁城,重申:"八一四文告中六项原则务必贯彻,而尤以扩大政府基础一项,促其迅速实现。视政府改组完成后,再协商其他五项原则。"

△ 周恩来在上海举行记者招待会,抗议《中美剩余战时财产出售协定》的签订,抗议美国帮助国民党扩大内战。并宣布,中共赞成司徒雷登所提召开非正式五人小组会,但政府应保证按政协精神办事。又强调指出,五人小组会是非正式的。

　　△　三民主义青年团第二次全国代表大会在庐山开幕,出席代表800 余人,兼团长蒋介石致开幕词称,"这次大会的性质和任务,要彻底检讨三年来整个团务进行的利弊","互相交换工作的经验,厉行自我批评和相互批评",以策进今后工作。

　　△　民治党正式成立,重要负责人为司徒美堂、赵昱、朱家兆、骆介子等,多系海外华侨。在上海举行记者招待会,由司徒报告组党经过。接着发表对时局主张。

　　△　聂荣臻指挥中共军猛攻大同,与大同守城军楚溪春部激战竟日,攻占水泉湾飞机场。4 日攻战火车站。至此,大同市四面均为中共军控制。

　　△　董其武之暂三军由归绥向东开进援救大同。5 日,攻占卓资山。8 日,抵中共军绥远总部所在地集宁西郊。

　　△　八路军陈赓之太岳部队攻占同蒲路中段傅家滩及矿区。至此,同蒲中段 270 余里全部被八路军控制。

　　△　军调部第二十五特别小组在天津访问美驻华北海军陆战队司令骆基中将,骆基谓安平事件发生,美军初无预感,绝无政府军队参加。

　　△　蔡廷锴等领导的中国民主促进会在香港发表对时局主张:一、反对任何政党把持政权不放,军调部必须恢复仲裁调处,使国共双方停战;二、反对任何国家援助某一党派助长中国内战;三、要求政府实行四项诺言;四、反对国民政府单方面决定召开国民大会。

　　△　军事委员会委员长北平行营自是日起改称国民政府主席北平行辕,内部组织与人事除增加一调查处,处长由中央直接委派外,均无变动。3 日,重庆行营、武汉行营均改称行辕,一切内部组织均照旧。

　　△　台湾省今起正式发行新台币,以一对一之比收回印有"大日本帝国"字样的旧台币。

　　△　美国众议院军委会议员夏弗等 11 人视察太平洋美军基地及驻防日本之美军后,是日抵沪。宋子文、吴国桢设宴招待。

　　9 月 2 日　蒋介石接见马歇尔,告以改组国民政府与召开国民大会、请中共提出国民大会代表名单、及重行颁发停战命令三事应同时解决，而停战命令乃为政府所持的最后一着。马歇尔则仍急于要求停战。

△　三民主义青年团第二次全国代表大会选举陈诚、朱家骅、蒋经国、谷正纲、贺衷寒、郑彦棻、罗家伦、邵力子等29人为主席团成员。

△　五人小组政府代表吴铁城、张厉生由庐山返南京。吴对记者谈，五人小组专为讨论改组国府委员会而设立，只讨论中共参加国府委员会之名额问题，并不涉及其他。

△　国民党军第五十三军第一一六师向热河境内长城一线进攻，攻占中共部队驻地冷口等重镇。

△　国民党军冯治安部整五十九师、整七十七师以猛烈炮火掩护，强渡运河，占中共部队驻地台儿庄。

△　军调部调查安平事件小组访第十一战区司令长官孙连仲，孙希望小组于调查后获得公平合理之解决。孙之副参谋长高松元谈："安平为政府控制区域，在安平事件发生之时，并无政府军参加，事后亦无美军在该处协助政府作任何活动。"

△　冯玉祥赴美国考察水利，乘"美琪斯将军号"轮离沪，孔祥熙、张之江等送行。

9月3日　中共代表团发言人谈称，须政府对中共两项要求（即无条件停战，放弃蒋介石提出的五项要求）有圆满答复，中共始能出席五人小组会议。

△　司徒雷登与吴铁城、张厉生在京会谈，吴表示，以最大诚意参加五人小组会议，决不提出任何先决要求。

△　周恩来抵南京，与非正式五人小组中共代表董必武，接待政府方面五人小组代表吴铁城、张厉生，询问政府方面将如何保证停战，在吴、张回答奉命只谈改组政府、军事问题未在权限内时，表示：不保证停战，不放弃五条，改组政府无从谈起。

△　国民党中央在京举行抗战胜利周年纪念会，白崇禧致词称，必须用建设来保障胜利硕果，国家必须统一，政令、军令应统一，"一切妨

碍统一之力量,均当排除,此为政府之责任。"

△　国防部决定在全国42个军管区恢复征兵制。

△　军调部调查安平事件小组由北平飞抵张家口,访中共晋察冀边区司令聂荣臻,聂希望调查小组调查后,合理公平解决,并希望今后不再发生类似不幸事件。

△　中共晋冀鲁豫野战军司令员刘伯承指挥所部在鲁西定陶大杨湖、天爷庙、大黄集将国民党军整三师(原第十军)包围,激战至6日,将该师全歼,生俘中将师长赵锡田及师部八大处全部人员。

△　美第七舰队司令柯克上将在青岛对记者谈,"美军在华任务,在于促进中国和平与安定,并协助中国建立海军"。"美国不愿与中国内战发生任何关系,惟此亦将视内战发展之情势而定"。"海军舰只将经常停泊于中国沿海各口岸,目前驻青岛舰只约五十艘"。

△　美众议院军委会视察太平洋基地之议员团由沪飞京,议员西克斯在京机场对记者谈,访京目的在于与马歇尔、司徒雷登会晤,借使美国人民对中国有一较深刻了解。同日,议员团与司、马会晤后飞往北平。

△　曾任江苏省伪保安司令部参谋长及吴江、无锡等伪县长、现为太湖匪首的杨彦斌在无锡向陆军副总司令汤恩伯投诚,表示愿招抚太湖为匪之旧部,肃清匪类。汤即允准。

△　驻沪美军法庭判处虐杀美飞行员荷克的日本前任香港总督、日军第三十四军司令田中久一中将及其参谋长福地春功少将绞刑。按:1944年秋,荷克少校驾机轰炸香港,飞机失事被日军逮捕,处其死刑。

9月4日　周恩来与马歇尔在京会晤,长谈时局问题。周表示,政府方面拒绝全面停战,不放弃蒋介石提出的五项条件,中共不能参加五人会议。同时,周尖锐批评美国将剩余物资转售给政府。马认为在五人小组提出改组政府以外的问题,以致将一事无成。

△　延安中共发言人对记者谈称,"美国政府与蒋介石政府不顾中

国人民的反对,终于完成了西太平洋大宗战争物资的让售谈判,这种行动无异于挑战"。中国人民决不承认此种协定。

　　△　参谋总长陈诚在京对中外记者谈军事兴革情形,谓政府已将59 个军整编成 59 个师,需再编 31 个师。整编部队已完成 60％,另30％因职务关系无法整编,但政府将继续完成整编方案。同时详述各地共军最近发动新攻势的情形。宣称国军将进攻张家口,8 月 6 日的五项条件不能放弃。

　　△　行政院善后救济总署在京开工作检讨会,署长蒋廷黻报告该署成立以来工作概况。蒋介石向大会颁训词,对该署工作成绩表示称赞。

　　△　第一战区胡宗南部整一军第一师及第三师攻占晋南翼城,继向浮山进攻,与八路军陈赓部激战于浮山太阳城间。

　　△　中共在上海的机关刊物群众周刊社被国民党上海当局武装搜查,搜去《群众周刊》72 本。中共驻南京代表团向内政部提出抗议。

　　△　上海接收敌伪物资要员叶燕荪少将,因接收舞弊,敲诈勒索黄金 140 两,国币 880 万元,并收受汉奸贿赂 200 万元,是日由淞沪警备司令部处决。

　　△　美海军陆战队总司令部发布任命:华北美军海军陆战队司令骆基调任太平洋区司令,驻节旧金山,由现任南卡罗林群岛派里斯岛基地司令霍华特调任华北美军陆战队司今。

　　9 月 5 日　周恩来会见马歇尔、司徒雷登,表示可再一次让步,同意非正式五人小组会谈改组国府委员会办法,但必须明确三点:改组国府委员会按政协决议程序办理,应由政协综合小组最后商决;在商定改组国府委员会办法后,政府是否同意立即下令停战;政府是否放弃 8 月6 日的五项条件。马、司表示后两项无法保证。

　　△　马歇尔与俞大维在京会谈,就召开五人小组会议所碰到的主要问题,即无条件停战和蒋介石的五项条件交换意见。

　　△　国民政府特派戴季陶为高等考试及格人员县长挑选委员会委

员长;派周钟岳、张厉生、史尚宽等 10 人为委员。

△ 财政部公布《营业税移交地方接管办法》、《契税移交地方接管办法》、《土地税移交地方接管办法》、《国地共分各税征收缴纳办法》。

△ 美军驻北平宪兵开枪打伤辅仁附中高三学生曹桂明。7 日、8 日两日,北平学生集会抗议美军罪行,并联名致书杜鲁门总统,提出严重抗议。

9 月 6 日 周恩来与马歇尔、司徒雷登在京会谈,商讨召开五人小组会议问题。周提出,政府是否可能在五人小组提出与停止冲突有关的某些要求(例如五项条件)。马表示,政府会提出某些要求,但他尽量说服,将其条件调节到中共能接受的程度。同日,周与司、马校正由周草拟的《七、八两月谈判要点总结》。周向他们表示,中共不能再无限忍耐,要求美、蒋表示明白态度。

△ 俞大维与马歇尔会谈,俞称,蒋介石对五人小组会议取得进展很感兴趣,蒋想了解中共是否坚持同时讨论停战。马称,中共坚持政治、军事问题同时讨论。并指出"国民政府的宣传运动正在使问题的解决日益困难"。

△ 朱德致电孔从周,对他率第三十八军第五十五师于 5 月 15 日在河南巩县投向中共,并于近日安抵河北邯郸市表示欢迎和慰问。

△ 马歇尔为谋打开和谈僵局,携带与周恩来校正后的《七、八两月谈判要点总结》由京飞牯,七上庐山。

△ 中国民主社会党在沪发表对国是主张:一、立即停止内战,实现和平;二、拥护统一,反对国内有两个政府,两种军队,政党不应有军队;三、要求实行民主;四、实行社会主义。并申明对时局之态度:一、改组政府;二、召开国民大会;三、实现整军方案;四、和平统一。

△ 美国商务部公布,本年上半年中美贸易中国入超 2.08 亿余美元,美输入中国之货总价值 2.49561 亿美元,中国输入美国之货总值 4075.2 万美元。

9 月 7 日 行政院饬各县市设立佃租委员会,解决推行二五减租中地主与农民之纠纷问题。

△ 监察院院长于右任巡视新疆两月余后回到南京。于对记者谈,新疆新政府成立,张治中主席励精图治,今后永久和平必可实现。新疆甚富庶,有些地方还比内地好。

△ 青年党主席曾琦在北平对记者谈,时局之解决,必须以实现政协决议为前提,先停战,边谈边打不能解决问题。

△ 英国新任驻华大使史蒂文森在京对记者郑重否认英国参与中国之和平谈判,谓英政府"且从未有令其他人士参加是项谈判之任何建议"。

9 月 8 日 蒋介石在牯岭三民主义青年团第二次全国代表大会致训词,号召全国青年参加三青团,但入团做官的观念必须打破,"应立志从事基层建设与社会改革工作"。

△ 经济部长王云五在沪对记者谈今后工作重心,行政方面,将在全国主要工业大城市设立工商督导处,代表该部扶助民营工商业。挽救入超危机办法:一、提倡节约;二、减低国货成本;三、提高国货质量。

△ 晋冀八路军在平汉线北段漕河站歼灭企图打通平汉线的高德林暂第二十八军两个师 9700 余人。

△ 国民党军周福成第五十三军攻占热河喜峰口及迁安县。9日,攻占古北口。11 日,攻占遵化。

△ "行总"工作检讨会闭幕,署长蒋廷黻提出今后工作任务:一、"联总"运华物资三分之二未到达,须集中力量完成该工作;二、提高办事速度;三、克服官僚化;四、各分署不能逾权处理物资和经费;五、物资经费应达于贫困者之手;六、厉行考核分署工作人员;七、各分署应与各地机关团体配合工作。

9 月 9 日 中共驻京代表团发言人就国民党方面指责中共军在作战中放毒气事予以驳斥,谓中共军现无化学兵种,根本无毒气可放,官方此种宣传之目的是为其施放毒气作掩护。并严申,凡国民党指为放毒气之地区,应允中外记者立即乘飞机前往参观,以明真相。

△ 上海市参议会开幕。出席议员 170 人,共收到提案 341 件,准市长交议案五件,收到人民意见书及请愿书 10 件。市长吴国桢作《施政报告》,包括粮食、工潮、房荒、社会、警察、教育、工务、公用、卫生、财政 10 个问题。

△ 上海证券交易所开幕。经济部长王云五由京专程前往参加。王致词称,交易所是完全法制的经济组织,在目前,政府对其暂采监督制度。交易所理事长杜月笙称该所之使命为:一、吸收并运用游资,以增加生产;二、消纳游资于正轨,以稳定金融,安定小民生计;三、确立现代资本市场机构,从而推行国策,补益财政。

△ 美国纽约争取和平委员会及民主远东政策委员会决定本月 22 日至 28 日举行要求美军"退出中国周"运动,全美 35 个主要城市同时举行群众大会,"要求立即撤退在华美军","停止干涉中国内政"。

9 月 10 日 马歇尔与蒋介石在牯岭商谈时局,蒋表示"在国府委员会成立后,地方问题可提交国府委员会处理"。

△ 马歇尔由庐山牯岭飞抵南京。马即向周恩来递交一份备忘录,内容略为:一、蒋介石同意:(一)如果中共同意五人小组实施恢复交通的协定及以前商定的停止冲突和满洲军队重新分布的条款,并实施军队整编协定中关于中共军驻防地点的规定,则停止冲突的军事条款将由国府委员会解决;(二)江苏地方政府问题由国府委员会解决。二、蒋介石声明:(一)希望宪草委员会恢复工作;(二)在停战令发布之前,中共必须指派国大代表。

△ 青年团二全大会通过团纲、团的工作方向,团员的基本职责及服务项目等法规。

△ 上海警察局长宣铁吾在市参议会报告称,上海现有娼妓不下10 余万,警局现正以"化私为公"、"化繁为简"、"化零为整"三项原则对娼妓实行管理,使之"寓禁绝于管理"。

△ 国民党军苏北绥靖军总司令李延年指挥所部向中共华中军区泗淮地区发动进攻。钟纪第七军第一七一、第一七二两师由洋河镇向

泗阳攻击前进。12 日,攻占泗阳城。13 日,第一七一师渡过运河。14 日,攻占众兴镇。15 日,攻占来安镇。20 日,攻占渔沟镇。中共军退往涟水。

△　南洋华侨领袖东南亚华侨筹赈总会主席陈嘉庚电美国总统杜鲁门及马歇尔、司徒雷登,谓蒋介石政府"是腐朽的暴政,以欺骗、劣迹及反动成性的霸权为其特征",要求美国停止一切对蒋介石政府的援助,并从中国撤退美军。

△　苏浙皖区敌伪物资清查团团长张知本等抵杭州。张言浙省接受物资已标售 200 亿元,现尚余物资不足 100 亿元,故告密不多,清查较易。

△　国民政府令:四川省政府主席张群因病给假,派邓锡侯代理。同日,张群乘美军专用机离沪赴美治病。

9 月 11 日　马歇尔与周恩来在京长谈,讨论 10 日备忘录所列各问题。周认为蒋介石不断提出新问题,不利于停战。应立即召开三人小组会议,以寻求发布停战令的某种基础,这一措施也将使五人小组便于采取行动。马认为"如果三人小组会议不与讨论国府委员会同时进行,或先作出改组国府委员会的努力,那只不过又回到以前的僵局而已"。会谈无结果。

△　马歇尔与俞大维会谈,马首先转述了在牯岭与蒋会谈的内容及回京后与周会谈的情况。俞认为"整个问题的关键在于解决共产党军队各师和政府军队各师之间的比例问题。如果在地区分布上安排共产党 10 个师的驻地,全部问题就解决了"。马认为这样的想法"事实上已引起目前的僵局"。

△　三民主义青年团二全大会通过取消团员年龄限制案。并选举中央干事、监察,经兼团长蒋介石核定,陈诚、蒋经国、贺衷寒等 72 人当选为干事,谭平山、朱经农等 49 人当选为监察。

△　国防最高委员会通过三十六年度(1947)政府施政方针案,并通过各国民政府主席行辕直隶于国民政府案。

△ 国民党中宣部长彭学沛在京记者招待会上谈，中共如真能与政府合作，冲突即可停止。政府不主张武力解决中共问题，只切盼恢复安宁与秩序。中共所信仰之马克思主义及极权主义，早见于周秦诸子之中，中国无人畏惧此等古旧学说。

△ 下午3时，全国性文化社团联谊会假南京香铺营公余联欢社举行成立大会，出席有中华全国文艺作家协会、中华全国美术会、中国合作事业协会、中国著作人协会、中华农学会、中国天主教协进会、中国佛学会、中国回教协会等30余单位代表胡一贯、李浚目、刘子亚等50余人。议决改称中国文化社区联合会，各省设立分会，使成为永久性会社。

△ 国民党军石觉第十三军攻占热河丰宁。

△ 前美国第十四航空队司令陈纳德由沪飞庐山，会见蒋介石，商谈"行总"物资空运问题。

9月12日 周恩来与司徒雷登在京会谈，表示中共十分重视行政院的改组，行政院改组的问题必须早日在政协综合小组处理。并建议召开三人小组会议解决所有军事问题。司徒雷登希望周能向他或马歇尔秘密提交一份国府委员会共产党委员的名单，被周拒绝。

△ 三民主义青年团第二次全国代表大会在牯岭闭幕。兼团长蒋介石致词，要求其"遵循大会宣言各点，身体力行，克尽时代所赋予之重大使命，勿蹈能说不能行之覆辙"。

△ 三民主义青年团第二次全国代表大会发表宣言，略谓该团自1938年3月9日在武昌成立，八年抗战中，发展团员达140余万人。该团今后的任务是："充实内部，强化组织，明确规定工作方针"，与国民党在"同一主义，同一领袖之下"担负共同之任务。

△ 延安《解放日报》发表《蒋军必败》的社论，指出刘伯承将军指挥所部在陇海路中段的胜利是"继中原我军胜利突围与苏中大捷之后的又一次大胜利。这三个胜利，对整个解放区南方前线，起了扭转局面的重要作用。蒋军必败，我军必胜的局面是定下来了。"

　　△　国民政府公布《资源委员会组织法》，规定该委员会隶属行政院，其职责为创办及管理国营基本重工业、重要矿业、动力事业及工矿电力事业。

　　△　胡琏整十一师攻占鲁西定陶，中共军刘伯承部退往菏泽。

　　△　上海市长吴国桢向市参议会提交五议案：一、增加房捐；二、举办市政捐；三、征收清洁捐；四、公用事业附缴市政捐；五、恢复赛马。

　　△　立法院外交委员会主席、新任驻教廷公使吴经熊在京对联合社记者谈称，其遵蒋介石之命，1943 年开始译《新约》全文，于今年 2 月始完成。在抗战军事最严重的时刻，蒋"日理万机之余"，亲自对译稿"专心致志校编，前后凡三遍"，为译本与其会晤长谈 20 余次。

　　△　美国商务部长华莱士在华盛顿演说，重申对中国联合政府之希望，谓："除非有一统一和平之中国——建于该国各团体之合作，且居于不干涉政策之上，否则在中国之贸易，门户开放，以及经济发展机会，即为无意义。"

　　9 月 13 日　马歇尔由南京飞往牯岭，为和谈事八上庐山。

　　△　邯郸四万人集会，庆祝西北联军第三十八军成立，军长孔从周、副军长刘威诚宣誓就职，并发表就职通电，表示"今后将与八路军并肩团结，保卫人民利益而奋斗"。

　　△　下午，张平群以华语向联合国经济暨社会理事会与非官方团体交涉委员会议讲演，是为联合国开会以来首次应用华语，同时译成英、法、俄、西等语。

　　△　日本战犯酒井隆经国防部审判战犯军事法庭 8 月 27 日判处死刑，是日在南京雨花台枪决。

　　9 月 14 日　周恩来致马歇尔备忘录，内称"最近反共战争正如火如荼之际，美国政府与国民党政府又订约，让售价值 8.25 亿美元之剩余物资与设备，这种火上加油的办法，不能不使中国人民感到极〈大〉的不安和愤怒"。"受命代表中国共产党及解放区 1.4 亿人民，对此项交易，经过阁下向美国政府提出正式抗议"，并要求美国政府立即冻结援蒋物资。

　　△　周恩来与司徒雷登会谈。周坚持要政府保证,中共和民盟在国府委员会中有 14 票;坚持要政府早日发布停战命令。如果做不到,就没有必要召开非正式五人小组会议。

　　△　国民政府令:军事委员会委员长西昌行辕着改为西昌警备司令部,隶属于国民政府主席重庆行辕;特派贺国光为国民政府主席重庆行辕副主任兼西昌警备司令;特派傅秉常为中国出席莫斯科国际电信预备会议代表团团长。

　　△　三民主义青年团第二届干事、监事会议选举陈诚为书记长,袁守谦、郑彦棻为副书记长,陈诚、李蒸、张其昀、贺衷寒、赵仲容、何浩若、郑彦棻、袁守谦、黄少谷、黄宇人、倪文亚、蒋经国、程思远、何联奎、汤如炎 15 人为常务干事。谭平山、朱经农、朱光潜、刘健群、李曼瑰为常务监事。

　　△　司徒雷登在京对记者谈,其对目前局势甚为焦虑,"余与马帅抱有同一意见,即先自政治问题着手,而后解决军事问题"。

　　△　第十二战区傅作义部暂三军、新三十一师、骑兵第十一、十四纵队、第三十五军及骑四师向集宁发动全面进攻,在空军协助下,攻占集宁城。中共军贺龙部向东退走。

　　△　立法院会议提议,建议最高国防会议令行政院转饬各级政府及各级军事机关,不得禁止有关政论学术思想刊物之发行。

　　△　陈纳德离庐山飞上海,其组织空运机构运送"行总"救济物资事已与蒋介石谈妥。

　　△　中共东北解放区之日侨除安东外,全部遣返完毕,共遣送 20 余万人。

　　△　香港英当局发言人发表谈话,否认九龙为中国领土及中国在该地区行使治权。16 日,外交部两广特派员郭德华会见港督杨慕琦爵士,声明中国不放弃条约权益,得在九龙设治。

　　△　汉奸梅思平经首都高等法院判处死刑,是日在南京首都监狱

刑场枪决。按：梅历任汪伪政府组织部长、工商部长、内政部长、浙江省长等职。

9 月 15 日　马歇尔与蒋介石在牯岭会谈，马转述周恩来对 10 日备忘录的意见。蒋表示，一旦五人小组对国府委员会作出达成协议的表示，就召开三人小组会议。关于国民大会，中共应提交他们的代表名单。

△　中共代表团首席代表周恩来致马歇尔函称，自停战令生效以来，政府方面违令调动 180 个师（旅），进攻解放区的军队已占政府军总数的 85％，"规模之大，乃为二十年来内战所无"。美国政府又以价值 11.25 亿美元的物资让售国民政府，助其内战。鉴于目前情况，请马歇尔"立即召开三人会议，商讨停战问题"，"愈早愈好"。

△　中国出席巴黎和会代表团团长王世杰外长返回南京。王对记者谈，此次和会较上次和会公道，英、美均声明不向战败国索取赔款。我国虽然蒙受战争之巨大损失，始终亦未提赔款问题。和会"原则上处理军事问题较为严格，处理政治及经济问题较为宽大"。

△　晚，围攻大同之中共军开始撤退。16 日晨，大同国民党军攻占外围据点八处。

△　郑州绥靖公署主任刘峙因指挥陇海路中段作战惨败，损失军队八个旅，被蒋介石撤职，由顾祝同到郑州接替刘的职务。

△　秦皇岛和塘沽之间煤矿和铁路桥梁的美海军陆战队的防务开始由国民党军接替。30 日，移交全部结束。

△　海内洪门组织民治建国会在上海成立，林有民、许君武、刘澄宇、刘惠民等为主席团。大会发表宣言，谓该会"以为恢复民族固有道德，以完成社会建设，光大民族文化遗产，以树立建国风尚，实为确立民治基础迈进宪政阶段之先决条件"。

△　青年党主席曾琦在长春对记者谈，"今日最关紧要者，为民主政治之实现，而民主政治取决多数，所有问题，均可于国会或以国民总投票方式决定之"。"目前吾人当致力者，实为宪法之制定，使民主政治

得以确立"。

9月16日 马歇尔与蒋介石在牯岭会谈,蒋坚持必须司徒雷登为首的五人小组会议已经召开,并对达成组织国府委员会的基本原则作出某种表示,他才授权政府代表参加三人小组会议。马就国府委员会席位问题建议,中共九名,两个少数党各四名,无党派三名。蒋表示同意。

△ 周恩来由京飞沪,并在沪致马歇尔函,谓因事须赴沪,有事请与廖承志、王炳南联系,三人会议一经决定召开,即可返宁。

△ 国民政府令:"各地国民政府主席行辕应直隶国民政府。"

△ 中共中央革命军事委员会发出毛泽东起草的《集中优势兵力,各个歼灭敌人》的党内指示,指示不论在战役或战术的部署均得"必须集中绝对优势兵力","消灭敌人"。

△ 监察院长于右任在京中枢纪念周报告视察新疆观感,谓新疆"各族均爱好音乐",新疆400万人口中,维吾尔族占大多数,其次是哈萨克,乌孜别克,其余俱为少数,汉族为少数之少数。

△ 被国民党收编的伪军吴化文部攻占山东济宁。

△ 湖北省府在汉口中山公园举行焚毒大会,焚烧接收敌伪物资委员会所存烟土4.8856万两,吗啡2174两,烟具1753件,共值110亿元以上。

△ 上海市参议会通过《请政府积极进行交涉收回香港、九龙、澳门及其他因不平等条约割让与租借之土地,以维持土地领权之完整案》。

△ 冀高检处宣布伪新民会创办人、副会长张燕卿无罪释放。按:伪新民会创办人中,张与缪斌齐名,缪已由江苏高院判处死刑枪决。

△ 京杭国道正式通车。

△ 陈诚在沈阳召集军事会议,布置东北内战。国民党军东北前线高级将领新一军军长孙立人、新六军军长廖耀湘、第十三军军长石觉、第五十二军军长赵公武以及东北保安司令部副司令长官梁华盛、第

一集团军总司令孙渡等出席。

9月17日　马歇尔与蒋介石在牯岭会谈,蒋明确表示:缔结停止冲突的协定是他迫使共产党指派其出席国民大会代表的最后王牌。他要利用战争的继续来确保参加国民大会的所有政党提出代表名单。

△　苏北绥靖军钟纪第七军、张灵甫整七十四师攻占苏北淮阴县城西门,中共军第五纵队、新六师、第七师增援淮阴,战况异常激烈。19日,中共军全部撤离淮阴,退往涟水。

△　青年党主席曾琦在长春向中央社记者发表三点书面意见:一、吾人应提高民族自信心;二、国家未统一,内战未休止之原因在于团结力不足;三、国家长此乱而不治,势将招致外侮,切望国人提高警觉。"救国之道,法治为先",只要"政协决议之宪草原则通过于国民大会",和平统一不难实现。

△　陈纳德在沪对中外记者谈来华组织空中运输队协助"行总"运输之情况,该队本四原则工作:一、给灾区人民交通之便利,早归故里;二、协助灾区重建;三、为灾区运赈粮;四、改进交通,提高中国人民生活水平。预计每月运输救灾物资1000吨。

9月18日　国民政府令:民国三十年(1941)上期以前各年田赋旧欠,着一律豁免。

△　外交部长王世杰在京对中外记者谈中国对外政策,凡与我国缔结商约之国家,在互惠原则下,我国仍门户开放,欢迎外国输入资本技术。中国抗战最久,损失最大,日本赔偿之资产,应得优越之比例。

△　苏浙皖区敌伪产业处理局秘书处主任秘书沈冠亚向上海市参议会报告该局工作概况后,各参议员群起质问,认为过去接收工作毫无成绩,处理不当,反而成为剥削人民的机构。

△　"联总"远东区会议在沪召开,蒋廷黻任主席,讨论"行总"之交通运输及欧籍难民之遣撤问题。欧籍在华难民约15万人,仅遣返820人。"联总"运华物资已达100万吨,"行总"运输速率必须与之相合。

△　中国国民外交会上海分会秘书长汪竹一向记者称,该会对

港府发言人否认九龙仍为中国领土及中国目前在该区不得行使治权一事,表示愤慨。该会除呈报总会转请政府予严重交涉,使早日收回九龙租界以维护主权而彰正义外,刻正草拟大纲,交付讨论,以期获得结论。

9 月 19 日　中共中央发言人对记者谈,中央已训令驻南京代表团要求马歇尔将军冻结美、蒋最近成交的"剩余物资"。美国对华贷款和"租借物资"已达 28 亿美元,此巨款"除用于内战及供国民党官吏贪污外,未闻作任何建设之用"。

△　周恩来在沪对联合社记者谈,"本人暂已退出南京政治谈判,不再与政府及美国代表进行无意义之磋商,此项磋商,殆为掩饰中国内战情形"。"除非蒋主席同意重开军事三人小组会议,本人将不返南京"。

△　马歇尔致周恩来函,内称已将 15 日函中的建议转告蒋介石,蒋表示"在举行以司徒博士为首的五人小组会议,并且对有关国府委员会组织的协议获致若干进展之前,将不授权三人会议的政府代表出席会议。"

△　马歇尔与司徒雷登会商时局,力谋打开沉闷之僵局。司、马会谈后,司徒氏对记者谈,"吾正等候周恩来返京,仍盼非正式五人小组会可以召开"。

△　俞大维会晤马歇尔,就美国停止装备中国空军,问询美国国务院拒绝对向中国出口的弹药核发必需的出口证一事。马答,这是美国高级官员发出的一项政策决定的结果。

△　行政院公布《军粮计核委员会组织规程》,为全国军粮拨购协调,特于中央及主席行辕(绥靖公署、战区)分设军粮计核委员会。由参谋总长任主任委员,粮食部长及次长二人、财政部长及次长二人、国防部次长一人、联合勤务总司令、交通、农林二部次长各一人为委员。

△　行政院公布《行政院各部、会、署及各省、市政府派遣人员出国考察或实习办法》。

　　△　第十二战区傅作义部 16 日自集宁分两路南进,是日,一路攻占凉城,一路攻占丰镇。

　　9 月 20 日　第十二战区司令长官傅作义在绥远致毛泽东长电,劝中共放下武器,促成宪政。表示:"只要毛先生参加政府,以政府一员的资格保荐贺龙或你们任何一位先生接替我现在的职位,我不仅首先衷心欢迎,并愿尽力促成。你们如果不嫌的话,我自己愿在毛先生部下,当一个最低级的职员,而绝对忠实地服从你。"

　　△　中国民主同盟马来亚霹雳分部盟员大会主席王廷俊电中共中央主席毛泽东,吁请竭力避免军事冲突,以和平方式达成联合政府。10 月 8 日,毛复电,略谓本党以和平民主与独立为奋斗目标,但国民党好战分子持有美国外援,坚持独裁和内战,"希海外侨胞诸贤达再接再厉,为祖国之和平民主独立而努力,敝党亦本此方针,奋斗到底"。

　　△　周福成第五十三军与石觉第十三军会同攻占冀东中共军最后据点兴隆县城。

　　△　胡琏整十一师攻占鲁西菏泽县城,八路军晋冀鲁豫军区刘伯承部退往巨野。

　　△　新任英国太平洋舰队总司令包毅德中将及第十九驱逐舰队队长蒲斯莱上校分乘巡洋舰"贝尔法斯蒂号"及驱逐舰"特拉法尔加号"来华首次访问,抵南京下关。同日,包毅德分别拜会马歇尔、王世杰、白崇禧等。

　　9 月 21 日　周恩来在上海接阅马歇尔 19 日的备忘录,得知蒋介石提出须在非正式五人小组商谈组织国府委员会确有进展之后才能召开三人会议,即致马歇尔备忘录,谓解决严重局势的中心在于停战,停战的惟一合法机构是三人会议,要求立即召开。指出,改组政府并不复杂,只需同意中共及民盟在国府委员会中占 14 席,以保证政协共同纲领不变即可。蒋介石则称,"共产党所切望者在停战,而其所不愿者在参加国民大会;至于参加政府,则不过为其夺取政权之一种手段而已。此乃共党对我政府之策略也。而其最大关键乃在反对美国之调解,此成为苏俄之授意耳。故我军收复张家口以后,可宣布停战十日,由马歇尔电共党商谈"。

△ 国民政府公布《证券交易税条例》,凡八条,规定各种有价证券,万元以下者,按万元计,现货交易,征万分之五,交易期在七日以内者,征万分之十五,逾七日者,征万分之二十,政府公债,现货免征,七日内征万分之五,逾七日者征万分之十。同日明令废止《交易所交易税条例》。

△ 内政部公布《国民身份证实施暨公务员首先领发办法》。国民身份证中央及省级公务员于本年10月办完,省会及省辖市民国三十六年内办完,各县由省政府统筹规划。

△ 第十二战区傅作义部与大同守军楚溪春部在大同北面得胜堡会合,中共军从大同外围全部撤退,自8月初开始的大同之战全部结束。同日,傅作义部主力向张家口攻击前进。

△ 第十一战区孙连仲部李正先第十六军、牟廷芳第九十四军分别由怀柔沿永宁赤城及平绥路向张家口推进。

△ 攻占淮阴的国民党军沿运河东岸南进,与新四军激战,是晚攻占淮安。中共军退往涟水。

9月22日 蒋介石由江西省府主席王陵基及皖赣监察使陈肇英陪同巡视南昌第六军官总队及中正大学,分别对军人、学生训话,勉其为建国多作贡献。随后游北坛故居,凭眺赣江景色。

△ 周恩来在沪对记者称,大规模内战正在全国进行,国民党军以其257个师中的206个师,即170万人进攻解放区,1月至8月,攻击达6000次。6月《东北停战协定》满期至8月下旬,国民党军死伤已达20万人。

△ 马歇尔向俞大维递交周恩来21日致马备忘录抄本,并就该备忘录所提问题进行讨论。马强调他不会采取任何行动去支持国民政府的军事行动,他过去愿意从事于种种方案,仅仅是因为这些方案是为人民利益考虑的。

△ 中共代表王炳南会晤马歇尔,面交周恩来要求全面停战,立即召开三人小组会议的备忘录,并告以如政府不允停战,中共将公开宣布谈判的经过情形,以明内战的责任属谁。马表示待细读后,再与政府方面商讨。王辞出后对记者谈,此为中共第二次提出召开三人小组会议,亦系最后一次要求。

△ 中共中央决定,山东野战军和华中野战军两个指挥部合并。

△ 《中央日报》报道,广东省府奉命在中国南海西沙群岛上设置卫戍,并实行探测资源。

△ 苏浙皖接收敌伪物资工作清查团团长张知本在沪向各界代表报告两月工作情形后,谈感想三点:一、政府接收处理政策失当;二、接收机构众多,组织散漫,致形成骚扰凌乱;三、处理工作迟缓,接收物资,或隐匿盗卖,或腐烂,未能充分利用。工厂停闭、生产衰落,物价腾贵,人民生活不堪其苦。

△ 青年党主席曾琦在天津国民党党部谈,蒋介石结束训政之决心甚值称颂,只有制宪行宪,乱源才可廓清。"青年党为非武装政党,不擅破坏,凡以国家为重者,应同时猛醒"。

△ 资源委员会主任委员钱昌照等一行完成东北厂矿之视察工作,在沈阳对记者谈复兴东北工业规划,先成立东北电力局、抚顺矿务局、阜新煤矿公司等 15 个工矿公司。

△ 中国考政学会第六届年会在京召开,戴季陶、周钟岳、陈立夫等 400 余会员出席会议。蒋介石颁训词,勉其努力研究"如何贯彻考试权能,健全人事制度,使全国行政不受政治竞争之影响,而能于安定中求不断进步"。

△ 王敬久部新第二十一旅攻占鲁西金乡城。中共军退往巨野方面。

9 月 23 日 南昌各界群众 10 万人集会欢迎蒋介石,蒋在大会上致词,谓:北伐,南昌是第一个前进根据地。剿匪,信仰政府,保乡保国。抗战,江西是抗战胜利的发祥地。新生活运动亦发祥于江西。"期望三年之内,建设江西成模范省"。

　　△ 蒋介石在南昌招待中外来宾,并致词,略谓:"建设事业,必须由小而大,由近及远。江西之建设,应自南昌始,全国之建设,应自江西始。"并表示相信三五年内,江西必成为全国之模范省。

　　△ "国大代表国选事务所"致函驻京各派代表处,催其速提国大代表名单。中共代表团发言人表示,内战犹在扩大中,此举完全推翻政协决议,系国民党单方决定,"所以中共仍如过去所声明的,对此不受任何约束"。

　　△ 中共代表团发言人王炳南称,"中共军队在全国采取大规模游击战术,除哈尔滨及张家口两地外,中共将放弃一切据点"。

　　△ 国民政府令:陆军上将衔杨森、刘建绪、黄旭初、罗卓英、李品仙、卢汉应予停役;陆军中将谷正伦、王懋功、刘多荃、万耀煌、刘茂恩、王东原、李扬敬等27员应予停役;陆军少将职田齐等18员应予停役。

　　△ 上海人民世界和平促进会、民主建国会、中国国际人权保障会、全国文艺协会、中国基督教妇女节制会、上海妇女联合会、中国农村经济研究会、经济事业协进会等10余团体为响应美国人民发起的"退出中国周"运动,组织发起"美军退出中国"运动,并发表正式声明:要求美国政府立即撤退驻华美军,并撤销一切足以助长内战的对国民党政府的援助。

　　△ 国民党中常委兼广播事业指导委员会主任委员陈立夫在中央广播电台作题为《我们大家应为民族健康努力》的讲话,号召注重健身运动,促进民族健康,全国厉行防疫,减少疾病死亡。

　　△ 上海《文汇报》报道,内战加深经济危机,国民政府月支达一万亿元,而月收入仅1750亿元,8250亿元依靠发行钞票弥补。

　　△ 第十二战区副司令长官兼东北挺进军总司令马占山调任东北保安副司令长官。

　　△ 苏联代表葛罗米柯向安理会提请注意中国时局,谓美国海军陆战队留在中国,所造成之局面或可引起国际摩擦。并援引中国名人

多人促使美国停止干涉中国内务之呼吁为证。同时请安理会对此予以讨论。24 日,安理会以七票对二票否决了苏联代表的提案。

9 月 24 日　蒋介石离南昌飞赣州巡视新赣南建设,赣省府主席王陵基及前任赣南专员多年的蒋经国等随行。蒋介石在赣州凭吊王阳明遗址,参观儿童新村及正气中学,在八井台观看章、贡二江合流处。

△　中共代表王炳南在京对记者谈,延安方面不坚持"无条件停战",主张由三人小组速商停战办法。"如果须在和平之后,美国方始援助政府,则美国有力量可使局势好转"。

△　中共军陈赓太岳纵队在晋南浮山将第一战区胡宗南部美械装备精锐第一师第一旅围歼,生俘中将旅长黄正成以下官兵 2500 余人。

△　出席安理会的中国副代表夏晋麟声明,反对苏联代表葛罗米柯 23 日之提案,谓"美军驻在华北,旨在完成某项使命,并协助中国政府以减轻处理战败敌国之若干责任",此项任务何时完成,应由中美两国政府决定。美军在华,从未干涉中国内政。宋庆龄等人抗议美军驻华,乃自由国家中人民常有的批评与反对的事项。

△　国民政府公布《标准法》,该法包括各种单位名称、定义、符号及常数,各种品质及尺度标准,各种试验法标准,各种关系互换性标准,各种安全标准及其他应遵守之标准。

△　北平军调部美方代表罗伯逊飞京,分访马歇尔、司徒雷登,讨论军调部事宜。25 日,罗伯逊对记者谈:"执行小组有退出危险区域者,因彼等显已不能遏止战争",但其否认放弃调停任务。同日,罗伯逊返平。

△　上海市首届参议会闭幕,并发表《大会宣言》,称该次会议所通过之决议,将取严格立场监督市政府执行,尽到 400 万上海中外市民喉舌之义务,尤望人民督促匡助,以期其成。

△　青年党主席曾琦在国民党北平市党部谈,该党之主张为"国家主义,民主政治,社会政策",其特性为"建设性,独立性,综合性"。

△　民盟在重庆出版之机关报《民主报》被国民党当局强迫停刊。

　　△　驻华北美海军陆战队全部集中于北平、天津、塘沽、北戴河、秦皇岛、青岛,该部总数已减到 1.4367 万人。

　　9 月 25 日　外交部次长刘锴在京对中外记者就苏联代表葛罗米柯在安理会所提及的美军驻华事发表声明:美国海军陆战队驻华协助遣送日本人民,本其为中国战区同盟国一员之义务,亦为中国政府所许可,吾人并未看出美军驻华将如何引起国际摩擦。

　　△　国民党中宣部长彭学沛在京答中外记者称:"中共叫嚷停战,政府更希望停战。但政府所希望者,为真正之停战,而非一时策略之停战。""苟不实行整军协定,确定共军驻扎地带,则冲突必停而复起",目前"所谓冲突全面化,实中共宣传,实际上,除热察区域外,其他冲突,几近中止"。

　　△　国民党中央执行委员会通令全党,谓本年 10 月 31 日为中国国民党总裁蒋介石六十大寿辰,蒋以国家多难,毋事铺张庆祝。"届时除文字致敬外,不必举行任何仪式"。

　　△　发起组织"美军退出中国"运动的上海 10 团体聚会决议:一、"美军退出中国"运动,在中国不应有时间限制,直到美军退完为止;二、电联合国安理会,请注意中国局势发展,促美军退出;三、向美国"政治行动委员会"等团体致电致意。

　　△　东北行辕主任熊式辉在沈阳召集东北九省府主席开会,商讨当前局势。

　　△　皖省府主席李品仙到沪筹募救皖灾款,李对记者谈,皖东北 10 余县灾民 400 余万在死亡线上挣扎,黄泛区 20 余县被水淹田 400 余万亩,损失粮食达 600 余万石、房屋 10 余万间。全省无一县无灾,吁请各界赈济。

　　△　中央各军事学校毕业生调查处上海办事处主任宣铁吾派副主任韩城代其慰问谢元晋团长夫人,向谢夫人宣读蒋介石电谕:一、发抚恤金一次;二、谢之遗族送遗族学校;三、上海孤军有证明者,军官送军官总队训练后另委,士兵送往各部队,晋升为副排长;四、派宣铁吾慰问

谢团长夫人及部属。谢夫人说,谢团现存 200 余人,流浪于各地,在沪者仅 18 人,以擦皮鞋、卖毛巾为生。

　　△　民治党中央电国民政府,要求国内和平统一,保障华侨回国投资建设,国内各党派协商,从速召开国民大会,制定宪法,实行民主政治。

　　△　英国太平洋舰队司令包毅德离京抵沪,对记者谈称:"英国海军界将尽力协助中国海军之重建",其在京期间,与白崇禧、桂永清等商讨了中国派海军赴英训练问题。英政府以巡洋舰一、驱逐舰一、炮舰一、潜舰二、汽艇八艘让予中国海军。

　　9 月 26 日　蒋介石自赣州飞抵南京。

　　△　国民政府任命桂永清为海军副总司令,兼代海军总司令。

　　△　马歇尔、司徒雷登致周恩来备忘录,谓"目前情势继续下去,对于中国将产生灾难性的后果",催周"立即回南京,以便我们可以共同为着寻求达到的目标,探求一切可以想像得到的办法"。

　　△　国民政府文官长吴鼎昌在京对法新社记者谈,日军遣送完毕,美军当然全部从华撤走。政府从未拒开三人小组会议,因召开无济于事,所以至今未开。共军须按政府要求撤退,并取消退出区域之中共地方组织,停战令才能有效。

　　△　外交部长王世杰与加拿大驻华大使欧德澜在京签订《中加通商暂行办法》。

　　△　教育部长朱家骅在京对记者谈中国教育新计划,本年大学生人数在 3.5 万以上,小学教师 60 万人,其中师范毕业者仅 40%,中学教师 50%不合格,急需设师范学校,大量造就师资。专科以上学校设夜校,但并非正式学校。

　　△　中共晋察冀中央局向边区军民发出号召,蒋介石对解放区的进攻日益扩大,蒋军正沿平绥路两面向张家口进攻,边区军民应紧急动员起来,进行全线自卫反击。粉碎蒋军进攻。

　　△　暂第三军孙殿英部在豫北向浚县、滑县的八路军进攻。27 日

攻占浚县。29 日攻占滑县。八路军退往濮阳。

9 月 27 日　马歇尔与蒋介石在京会谈,就召三人小组会议、五人小组会议及达成停战协定等问题交换意见。蒋希望马能提供有益的建议,马歇尔当即拿出一份代蒋草拟的声明,详述停战条件,强调政府在目前的谈判中应取容让的精神和谨慎的态度。晚,蒋告诉司徒雷登,表示赞同是项声明,但须作修改再发表。

　△　周恩来在沪致马歇尔、司徒雷登备忘录,谓目前局势恶劣与严重,其并非不欲回京共商停战办法,惟因政府当局不仅无停战表示,更加紧了对张家口、哈尔滨、安东、苏北等地的军事攻势。回京作一般商谈无益,徒骗人民,而为政府放手大打之烟幕,"故宁留上海以待三人会议之召开"。

　△　国民党中央党部秘书长吴铁城在京对合众社记者谈,上海各界发动的"美军退出中国周"运动,为"上海一小部分同情共产党者所策动","美军战后驻留中国,是经中国政府许可的",对美军驻华,他表示感激。

　△　美国政府发言人对记者谈,美军驻华总数不过两万五六千人,"目前如撤退美军,则共军必将截断交通线,割断上海与华南之煤炭供应"。美军在华"尽量严守中立"。

　△　马歇尔宣布,美驻华负责经济方面之公使,军调部美方委员罗伯逊将退休回国,其遗职由吉伦中将继任。

　△　军调部三委员获致协议,撤退徐州第二十四小组,张家口第二十五小组,济南第二十七小组,宜阳第二十九小组,枣庄第二十二小组,朝阳第二十六小组。

　△　朱家骅在京对记者谈,青年失学问题严重,教育部拟尽量扩充原专科以上学校,中小学校则推行二部制,使一校作两校用。目前专科以上学校共 182 所,其国立者 71 所,省立者 45 所,私立者 67 所。全国专科以上学生 12 万人(东北、台湾在外),中学生 116.3 万人,小学生 1860.22 万人。

△　自中原突围的王震所部第三五九旅抵达延安,受到延安人民热烈欢迎。

△　傅作义部孙兰峰骑兵集团军攻占兴和,继向张家口攻击前进。

△　美国争取和平委员会宣布,请求杜鲁门总统立即撤退驻华美军及停止片面援助蒋介石政府之请愿书,已有 40 万人签名。

9 月 28 日　周恩来、董必武、吴玉章、陆定一、邓颖超致电张厉生,表明:政府方面擅自定开国大,在未经协商前,中共方面不能提出国大代表名单。

△　立法院通过《兵役法草案》,凡 35 条,共分 10 章。规定"中华民国男子依法皆有服兵役之义务","自年满十八岁之翌年 1 月 1 日至届满四十五岁之年 12 月 31 日除役"。"适龄女子,平时得施以相当军事、辅助勤务教育,战时得征集服任军事、辅务勤务"。

△　参谋总长陈诚偕代陆军总司令汤恩伯、第一绥靖区司令官李默庵等巡视苏北南通。30 日,返回南京。

△　上海《中央日报》记者分访外交耆宿王宠惠、王正廷、颜惠庆,向其征询美军从华撤退之意见。颜谈:"在原则上,美国撤退在华驻军是当然的。"王宠惠认为:"美军驻华,是协助中国,是好意,一俟完成任务。随时可以撤退,不必担心。"王正廷说:"美军驻华,是政府外交的问题。"

△　美国争取和平委员会向报界发表声明:"美国 35 个城市所召开 45 万人的大会,已致电杜鲁门,要求马上从中国撤退美军。"

9 月 29 日　蒋介石通知马歇尔,在发布停战令前,三人小组应为军队的复员和整编达成部队重新配置的协议,五人小组亦应达成协议。并请马向中共转达,他表示赞成同时召开三人小组和五人小组会议。马认为这种建议不能导致问题的解决,不愿替蒋向中共转达这种口信。

△　中共驻南京代表董必武、王炳南访马歇尔,商议五人小组和三人小组同时召开会议的问题。马认为此项建议已向蒋介石提出,但未得到蒋的明确答复,无法进行讨论。马对在调解中所遭到国共双方攻

击的苦衷作了很长的解释。董说："共产党是信任你在调解中的努
力的。"

　　△　邱清泉第五军、胡琏整第十一师由菏泽向巨野进攻,刘伯承指
挥晋冀鲁豫野战军第二、三、六、七纵队在巨野的龙堌集、张凤集一线进
行运动防御。第三、六、七纵队在张凤集激战五天,二纵坚守龙堌集11
昼夜,邱、胡两军的进攻被击退。

　　△　孙连仲指挥第十一战区三个军,傅作义指挥十二战区两个军、
两个集团军,杜韦明指挥东北保安军三个军,分三路于凌晨2时向中共
察哈尔和晋察冀边区首府张家口市发动大举进攻。

　　△　八路军在国民党军向张家口市进攻19个小时后,即向平汉铁
路北段发动进攻。经12小时激战,平汉路被截断。至30日,八路军攻
占望都、徐水两城及望都、王京、清风店等10余车站集镇,炸毁唐河、沙
河、拒马河、漕河、徐水河等铁桥,迫近保定、定兴城下。

　　△　蒋介石电第八集团司令楚溪春,嘉勉其完成保卫大同之使命。
并犒赏全体官兵1000万元。

　　△　中共中央主席毛泽东在延安对纽约《先驱报》驻华记者斯蒂尔
谈时局问题。谓："美国政府的政策是在借所谓'调解'作掩护,以便从
各方面加强蒋介石,并经过蒋介石的屠杀政策,压迫中国民主力量,使
中国在实际上变为美国的殖民地。"如美国放弃片面援蒋政策,撤退在
华美军,中国内战必能早日结束。

　　9月30日　周恩来致马歇尔备忘录,声明："如果国民党不立即停
止对张家口及其周围的军事行动,中共不能不认为政府业已公然宣告
全面破裂,并已放弃政治解决之方针,其因此造成的一切严重后果,当
然全部责任均由政府方面负之。"并请马转告政府方面。

　　△　中共代表团致蒋介石函,内称自六月休战谈判中断以来,政府
大举在关内进攻,现又以三路大军进攻中共解放区的政治军事中心之
一的张家口。该团受命声明："如果政府不立即停止对张家口及其周围
的一切军事行动,中共不能不认为政府业已公然宣告全面破裂,并已最

后放弃政治解决的方针，其因此产生的一切严重后果，当然全部责任均由政府方面负之。"

△　民盟政协代表张澜等九人联名电蒋介石，略谓国共两党正在进行中国历史上之空前内战，不可能在此刻讨论制宪大业。"国家必须立即终止内战，立即恢复和平，而后举行全国拥护之国民大会"，否则，民盟不仅不参加 11 月 12 日召开的国民大会，"且将呼吁国人共起反对而制止之"。

△　行政院长宋子文发表声明：根据国际货币基金协定之规定，我国可以无需在本年底宣布其法币外汇价值，因为凡曾由敌人军事占领之各国均可予以此种豁免之规定。

△　中共驻京代表团正式通知政府当局，拒绝参加 11 月 12 日召开的国民大会，因开会日期非政协综合小组规定。

△　蒋介石邀请于右任、戴季陶、孙科、宋子文、邵力子、吴鼎昌、吴铁城、陈果夫、白崇禧、陈立夫、王世杰、张厉生、陈布雷、梁寒操、王云五、彭学沛商谈时局，政府方面对三人小组、五人小组同时召开予以考虑。同日，蒋告知马歇尔，他此时不发表任何有关三人小组和五人小组同时开会的声明。

△　俞大维与马歇尔会谈，讨论政府同意参加三人小组、五人小组会议之条件，俞重申局势之关键是中共部队各师的驻地问题。马指出，如果会议确实进入僵局，他的使命就完结了。

△　司徒雷登与五人小组的政府成员吴铁城、张厉生会谈，司徒指出，局势不能令人容忍，如果这种局势继续下去，他和马歇尔将不能继续在谈判中充任一方。美国甚至可能退出调停，并撤销对中国的其他支援。

△　八路军冀中、冀晋、冀察三军区为全线出击平汉铁路北段发表声明，谓此举乃为对蒋介石进攻张家口暴行之报复，并表示："决心继续不断以英勇战斗的胜利响应中共晋察冀中央局全线自卫反击的号召，与边区及全国人民一起，粉碎蒋介石的进攻。"

△ 第二绥靖区调集夏楚中第二十集团军于胶济路东段向八路军胶东军区许世友部发动进攻。集结于潍县、坊子的李弥第八军为西路军,沿胶济线北侧及烟(台)潍(县)公路向东推进。以阙汉骞第五十四军为东路军,从集结地兰村向西进攻。并以交警第一、三、五、十、十二、十五总队及暂十二师协同作战。

△ 内政部令:"在国民身份证未制发前,各县、市居民出行请求发给证件者,得由县、市政府发给通行证。"

△ 台湾致敬团代表邱念台等10余人谒见蒋介石,敬献"国族干城"锦旗一面。另献金5000万元,以慰劳阵亡将士之家族。

△ 军调部张家口第五执行小组美方及政府方面的代表分乘六架飞机返回北平。

△ 苏浙皖区接收敌伪物资清查团工作结束。团长张知本在沪对记者谈称,经济部特派员接收之财物最混乱,上海"市政接收物资,一言以蔽之,是不清"。"此次接收工作混乱之症结所在,乃为接收物资,而未接收原始清册"。

△ 意大利总理加斯巴莱电外长王世杰,重申意大利自动放弃在华治外法权及租界,在友谊及相互信任的基础上建立两国关系。10月2日,王复电称,意大利在巴黎和约前自动放弃在华治外法权及租界,无任感纫,中国愿意与意大利建立友好关系。

10 月

10月1日 中共驻京代表董必武、王炳南向马歇尔递交周恩来9月30日致马备忘录。马表示,他"既不同意国民政府的行动方针,也不同意共产党的行动方针",局势差不多已经到了使他不能继续当调停人的地步了,但亦表示愿将周的备忘录与政府讨论,争取和平解决的可能性。

△ 马歇尔致蒋介石备忘录,说明他不同意政府和中共之目前行

动,并向蒋声明:"除非觅致协议的基础,以终止战争,而不是以建议和反建议更事拖延,我将向总统提议将我召回,美国政府亦终止其调处的努力。"

△ 宋子文向司徒雷登提出,政府希望在采取任何恢复谈判的行动之前,先夺取张家口。

△ 周恩来在沪对中外记者发表谈话,略谓全国正在进行"空前大规模的内战",参加内战的军队比抗战的军队增加了一倍多。九个月来,国民党军攻占解放区城市107座,村镇5000多。"全面内战的一切责任,都应由国民党政府担负"。美国的错误政策,助长了国民党进行大规模的内战。如果国民党军继续进攻张家口,美军继续驻华,中国的内战无法停止。

△ 中共晋察冀中央局、晋察冀军区及边区政府致电嘉勉平汉线自卫反击大捷之八路军,并饬:"再接再厉,继续扩大战果,把胜利的锋芒直指国民党反动派心脏。"同日,边区政府派民政处长柯庆施携款2000万元前往犒劳。

△ 上海参议会工商请愿团入京向国民党中央请愿,要求政府:一、调整银行业务;二、调剂农工商业资金;三、发展国际贸易;四、活泼沪市土地金融;五、补偿沪市抗战损失;六、解决煤荒。蒋介石允将此意见交有关部门负责人商讨后实施。

△ 新任军调部美方委员吉伦将军由沪飞平。

10月2日 国民政府对目前时局发表声明,公开答复中共备忘录所提的要求,略谓政府已赞成召开五人小组会议,亦准备召开三人小组会议,而中共不愿开会和谈,只要求无条件停战,"因此引起的一切后果,自当由中共完全负其责任"。"政府对解决时局可能让步之最大限度"为:一、政府同意国府委员中共八名,民盟四名,由中共荐无党派人士一名。但中共须即行提交国府委员名单及国大代表名单。二、切实实行整军方案,先行规定中共军18个师的驻地,并遵规定期限进入。如中共愿从速解决此二问题,并双方获致协议,政府立即宣布停止军事行动。

　　△　蒋介石致马歇尔备忘录,称:国民政府控制张家口对于国家的福利具有绝对重要性,中共如不退出,国军则以武力夺取该城。并提出,如中共同意,五人小组与三人小组同时召开会议;国府委员会名单为中共八名,民盟四名,中共可推荐一名无党派人士,共13名,中共应即提出国府委员和国大代表名单;迅速规定中共18个师的驻地,限期进入。则一俟张家口战斗结束,就颁布停战令。

　　△　国民政府任命梁华盛为吉林省府委员兼省府主席,原省府委员兼主席郑道儒免本兼各职。

　　△　国民政府特派李迪俊为政府宣慰荷属东印度华侨专使;派金问泗为中国出席世界贸易及就业会议准备委员会首席代表。

　　△　八路军在平汉线北段继续发动进攻,攻占容城。3日,攻占定兴。

　　△　中国中和党主席尤永昌由港到穗,尤对记者谈,该党历史已垂60年,为其父尤列所创立,党员分布海外,以南北美洲、马来亚、暹罗、安南为多,中央执行部设于香港九龙。其宗旨为在三民主义决策下,努力建设强大之中国。其最近主张为依期召开国民大会,制宪还政于民,任何政党绝对不许可有武力存在。

　　△　英《新闻记报》记者沈森在京向参政会秘书长邵力子递呈《英自由党致中国人民书》,内称:“英自由党认为强大及统一之中国,为持久之世界和平所不可缺者,故彼等对于中国达到此目标所作之努力,深怀同情之关切。”

　　△　英国太平洋舰队总司令包毅德抵青岛,视察中央海军训练团及留驻华北海军舰队。代理海军总司令桂永清亦飞往青岛。

　　10月3日　马歇尔与司徒雷登对目前严重局势两度会谈,马认为政府方面在利用美国的调处进行战争,应明确向政府指出,美国政府不能参与在可疑的不公正的行为里充任一方。

　　△　司徒雷登向中共代表团建议:一、同意国府委员名额为中共九名、民盟四名;二、提出国大代表名单;三、撤出苏北;四、撤离大同附近。

　　△　国民政府派宋子文兼行政院绥靖政务委员会主任委员,白崇禧兼任副主任委员,张厉生、俞鸿钧、王云五、徐堪、蒋梦麟、袁守谦、邓文仪、邱昌渭为委员,何浩若为秘书长。

　　△　中共发言人就政府声明对新华社记者谈,该声明避开进攻张家口,表明蒋介石对和谈决心破裂。国民党扩大征兵,却片面要求中共实行整军方案,是其要消灭民主力量的阴谋。"只有在 1 月 10 日停战令基础上的和平获得保证后",中共才能考虑参加政府与国大的问题。

　　△　孙科、吴铁城等国民党政协代表联名致函周恩来,希其即日返京,"继续商谈,俾和平团结能早日实现"。

　　△　马歇尔授权美大使馆正式发言人康纳斯向新闻界发表声明:"9 月 30 日中央社南京发表声明,大意为蒋介石委员长同意接受马歇尔将军三人小组与五人小组同时召开会议之建议。将该建议归之于马歇尔将军是不正确的。"

　　△　驻美大使顾维钧在旧金山对记者谈,上海部分团体"请求美军退出中国与美国停止对华援助,并不代表全体中国人民之意见","中国人民对美国的友好与正义援助,均感欢慰"。

　　△　青年党主席曾琦在京访司徒雷登大使,对其为中国和平统一之努力表示敬意。司徒答称,"劳而无功"。曾希望大使与马歇尔"续作最后之努力",青年党将以国内第三者协助和平统一之成功。

　　△　《中央日报》报道:自 1 月 13 日停战以来,林彪指挥 20 万兵力在东北进攻,陈毅指挥 15 万兵力在山东进攻,贺龙、刘伯承、韩均、聂荣臻指挥九万人在晋绥进攻,陈毅指挥兵力四万余在苏北进攻,贺龙指挥五万兵力在大同进攻。共军对国军总攻击达 4852 次,日军投降以来共军攻占县城 344 座。

　　△　延安《解放日报》发表题为《为实现一月停战协定及政协决议而斗争》的社论,强调如果要实现真正和平,必须双方军队恢复到 1 月 13 日停战时的位置并实行全部政协决议。

　　△　上海市长吴国桢召集面粉厂商开会,严格抑制面粉价格上涨,

厂方每天销售数须呈报社会局,所有存货本月 10 日前登记。如违法抬价,不但货物没收,且依法严惩。

10 月 4 日 马歇尔与蒋介石在京长谈。蒋表示不能改变用武力攻占张家口的立场。马最后说:"在我们的讨论中没有透露什么可以使我改变观点的事情,事实上,我愈益深信美国政府正被置于其公正行为成为疑问的地位。因此,我一定要向总统提议将我召回。"蒋对此"感到极为遗憾"。

△ 董必武、王炳南访马歇尔,声明中共所能同意之停战办法,即为恢复 1 月间的停战令的效力。国府委员中共与民盟必须占有 14 席,以便行使否决权。董强调,目前形势最严重的是政府无意停战和进攻张家口。

△ 民盟代表罗隆基、黄炎培、张君劢、章伯钧在沪向记者说明对时局之态度,民盟认为"军队必须国家化,绝不许党军存在"。民盟希望美国援华,但须以不参加中国内战和干涉内政为原则。假如国共各自召开国大,民盟反对这种分裂局面。

△ 石觉第十三军为配合傅作义、孙连仲两部对张家口的进攻,在热河自隆化、宁化分两路纵队向围场、多伦之中共军发动大举进攻。7 日,攻占围场。12 日,攻占多伦。13 日,攻占沽源。至此,热境大多被国民党军占据,热境战事暂告停顿。

△ 国民党军向苏北运河咽喉之重镇邵伯发动进攻,经两昼夜激战,6 日,攻占邵伯。

△ 上海各界代表 2000 余人开会追悼李公朴、闻一多。吴国桢、潘公展、沈钧儒、郭沫若、张君劢、罗隆基、邓颖超为主席团。周恩来率中共代表团工作人员出席。赵丹读祭文,史良、楚图南报告李、闻之事迹。邓颖超代周恩来宣读悼词:"时局极端险恶,人心异常悲愤。但此时此地,有何话可说?我谨以最虔诚的信念向殉道者默誓:心不死,志不绝,和平可期,民主有望,杀人者终必覆灭。"会后,周率中共代表团到墓地谒祭陶行知、邹韬奋、杨潮、刘光、鲁迅等。

△ 驻华北美海军陆战队总部宣布,塘沽西五里新河处美海军陆战队第一师之弹药库于 3 日晚遭约 200 名华人武装袭击,美军轻伤一人,华方死伤各一人,伤者被俘。6 日,美陆战队总部宣布,据被俘者供称,袭击该弹药库者为中共军某部所为。"彼等袭击之目的,乃欲夺取军器与弹药"。

10 月 5 日 马歇尔电杜鲁门总统及代理国务卿,谓由于共产党恶意的歪曲事实的宣传和攻击,国民政府的将领们扩大军事进攻,使其对中国和平的调处已告失败,要求终止使命,并立即将其召回。晚,蒋介石得知马请求召回消息,即会见司徒雷登,表示愿意停止进攻张家口五天,若美国调停人坚持,还可以延长,但共方必须立即参加五人小组和三人小组会议。当晚,司、马会谈,马再电国务院,请将召回电缓发。

△ 中共上海发言人陈家康驳斥国民政府 2 日声明,谓该声明并非让步,是又一次破坏政协决议的无理要求。

△ 国防部长白崇禧在京对合众社记者谈,国军进攻张家口,乃中共军包围大同之后果。"若共军早日解围大同,决无今日张垣之战"。并强调:"一地之停战,无济于事,政府要求全国永久停战,但此须共军履行整军方案,并将其军队移至规定区域。"

△ 蒋介石饬行政院拨款两亿元赈济大同。

△ 上海金融市场美钞价格暴涨,物价急剧波动。上海市府及中央银行洽定:取缔美钞黑市,并规定:一、经中央银行指定准备经营外币银号,对美钞买卖不得超过规定电汇定价的 5%;二、对旧券不得贬价或拒收;三、倘有巨额买户高价收买者,由该行向市府告密。同日,宋子文偕财政部长俞鸿钧赴沪,全力抑制市场波动。

△ 军调部四平街第二十八小组政府代表马俊之向中共代表张松涛提出抗议,要求中共军无条件从 3 日攻占的西丰退出,否则引起严重事件,由共军负完全责任。

10 月 6 日 蒋介石与马歇尔、司徒雷登长谈,讨论张家口地区休战事宜。蒋坚持停止冲突须视三人小组和五人小组会议情况而定。在马的坚持下,蒋同意对张家口的军事行动停止 10 天。蒋要求休战以司、马的建议宣布,而不由政府宣布。

　　△　马歇尔致司徒雷登备忘录,请转中共代表王炳南,司、马建议,蒋介石同意在下列条件下,对张家口的军事行动停止 10 天:一、休战的目的在于实行 10 月 2 日蒋介石备忘录中所提出的两项建议;二、由军调部执行小组在一切危险地点执行监督任务;三、停止进攻由司、马宣布,两党均不宣布。

　　△　马歇尔电告杜鲁门总统和代理国务卿,谓国共和谈局势有新的进展,请取消 5 日电中关于他要求结束在华调处使命并将他召回的部分。

　　△　马歇尔密电北平军调部美方工作人员,告以关于对张家口拟以休战的建议,令其制定必要的计划,但须在保密中进行。

　　△　董必武访梁漱溟,交换对时局之意见。会谈后梁对记者谈称,民盟坚持中共和民盟出席国大代表必须占四分之一,国府委员名额须占三分之一。

　　△　上海《新闻报》、《申报》、《大公报》、《正言报》、《益世报》、《前线日报》、《东南日报》、《民国日报》、《和平日报》、《侨声报》、《文汇报》、《立报》、《中华日报》、《中央日报》、《华美晚报》、《大晚报》、《大众夜报》、《新民晚报》、华东社、申时社、大光社、中央社、中国社等报社的军事新闻记者联名致沪淞警备司令宣铁吾公开信,要求给予采访便利,不要阻碍和封锁记者采访,使记者履行自由采访之天职。

　　10 月 7 日　司、马之关于张家口停战之新建议提交周恩来。同日,中共上海发言人陈家康发表声明:一、张家口只停战 10 天,是缓兵之计,决非真正停战。二、停战只谈蒋 10 月 2 日两项要求,是限期逼中共作城下之盟,并非平等商谈一切有关问题。三、所谓政府同意全面停战 10 天之说,更非事实。

　　△　邓颖超致函国际妇女会议罗斯福夫人、卡特夫人及与会代表,说明彼因国民政府不发护照,无理阻碍不能赴会。特向国际妇女领袖

们呼吁，请求"特别关切今天中国是一个怎样没有和平，只有进攻解放区的内战，没有民主，只有压迫人民的独裁国家。并给予中国人民所需要的和平民主以有效的支援"。

△　国民党军南北两路在鲁南临城近郊沙沟会合，被中共军围困达 11 个月之久的临城解围。

△　向张家口进攻的傅作义部攻占万全。8 日，攻占张北。

△　军调部长春前线指挥所政府代表朱戒吾上校致共方代表备忘录称，自 10 月 3 日以来，共军向东丰、西丰、朝阳镇、西安一带进攻，请速制止。8 日，政府首席代表邓为仁向中共代表提严重抗议，并声明：如中共不停止军事进攻，国军将采取自卫行动，其后果将由共方负责。

10 月 8 日　上午，蒋介石在国府先后接受意大利、多米尼加、秘鲁、丹麦新任驻华使节呈递国书。

△　马歇尔、司徒雷登发表联合声明，将周恩来 9 月 30 日备忘录、蒋介石 10 月 2 日备忘录、10 月 6 日马致司徒备忘录及中共 10 月 8 日口头答复中的要点逐一公布，但未作一字评论。

△　中共代表王炳南拜会司徒雷登，转达周恩来从上海转来的延安对张家口 10 天休战建议的口头答复：一、休战应无时间限制，除非政府军队撤至原来阵地；二、三人小组和五人小组会议应不限于讨论蒋介石 10 月 2 日所提出的两项问题；三、中共希望司、马阐明局势。

△　行政院长宋子文在京对记者发表谈话，略谓政府为打开和谈僵局，曾提出两个建议：一、由司徒大使召集非正式五人小组会议讨论政府改组，中共予以拒绝；二、同时召开三人小组和五人小组会议，中共未予答复。政府允张家口休战 10 天，讨论政治、军事之关键问题，又为中共拒绝。

△　中共驻沪发言人陈家康发表严正声明，指出马歇尔、司徒雷登联合声明及宋子文的谈话与 9 月 29 日政府军开始进攻张家口以来的实际谈判经过有出入。

△　董必武、王炳南与马歇尔、司徒雷登会谈。马表示"对共产党

目前的立场感到完全迷惑不解"。董解释说，"共产党希望国民政府全面停止对张家口的进攻，而不是十天休战"，"政府表示诚意的惟一途径，就是将它的军队撤回他们的原驻地"。马最后说："目前，我深恐在谈判中所尽的努力已告终结，这就是我必须要说的全部。"

△　立法院院长孙科在沪对记者谈时局，谓现在的和平空气仍未建立，"似乎还是武力高于一切"。强调在国大召开前，军事行动必须停止。"制宪工作，应由全国各党各派参加，大家一致遵守"。并指责政府财政主管当局的政策"颇有若干错误"。同时，亦认为美军在华并不对主权有多大的危害。

△　周恩来、孙科及民盟、青年党的代表在沪开会议定，派一个第三方面人员组成的代表团去南京，同政府商议和谈办法。10日，蒋介石托孙科转告代表团，表示欢迎进京。

△　东北国民党军攻占清源县。同日，国民党军攻占苏北高邮县城，打通了运河运输线。

△　中共晋察冀八路军在平汉路北段漕河站将欲打通平汉路的高德林暂第二十八军两个师9700余人全歼。

△　汪伪政府宣传部长、汉奸林柏生在南京老虎桥枪决。

△　由前英国国会议员、运输业权威鲍尔斯爵士率领的英国商业访华团一行12人抵沪。

10月9日　蒋介石在中央广播电台发表纪念国庆三十五周年讲话，略谓全国达到和平统一的途径，就是要军队国家化，政治民主化，各党派参加政府，出席"国大"。并强调"政府当务之急在保障统一"，"没有统一，就没有和平"。政府希望"全面的永久的停止冲突"，虽然"共党坚持成见，致商谈停顿"，但政府"绝不放弃和平商谈"。

△　周恩来致马歇尔备忘录，谓中共拒绝张家口休战原因为：一、中共、民盟在国府委员会中的14席位被变动；二、蒋介石要求立即将"国大"名单交给一党政府、违背政协决议；三、实施整军方案，不应只规定中共军驻地。并托马转告蒋："为表示最大诚意和让步，只有政府立

即无限期的停止进攻张家口,我方愿意参加三人小组会议和非正式五人小组。"

△ 中宣部长彭学沛在京对外国记者谈,中共拒绝改组政府之商议,又拒绝休战谈判,其目的在于阻碍国家统一。政府仍盼谈判继续,以和平解决。并强调"国大"不再延期,以免国人责难。

△ 马歇尔飞往上海,在吉伦将军驻地与周恩来会谈三小时,此为马访周之首次记录。周明确提出中共关于军事、政治之立场。军事:一、双方军队在关内应恢复 1 月 13 日的位置,在东北应恢复 6 月 7 日的位置;二、双方军队均应固定,直到整编时为止。政治:一、中共及民盟应在国府委员中占 14 席;二、行政院与国府同时改组;三、重新召集宪草委员会审议宪法草案;四、"国大"召开日期和代表席分配由政协综合小组决定;五、地方政府问题维持现状;六、释放政治犯,恢复 1 月以来取缔的报刊杂志、人民团体,取消秘密警察;七、严格实行军民分治。马声明:对周拒绝张家口休战表示遗憾,他的努力变为徒劳,中共已对他的公正立场不信任,他将退出谈判。同日,马返回南京。

△ 参谋总长陈诚在北平召集重要军事会议,与会者有:陆军总司令顾祝同、北平行辕主任李宗仁、保定绥靖主任孙连仲、张家口绥靖主任傅作义、第三十四集团军总司令李文及军、师长多人。陈诚宣读蒋介石手令,谓"国大"召集在即,为安定民心,鼓励士气,平汉路应于三个星期内打通。陈即向与会者征询意见,均面面相觑,明知不能不敢言否。惟李宗仁认为"以现有兵力,无此可能"。并当即用其个人名义向蒋介石电呈"以目前兵力,断难完成任务"。旋蒋复电准允"暂缓执行"。

△ 青年党主席曾琦对记者谈,国家要拨乱返治,期国十事:一、以宪政代训政;二、以议场代战场;三、以建议代破坏;四、以合作代斗争;五、以法治代人治;六、以廉洁代贪污;七、以进步代保守;八、以诚意代诈术;九、以和谐代暴戾;十、以互助代互毁。

△ 湘鄂赣区接收敌伪物资工作清查团工作结束。该团对其工作未期目的表示遗憾,认为物资分散,情形复杂,清查工作无法着手。"老

虎未捉到,苍蝇未打死"。

　　△　新任"行总"署长霍宝树在沪首次招待记者,谈改善救济工作之成败,一在于工作人员努力,一在于国际物资之数量。该署今后将加强组织,加速把物资运往重灾区。

　　△　英国援华联合会总会会长克利浦斯夫人来华访问,飞抵南京,宋美龄等到机场迎接,乐队奏中、英国歌。克利浦斯夫人声明:访华期间,"对英国援华募款所助设之各种事业,将予特别观察",并保证英国人民尽力协助中国。按:该会于1942年成立,援华募款达180.4823万英镑。

　　△　中国出席11月28日在巴黎举行的联合国教科文组织会议代表团人选,确定为朱家骅、赵元任、程天放、李书华、竺可桢,以朱家骅任首席代表。

　　△　美国外交当局表示,反对苏联将琉球群岛重归日本的建议,美国认为该群岛须归入中国版图,或将其交联合国委托管理,而由中国执掌行政事宜。

　　10月10日　国民政府公布《兵役法》,凡10章35条。自即日起,全国恢复征兵制度。凡18岁至45岁的男子,依法皆有服兵役之义务。

　　△　国民政府通告:国民党中常会决议,国民政府主席蒋介石"任期延至宪法实施后依法当选之总统就职日止",饬全国各机关一体知照。

　　△　蒋介石夫妇在京邀请政府要员及各国驻华使节、军事代表团与顾问举行国庆茶会。

　　△　空军伞兵总队在京明故宫机场举行大规模伞兵战斗检阅,表演枪炮、火箭等新式武器。蒋介石御戎装与白崇禧、陈诚及空军司令周至柔等检阅。到场观众数万人。

　　△　第三方面代表莫德惠、梁漱溟、陈启天、张君劢、余家菊、缪云台、罗隆基、李璜、章伯钧、左舜生联名提国共和谈建议:一、双方立刻颁发停火令,部队各驻留于现防阵地。停战及恢复交通的办法由三人会

议经由军调部执行之，双方军队根据以前协定整编。部队之分配由三人会议处理。二、全国地方政府由改组后的国府委员会处理。三、召开政协综合小组会议，筹划改组政府。

　　△　参谋总长陈诚在中央广播电台向全国官兵致词，强调政府当前的方针在保障国家统一，祛除地方割据。军队要为扫除和平障碍战斗。

　　△　青年党代表李璜以第三者身份为和平谈判积极斡旋。上午分别访梁漱溟、司徒雷登、邵力子。下午，梁访董必武后再与李会谈。晚，梁乘夜车由京赴沪，促周恩来返京。

　　△　延安各界群众万人举行响应"美军退出中国"运动暨保卫边区动员大会。大会强烈要求美军立即退出中国。并"警告蒋介石，如果国民党一党坚持在 11 月 12 日召开伪国民大会，通过分裂卖国的独裁宪法，中国人民决不允许，解放区人民并将考虑召开解放区人民代表会议"。大会号召边区人民粉碎蒋介石的进攻，要打出一个新中国。大会电美国争取和平委员会、远东民主政策委员会，称赞该两会发动的美军退出中国运动周，给予中国人民极大鼓舞。并希望继续努力，恢复已故总统罗斯福的国际合作政策，中美人民共建和平民主的新世界。

　　△　驻美大使顾维钧在哥伦比亚广播电台向美国发表《中国与美国》演说，谓两国之经济并不竞争，中国欢迎美国合作。

　　△　东北保安军杜聿明部卢濬泉第九十三军及陈明仁第七十一军一部攻占赤峰。

　　10 月 11 日　傅作义部主力董其武暂第三军、鲁英麐第三十五军及孙兰峰骑兵团攻占中共晋察冀边区首府张家口，聂荣臻率中共军南撤涞源、阜平山区。

　　△　国民政府令：国民大会于 11 月 12 日如期召开，凡当选之代表于 11 月 2 日亲自来京报到。

　　△　国民政府令：废止《战时征收土地税条例》。

　　△　国民党中宣部长彭学沛在京对记者发表谈话。云："国大"如

期召开,第一届大会之职权,仅为制定宪法。行宪机关待宪法颁布后六个月内,举行全国普遍选举产生。此次大会代表总数 2050 名,各党派名额,仍照原商定数。望各党派从速提出名单,以便政府早日公布。

　　△　周恩来会见梁漱溟,表示政府如有诚意恢复和谈,必须立即停止进攻张家口,将进攻张家口的部队撤回原防,否则中共不参加任何商谈。

　　△　参谋总长陈诚乘专机飞北平,与北平行辕主任李宗仁商谈军事局势。12 日,陈飞往张家口视察,随又飞往绥远慰问傅作义,当日飞返北平。

　　△　郑州绥靖公署顾祝同部王仲廉整二十六军三个整编师在豫北道清路西段发动进攻。12 日,右翼整三十八师协同中路整三十二师攻占煤矿区焦作。13 日,左翼整八十五师攻占博爱,14 日,攻占沁阳,15 日,攻占温县。17 日,整三十八师攻占济源,18 日,攻占孟县。至此,将道清路西段全部占据。

　　△　阙汉骞第五十四军和李弥第八军在胶济线高密附近的柳沟河会合。胶济线上的中共军全部撤走。

　　△　新华社评蒋介石"双十节"演说是重弹"武力统一"老调,"把政协决议与停战协定抛到九霄云外"。并指出,"正是由于美国当局的支持,蒋介石才敢下最后全面破裂的决心"。

　　△　中共中央公布 9 月 30 日至 10 月 9 日间中共、蒋介石、马歇尔三方面之来往备忘录四件。

　　△　中央银行在京召开第三届行务会议,到该行高级负责人及各分行经理共 120 余人。总裁贝祖贻主持,蒋介石特颁训词,勉其认真检讨行务,妥定办法,提高效率,"务使中行今后一切业务,均能确符政府政策,负起领导之大任"。随后,各分行、支行报告当地金融情况。

　　△　上海市长吴国桢召集纱布厂商讨论抑制纱布剧涨办法,吴要求其成立纺织委员会,对纱布作统一配售及评价。对于黑市,定严惩不贷。

　　△　新运妇女指委会指导长宋美龄在京举行茶会欢迎英国援华联合会总会会长克利浦斯夫人,对克氏热心募款援华,表示感谢。克氏表示将继续为援助中国募捐。12 日,蒋介石亲赠克利浦斯夫人特等大绶星勋章及褒词一份,以酬答夫人主持援华之功绩。

　　△　中国妇女团体联谊会等 18 妇女团体在京举行中外记者招待会,黎剑虹谈,本月 12 日在纽约召开的国际妇女会,对中国妇女代表之邀请,未能代表全国妇女,所邀的邓颖超,只能代表她自己。

10 月 12 日　国民政府公布国大如期召开令后,第三方面为和谈斡旋工作停顿。

　　△　梁漱溟由沪抵京。梁谈,第三方面人士原已决定立即全体晋京,兹以张家口被国军攻占及国大召集令之颁发,使局势全盘改变,民盟代表将暂不去京。

　　△　青年党、民盟及社会贤达三方面在沪代表访孙科,说明在政府未改组前召开国大,各党派不能出席参加。同时,军事行动不停止,商谈改组政府亦不可能。孙表示向政府转达彼等意见。

　　△　孙科在沪对记者谈,政府收复张家口,应为和平之转机,目前应停止军事行动,恢复政治商谈,按政协决议改组政府。政府颁布的国大召集令,仅系通知报道性质,各方仍继续商谈,促进和平之实现。

　　△　周恩来致电中共中央:国民党打下张家口后已下令召开"国大",证明要破裂;南京、上海我人员为争取时间疏散,拟在四五天内保持沉默。16 日,南京、上海的中共工作人员第一批撤退飞赴延安。

　　△　上海党政各机关及各民众团体发起组织庆祝蒋介石六十寿辰筹备委员会,议定祝寿办法三项:"一、铸铜像;二、献校祝寿;三、开祝寿大会。"

　　△　蔡廷锴由沪抵京,对记者谈,"当务之急,在安定社会,各党派应推诚互让,不应多出问题"。又谈,他组织的民主促进会,旨在实现民主。他是国民党员,外间讹传他另外组党,殊为惋惜。

　　△　上海《中央日报》报道,据司法行政部统计,全国各省、市法院

办理的汉奸案至 8 月底止，共呈报 2.7569 万件，其中 1.8968 万件已结案。

　　△　原中缅战区美军总司令兼任中国战区参谋长史迪威将军在旧金山逝世，蒋介石致电悼唁。

　　10 月 13 日　马歇尔、司徒雷登在京与蒋介石会谈，蒋坚持决定召开国大是正确的。并重申政府停战令下达之前，必须取得某种有利条件。希望司、马代为考虑他准备发表的文告。

　　△　政协政府代表吴铁城、邵力子等邀晤青年党代表李璜、民盟代表梁漱溟，以政府对时局之态度请二氏转达留沪之第三方面人士，望其为和平尽力。李当日飞沪。

　　△　外交部长王世杰宴请克利浦斯夫人，对英国援华总会在战时及战后向英国人民介绍中国情况，为中国募捐巨款表示高度赞颂。并谓中国以国宾之礼款待女宾，此为首次。

　　△　孙连仲部第十六军、第九十四军攻占怀来。第十一战区参谋长朵肯堂谈，怀来为贺龙之精锐部队防守，双方激战，伤亡均重。

　　△　陕北保安队副指挥胡景铎率第二十二军第八十六师、新编第十一旅及榆林保安指挥部保安第九团官兵共 5000 余人在横山一带起义，通电表示拒绝内战，为和平建国而奋斗。

　　10 月 14 日　司徒雷登、马歇尔访蒋介石，递交由马代蒋草拟的声明文稿。略谓：司徒雷登主持召开的五人小组和马歇尔主持的三人小组会议照下列谅解即同时举行：立即执行 6 月拟定的满洲停战程序、恢复交通办法、解决军调部的争执；整军未获致协议前，长江以北的国军暂驻原地；五人小组之协议，应由政协小组确认；地方政府问题，由国府委员会改组后解决；中共同意以上诸点并宣布参加国大，提交代表名单，政府即下停战令。

　　△　蒋介石邀政府政协代表孙科等共商时局，孙向蒋转达在沪与第三方面人士会商情况。会后孙对记者谈，其归纳各方之意见向蒋建议，同时召开三人小组、非正式五人小组及宪草审议会，以解决停战、整

军、改组政府及完成宪草等问题，并召开政协综合小组以取得协议。政府"希望周恩来及各党派代表早日返京，重开和谈，务期早日停止军事冲突"。

△ 国民政府公布《罚金罚锾提高标准条例》，规定依刑法或其他法律应处罚金者，就其原定数额提高 100 倍，依违警罚科罚锾者，就原定数额提高 50 倍。

△ 国民政府任命傅作义为察哈尔省政府委员兼主席，原任冯钦哉应免本兼各职；董其武为绥远省委员兼主席，原任傅作义应免本兼各职。

△ 国民政府令：行政院善后救济署署长蒋廷黻免本职，特任霍宝树为行政院善后救济总署署长。

△ 蒋介石电勉鲁南临城守军张雪中，对其孤守重镇 10 个月，完成使命，特予嘉奖。并发给犒赏费 1000 万元。

△ 白崇禧在中枢纪念周报告整军工作。谓中共"称兵作乱"，政府为保卫地方，不得已用兵。强调"军队国家化，不容任何一人或一党派有其军队"，"吾人并不欲消灭共党军队，只希望共军整编为国家军队"。

△ 民盟主席张澜在沪就目前时局对记者发表谈话，重申民盟一贯主张："和平、民主达到统一。"指斥国民党以占领张家口的胜利，下令召开国大，实行一党独裁。并表示民盟决不怕威胁利诱，绝不参加国大。

△ 国民党上海市党部主任委员方治拜访在沪各党派领袖左舜生、张君劢、曾琦、沈钧儒、章伯钧等，希望其促成国内和平团结，共同参加国大。并与周恩来会谈，促周早日进京商讨和平大计。

△ 朱德总司令电唁史迪威夫人，对史氏逝世表示吊唁，谓："史迪威将军的死，不但使美国丧失一个伟大的将军，而且使中国人民丧失一个伟大的朋友。中国人民将永远记得他对于中国抗日战争的贡献和他为建立美国公正对华政策的奋斗，并相信他的愿望终将实现。"

　　△　克利浦斯夫人由京飞往重庆,晚,对新闻界报告英援华总会工作情况,谓该会援华募捐之款,"非来豪商工资,而来自一般出于同情中国之英国平民手中"。"今后仍将继续维持七十八万人每周一便士之捐赠及其他募款"。捐款"全系为人民而募,不分党派,不带政治色彩"。她本人应周恩来之请,亦赴中共区视察接受该会捐款资助之各医院。

10 月 15 日　第十二战区傅作义部与第十一战区孙连仲部在宣化以东之下花园会合,将平绥线北平至张家口段全部控制。

　　△　宋美龄将马歇尔代蒋介石草拟的声明稿由蒋修改后送马,马认为修改后的声明"思想混乱,并且极具挑衅性质"。马与司徒雷登商定,对蒋施加一切可能的压力,使蒋迅即发布由马拟定的声明。

　　△　雷震及参加政协的东北无党派领袖莫德惠在沪与第三方面代表举行竟日会议,商讨促成重开和谈办法。第三方面代表提出:一、政府对停战态度应切实声明;二、政府应派大员来沪亲与中共及第三方面续行谈判。雷震带该意见当晚返回南京。

　　△　梁漱溟等民盟政协代表在沪对记者谈,希望马歇尔、司徒雷登支持彼等努力,以确保孙科所提的和平方案成功。

　　△　国民党上海市执委会通电全国,呼吁全国人民拥护中央之统一,尤希望"中共及各党各派之领袖人士,各本八年来抗战谋国之精神,促进民主政治之实现"。"同心协力,共商国是"。

　　△　延安《解放日报》报道,晋冀鲁豫边区经过八年的减租减息和四个月的土地改革运动,3000 万人口中已有三分之一实现了"耕者有其田"。

　　△　四川省府代主席邓锡侯响应为蒋介石六十岁祝寿,决将成都市图书馆改名为中正图书馆,并拨一亿元作扩充费。

　　△　英国商务访华团由沪抵京。代表团团长鲍伊斯谈,来华目的"系谋发展英国在华商业,英国输出货物必须超过其战前数额 30％以上,否则不能继续生存"。"此来系与华商合作而非与之竞争"。该团将赴青岛、北平、沈阳、重庆、昆明、汉口等大都市考察商情。

10 月 16 日　蒋介石发表声明,提出解决时局之具体办法八项:一、依照今年 6 月三人小组所拟定之恢复交通办法,立即恢复交通。二、军调部双方不能解决之争执,依照本年 6 月间三人小组所拟定之办法处理之。三、今年 6 月间所拟定之东北军队驻地,应即定期实施。四、华北、华中之国军与共军,暂驻现地,以待三人小组协议,商决整编。五、五人小组所成立之协议,应即交政协综合小组获致协议。六、关内之地方政权问题,由改组后的国府委员会解决之。七、宪草委员会应立即召开,商定宪法草案,送交国民政府提交国民大会,俾为讨论之基础。八、在共产党同意以上各点后,即下停止军事冲突令,在下令之同时,共产党应宣布参加国民大会,并提出其代表名单。

　　△　立法院长孙科在京对记者谈,蒋介石今日之声明,"实为解决当前大局之惟一办法"。政府尽量容纳中共意见,为求和平统一之实现,不惜一再忍让。"盼周恩来迅即返京,为和平统一而努力。"

　　△　国防最高委员会临时会议通过《绥靖区施政纲领》,包括:一、财政金融紧急措施;二、难民急赈;三、田赋粮食管理;四、土地处理等办法。非法发行之币券,一律作废,禁止使用。

　　△　国民党中宣部长彭学沛在京招待外国记者谈,政府恢复征兵征粮,乃"恢复平时制度"。今年"征实"稻谷 3488.1791 万石,麦 482.24 万石。"征借"稻谷 169.2763 万石,麦 332.87 万石。带征公粮稻谷 956.4537 万石,麦 144.672 万石(以上不包括热河、东九省及平、津、青、济等省市)。

　　△　第十二战区长官司令部自绥远迁到张家口。

　　△　平汉线保定至石家庄段国、共军战事激烈。

　　△　上海市参议会分别致电蒋介石、周恩来、社会贤达及第三方面人士,吁请各方晋京共商国是,拥护蒋介石本日所提出的八项办法。

10 月 17 日　延安中共中央发表时局声明:谓自抗战结束,中共为和平计,不惜向国民党作了八次让步。中共虽不咎既往,但要求蒋介石首先恢复信义。"为表示最后最大让步计,兹郑重声明:今日一切会谈如欲有真实结果,必须承认停战、政协两协定的神圣效力,即承认实行政协 1 月 13 日国共双方军事位置为一切军事商谈的准则,承认实行政协一切决议为一切政治商谈的准则。"只要蒋介石有这种最低限度的诚意,中共一定继续通力合作。

△ 陈诚在北平招待中外记者,阐述目前时局,谓今后之军事冲突,须视中共之态度。"国军将于遭受共军攻击时始进攻延安","整军方案,必须施行","任何国家,可以有许多政党,而不能有许多军队"。并谓政府可于三五个月内击败共军。否认中共所宣传的"国军分散广大地区,其实力正日就削弱"的真实性,确认"共军的损折也已达 20 万人,丧失物资尤难补充"。

△ 国民政府令:国民政府主计长陈其采另有任用,免本职;特任徐堪为主计长;免徐堪粮食部部长本职;特任谷正伦为粮食部部长;免谷正伦甘肃省府委员兼主席本兼各职;任命郭寄峤为甘肃省府委员兼主席。

△ 政府政协代表吴铁城、邵力子奉政府之命偕政协秘书长雷震由京飞沪,与各党派人士作非正式商谈时局问题。晚,青年党、民盟、社会贤达等第三方面人士与吴、邵、雷三氏进行会谈。同日,周恩来向吴铁城等表明中共对蒋介石 16 日声明之态度及意见。指出国民党的谈判程序是要谈判后停战,表示对蒋介石昨日所提八项条件不能接受。

△ 梁漱溟在京访马歇尔、司徒雷登,转告上海第三方面人士对促进国共和谈之意见,并代表第三方面人士邀请马歇尔和司徒雷登赴上海出席第三方面人士的会议。司、马认为这样的旅行为时过早。

△ 中共军贺龙部在平汉线北段定县南北集结,其主力猛攻涿县,战事激烈。

△ 《中央日报》报道,粤省银行为蒋介石六十岁祝寿,献粤北昌乐 30 万亩林场一处,呈献后,该场由农林部收管。

△ 日本战犯田中久一被广州行辕军事法庭判处死刑。

10 月 18 日　政府、中共、民盟、青年党及社会贤达各方代表在沪周恩来宅首次交换恢复和谈方式之意见。会上提出三种商谈方式：一、先停战，后商谈；二、先谈后停战，停战后再谈；三、谈好后再停战。国共双方都同意第二种方式。

　　△　中共中央发表关于时局声明，指责国民党毫无信义，在过去14 个月中，对任何庄严的命令、诺言与保证均可任意撕毁。"所以本党没有旁的要求，只要求首先恢复信义"。兹特郑重声明："承认一月十三日国共双方军事位置为一切军事商谈的准则，承认实行政协一切决议为一切商谈的准则。"

　　△　吴铁城在沪对记者谈，延安中共所发对时局之声明，"令人对和平谈判之前途，又发生一种忧虑"。要和平，必须停战，停战必须获得保证，才能实现永久之和平。

　　△　民主社会党发表对目前时局意见。该党认为"我国应遵照政协的决议和程序，解决一切问题"。该党要求民主、和平、统一，"反对内战，反对分裂，反对一切推翻政协的行动"。在战火中，该党决不参加国大。

　　△　周恩来致美国争取和平委员会及民主远东政策委员会召开的"中国与远东大会"贺电，谓："美国错误政策促使中国濒临全面破裂"，"中国人民竭诚热望贵会能尽一切力量，以促使美国政府改变其政策，撤回在中国之驻兵，并在中国和平与联合政府实现以前，停止对中国政府的一切援助。"

　　△　晋察冀军区司令员聂荣臻代表晋察冀边区宣布："除非蒋介石撤出张家口、承德、集宁和今年 1 月停战命令以后非法侵占的一切地方"，否则，解放区军区"一定要用血肉夺回来"。

　　△　东北行辕主任熊式辉及东北保安司令长官杜聿明由沈阳飞赴北平。同日，徐州绥靖公署第二绥靖区司令王耀武由济南飞抵北平。19 日，陈诚与李宗仁、孙连仲、熊、杜、王讨论华北、东北军事局势。20日，陈诚返京；杜、王分返防地。24 日，熊返防。

　　△　整第二十七军军长王敬久统一指挥的第五军、整第十一师、整第七十五师、整第八十八师及刘汝明部第五十五师、第六十八师一部向鲁西中共军刘伯承部发动大举进攻,攻占巨野、嘉祥。中共军退往郓城方面。

　　△　国民政府训令,"我国各地缺乏可以代表公共信仰之场所,致一般人民不易成诚敬习惯,此诚影响国民道德与民族性格",决定全国普遍建立"中山堂",作各地人民集会修身之所。并公布《修建中山堂办法》及《中山堂建筑及设备标准》。

　　△　上海市政府会议决议,设立"上海市冬令救济委员会",市长吴国桢兼任主任委员。预定12月中旬开赈,举办施粥、平粜、施送衣被,设庇寒所。救济费暂定10亿元。

　　△　渝川汉铁路股款清查团成立,选胡文澜等43人为委员,发布宣言,通电全国,提出三项主张:一、请交通部将所保存之川汉铁路股款拨建成渝铁路。二、彻底清算张澜等经手的川汉铁路股款旧账。三、请张澜报告经收路款经过。

　　△　司徒雷登由京飞往杭州,为双亲及亡兄扫墓,浙江省主席沈鸿烈及各界代表到机场欢迎。19日,司徒雷登在杭出席接受杭州市荣誉市民典礼,市长周象贤授荣誉市民书。21日,司徒返回南京。

　　△　英国商务访华团会见蒋介石,呈交英商务大臣克利浦斯致蒋函。蒋对该团访华,表示极为欢迎。

　　10月19日　吴铁城、邵力子、周恩来、李维汉、华岗、曾琦、左舜生、李璜、陈启天、张君劢、黄炎培、沈钧儒、罗隆基、蒋匀田、胡政之、郭沫若在沪继续讨论恢复和谈办法,一致同意按"谈——停——谈"的程序进行。政府代表即日返京,中共及青年党、民盟、社会贤达代表21日返京。

　　△　黄炎培根据18日会商记录,拟定第三方面意见:一、为解除民众疾苦,国共必须在互谅之下,尽速实现和平停战;二、双方下令全国军队各驻原地,一律停战,一切依军队整编方案进行;三、依照1月10日

停战令,恢复交通三协议,除三人小组外,并组织考察团协助停战和恢复交通之迅速进行;四、尽速召集政协综合小组,商决政府改组问题,一致参加政府,并商决国大问题,一致参加国大。

△ 民主社会党在沪总部招待在沪举行非正式会谈的政府、中共、青年党、民盟及社会贤达代表,吴铁城、周恩来、曾琦、张君劢分别致词,气氛融洽,均表示愿为实现停战、和平、民主、统一而努力。

△ 整第七十四师分三路向苏北涟水新四军发动猛烈攻势。25日,国民党军第二十八师第一九二旅调往增援。经八昼夜激战,新四军将进攻的国民党军击溃。26 日晚,战斗结束。

△ 国民政府明令褒扬故盟国中国战区统帅部参谋长史迪威,谓史氏"在印、缅境为领导中、美、英、印各盟军比肩驱敌,出入榛莽间,身先士卒,迭奏肤功。尤以创筑中印公路,协助我国训练军队,改善装备,裨益抗日,拯救印、缅人民,其于此次大战之获致全胜,贡献至伟"。

△ 南京隆重举行史迪威将军追悼大会,蒋介石主祭,宋美龄、宋子文、白崇禧陪祭。到国防部、陆、海、空及联合勤务四部、首都卫戍司令部、中央训练团等单位军官 2200 余人。

△ 国民政府特派驻伊朗国特命全权大使郑亦同为商定中国与沙特阿拉伯王国间友好条约全权代表。

△ 东北民主联军总司令林彪在哈尔滨对记者谈,蒋介石 16 日提出的八项无理要求,实为大举进攻东北的借口。蒋军如不退出违令侵占的地区,东北民主联军就要把他们打回去。

△ 中国新社会事业建设协会在沪成立。该会由人民动员委员会改组而成。杜月笙、杨虎、杨庆山、何海潜、范绍增、张子廉、徐为彬、田得胜、张钫为理事。黄金荣、张树声、潘子欣、李福林、王慕沂为监事。

△ 上海市总工会电呈国民政府、国民参政会及各党派领袖,表示拥护如期召开国大,遵循蒋介石 16 日声明所提出的八项办法,实现和平。

△ 南京法院宣判伪南京市长周学昌死刑。

10 月 20 日　邵力子、吴铁城由沪抵京,即向蒋介石报告在沪与各方会商经过,蒋听后极表欢愉。并饬其代表政府对各方代表来京表示欢迎。

　　△　王世杰访马歇尔,王谓延安中共的声明发表后,蒋介石感到悲观和愤怒,蒋认为那是谩骂。

　　△　俞大维通知马歇尔,三人小组中的政府代表徐永昌由于生病,其代表职务由参谋总长陈诚代替。俞则协助陈工作。

　　△　孙科在京召集政府政协代表开会,邵力子、吴铁城报告在沪会商情况,各代表就目前局势及今后商谈步骤交换意见。

　　△　中共驻沪发言人陈家康发表继续和谈声明:谓自政府攻占张家口,颁国大召开令后,和谈之门本已关闭,由于第三方面人士之努力,使和谈之门重开,中共为救中国于分裂,"有一线生机,无不竭力以赴"。成败之关键,虽仍在政府之手,但"中共愿追随各党派代表、社会贤达及全国人民之后,一致努力争取"。

　　△　东北保安司令杜聿明指挥所部向辽东中共辽东野战军程世才部大举进攻。以廖耀湘新六军及第一八四师为右翼兵团,一部由大石桥向盖平攻击前进,主力由海城沿海大(孤山)公路攻击前进;以赵公武第五十二军、保安第一、六、十一支队及第九十一师为中央兵团,由本溪沿沈海铁路向凤凰城、安东攻击前进;以唐守治新三十师及第一八二师一部为左翼兵团由柳河向通化攻击前进。

　　△　南京市长马超俊就征兵事答记者称,该市自下月 16 日起开始征兵,不论独子或任何职业,均不得缓役或免役。

　　△　中央研究院第二届三次评议会在京召开,评议长朱家骅主持。吴鼎昌宣读蒋介石训词,谓"建国万端,要以学术为基础","评议会更负促进国内外学术研究合作互助之使命",应为国家之科学事业多做贡献。北大校长胡适致词,强调"必须安定学者生活,才能集中精力从事研究"。

　　△　上海市地方协会、市农会分别致蒋介石电,表示拥护蒋提出解决时局的八项办法,如期召开国大。

10 月 21 日 周恩来乘马歇尔之专机由沪抵京。青年党、民盟及社会贤达各方政协代表乘政府特派专机由沪抵京。蒋介石即会见各代表，表示欢迎，并与周交谈，周表示被严重破坏和恶化的情况，只有按政协决议办才有希望。

△ 蒋介石偕宋美龄由京飞抵台湾，国府总务局长陈希曾、军务局长俞济时、秘书沈昌焕随行。蒋行前向马歇尔保证，如果南京谈判需要他，只要马通知发出四小时后，任何时候他都可以回京。

△ 孙科邀政府、民盟、青年党及社会贤达各方政协代表在京私邸开茶会，交换对和谈之意见，着重讨论蒋介石 16 日文告中所提出的各点。

△ 翁文灏在中央研究院评议会报告三年来工作情形。谓该院经费太少，研究工作无论实验或调查，均无法开展。

△ 联合国善后物资救济总署署长赖加第亚在华盛顿宣布："由于中国各口岸对救济品之分散能率大为改进，现行对华禁令已撤销至相当程度，得于中国请运时，运出救济品，其数量将视目的地之中国口岸能力而定。"

△ 傅作义部攻占察南天镇县。22 日，攻占中共军察南根据地蔚县。

10 月 22 日 第三方面代表梁漱溟、罗隆基、曾琦等赴美使馆访司徒雷登、马歇尔。司、马表示愿与第三方面人士合作，竭力促成中国之和平。

△ 社会贤达莫德惠、郭沫若、胡政之、缪云台、钱新之、李烛尘、傅斯年与国共代表及第三方面代表分别会谈。晚 12 时，莫德惠、梁漱溟、陈启天、罗隆基临时举行记者招待会，由梁宣读第三方面代表声明："连日非正式商谈，正在积极进行中，一切报载彼此发表之政治的言论，均不影响商谈。"

△ 民盟代表张君劢访马歇尔，张认为政府的八项建议中，关于停止冲突的同时中共提交"国大"代表名单及地方政府问题的考虑把满洲

除在外，与政协决议相违。并认为"中共丧失张家口，很可能意味着他们绝不会放弃哈尔滨"。马表示对此局势严重关注。

△　中共代表团发言人梅益发表谈话，谓蒋介石提出的八项办法，"是无理要求"，中共绝不承认。中共中央声明中的两点，不是新要求，亦不是条件，仅是过去的协定。

△　蒋介石偕宋美龄由陈仪陪同前往台湾红忠烈祠向革命先烈、抗战阵亡军民以及明朝延平王郑成功献花圈致敬。

△　国防部史料局发布征集抗战史料启事，包括文献、著述、图片、物品四大类。

10 月 23 日　国民政府特任钱昌照为资源委员会委员长；派朱家骅、俞大维、谷正纲、郑震宇、郑道儒、徐柏园、谷正新、雷殷为行政院绥靖区政务委员会委员。

△　国民政府令：山东省政府委员兼主席何思源免本兼各职；任命王耀武为山东省府委员兼主席；北平市长熊斌免本职；任命何思源为北平市长；天津市长张廷谔、副市长杜建时均免本职；任命杜建时为天津市长。

△　第三方面人士在京继续商议和谈办法，并与政府代表孙科、王世杰、雷震商定，先讨论宣传休战问题。政府方面推邵力子、彭学沛，第三方面推陈启天、罗隆基，再请中共推两人，共同商订具体办法。

△　彭学沛在京对中外记者谈时局，谓各地军事大致趋平靖，惟陕西中共军围攻榆林。"蒋主席八项提示，除提出新让步外，不包括任何新要求，实为最诚意之表示，为实现停战惟一之途径"。并指责中共 17 日之声明，系挑衅谩骂文件，影响谈判进行。

△　中共驻沪发言人陈家康发表谈话，南京非正式商谈系采取"谈——停——谈"的程序，政府与中共双方代表除在宴会上见面外，并无直接商谈。蒋介石 16 日所提八项要求，中共屡次已表示不能接受。

△　蒋介石在台游览日月潭，巡视日月潭发电工程。按：该工程1919 年动工，1934 年完成第一发电厂，发电 10 万瓩。1937 年完成第

二厂,发电 4.3 万瓩。

　　△　彭学沛向中外记者宣布,行政院已批准陈纳德与卫劳尔组成的航空运输队。该队隶属"行总",有飞机 12 架,专运救济物资至国内各地,不与中航公司竞争,该队与"行总"同时结束。

　　△　傅作义部从张家口沿平绥线西进,与驻大同第八集团军楚溪春部在阳高会合。至此,平绥铁路全线为国民党军占据。

　　△　国防最高委员会决议,国史馆筹备委员会改为国史馆。

　　△　中央研究院评议会通过修改组织法,中央研究院设置院士,今后评议员由院士选举,再由国民政府聘任。

　　△　上海人民自由保障委员会电蒋介石,表示拥护国大如期举行及蒋提出的处理时局之八项要求。

　　△　沪中国人民世界和平促进会、中国经济事业协进会、民主建国会等 10 人民团体电贺在旧金山开幕的中国与远东大会,并希望大会"尽最大努力改变美国对华政策",促使美军立即从华退走,并停止对中国的军火援助。

　　10 月 24 日　第三方面代表梁漱溟、李璜、莫德惠访中共代表团,商谈宣传休战办法。中共推李维汉、邓颖超为商谈代表。

　　△　政府方面新任三人小组的代表陈诚由俞大维陪同访马歇尔及司徒雷登,询问中共对政府八项建议的态度,司徒答称,中共表示不能接受。陈对第三方面调停的效用表示怀疑,认为整军方案不能实行,所有其他政治、军事商讨都是空话。

　　△　行政院长宋子文飞抵台北,向蒋介石报告政务。25 日,宋飞返上海。

　　△　国民政府公布《战争罪犯审判条例》,凡 35 条。

　　△　经济部次长潘序伦对记者谈,中国工业发展不易之因素有三:运费高,工价高,拆息高,经济当局必须赶紧全力应付。管制物价在目前最为重要。

　　△　东北保安司令部副司令长官梁华盛调任吉林省府主席,其副

司令长官职由第一集团军总司令孙渡继任。

　　△　中国文化社团联谊会等 44 个文化社团发表联合宣言,申明对时局之态度,"希望中共放下武器,变武装暴动的党为和平合法的政党"。

　　△　中央研究院评议会二届三次年会闭幕,会议通过《天文所改气象台案》、《授予博士学位案》、《筹设孔子诞辰二千五百年纪念案》、《邀请联合国教育科学文化组织 1950 年在中国召开大会案》等多件决议案。

　　△　《解放日报》报道,近三个月来,各解放区已有 30 万农民参加人民解放军。

　　△　联合国善后救济总署署长赖加第亚向联合国大会秘书长赖依提交援救各国报告书,关于中国部分称,战时农业损失甚巨,粮食匮乏须赖输入,国内交通多受破坏,东北工厂被拆一空,通货膨胀极为严重。建议"联总"结束后,设新机构继续救济中国。

　　10 月 25 日　罗隆基会晤马歇尔,交换停止军事冲突意见。罗并转述第三方面人士对蒋介石八项建议及周恩来关于政治的七个问题之反应。马认为,执行政协决议,要准确的理解,整军是政协纲领的一部分,中共却只字不提,继续和谈的基础,是对整军问题的圆满解决。

　　△　蒋介石在台北纪念台湾光复周年大会上讲话称,"中央爱护台湾,远胜于全国其他任何一省,中央对于台湾的重视,也胜于其他的省份"。慰勉全体台胞为建立统一独立的新中国更加努力。台湾青年团、妇女会代表全台民众向蒋夫妇赠献"功昭寰宇"、"德溥蓬莱"两锦旗。

　　△　蒋介石在台北接见党、政、军工作人员,特嘱"注意领导民众,推行国语,认识历史,爱护国旗,熟悉国歌"。同日,蒋在台湾全省首届运动会上致词,勉励青年恢复民族固有道德,"明礼义,知廉耻,负责任,守纪律"。

　　△　台湾各报日文版一律取消,统治台湾 51 年之久的日本文字全部结束。

△　国民政府令：《国民大会组织法》定自民国三十五年 11 月 12 日起施行。同日，国民政府公布各省、市国大代表名单。

△　政府代表邵力子、彭学沛，中共代表李维汉、邓颖超，第三方面代表陈启天、罗隆基在京首次会商宣传休战问题。

△　中共代表团发言人梅益发表谈话，谓"在国民党当局和平攻势的烟幕后面，大规模内战正继续在各线进行中"，国共"双方宣传休战固然好，但炮火之战能停尤其好"，如不对其军事进攻予以揭露，宣传休战将会变成国民党扩大内战的烟幕。

△　《中央日报》就琉球问题发表社论，指出："四亿五千万中国人民无不迫切要求，琉球群岛应并入中国版图，最低限度亦应由联合国托管会托中国单独治理，而不应为其他任何国家尤其是日本所取得。"

△　东北保安军杜聿明部赵公武第五十二军攻占安东。26 日，该军攻占大东沟，中共军沿鸭绿江岸退往辑安方面。沈海铁路全线被国民党军控制。同日，廖耀湘新六军攻占大孤山、青堆子。

△　中共军苏北鲁南重要补给要道之涟水为国民党军攻占。

△　"行总"空运大队在沪成立。"行总"署长霍宝树与陈纳德签订合同。该队由"联总"供飞机 12 架，以广州为总站，南昌、汉口、桂林、衡阳、柳州设空运站。运费每里吨美金九角。

△　行政院训令绥靖区政委会，公布《绥靖区难民急赈实施办法》、《绥靖区财政金融紧急措施办法》、《绥靖区田赋粮食管理办法》、《绥靖区土地处理办法》。

10 月 26 日　周恩来自沪返京后首次访马歇尔，就时局问题与马长谈。周指责国民党自攻占张家口后，其军队在所有前线推进，长此下去，继续谈判已无必要，希望三人小组对此事应采取一致行动。马表示，他曾尽一切可能的手段去停止战事，均无结果。希望第三方面的努力能够成功，因为这是中国人自己解决自己的困难。

△　行政院通令各省、市行政机构，贯彻法制精神，凡发布命令，制定规则，须针对现状，不能向壁虚构。摒弃造册、具报等官场积习，除军

事、外交保密外,均得公开,不得妨碍司法独立。行政司法机关,必须安法定程序办案,不能借口便宜行事或越级处理。

△　国防部兵役局局长徐恩平在京对新闻界报告当前兵役情形,谓为配合国军整编计划,依法继续征兵。并在东北、华北各省先实行征兵,以 21 岁至 35 岁的壮丁为主。目前征兵困难很多,但该局决心克服困难。

△　蒋介石夫妇视察台湾基隆,数万民众集于市府广场欢迎,蒋致词勉其"将台湾建设成一个模范省,将基隆建设成一个模范市"。

△　中国宣布接受国际法庭之约束,顾维钧将此项公文送交联合国秘书长赖依。此项约束为期五年。

△　香港警察驱逐街头小贩,卖花生小贩黄永祥被葡籍警察赛埃德踢死,陈尸街头。1000 余港胞激于义愤,反抗野蛮压迫,与警冲突,达七小时之久,警察开枪镇压,打伤七人,逮捕 22 人。

△　郑州绥靖公署主任顾祝同指挥第四绥靖区司令刘汝明、整二十七军军长王敬久率所部向冀鲁豫边境郓城之八路军晋冀鲁豫军区刘伯承部进攻。30 日,刘伯承部在郓城西南将进犯的整第六十八师第一一九旅及整第五十五师第二十九旅一部包围,激战至 31 日,第一一九旅被全歼,旅长刘广信被俘。

△　河南省参议员王友梅在省参议会上指责省府没有尊重民意,减轻民负,并提出豫人治豫的主张,要求省府实行政治革新方案,裁并骈枝机构,保持财政收支平衡。27 日,省府主席刘茂恩及各委员愤而辞职。11 月 1 日,刘打消辞意,豫政潮平息。

10 月 27 日　蒋介石偕宋美龄由台北飞抵上海。行前在台北对记者谈巡视台省观感称,该省交通、水电事业已恢复到战前日本时代之水平,经济迅速恢复,人民安居乐业,与内地比较,实不可同日而语。台省教育普及,三五年后,台湾必可成为模范省。

△　罗隆基访马歇尔,转达第三方面关于对和谈的三点建议:"一、全国所有的部队均各驻留于现在的阵地,停战应立即实施。二、全国的

地方政府问题应由国府委员会加以解决。三、政协的五项决议应按照政协规定的程序执行。"

△　俞大维访马歇尔。马指出,政府军在东北突起军事攻势,使他无言向中共调处。并向俞递交一份备忘录,强调请蒋介石必须尽快回南京。同日,马歇尔电蒋介石,催请速回南京。

△　出席联合国大会的中国代表团团长顾维钧在联大发言,申述中国对行使"否决权"之立场:表示赞同限制否决权之使用,但修改宪章尚非其时。

△　上海各界在震旦大学举行陶行知追悼会,到 2000 余人,陈鹤琴主祭,史良陪祭。翦伯赞叙述陶氏平生事迹,孔祥熙、郭沫若等分别致词。

△　国民党军在平汉线北段继续发动攻势,由保定北进的部队与由北平南下的部队在徐水会合。

△　国民党军攻占苏北东台县城。

△　《中央日报》报道,南京参议会将南京大屠杀案调查确实证据 2784 件送交东京国际法庭。

10 月 28 日　蒋介石偕宋美龄由上海飞回南京。即召见孙科、吴铁城、王世杰、邵力子、陈布雷、张厉生、王宠惠、白崇禧、陈诚、俞大维、雷震等会谈,研讨当前时局。会后,孙科、邵力子、雷震深夜与民盟代表会晤。

△　孙科在京特向中央社记者谈话,声明:"此后本人如系代表政府发言,自当正式由中央社发表,其由各报自行采访之记载,发刊之前,既未经本人过目,其所载内容如何,本人当然不能代负责任。"

△　马歇尔与罗隆基、张君劢会谈。张认为倘若政府拒绝作任何政治方面的让步,则第三方面的建议为中共接受的可能性就小。并指责蒋介石是个独裁者,"他已经独裁了二十年,因而习惯于完整的和公认的权力"。罗认为蒋介石相信在任何情况下,会得到美国的支持。马指出,美国好几个月已没有对蒋提供军需品,"国民政府的官员们对此

种信念深感幻灭和沮丧"。

△　国民政府再颁禁烟令，"着由全国军队机关严行监督，切实查禁，各级地方政府务于所辖区内普施检查"，"遇有烟苗，立即铲除净尽，将布种之人依法惩治。如有凭借权势，包庇种烟或抗铲者，并各处以严刑"。

△　英国援华联合会总会会长克利浦斯夫人由太原飞抵延安，八路军总司令朱德等到机场迎接。陕甘宁边区主席林伯渠设宴欢迎，林致词称赞克夫人援华功绩，希望中英人民的友谊更加增进。

△　青年团书记长陈诚在中枢纪念周报告团务称，截至目前，已有团员 130 余万人。

10 月 29 日　蒋介石邀第三方面代表黄炎培、李璜、陈启天、莫德惠等会谈，蒋希望其在提出有关实行停战令之非正式建议前，集中全力以觅取政府与中共间相互谅解之基础，并告以"中国之命运——和与战，大部分赖于诸君之力"。请其向中共转告，中共必须先交出国大代表名单，方能停战。

△　周恩来与第三方面代表会谈，周对第三方面参加国共会谈表示赞许，但中共提交国大代表名单必须依下列条件：一、行政院改组；二、宪草行政院长须对立法院负责，全案保证通过；三、国大名额及日期须协商；四、实践蒋介石在政协开幕词中的四项诺言。

△　蒋介石通电告全国同胞，不准为其六十寿辰有任何铺张庆祝，以耗费人力物力财力。严禁分派款项为其建置铜像，"此种封建残余之恶习，实非今日时代所应有，尤违中正平日提倡节约、廉洁与洁身自爱之夙志"。"关于捐款建校，必须自由任捐"。

△　国民政府公布《赔偿委员会组织条例》。第一条规定："行政院为调查统计抗战公私损失，规划对于日本责令赔偿，及审议支配赔偿物资，设立赔偿委员会。"《抗战损失调查委员会组织条例》即废止。

△　立院法会，简贯三等委员提议，改善公务员待遇，谓自去年9 月至本年 10 月，京、沪地区物价上涨 17 倍，而公教人员薪津平均只

增加七倍。南京生活指数为 7780 倍,而公教人员薪津及生活补贴尚未达 1000 倍。如此菲薄之待遇,无法生活。

△ 新四军华中野战军司令部、政治部联合发表告指战员书,号召全体官兵再接再厉,彻底歼灭国民党军。

△ 武汉行辕主任程潜招待记者,报告军事概况称,该行辕所辖区内"共军几乎已全部肃清,虽偶有最少数之零星散股,也均藏匿于崇山峻岭之中,各地民众可安居乐业"。又称冬防期间,对于盗匪,决严厉惩治。

△ 联合国粮食农业组织筹备委员会第二次会议,中国代表团与英国、捷克、印度相联合,坚决支持成立世界粮食局,以提高世界的营养标准,并稳定农产物价格的建议。中国代表陈之迈称,中国的农业已为日本所摧毁,农业善后事宜是中国政府及人民当前的要务,中国对联合国农业组织计划建立机构以完成哥本哈根所协议的目标极表欣忻。

10 月 30 日 蒋介石与司徒雷登会谈,蒋表示在和谈上再作两点让步:"一、停战令对满洲及中国本部均属有效,根据 6 月间的协定将军队予以重新配置。地方行政亦将全国划一办理。二、沿中长铁路干线的城市和县城,除了那些已在政府占领之下者外,在国府委员会改组前不去接收。"

△ 蒋介石邀孙科等政府政协代表商谈,听取对和谈各项问题的意见。

△ 在第三方面举行的会议上,周恩来表示:不应把提"国大"代表名单作为停战条件,且"国大"名单更不能引为停战的保证,要保证停战必须实现政协决议和 1 月停战协定。

△ 国民政府任命吴南如为中国驻瑞士特命全权公使;派金宝善为中国出席世界卫生组织过渡委员会代表。

△ 立法院临时会议通过,自 11 月 1 日起,邮费增加五倍,电报电话费增加 10 倍。邮政平信每件增为 100 元,电讯寻常商电每字增为 200 元。京、沪地区生活补助费增加到 1000 倍,由生活补助基数 11 万

元增加到 33 万元。其他地区亦按比例增加。

　　△　国民党中常会决议,南京市长马超俊任中央农工部长,遗缺由大连市长沈怡继任。

　　△　全国各大城市均开会庆祝蒋介石六十寿辰大会。各地均筹款修建中正图书馆、中正堂、中正学校。

　　△　英援华联合会总会会长克利浦斯夫人在延安对记者谈该会援华情况,并希望建立中英人民永久友谊。总会驻华秘书哈里斯谈,在援华捐款中,分配到解放区的占 7%,物资占 35%。同日,毛泽东、朱德宴请克利浦斯夫人。

　　△　陕甘宁边区政府委员会召开第二次会议。林伯渠主席作政府工作报告,李鼎铭副主席作《减租工作报告》。11 月 5 日闭会。会议通过《试行土地公债》、《一切为了自卫战争》等决议多项。

　　△　赵公武第五十二军所辖第二十五师进攻辽东暧阳,被中共辽东野战军第四纵队包围。经两昼夜激战,第二十五师师长李正谊、副师长段培德,第七十五团团长赵振戈等被俘,全师覆没。

　　△　东北政委会主席林枫就国民党军进攻南满对记者发表谈话,指出只有粉碎蒋军进攻,才能实现真正和平。并表示决心收复安东及一切失地。

　　△　美国陆军部宣布在华美军不足 3000 人,均非战斗部队,此数包括军事顾问团人员 750 人及坟墓登记队、医药人员、行政管理人员、看守剩余物资之少数卫兵。

　　10 月 31 日　社会贤达、青年党、民盟在京继续商谈和平办法。会后,罗隆基对记者谈,“今后继续商谈,由政府与中共多多直接交换意见”。

　　△　中共代表团发言人梅益在京发表书面谈话称,“中共认为停战系一事,提出国大名单又系一事。政府不应以提交国大名单作为停战之条件,且国大名单更不能引为停战之保证”。“要保证停战,必须实行政协决议与停战协定”。现在国民政府片面决定召开“国大”,“应被认

为非法集议,我们坚决反对"。

△　蒋介石偕宋美龄乘专列由京赴无锡避寿,泛舟太湖游览,马歇尔夫妇及美国《生活》、《时代》、《幸福》杂志发行人鲁斯同行。当晚返京。

△　戴季陶为庆祝蒋介石六十寿辰撰文,谓蒋之思想行为要点:一、"事母至孝,事兄至弟,处人至忠,待友至信";二、"对部属内严外宽","以礼义廉耻,亲爱精诚待人律己";三、"一生为模范军人";四、"手不释卷,知即必行";五、"败而不馁,胜而不骄";六"私人生活致力于克己复礼"。

△　全国各大城市均庆祝蒋介石六十寿辰。南京悬旗结彩,励志社前祝寿人拥挤不堪,33 架飞机挂着红绸带,在市空排成"六十寿诞"。汉口各界献校献金 10 亿元。上海 1.5 万童子军列队游行为蒋祝寿。

△　政府方面坚持蒋介石所提八项条件,第三方面调解失败,张君劢、黄炎培、郭沫若相继离开南京回上海。

△　"国大"代表报到处在京正式成立。

△　内政部发表全国县市统计,2005 县,42 市,人口总额 4.7 亿。

△　南京中外记者 20 余人由国防部新闻局副局长卿汝楫及中宣部国际新闻宣传处长曾虚白带领,飞抵张家口视察,傅作义、董其武报告收复经过。

△　《中央日报》报道,邓颖超出席国际妇女大会赴美护照问题,因美国检察长根据美国有关不准共产党人入境的法令,未批准。

△　《解放日报》报道,陕甘宁边区政府命令,为保卫民主中国的中心,征收三十五年度公粮 16.3 万石,公草 2100 万斤。采用民主评议的方法进行征收,力求负担公平合理。

△　国民政府公布《绥靖区施政纲领》,凡 17 条。

△　行政院公布《土地重划办法》,凡 30 条。

11　月

11月1日　第三方面再度建议召开非正式综合小组会议，由国共及第三方面各派两名代表参加会议。政府方面认为如果不提交国大代表名单，则任何会议都无意义，主张仍须以蒋介石声明所述八点为商谈之基础。

△　立法院长孙科向法新社记者谈称，第三方面已决定放弃其调解现行政争之任务，因中共拒绝彼等之方案。"蒋主席此际亟望中共提出其国大代表名单，仅须答复到达，当立即下令停战"。

△　国民政府公布河北、察哈尔、北平、辽宁、安东、辽北、吉林、松江、合江、黑龙江、嫩江、兴安、热河、哈尔滨、大连诸省、市"国大代表"名单。

△　全国商会联合会在南京成立。宋子文致词称，"胜利以来，各地交通阻滞，生产萎缩，税收困难，预算失平，物资匮乏，物价飞腾，以致工潮蹼起，社会不安，演成困顿危难之现象"。望各地商界领袖协助政府，"同体时难，共矢贞恒"。大会决议是日为"商人节"。

△　中央合作金库在南京成立，该库理事长陈果夫强调，"金库应以合作事业成功为成功"。并宣读蒋介石之训词，略谓合作金库应"深入农村，广泛推动，务使农民之资金均得合理使用，农村之生产，均得集体提高"。

△　蒋介石就任国防部预备干部管训班青年辅导处处长。原兼处长陈诚，因公务繁忙，辞去兼职。

△　国防科学委员会成立，主任委员由白崇禧兼任，副主任由朱家骅兼任，下设委员25至30人，设计委员约40人，由参谋总长陈诚，资源委员会主任委员钱昌照，教育、经济、交通各部部长，国防部物资次长，陆、海、空、勤四总司令，及学者专家分别担任。

11月2日　蒋介石接见民盟代表张君劢，垂询对时局之意见。张建议召开一次国民党、共产党和第三方面代表参加的非正式会议。蒋表示同意。

　　△　国民参政会秘书长邵力子在京对记者谈，政府业已同意在国民大会开幕之前先改组国府委员会，行政院须俟各党派参加国民大会之后改组。

　　△　国民政府公布"国民政府直接遴选之国民大会代表名单"。

　　△　行政院决定组织"急救总队"，办理各绥靖区救济业务。该总队由社会部、国防部、善后救济总署、财政部、粮食部、卫生署等机关联合组成。社会部长谷正纲任总队长。总队设于南京，各绥靖区成立大队。救济费定为 100 亿元。

　　△　中国青年党在沪召开十二届二中全会，该党赴京参与第三方面调停国共恢复和谈之代表全部返沪出席会议。

11 月 3 日　张君劢、罗隆基访马歇尔，商讨时局。张认为，政府于行政院改组前应做三件事：一、建立一个统一的文官制度，以便统一用人标准；二、建立预算制度；三、确立各部、会的基本方针。马希望第三方面集中努力解决国共间的政治问题。

　　△　周恩来致函"联总"驻华办事处埃奇顿，说国民党军在进攻中抢走大批物资，使得中共方面不能修复危险地段的堤坝，要求政府停止在花园口堵口工程，否则一切后果由政府负责。并在函中催促"行总"按协议拨款拨粮和归还抢走的物资。

　　△　国民政府公布依照《国民大会代表选举补充条例》第二条第一款规定由政府直接选举的代表名单。

　　△　东北行辕经委会主任张嘉璈奉蒋介石电召抵京，商讨东北流通券之存废问题。

　　△　经济学家伍启元教授在天津《大公报》撰文，严厉抨击国民党政府的财政政策。指出自抗战胜利至此，国库支出约法币四万数千亿，70％用于军费，其余主要用于既得利益集团。用于经济建设、文化教育微乎其微，农民完全得不到支出之恩惠。政府贪污成为制度。

11 月 4 日　国民政府特派王世杰、王化成为商订《中美友好通商航海条约》全权代表。

△　外交部长王世杰、外交部条约司司长王化成与美国驻华大使司徒雷登、美国签约全权代表驻天津总领事施麦斯分别代表本国政府在南京签订《中美友好通商航海条约》，凡 30 条。同时签订《议定书》，凡 10 条，其效用与该条约相等。

△　宋子文与司徒雷登会谈。宋表示，如果此时行政院改组，共产党人也不会被包括进去，国民政府改组以后，根据普选，共产党人或许能够被纳入行政院。

△　中共代表团发言人声明：国民党政府违背政协决议，片面决定 11 月 12 日召开国民大会，"中共一概反对，一概拒绝参加"，"以政协宪草审议委员会拟定之宪草为蓝本"，"无论在法律上和事实上，都是没有根据的"。

△　国民政府公布《修正国民大会代表选举补充条例附表》。

△　行政院公布《战争罪犯处理委员会组织规程》。

△　东北民主联军总司令林彪传令嘉奖萧华、程世才暨辽东军区全体指战员，祝贺其在宽甸西北全歼国民党军第二十五师之战绩。

△　陕北保安指挥部副指挥胡景铎率 5000 官兵起义，在横山正式成立西北民主联军骑兵第六师，胡任师长。7 日，胡通电全国，表示誓为粉碎蒋介石、胡宗南进攻，实现民主而战。

△　第十一战区司令长官孙连仲视察唐山毕返抵北平对记者谈，冀东地区实行党政军一元化机构，隶属于冀东绥靖司令部。

△　美国援华会儿童福利工作设计委员会在沪开首次会议，到各地代表及"联总"、"行总"专家 100 余人。大会讨论训练儿童福利工作人员、发展并扩大儿童福利机构诸问题。教育部长朱家骅应邀出席会议。

11 月 5 日　社会贤达、民盟代表在京与周恩来会商时局。周提出中共方面之要求，政治方面：一、改组政府，包括改组行政院；二、召集宪草审议委员会议，根据政协决定原则修改宪草；三、关内外地方政权，应依照政协决议实施之;四、国民大会代表名额之分配及国大会期,应由政协小组商定;五、履行蒋介石的四项诺言,启封各地查禁报纸、书刊、人民团体及释放政治犯等。军事方面:一、全面停止冲突;二、召集三人会议,商讨驻军地点及复员问题。三、恢复交通;四、加强军调部执行小组美方代表职权。

△　马歇尔、司徒雷登与蒋介石会商时局问题。马对第三方面人士提议召开国、共和第三方面人士非正式会议,政府拒绝参加表示遗憾。蒋谓"由于许多事迹表明共产党要排除美国调停,所以政府不愿参加",并表示,他准备无条件停止冲突,希望司、马能对宣布实行停战和即将召开的国民大会贡献意见。

△　中国青年党十届二中全会闭幕。该党对时局之态度决本政协决议精神,以促进各方之团结合作,俾中国之民主宪政得早日实现。同日,李璜、左舜生赴京参加第三方面商谈时局。

△　《中美友好通商航海条约》签订后,上海金融工商界人士对《中央日报》记者发表感想,均认为条约在条文宗义上虽属互惠平等,但实际上美方所得利益,远胜于中方。

△　滨海八路军占领安丘,俘获山东保安第一师所部 2500 余人,缴炮 10 余门,枪 3000 余支。

△　广东省政府派委员萧次尹为接收西沙群岛专员,顾问麦蕴瑜为接收南沙群岛专员。是晚,萧、顾二人率团员乘舰前往,次日抵达,办理接收事宜。

△　美国赠中国 1.5 万吨之"峨嵋号"军舰在青岛举行接受典礼。海军代总司令桂永清、美方代表毛瑞少将分别致词。按:此为美赠华第十九艘军舰。

11 月 6 日　国民政府任命沈怡为南京市市长、龚学遂为大连市市长;派陶峙岳为国民政府主席西北行辕副主任、宋希濂为新疆警备司令。

△　中宣部长彭学沛在京答中外记者称,国民大会如期举行,绝不再拖延。

△ 邵力子向第三方面人士转达政府对和谈之意见：政府不拒绝商谈，但希望第三方面对于商谈方式及程序，提出更具体的办法。

△ 马歇尔与司徒雷登商议蒋介石用何形式宣布停战和召开国民大会，并代蒋草拟宣布停战和召开国民大会的声明稿。

△ 民盟代表梁漱溟离京飞往北平，退出对国共和谈的调停。梁对记者谈，其在平稍住即赴重庆。

△ 毛泽东、朱德电斯大林元帅，祝贺苏联二十九周年国庆。

△ 全国商会联合会大会闭幕，蒋介石亲临致训词，勖勉协助政府，恢复交通，发展交通事业。"建立现代化商业组织，注重精确之调查与统计"。大会选举王晓籁为理事长。

△ 全国商会联合会发表宣言，谓目前工商业痛苦所在为：一、高利贷压迫；二、舶来品倾销；三、营业萧条；四、捐税繁重；五、运输阻塞；六、工资高昂；七、动力机械和技术人员不足。要求政府从速制定经济政策，改善金融措施，撤销四联总处，保护贸易政策，废除新增简化征税货物税手续。

△ 四联总处依照交通部意见，核准贷款 26 亿元，作公路紧急修建费。

△ 马歇尔、司徒雷登访蒋介石，提交其代蒋草拟的声明稿。蒋强调，草拟他的声明必须考虑如下要点：一、政府内对武力解决的方针已完全一致；二、1936 年合法选出的国大代表反对国大延期；三、国民党军政首脑们反对无条件停战；四、相信应该用和平谈判方法解决问题和停止战争的只有蒋一个人。

△ 孙科等政府政协代表向蒋介石报告近来国共商谈经过。

△《新华日报》载中共上海发言人陈家康为中美新商约发表谈话称："4 日签订的中美商约，乃不平等条约废除后首度签订的最不平等条约"，该商约的成立，"政府不但将获得前次所谈五亿美元借款，而且将获得更多的借款与投资，以便加强统治与扩大内战"。

△ 民盟秘书长梁漱溟在北平对记者谈称，南京和谈是"打摆子"，

时冷时热,前途看不准。他本人绝不参加国大,民盟行动绝对一致。

11 月 7 日 国民政府令:兼最高经济委员会委员徐堪免兼职,特派谷正伦继任;行政院绥靖区政务员会委员徐堪免本职,派谷正伦继任。

△ 社会部长谷正纲由京抵沪,谷对记者谈,此行除在沪向各界商讨救济鲁资办法外,并视察该部在沪各机构及谋彻底解决及抑止沪酝酿之中的工潮。

△ 苏联驻华大使彼得罗夫在京举行酒宴庆祝苏联国庆,宋美龄、孙科、于右任、王世杰等出席。

△ 南京高等法院判处大汉奸周佛海死刑。

11 月 8 日 蒋介石向全国军政长官发布停战令,"务于 11 月 11 日正午 12 时起,全国军队一律停止战斗,各守原防,以示政府和平忍让之至意"。同时发表声明"召开国民大会为政府还政于民唯一合法的步骤",决定于"11 月 12 日如期开会"。

△ 马歇尔、司徒雷登访蒋介石,向蒋提交重新代拟的声明草稿,马并说明,该声明稿仅是按蒋的意见拟成,他作为美国政府的代表,并不赞同该声明,也完全不赞同蒋的军事首脑们的意见。

△ 国民党中宣部长彭学沛在京向中外记者宣读蒋介石声明,其要点为:一、政府已令关内外国军,除为现地所必需者外,自 11 日午刻起停止其他军事行动。二、国民大会 11 月 12 日如期举行。三、保留中共及其他各党派在国民大会应有的名额,望各党派随时参加。望中共派代表参加军事三人小组会议。四、国府改组希望早获致协议,在国民大会闭幕前,行政院不予变动。五、政府拟向国民大会提出宪草审议会未完成之修正案,国民大会后六个月进行普选;产生下届国民大会。

△ 蒋介石召集于右任、戴季陶、孙科、吴铁城、邵力子、陈立夫、陈布雷、张厉生、白崇禧、陈诚、俞大维、雷震、彭学沛商讨时局,决定停止军事冲突,国民大会不延期。

△ 蒋介石着戎装在励志社晤见"国大"代表,谓"国大"对国家前

途关系重大,"民族盛衰,人民安危,都系于此次大会,故希望各代表多多发表意见"。

△ 周恩来致马歇尔备忘录称,自沪来京后,"一切商谈,均经过第三方面人士。现经他们之斡旋,三人会议,政协综合小组及宪草审议委员会或有开会的可能,我们亦正为此努力"。

△ 中共代表团在南京梅园新村就蒋介石是日之声明向中外记者发表意见,谓"国民党政府单方面宣布之'停止其他军事行动',事前既未与中共代表协商,而'防守现地所必需'的除外,仍可作一切军事行动的藉口。至于政治方面新提的一切办法,均与政协决议及程序相违背"。

△ 第三方面人士沈钧儒、罗隆基、张申府举行记者招待会,罗隆基就蒋介石声明宣读书面感想,认为"停战一点,自符全国人民之期望","声明中所举之一切办法,与政协决议及其程序出入甚多"。

△ 参政会驻会委员会通过《请政府迅速调整公教人员待遇,并彻底平抑物价,以安定公教人员生活,而增进工作效果案》。

△ 外交部发言人就中美商约答记者,谓该条约签订后,关税自主问题不受影响,最惠国条款,本部曾会同有关机关详加审议后始定。

△ 宪兵司令部奉令改组为陆海空军宪兵总司令部,于明年元旦实行。

△ 蒋介石之私人顾问端纳在沪病逝。

△ 中国和法国就实施越南协定在京举行首次会谈,中国首席代表凌其翰,法国首席代表莫代。主要内容为:一、滇越铁路滇段估价;二、滇越铁路修复及通车;三、海防通运办法及特区划定;四、北越敌产之清理;五、中国对越军费之清算。

△ 《解放日报》载,陕甘宁、晋察冀、晋绥、华中、山东、东北各解放区及延安、哈尔滨、齐齐哈尔、邯郸等各市农会、总工会、参议会、妇女协会、青年救国会、教育界协会、记者协会、文艺作家协会、文化协会、商会、商工公会、回民协会、学生联合会、华侨联合会、人民自卫队、民主建

国学会等人民团体的 8778 万余会员的代表王克温等联名电美国总统杜鲁门,抗议美国政府援助蒋介石,要求其"立即下令撤退驻华美军和美国军事顾问团及停止对蒋介石内战政府的一切物资援助"。

11 月 9 日　蒋介石令立法院,限于本月 15 日以前将宪法草案审议完竣呈复。"在不违三民主义之原则下,尽量容纳各方面提供之意见"。

△　孙科宴请社会贤达、共产党、青年党、民盟代表及司徒雷登。各方代表就蒋介石 8 日之声明各点交换意见。司徒雷登对政府发布停战令表示欣慰,并希望中国早日实现和平统一,奠立国基础。周恩来表示,不能单方面颁布停战令;"国大"如 12 日不停开,一切都谈不上。

△　俞大维向马歇尔转交陈诚致马的备忘录,内称,蒋介石 11 月 8 日已令全国国军一律停战,请马通知三人小组的中共代表出席一次小组会议,以便讨论停战措施。

△　国民政府公布社会贤达"国大"代表 70 人名单。同日公布国民政府直接遴选之代表名单及新疆、重庆、军队、蒙古、山西、甘肃、福建、云南、绥远、青岛"国大"代表名单。

△　教育部公布《国民学校教员核定办法》,并训令各省、市教育厅、局执行。

△　北平行辕主任李宗仁飞抵南京,出席"国大"。

△　上海高等法院于 6 月 21 日判处伪维新政府行政院长、伪"中华政府联合委员会"委员、伪国民政府立法院长、汉奸梁鸿志死刑,是日梁在沪提篮桥刑场被枪决。

△　美国海军部次长凯尼奉命视察西太平洋各区海军基地,是日抵上海。10 日,由美第七舰队司令柯克上将陪同飞青岛视察。同日飞北平。11 日返沪。12 日,凯尼对记者谈,美海军在华为数不多,主要协助军调部工作。至本年 5 月止,美海军转与中国之港口设备及器材,共1500 万美元,不包括购美国剩余物资。13 日,凯尼离沪回国。

11 月 10 日　蒋介石、白崇禧、陈诚、吴铁城到"国大"代表报到处报到。自本月 2 日至是日,九天内报到之"国大"代表共 1115 人。

　　△　政府代表孙科、王世杰、吴铁城,民盟代表张君劢、罗隆基,青年党代表曾琦、陈启天,社会贤达胡霖、莫德惠,中共代表周恩来、董必武及政协秘书长雷震在京举行非正式综合小组谈话会,由孙科主持,讨论国民大会等问题。

　　△　周恩来与马歇尔会谈时局,周认为蒋介石的停战命令不会给时局带来任何实质性的变化,"国民大会的召集方式违背了政协决议,这样的国大将得不到共产党的承认"。

　　△　延安中共中央发言人廖承志发表声明,蒋介石本月 8 日之声明,决定在一党专政情形下召开"国大",表明蒋氏要长期独裁和内战的决心。蒋氏同时宣布的停战令,亦同历次的一样,"是继续大打的作战令"。若蒋介石对和平真有诚意,必须:一、下令停开一党包办的"国大",按政协决议召开"国大";二、将侵入解放区的国民党军撤退,恢复到 1 月间第一次停战令的位置。

　　△　中央训练团兵役研究班第二期及交通管理、农林垦殖、财务、地政人员训练班第二期在京举行开学典礼,兼团长蒋介石亲自主持并训话。第一期学员,兵役研究班 305 人,交通管理班 993 人,财务训练班 476 人,农林垦牧班 395 人,地政研究班 154 人,将官班 1298 人。

　　△　军调部政府委员郑介民致美方委员吉伦、中共委员叶剑英备忘录,转告蒋介石之停战令。

　　△　苏皖边区临时参议会代表边区 2400 万人民通电全国,并电联合国大会,要求美国政府立即撤退驻华美军及军事顾问团,停止并收回一切给予蒋介石政府的援助,停止干涉中国内政。

　　11 月 11 日　第三方面代表张君劢、缪云台、莫德惠等两度与蒋介石会谈,要求延迟召开"国大"。蒋最后表示,国大延迟三天召开。

　　△　国民政府令:国民大会改定于民国三十五年 11 月 15 日开会。

　　△　中共代表团发言人梅益就"国大"延期三天召开发表谈话,谓中共对此事并不重视,不论延期三天或 30 天,都是违反政协决议,中共

均反对。国民党如有尊重政协之诚意,就应停开其一党包办之"国大"。

　　△　军事三人小组自 6 月谈判中断以来,举行第一次非正式会议,讨论停战问题。陈诚建议:一、双方军队就地停战;二、执行小组对双方接触部队进行调整,以 11 月 11 日中午存在于当地的位置为调整之依据;三、执行小组成员间意见分歧,应循 6 月间所作规定解决;四、军队的整编和配置由三人小组尽早讨论解决。周恩来指出,"国大"一开,便表明政治的分裂,国民党正在布置向延安进攻。并主张恢复关外 6 月 7 日、关内 1 月 13 日以前的军事态势。

　　△　中共中央在延安召集保卫陕甘宁边区与延安的干部动员大会,到各方干部 1000 余人,朱德、彭德怀、刘少奇、杨尚昆在会上讲话,指责蒋介石正调大军向边区边境集结,号召全体干部准备过更艰苦的生活,要求全边区 60 万壮年男女,紧急动员起来,全民皆兵,保卫边区。

　　△　冀鲁豫工人、农民、青年、妇女、文化界联合会代表全区 1200 万人民电联合国大会,要求联合国大会行使职权,制止美国援助蒋介石进行内战,并要求美国立即撤退在华驻军。

　　△　行政院公布《举发烟毒案件给奖办法》、《禁烟考核奖惩规则》、《各省(市)县设置肃清烟毒调验所办法》。

　　△　鲁南国民党军第二十六师、第五十九师、第七十七师附装甲车数十辆,炮数十门,在美制飞机 24 架掩护下,向台儿庄以北峄县南津浦支线的竹罗、圈沟新四军阵地进攻。同日,胶济路中段国民党军李弥第八军攻占掖县县城。

　　△　国民党上海市特别执行委员会举办党员总登记,并发《告全市同志书》。

　　11 月 12 日　政府代表孙科、邵力子、吴铁城、王世杰,社会贤达莫德惠、胡霖、缪云台,中共代表周恩来、董必武,青年党代表曾琦、陈启天,民盟代表黄炎培、罗隆基、章伯钧,举行第二次非正式综合会谈,讨论"国大"问题,历时三小时,无结果。

　　△　周恩来与马歇尔会谈,周指出,如果国民党坚持国民大会不延

期,就会引起全国政治分裂,目前最重要的是重开政协宪草审议委员会,审订宪法。马认为目前的僵局在于政府方面认为中共不愿贯彻任何协议,中共则对政府的任何建议的诚意彻底怀疑。

△　国民党中枢在南京中山陵隆重举行纪念孙中山诞辰八十一周年,蒋介石主持,到京"国大"代表1000余人全体参加。

△　第三方面人士举行会议。周恩来和董必武、李维汉、邓颖超也出席了这一会议。周恩来就第三方面准备交出席"国大"的名单一事声言,20多天追随诸位先生之后,一切都是为了实现政协决议及停战协定,现在国民党要分化中共与第三方面,把中共踢开,却有人要去跳火坑进"国大",我们愿意谅解各位苦衷,但我们必须坚持政协决议。事后章伯钧、沈钧儒、张申府接受中共劝告,勾去签名。

△　驻美大使顾维钧在美全国对外贸易会议上呼吁美工商界毋躁急,中国政府正努力改善港口与内地的交通运输线,且正在推行土地改革,经济现状与美国南北战争后粗可比拟,中美贸易的潜在可能性未可限量。并称中美商约具有美发展在华贸易的重要因素,全中国领土均向美国商人开放。

△　民盟在京代表举行会议,会后发布公报称:"民主同盟历次宣言,拥护政协决议,一切行动,以此为唯一依据。同人愿尽最后一切努力,以求政协决议关于国大开会以前各项手续之完成。完成以后,即一致参加国大,未完成以前暂不参加。"

△　张君劢、蒋匀田由京抵沪,即召集社会民主党在沪干部会议,交换对时局之意见。该党宣传部长徐傅霖对记者谈称,"国大"展期三天,象征平和转机。更希望政府在政治上迅速改良,则大局统一,才能增进基础。

△　中共代表团部分成员乘美军用飞机离京飞回延安。

△　延安《解放日报》报道,10月份解放区军民战果:国民党军被击毙、俘虏、击伤及起义者共8.754万人。缴获长短枪5.3571万支,冲锋枪358支,轻机枪973挺,重机枪255挺,迫击炮108门,火箭炮10

门,战防炮 10 门,榴弹炮八门,六〇炮 56 门,平射炮 12 门,山炮 23 门,掷弹筒 210 个,汽车 51 辆,坦克八辆,马 1700 匹,炮弹 5900 余发,子弹 90 余万发。

11 月 13 日　非正式综合小组开第三次会议,政府代表王世杰、吴铁城、中共代表周恩来、社会贤达胡霖因事未出席。讨论各问题仍未获得一致意见。夜,在交通银行聚餐续会商,仍无结果。

△　周恩来致马歇尔备忘录,表明,如政府真有和平诚意,就应在停战办法上,除就地停止一切战斗外,规定双方军队恢复 1 月间第一次停战令所规定的位置,将侵入解放军的国民党军队撤出,然后停止一切军事移动。

△　立法院召开审查宪草会议,王宠惠、吴经熊列席报告对"五五宪草"之修订经过。因该案系因蒋介石直接交议,发生立法程序问题,多数委员金信不应提付讨论,会议暂停。

△　马歇尔与行政院副院长翁文灏会谈,马指出,"美国非常愿意帮助中国,但是不会支持一个不代表人民的政府"。"中国如果不实行真正的政治改革,就不可能指望美国援助"。

△　国民党中宣部长彭学沛在京答中外记者称,"国大"决不再延期,国军已奉令停止军事行动,唯中共仍未下停战令。

△　中国民主社会党发言人孙宝毅阐述该党对时局三点希望:一、"国大"能延期至 12 月 1 日,在此前,能照政协决议办事;二、蒋介石与毛泽东面晤,解决政治军事问题;三、政府包括行政院彻底改组。以上三点实现后,该党即提国大代表名单。

△　《中央日报》报道:据教育部最近统计,自 1936 年至 1946 年,全国专科以上学校由 108 校增至 182 校。学生人数由四万余人增至 12 万人。

11 月 14 日　蒋介石在京招待国民党籍"国大"代表,勉其依法执行制宪任务,体察国家政治现实情况,制定可行之宪法。

△　立法院长孙科接见立法委员代表,对宪草政治协商经过详加

说明,并指出"五五宪草"订正稿提交立法院审议系国民党总裁之意。但各委员对立法程序问题争论激烈,仍未获得一致意见。

　　△　周恩来对法新社记者谈,"除非政府取消召开国民大会,而召集政治协商会议综合委员会,则中共驻京代表团及北平军事调处执行总部中共代表将返延安重新请示"。

　　△　民盟主席张澜就"国大"问题对记者谈,"目前即使第三方面提出了国大代表名单,不特不能促进中国的和平,民主、统一,相反更会造成纠纷,使将来连第三方面也没有了"。"所以民盟绝不参加一党国大"。

　　△　社会贤达、青年党、民盟代表在京开会,继续商谈当前时局问题。无结果。

　　△　青年党秘书长陈启天晚 11 时在京对记者谈,该党决定参加"国大"。

　　△　民主社会党负责人张君劢由沪飞京,晚又离京赴沪,会商该党出席"国大"代表名单。

　　△　社会贤达莫德惠、钱新之、缪云台、胡霖、李烛尘向"国大"报到。彼等谓"国大"延期三日,乃系彼等要求,现三日已过,当实践前言。

　　△　国民政府公布《修正暂行文官官等官俸表》国民政府部分:特任 800,简任一级 680,八级 430,荐任一级 400,十二级 180,委任一级 200,十六级 55。

　　△　行政院训令各省、市政府,重申:"凡人民被法院以外之任何机关非法逮捕拘禁时,其执行机关,应于二十四小时内,将逮捕拘禁之原因,以书面示知本人及其最近亲属。又在接到法院之通知或提审票后,应即依期具复。或于二十四小时内,将被逮捕拘禁人解送,如有故违,依法处治。至接受申请法院,亦应履行其职务,不得因循敷衍,致违法令。"

　　11 月 15 日　国民代表大会在南京开幕,应到代表 2050 人,出席代表 1355 人。吴敬恒任大会临时主席致开会词,蒋介石致词说明国大筹备之经过及政府实施宪政之决心，勉各代表执行制宪任务，为国家谋长治久安，制定完善可行宪法。

　　△　中国青年党向"国大"提交代表名单，国民政府同日将该名单明令公布。左舜生就该党出席国民大会理由发表书面谈话称，惟有一致参加"国大"，和平、统一、民主始能获得保障。

　　△　国民政府公布山东、河北"国大"代表名单。

　　△　四川省府主席张群赴美治病后回国抵沪，当晚赴京出席"国大"。

　　△　中国出席联合国军事参谋团代表兼驻美国军事代表团团长何应钦在华盛顿宣布：中国驻美国军事代表团使命结束。按：该代表团于1942 年春太平洋战争爆发后派往美国，担任联络工作。

11 月 16 日　周恩来举行中外记者招待会，发表《对国民党召开"国大"的严正声明》及讲话，指责"国大"是"违背政协决议与全国民意而由一党政府单独召开的"，"最后破坏了政协以来的一切协议及停战协定与整军方案，隔断了政协以来和平商谈的道路"，"中国共产党人坚决不承认这个'国大'，和谈之门已为国民党当局一手关闭了"，"美国政府援助蒋内战的政策依然未变，假和平假民主绝对骗不了人"。并说，国民党军队如进攻延安，中共将被迫从边区打出来，那就是全国变动的局面。宣布，中共代表团将在两三天内回延安，京、沪两办事处仍将保留，由董必武及钱之光主持。

　　△　周恩来往访马歇尔，告以他和中共代表团其他成员即将返回延安，中共在南京仍保持一个总部，北平、上海、重庆均留一些工作人员，要求如果国民政府进攻延安，希望美方协助北平军调部的中共人员返回延安。马歇尔表示愿意为周回延安提供飞机，他有义务保护以上各地中共人员的安全，负责送他们回去。

　　△　马歇尔电告国务院，谓他已与柯克在南京商定，立即削减在华海军陆战队 5000 人，仅留约一万人。如果军调部不继续存在，除青岛一个警卫分遣队以外，海军陆战队全部从华撤退是适宜的。18 日，国

务院复马歇尔电,表示同意。

　　△　上海市参议会通电全国各省市参议会,谓战前银行月息不过1%,抗战胜利后,物价涨跌失常,月息竟有超过 20% 者。为解工业危机,请一致吁请政府严厉取缔高利贷。

　　△　南京高等法院宣判文化汉奸伪华北教育总署督办周作人有期徒刑 14 年。

11 月 17 日　行政院公布《修正进出口贸易暂行办法》。

　　△　河北等北方 22 省之"国大"代表在京举行谈话会,由河北代表张继主持,讨论对宪章综合意见:一、建都北平;二、添设副总统;三、谋全国经济平均发展;四、谋全国人才文化平均的发展。

　　△　基督教中华圣公会全国总会在南京圣公会保罗堂成立,由该会总干事朱及渔主教主持。会后朱对记者谈,"圣公会于国传道,已逾百余年,今后将普遍推行自养自立运动"。

11 月 18 日　国民大会举行预备会议,到会 1289 人,推立法院长孙科为临时主席,讨论主席选举办法。

　　△　中(国)瑞(典)新约批准书换文在京举行,外交部长王世杰与瑞典驻华公使亚勒分别代表本国政府签字。该约 1945 年 4 月 5 日于重庆签订,7 月 20 日两国政府批准。

　　△　周恩来向马歇尔递交一份中共在南京、上海、重庆的人员名单(南京中共代表团的 50 名成员,上海中共代表团的 10 名成员及解放区救济署的七名成员;重庆约 100 名中共办事处和报纸工作人员),并说明,一旦情况紧急,请马歇尔提供空运方便;使其返回延安。

　　△　中共中央向全党发出指示,要求各地党组织对蒋介石开"国大"和进攻延安,应向党内作充分说明,以团结全党全军和全国人民,为粉碎蒋介石进攻,建立民主的中国而奋斗。

　　△　行政院副院长翁文灏向马歇尔声明,政府没有进攻延安之意。

　　△　北平军调部美方代表吉伦电告马歇尔称,仅为保证军调部继续工作及美方人员的安全撤离,满足最低限度的后勤和战术需要,驻华

北美军兵力只需要 4055 人。

△ 行政院最高经济委员会下设的输入临时管理委员会在上海成立,中央银行总裁贝祖贻兼任主任委员。贝氏召集办理外汇的 29 家指定银行负责人谈话,说明政府管理输入之用意。该委员会发表公告称,进口商先办理登记,输入数量须经核准,已订购而未进口货物,亦须申请领取输入许可证。

△ 行政院善后救济总署署长霍宝树函上海地方法院检察处,谓该署出纳科科长吴燧人盗用公款 27 亿元,请依法处理。

△ 上海市长吴国桢召集棉纱纺织业有关各同业公会举行紧急会议,表示坚决取缔棉纱黑市。

11 月 19 日 中共代表团团长周恩来乘马歇尔之专机离南京返回延安,李维汉、邓颖超等 15 人随行。政府政协代表邵力子、吴铁城等前往送行。董必武等留南京与政府保持联系。

△ 周恩来在延安接见联合社记者谈,"中共将同意与南京重开谈判,但须以下述三点为基础,即:一、重新成立各党各派会议;二、组织联合政府;三、召开新国民大会"。

△ 国防部电令各师管区,谓青年军系国家干部,其已办理退伍手续而有证件及在各该军通讯处登记者,不再服国家兵役。

△ 国民大会开第二次预备会议,到会 1380 人,孙科任主席,讨论并通过《选举主席团办法草案》。

△ 蒋介石在京宴请民主社会党领袖张君劢等,孙科、吴铁城、王宠惠、王世杰等作陪。

△ 民主社会党发言人孙亚夫在京发表谈话,谓"本党参加国大与否,具有独立的自由意志",绝不受任何牵制。本党与民盟的关系,是自主的政党。

△ 北大校长胡适在京对记者谈关于"宪章"中的教育问题,希望政府重视教育经费,国民教育经费应占政府预算的 50%。目前公教人员生活太苦,望政府能切实保护公教人员的生活。

△ 郑州绥靖公署主任顾祝同指挥第五绥靖区孙震部五个旅向濮阳解放区进攻,与八路军激战至 20 日,八路军全歼孙部第一〇四旅,俘旅长杨显明及河北保安第十二总队司令何冠三以下官兵 7500 余人。30 日,国民党军攻占濮阳。

△ 国民政府派赵元任为代理中国出席联合国教育科学文化会议第一届大会代表团团长。

△ 福州市政府为增加每年六亿元的税捐收入,坚持实行公娼管理制度,是日,市府召开妇女界代表座谈会,省妇运会及妇女会极力反对市府政策,双方商谈无结果。

△ 马歇尔电告国务院,谓他正在为最大限度地削减海军陆战队在华人数,而又不至于损害军调部工作和美舰队在青岛时海岸警卫能力而努力。

11 月 20 日 国民党中常会临时会议通过《国府组织法修正案》,宪草修正案原则通过,交立法院完成立法程序。同日,国防最高委员会通过《行政院组织法》,该法规定扩大行政院组织,设 15 个部,三个委员会。

△ 民主社会党组织委员会主席张君劢致函国民党总裁蒋介石,就如何"彻底实行停战命令"及如何"彻底实现政协决议"等当前国是提出七项意见,并作为该党参加"国民大会"的条件,略为:一、军事调处继续积极工作,以免冲突扩大;二、实现整军方案;三、政府以政治方式解决政治纠纷的主张应坚定不变;四、政协宪草应在"国大"中通过;五、切实保障人民各项自由;六、结束党治,首先做到党费不由国库开支,党部不干涉行政,党团退出学校;七、改组政府后,应刷新政治,用人惟贤。

△ 中宣部长彭学沛在京答中外记者,否认国军进攻延安,谓此种宣传完全是中共宣传之策略。又称,"国大"中共代表名额仍将保留。

△ 中共军总司令朱德在延安对外国记者谈,中共军准备保卫延安。

△ 陕甘宁边区政府发布坚壁清野的指示,谓必须把一切可以资

敌用的粮食、物品及早分散埋藏起来,在敌人进犯之地区,须在敌人未侵入之前,将所有碾磨埋藏,将所有水井填塞,将所有不能带走或不及掩埋的东西全部加以毁坏,务使敌人饥不得食,渴不得饮。

△　陕甘宁边区妇联代表边区 75 万妇女急电美国妇女界,吁请"采取一切办法要求美国政府立即停止对蒋介石独裁政府一切物资援助,立即撤退驻华美军"。

△　司徒雷登大使由北平飞回南京,行前在平对记者谈,抵京后仍将与马歇尔继续努力,对中国时局,再行调处。

11 月 21 日　国民大会开第三次预备会议,出席 1467 人,选举大会主席团。蒋介石、孙科、白崇禧、于右任、曾琦、胡适、吴铁城、陈果夫、李璜、左舜生、程潜、白云梯、吴贻芳、邹鲁、张厉生、于斌、莫德惠、孔庚、谷正纲、陈启天、李宗仁、张群、吴敬恒、陈诚、图丹根枙、陈立夫、朱经农、阿合买提江、胡庶华、孔祥熙、林庆年、何成濬、朱家骅、黄国书、张继、梁寒操、郭仰颖、黄芸苏、曾扩情、段锡朋、孙蔚如、刘薇静、贺衷寒、王德溥、余井塘当选为主席团成员。

△　国民大会第三次预备会议一致通过朱经农等临时动议案,保留共产党和民盟在国民大会主席团的九名名额。

△　中国国民党总裁蒋介石复民社党主席张君劢函称:"函中所举诸端,均为政府所当为,亦为中正个人所愿竭其全力,以求其实现者。"望民社党与国民党通力合作,出席国大,完成建国大业。

△　民主社会党北平、天津两支部电民社党主席张君劢称,关于本党参加国民大会问题,"拥护钧座向政府所提附条件的参加"。

△　第七届防空节纪念大会在京举行,兼防空司令汤恩伯主持,宣读蒋介石《告全国同胞书》,号召国人必须充实积极性防空建设。

△　军调部长春前进指挥所政府区中五个小组的中共方面代表组员奉令撤出。同日,中共区三个小组的政府方面代表组员亦撤回长春。

△　马歇尔电告国务院,同意把海军陆战队再削减 5000 人,削减总数为一万人左右。留华兵力约 5000 人,主力驻天津,以保供应物资

的调运和塘沽、北平间交通线的安全，其余兵力分别驻于北平、青岛。

　　△　中国出席联合国大会首席代表顾维钧在大会上就裁军及调查驻外国军队问题发言：一、各国应向联合国报告军备情报；二、调查国外驻军亦应同时调查其国内军队。

11月22日　国民大会开第四次预备会议，出席 1502 人，主席团 46 人登台，吴贻芳、陈立夫、陈诚三人辞任主席团成员职务。主席团会议推定洪兰友为大会秘书长，陈启天、雷震为副秘书长，蒋介石任第一次大会主席。

　　△　立法院审议《中华民国宪法草案修正案》，到会 51 人，各委员纷纷对宪草发言争论，最后以 34 票多数通过。同日，立法院一致通过《行政院组织法修正案》。

　　△　中共中央华中局负责人对新华记者谈，蒋介石胆敢向民主圣地延安进攻，全华中的主力部队、地方部队、民兵游击队，将更加坚决的歼灭蒋军。

　　△　国民政府令，萨镇冰任海军上将，并予除役。

　　△　英国援华联合总会会长克利浦斯夫人在京对记者谈，该会援华捐款并无政治歧见，对宋美龄及王宠惠主持该会捐款分配及处理表示满意。今后该会援华工作将由纯粹救济改为协助复员及教育工作。

11月23日　国民政府主席蒋介石致国民大会函，谓：“《中华民国宪法草案》经立法院通过，呈送前来，相应函请查照，予以制定为荷。”

　　△　国民大会主席团第二次会议通过《议事规则草案》、《各审查委员会组织规则草案》、《旁听规则》。主席团分五组轮流主持会议。

　　△　民主社会党提出参加国民大会代表名单。同日，国民政府将该名单明令公布。

　　△　民主社会党主席张君劢在京对记者谈，本党与国民党交换出席“国大”之条件，纯为国家人民之需求，本此精神参加“国大”。本人自重庆各方讨论“国大”代表名单时，即一再声明不任任何名义。

　　△　司徒雷登由京飞沪，参加圣约翰大学新任校长就职典礼。司

徒雷登用华语致词,勉学校应为国家教育良好之公民,学子应有世界观,养成大同精神,基督教大学更应发扬基教精神,寻求真理,讲求道义人格。

△ 国民政府公布《国史馆组织条例》,该馆隶属国民政府,掌管撰修国史事宜。

△ 克利浦斯夫人一行离京飞广州转香港回国,宋美龄为之送行,临别表示对中国之行殊为满意。

△ 虞洽卿灵柩由渝专轮运沪。24 日,上海各界在四明公所礼堂举行追悼大会,蒋介石、于右任、宋子文等国民党要人均送挽联。

△ 上海高等法院判处伪政权最高法院院长张韬无期徒刑。

11 月 24 日 民盟代表罗隆基等在京招待新闻界,发表对时局态度之书面谈话云:民盟始终坚持二原则:一、拥护政协决议;二反对武力党争。今后仍以"第三方面"立场,继续努力促使和谈恢复。对民社党参加"国大"事,"保留批评态度",同时要求民社党退出民盟。民盟不参加"国大",不承认"国大"通过的宪法。

△ 北平军调部中共发言人称,军调部关内各小组的中共代表至本日止,已全部撤退完毕。

11 月 25 日 国民大会举行第一次大会,出席 1248 人,蒋介石任主席。蒋介石就与民社党主席张君劢交换之函件作说明,谓本人与张之函件中,"有'政协宪草各方应负责使之通过'一语,此乃以国民党总裁名义函复,此系党与党之文件,与国大无关。至政协所决定宪草原则,在当时协商时,系决定参加政协之各党派,应负责使其党员将此项宪草通过。而国大依法行使职权时,自不受任何之拘束"。大会讨论《国民大会议事规则》,争论激烈,规则规定本届大会只制宪不行宪,四五百名代表坚持本届大会须制宪兼行宪。

△ 南京中共发言人就民主社会党提出"国大"代表名单发表评论,谓该党提交"国大"代表名单,"丝毫没有改变国民党一党包办'国大'的性质"。

　　△　蒋介石主持中枢纪念周,出席"国大"的国民党代表均邀参加,蒋致词称,这次"国大"完成制宪,责任重大。"本党代表,对党要共信,对同志要互信,共同遵奉国父遗教,实行三民主义,完成革命使命"。

　　△　司徒雷登在沪招待中外记者,为中美商约事发表声明称,若干中国报纸不合理的指责"美国已将不平等条约加诸中国",并非事实,"美国并不期望中国牺牲主权或妥协","美国并不想要,也没有得到在华的特殊权利"。

　　△　马歇尔由天津飞往北平。记者询以对和平前途之意见,马答谓"不知"。

　　△　《中央日报》报道,教育部规定,凡专科以上学校教员,经部审查合格者,按月发给研究费,教授五万元,副教授四万元,讲师三万元,助教二万元。省和私立学校,则由省和学校自行筹发。

　　△　《中央日报》报道:国防部对东北各级官兵月薪进行调整,上将4.64万元,中将4.17万元,少将3.71万元,上校3.24万元,中校2.78万元,少校2.32万元,上尉1.85万元,中尉1.62万元,少尉1.39万元,准尉1.16万元,上士4650元,中士3450元,下士2750元,上等兵1900元,一等兵1500元,二等兵1500元。均按东北流通券发给。

　　△　国民政府令,授予张群青天白日勋章。

　　△　出席联合国教科文组织会议代表竺可桢,在巴黎于大会的建设及善后委员会上称:中国学校遭日人破坏损失达7.3亿美元以上。第二天会议讨论世界教育计划,竺可桢说明中国教育任务艰巨,尚需其他国家的协助。

　　11月26日　国民大会举行第二次大会,于右任为执行主席,讨论《国民大会议事规则》,经激烈争辩,由于蒋介石一再坚持和国民党代表的活动,该规则全部获得通过。大会增选民主社会党推定的李大明、徐傅霖为大会主席团成员。

　　△　行政院拟定改善公务人员待遇方案:一、加成数1000倍,基数为20万;二、加成数900倍,基数22万;三、加成数800倍,基数24万。

自本月份起实行。

　　△　国民党中央委员张群、秘书长吴铁城、组织部长陈立夫宴请青年党全体"国大"代表,曾琦、左舜生分别答词,强调党派合作,为促进民主宪政努力。

　　△　中共中央代表全国 200 余万党员向朱德致送祝词,庆祝朱德六十大寿,谓"人民庆祝你的六十年生活,因为你是中国人民事业伟大胜利的活证明"。

　　△　中国解放区救济总会主任董必武就联合国善后救济总署和行政院善后救济总署在中国的救济工作发表声明,谓该两署违反"联总"理事会不歧视政策之决议,未合理向解放区分配救济物资,解放区共收到 9820 吨,仅占运华救济物资总数的 7.5‰。此种情形必须加以改善。

　　△　中国劳动协会理事长、国际职工联合会执行委员朱学范在香港皇后大道上遇刺重伤。28 日,解放区职工会筹备会、陕甘宁边区职工会致电慰问,并声讨蒋介石派特务行凶的罪行。

　　△　马歇尔赴北平军调部视察,接见中共委员叶剑英、政府代表蔡文治及美方委员吉伦,对该部工作详细询问,并征求意见。

　　△　东北辽(宁)吉(林)区国民党军新一军之第三十八师、第五十师、新六军之第二十二师、第六十军之第二十一师、第七十一军之第八十八师、第九十一师,由怀德、农安等地向北及西北进攻辽吉地区,当日攻占长岭。

　　△　国民党军整八十三师之第十九旅、第六十三旅,整六十五师之第一六〇旅、第一八七旅及整二十五师之第一〇八旅共 11 个团向盐城华中新四军发动进攻。12 月 13 日攻战盐城。

　　△　湖北省府召开各界商讨兴修武汉长江大桥事宜,并决定组织公司经营大桥有关事业,筹款 50 亿元,以平汉、粤汉两路局及省府担任 20 亿元,其余 30 亿元向银行支借。

　　11 月 27 日　国民政府公布《修正国民大会代表选举补充条例》第二条条文:除原选出的国大代表 1200 人外,另增加由国民政府直接遴选者 700 名;依附表产生者 150 名,连同《选举法》第二十四条及第三十二条规定,共 196 名;新疆区域代表 12 名,职业代表三名。

△ 国民政府公布《修正货物税条例》,该税为国家税,由财政部税务署所属机关征收。

△ 国民政府令,驻荷兰国特命全权大使董霖、驻葡萄牙国特命全权公使张谦均免本职,特任张谦为中国驻荷兰国特命全权大使。

△ 全国军官总队长会议在南京召开,除讨论业务外,对 16.6 万余名复员军官的安置问题亦力谋迅予解决。

△ 马歇尔夫妇由北平飞青岛,参观中央海军训练团,对该团训练方式及受训人员精神颇为赞许。

△ 北平军调部中共委员叶剑英由平飞哈尔滨,叶称此行系为商讨如何开展今后东北之调处工作。29 日离哈返平,叶对记者谈,东北分部仍保留现状,中共已同意美方派联络官驻哈尔滨。

11 月 28 日　国民大会开第三次大会,蒋介石代表国民政府向大会执行主席胡适提交《中华民国宪法草案》,蒋并发表专篇演讲,陈述宪法草案制定经过,以及对制宪问题之意见,希望大会对该宪草予以通过。立法院院长孙科对宪草逐条作解释和说明。

△ 国民大会主席团通过代表资格审查委员会委员张厉生等 101 人名单。

△ 青年党代表余家菊代表该党出席"国大"的全体代表向国民大会提出书面声明,谓蒋介石向大会提交的宪法草案,"其内容随时代而进步,确能反映全国各方面之意见"。青年党代表定将对宪草虚心商讨,以制定完美之宪法。

△ 国民政府公布《战略顾问委员会组织条例》,该委员会为军事最高建议及储备战时高级指挥官之机关,隶属国府主席。定额 19 名。

△ 外交部条约司司长王化成在京就中美商约问题发表声明,谓各界对该条约内容未能完全明了,故批评甚多。并阐明该约签订过程中,中国方面始终根据平等之原则为指导。该条约之签订,对中

国实为必要。

△ 八路军副总司令彭德怀致函朱德,庆贺其六十大寿,函称:"你所创造的人民军队,已成为保卫人民利益的坚强力量。"

△ 南京苏联大使馆发表谈话,谓中长铁路苏联籍职员将撤回,因事实上颇难执行职务。

△ 晋绥八路军经两日激战,攻占蒲县、隰县、石楼三城,生俘阎锡山部晋西地区总指挥杨澄源上将(原第三十四军军长)、参谋长胡芳珍少将、行政区专员孙海丞以下官兵 2500 余人。

11 月 29 日 国民大会开第四次大会,出席 1433 人,各代表对"代表资格审查委员会名单"竞相质询,由张厉生解释后,结果以 811 票通过。继而讨论宪法草案,各代表发言热烈。

△ 民主社会党"国大"代表团秘书长孙亚夫在京对记者谈,表示竭诚拥护蒋介石提交大会的宪法草案。

△ 国民政府特派驻菲律宾特命全权公使陈质平为商订中菲友好条约全权代表。

△ 国民大会南京市的代表在京对记者谈,定都南京不容变更,南京地势虎踞龙蟠,民国定都南京为孙中山所主张,水陆交通便利,符合二十世纪时代要求。

△ 上海前公共租界法租界官有资产与官有义务债务清理委员会在市政府成立,市长吴国桢任主任委员。下设前公共租界华洋职员退职金养老金小组、前公共租界官有产债及其他有关各事业小组及前法租界官有资产与官有义务债务小组。

11 月 30 日 中美两国在南京签订航空运输协定草约。该约规定:"美国民航公司得有权经过中国境内及作非营业性之停落,并在上海、广州、天津三处得有权装卸国际客运、货运及邮运。中国民航公司在美国境内,亦得享有过境与非营业性停落之权利,并于旧金山、纽约、檀香山三处,有权装卸国际客运、货运及邮运。"

△ 国民大会开第五次大会,到会代表 1180 人,民主社会党和青

年党的代表均缺席。大会通过《中华民国宪法草案审查办法》,大会代表共分九组分别审查宪草各章。

△　"国大"社会贤达代表章士钊就宪法问题对记者谈称:"任何良好之宪法,不在条文之完密,而在能切实可行。"又称,国民大会共产党参加与否,无足重视,对制宪毫无影响。

△　"国大"绥远代表祁志厚向大会提案,谓"为保卫东北,巩固国防,防止国土再被侵略起见,应建都北平",并陈述理由 14 条。于右任、张继、莫德惠、孔德成、丁惟汾等 380 人对该提案连署。

△　董必武会晤司徒雷登,董谓据其所知,周恩来并未答应要为美国的调处征询延安的反应,并坦率表示,他不信任美国的调解努力。

△　上海市黄浦警察局为整饬市容,拘押摊贩 300 余人,是日被押者之家属老幼 300 余人前往递送寒衣,遭警局拒绝,群情激愤,与警方冲突。引起过往数千群众不满,将警察局包围,警方出动警车和大批警员对群众镇压。市长吴国桢被迫亲临警局令将被拘者全部释放。

△　八路军晋冀鲁豫军区刘伯承部向鲁西郓城发动猛攻,经数日激战,12 月 5 日攻占县城。

△　出席联合国大会代表顾维钧就国际裁军问题提出四项计划:一、依联合国宪章组织国际军;二、禁止所有原子武器及其他大规模破坏之武器;三、依加、澳两国修正案之原则,设立国际管制及监察制度;四、各国均应支持安理会及原子能委员会的工作。

11 月下旬　郑州绥靖公署调集第五军及整编第七十五师、第三十二师、第八十五师、第四十师共 10 个旅的兵力由滑县和安阳地区分向濮阳、濮县和大名之八路军进攻,企图打通平汉铁路。

△　国民党监察委员兼两湖监察使苗培成、监察委员何汉文弹劾现任国防部参谋次长、前任第六战区副司令长官兼武汉警备司令郭忏。列其贪污渎职之要者:一、接受伪军长邹平凡金条数百根,现款数十亿元及大批物资,免邹之罪;二、乘升任参谋次长之机,敛取大批财物;三、霸占行驶渝汉间之"华府号"轮船为己享用。

是月　苏浙皖区敌伪产业处理局委托江海关及中央信托局标卖物资款收入 240 亿元。

12　月

12 月 1 日　蒋介石与马歇尔在京会谈,双方对时局之意见分歧。马认为共产党已是一支大得不可忽视的军事和社会力量,要靠军事力量消灭多半是不可能的,当务之急是争取中共参加政府,切不可让军事行动破坏谈判。蒋则认为"必须摧毁共产党的军事力量",自信"能在八个月到十个月的时间内消灭共产党的军队"。并谓他虽已年届六旬,须尽快结束做领袖的角色,但不彻底消灭共产党,就决不交出统治权。

△　中国青年党为纪念建党二十三周年发表宣言,阐明该党对时局之态度,希望各党派要真正了解民意,从速完成民主的宪法。

△　因上海黄浦、老闸两区摊贩继续为反抗市府警察当局取缔沿街摊贩事进行斗争,是日,军警出动镇压,摊贩十余人死亡,百余人受伤,221 人被捕,市区一片混乱。市长吴国桢、警备司令宣铁吾、参议会议长潘公展、江浙区监察使程中行、商会理事长徐寄顾举行紧急会议,商讨维持治安对策。吴国桢在上海电台发表讲话,指责摊贩的正当要求是有组织有计划的扰乱社会治安的暴行,市府定将追查、惩办暴行者。同日,淞沪警备司令部发布告称,为制暴勘乱,再有暴行者,"概予格杀不贷"。

△　上海地方协会会长杜月笙对"摊贩事件"发表谈话,谓"昨日因摊贩问题发生的混乱,表面上虽为摊贩生计,实际是个严重的经济问题"。

△　出席"国大"的热、察、绥代表发表声明,谓内蒙与外蒙、西藏不同,内蒙区域蒙族人稀少,绥远、察哈尔蒙人更少,因而,内蒙无自治之必要。同日,内蒙代表亦发表宣言,请中央彻底实行二中全会对边疆决议案,增强盟旗地位,充实中央边政机关。

△　延安总司令部发表 11 月份自卫战绩,据已获统计,大小战斗 647 次,歼国民党军六个旅,缴获步、马枪 2.5 万余支,机枪 1100 余挺,各种大炮 264 门,坦克二辆,击落飞机三架。

12 月 2 日　国民大会开第六次大会,出席 1179 人,继续讨论宪法草案,各代表发言踊跃。河南代表张善舆等提案,要求设东都南京,中都兰州,西都疏勒,并强调设此三都是孙中山之主张。

△　蒋介石主持中枢纪念周并致训词,要求"国大"代表"要注意会场秩序,并遵守议事规则","国大"已进入制宪阶段,"要以国家民族为前提,一心一意实行三民主义"。

△　蒋介石听蒋经国报告与苏联使馆人员谈话经过,蒋经国说:"俄方故意表示:(一)中国政府如能不亲英、美,则俄亦不扶助中共;(二)政府军队如进攻延安,则中共总部必迁往东北;(三)中、俄两国有关东北之协定,希望早日实行,并应先由签订经济协定着手;(四)希望政府对中共能迅谋协妥。"蒋介石在当天日记中写道:"此乃俄国与共党最近之企图也。"

△　孙科在京对中外记者谈,"本次国大代表于制宪完成,任务即告终了"。并强调,国共"和平谈判,随时均可恢复","如中共参加政府,当所欢迎"。又谓:"国都已在南京,非有特殊严重事件,于逼得不得已之情况下,不易变迁。"

△　青年党秘书长、"国大"代表陈启天在京对记者谈,该党现在有党员 46 万人,各地党部均由基层选举而成。该党基本主张是:一、国家主义;二、民主政治;三、社会立法。该党目的:对内造成全民福利的现代国家,对外促进平等合作的和平世界。该党的特性:独立性,中和性,建设性。

△　中长路苏联职员及家属 365 人由沈阳乘车抵塘沽,旋转轮回国。

△　《中央日报》报道,安徽祁门县西乡和江西浮梁交界的竹源潘村组织"重道会",发展极为迅速,声势颇大,公开阻碍兵役及抗缴捐税。

县府派自卫队镇压,会徒逃入山中。

12 月 3 日 国民大会开第七次大会,出席 1166 人。大会议定接受审查宪草提案于本月 7 日结束。西藏、新疆等地代表发言,呼吁保障少数民族地位,要求在宪法中增加少数民族一章,明确规定边疆民族之自治,并非独立。

△ 张嘉璈由沪飞京,与张群同往见蒋介石,讨论当前金融、经济之情势。张嘉璈谓"一般舆论,认为以往政府政策变更太多,而执行又不彻底,致人民对于政府失去信用"。由于种种政策失当,"致金融经济百孔千疮","必须全面改革"。蒋拟让张嘉璈任财政部长,张以对政治非所长婉拒。

△ 中华全国基督教协进会第十二届全国代表大会在上海召开,出席会议者有会长吴贻芳、总干事陈文渊及各地教会负责人 160 余人。会议以研讨如何提高人民道德生活、策进新中国之建立为中心。

△ 粤宝安、深圳边界文锦渡英界守军一名越境追捕两名十三四岁中国儿童,予以殴打,经深圳民众交涉制止,该英兵退回英界后即向中国民众开枪,打死乡民张添祥。晚,外交部两广特派员郭德华就该事件向香港当局提出强烈口头抗议,港警备司令费斯丁口头表示道歉。9 日,香港政府与香港军事当局分别声明,对深圳 3 日发生之不幸事件表示歉意,愿与中国当局商议适当赔偿费。

△ 上海市轮船业公会以营运"行总"水运大队船舶与"行总"签订空船租赁合同,成立中国轮船业济运联营处。参加者有国营招商局、三北公司、中兴公司、民生公司、大通公司、益祥公司等 77 家轮船公司,杜月笙、钱新之等 27 人当选为理事,陈涤生等九人当选为监事。

△ 晋冀鲁豫八路军攻占郓城。6 日攻占濮县。国民党军邱清泉第五军由菏(泽)济(宁)公路以北败退。

12 月 4 日 董必武致马歇尔备忘录,转交周恩来致马歇尔的电报,内称:"由于一党操纵的国大之召开,政协协议已为蒋介石主席所撕毁无遗,国共两党间已无谈判的基础。然为符合全中国人民争取和平与民主之愿望,本党主张,如国民党立即解散刻在开会的非法国大,恢复 1 月 13 日停战令时之军队原防,则两党仍可重开谈判。乞将上述各点转致蒋主席。"5 日,马将该备忘录副本交俞大维转交蒋介石。

　　△　中共南京发言人梅益发表谈话称,关于和谈,"中共态度甚为明朗,对美国使者之和平调解,从未予以拒绝"。因国民党一党召开"国大",使和平中断,至今尚无新基础使和谈恢复。

　　△　马歇尔与俞大维会谈,马指出,要使共产党人参加国民大会,惟一机会是国民政府真正有所改变。并表示完全不能同意蒋介石关于"八个月到十个月摧毁共产党"的观点。同时告诉俞,美国进出口银行拒绝为粤汉铁路和黄河大桥提供贷款,"这是因为考虑到了国民政府的性质、公开的贪污和这个政府的军事政策"。

　　△　国民大会开第八次大会,继续讨论宪草。出席 1064 人。青年党代表发言称,该党"主张责任内阁制,议会政治,政权治权互相控制","民意机关,须与行政机关立于平等地位",以保证发扬民主。"总统职权,不可过小,亦不可过大"。民社党代表发言称,"虽宪草内容若干与民社党尚有相当距离,但实无反对之理由"。

　　△　淞沪警备司令宣铁吾就摊贩事件对记者谈,11 月底将摊贩完全取缔,市府早已明令公布。这次事件系阴谋分子参与所致。该事件中,商店被捣毁 110 家,警察受伤者 40 人,拘捕嫌疑人犯共 221 人,已保释 126 名,其余 95 人,除二人处以违警,10 人解淞沪警备司令部军法处审讯外,均移地方法院检查处依法侦讯。

　　△　上海市长吴国桢就该市摊贩事件招待新闻界谈称,此事件是一次有计划有组织的暴动。并承认"摊贩问题,是一个社会问题","警察态度确有改善必要"。

　　△　周恩来、董必武电联合国善后救济总署署长拉加第亚,告以"联总"运华物资,中共区所得甚少,要求"联总"改善此不合理状况,并请"联总"理事会将中共提议予以讨论。9 日,"联总"理事会罗克斯将军复电拒绝在理事会讨论中共提议。

△ 《中央日报》报道,东北保安司令长官杜聿明、副长官郑洞国、参谋长赵家骧、军长孙立人、廖耀湘、赵公武、石觉,荣获美国杜鲁门总统颁予的自由勋章。

△ 《中央日报》报道,中国与美国波音飞机制造公司签订协定,规定该公司将在第二次世界大战中美军用以训练飞行员的"开德"式飞机转让中国制造,并将美军剩余物资中的 70 架"开德"式训练机运往中国,作为制造此飞机之模型。

12 月 5 日　国民大会开第九次大会,到 1125 人。继续讨论宪草后,大会决定:一、停止广泛讨论宪草;二、宪草审查委员会通过;三、自 6 日起,分组审查提案;四、大会原定 12 月 8 日闭幕,延期至 12 月 19 日。

△ 中宣部长彭学沛在京记者招待会上谈,"国民政府委员会及行政院,均将于最近之将来改组,可望有党派领袖与无党派人士参加"。又谈,"冈村宁次仍以联络员资格继续协助遣送未完之日侨及日俘"。

△ 胡适在京对中外记者谈,宪草不会有重大变更,宪草曾经各方讨论所得,绝非一党意旨。又谓"胡适之不组党,余无此兴趣,余之兴趣在于学术"。

△ 马歇尔与司徒雷登讨论董必武 4 日递交的备忘录,司徒认为,周恩来的声明表示接受蒋介石的武力挑战,如果蒋介石坚持奉行武力政策,美国的援助将全部撤销。并提出美国对华政策的设想:"在国民政府军队整编方面提供军事援助,在经济领域内提供技术性援助,在政治领域内提供专门性咨询。"马对此表示同意。

△ 中共南京发言人梅益发表谈话,谓国共和谈,"在如下之基础上始能进行谈判:一、召开各党派会议;二、组织联合政府;三、召开新国民大会"。同日,政府方面表示,中共此等要求绝对无法考虑。

△ 延安各界青年纪念"一二九"、"一二一"大会,痛斥蒋介石独裁卖国,指责蒋介石政府与美国 11 月 4 日签订的《中美友好通商航海条约》是中国人民的卖身契。大会决议,该条约签订日为"中国国耻纪念

日"。大会并通电全国各界人士,力争废除辱国条约。

△　上海《中央日报》发表《从摊贩事件看社会经济》的社论,指出摊贩事件,并不是一个局部的问题,"而是整个社会经济问题",现在币值低落,物价腾涨,所有工商业在风雨飘摇中,"如果这个问题不解决,则国家前途,只有日趋暗淡"。

△　国民政府公布《营业牌照税法》、《筵席及娱乐税法》、《房捐条例》。

△　上海市参议会电国民大会主席团,"建议国民大会在宪法内增加保障人民健康之条文"。并阐明"国民体格日趋羸弱,精神不振,志气消沉,人民不重卫生,社会习尚简陋,长此以往,影响民族生存"。国家复兴,人民之健康与卫生至为重要。

△　全国卫生行政会议代表上书国民大会,陈述"健康系人生最大财富","国民健康系国家最宝贵之资源","卫生即经济",近代国家已将"健康权"列为人民的基本权利之一。望国民大会在宪法中增加"保障人民健康权一条"。

△　台南县新化镇一带发生地震,死亡58人,伤300余人,房屋全毁者633栋。

12月6日　国防最高委员会及中常会连续举行:一、通过国家总预算审议会办法,三十六年度(1947)中央政府总预算委员会,以五院院长、中执会秘书长、国防最高委员会秘书长、国防部长、参谋总长、文官长、主计长、财政部长、中央设计局秘书长、财政专门委员会主任委员组成,总预算会议由国防最高委员会召集;二、通过三十六年度党务工作方针。

△　国民大会分八组审查宪法草案。各组分别推选参加综合审查委员会的人选。

△　驻北平美军当局宣布,北宁线上担任护路工作的美军,将于本月底前两星期内撤退,此次美军撤退后,华北仅北平、天津、塘沽、青岛四处驻有美军,美军留华北人数将不足1.5万人。

　　△　苏浙皖区敌伪产业处理局奉行政院训令,制定《密报逆产奖金暂行规则》,规定一般人密报逆产经判决没收后,按值给 30% 的奖金,公务员、情报机关或侦缉机关人员密报经判处没收者,按值给 3% 的奖金。

12 月 7 日　蒋介石与司徒雷登会谈,蒋表示,中国政府有聘马歇尔当顾问的意愿。司徒答谓,由于中国正进行着内战,马歇尔不会对此职位加以考虑。

　　△　中国中和党主席尤永昌在沪对记者谈,该党未能参与制宪,甚憾。此非本党之损失,实为制宪本身之损失。目前国内内战未止,贪污风气日盛,官常失肃,百业凋疲,民不聊生。因此,该党力倡孔教革命,用挽世道人心。并拟在沪开设模范工厂,收容失业青年,协助政府安定社会秩序。

　　△　越南海防市法越两军冲突,法军以越军逃匿于华侨区域为由炮击华侨区,侨胞死亡 2000 人,3000 余人无家可归,法越两军抢劫华侨住宅、财物,300 余人被越军逮捕下落不明。

　　△　"联总"署长拉加第亚宣布,中国境内"联总"供应物资分配速率及港口清理已改善,供华物资除少数中国尚未准备接受之项目外,停运令一律取消。

　　△　联合勤务总司令部直属第二军械补给库上海江湾体育场第一分库弹药爆炸,巨声震撼市区,历时一天一夜。军人死四人,伤九人,失踪五人。损失手榴弹一万余颗,八二迫击炮弹 8000 余发,七五山炮弹 1.73 万余发,照明弹 19 颗,曳光弹 83 颗,信号弹 100 余颗,杂色步枪弹 45 吨,日八九重掷榴弹 9000 发,一公斤烟幕罐 80 余个,杂色炮弹 1000 余发,山炮弹二万余发等。库长王仁珊畏罪潜逃。

12 月 8 日　上午 9 时,国防部在南京中山门外沧波门解脱村举行陆空联合对敌坚固阵地攻击演习,由白崇禧、陈诚主持。招待"国大"代表和新闻记者参观。白致词强调必须建立现代化的国防军,才能巩固统一,保卫国防。参加演习的部队有步、炮、工、通讯各兵种,配合空军驱逐机、轰炸机、伞兵,使用的轻重兵器、自动兵器、火焰放射器、火箭炮等,均为近代最新式的武器。

△ 国民大会代表报到处公布报到代表总数为 1675 人,国民政府公布的代表名单未报到者仅 69 人。

△ 中国劳动协会在沪开四届五次理监联席会议,改选常务理事,推选安辅庭为理事长。派张子清等 15 人收回该会重庆福利事业机构。

△ 《中央日报》报道,广州查获白银走私案,一走私者图将价值法币 10 亿元之白银由广州运香港,为粤海关查获。此案将使广州 13 家银行倒闭。该白银没收后交中央银行。

△ 张嘉璈在北平约中央、中国、交通三银行经理商谈稳定东北流通券价值办法,议定:一、该券市价格在法币 10.5 元以下,中央银行向市面收购;在 21.5 元以上,中央银行卖出。二、收回流通券,由中央银行委托中、交两银行代办;流通券行市提至 11.5 元后,中、交两行可自由开市。

△ 国民党军胡宗南部五个团向中共陕甘宁边区之关中分区进攻,进入边区 30 余里。

△ 中国审计学会在南京成立,刘纪文、蔡屏藩、杨汝梅等 20 人当选为理、监事。

12 月 9 日 “国大”主席团决定审查宪草办法:一、各代表提案并案审查;二、口头提案与书面提案一样重视,审查委员会审查完毕后,应提出具体意见,交大会讨论。并推定孙科、邵力子、陈启天、雷震、王云五、王宠惠等为各组宪草解释人。

△ 蒋介石在中枢纪念周致词,对“国大”连日来顺利进行表示欣慰。又谓,国内问题,“政府始终未关和谈之门,且一贯主张以政治方式解决”。

△ 蒋介石在国府礼堂召见中央训练团兵役研究班 340 名学员训话,谓“兵役工作之成败,关系建国建军至巨”,并勉其“涤荡积习,切实负责,执行新法令,完成政府所赋予之使命”,“分发各地服务,应谨守岗

位,克尽厥职"。

△ "国大"主席团成员、天主教总主教于斌在中宣部举办的记者会上谈"国大"与宗教问题,谓"天主教义与共产主义根本冲突",对共产党,"天主教亦仅能用真理说服及道德感化之"。并认为"现行宪草较五五宪草为佳"。

△ 马歇尔与中国前驻美大使、现任立法院副院长魏道明会谈。马重申,必须通过一部健全的民主宪法并改组政府,以作为达成一项和平解决中国时局的一种可能的手段。并强调,以武力消灭共产党是危险的政策。

△ 月全蚀。据台北天文台观测,零时 10 分初亏,3 时 25 分复圆,共历时 3 小时 15 分 23 秒。最大蚀分达月面直径 117%。

12 月 10 日 "国大"各组继续讨论审查宪法草案,共提出修正意见 421 条。其中最集中的意见为定都问题和边疆问题。关于建都之地,大略为:一、南京;二、北平;三、北平为首都,南京、西安为陪都;四、北平为首都,南京、兰州为陪都;五、北平为首都,南京、西安、成都、沈阳为陪都。关于边疆主要是要加强边疆自治。

△ 王世杰在京对记者谈,政府虽有派其赴延安商谈之意,惟尚须征得中共方面之同意。

△ 中共南京发言人王炳南对记者谈,国共"妥协解决已属无望",周恩来提出的国民党立即解散"国大"及恢复 1 月 13 日双方军队位置乃最后条件。王并预示今后将继续发生流血战争。

△ 行政院长宋子文在沪中央银行召集沪商会、银钱业公会理事长及常务理事及国家财政、经济两部负责人开会,商讨挽救工业危机办法。宋提出措施五项:一、由四联总处设置生产事业款临时审核委员会审核贷款;二、减低生产贷款利率,由中行以转押方式调节之;三、简便各项手续;四、生产业所需材料由"行总"、物资局优先供应;五、改进运输。

△ 中和党中执委兼驻沪特派员杨孝权对记者谈,该党认为,国共

争执,政府委曲求全之精神,堪可称颂,中共应悬崖勒马,放下武器,觅和平之出路。

　　△　四联总处生产事业贷款临时审核委员会在沪成立。该会由四联总处聘请市商会、银钱两业公会理事长、市政府、经济部代表及国家行局主管等 12 人组成,"行总"署长霍宝树为主任委员。该会旨在配合政府管理进口政策,协助生产事业资金周转。

　　12 月上旬　福建省府召开全省行政会议,省府主席刘建绪在会上承认,"各方面措置都不能称人意","二五减租有名无实,许多佃农都遭威迫","交通发展无一可言,增加生产终成画饼","症结所在各县不亟思改进"。

　　12 月 11 日　民主社会党主席张君劢与该党北方负责人梁秋水、胡海门等在沪交换意见。梁、胡等主张该党决不参加政府,"国大"若不能通过民主宪法,民社党即退出"国大",希望该党"保持第三者的立场"。

　　△　全国基督教第十二届大会在沪闭幕,该会代理秘书柏恩纳士博士宣读医药政策之报告,全国有教会医院 370 所,药房和诊所 30 处,其中中医 203 所。外籍医师 105 人。大会通过今后三年工作计划,务使基督教能传布至乡镇及广大农村。

　　△　美、英、法、苏四外长在纽约开会,讨论草拟对德和约,美国务卿贝尔纳斯以中国是波茨坦外长会议一员,主张中国应参加对德和约之讨论。苏外长莫洛托夫坚决反对。

　　12 月 12 日　蒋介石会见司徒雷登,蒋表示对中国的时局深为苦恼和困窘,并希望得到美国的帮助,尤其对改组政府,能提供咨询、贷款和物质援助。司徒向蒋提交一份备忘录,说明美国对华技术性援助和咨询问题,其中包括一项重新开放平汉、津浦线计划。蒋表示接受开放两铁路线之建议,并愿为此和中共接触。

　　△　国民大会审查"宪草总纲"的第一组对国都问题,南北代表经过激烈争辩后表决,以 117 票对 63 票的绝对多数通过定都北平。南京

代表要求交综合委员会重行考虑。

　　△　青年党"国大"代表左舜生在京对记者谈,"青年党支持此宪草","宪草主要各点希望勿多修改"。并主张国都地址在宪法中不必规定。

　　△　"国大"主席团决定,孙科、陈诚、陈启天、徐傅霖、孔庚、白云梯、奚玉书、王世杰、何鸿基为宪草综合审查委员会召集人。

　　△　彭学沛在中宣部答中外记者,谓政府有派员赴延安之意,目前尚无任何具体决定。又谓"政府曾警告中共勿攻榆林,以免延及延安"。"中共宣传政府遣重兵包围延安,亦非事实,现驻各该地之部队,驻扎其地已久"。

　　△　延安各界举行"双十二"(即西安事变)十周年纪念大会,周恩来发表演说。西安事变亲历者原第十七路军政治处处长申伯纯报告西安事变真相。大会决议:请全国人民督促蒋介石立即释放有功于国家与民族的张学良、杨虎城两将军;誓死反对《中美友好通商航海条约》;要求蒋介石将侵华战犯冈村宁次交人民公审;号召全边区军民加紧自卫战争动员,保卫边区。

　　△　李宗仁由京乘专机离京返平,李称因胃病未愈,暂请假休养。又谓共产党问题不甚简单,"时局前途难推断"。

　　△　驻京外国记者参观中央训练团,该团教育长黄杰对记者谈该团情况:中央训练团共分五个团,分设上海、武汉、重庆、西安及东北,此外辖三个军官总队,共有转业军官 7.3514 万人,在京受训者 2493 人。训练项目为:交通管理、农林牧垦、土地行政、地方行政、金融财务、国民教育、劳动服务、警官、水产、地方卫生、工矿管理 11 个专业。学期半年至一年。

　　△　上海黄金价续涨,每两价 301.3 万元,美元一元价达 5650 元。

　　△　中华海员总工会在沪正式成立,杨虎担任理事长。

　　△　苏皖北线国民党军第一七一师两团及第七十四师之第五十八旅、第二十八师之第五旅、第二旅由两淮及宿迁分路向涟水、沭阳之新

四军发动猛烈进攻。

　　△　吕梁八路军攻占晋西中阳县城,生俘阎锡山部第四十五师副师长张居乾以下 1600 余人。

　　△　东北挺进军第一集团军上将总司令李华堂等 150 余人在东北合江刁翎西北山林中被东北民主联军捕获。

　　△　美国水利专家萨凡奇及中国水利专家萧庆云等八人由京飞往西北考察,沿途视察淮河流域、洪泽湖、黄河新道、济南至利津之黄河故道及支流小清河等处后抵开封。13 日,由开封沿黄河飞往晋、陕、宁考察。14 日在宁夏考察附近渠道。15 日沿黄河飞往兰州。

12 月 13 日　周恩来、董必武再致联合国善后救济总署署长罗克斯将军电,重申"联总"运华救济物资在华分配时存在严重的政治歧视,希望能将中共提出的问题交"联总"理事会讨论。同日,周恩来、董必武致函"联总"理事会,阐明中国善后救济工作存在严重缺点,请理事会对中国解放区的要求予以讨论。

　　△　司徒雷登与马歇尔会谈中国时局,马认为要解决的主要问题:一、国民政府中的反动派权势;二、由于共产党对国民党极不信任而产生的和中共打交道的困难。并谓"抵御共产主义的无上良策是由中国现政府完成足以赢得民心的改革"。

　　△　民盟主席张澜在汉口对记者谈,此次民盟未参加召开之国大,民盟始终秉着一贯政策,反对分裂,反对内战。

　　△　南京市的"国大"代表 20 余人向国民大会请愿,要求定都南京。大会主席团成员孙科及秘书长洪兰友接见,孙谓"自蒋主席以下政府官吏,无一人不赞成南京为首都者"。请愿者大悦。

　　△　上海黄金、美钞狂涨,黄金每两价高达 326 万元。美钞每元价值 6300 元。

　　△　陕甘宁边区银行变法币牌价,流通券一元换法币二元三角。

　　△　成都各报印刷工人因工资过低无法生活,要求提高工资,是日全体罢工。

△　美国国务院宣布,据美总统赔偿专员鲍莱报告,苏联攫取东北工业设备,阻缓中国之经济进展 30 年,并妨碍美国之政策。苏军在东北占领期间,工业损失达 8.5 亿美元,全部损失达 20 亿美元。苏方在东北除搬取机械及没收贮藏品外,并攫得价值 30 亿美元之金块,从各银行取去五亿满元,100 亿元占领流通券。

△　南京《救国日报》刊载《多作孽必自毙》一文,恶意讥侮苏联元帅斯大林。15 日,内政部以其妨害邦交,罚该报即日起停刊二周。

12 月 14 日　"国大"分组审查宪法草案完毕。宪草综合审查委员会举行会议,修正"总纲"第一条"中华民国为三民主义民主共和国"为"中华民国基于三民主义为民主共和国"。并增加"国民大会依本宪法之规定,代表全国国民行使政权"一条。

△　林遵上校率"太平"、"永兴"、"中建"、"中业"四舰完成接收西沙群岛任务。

△　国民党上海市党部电"国大",要求在宪章中加列职工代表一节,以便他日再开"国大"时,确能代表各阶层之意识。同日,上海市商会电"国大",要求建都南京。

△　张澜离汉赴沪。行前对记者谈称,中共要求恢复本年 1 月 13 日双方军事区域形态,实不可能。又谈,四川人士欲与本人清算川汉路款问题,该款当时已移充四川省在京之学生学费。

△　中央航空公司 C—47 型第 31 号航机由平经京飞沪,在浙江长兴县境堕毁,机员三人及乘客二人均死亡。机上载运中国银行钞票 1579 公斤,总价 12 亿元,撒落遍地。

△　"行总"卫生处长刘恒瑞由沪飞华盛顿,行前对记者谈称,此行为接洽美明年援华医疗费预算额。原预算额为 4130 万美元,恐有减少 600 万元之可能,故前往商谈。

12 月 15 日　接收处理敌伪物资工作清查团工作检讨会议在京开会,江庸、邵力子、姚大海、贺耀组及各区团长、委员 50 余人出席,由各区团长报告检查工作情形。并建议,凡经查有舞弊实据者,务请政府依法严办。

△　"国大"宪章综合审查委员会讨论代表名额问题,争辩激烈。边疆及妇女代表均要求宪章明文规定名额,议无结果。

△　国民党中宣部长彭学沛在镇江对江苏党务训练班训话,疯狂鼓动反共,主张大打内战。他说:共党因有地盘和军队,单求和平解决似不可能,必须付诸力量。今后中央以三分军事、七分政治的原则推行国内政治。

△　第十一战区为减轻中共军对平汉、平津两路的威胁,是日,攻占平、津、保三角地带之重镇固安县城。

△　晋察冀八路军攻占宝坻县城。

△　《中央日报》报道,浙江省田粮处颁布《三十五年度田赋紧急催征办法》,明令各县政府、县田粮管理处立即指派科员以上人员或以总动员方式,下乡督催田赋,限 12 月底将田赋一律征足。如有违令未达任务者,以贻误军机议处。

△　英国赠华之防潜舰"伏波号"抵京。该舰为第二次世界大战中小型防潜护航舰,装备火力极为完善。

12 月 16 日　国民党全体"国大"代表被邀参加中枢纪念周,蒋介石致训词,要求该党"国大"代表"认清今日世界潮流与国内形势,明利害,互规劝,对政府提出的宪草,重大原则,勿作变更,共同一致完成制宪使命"。

△　蒋介石宴请宪章综合审查委员会全体委员,希望其对政协修正宪草能顺利通过,重要条文勿作改动。

△　青年党华北区负责人在北平对记者谈,该党自明年起将在全国各地公开活动。其组织与国民党大致相同。

△　行政院长宋子文在沪召集财政部长俞鸿钧、经济部长王云五、市长吴国桢、中央银行总裁贝祖贻、纺建公司经理束云章、直接税务局主任楼国威等讨论全国税制及新颁税制收入情形,并研讨全国金融经济及生产问题。

　　△　外交部长王世杰与法国驻华大使梅里霭在京签订《中法临时航空协定》。该协定议定在上海与越南西贡间开设航班,为期半年。

　　△　全国各报驻京记者 100 余人赴交通部请愿,要求减低新闻邮电价格。交通部长俞大维表示体谅新闻界之苦衷,由各报推代表与该部研究具体办法。

　　△　胡适在京励志社对部分"国大"代表谈,谓国民党虽然当政 20 年,其自由精神与纪律效用,仍能同时表现,殊为可贵。其所"表现能发能收之精神较之纪律更足称颂"。

　　△　上海市开展"禁烟宣传周",自明年起,仍吸毒品者,决处极刑。

　　△　新四军军长陈毅率五个师猛攻宿迁东北地区,战事激烈。同日,国民党军攻占涟水县城,该城已成一片焦土。

　　12 月 17 日　宋子文在沪召集俞鸿钧、吴国桢、贝祖贻、王云五等开重要会议,检讨加强管制纺织业、抑平物价、挽救垂危之工商业等问题。

　　△　周恩来致函宋庆龄,阐明现在在美国独占资本企图独占世界的局势下,中英两国人民的合作的重要性不亚于中美两国人民的合作。并预计说,"如果内战继续下去,蒋介石的武力再经过半年到一年的消耗,解放区人民的武力将有可能与蒋介石的武力渐渐地处于平衡的地位"。

　　△　国民政府特派外交部长王世杰为议订《中美航空协定》暨换文全权代表。

　　△　上海黄金、美元价再涨,黄金每两价值法币 342 万元,美钞每元值法币 6600 元。

　　△　北平辅仁大学 2000 余学生反对学校当局将每人教室取暖费由 1.5 万元提高到 3.5 万元。学校当局宣布学生不缴足费不给学分。是日,学生罢课,并将校长陈垣锁入大礼堂,旋上街游行。

　　12 月 18 日　美国总统杜鲁门发表声明,对美现实对华政策重新作了肯定和回顾,表示美对华仍继续遵行去年宣布的政策不变。"过去与现在均相信统一及民主之中国,对世界和平至为重要,相信扩大国民政府之基础,使其代表中国人民,即可促使中国向此一鹄的进展"。美国保证不干涉中国内政,美国在避免卷入中国内争之际,将保持其协助中国人民完成和平及经济复元之政策。马歇尔将军将继续留在中国,调解内争。

△ 中共驻京代表王炳南通知司徒雷登,谓中共代表团再次致电延安请对美国调停的问题作直接的回答是无益的,本月 4 日周恩来的电报,其含意已表明共产党确实希望美国调停。

△ 马歇尔与司徒雷登会商中国时局,一致认为举行国共和谈,应拟订明确的议事日程。政府应派代表去延安,并作促成和谈的让步。

△ 周恩来致电董必武并告陈家康说,"国大"讨论宪法,无论通过什么,都不承认其为有效。一旦"国大"闭幕宣布宪法实施,仍当发表声明驳斥,罗迈(李维汉)已在准备。

△ "国大"主席团决议,"国大"再延期两天。同日,"国大"开第十次大会,出席 1326 人,主席团报告宪草综合审查委员会人选名单及推选经过,代表资格审查委员会报告审查办法,各组审查委员会报告审查经过。

△ 民盟主席张澜抵沪,民盟在沪负责人黄炎培、沈钧儒、章伯钧以及李济深等到码头迎接。张发表书面谈话称:今后民盟仍当一本初衷,拥护政协,反对内战,争取和平、民主、统一之实现。至于参加政府与否,在内战未停止、政协决议未实现以前,民盟不考虑此事。

△ 国民政府特任张继为国史馆馆长。

△ 至是日止,国民政府明令公布的"国大"代表为 1744 人,报到者 1697 人。其中区域代表 733 人,职业代表 350 人,自由职业代表 56 人,蒙藏代表 42 人,华侨代表 40 人,军队代表 40 人,妇女代表 20 人,国民党代表 216 人,民社党代表 37 人,青年党代表 99 人,社会贤达代表 65 人。

△ 民主社会党在沪召开中常会,张君劢主持,北方代表梁秋水、胡海门未参加,会议仅讨论党内问题,未涉及时局。

△ 中共中央军委指示晋冀鲁豫野战军,南下寻歼国民党军第八十八师,恢复嘉祥、巨野、金乡、鱼台、城武、单县各地。该野战军立即部署以一个纵队围攻聊城,尔后进军鲁南,以一个纵队及地方武装伴装主力攻豫北,以两个纵队向巨野、金乡、鱼台地区进攻。

△ 美国赠中国坦克登陆舰一艘,在青岛中央海军训练团举行交接仪式。

△ 《中央日报》报道,皖北黄水泛滥区灾情惨重,受灾难民达 350 万人。

△ 汉奸齐燮元在南京雨花台被枪决。按:齐历任伪华北临时政府治安部长、伪华北政务委员会治安署督办、伪华北绥靖总司令等伪职。

12 月 19 日 国民党中宣部长彭学沛在京答中外记者,否认政府将发行新币。

△ 外交部长王世杰在京对中外记者谈,"政府宪法草案原则及精神,将为国民大会接受","最重要原因,是'国大'代表富有容忍精神,容忍精神是民主政治成功的第一个条件"。这次制宪不会失败,它是"三十五年来的痛苦经验的结晶"。

△ 国民大会开第十一次大会,出席 1190 人,宪草各组审查委员会继续报告审查结果。

△ 国民党军与华中新四军在苏北宿(迁)沭(阳)地区历时五天的激战结束。新四军全歼整第五十七师之预第三旅、整第二十六师之第四十一旅、整第六十九师之第六十旅、整第六十九师之第九十二旅的第二七六团、陆军总部工兵第五团及整第十一师之第十八旅和第十一旅一部。共歼灭整第六十九师(原第九十九军)师长戴之奇以下官兵 6000 余人,俘获整六十九师副师长姚少伟、第六十旅旅长黄保德以下官兵 1.6 万余人。

12 月 20 日 外交部长王世杰和美国驻华大使司徒雷登分别代表本国政府在京正式签订《中美航空运输协定》。

△　国民大会开第十二次大会,到 1208 人。陈诚报告宪草综合审查委员会开会经过及审议结果。全体妇女代表因陈的报告中没有提到"国大"妇女代表的名额问题,纷纷表示不满。

△　中国青年党发言人在京就杜鲁门总统对华政策声明发表谈话,表示对该声明十分赞赏。并希望国内各有关方面和全国人民,一致努力就内争问题从速和平解决。

△　晋察冀八路军向沿保(定)满(城)公路进攻的国民党军第五十三军第一三〇师的第三八八团、第三八九团、第一一六师的第三四六团、第三四八团及暂编第一路军刘化南部第一纵队的第二团、第三纵队的第三团发动全面反击。经一天两夜之激战,至 22 日,第三八八团、第二团、第三团被歼灭,三个团长被生俘。其余三个团遭重创后败退保定。

△　陕甘宁边区政府公布《征购地主土地条例草案》,该条例规定,地主除应留土地外,超过部分一律征收,地主自留土地一般高于当地中农人均土地 50%,抗战及自卫战中有功之地主,自留土地应高于当地中农人均土地一倍。

△　《解放日报》报道,国民党政府为供应内战浩大支出,除由中央印刷厂每日印发纸币 230 余亿元外,复向英国订制大批新钞,装运抵沪者已达一万箱之多。

△　张嘉璈与资源委员会驻东北办事处主任谢树英、鞍山厂矿负责人邵逸周、电力负责人郭克悌讨论 1947 年度重工业预算,预计电、钢铁、煤三项共需 185.98 亿元,连同恢复交通,1947 年度东北支出达 500 亿元。

12 月 21 日　国民大会开第十三次大会,到会 1345 人,宪草一读通过。下午开第十四次大会,开始二读宪草,蒋介石代表大会主席团对宪草各要点作说明。

△　中共中央发言人就国民党政府召开"国大"发表谈话,指出:"独裁者蒋介石及其青年党与部分民社党仆从"开的"国大"是非法的,

"人民决不承认蒋记伪宪"。"现在蒋记'国大'通过的'民主宪法',就字面说,甚至还不及袁世凯的天坛宪法和曹锟宪法"。并强调"蒋介石集团的独裁不取消,中国人民就休想得到民主"。

△ 马歇尔特邀青年党中常委周谦冲晤谈,马希望各党派由互让以建互信,由小异而趋大同,则和平民主才可以实现。周表示该党"愿与朝野领袖继续为民主团结而努力"。

△ 民主社会党发言人徐傅霖在京发表谈话称,杜鲁门总统对华政策之声明,同该党之希望完全相同。

△ 下午 2 时,中国自然科学社及中国科学社联合组织科学促进委员会,假南京卫生署大礼堂举行成立大会,由主任委员杭立武主席,到萨本栋、金宝善、周鸿经等科学界 50 余人。杭在致词中称:"两会之组合,有如组成科学家之十字军,今后加上政府之协助及奖励,必能达到科学大众化之目的。"

△ 上海黄金、美钞价再暴涨,黄金每两价为法币 372 万元,美钞每元价为法币 7200 元之空前高价。同日,宋子文由京抵沪,谋抑平黄金、美钞暴涨办法。

△ 由于金价暴涨,大量流动资金以黄金方式向香港逃避,香港成为走私口岸。是日,中央银行总裁贝祖贻及中国政府英籍财政顾问罗杰士由沪飞往香港,与香港当局交涉。

△ 国防部电令上海市政府,谓僧人不得缓征缓召服役,"兵役为国民应尽之义务,无宗教种族之分"。

△ 国共军队在保定西北激战。同日,鲁南中共军向苏北推进。

12 月 22 日 国民大会开第十五次大会,到 1312 人,继续二读宪草。代表提修正案颇多。

△ 民主同盟在沪召开中央常委会议,张澜主持,除张君劢、黄炎培未参加外,其余各常委均出席。决定明年 1 月 6 日在沪召开二中全会。

△ 海军总司令桂永清在京对记者谈,谓中国海军正在重建中,希

望有志青年,踊跃投效海军,并称,其即去台湾视察日本在台海军建设及训练新海军之基地。

△　南京老虎桥监所二级看守涂宝兰被南京高等法院扣押。涂利用职务之便,对周佛海以下大小汉奸敲诈,敛款达数千万元,金银珠宝一暗柜。

12月23日　国民大会上午开第十六次大会,出席1244人,下午开第十七次大会,出席1401人,继续二读宪草。代表对宪草提修正案颇多,尤其对基本国策的争辩激烈。

△　民盟中常委在沪继续举行会议,决议,因民主社会党违反盟约,独自参加"国大","碍难继续合作",民主社会党应予退盟,惟张东荪可以以私人资格出席该盟中常会及二中全会。此议案交二中全会复议追认。同时电请民社党力拒参加"国大"的张东荪来沪参加民盟领导会议。张于27日抵沪。

△　国民党中央组织部长陈立夫在京答记者,谓宪法公布后将须逐步实施。"宪法为全国国民代表所制定者,如任何党派反对,立即与全国国民之意志相违",政府态度将视国民之态度而决定。又称,"国民党为一革命党,与其他政党争义务而不争权利"。

△　国民政府特派沈士远为三十四年高等考试再试典试委员长,派翁文灏、陈立夫等10人为委员。

△　《中央日报》报道,南京娼妓充斥,该市有妓女1.5万左右,有关当局正拟采取公娼制度。

12月24日　驻北平美军两名晚8时半在东单广场将北京大学女生沈崇强奸。其中一美兵被警察当即拘获,另一名逃逸。次日,北平市府向北平美军当局严重抗议,要求其道歉、惩凶、赔偿、保证此后不再发生此类事件,美军陆战队当局表示接受。

△　民盟正式致函民主社会党,内称由于民社党单独参加"国大",经本盟决定,认为民社党"碍难在本盟内继续合作,但对于不主张参加'国大'之民主社会党党员,深表同情。至有民主社会党党籍之盟员而

参加'国大'者,应予退盟"。

△ 国民大会上午开第十八次大会,到 1230 人,下午开第十九次大会,到 1412 人,宪草二读通过。

△ 国民大会通过《宪法实施之准备程序》,该案规定:宪法 1947 年 1 月 1 日公布,宪法公布后,现行法令凡与之抵触者,由政府予以修正或废止;政府于三个月内制定并公布下列法律:国民政府之组织法,国大代表、副总统、立法委、监察委员的选举及罢免,五院组织法;各省市议会尚未成立之前由现参议会选出监察委员;依宪法产生的"国大"代表、立法、监察委员之选举于有关选举法公布后六个月完成;国民大会由国府主席召集;首届立法院于"国大"闭会之第七天自行集会;首届监察院"国大"闭会后由总统召集之;"国大"代表及立法、监察委员已选出三分之二时,则为合法集会;立宪之"国大"代表有促成实施宪法之责,任期至下届代表选出之日为止;由国民大会代表组织宪政实施促进会,其办法由政府定之。

△ 行政院长宋子文在沪召见各军政长官,了解物价波动及民食问题。

△ 上海金价狂涨,每两达 400 万元。中央银行大量抛售黄金,两日总数达五吨之多,金价下落 90 万元。

△ 教廷枢机主教、北平总主教田耕莘发表《告全国教友书》,要求教徒把对天主的信仰与现实生活打成一片,成为一种活的信仰。"在今日道德衰败纲纪失堕的社会里","尤应为社会的表率"。

12 月 25 日 国民大会开第二十次大会,到 1485 人,宪法三读通过。并决定宪法于民国三十六年 12 月 25 日实施。下午,历时 41 天的"国大"举行闭幕典礼,吴敬恒任主席,吴将宪法送交蒋介石。蒋致词表示:"必当遵照国大的程序,一一施行。"希望"全体代表,领导全国民众,共同一致拥护这部宪法","从今天起,国民政府得偿其还政于民的夙愿"。

△ 民主社会党发表声明,该党退出民盟,继续为"争取和平,实现

民主,军队国家化之主张"而努力。"至于本党党员参加民盟者,在此情形下,本党当依据本党党章处理之"。

　△　国民党中宣部举行记者招待会,请王宠惠谈宪法要点,王称,此次"国大"制订的宪法,政协原则完全包括,三民主义和五权制度,是我国宪法的基本特点。"这部宪法,就一党一派的眼光看来,固难觉得完全满意",条文亦不尽善尽美,但"这部宪法是一部具有特性而最新式的民主宪法"。

　△　上海重雾疾风,是日空难三起:自重庆飞沪的中央航空公司C—49型48号飞机坠毁于沪郊张家浜,中国航空公司C—46型115号飞机坠毁于闵行公路七号桥附近,C—47型140号飞机坠毁于龙华机场。机组人员和乘客共死亡63人,重伤13人,仅一个三岁小孩无恙。此为中国航空史上空前惨剧。

　△　司徒雷登在北平燕大同学欢迎会上讲话,谓"今年是燕大开办以来最困难之一年","希望燕大同学,多从事建设工作,少做批评、破坏、推翻等事"。"国大"顺利通过宪法,是实现民主之象征。望燕大同学共作实现民主政体的先锋。

　△　上海市肃清烟毒委员会开会,主任委员吴国桢主持,决议:自明年元旦起,凡未投验之烟民,一律送法院依法治罪。贩运、制造毒品之毒犯,请法院处以极刑。

12月26日　国民党中央通令全国,略谓宪法业已制定,明年1月1日公布,各省、市、县均应普遍热烈举行庆祝会,庆祝会一律举行三天,此间一律放假。各地均须组织宣传队,并应深入乡村,广泛宣传,务使家喻户晓。

　△　参谋总长陈诚在京招待部分"国大"代表,陈称:"下届国民大会,明年12月开会以前,国军将肃清共军,俾本届国大通过之宪法,可予忠实执行。"

　△　"国大"秘书长洪兰友在京对记者谈,国民大会自5月间开始筹备迄闭幕日止,共支出费用94亿元。

△　国民政府明令褒奖攻占张家口和保卫大同诸将领：傅作义给予国光勋章，楚溪春给予二等宝鼎勋章，孙兰峰给予三等宝鼎勋章，董其武、郭景云、李昆岗各给予四等宝鼎勋章。

△　教育部召开边疆教育大会，教育部长朱家骅报告关于边疆教育之新政策，谓对边疆教育，政府已拨专款，惟人才缺乏，今后如何培养边疆人才，极为重要。除已设立的边疆师范十校外，另拟在兴、辽、察、热再办边师六所。同时充实现有的六所职校及 34 所小学。

△　司徒雷登在北平与军调部中共委员叶剑英会晤，交换意见。叶对记者谈，其与司徒交谈者，均为私人友情。

△　国际文化合作协会在南京成立，杭立武等 31 人当选为理事，彭学沛等九人为监事。聘请王宠惠、于斌、陈立夫、邵力子、李石曾、朱家骅、吴铁城、张伯苓、蒋梦麟、王世杰、戴季陶、宋美龄、翁文灏、孙科、吴敬恒、陈布雷、胡适、吴有训、张继为名誉理事。

12 月 27 日　蒋介石与马歇尔会晤，蒋请马发表对时局之看法。马认为，目前共产党对政府极端怀疑，不愿作任何协定。政府的军事将领们对取得镇压共产党的成果作乐观的错误估计，破坏了有希望的国共和谈。虽经蒋之努力，制定了一部合理的宪法，但重要的在于实施。建议蒋应即实行宪法，同时促成各小党派联合成一个大的自由党派，让其参与政府。这样才能使蒋的地位免受攻击。蒋表示赞成马的设想。

△　国民党中央召集各地党、团部负责人开党团工作检讨会，中央各党团负责人均参加。会期两天，其检讨内容：一、协助政府建立民意机关；二、参加绥靖区党团工作；三、研订各地党团切实联系配合办法。28 日散会。

△　蒋介石在京宴请青年党代表左舜生、曾琦、陈启天、余家菊、常乃惠、刘东岩、何鲁之等，洽商政府改组问题，并交换关于宪法完成后对时局之意见。

△　司徒雷登在天津对中外记者谈，"中华民国宪法之制成，实系幸福中国之吉兆，此一宪法，既符合政协决议，尤充满民主精神。本人

目睹蒋主席为宪法之通过，曾以空前之勇气，克服若干困难，尤足敬佩"。

△　民主社会党出席"国大"的代表宴请青年党出席"国大"的代表，徐傅霖、蒋匀田、曾琦、左舜生等发言，一致表示共同努力促成宪政。

△　行政院拟订公务员调整待遇标准，经蒋介石核准，自本月起实行。一、京、沪、平、津、迪化，基数 17 万元，加 1100 倍。二、太原、青岛、济南、保定、杭州、镇江、苏州、常州、无锡、徐州、合肥、安庆、芜湖、厦门、承德、东北九省、新疆，基数 14 万元，加 950 倍；三、武汉、广州、桂林、长沙、衡阳、昆明、开封、郑州、西安、兰州、酒泉、福州、康定、归绥、万全、西宁、江苏、浙、皖、鲁、晋、冀、热，基数 11 万元，加 750 倍。四、重庆、成都、贵阳、广东、广西、湘、鄂、陕、甘、豫、云、赣、闽、西康、绥远、察哈尔，基数九万元，加 600 倍。五、四川、贵州、宁夏、青海，基数八万元，加 500 倍。六、警长支基数七成，警士六成，并加支倍数；工役支基数六成；东九省按 11.5 折算，发给流通券。

△　《中央日报》报道，据内政部本年 10 月份统计，全国共计 2005 县，42 市，47 设治局，217 行政督察区。据本年 2 月统计，全国人口为 4.70026252 亿人。人口密度以天津市最大，每方公里 2.219 万人。以省计，山东每方公里 265 人，新疆、青海每方公里二人，兴安每方公里一人。

△　国共军在苏北激战，国民党军欧震兵团黄百韬师攻占阜宁县城。

△　美总统杜鲁门向国会报告：自 1941 年 3 月至 1946 年 9 月止，美付出租借物资总值共 506.92 亿元，中国所得值 15.65 亿元。

12 月 28 日　周恩来在延安向新华社记者发表对时局谈话，指责杜鲁门总统本月 18 日之声明是为美国对华反动政策辩护，一年来美国对华政策完全违背了去年 12 月莫斯科公告与杜鲁门总统声明之原则。国共和谈破裂之责任全在国民党，"美蒋合作以破坏《停战协定》与政协路线也愈到后来愈明显了"，国民党一党包办的"国大"制定的"蒋记宪法","我们及全国民主人士决不会承认它为合法有效"。指出国共双方的交战情况,从本年 1 月到现在蒋介石动员了他 88％ 的兵力,约 218 个旅(或师),侵占解放区 183 个城市。从 7 月份起,蒋军已损失 45 个旅(或师)左右,占其兵力的五分之一。指出美国违约助战在 1 月停战令之后为蒋运送了九个军,为蒋装备了 45 个师,美援超过 36 亿美元。重申若国共恢复和谈,"蒋政府必须:一、根据《停战协定》恢复 1 月 13 日双方驻军位置,实行停战;二、根据政协路线取消非法国大及宪法,重开党派会议,协商一切"。否则,中共"决心反对到底"。

　　△　国防最高委员会决议:核准《三十五年度国库收支结束办法》;通过《财务罚锾处理办法》;通过行政院调整公教人员生活补助标准;核准《三十六年度及行政院辖市预算编审办法》,预算总额为 9.3 万亿元。

　　△　暹罗驻华大使滕古安杜拉勒克及教廷驻华公使黎培理分别向蒋介石递交国书。

　　△　驻北平美国海军陆战队第一师第五团司令部就该部两士兵强奸北大女生案发布公告,谓两名对中国女郎强行无礼的美兵已由宪兵扣押,现正与市警当局配合调查,搜集证据,此事当积极解决。

　　△　教育部议定调整专科以上教员薪金:助教 80 元至 200 元,讲师 140 元至 300 元,副教授 240 元至 400 元,教授 320 元至 600 元。

　　△　国民政府任命董洗凡为国立同济大学校长。

12 月 29 日　中共华中军区司令张鼎丞就华中形势发表谈话,重申收复华中失地之决心。指出:"华中将是爱国自卫战斗最频繁最残酷的战场,也是最后击败蒋介石具有决定意义的战场。""蒋介石如对华中不能再打时,他在其他战场早已不能打了。"

　　△　陕甘宁边区银行紧急通知,自是日起,法币牌价改为通券一元换法币 2.5 元。

　　△　民盟发言人罗隆基在沪宣布,"民盟不参加将来之政府改组"。

　　△　北平市府鉴于各大学师生对美兵强奸学生案极为关注,是日,分函各校,说明市府对该案之抗议交涉经过。

△　北平各大学学生 500 余人在北大开会,决议组织北平各大学学生正义联合会,对美兵奸污女生事件向美军当局提严重抗议,要求惩凶赔偿,保证不再发生相同事件。并发表《告全市同胞书》。

△　"联总"代表艾格顿向中共驻京代表董必武提出严重抗议,谓 11 月 23 日"行总"运输局卡车二辆装载"联总"捐赠之汽油于古北口八里处遭共军袭击,司机一亡一伤,货物焚毁。该车印有清晰的"联总"标志。此类事在中共区已非一次。并请将抗议书转告朱德,请其向所部发布有效的命令。

12 月 30 日　北大、清华、燕京、辅仁、师院、中德、交院、朝阳 11 所大学学生 2000 余人罢课游行,抗议美兵强奸北大女生之罪行。并派代表到北平市府请愿,要求保护市民安全,公布事实真相,会同美方当局组织联合法庭,公审犯罪美兵。市府表示接受学生的要求。同日,天津南开、北洋两大学罢课游行,抗议美兵奸污北大女生罪行。

△　上海市学生总会为抗议美兵奸污北大女生之暴行,发表《告全市学生书》,坚决要求政府向美军当局郑重抗议,美方必须做到:一、按军律严惩主犯;二、美军当局道歉并赔偿一切损失;三、保证不再发生同类事件。

△　北大校长胡适出席"国大"后由京飞抵北平,胡对记者谈,美兵强奸北大女学生,深表愤慨。"此事件纯属法律问题",望美方接受抗议,迅速处理。"至撤退美军,乃系政治问题,希望学生不做联想,以免问题更趋复杂"。

△　参政会驻会委员会审议 1947 年度中央政府岁入岁出总预算。国府主计长徐堪、财政部长俞鸿钧奉蒋介石命出席报告总预算编审办法及经过。徐称预算支出,须视物价而定,党费、参政会经费未列入预算。俞称明年度岁出岁入等于本年度之四倍,岁出仍以军费为第一位。

△　国民党中宣部长彭学沛在京对中外记者谈 1947 年度总预算情况,总支出约为 9.32 万亿元,军费占 3.81 万亿元,建设性支出 1.5 万亿元,其中交通经费 1.09 万余亿元,国营工业经费约 2300 余亿元,

余为农村水利卫生之支出,教育经费约 3400 亿元,复员救济费 1.4 万亿元,省市补助费 6900 余亿元,第二预备金 4000 亿元,公务人员退休抚恤费 45 亿元,党部经费未列入。

△　彭学沛对记者谈,政府已邀请参加"国大"的各党派会商改组政府,现在正积极进行中。中共、民盟如有参加之征兆,当立即邀请。

△　行政院邀请国民党"国大"代表举行政治检讨会,出席代表及行政院所属各部、会长官共约 800 人,宋子文主持。各代表对物价、工资、公教人员待遇、敌伪物资之接收情形、"行总"救济业务、贪污之惩办、交通、财政金融之现状等均提出质询。宋表示对所提诸问题用书面答复。

△　民主社会党发表对"国大"闭幕后时局之意见,其主张:"一、停战命令,应由国共双方彻底施行,且由执行小组参加。二、即日恢复国共两党的和谈,政府当局应派员赴延安,或邀请中共首脑来京,商讨一切。三、国共两党应以最大忍让,解决关内外地方政权,以及驻军地点。四、依整军方案,切实实行军队国家化。五、由国共谈判中,求得基础后,扩大为全国党派会议,各民主有力团体,亦应邀其参加,共商一切政治问题,以奠法制基础。六、从现时起,政府应即依照这次'国大'通过的宪法,切实保护人民身体、言论、结社、教学等基本自由,换句话说,切实结束国民党一党党治。"

△　参政会决议,由该会组织调查委员会,彻查上海飞机失事真相,请政府严惩中央、中国两航空公司负责人。

12 月 31 日　国民政府举行签署公布宪法令仪式,"国大"主席团及中外记者多人被邀观礼,由蒋介石签署,五院院长副署。

△　蒋介石向全国同胞发表长篇广播讲话,其要点略为:一、政府维护和平统一之方针不变,对中共问题,以政治解决,决不关和谈之门;二、全国道德沦丧,工商不振,望全国同胞矫正战后变态的恶习;三、愿全国青年要有抱负有作为,爱惜光阴努力建国;四、要求安定进步,勿再坐误良机。